338866
22€

Duisburger Forschungen
Band 21

DUISBURGER FORSCHUNGEN

Schriftenreihe
für Geschichte und Heimatkunde Duisburgs

Herausgegeben vom
STADTARCHIV DUISBURG
in Verbindung mit der Mercator-Gesellschaft

21. BAND

FRIEDRICH ALBERT LANGE
LEBEN UND WERK

herausgegeben von
Joachim H. Knoll und Julius H. Schoeps

Walter Braun Verlag
1975

Einlieferungsstelle für Manuskripte, Besprechungs- und Tausch-Exemplare:

STADTARCHIV DUISBURG

41 Duisburg, Rathaus

Für die Schriftleitung verantwortlich:
Dr. Joseph Milz
Städt. Oberarchivrat

ISBN 3-87096-033-7
Alle Rechte vorbehalten
Nachdruck mit Herkunftsangabe gestattet
Printed in Germany
© Walter Braun Verlag Duisburg 1975
Gesamtherstellung: Buchdruckerei Ph. C. W. Schmidt, 853 Neustadt/Aisch

INHALT

I. Geschichte und Arbeiterbewegung

F. A. Lange — ein politischer Agitator in der deutschen Arbeiterbewegung
von Peter Irmer, Gesamthochschule Duisburg 1

F. A. Lange in der deutschen Arbeiterbewegung
von Shlomo Na'aman, Universität Tel Aviv 20

F. A. Lange und der Preußische Verfassungskonflikt
von Ludger Heid, Gesamthochschule Duisburg . . . 56

F. A. Lange — „Socialkonservativer" oder „Socialrevolutionär"?
von Martin Sattler, Gesamthochschule Duisburg . . . 71

F. A. Langes Zeitung „Der Bote vom Niederrhein" und die Kontinuität demokratischer Strömungen in Deutschland
von Walter Grab, Universität Tel Aviv 83

F. A. Lange und die USA im Zeitpunkt des amerikanischen Sezessionskrieges
von Helmut Hirsch, Gesamthochschule Duisburg . . . 92

II. Pädagogik und Publizistik

F. A. Lange — eine „merkwürdige Randfigur" in der Pädagogik des 19. Jahrhunderts
von Joachim H. Knoll, Ruhr-Universität Bochum . . . 108

F. A. Lange und die deutsche Turnbewegung
von Julius H. Schoeps, Gesamthochschule Duisburg . . 133

F. A. Lange als politischer Publizist
von Heinz-Dietrich Fischer, Ruhr-Universität Bochum . 145

III. Philosophie und Religion

F. A. Langes ‚Geschichte des Materialismus'
von Hermann Ley, Humboldt-Universität Berlin . . . 174

Der Standpunkt des Ideals als kritische Überwindung materialistischer und idealistischer Metaphysik
von Hans-Martin Sass, Ruhr-Universität Bochum . . . 188

Philosophische Kritik. Zum Verhältnis von Erkenntnistheorie und Sozialphilosophie bei F. A. Lange
von Helmut Holzhey, Universität Zürich 207

Religion und Sozialismus bei F. A. Lange
von Adam Weyer, Gesamthochschule Duisburg . . . 226

IV. Anhang

Der Nachlaß F. A. Langes im Stadtarchiv Duisburg
von Klaus Plump 236

Biographische Daten zu F. A. Lange
von Ludger Heid 268

Versuch einer Bibliographie der von F. A. Lange publizierten Arbeiten
  von Klaus Plump 271
Literaturliste
  zusammengestellt von Ingeborg Reinecke 274
Verzeichnis der Mitarbeiter 280
Register 281

VORWORT

Der 100. Todestag von Friedrich Albert Lange am 21. 11. 1975 ist den Herausgebern dieses Sammelbandes ein äußerer Anlaß, um aus mehrfacher Perspektive auf einen der großen Vergessenen des 19. Jahrhunderts aufmerksam zu machen.

Friedrich Albert Lange ist allenfalls in der Philosophiegeschichte, und da insonderheit in der Forschung des Neukantianismus, auch heute noch ein Gegenstand wissenschaftlichen Interesses; seine pädagogische Dimension ist nahezu vergessen, seine sozialpolitische Publizistik gerät nur noch selten in den Blick. Es verwundert auch, daß im Zusammenhang der sich verstärkenden Ideologiediskussion, die freilich historische Bezüge weithin übersieht oder bewußt abschneidet, Friedrich Albert Lange nicht zum Gesprächsgegenstand geworden ist. Es hätte sich angeboten, auf seine sozialpolitischen Überlegungen zur „Arbeiterfrage" einzugehen, weil sich in ihnen eine Position zu artikulieren scheint, die den Revisionismus antizipiert noch bevor sich im sozialdemokratischen Programm ein realistisches Verhältnis zum vorfindbaren Staat und den darin möglichen Gesellschaftsformen anbahnte. Lange hat stets eine Zwischenposition eingenommen, die eine eindeutige Zuordnung schwierig macht. Manches ließe sich als sozialistisches Gedankengut interpretieren, anderes weist auf ein Verständnis für einen theoretisch begründeten Liberalismus hin, auch konservative Züge wären an seinem Schrifttum nachzuweisen. Man wird ihm wohl am ehesten gerecht, wenn man ihn — historisch betrachtet — an der Nahtstelle von linkem Liberalismus und rechtem Sozialismus einordnet, wobei es zu bedenken gilt, daß dem Liberalismus stets auch Hinwendungen zu konservativen Positionen eigen waren. Erst in jüngster Zeit, in der sich in vielen Gesellschaftsbereichen eine „Tendenzwende" abzuzeichnen beginnt, wird Lange wieder zu einem Gesprächsgegenstand. So ist jüngst die „Geschichte des Materialismus" neu ediert worden, eine Sammlung seiner pädagogischen Schriften liegt ebenfalls in neuer Ausgabe vor, und die „Arbeiterfrage" wird im Verein mit anderen Publikationen gleicher Thematik wieder zugänglich sein. Läßt solche Beschäftigung mit Lange auf eine Renaissance schließen? Die Herausgeber möchten aus ihrem Interesse an Lange nicht auf eine derartige Reaktivierung sozialliberaler Positionen des 19. Jahrhunderts schließen. Allerdings hat sich bei der Konzipierung des Sammelbandes gezeigt, daß Lange ein Interesse stimuliert, das weit über unsere ursprünglichen Erwartungen hinausging.

Erstmals wird der Versuch unternommen, Lange in seinen vielfältigen Artikulationen vorzuführen. Philosophie, Religion, Pädagogik, Publizistik und Politik finden bei Lange zusammen, und er hat seine Kenntnis und sein Interesse auch für die Beobachtungen des Tages und der Zeitumstände in der Mitte des 19. Jahrhunderts fruchtbar gemacht. Lange hat, und das zeichnet ihn als nicht dogmatisch fixiert aus, nie ein geschlossenes System vorgetragen, er hat vielmehr unterschiedliche Gegenstandsbereiche behandelt und diese Behandlung vom Interesse eines offenen Sozial- und Politikverständnisses leiten und bestimmen lassen. Widersprüchliches an ihm und in seinen Aussagen auszumachen, wäre deshalb ein Leichtes. Den unbewiesenen Goethe-Satz, daß die Welt durch Vernunft dividiert nicht aufgeht, hätte er gewiß unterschrieben, sein Werk gibt davon Zeugnis. Die Absicht der Herausgeber war, mit diesem Sammelband zwei Einsichten Rankes zu folgen, einmal zu beschreiben, wie es denn gewesen ist und sodann, daß die Weltgeschichte gelegentlich um die Ecke geht. Das meint, daß wir versucht haben, Lange im Lebensvollzug und seinen schriftlichen Äußerungen zu beschreiben und sodann auch deutlich zu machen, daß ihm ein geschichtliches Verständnis eigen war, das die Veränderungen, die neuen Konstellationen und die „Impoderabilien" bedenkt. Diese Absicht wird wiederholt in den Einzelbeiträgen aufscheinen.

Aber der 100. Todestag von Friedrich Albert Lange war — wie gesagt — nur ein äußerer Anlaß. Es fügte sich, daß das Stadtarchiv Duisburg den Nachlaß Langes betreut und daß sich bislang nur wenige Interessenten gefunden haben, diesen Nachlaß auszuwerten. Georg Eckert gehörte zu diesen Wenigen. Er hat im Zusammenhang mit seinem Interesse an einer historisch sich orientierenden und geschichtlich sich vergewissernden Sozialismus-Forschung Friedrich Albert Lange behandelt und dabei seinen Lebens- und Gedankenvollzug vor allem in der Lange-Korrespondenz beschrieben. Dieser Sammelband sollte ursprünglich von Georg Eckert mit herausgegeben werden. Die Herausgeber erinnern sich gern und wehmütig an die, diesen Sammelband vorbereitenden Gespräche mit Georg Eckert, der die Konzeption des Bandes nachdrücklich unterstützt hat und sich auch intensiv durch die Bearbeitung eines speziell sozialpolitischen Aspektes an dem Zustandekommen beteiligen wollte. Seine Pläne, die er für seinen Beitrag entwickelte, bezeugten ein Engagement am Gegenstand, das auch den aktuellen Bezug zu gegenwärtigen Ideologiediskussionen offenlegte. Sein früher Tod hat die Kooperation leider nicht wirklich werden lassen. Der Band sei auch seinem Gedenken gewidmet und einer Form forscherischer Identifikation, die das Historische für die Gegenwart relevant macht.

Wollte man auf Auslassungen aufmerksam machen, so müßte darauf hingewiesen werden, daß Langes Mitarbeit an der schweizerischen Verfassungsentwicklung, die in die Winterthurer Zeit fallen, nicht berücksichtigt werden konnte. Es gebietet die wissenschaftliche Lauterkeit auf diesen „blinden Fleck" hinzuweisen; aber leider trafen wir bei unseren Umfragen auf keinen, der sich für diesen Aspekt als kompetent empfand. Insgesamt dürfen wir aber mit Dank feststellen, daß sich keiner, der dem Gegenstand verwandt oder an ihm interessiert ist, unserer Bitte um Mitarbeit versagte. So ist ein Sammelwerk zustandegekommen, das von den Autoren her das Epitheton „international" beanspruchen kann. Unser Gedenken gilt Georg Eckert, dem anregenden Gesprächspartner, unser Dank den Autoren, aber auch denen, die im Hintergrund unser Unternehmen mit Förderung bedachten. So dem Direktor des Duisburger Stadtarchivs Dr. G. v. Roden und dem Schriftleiter dieser Reihe Dr. J. Milz, die uns den Zugang zum Lange-Nachlaß auch durch praktische Mithilfe erschlossen. Dank gebührt auch Frau Terlinden, die an der redaktionellen Gestaltung der Texte beteiligt war.

Der Sammelband, den wir hier vorlegen und der in die Geschichte und die gelehrte Tradition der Stadt Duisburg hineinreicht, versteht sich zunächst nicht als eine Darstellung, die an gegenwärtig modischen Begriffen gemessen werden kann. Die ‚Gesellschafts- und Gegenwartsrelevanz' der Person und der mit ihr verbundenen Themen, steht nicht im Vordergrund. Vielleicht ist die Neugier, das forscherische Interesse und der Nachvollzug einer gedanklichen Leistung heute eine Verhaltensweise, die nicht unter der Gunst der Zeit segelt. Die Kritik an einem historischen Zugang würden wir gelassen hinnehmen. Aber wer sich intensiv auf Lange einläßt, wird auch an ihm Positionen erkennen, die sich für ein gegenwärtiges Gespräch als nutzbringend erweisen und die die falche Originalität mit dem Hinweis erledigen, daß vieles in der Geschichte bereits vorgedacht wurde.

Duisburg, Oktober 1975.

Joachim H. Knoll, Julius H. Schoeps

1.
Nach einem Foto im Stadtarchiv Duisburg

I. GESCHICHTE UND ARBEITERBEWEGUNG

Friedrich A. Lange —
ein politischer Agitator in der deutschen Arbeiterbewegung

von Peter Irmer

I. Grundriß seines politischen Werdeganges

Es würde den Rahmen der vorliegenden Untersuchung bei weitem übersteigen, wollten wir Friedrich Albert Langes politische Agitation für die Sache der Arbeiter in ihrer ganzen Breite und mit aller Ausführlichkeit erörtern. Wir wollen keine Material- und Faktensammlung vornehmen, sondern uns nur auf die Frage nach der Bedeutung beschränken, die Lange als praktischer Politiker in der deutschen Arbeiterbewegung hatte.

1. Sein Hang zur Pragmatik

Lange ist keineswegs einer der üblichen Gelehrten geworden und hat deren intellektuelle Ohnmacht geteilt, sondern stellte seine theoretischen Überlegungen in den Dienst pragmatischer Nützlichkeit. Sein außerordentlicher Hang zum gesellschaftlichen Handeln ist geradezu ein Charakteristikum für Langes Persönlichkeit. Schon in frühen Jahren, Ende 1849, schreibt er seinem engen Freund Meyer: „Es mag Leute geben, die für die Abstraktion geboren sind, denen diese selbst wieder eine zweite Natur ist, aber bei mir ist das nicht der Fall, wenigstens nicht der Grundzug meiner Seele. Ich habe ein brennendes Bedürfnis nach dem praktischen und unmittelbaren Leben"[1]. Welcher Art dieses Bedürfnis war, deutete sich ebenfalls schon in frühen Jahren in einem Brief an seine Eltern vom Februar 1850 an: „Ich will, so Gott mir hilft, ein ganzer Kerl werden, und jedes Verhältnis, das sich mir darbietet, benutzen, um zum Besten meiner Umgebung zu wirken"[2]. So verwundert es einen nicht, wenn wir Lange nach Abschluß seines Studiums als aktiv engagierten Pädagogen wiederfinden[3]. So sehr er sich auch der Pädagogik und ihrer Probleme widmet, das eigentliche Betätigungsfeld, wo er sich für ein ganz bestimmtes gesellschaftliches Problem mit aller Energie einsetzen kann, fehlt ihm noch 1860. Am 16. Dezember selbigen Jahres schreibt er an seinen Freund Franz Weinkauff: „Ich bin ein vollkommener Fatalist, oder wenn Du willst Providentialist geworden und erwarte den Ansatz zu einer konzentrierten Thätigkeit von Außen"[4]. Zwar trat Lange 1860 dem Nationalverein bei, doch schien

---

[1] Lange an Meyer, 31. Dezember 1849 (O. A. Ellissen, Friedrich Albert Lange. Eine Lebensbeschreibung, Leipzig 1894, S. 57).
[2] Lange an seine Eltern, Februar 1850 (ebenda, S. 58).
[3] Vgl. den Beitrag von J. H. Knoll, F. A. Lange als Pädagoge.
[4] Lange an Weinkauff, 16. Dezember 1860 (Ellissen, Friedrich Albert Lange a. a. O., S. 58).

ihm eine Tätigkeit in diesem Verein nicht zu behagen, denn weder in Ellissens Biographie noch anderswo erfahren wir etwas über echte Anteilnahme und Wirken in diesem Nationalverein. Sein baldiger Austritt hingegen sagt schon viel mehr über Langes spätere Motivation zu eifrigem wissenschaftlichen Arbeiten aus. Lange ließ seinen Namen aus der Liste der Nationalvereinsmitglieder streichen, weil diese sich weigerten, Arbeiter als Mitglieder aufzunehmen [5].

Einem so sehr an gesellschaftsbewegenden Problemen interessierten Menschen wie Lange konnten die wahren gesellschaftsbewegenden Probleme nicht verborgen bleiben. Die soziale Frage der industrialisierten Länder sollte zur Bestimmung seines Seins werden, der Ansatz zu einer konzentrierten Tätigkeit war die Arbeiterfrage. Die Probleme und die Not der Arbeiter waren es, die Lange zum wissenschaftlichen Arbeiten veranlaßten; hier hatte er seine Lebensaufgabe entdeckt. Seine theoretischen Erkenntnisse über Wesen und Ursache der sozialen Frage brachten ihn unweigerlich in die Situation des Politikers. Seine Theorien verlangten geradezu das praktische Handeln. In der ersten Auflage seiner „Arbeiterfrage" [6] gelangt Lange zu der richtigen Erkenntnis, daß die Lösung der Arbeiterfrage vor allem in den Händen der Arbeiter selbst liegt und fordert als politische Maßnahmen die Politisierung der Arbeiter und ihre Organisation zu einer Front gegen die Bourgeoisie. Er entwickelt ein Programm, wie den Problemen der Arbeiter beizukommen sei, und tritt tatkräftig auf die Bühne der öffentlichen Politik. Hier stellt sich nun die Frage, inwieweit Lange es verstand, die Arbeiterbewegung zu fördern und sie auf den Weg zur Emanzipation voranzutreiben.

2. Politische Reifejahre

Die meisten Fakten und Materialien wie Briefe beziehen wir dabei aus der Lange-Biographie von Ellissen, der wohl besten und umfassendsten Biographie, die wir von Lange haben. In der Interpretation dieser Fakten unterscheiden wir uns jedoch sehr von Ellissen, dessen Biographie äußerst subjektiv erarbeitet worden ist. Ellissen selbst bezeichnet sich als einen der großen Verehrer Langes und seiner Werke [7]. Weiterhin wird jede geschichtswissenschaftliche Arbeit dadurch erschwert, daß Ellissen aus Furcht vor Pressegesetzen bei der Wiedergabe oder bei Auszügen aus Briefen Namen und Ausdrücke wegfallen läßt, von denen er glaubt, daß sie Anstoß erregen könnten [8]. Zum Glück späterer geschichtswissenschaftlicher Arbeiten sind diese Zensuren äußerst selten. Was viel stärker beachtet werden muß, ist die mangelnde Objektivität bei der Lange-Betrachtung, und eine kritische Haltung zu Ellissens Aussagen, insbesondere über Langes politische Einstellung, ist anzuraten.

Eine große Rolle für sein späteres politisches Auftreten spielt Langes Persönlichkeitsentwicklung. Seine ersten Umwelterfahrungen genoß er in Deutsch-

---

[5] Vgl. N. Reichesberg, Friedrich Albert Lange als Nationalökonom, Diss. Bern 1892, S. 19.
[6] F. A. Lange, Die Arbeiterfrage. Ihre Bedeutung für Gegenwart und Zukunft, Duisburg 1865.
[7] Vgl. Ellissen, Friedrich Albert Lange a. a. O., S. 1.
[8] Vgl. E. Bernstein, Zur Würdigung Friedrich Albert Langes, in: Die Neue Zeit, hrsg. von K. Kautsky, Jg. 10, Bd. II, Stuttgart 1892, S. 69.
[9] Lange an Kambli, 4. August 1848 (Ellissen, Friedrich Albert Lange a. a. O., S. 29 f.).

land, die entscheidenden Entwicklungsjahre verbrachte er in der Schweiz, die verglichen mit Deutschland, ein gänzlich anderes politisches Klima aufwies. Daher haben ihn auch die Wellen der 48er Revolution nicht fortgerissen, als er am 4. April 1848 Zürich verließ und nach Bonn reiste, um sich auf Wunsch des Vaters an der dortigen Universität zu immatrikulieren. Sein Übermaß an elterlichem Konservatismus verhinderte anfangs, daß er die Ursache und das Scheitern dieser Revolution in ihrer Tiefe verstehen konnte. Dennoch berührten ihn die deutschen Verhältnisse so sehr, daß er begann, die Schweiz mit anderen Augen zu sehen. In einem Brief an Kambli vom 4. August 1848 heißt es: „Da ich eben den Liberalismus berührte, so kann ich Dir versichern, daß mir jetzt die Schweiz mit allen ihren Parteien vorkommt wie ein großer Zopf, der übrigens erst eben ins Stadium seiner schönsten Blüte tritt ... Ich las jüngsthin in der „Neuen Rheinischen Zeitung", einem Blatte, das die Männer der neuesten mißlungenen Pariser Arbeiterrevolution in Schutz nimmt, einen Artikel über die Schweiz, der das Treffendste enthielt, was ich über die dortigen Verhältnisse gelesen habe ... Ihr steckt jetzt schon manch hundert Jahre in der Republik, lange genug also, um die konservativsten Ansichten mit diesem Begriff zusammenzuzöpfeln, während es bei uns eine neue Idee ist, die andere neue Ideen weckt und hebt und überhaupt mit auf den revolutionären Boden gehört, der wie der vulkanische der fruchtbarste ist"[9]. Eindeutig ist seine kritische Einstellung zu den politischen Verhältnissen in der Schweiz, unzutreffend ist jedoch, daß der Biograph Ellissen Lange deswegen in der Nähe einer Sympathie mit den Redakteuren der „Neuen Rheinischen Zeitung" sieht[10]. Selbst Eduard Bernstein übernimmt Ellissens Angaben kritiklos: „Auf seine politische Entwicklung dürfte die „Neue Rheinische Zeitung" nicht ohne Einfluß geblieben sein, die der zwanzigjährige Student, nach seinen Briefen zu schließen, mit großer Vorliebe studiert zu haben scheint"[11]. Es muß bei der Beurteilung dieses Briefes vielmehr Franz Mehring zugestimmt werden, der einfach verneint, daß das berühmte Revolutionsblatt ihn stark beeinflußt hat[12]. Langes Bezeichnung für das von Marx und Engels herausgegebene Zeitungsorgan „als Blatt, das die Männer der neuesten mißlungenen Pariser Arbeiterrevolution in Schutz nimmt", läßt vielmehr auf kühle Ablehnung als auf innere Zustimmung schließen. Je länger Lange auf deutschem Boden weilte, desto kritischer begann er seine Umwelt und ihre Bezüge zu betrachten. Er begann, mit den tradierten religiösen Auffassungen seines Vaters, eines ordentlichen Theologieprofessors in Zürich, zu brechen: „Der absolute Unterschied des Christentums gegen andere Religionen steht mir nicht mehr fest. Das sittlich religiöse Verhalten der aufrichtigsten Diener der verschiedenen Religionen (inklusive Christentum) zeigt nur relative Unterschiede. Ebenso die Sicherheit der historischen Grundlage"[13].

Doch trotz seiner Sympathie für die revolutionären Bewegungen von 1848 in Deutschland, blieb Lange ziemlich unpolitisch. Selbst der von ihm zwischen 1849 und 1851 gegründete studentische Novemberverein war ein gemütliches

---

[10] Ebenda, S. 29.
[11] E. Bernstein, Zur Würdigung Friedrich Albert Langes a. a. O., S. 72.
[12] Siehe F. Mehring, Einleitung zu F. A. Lange. Die Arbeiterfrage, in: F. Mehring, Gesammelte Schriften, Bd. 4, Aufsätze zur Geschichte der deutschen Arbeiterbewegung, Berlin 1963, S. 337.
[13] Lange an Meyer, 4. August 1848 (Ellissen, Friedrich Albert Lange a. a. O. S. 31).

Zusammensein von gleichgesinnten Kommilitonen und entbehrte jeder politischen Tendenz [14]. Seine sozialpolitischen Ideen in dieser Zeit waren noch äußerst vage und recht unreif. In einem undatierten Brief an Kambli, der wohl zwischen 1849 und 1851 geschrieben worden sein muß, formuliert er seine Staatsideen als „organisierte Anarchie" oder „Staat auf Aktien" und glaubt, „daß die soziale Republik nicht durchdringen" und sich das Zusammenleben der Menschen „im Gegenteil zu größerer Freiheit und Selbständigkeit entwickeln werde" [15].

Die folgenden Jahre sind erfüllt von Studium, Wehrdienst, einer von 1852 bis 1855 andauernden Tätigkeit als Hilfslehrer am Kölner Gymnasium und seiner Habilitation als Privatdozent für Philosophie an der Bonner Universität, wo er bis 1858 verweilte. Da die Aussichten für eine feste Anstellung ungünstig blieben, kehrte er der Universität nach dreijähriger emsiger und erfolgreicher Lehre über Moralstatistik den Rücken und wurde Lehrer an dem Duisburger Gymnasium, an dem er einst selber Schüler gewesen war. Diese wenig für die Politik hergebenden Jahre müssen als die naturbedingt unruhigen Entwicklungsjahre Langes angesehen werden, in denen er seine Lebenserfahrung zu sammeln hatte, um zu einer starken Persönlichkeit reifen zu können.

Der Wechsel von der Bonner Universität zum Duisburger Gymnasium war der Beginn einer neuen eigenständigen Phase in Langes Leben, die ihn auch in politischer Hinsicht reifen ließ. Sein Betätigungsfeld war sowohl die praktische als auch die theoretische Pädagogik. Von seiner Tätigkeit als Lehrer in Duisburg war er so begeistert, daß er den Entschluß faßte, dort endgültig Fuß zu fassen [16]. Neben seinen ausgezeichneten Leistungen auf dem Gebiete der Pädagogik, hier ist vor allem sein Einsatz für eine mehr an der Schulwirklichkeit orientierte Reform der Studienordnung künftiger Pädagogen zu erwähnen [17] nahm die Politik einen immer größeren Raum in Langes Interessensphäre ein. Dabei reflektierte er weniger über Regierungspolitik als vielmehr über die lokalpolitischen Verhältnisse. Jede Gelegenheit wurde von ihm wahrgenommen, in die örtliche Gesellschaft mit ihrer Gesamtstruktur einzudringen, um an der Wirklichkeit ihrer alltäglichen Ereignisse sein Studium zu treiben. Er schloß sich 1860 Organisationen mit unterschiedlichsten Gesellschaftsbezügen an, so wurde er Mitglied des Nationalvereins, saß im Vorstand des Turnvereins, war Vorsitzender in der Sonntagsschule, Lehrer und Vorstandsmitglied der höheren Töchterschule, Mitglied des evangelischen Presbyteriums etc. Obwohl er sich äußerst stark für eine Anzahl gesellschaftlicher Belange engagierte, blieb er dennoch recht passiv und versuchte nicht einmal, einen Sitz im preußischen Abgeordnetenhaus zu bekommen. Der Grund für dieses letzte Zögern, sich aktiv an der Politik zu beteiligen, ist wahrscheinlich noch in seiner politischen Unsicherheit und in dem Mangel an echten Impulsen aus seiner Umwelt zu suchen. Sein Drang zu aktivem gesellschaftlichem Handeln suchte die Konfrontation mit Problemen, ohne sie zunächst finden zu können.

---

[14] Ebenda, S. 55.
[15] Ebenda, S. 62.
[16] Ebenda, S. 102 f.
[17] Vgl. den Beitrag von J. H. Knoll.

3. Langes aktive Hinwendung zur Politik

Als im Jahre 1862 das Schulkollegium in Koblenz in einem Rundschreiben die Lehrer der Rheinprovinz aufforderte, sich jeglicher Agitation im öffentlichen Leben zu enthalten, kam es zwischen Lange und der preußischen Regierung zu einem ersten Konflikt [18]. Langes freiheitlicher Geist fühlte sich derart provoziert durch diese reaktionäre und konservative Maßnahme, daß er gleich nach dem Erlaß des Rundschreibens einen Brief an das Königliche Provinzialkollegium schrieb: „Indem ich von der Ansicht ausgehe, daß der in der letzten ordentlichen Konferenz mitgeteilte Erlaß des Königl.-Prov. Schul-Kollegiums vom 16. Januar d. J. nicht die Absicht enthält, mich in der Ausübung verfassungsmäßiger Rechte zu beschränken, und indem ich in demselben lediglich eine Ansicht der königlichen Behörde, verbunden mit einem wohlgemeinten Rate, ausgesprochen finde, sehe ich mich zu der Erklärung veranlaßt, daß meine Auffassung meines Berufes von Grundsätzen ausgeht, welche es mir unmöglich machen, den erwähnten Mitteilungen des Königl. Prov. Schul-Kollegiums einen Einfluß auf mein Verhalten in öffentlichen Angelegenheiten zu gestatten" [19]. Nach diesem entschiedenen Brief ging Lange noch weiter und agitierte öffentlich in der Königsgeburtstagsrede vom 22. März 1862: „Wollen wir Bürger bilden, — vergeblich werden wir bei der Lektüre der Alten, vergeblich bei geschichtlichen Vorträgen, vergeblich im Religionsunterricht auf die hohen Pflichten dieses Standes hinweisen, wenn wir nicht vor allem selbst Bürger sind, Bürger in dem vollen Sinne, die die Zustände unseres Staates, die Verhältnisse der Gegenwart von uns fordern ..." [20]. Langes Zivilcourage machte auch nicht Halt, als nach dem Antrag des Kammermitglieds Hagen im Abgeordnetenhaus auf Änderung des Etats die Kammer aufgelöst und Neuwahlen ausgeschrieben wurden und der preußische Innenminister Jagow einen Erlaß herausbrachte, nach dem Beamten und Behörden zur Konformität gezwungen werden sollten [21]. Lange reagierte mit einem Artikel in der „Rhein- und Ruhr-Zeitung", in dem er die preußische Regierungspolitik scharf kritisierte und wenig später am 2. April einen Aufruf an die Urwähler des Kreises Duisburg-Essen, den Antrag Hagens zu unterstützen, unterschrieb [22]. Daraufhin spitzten sich die Auseinandersetzungen Langes mit der Regierung so sehr zu, daß er trotz eines späteren Einlenkens der Behörden, am 30. September 1862 um seine Entlassung aus dem Staatsdienst bat. Lange sah keinen Sinn mehr im Beamtendasein; die mit zwingender Notwendigkeit kommende Konfrontation mit den feudalen Kräften ließ seinen politischen Geist vollends erwachen, und fortan widmete er sich der Politik. So schreibt er schon vor der Entlassung seinem Freund Weinkauff: „Meinen Schreibtisch zieren jetzt schon die brauchbarsten staatswissenschaftlichen und volkswissenschaftlichen Hülfsbücher" [23].

Das politische Lager fand er bei den Liberalen. So wurde er am 17. Nov. 1862 Mitredakteur bei der liberalen „Rhein- u. Ruhr-Zeitung" und nahm am

---

[18] Vgl. den Beitrag von Ludger Heid, S. 56 ff., der ausführlich den Konflikt behandelt.
[19] Lange an das Königl. Prov. Schul-Kollegium, 24. Februar 1862 (Ellissen, Friedrich Albert Lange a. a. O., S. 116).
[20] Ebenda, S. 117.
[21] Ebenda.
[22] Ebenda.
[23] Ebenda, S. 121.

1. Jan. 1863 die Stellung eines Sekretärs bei der Duisburger Handelskammer an. Später begann er, mit Erfolg politische Artikel für das „Wochenblatt für die Grafschaft Mark", die „Westfälische Zeitung" und die „Süddeutsche Zeitung" zu schreiben [24]. Neben dem Beginn seiner Arbeit an der „Geschichte des Materialismus" orientierte sich Lange mehr als je zuvor an politischer Literatur und Wissenschaft. Es dauerte auch nicht mehr lange, bis Langes Verhältnis zum deutschen Liberalismus sich zu wandeln begann. Eben durch sein anfängliches Engagement für die liberale Sache, deckte Lange allmählich ihre Schwächen und Fehler auf, und sein Entfremdungsprozeß von der preußischen Fortschrittspartei setzte ein. In den Jahresberichten von 1862 und 1863, die er als Handelskammersekretär verfaßte, schilderte er die gewerblichen Verhältnisse Duisburgs und erkannte somit Mißstände und ihre Ursachen. Er forderte in dem Bericht: „Alle Einrichtungen des Staates zur Förderung des Handels und der Gewerbe müssen hervorgehen aus der richtigen Erkenntnis von der Wichtigkeit der Arbeit auf diesem Gebiete, aus der Einsicht in die hohe Bedeutung des Handels und des Gewerbes für das Gedeihen des ganzen Staates, und aus der Achtung vor der Tätigkeit derjenigen Stände, welchen die materielle Förderung des Ganzen und damit auch die Grundlegung für den Fortschritt auf allen Gebieten obliegt" [25]. Zwar strebte Lange hier noch die Emanzipation der liberalen Kräfte an, aber seine Abkehr vom egoistischen Wirtschaftsprinzip der Liberalen bahnte sich schon deutlich an. Ende 1863 verweigerte Lange seine Kandidatur zum Abgeordneten in Mettmann, obwohl er zur Wahl stand, und isolierte sich weiter von der liberalen Bewegung. So heißt es in einem Brief an Überweg: „Ich bin so frei, mir allmählich den Standpunkt Tells anzueignen: ,Der Starke ist am mächtigsten allein' " [26].

Seiner Stellung als Handelskammersekretär, die es ihm zur Pflicht machte, sich mit volkswirtschaftlichen Fragen zu beschäftigen, ist es wahrscheinlich zuzuschreiben, daß er Ende 1862 den Duisburger Konsumverein anders organisiert als nach dem Organisationsschema von Schulze-Delitzsch. Über die andersartige Zielsetzung dieses Vereins, dessen Vorsitzender Lange wurde, ist an anderer Stelle gesprochen worden [27]. Mit Langes Eintreten für die soziale Bewegung setzte jedenfalls die Entfremdung von Schulze-Delitzsch ein, und es dauerte nicht mehr lange, bis es zum endgültigen Bruch kam.

Während der Presseverordnungen vom 1. Juni 1863 war Lange einer der wenigen, die mit scharfen Flugschriften gegen die Oktroyierungen von 1863 agitierten und sich in den Verfassungskampf einschalteten. Das Versagen der liberalen Fortschrittspartei in der Verfassungspolitik und die Verleugnung einer Arbeiterklasse ließen Langes Verhältnis zu Schulze-Delitzsch erkalten. Die soziale Frage war Lange zum Hauptproblem geworden. Am 2. Febr. 1864 trat er aus der Redaktion der „Rhein- und Ruhr-Zeitung" aus, weil diese nicht energisch genug für die Interessen der Arbeiter eintrat und allzu liberal in ihrem Selbstverständnis blieb. Seine Agitation für die arbeitende Klasse richtete sich nun mehr als zuvor gegen das feudale Junkerregime Bismarcks

---

[24] Vgl. den Beitrag von Heinz-Dieter Fischer, S. 145 ff., der ausführlich Langes publizistisches Wirken untersucht.
[25] Zitiert nach Ellissen, Friedrich Albert Lange a. a. O., S. 130.
[26] Lange an Überweg, 1. Dezember 1862 (ebenda, S. 122).
[27] Zu dem Verhältnis Langes zu Schulze-Delitzsch vgl. Peter Irmer, Friedrich Albert Lange und die deutsche Arbeiterbewegung, maschinenschr. Staatsexamenarbeit, Duisburg 1972, S. 56—67.

und gegen die arbeiterfeindliche Fortschrittspartei. Lange spricht über diese seine Ansichten in einem späteren Presseprozeß: „Es ist der Gedanke, daß in dem Konflikt, wie er sich nun einmal gestaltet hat, die konservativen Mächte des Feudalismus und der Bürokratie auf der einen Seite, der Geldaristokratie auf der anderen, sich gewissermaßen neutralisieren und dadurch den hemmenden Einfluß schwächen, den sie in gewöhnlichen Zeiten, sowohl auf die idealistischen Bestrebungen unserer Denker als auch auf das Emporstreben der arbeitenden Klasse ausüben. Je länger und schärfer dieser Konflikt, desto größer die Gefahr einer sozialen Revolution, die keiner von beiden gewollt hat; desto größer aber auch die Hoffnung, durch die soziale Reform einen Fortschritt der modernen Völker zu erzielen, der weit über die Zwecke der Fortschrittspartei hinausgeht" [28]. Während die Fortschrittspartei mit Bismarck um ihre Emanzipation kämpft, übersieht sie die wahre Problematik: die Arbeiterfrage als die Europas Zukunft bestimmende Frage. Diese soziale Frage will Lange zum Gegenstand aller politischer Bemühungen erhoben wissen. Das, was der Fortschrittspartei fehlte, nämlich die Sozialpolitik, war Langes erklärtes Arbeitsfeld geworden, und sein Ziel war die Emanzipation der Arbeiterklasse aus der Unterdrückung.

Nicht unbeeinflußt durch Lassalles entschiedene Hinwendung zur Arbeiterklasse, gibt sich Lange nun immer leidenschaftlicher der sozialen Agitation hin und hält in Duisburg, Ruhrort, Mülheim, Essen, Elberfeld und anderen Orten Versammlungen ab, auf denen er den Arbeitern seine sozialistischen Ideen vorträgt. Eduard Bernstein sieht in Langes Arbeiteragitation die modifizierten Kampfziele Lassalles mit etwas mehr Kritik in bezug auf das allgemeine Wahlrecht und die Produktivassoziationen und mit noch größerer Schonung der Fortschrittspartei [29].

Dieser Einsatz für die Beseitigung der Arbeiternot machte Lange für die bürgerliche Gesellschaft unmöglich, und am 30. Juni kündigte er, ob freiwillig oder nicht steht nicht fest, seine Stelle als Handelskammersekretär in Duisburg. Mit dem Plan, aufklärerische Volksschriften herauszugeben, war Lange schon am 1. Juni stiller Teilhaber des Buchverlages Falk und Volmer geworden und hatte nun die gewünschte Position erlangt, die ihm ein selbständiges Handeln erlaubte.

So finden wir Lange Mitte Juni beim Genossenschaftstag für Rheinland und Westfalen in Krefeld, und im September bei der Naturforscherversammlung in Gießen wieder, um seinen geistigen Horizont zu erweitern. Die wohl bedeutendste und folgenreichste Reise in seinem Leben unternahm Lange im Oktober 1864, wenige Wochen nach Lassalles Tod, als Delegierter des Duisburger Konsumvereins zum zweiten Vereinstag der deutschen Arbeitervereine nach Leipzig. Da auch die Leipziger Lassalleaner unter Fritzschens Führung vertreten waren, kam es zu heftigen Auseinandersetzungen, in denen auch Lange als Vermittler auftrat. Neben Sonnemann, Bebel, Max Hirsch und anderen wurde Lange in den Ständigen Ausschuß gewählt. Über die Rolle, die Lange auf diesem Vereinstag spielte, und über seine Erscheinung berichtet August Bebel: „Was meinen persönlichen Verkehr mit Lange betrifft, so muß ich bekennen, daß ich selten einen sympathischeren Menschen kennengelernt habe als ihn. Ein Mann, dem die Ehrlichkeit, Geradheit und Offenheit auf

---

[28] Zitiert nach Ellissen, Friedrich Albert Lange a. a. O., S. 133.
[29] Vgl. E. Bernstein, Zur Würdigung Friedrich Albert Langes a. a. O., S. 107.

der Stirne geschrieben stand, und der im Umgang von dem liebenswürdigsten Benehmen war. ... Auf dem Arbeitervereinstag zu Leipzig, auf welchem auch einige Lassalleaner, deren Gegner ich damals war, vertreten waren, kam es zwischen den beiden Parteien der „Selbsthilfe" und der „Staatshilfe" zu heftigen Kämpfen, die zu sehr turbulenten Szenen zu führen drohten, und da war es Lange, der mit großem Takt als Vermittler eingriff und die Streitenden auseinanderbrachte. Lange war auf beiden Seiten gleich beliebt, und wenn auch seinen Versöhnungs- und Ausgleichsversuchen keine Folge gegeben wurde — dazu waren beide Teile zu sehr verbissen und zu wenig geneigt, in ihren Anschauungen nachzugeben — so genoß er doch vor wie nach die beiderseitige höchste Achtung, und ein Wort von ihm fand jederzeit Beachtung"[30]. Daß Lange trotz seiner Bemühungen um Vermittlung keinen Erfolg hatte, lag einfach daran, daß er vermitteln wollte, wo es nichts mehr zu vermitteln gab[31]. Vergeblich riet er in Leipzig den Liberalen und der Fortschrittspartei, ein objektiveres, sachlicheres und wissenschaftlicheres Verhalten gegenüber den Lassalleanern einzunehmen, um der Gesamtbewegung nicht zu schaden. Mehr als viele der Teilnehmer an diesem Vereinstag war Lange mit der Lassalleschen Arbeiteragitation durch die starke Vertretung ihrer Anhänger im Raume Duisburg vertraut. Von den 4610 Mitgliedern des ADAV (Allgemeiner deutscher Arbeiterverein) im Herbst 1864 entfielen mehr als die Hälfte auf das Rheinland[32].

Von Leipzig zurück, beteiligte sich Lange im November schon wieder aktiv an einem anderen Vereinstag, dem dritten Vereinstag des rheinisch-westfälischen Konsumvereins in Duisburg und brachte ihn unter seinen Einfluß[33]. Es gelang ihm, durch ein Referat über die Errichtung von Konsumvereinen seine Auffassung von Genossenschaften unter den Arbeitern noch mehr publik zu machen und die Trennungslinie zu Schulze-Delitzsch noch deutlicher zu ziehen.

Durch seine eigenartige Haltung auf dem Leipziger Vereinstag, der einzig und allein als Gegenorganisation zum ADAV gedacht war, und durch seine andersartige Auffassung vom Genossenschaftswesen war Lange verpflichtet, seinen eigenen Standpunkt zur Arbeiterfrage öffentlich darzulegen. Im Januar 1865 erschien daher in seinem Verlag die „Arbeiterfrage, in ihrer Bedeutung für Gegenwart und Zukunft beleuchtet". Im Vorwort zur 1. Auflage sagt Lange: „Die nächste Veranlassung zur Entstehung der gegenwärtigen Schrift ist darin zu suchen, daß ich die Verpflichtung fühlte, meinen zahlreichen Freunden aus dem Arbeiterstand — und ich will auch meine Freunde unter den Arbeitgebern dabei nicht vergessen — über meine Stellung zu der wichtigsten Frage der Gegenwart Rechenschaft zu geben"[34]. Wie sein Verhalten in Leipzig zeigte, lag es nicht im Interesse Langes, sich einer Parteidoktrin zu verschreiben. „Durchaus abgeneigt, die Verwirrung in unserer sozialen Frage durch den Versuch zur Bildung einer neuen Partei zu vermehren, abgeneigt mit einer der bestehenden durch Dick und Dünn zu gehen, nicht minder aber fest entschlossen, in meiner Tätigkeit für das Wohl der gedrückten Volks-

---

[30] Bebel an Ellissen, 11. November 1889 (Ellissen, Friedrich Albert Lange a. a. O., S. 135).
[31] Vgl. F. Mehring, Gesammelte Schriften, Bd. 2, Geschichte der deutschen Sozialdemokratie, Berlin 1960, S. 193.
[32] Vgl. ebenda, S. 136.
[33] Vgl. Ellissen, Friedrich Albert Lange a. a. O., S. 136.
[34] Lange, Die Arbeiterfrage a. a. O., S. 3.

klassen fortzufahren, konnte ich nichts tun, als meine eigenen Ansichten offen darzulegen, damit jeder im voraus wissen kann, wo ich mit ihm gehe und wo nicht" [35].

Zunächst fand diese „flüchtige Extemporation, im drängenden Moment binnen weniger Wochen aufs Papier geworfen" [36] einen starken Anklang unter den Arbeiterkonsumvereinen im Rheinland, doch im Vorwort zur dritten Auflage muß Lange die „totale Nichtbeachtung der ersten Auflage in den Kreisen der Arbeitervereine und ihrer Stimmführer" [37] zugeben. Obwohl so populär wie Lassalles „Arbeiterprogramm" und selbst populärer als Lassalles „Bastiat-Schulze" geschrieben [38]; fand Langes Agitationsschrift nicht die erhoffte Verbreitung und Wirkung. Nicht weil sie zu vornehm war, sondern weil zur damaligen Zeit, wie Bernstein annimmt, der Schriftensatz zu langsam und die ganze Bewegung noch zu unterentwickelt war, blieb der Erfolg aus [39].

Franz Mehring geht in der Beurteilung der Frage, warum Langes „Arbeiterfrage" sich nicht durchsetzen konnte, bedeutend weiter und sieht die Ursache einmal darin, daß ihr Grundgedanke vom Kampf um das Dasein einfach falsch und dieser Grundgedanke darüber hinaus nicht exakt genug dargelegt wurde, so daß jene von Lange aufgestellten Naturgesetzlichkeiten vom Arbeiter als unüberwindlich mißverstanden werden mußten [40]. Es muß in der Tat für den einfachen Arbeiter schwer gewesen sein, das letzte und kürzeste Kapitel, den „Weg zur Rettung", verstanden zu haben, nachdem in den ersten beiden Kapiteln die Unerbittlichkeit der Darwinistisch-Malthusischen Theorie und im dritten und vierten Kapitel die Ohnmacht, diese Naturgesetze vollkommen aufheben zu können, geschildert worden war.

Mit der Sicherheit, die ihm die anfänglich gute Resonanz der „Arbeiterfrage" in der Öffentlichkeit gab, widmete sich Lange mit ganzer Kraft dem Emanzipationsstreben der Arbeiter. Er setzte sich für ihre Sache ein, wo immer es ihm möglich war. Wie stark und gefährlich sein Engagement für die Arbeiter war und welchen Mut es ihm abverlangte, zeigt sich an einem Brief von Lange an Sonnemann, in dem er sich über die Kampfstrategie bei einer etwaigen Reaktion der Regierung, die die Auflösung der Genossenschaften zum Ziele hätte, äußert: „Unsere Konsumvereine würde ich sofort als Handelsgesellschaft eintragen lassen ... Die Bildungsvereine müßten sich nach meiner Meinung bei der ersten Attacke unter schärfstem Protest — massenhaft an der Öffentlichkeit — auflösen, in einer Form, welche tatsächlich Vertagung ist. Sodann öffentliche wissenschaftliche Vorträge, gegen welche die Polizei gar keinen Angriffspunkt hat, meinetwegen über den Mond und die als Demonstration massenhaft besucht werden. ... Sobald es zweckmäßig schiene, müßten die Vereine — wie die Kosaken im Krieg — wieder erscheinen und sich wieder auflösen lassen. Man hat viele Mittel, wenn man will!" [41]. Man sieht, wie ernst es Lange mit der Politisierung und Organisation der Arbeiter war. Wäre

---

[35] Ebenda.
[36] So im Vorwort zur 2. Auflage der „Arbeiterfrage", die 1870 in Winterthur erschien.
[37] So im Vorwort zur 3. Auflage der „Arbeiterfrage", die 1874 in Winterthur erschien.
[38] Vgl. F. Mehring, Einleitung zu F. A. Lange a. a. O., S. 135.
[39] Vgl. E. Bernstein, Zur Würdigung Friedrich Albert Langes a. a. O., S. 133.
[40] Vgl. F. Mehring, Einleitung zu F. A. Lange a. a. O., S. 352.
[41] Lange an Sonnemann, 31. Juli 1865 (F. A. Lange, Über Politik und Philosophie. Briefe und Leitartikel 1862—1875. Hrsg. u. bearb. v. G. Eckert, Duisburger Forschungen, Beiheft 10, Duisburg 1968, S. 91).

dieser Brief damals der preußischen Regierung in die Hände gefallen, man hätte Lange als gefährlichen Unruhestifter abgeurteilt.

Anfang September finden wir Lange auf dem Vereinstag deutscher Arbeitervereine (VDAV) in Stuttgart wieder, wo er zwei Referate, eins über die Baugenossenschaften und eins über das Vereinsorgan, die „Coburger Arbeiterzeitung" übernommen hatte. Obwohl Lange sich zusammen mit Sonnemann wegen der ernsten Wohnungsnot der Arbeiter für diese erstmalig in England erprobte Genossenschaft einsetzte, und schon Anfang 1865 in Duisburg die Broschüre „Jedermann Hauseigentümer. Das bewährte System englischer Baugenossenschaften für deutsche Verhältnisse bearbeitet und in seiner Verwendbarkeit für Arbeitergenossenschaften jeder Art nachgewiesen" herausgab, blieb das Projekt wegen der arbeiterfeindlichen Genossenschaftsgesetze der Regierung undurchführbar [42].

Als sich die politischen Verhältnisse in Deutschland noch weiter zuspitzten und Bädecker, der Verleger des „Wochenblatts für die Grafschaft Mark", Langes scharfe Leitartikel nicht mehr zu veröffentlichen wagte, verwirklichte Lange das schon in der ersten Auflage seiner „Arbeiterfrage" erwähnte Projekt einer Arbeiterzeitung. Vom 1. Oktober an erschien in Langes eigenem Verlag der „Bote vom Niederrhein. Zugleich Anzeiger für den Kreis Duisburg". Neun Monate lang, bis zum 29. Juni 1866, setzte sich Lange in dieser Arbeiterzeitung für die Belange der Arbeiter ein.

Die Gründungsgeschichte des „BvN" und die Geschichte seiner Herausgabe bilden den Höhepunkt und Abschluß von Langes politischem Wirken am Niederrhein. Mit der Einstellung des Blattes endet Langes Agitation für die deutsche Arbeiterbewegung, seine Auswanderung in die Schweiz läßt ihn jegliche Bedeutung für deren weitere Geschichte verlieren.

Schon einen Monat vorher, am 22. Mai 1866, teilt Lange seinem Freund Kambli seine Resignation mit, die zum Ende seiner aktiven politischen Tätigkeit für die Arbeiterbewegung führte: „Ich würde nicht daran denken, mich unseren politischen Kämpfen zu entziehen, wenn ich eine einzige Partei fände, auf der sich mit Zuversicht bauen ließe; allein gerade darin sieht es bei uns am schlimmsten aus. Vorne wird getrommelt, aber hinten sind keine Soldaten. Selbst mit den Arbeitern ist einstweilen nicht viel anzufangen, obwohl sie einen guten Stoß zur weiteren Entwicklung erhalten haben. Leider ist Bismarck darin Louis Napoleon vergleichbar — den Führern der Volkspartei durch Raffinement und Entschlossenheit weit überlegen. Das Ministerium sucht sich mit aller Gewalt durch tüchtige Leute zu verstärken, einerlei aus welchem Lager sie kommen. Mich hat man mit Verfolgungen auf der einen Seite und Verlockungen auf der anderen förmlich umstellt" [43].

Gesellschaftlich isoliert [44], politisch mit den Fortschrittlern gebrochen, ohne sich entschlossen für die Sozialisten engagiert zu haben, konnte Lange 1866 die Verfolgungen, Mühen und Sorgen nicht mehr ertragen und fand einen Ausweg in seiner Auswanderung in die Schweiz, wo neue Aufgaben in Politik und Wissenschaft auf ihn warteten [45].

---

[42] Vgl. Ellissen, F. A. Lange a. a. O., S. 144.
[43] Lange an Kambli, 22. Mai 1866 (Ellissen, F. A. Lange a. a. O., S. 150).
[44] Vgl. A. Bebel, Aus meinem Leben, Berlin 1961, S. 103.
[45] Vgl. Ellissen, F. A. Lange a. a. O., S. 152 ff. und N. Reichesberg, F. A. Lange als Nationalökonom a. a. O., S. 30 ff.

Die Jahre von 1864, als Lange in den Ständigen Ausschuß des VDAV gewählt wurde, bis zur Gründung des BvN, in dem er eine äußerst energische politische Agitation entfaltete, sind Langes bedeutendste Lebensjahre gewesen. Sein Biograph Reichesberg erklärt: „Die Zeit, die Lange in Duisburg verbrachte, hielt er für die inhalts- und ereignisvollste seines ganzen Lebens und sie war zugleich ..., von 1866 abgesehen, seine glücklichste und heiterste Lebensperiode" [46]. Diese letzten Jahre in Duisburg, in denen sich Langes politisches Handeln kulminiert, sind von solch großer Relevanz für die deutsche Arbeiterbewegung, daß sie ein eigenständiges Kapitel verlangen. Was in Langes wissenschaftlichen Werken die Darwinistisch-Malthusische Theorie des „Kampfes um das Dasein" ist, ist für Langes politisches Handeln seine Tätigkeit auf den Vereinstagen der deutschen Arbeitervereine und die mit diesem Einsatz verknüpfte Herausgabe des „Boten vom Niederrhein".

II. Lange und die Linksorientierung des VDAV

Zwei Wochen nach Gründung des ADAV, am 7. und 8. Juni 1863, wurde in Frankfurt am Main aus Furcht vor dieser selbständigen Arbeiterorganisation und deren sichtlichem Erstarken der VDAV gegründet [47]. Während des ersten und zweiten Vereinstages bestimmte der bürgerliche Ausschuß, der sich aus bürgerlichen Liberalen und kleinbürgerlichen Demokraten zusammensetzte, noch die Richtung der Agitation. Aber ohne daß die Liberalen es verhindern konnten, förderte der Zusammenschluß der Arbeitervereine deren Politisierung und die Trennung von der Ideenwelt der Bourgeoisie.

Schon auf dem zweiten Vereinstag am 23./24. Okt. 1864 in Leipzig zeigte sich ein Ruck nach links, und einer dieser Initiatoren war Friedrich Albert Lange [48]. Energisch trat er Eugen Richter wie auch anderen Liberalen entgegen, die versuchten, die Genossenschaftsbewegung in ihrem Schlepptau zu halten und jede selbständige Arbeiterbewegung im Keim zu ersticken. Der erste entscheidende Ruck nach links erfolgte jedoch erst auf dem dritten Vereinstag vom 3. September 1865 in Stuttgart, wo es im wesentlichen mit dem harmlosen Debattieren über liberale Angelegenheiten vorbei war und die Forderungen des Proletariats nach Koalitionsfreiheit und allgemeinem Wahlrecht die Kernpunkte hitziger Diskussionen waren. Vom Stuttgarter Vereinstag an bewegte sich der VDAV stetig und unaufhaltsam nach links, um schließlich in der Gründung einer revolutionären Arbeiterpartei auf dem Eisenacher Kongreß im August 1869 zu enden. Einer der ersten, die diesen Prozeß der politischen Trennung von der Bourgeoisie einleiteten, war Friedrich Albert Lange [49].

Schon 1864 auf dem zweiten Vereinstag des VDAV in Leipzig war Lange neben Bebel unter anderem in den Ständigen Ausschuß gewählt worden. Von

---

[46] Ebenda, S. 16.
[47] Vgl. Geschichte der deutschen Arbeiterbewegung, hrsg. v. Institut für Marxismus-Leninismus beim Zentralkomitee der SED, Kap. II, Periode v. 1849—1871, Berlin 1966, S. 54.
[48] Vgl. F. Mehring, Gesammelte Schriften a. a. O., S. 369.
[49] Vgl. M. Hundt, Ein Versuch zur Linksorientierung des Verbandes Deutscher Arbeitervereine im Frühjahr 1865, in: Beiträge zur Geschichte der deutschen Arbeiterbewegung, 4/1965.

diesem Zeitpunkt an war Langes Ziel die Linksorientierung des VDAV. Seine mit Schulze-Delitzsch brechende Auffassung von Sinn und Wert der Genossenschaften, insbesondere der Konsumvereine, hatte ihn schon früher veranlaßt, Versammlungen unter der niederrheinischen Arbeiterschaft abzuhalten, wo er seine Ansichten vom Emanzipationskampf vortrug. Neben dieser mündlichen Agitation beschäftigte ihn vor allem die Herausgabe populärer Volksschriften, was schließlich dazu führte, daß er stiller Teilhaber an einem Buchverlag wurde.

In der Zeit zwischen dem Vereinstag des VDAV und dem Vereinstag rheinisch-westfälischer Konsumvereine, also Ende Oktober/Anfang November, entwarf Lange das „Programm der Rheinisch-Westfälischen Arbeiterzeitung"[50], den Prototyp des später im Oktober 1865 erscheinenden BvN. Als Organ des vierten Standes sollte diese Zeitung regional und überregional Einfluß auf die Arbeiter ausüben.

Martin Hundt wertete das damalige Projekt als einen Versuch zur Verbrüderung des ADAV mit dem VDAV: „Als Lange das Programm der Zeitung entwarf, tat er es in der Absicht, die gemeinsamen Interessen aller deutscher Arbeiter so stark in den Vordergrund zu rücken, daß an dem Blatt sowohl Mitglieder des ADAV als auch die noch mehr oder weniger auf Schulze-Delitzsch schwörenden Mitglieder des VDAV mitwirken konnten und auf diese Weise zu einer Einigung der beiden Strömungen beigetragen wurde"[51].

Doch zur Verwirklichung dieses Projektes kam es damals noch nicht, weil es höchst zweifelhaft war, ob die Zeitung überhaupt eine genügende Massenbasis finden würde. In der Vorbemerkung „Über das Projekt einer Rheinisch-Westfälischen Arbeiterzeitung" teilt Lange mit: „So lebhaft das Projekt auch in den einzelnen Kreisen gefördert wurde, so stellte sich doch bald heraus, daß die große Masse der Arbeiter teils für ein solches Unternehmen noch zu gleichgültig, teils zu entschieden auf der Seite der Lassalleaner war, als daß das neue Blatt genügende Teilnahme hätte gewinnen können. Da zugleich diese Partei, statt sich zu größerer Toleranz zu wenden, sich immer mehr in eine förmliche Dogmatik der sozialen Frage hineinarbeitete, da sie ferner neben ihrem früheren eigenen Organ noch ein zweites erhielt, so war auf Ausbreitung unserer Arbeiterzeitung in diesen Kreisen nicht mehr zu rechnen"[52].

Anfang 1865 jedoch fand Lange für sein Projekt eine ganz andere Zielsetzung. Der direkte Versuch, ADAV und VDAV zu verbrüdern, unterlag dem neuen Versuch, mit Hilfe des Zeitungsprojektes den Ausschuß des Verbandes deutscher Arbeitervereine zu einer entschiedeneren, konsequenteren Vertretung der Interessen der Arbeiterbewegung zu bewegen. Langes erklärtes Ziel hieß jetzt nicht mehr Vereinigung, sondern Linksorientierung des VDAV, statt des Ausgleichs strebte Lange die Zurückdrängung des arbeiterfeindlichen liberalen Elements und die Stärkung der Arbeiterrichtung im Verband an. Das Medium für eine erfolgreiche Manipulation erblickte Lange in der Erhebung seines privaten Zeitungsprojektes zum entweder neuen oder zweiten Vereinsorgan oder in der Umgestaltung des Selbstverständnisses des alten Vereinsorgans[53].

---

[50] F. A. Lange, Die Arbeiterfrage. Mit Einleitung und Anmerkungen hrsg. v. F. Mehring, Berlin 1910, S. 159 f.
[51] M. Hundt, Ein Versuch zur Linksorientierung a. a. O., S. 694.
[52] F. A. Lange, Arbeiterfrage (Ausgabe Mehring) a. a. O., S. 159 f.
[53] Vgl. M. Hundt, Ein Versuch zur Linksorientierung a. a. O., S. 694 ff.

Um eine Basis für seine Arbeiterzeitung zu erreichen, unterwarf Lange jetzt die „Coburger Allgemeine Arbeiterzeitung" einer scharfen Kritik. In einem offiziellen Brief an den Ausschuß vom März 1865 wird an der Kritik dieses Verbandsorgans Langes Linksentwicklung prägnant: „Die Arbeiter zeigen für das Blatt kein Interesse, obwohl sie im ganzen sehr viel lesen. In diesen Kreisen kann kein Blatt Glück machen, welches nicht die spezifischen Arbeiterinteressen in ihrem Gegensatz gegen diejenigen der Bourgeoisie betont; die Richtung mag im übrigen sein, welche sie will. Auch will man mehr von Fabrikordnungen, Lohnverhältnissen und dergleichen mehr und weniger Politik lesen; die Richtung der Politik kann dagegen im freiheitlichen Sinne nicht zu leicht zu weit gehen. Es ist in dieser Beziehung unseren Arbeitern alles recht, wenn sie nur sehen, daß man offen zu ihnen hält und nicht mit der Bourgeoisie. Mit einem Wort: was hier ziehen würde, wäre ein Blatt im Sinne von Marx und Engels, oder zwischen diesem und der Arbeiterzeitung. Nur weil ein solches Blatt fehlt, verbeißen sich die Arbeiter in die rohe und zähe Kost des ‚Nordstern' oder in die neupreußische verfälschte Sozialdemokratie von Berlin. Es verdient aber als Tatsache Beherzigung, daß diese Blätter in unseren industriellen Orten dutzendweise gehalten und bis zur Unkenntlichkeit von den Fäusten der Arbeiter durchblättert und gelesen werden; und zwar, wie ich glaube verbürgen zu können, nicht wegen des Krankhaften und Schädlichen, das sie haben, sondern nur wegen ihrer Parteinahme für den Arbeiterstand im sozialen Kampf. Durch dieses Gute wird sehr vieles Schlechte mit verbreitet.

Ohne meine eigene Richtung — mit der ich, wie ichwohl weiß, im Ausschuß in der Minderheit bin — aufdrängen zu wollen, glaube ich, folgende Änderung in die Richtung der ‚Arbeiter-Zeitung' in Anregung bringen zu dürfen, für welche der Ausschuß, falls er etwas zur Unterstützung des Blattes thut, auch Berücksichtigung fordern darf:

a) Einräumung eines Teils des Blattes als Sprechhalle für jeden, der sich notorisch mit Ernst und Aufrichtigkeit der Arbeitersache widmet (ausgeschlossen natürlich Feudale, Ultramontane und ähnliches Gelichter).

b) Aufnahme einer kurzen ganz populär geschriebenen Übersicht; Beseitigung der hohen Politik (Diplomatie u. dgl.), Abkürzung des Raumes für politische Korrespondenzen.

c) Agitation für die materiellen Interessen des Arbeiterstandes und für seine politischen Rechte" [54].

Es ist schwer zu sagen, ob Lange nun mehr eine Reform der „Coburger Arbeiterzeitung" anstrebte oder mehr sein Projekt zum allgemeinen oder zweiten Verbandsorgan erhoben wissen wollte. Zunächst einmal unterstützte er mit allen Mitteln die notwendige Reform des alten Verbandsorgans. Neben diesem Brief erarbeitete Lange ein neues Programm für die „Arbeiterzeitung" in Coburg und schickte es Sonnemann, damit dieser es bei zu erwartenden Diskussionen im Ausschuß benutzen könne. Da die Reformvorschläge aber keine Resonanz fanden, wendete sich Lange mehr der Gründung eines privaten Organs für den Arbeiterstand zu. In dem oben zitierten Brief an den Ausschuß erwähnte Lange dieses Vorhaben, „... welches jedoch in keiner Weise der ‚Arbeiter-Zeitung' Konkurrenz machen wird, da es nur zehnmal im Jahre, in Heften von je drei Bögen, erscheinen soll ...".

---

[54] Zitiert nach O. A. Ellissen, F. A. Lange a. a. O., S. 139 f.

Trotz des Scheiterns einer Reform der „Coburger Arbeiterzeitung" und der Gründung eines neuen Verbandsorgans ist dieser Versuch als eine der notwendigen Voraussetzungen für den Ruck nach links auf dem Stuttgarter Vereinstag anzusehen [55]. Insbesondere auf Bebel muß Lange einen großen Eindruck gemacht haben. Lange gehörte mit Bebel zur linken Minderheit im ständigen Ausschuß des VDAV und verteidigte Bebels Anschauungen. In seinen Memoiren bestätigt Bebel: „Lange stand im ständigen Ausschuß stets auf der linken Seite und drängte nach links" [56].

Mit seinem Projekt eines privaten Organs für den Arbeiterstand wandte sich Lange in einem Brief vom 2. März 1865 an Marx und Engels, um diese um Mitarbeit für seine Zeitschrift, die er „Sphinx" titulierte, zu bitten [57], weil er ihnen in der Linie der Arbeiterbewegung zustimmte. Höflich verklausuliert sagte Engels ab: „Wie Sie selbst mit Recht einsehen, würde es mir unmöglich sein, Ihnen schon jetzt wegen späterer etwaiger Mitarbeiterschaft irgendwelche Zusagen zu machen; lassen wir das zunächst noch eine offene Frage, obwohl wir bei Ihnen jedenfalls nicht riskieren würden, in den Verdacht zu gerathen, als wollten wir von England aus irgendeinen Theil des Proletariats in Deutschland regieren" [58].

Diese Absage hinderte Lange trotzdem nicht daran, ein Arbeiterorgan herauszugeben. Statt der Zeitschrift „Sphinx" brachte Lange die Arbeiterzeitung „Bote vom Niederrhein" heraus, die sich jedoch nicht in gewünschtem Maße etablieren konnte und schon nach neun Monaten einging. Wir stimmen in der Beurteilung dieses gescheiterten Vorhabens Martin Hundts kritischem Resumee zu: „Ohne die direkte Mitarbeit von Marx und Engels, ohne Unterstützung des Ausschusses des Verbandes deutscher Arbeitervereine und ohne genügende Massenbasis mußte Langes ‚Bote vom Niederrhein', in dem er seine im Frühjahr 1865 entwickelten Ansichten zu verwirklichen suchte, ein ‚Blättchen' sein und ohne tiefere Wirkung auf die Geschichte der deutschen Arbeiterbewegung bleiben" [59].

Obwohl Langes Arbeiter-Zeitung durch die fehlende Unterstützung von seiten revolutionärer und reformerischer Kräfte a priori zum Scheitern verurteilt war, hinderte ihn dies nicht, sich weiterhin tatkräftig für die Emanzipationsbestrebungen der Arbeiter in seinem Kreise einzusetzen. Prinzipiell auf dem richtigen Wege, die Notwendigkeit einer selbständigen Arbeiterorganisation erkennend, war seine Agitation im BvN trotz schlechter Startbedingungen nicht gänzlich nutzlos. Wenn auch der erhoffte überregionale Erfolg ausblieb, so verstand Lange es doch, der regionalen Arbeiterbewegung richtige Wege zu weisen.

III. Lange in der Kritik von Bebel, Mehring und Bernstein

Zum Abschluß unserer Darstellung wollen wir bekannte Arbeiterführer wie August Bebel, Franz Mehring und Eduard Bernstein zu Worte kommen lassen.

---

[55] Vgl. M. Hundt, Ein Versuch zur Linksorientierung a. a. O., S. 697.
[56] Vgl. A. Bebel, Aus meinem Leben a. a. O., S. 697.
[57] Lange an Engels, 2. März 1865 (F. A. Lange. Über Politik und Philosophie a. a. O., S. 78 f.).
[58] Engels an Lange, 29. März 1865 (ebenda, S. 79 f.).
[59] M. Hundt, Ein Versuch zur Linksorientierung a. a. O., S. 699.

Die Kritik dieser Arbeiterführer soll zwei Aufgaben erfüllen: einmal soll die Bedeutung Friedrich Albert Langes für die deutsche Arbeiterbewegung zusammengefaßt und zum anderen sein Verhältnis zu Sozialismus und Sozialdemokratie herauskristallisiert werden. Während August Bebel lediglich den Menschen F. A. Lange und seine Position auf dem VDAV beschreibt, kritisieren Eduard Bernstein, der zum Zeitpunkt seiner Lange-Beurteilung noch durchaus marxistisch und so gar nicht revisionistisch war, und vor allem Franz Mehring Lange ausführlich aus marxistischer Sicht.

1. August Bebel über Friedrich Albert Lange

August Bebel, der F. A. Lange im Ständigen Ausschuß des VDAV persönlich kennengelernt hatte, widmete in seinen Lebenserinnerungen zwei Personen ein besonderes Kapitel: seinem Freund Wilhelm Liebknecht und Friedrich Albert Lange [60]. In diesen Memoiren berichtet August Bebel über den Eindruck, den Lange durch seine Persönlichkeit und durch seine Stellung im Ständigen Ausschuß des Verbands Deutscher Arbeitervereine auf ihn machte. Zwischen Bebel und Lange muß ein Verhältnis offen gezeigter Sympathie geherrscht haben, davon zeugen seine bewundernden Worte über Langes Persönlichkeit: „Er hatte prächtige Augen und war einer der liebenswürdigsten Menschen, die ich kennengelernt habe, der auf den ersten Blick die Herzen eroberte. Dabei war er ein Mann von festem Charakter, der aufrecht durchs Leben ging, den Maßregelungen nicht beugten." Als Gesinnungsgenosse Langes liefert uns Bebel die objektivste Quelle über Langes Stellung auf den Vereinstagen in Leipzig und Stutgart. „Zwischen uns und den Lassalleanern nahm er eine vermittelnde Stellung ein..." Aber Lange nahm nicht nur die Rolle eines Vermittlers ein, sondern verfolgte auch eine ganz bestimmte politische Richtung. „Lange stand im ständigen Ausschuß stets auf der linken Seite und drängte nach links." Mit großer Anerkennung spricht Bebel auch von Lange, als dieser 1866 Deutschland verließ, um neuen politischen Aufgaben in der Schweiz nachzugehen. „Langes Einfluß ist es geschuldet, daß in die neue Verfassung folgender Artikel 23 aufgenommen wurde: Der Staat schützt und fördert auf dem Wege der Gesetzgebung das geistige und leibliche Wohl der arbeitenden Klassen und die Entwicklung des Genossenschaftswesens." Bebels hohe Meinung von Langes politischem Wert veranlaßte Bebel, sich im Sommer 1868 nochmals mit Lange in briefliche Verbindung zu setzen, um ihn zu bitten, ein Referat über die damals bedeutend gewordene Wehrfrage auf dem Nürnberger Vereinstag des VDAV zu halten, das Lange jedoch aus Überarbeitung und Zeitmangel nicht annehmen konnte [61].

Was August Bebel mit Friedrich Albert Lange verband, war ihr gemeinsames Drängen auf den Vereinstagen des VDAV nach links. Die Nähe zu Bebel, einem der größten marxistischen Arbeiterführer des vorigen Jahrhunderts, macht es schwer, Lange seine Bedeutung im Emanzipationskampf der Arbeiter abzusprechen. Zusammen mit Bebel durchschaute er die Taktik, die die Fortschrittspartei mit den Arbeitern trieb, und mit seinem Eintritt in den VDAV galt sein Streben der Linksorientierung des als Bollwerk gegen den

---

[60] Für die folgenden Äußerungen vgl. A. Bebel, Aus meinem Leben a. a. O., S. 103—105.
[61] Ebenda, S. 105 u. 186 ff.

ADAV gedachten Verbandes. Wenn Lange auch nicht die treibende Kraft für die spätere Linksentwicklung des VDAV bis hin zur Gründung der sozialdemokratischen Partei durch Bebel und Liebknecht war, so trug er doch entscheidend dazu bei, daß der erste Ruck nach links auf dem Stuttgarter Vereinstag vollzogen werden konnte [62].

2. Franz Mehrings Kritik an Langes Ideologie

Nach August Bebels Schilderung von Langes Persönlichkeit und seiner Stellung auf dem VDAV, nun Franz Mehrings Kritik an F. A. Langes Ideologie aus eindeutig marxistischer Sicht. Franz Mehring, der als Führer und Theoretiker der Linken in der deutschen Sozialdemokratie eine revolutionäre Klassenpolitik verfocht und den Kampf gegen Militarismus und imperialistischen Krieg propagierte, versucht nicht, Langes Bedeutung für die deutsche Arbeiterbewegung mit doktrinären Ansichten zu zerpflücken, sondern bemüht sich um eine objektive geschichtliche Wertung, bei der Lange weder in den Himmel gehoben noch verdammt wird.

Als bekannter marxistischer Historiker nahm Franz Mehring Langes „Arbeiterfrage" von 1865 in die „Sammlung Sozialistischer Neudrucke" auf [63] und zählte sie zu den historischen Grundlagen der deutschen Arbeiterbewegung mit der Begründung: „Es mag fraglich sein, ob Friedrich Albert Lange ein Sozialist genannt werden darf ... den Boden der Bürgerlichkeit hat er niemals verlassen. Aber die Tätigkeit, die er in der ersten Zeit der deutschen Arbeiterbewegung nach ihrem Erwachen in den sechziger Jahren des vorigen Jahrhunderts zu entfalten gewußt hat, sichert ihm ein ehrenvolles Andenken in der deutschen Arbeiterklasse, und die Schrift, durch die er sich am engsten mit ihr verknüpft hat, gehört als dauernder Besitz zu ihrer Geschichte und Literatur" [64]. Mehring spricht zwar Lange mit Recht den Sozialisten ab, stellt ihn jedoch in die Reihe der Menschen, die sich um die Arbeiterbewegung verdient gemacht haben.

„Weil die erste Auflage am engsten mit den Anfängen der Sozialdemokratie zusammenhängt und weil sie das Bild Langes am frischesten widerspiegelt und in der Tat alles wesentliche zusammenfaßt, was er als Sozialpolitiker zu sagen gehabt hat", gab Mehring Langes „Arbeiterfrage" in der Originalfassung von 1865 erneut heraus.

In der Einleitung zu dieser Ausgabe unterzieht Mehring diese Schrift einer Kritik, um von da aus auch gleichzeitig Langes Arbeiterpolitik in ihrer Bedeutung für den Klassenkampf werten zu können.

Wie August Bebel hebt auch Fr. Mehring Langes radikalen Bruch mit dem Liberalismus hervor und sieht in seiner Hinwendung zur Arbeiterklasse schon eine großartige Leistung. Entscheidend tiefer und unbefangener als John Stuart Mill, von dem er die Anregung zu seinen ökonomischen Studien empfangen hatte, faßte Lange die Arbeiterfrage auf. „Die englischen Arbeiter wollten von der Kandidatur Mills fürs englische Parlament nicht viel wissen,

---

[62] Vgl. M. Hundt, Ein Versuch zur Linksorientierung a. a. O., S. 697.
[63] F. A. Lange, Die Arbeiterfrage. Mit Einleitung und Anmerkungen, hrsg. v. F. Mehring, Berlin 1910.
[64] F. Mehring, Einleitung zu F. A. Lange a. a. O., S. 334.
[65] Ebenda, S. 355.

so daß er seine Wahl wesentlich gebildeten Elementen der Bourgeoisie zu danken hatte, während Lange für die deutsche Bourgeoisie längst ein toter Mann war, als ihm bei den ersten Wahlen aufgrund des allgemeinen Wahlrechts im Jahre 1867 die Elberfelder Arbeiter das Mandat für den Reichstag anboten, das Lange ablehnte, aber Schweitzer noch in demselben Jahr eroberte" [66].

Trotz seines entschlossenen Einsatzes für die Arbeiter blieb die „Arbeiterfrage" bei diesen selbst und in der deutschen Arbeiterbewegung ohne tiefere Resonanz. Die Schuld für den mangelnden Erfolg sieht Mehring einzig und allein in Langes falschen Grundgedanken, in seiner Darwinistisch-Malthusischen Gesellschaftstheorie, die ihn zwar zu einigen Erkenntnissen über den Weg brachte, den die Arbeiter zu gehen hätten, ihm das wahre Sein des Klassenkampfes jedoch nicht ergründen und die großen Aufgaben der Arbeiterbewegung nicht bewältigen ließ.

Den Grund für die Unfähigkeit Langes, sich zur Erkenntnis des Marxismus durchzuringen, sieht Mehring nicht zuletzt in der Persönlichkeitsentwicklung Langes. Das sterile politische Klima der Schweiz, das konservative, jede neue politische Regung unterdrückende Elternhaus und das fatale Versäumnis, die Auflösung der Hegelschen Philosophie und die Entstehung neuer fruchtbarer Keime nicht unmittelbar miterlebt zu haben, sind nach Mehring die Gründe, die Lange den Weg zum Verständnis des historischen und dialektischen Materialismus versperrten. So blieb ihm vor der harten Einseitigkeit des notwendig unerbittlichen Klassenkampfes ein letzter Zweifel und gebannt von seiner falschen Weltanschauung, blieb ihm der Aufstieg zur wahren Erkenntnisinstanz, dem Marxismus, versagt. „Seine geradezu mimosenhafte Empfindlichkeit gegen jeden Versuch nicht nur, sondern gegen jeden von Lassalle nicht immer ängstlich vermiedenen Schein, als könne die Sache der Arbeiter jemals etwas zu erwarten haben von den rückständigen Elementen in Kirche und Staat" [67] erhob Lange jedoch hoch über den Kathedersozialismus und brachte ihn Lassalle näher als den Liberalen.

Zur Würdigung der Bedeutung Langes für die Arbeiterbewegung sagt Fr. Mehring: „Die deutsche Arbeiterklasse hat sich gegenüber Lange nichts vorzuwerfen; sie hat auf ihn nicht gehört, wo er im Irrtum war, aber sie hat ihm immer das ehrende Andenken bewahrt, das er sich redlich verdient hat, indem er den lautersten Willen und nicht geringe Geistesgaben an ihre Sache setzte" [68].

3. Eduard Bernsteins Beurteilung — die objektiv richtigste

Die umfassendste und objektiv zutreffendste Kritik an Langes Wirken für die deutsche Arbeiterbewegung aber hat Eduard Bernstein, der seit 1896 offen als Revisionist des Marxismus auftrat und zum Begründer des Revisionismus wurde, in der sozialdemokratischen Wochenschrift „Die neue Zeit" abgegeben [69]. Waren Bebels Worte über Lange in seinen Lebenserinnerungen von wohlwollenden persönlichen Gefühlen bestimmt und Fr. Mehring in seiner Kritik an strenge marxistische Schemata gebunden, so bemühte sich der 1862 noch gar

---

[66] Ebenda, S. 342.
[67] Ebenda, S. 350.
[68] Ebenda, S. 354.
[69] E. Bernstein, Zur Würdigung F. A. Langes a. a. O., S. 68—141.

nicht so revisionistische und noch sehr marxistische Bernstein um die objektivste und umfassendste Würdigung von Langes Bedeutung im Klassenkampf. Neben den philosophischen Leistungen interessierte Bernstein vor allem der Sozialpolitiker Lange und seine Beziehung zur deutschen Sozialdemokratie.

Wie August Bebel und Franz Mehring bewundert auch Eduard Bernstein die Schärfe und die Sachlichkeit, mit der Lange die arbeiterfeindlichen Intentionen und Tendenzen der Fortschrittspartei entlarvt. „Am stärksten zeigt sich Lange da, wo es gilt, den Vorurteilen des gebildeten Philistertums entgegenzutreten und die Fälschungen interessierter Bourgeoisökonomen zu brandmarken. Seine Kritik der bürgerlichen Reformvorschläge trifft sehr oft mitten ins Schwarze, und geradezu vortrefflich ist die Art, wie er die immer wieder auftauchenden Versuche verspottet, die Arbeiter durch irgendwelche Katechismen von der Verfolgung ihrer Klasseninteressen abzulenken" [70]. Er entdeckt aber in Langes politischem Schicksal den fatalen Fehler Langes, daß er sich nach dem Bruch mit den Liberalen nicht vollends entschließen konnte, auf der sozialistischen Seite mitzukämpfen, sondern die Rolle eines Vermittlers annahm und somit zwischen die Mahlsteine der Politik geriet.

In der 1865 erschienenen „Arbeiterfrage" sieht Eduard Bernstein die Vermittlerposition widergespiegelt. „Obwohl Langes Arbeiterfrage, was Unbefangenheit, Sachkenntnis und Mut anbetrifft, noch immer die beste Schrift, die aus Universitätskreisen über diese Frage des Jahrhunderts hervorgegangen ist" [71] und „ihr Aktionsprogramm alles das entfernt hat, was an Lassalleanismus als zweideutig ausgelegt werden möchte" [72], endete doch sein Bestreben, möglichst tief in die Problematik einzudringen und seine Vorurteilslosigkeit anderen Resultaten gegenüber durch seine unsichere Methode in scholastischen Querfragen.

Die „scholastische Querfrage", die die Verständigung mit den Sozialisten verhinderte, ist der „Arbeiterfrage" zugrunde liegende Darwinistisch-Malthusische Gesellschaftstheorie. Indem Lange den Darwinismus auf die Gesellschaft der Menschen zu übertragen versucht und „auch für die menschliche Gesellschaft ewige Naturgesetze konstruiert, zwingt er sich, diesen Naturgesetzen zu Liebe die verschiedenartigsten Dinge auf ein und dasselbe Prokustenbrett zu spannen" [73]. Im Banne dieser Weltanschauung kann Lange weder neue Wege weisen noch vermitteln.

Obwohl „man in gewissem Sinne sagen kann, daß Lange die Lassalles Händen entfallene Fahne wieder aufnahm, mit etwas mehr Kritik in Bezug auf allgemeines Wahlrecht und Produktivassoziationen und noch größere Schonung gegenüber der Fortschrittspartei" [74], wurde er weder von den Liberalen noch von den Sozialisten respektiert.

Abgesehen von einer Anerkennung der „Arbeiterfrage" durch einige Intellektuelle, blieb diese Schrift recht unbedeutend und wurde nach Bernstein 1867 durch das „Kapital" von Marx gänzlich in den Schatten gestellt. Den politischen Standort und seine Bedeutung für die deutsche Arbeiterbewegung faßt Eduard Bernstein als Marxist aus der geschichtlichen Sicht von 1892 zusammen: „Lange geht so weit, wie nur möglich, ohne den Boden des Alten

---

[70] Ebenda, S. 139.
[71] Ebenda, S. 140.
[72] Ebenda, S. 108.
[73] Ebenda, S. 136.
[74] Ebenda, S. 107.

grundsätzlich zu verlassen. Er nennt sich einen Sozialisten und behält doch dem modernen proletarischen Sozialismus gegenüber seinen „letzten und höchsten Zweifel". Seine Reformen sind nicht die eines Sozialisten, der bewußt auf das für notwendig erkannte Ziel der Umgestaltung der Gesellschaft zusteuert und sein Möglichstes tut, dieselbe zu beschleunigen, sondern die eines der bürgerlichen Gesellschaft skeptisch gegenüberstehenden Philantropen, der die Möglichkeit, daß seine Vorschläge zur sozialistischen Gesellschaft führen, nicht scheut. Er anerkennt die Berechtigung des Klassenkampfes der Arbeiter, will diesen aber möglichst abtönen" [75].

Langes Grundsätze sind nicht mit denen der Sozialdemokratie identisch, doch fallen ihre Wege zur Reform zusammen. In diesem Sinn grenzt Bernstein das Verhältnis Langes zur Sozialdemokratie ab. Bernsteins Würdigung von Langes Bedeutung in der deutschen Arbeiterbewegung ist von unserer Seite nichts mehr hinzuzufügen, da sie identisch ist mit den erarbeiteten Vorstellungen: „Die Sozialdemokratie wird den Namen Langes hoch und in Ehren halten. Zu einer Zeit, wo der Sozialismus noch verfemt und verachtet war, hat er unerschrocken für ihn seine Stimme erhoben, und es war nicht die Stimme eines Abenteurers oder eines verkannten Genies, sondern die Stimme eines Mannes, der bereits einen Ruf als Gelehrter besaß, der eine geachtete Stellung in der bürgerlichen Gesellschaft einnahm. Ihn trieb nichts als seine Überzeugung, als sein warmes Herz für die Sache der Unterdrückten, als sein für den Fortschritt der Menschheit strebender Sinn. Als die Arbeiterbewegung noch in den Kinderschuhen stand, die Arbeiterpartei noch zersplittert war und von allen Seiten Netze ausgeworfen wurden, sie in falsche Bahnen zu lenken, hat er klaren Blickes sich für diejenige Taktik ausgesprochen, die unter den damaligen Verhältnissen die allein richtige war. Von den Gedanken durchdrungen, daß in dem Maß von Kraft, das die Arbeiterklasse zu entwickeln in der Lage ist, allein die Gewähr ihrer endlichen Befreiung liegt, hat er auf das Entschiedendste die Notwendigkeit der Unabhängigkeit ihrer Organisationen von aller bürgerlichen oder staatlichen Patronage hervorgehoben" [76].

---

[75] Ebenda, S. 73.
[76] Ebenda, S. 140.

Friedrich Albert Lange in der deutschen Arbeiterbewegung

von Shlomo Na'aman

Eduard Bernstein und Franz Mehring melden in fast gleichen Ausdrücken ihre Vorbehalte gegenüber Friedrich Albert Langes Zugehörigkeit zur Sozialdemokratie an; der eine schreibt in seiner Würdigung, die er anläßlich des Erscheinens der Biographie Ellissens in der „Neuen Zeit" im Jahre 1892 veröffentlicht [1]: „Es wäre durchaus falsch, ihn als Sozialdemokraten in dem Sinne zu bezeichnen, den das Wort heute erlangt hat" und weiterhin: „... den prinzipiellen Bruch mit der bürgerlichen Gesellschaft hat er noch nicht vollzogen ...", und der andere, in der Einleitung zum Neudruck der „Arbeiterfrage" im Jahre 1910 [2]: „Es mag fraglich sein, ob Friedrich Albert Lange ein Sozialist genannt werden darf" und sogleich: „Den Boden der bürgerlichen Gesellschaft hat er niemals verlassen." Trotzdem will der eine „den Namen Langes hoch und in Ehren" gehalten wissen, und der andere sieht die „Arbeiterfrage" als einen dauernden Besitz der Geschichte und Literatur der Arbeiterbewegung an. Man wird Bernstein mit Recht Mangel an Konsequenz oder Gesinnungswandel vorwerfen, wenn er die Losung „zurück auf Lange" nur sechs Jahre später ausgibt, ganz gleich, was damit wirklich gemeint war, und man kann durchaus davon sprechen, Mehring habe Lange überbewertet, wie es häufig geschieht [3]: Ist die Theorie der klassischen Sozialdemokratie Maßstab, und Theoretiker des Sozialismus (oder auch „Sozialist"), wer zur Formierung ihrer Theorie beigetragen hat, so ist Lange eindeutig nicht unter ihnen. Lange hat Marx eifrig studiert, aber der Klassenbegriff ist an ihm völlig abgeglitten und mit ihm alles, was zum historischen Materialismus gehört; den Einwand, er habe den Boden der bürgerlichen Gesellschaft nie verlassen, würde er nicht einmal verstanden haben. Lange hat bei Marx gesucht und gefunden, worauf er aus war, nämlich Belege für die „soziale Frage", aber den Klassenbegriff von Marx brauchte er nicht, weil er ein anderes Fundament hatte, auf dem er seine Sozialtheorie aufbauen wollte, und das war sein darwinistischer Malthusianismus; inwieweit zu seinem eigenen Schaden, wird zu erörtern sein.

Mehring sagt, Lange sei nicht im Sinne wie Engels, Weitling und Wilhelm Wolff Sozialist gewesen, und das ist berechtigt, denn obwohl die drei als

---

[1] Eduard Bernstein, Zur Würdigung Friedrich Albert Lange's, Die Neue Zeit (NZ), Jahrg. 10, Bd. 2, S. 68 ff.; 101 ff.; 132 ff., S. 140.

[2] F. A. Lange, Die Arbeiterfrage, Mit Einleitung und Anmerkungen herausgegeben von Fr. Mehring, Berlin 1910, S. 5.

[3] So die redaktionelle Anmerkung zu Mehrings Einleitung zur „Arbeiterfrage": „Mehring überschätzt die Bedeutung F. A. Langes und seiner Schrift und beurteilt den kleinbürgerlichen Sozialreformer, der nie ein Sozialist war und vom proletarischen Klassenkampf nichts wissen wollte, insgesamt zu günstig", Franz Mehring, Gesammelte Schriften, Band 4, S. 524.

Theoretiker des Sozialismus sehr unterschiedlich sind, sind sie Theoretiker und Praktiker des historischen Materialismus und des Klassenkampfes.

In die Ideengeschichte der klassischen Sozialdemokratie — und das ist der größere Teil der Geschichtsschreibung der deutschen Arbeiterbewegung — gehört Lange also nicht.

Die Geschichte der deutschen Arbeiterbewegung ist die Geschichte eines gesellschaftlichen Organismus, den es sozialgeschichtlich darzustellen gilt. In eine solche Untersuchung gehören auch die theoretischen Vorstellungen, soweit sie geschichtlich wirksam geworden sind: nicht nur was sie objektiv darstellen, sondern besonders wie sie Hebel der Aktion gewesen sind, und dabei kann es vorkommen, daß vollkommen unhaltbare Theorien geschichtlich begrenzte, aber ebenso wirksame Aktionen auslösen wie wissenschaftlich fundierte. Als Beispiel ließe sich die Vorstellung des „vollen Arbeitsertrages" anführen oder des „ehernen Lohngesetzes". Es läßt sich die Ansicht vertreten, daß Lange dagegen sich seine Stellung als Theoretiker durch seinen Malthus-Darwinschen Ansatz von vornherein verbaut habe, weil dieser ihn um jede Wirkung gebracht hatte, das mag für alle drei Ausarbeitungen der „Arbeiterfrage" gelten, besagt aber noch längst nichts über Langes praktische Wirksamkeit der deutschen Arbeiterbewegung in einer ganz spezifischen Phase ihrer Entwicklung, die gleichzeitig einen ganz spezifischen Abschnitt in seinem Leben darstellt.

Lange wendet seine Aufmerksamkeit der Arbeiterbewegung im Jahre 1863 zu; wird im Jahre 1864 aktiv; übernimmt in den Jahren 1865 und 1866 verantwortliche Aufgaben in der Bewegung des „Vereinstages deutscher Arbeitervereine" (VDAV) und gibt ein als spezifische Arbeiterzeitung gedachtes Organ heraus, den „Boten vom Niederrhein"; er verliert den Kontakt mit der Bewegung im Jahre 1868, indem er die Teilnahme an dem historisch so entscheidend wichtigen Nürnberger Kongreß ausschlägt, und zwar aus gewichtigen inneren Gründen.

Dieser Entwicklungsgang ist keine Einzelerscheinung, kein biographischer Zufall: ähnlichen Weg sind andere gegangen, eine ganze Reihe prominenter Intelligenzen wie Roßmäßler, Büchner, Max Hirsch, Cramer von Doos, Hochberger oder auch Sonnemann. Im einzelnen ist der Verlauf unterschiedlich; sozialgeschichtlich handelt es sich um ein ausgeprägtes historisches Phänomen: Einer gleichen Entwicklungslinie entsprechend ist der Weg, der alle in die Arbeiterbewegung hinein- und dann wieder aus ihr herausführte.

Diese Intelligenzen, die sich der Arbeiterbewegung zuwenden, in ihr wirken, um sich doch wieder von ihr zu trennen, bilden eine führende Honoratiorengruppe, die unter sich einen für eine derartige Elite typischen Kontakt unterhält trotz der sehr unterschiedlichen Auffassungen und Ziele im einzelnen. Die Biographie eines jeden wird anders verlaufen, aber das typische für eine Honoratiorenelite wird sich immer nachweisen lassen, obwohl qualitativ die Unterschiede sehr groß sind. Fraglos wird Lange nach persönlicher Qualität einen Ehrenplatz einnehmen, dafür ist nicht nur Ellissens bewundernde Biographie [4] Beweis, sondern vielleicht noch mehr das Kapitel, das August Bebel in seinen Erinnerungen Lange aus historischer Perspektive gewidmet hat [5].

---

[4] O. A. Ellissen, Friedrich Albert Lange, Eine Lebensbeschreibung, Leipzig 1895 (weiterhin: „Ellissen"). In Ellissens Biographie ist viel Material verarbeitet, das inzwischen als verloren gelten muß.

[5] August Bebel, Aus meinem Leben, Berlin 1964, Kapitel Friedrich Albert Lange, S. 103—105.

Der Eintritt wie Austritt dieser Honoratiorengruppe gehören einer ganz spezifischen Entwicklungsphase der Arbeiterbewegung an: der Eintritt geschieht im „Bewegungsjahr" 1862/63, als die Konstituierung der Arbeiterbewegung unternommen wurde, und aus ihr der Allgemeine Deutsche Arbeiterverein (ADAV) und der Vereinstag deutscher Arbeitervereine (VDAV) entstanden [6]; der Austritt fällt in die Zeit der Konstituierung der Arbeiterpartei, die mit dem Nürnberger Kongreß beginnt und mit dem Eisenacher Kongreß abschließt. Beim Übergang von der Arbeiterbewegung zur Arbeiterpartei ist die Periode der Honoratiorenführung in der Arbeiterbewegung des Vereinstages [7] endgültig überwunden.

Aus der Entwicklung der VDAV-Bewegung ist die Phase der Einwirkung der bürgerlichen Intelligenz nicht wegzudenken, aber das bedeutet keineswegs, daß es jemals eine Phase gegeben hätte, in der diese Honoratiorengruppe das Schicksal der Bewegung bestimmt hätte, wie die Agitation des ADAV es behauptete, und wie die moderne Forschung manchmal den Eindruck zu erwecken wünscht. Die VDAV-Bewegung war nicht durch die Honorationenführung geprägt, sondern durch die Art der Konstituierung der Arbeiterbewegung in dem ersten und größeren Bewegungsjahr 1848—49.

Die Arbeiterbewegung hatte sich damals in der „Arbeiterverbrüderung" und deren Arbeiterkongressen konstituiert. Zum letzten Abschluß ist die Konstituierung damals nicht gelangt: Das sollte auf einem gesamtdeutschen Arbeiterkongreß im Frühjahr 1849 geschehen, der aber wegen der Reichsverfassungskampagne nicht mehr zustande kam [8]. Aus ihm wäre eine einheitliche Organisation entstanden, der sich die verschiedenen Organisationstypen, die sich im Verlauf des Bewegungsjahres herausgebildet hatten, angeglichen hätten, obwohl diese Einheitsorganisation die unterschiedlichen Glieder wohl kaum gänzlich zusammengeschweißt haben würde, denn dafür war der soziale Boden, auf dem die Organisationsformen entstanden waren, zu unterschiedlich. Das Nichtzustandekommen diese Kongresses bedingte, daß die Arbeiterbewegung ihre Rückzugsgefechte in den Jahren der Reaktion regional isoliert durchführte, und diese regionale Isolierung eine der Voraussetzungen für das zweite Bewegungsjahr 1862/63 bildete [9]. Die norddeutsche Arbeiterverbrüderung mit ihren Zentren in Leipzig, Berlin, Hannover, Bremen und Hamburg strebte zur Zentralisation, gewerkschaftlicher und genossenschaftlicher Organisation und internationaler Solidarität. Ihr sozialer Standpunkt war durch den handwerk-

---

[6] Über den von mir als „Bewegungsjahr" gekennzeichneten Abschnitt in der Entwicklung der deutschen Arbeiterbewegung siehe: „Die Konstituierung der deutschen Arbeiterbewegung 1862/63, Darstellung und Dokumentation" von S. Na'aman unter Mitwirkung von H. P. Harstick, Assen 1975. (Na'aman, Die Konstituierung.)

[7] Den Übergang von Arbeitervereinsbewegung zur Arbeiterpartei auf dem Nürnberger 5. Vereinstag deutscher Arbeitervereine behandelt und dokumentiert meine im Druck befindliche Arbeit „Von der Arbeiterbewegung zur Arbeiterpartei, die als Beiheft der Internationalen wissenschaftlichen Korrespondenz demnächst erscheinen wird (Na'aman, Von der Arbeiterbewegung).

[8] Einladung des provisorischen Ausschusses der Arbeitervereine der Rheinprovinz und Westfalen zu einem Provinzialkongreß, 24. April 1849, in: Der Bund der Kommunisten, Dokumente und Materialien, Band I, Berlin 1970, S. 933 f. Dazu: Marx-Engels-Werke, Band 6, S. 663, die redaktionelle Anmerkung Nr. 490.

[9] Dazu: Shlomo Na'aman, Demokratische und soziale Impulse in der Frühgeschichte der deutschen Arbeiterbewegung der Jahre 1862/63, Wiesbaden 1969 (Na'aman, Impulse), besonders S. 8—30.

lichen Fabrik- und Facharbeiter bedingt, wenn sie auch alle anderen Schichten der Handarbeit umfaßte. Den Gegensatz dazu bildete der süd- und südwestdeutsche Typ der Arbeitervereine, deren Standpunkt der des wandernden Handwerksgesellen und des proletarisierenden Handwerksmeisters war; unter „Zentralisation" verstand man dort das freiwillige Zusammengehen autonomer lokaler Vereine zwecks Erreichung praktischer Vorteile. Es standen also sich Zentralisation und Föderalismus als leitende Organisationsprinzipien gegenüber.

Die Organisationskarte der „Arbeiterverbrüderung" weist auf dem Gebiet der preußischen Rheinlande und dem rheinisch-westfälischem Industriegebiet eine gähnende Lücke auf [10]: dort gab es keine Arbeitervereine im Sinne der „Verbrüderung"; dort gab es politische Arbeitervereine, die in engem Zusammenhang mit demokratischen Volksvereinen wirkten und die sich auf Demokratenkongressen vertreten ließen. Um den Unterschied zu kennzeichnen, ist für dort das Wort Arbeiterklub (im Sinne Frankreichs) angebracht: es handelt sich um Zentren politischer Diskussion und Handlung, von Adressen und Petitionen angefangen, bis zu Demonstrationen und handgreiflichen Aktionen. Die Mitglieder des Kommunistenbundes versuchten dort tonangebend zu sein und zu bleiben.

Typische Arbeiterklubs waren die Arbeitervereine in Düsseldorf und Solingen, die der Agitation Lassalles ersten organisatorischen Anhalt gaben. Die Mitgliedschaften des ADAV im Rheinland waren Fortsetzung von Arbeiterklubs, die nunmehr nach Direktiven von Berufsagitatoren Petionen und Resolution beschlossen und sich zu politischen Demonstrationen zusammentaten. Agitationsschriften und Zeitungen waren das Bildungselement, und die Losungen für die politische Aktion hingen von der Interpretation der Taktik durch die Funktionäre ab, die sich in Fraktionen organisierten und gegenseitig bekämpften. Das Ideal hieß Einheit und Disziplin, die immer wieder zu Zersplitterung führten, aber immer gleichbleibend Fanatismus erzeugten und jede freie Diskussion unmöglich machten. In den Gemeinden des ADAV am Niederrhein und im Bergischen stand man dem VDAVer mit seinem Stolz auf selbsterarbeitetes Wissen und eigene Erfahrung mit mitleidigem Unverständnis gegenüber.

Für eine elitäre Honoratiorenführung war im ADAV selbstverständlich kein Platz, und da — wie Lange sich eingestehen mußte — alle regen Elemente im rheinisch-westfälischen Industriegebiet vom ADAV absorbiert waren, kann man feststellen: die rheinische Klublandschaft bot keinen Raum für die Honoratiorenführung als soziale Erscheinung, und diese blieb auf die Arbeiterbildungsvereine beschränkt [11]. Dadurch war Lange ein persönliches Problem gestellt: er wirkte in der VDAV-Bewegung, in die er durchaus hineinpaßte

---

[10] s. die Organisationskarte der Arbeiterverbrüderung 1848/50 in: Frolinde Balser, Sozial-Demokratie 1848/49—1863, Stuttgart 1962, Band II Quellen.

[11] s. dazu: Über das Projekt einer Rheinisch-Westfälischen Arbeiterzeitung. 2. Anhang zur Arbeiterfrage (Ausgabe Mehring), S. 159—170, besonders S. 159 (... stellte sich doch bald heraus, daß die große Masse der Arbeiter teils für ein solches Unternehmen noch zu gleichgültig, teils zu entschieden auf der Seite der Lassalleaner war, als daß das neue Blatt eine genügende Teilnahme hätte gewinnen können) und S. 160 (... lag der Übelstand vor, daß eine solche (d. h. Schulzesche Arbeitervereinspartei — S. N.) in nennenswerter Ausdehnung unter den Arbeitern der Rheinprovinz nicht vorhanden ist.).

sozusagen „exterritorial", ohne einen Arbeiterverein als Stütze und Resonanz, und wirkte in der rheinischen Klublandschaft, ohne Funktionär werden zu wollen. Ein Gustav Lewy in Düsseldorf, ein Hugo Hillmann in Eberfeld waren auch keine Arbeiter, aber sie waren Arbeiterfunktionäre, Proletarier ex officio.

Die Problematik von Langes Wirken in der Arbeiterbewegung ist damit gestellt.

Es möchte lieblos und mechanisch scheinen, Lange einfach soziologisch einer Gruppe von Honoratiorenpolitikern und Intelligenzen zuzurechnen, wo er doch viel tiefer und ehrlicher die Selbstemanzipation der Arbeiter anstrebte als irgend ein anderer, vielleicht Roßmäßler in Leipzig ausgenommen, der sich aber im Verständnis der sozialen Bewegung mit Lange keineswegs messen konnte. Dennoch ist diese Klassifizierung nützlich und notwendig und schließt an sich keine Wertung ein: Die VDAV-Bewegung bleibt ohne Analyse ihrer Führung unverständlich, und Langes Stellung am Niederrhein in ihrer Isolierung gewinnt an Deutlichkeit, denn am Niederrhein gab es eine Fortschritts-Führungselite, die auch auf die Arbeiterbewegung Einfluß hatte, aber diese war ganz anders formiert, sie war das Produkt des Bündnisses von preußischer Parlamentsfraktion und Zeitungsredaktionen, wie es für die deutsche (d. h. preußische) Fortschrittspartei maßgebend war. Namen wie Hermann Becker, Georg Jung, Heinrich Bürgers, Eugen Richter und Hammacher kommen hier in Betracht: Lange war ihnen fremd, obwohl einige von ihnen, wie Becker und Bürgers, manchmal Lange politisch recht nahe standen. Für diese war die preußische Kammer das Zentrum alles Geschehens und die Kammerwahlen der Prüfstein der Politik. Wenn sie sich um die „Arbeiterfrage" kümmerten, so im Zusammenhang mit den Wahlaussichten.

Lange war mehr Preuße als es seiner schweizer Jugendzeit und der rheinischen Gegenwart nach vielleicht zu erwarten war, aber er hat selbst darauf verwiesen: das konstitutionelle Leben hatte die heterogene Bevölkerung Preußens „nationalisiert", und Lange konnte sich dem nicht entziehen [12]. Seine Leitartikel in der „Rhein- und Ruhrzeitung" und dem „Wochenblatt für die Grafschaft Mark" beweisen das, aber dennoch hatte er einen offenen Blick nicht nur für Deutschland als einem Wert unabhängig von Preußen behalten, sondern auch für Europa. Nur deshalb war es ihm möglich, die soziale Frage als Weltfrage (d. h. praktisch als eine europäische) zu erfassen und als deutsche Frage in Angriff zu nehmen. Deshalb fand er ohne Schwierigkeit Kontakt mit den Honoratioren der Arbeitervereine, die mit Ausnahme von Max Hirsch nicht in Preußen wirkten; gemein war ihm und ihnen eine politische Entwicklung, die sie alle für kurz oder lang (die Mehrzahl nur für kurz) zum Experiment der „Volkspartei" führte.

Die Honoratiorengruppe im VDAV (und Lange mit ihr) war keineswegs preußenfeindlich oder partikularistisch; ja, sie war zunächst nicht einmal prinzipiell föderalistisch eingestellt. Sie gehörten durchweg dem Nationalverein an und bekannten sich zur preußischen Spitze, verstanden als Initiative des preußischen Volkes (Parlament und Regierung) zur Lösung der deutschen

---

[12] s. besonders: Preußens Eigentümlichkeiten, Leitartikel in der „Rhein- und Ruhrzeitung v. 12. Februar 1862, in: Friedrich Albert Lange, Über Politik und Philosophie, Briefe und Leitartikel. Bearbeitet und herausgegeben von Georg Eckert, Duisburg 1863, S. 446 (weiterhin: Lange, Über Politik).

Frage, wobei die Machtmittel des preußischen Staates die Sicherung Deutschlands nach außen gewährleisten sollten.

Dieses Konzept kam im Jahre 1863 ins Wanken, nicht allein wegen des Verfassungskonfliktes, sondern weil sich Zweifel anmeldeten, ob die Fortschrittspartei, die sich als Exekutive des Nationalvereins auszugeben beliebte, den Verfassungskonflikt zu diesem Ende durchzukämpfen bereit war, und ob sie nicht vielmehr den Nationalverein mißbrauchte, um ihre spezifisch preußischen Ziele zu verfolgen. Es war erstmalig Lassalle, der im „Offenen Antwortschreiben" die Frage aufwarf, ob der Sieg der Fortschrittspartei dem Interesse des gesamten Volkes dienen würde oder nur den Privilegien einer Clique [13]. So radikal sah wohl niemand sonst die Alternative, wohl aber zweifelte man, ob der preußische Verfassungskonflikt weiterhin der Schlüssel zur deutschen Frage sei, und sah sich vor die Entscheidung gestellt, entweder die preußische Spitze in der preußischen Krone und ihrer Regierung zu sehen, oder das Konzept ganz fallen zu lassen. Auf der vierten Generalversammlung des Nationalvereins im Herbst 1863 war die Frage zur Entscheidung gereift. Wenn sie umgangen wurde, dann, weil die Fortschrittspartei es vermied, Farbe zu bekennen und zuzugeben, daß für sie im Notfalle die preußische Spitze die preußische Krone bedeutete. Diejenigen, die das beargwöhnten und nicht zulassen wollten, waren auf dem Wege zu einer neuen Parteibildung, der „Volkspartei", deren Umrisse noch sehr undeutlich waren. Dieser Weg war für die gesamte Honoratiorengruppe des VDAV maßgebend.

Die Arbeitervereine bekamen bei dieser Konstellation erhöhte Bedeutung: Waren die Führer der Arbeitervereine im Nationalverein selbst Opfer von Manipulationen der Honoratioren des Nationalvereins (Bennigsen, Miquel, Schulze-Delitzsch, v. Unruh u. a.), so konnten sie sich vorerst nur auf Grund ihrer Führungspositionen in den Arbeitervereinen wehren.

Erhöhte Bedeutung bekamen die Arbeitervereine zugleich wegen der sozialistischen Agitation Lassalles. Je umstrittener die Haltung der Fortschrittspartei (und mit ihr die der Führungsgremien des Nationalvereins) wurde, desto scheeler sahen diese die Arbeitervereine und deren außerpreußische Führung an und hätten sie gern, wenn nicht geradezu abgeschafft, jedenfalls auf das Niveau von Fortbildungskursen herabgeschraubt, und das war ganz deutlich die Absicht Schulze-Delitzschs. Nun kam aber die sozialistische Agitation Lassalles und forderte direkt zu ideologischer Immunisierung der aufgeweckten Arbeiter heraus, und deshalb mußte der Schein der wohlwollenden Unterstützung der Arbeitervereinsführung gewahrt bleiben.

Der ideologischen Immunisierung widmete sich die Honoratiorenführung des VDAV mit einem Eifer, der oft grotesk wirkt, weil er nicht bei allen gleich echt war, aber mit diesem Eifer erkaufte sie sich die Duldung der „Natonalpartei", die sich immer unverhüllter als die großpreußische entpuppte.

Alle diese Elemente, die die Stellung der Honoratiorengruppe so widersprüchlich und verzwickt machten — noch ganz abgesehen von ihrer Abhängigkeit der Resonanz „von unten", die immer mehr Takt und Aufmerksamkeit verlangte — finden sich bei Lange, sobald er sich in die Honoratiorenführung einreihte; das Element der Immunisierung bestimmt ganz konkret seine Hal-

---

[13] s. „Offenes Antwortschreiben" in: Ferdinand Lassalle, Gesammelte Reden und Schriften. Herausgegeben und eingeleitet von Eduard Bernstein, Berlin 1919, Band III, S. 43.

tung gegenüber der Lassalleschen Agitation am Niederrhein und somit seine Tätigkeit unter den Arbeitern im Rhein- und Ruhrgebiet.

Lange weiß über Lassalle mehr als alle Fortschrittsmänner und Redakteure, als er zum ersten Mal ausführlich auf ihn hinweist und sich dabei auf die Kenntnis von dessen „System der erworbenen Rechte" stützt, das ihm immer wegweisender schien als die Flugschriften der Agitation, die die Bildungsbürger so sehr in Schrecken versetzten, aber das doch nur, um andauernd durch Lassalle tief beunruhigt zu sein. Er stellt Lassalle den Lesern der „Rhein- und Ruhrzeitung" vor als den Mann, der „unter den Trägern der demokratischen Idee augenblicklich nicht nur die größte Rücksichtslosigkeit zeigt, sondern auch die größte wissenschaftliche Tiefe besitzt", der aber „auf dem schlüpfrigen Boden der Arbeiterfrage" eine große Gefahr darstellt „für die Stetigkeit unserer sozialen Entwicklung" wie auch für den friedlichen Ausgang der politischen Konflikte [14]. In seinem Leitartikel vom 25. April 1863 vergleicht er Lassalle mit Bismarck, nicht um ihr Zusammenwirken zu prophezeien, sondern um vor totaler Revolution zu warnen, deren Boden Bismarck vorbereitet, und die Männer vom Schlage eines Lassalle auslösen, um eine „totale Umwandlungsperiode", „eine Weltwende für die Rechtswirklichkeit" zu proklamieren, beides Grundbegriffe des lassalleschen Rechtssystems [15]. Ganz im Stil moderner Theoretiker der totalitären Demokratie fährt er dann fort: „Es gibt nichts Fürchterlicheres, als den entschiedenen Theoretiker, wenn er aus den Wänden seines Studierzimmers heraus auf den Markt der Wirklichkeit tritt und in den Eingeweiden der Gegenwart nach dem System einer fernen Zukunft zu wirtschaften beginnt."

Es gilt die Gefahr solcher „talentvoller und kühner Theoretiker" zu bannen, sie „unschädlich zu machen", zunächst einmal auf dem politischen Gebiet durch entschieden demokratische Politik; mit dem Wachsen der sozialistischen Agitation verlagert sich der Schwerpunkt auf das soziale Gebiet, aber immer geht es um Rettung der ungestörten gesellschaftlichen Entwicklung. Langes Ausgangspunkt ist damit der gleiche wie bei seinen späteren Kollegen im Ausschuß der Arbeitervereine, prinzipiell der gleiche, wenn auch qualitativ anders, tiefer. Das prinzipiell Gleiche, aber vor allem qualitativ Tiefere und Breitere, kommt in Langes Aufsatz in der Frankfurter „Süddeutschen Zeitung" des Nationalvereins zum Ausdruck, die Lassalles rheinische „Heerschau" charakterisiert; diesen Aufsatz hat bekanntlich Lassalle für seine Berliner Aktion im Herbst 1863 auszunützen versucht und ihm damit zu einer gewissen Berühmtheit verholfen [16].

Es empört zunächst, Langes hellsichtige Charakteristik von Lassalles Agitation wie der kopflosen Reaktion seiner Gegner im Lager der Feudalen und des Fortschritts, einfach als ein „Geständnis" aus dem feindlichen Lager hingestellt zu sehen, aber ungerecht ist das seitens Lassalle nicht, obwohl es immer unglaublich bleiben wird, daß er es nie unternahm, dieser Stimme vom Niederrhein nachzugehen und mit diesem ungewöhnlichen Mann Kontakt aufzunehmen. Lange bewundert die Arbeiterbewegung, deren erste Regungen er be-

---

[14] Lange, Über Politik, S. 423, Anm. und S. 492.
[15] Lange, Über Politik, S. 491 ff. Die Überschrift „Bismarck und Lassalle" an diesem frühen Datum fällt auf; einen Monat lang gingen schon Gerüchte über deren Zusammenarbeit um; der Gebrauch Lassallescher Termini, S. 493.
[16] Lassalle, Gesammelte Reden und Schriften, Band IV, S. 29 ff.

obachtet, ihren Fanatismus und ihre Rücksichtslosigkeit, aber stellt vor allem ihre Gefährlichkeit fest und sucht gegen sie Abhilfe und Rettung.

Die Rettung liegt zunächst einmal in entschieden demokratischer Politik, die den Verfassungskonflikt zur Entscheidung treibt, und das hat Lange in seinem Aufsatz sehr vernünftig auf den Frankfurter Meridian eingestellt, aber die besondere Wichtigkeit des Aufsatzes liegt in einer ersten Andeutung einer Arbeiterpolitik, die den Umsturz vermeidlich machen soll: Lange tritt mit großem Mut dem herrschenden Konzept der „Arbeiterfreunde" entgegen, als gebe Schulze-Delitzschs Genossenschaftswesen Anhalt für „einen festen und ausdauernden Kern für eine Gegenpartei unter den Arbeitern selbst"; er spricht in diesem Zusammenhang nicht von Arbeitervereinen, die er noch nicht kennt, sondern von der Konsumvereinsbewegung, in der er soeben zu wirken begonnen hat [17].

Langes Interesse für die Konsumvereine — oder genauer für eine Konsumvereinsbewegung — ist von Anbeginn sozialpolitisch und, wie seine Stellung im April 1863 beweist, nicht nur unabhängig von Schulze-Delitzsch, sondern im Gegensatz zu ihm. Ellissens Ansicht, als habe Lange eine Phase Schulzischer Selbsthilfe durchgemacht [18], beruht auf dem üblichen Fehler, überall wo von „Selbsthilfe" die Rede, ist „Schulze-Delitzsch" zu lesen. Wenn Ellissen berichtet, Lange habe im Duisburger Konsumverein, der unter seinem Einfluß stand, eigentümliche Neuerungen eingeführt, wie Teilnahme der Frauen der Konsumgenossen an den Vereinsverhandlungen [19], so ist damit schon angedeutet, daß Langes Vorstellung von Konsumvereinen eben die einer Konsumvereinsbewegung war, ein Greuel in Schulzes Augen. Dessen Konsume endeten da, wo Lange anfing; sie sollten ein Mittel sein, in jedem Verbraucher das Bewußtsein zu erwecken, daß auch er über ein „Kapitälchen" verfüge, mit dem er wuchern könne, eben sein Konsumkapital; Sache eines jeden Vereins sei es daher, durch Verteilung von Dividenden, und seien sie noch so unscheinbar, das Bewußtsein des Kapitalbesitzers zu erwecken, und mit dem Kapitalbesitz auch die Verantwortlichkeit des Kapitalisten. Daher bestand Schulze prinzipiell auf der Solidarhaft aller Vereinsmitglieder. Im Reich Schulzescher Genossenschaften, das er von Potsdam aus beherrschte, waren die Konsumvereine das letzte und unbedeutendste Glied des genossenschaftlichen Kapitalerwerbs, nach den Vorschuß- und Sparvereinen, die alle mit Produktionskapital zu tun hatten, das dem geringfügigen Konsumkapital selbstverständlich überlegen ist. Der genossenschaftliche Verwaltungsmodus der Schulzischen Vereine, die Konsumvereine inbegriffen, diente lediglich der bestmöglichen Überwachung der Privatgroschen. Schulze hatte unter Arbeitern immer nur Handwerksmeister verstanden, und solche, die es werden wollten; die Lohnarbeiter beachtete er nur ganz am Rande, gezwungen durch die Kongreßbewegung der Jahre 1862/63, aber auch dann nur soweit sie sich in das Schema von „Dienst" und „Gegendienst" pressen ließen, und das schien ihm in den Konsumvereinen möglich. Lassalles Wort, es sei nichts widriger als Arbeiter mit Unternehmergesinnung, das auf Rochdale gemünzt war (von der Assoziation als Emanzipationsstreben deutscher Arbeiter, hatte er, selber das Produkt der rheinischen Klubbewegung, nie

---

[17] a. a. O. S. 31.
[18] Ellissen, S. 133 („... in der ersten Zeit seiner sozialpolitischen Wirksamkeit bewegte er sich in Schulzes Bahnen").
[19] a. a. O.

einen rechten Begriff bekommen!), entsprach vollkommen dem idealsten Streben Schulzes [20].

Lange war Lassalles Wort ganz aus der Seele gesprochen, und so weit sein Einfluß reichte arbeitete er der Absicht der rheinischen Fortschrittsführung entgegen, die rheinischen Konsumvereine Schulzes „Verband deutscher Genossenschaften" anzugliedern und deren Organ „Innung der Zukunft" als ihr Organ anzuerkennen. Langes Widersacher war der junge Eugen Richter, der für kurze Zeit danach trachtete, die Volkstümlichkeit der Fortschrittspartei im Rheinland durch Gründung von Konsumen zu heben und auf dem ersten „Vereinstag" zu Frankfurt als Vertreter des Düsseldorfer Handwerkervereins eine einmalige Gastrolle gab, eigentlich nur als Demonstration gegen die Düsseldorfer Initiativgruppe zur Gründung des ADAV. Auf zwei Vereinstagen der Rheinisch-Westfälischen Konsumvereine wehrte sich Lange mit seinem Anhang, der besonders aus Duisburg und Elberfeld kam, gegen das von Köln und Düsseldorf unter Richters Führung geleitete Unternehmen, die rheinisch-westfälischen Konsumvereine als „Unterverband" des „Allgemeinen deutschen Genossenschaftsverbandes" zu konstituieren [21]. Sollten einmal die Protokolle dieser Debatten veröffentlicht werden, würden wir genauer wissen, mit welchen Argumenten damals gearbeitet wurde, aber Lange selbst hat uns ein unschätzbares Dokument als Anhang zu seiner ersten Auflage der „Arbeiterfrage" hinterlassen, das von ihm selbst verfaßt, am konkreten Beispiel zeigen möchte, über was der Arbeiter informiert sein muß, um seine Emanzipation voranzutreiben, Information, die ihm systematisch von der Fortschrittspresse vorenthalten wird, oder so aufgemacht wird, daß ihr wirklicher Sinn in sein Gegenteil verkehrt wird [22].

Was nach dem Bericht der linksliberalen „Rheinischen Zeitung" als unverständliche Nörgelei Duisburger und Elberfelder Vereinsmitglieder dargestellt wird, ist in Wahrheit der Protest von Handarbeitern gegen die Vormundschaft bürgerlicher Honoratioren (wobei Eugen Richter ausdrücklich genannt wird). Es geht bei der Organisationsfrage der Konsumvereine um Politik: zunächst die auf dem ersten Vereinstag zu Düsseldorf sich geltendmachende Haltung, sich einfach Schulzes Verband anzuschließen; dann die auf dem zweiten Vereinstag unter Leitung der Linksliberalen von Köln (Heinrich Bürgers?) und Düsseldorf sich vordrängende, einen autonomen Unterverband zu gründen (um den radikalen Flügel der Fortschrittspartei zu stärken), und schließlich in Abwehr gegen beide Richtungen, die der Arbeiter selbst, die ihre eigene Auffassung einer Konsumbewegung als Selbsthilfe der Arbeiter verwirklichen möchte, es aber nicht wagt, offen gegen die „Arbeiterfreunde" Front zu machen.

Politische Gängelei im Dienste der offiziellen Fortschrittspartei oder der rheinischen Fortschrittsopposition, ist nicht der einzige Gegner der Arbeiteremanzipation; gerade im Industriegebiet gibt es daneben den Fabrik-Konsum, der die Arbeiter in soziale und wirtschaftliche Abhängigkeit und Botmäßigkeit bringt und sie im Klassenkampf direkt lähmt, genau wie die Knappschaftskassen und Fabrik-Arbeiterheime, also das, was später als „gelbe" Organi-

---

[20] Lassalle, Gesammelte Reden und Schriften, Band III, S. 82 ff., bes. S. 85.
[21] Lange, Die Arbeiterfrage (Ausgabe Mehring), S. 168 ff. Dazu auch: Flugblatt vom ständigen Ausschusse des Vereinstages deutscher Arbeitervereine, Nr. 8 v. 23. Juli 1865, Korrespondenz 1 Duisburg, 15. Juli. Weiterhin: Flugblatt.
[22] Lange, Die Arbeiterfrage (Ausgabe Mehring), S. 168 f.

sationen in Verruf kam. Auch auf diese Spielart antiemanzipatorischer Genossenschaft weist Lange kurz hin: später wird er sich deutlicher ausdrücken.

Lange fängt da an, wo Schulze aufhört: der Arbeiter soll seine Konsumkraft bewußt benutzen; er soll sich billigere und bessere Waren beschaffen und die Ersparnis verwerten, aber sozial, nicht nur individuell: Das Vereinskapital soll wachsen und die Grundlage für Aufnahme von Kredit bilden; damit lassen sich verschiedene Genossenschaften finanzieren, wobei die Produktivgenossenschaft die höchste Form darstellt. Schon in seiner „Arbeiterfrage" und häufig im „Boten vom Niederrhein" weist Lange darauf hin, daß das Vorbild für die fortgeschrittensten Arbeiter in den englischen Genossenschaften zu suchen sei, aber nicht in dem entarteten Rochdale, das gerade wegen seiner kapitalistischen Entartung als Musterbeispiel gefeiert wird (besonders auf dem ersten Vereinstag zu Frankfurt und durch den „Arbeitgeber" von Max Wirth), sondern wie sie sich im Beehive, dem Organ der Trade-Unions unter der Leitung von Edward Beesly, darstellen. Aus dem Bee-Hive-Newspaper können die Arbeiter lernen, wie in durch Arbeiter selbständig geleiteten Vereinen, Führungskader herangebildet werden und praktische Erfahrung mittels der Bewegung vergesellschaftet werden kann und soll. Im großen und ganzen das Prinzip der Arbeiterassoziation, wie es Johann Philipp Becker im „Vorboten" vertrat [23].

Was Lange in der Konsum-Genossenschaftsbewegung vertrat, war unbedingt ein Klassenstandpunkt wie er damals klarer nicht vertreten werden konnte, und doch ist ihm selbst die Erkenntnis der Klassen für immer verschlossen geblieben, und dieses auffallende Phänomen ist nur durch seinen merkwürdigen Malthus-Darwinischen methodischen Ansatz erklärlich: Lange biegt jede Erkenntnis, die ihn zum Verständnis des Klassenkampfes hätte führen müssen, um in ein Konzept des „Kampfes ums Dasein", das, weil es häufig an einen Klassenbegriff tangiert, geradezu zu einer unüberwindlichen Schranke seines Erkenntnisvermögens wird. Dazu kommt, daß die Auseinandersetzung mit Lassalle ihn in dieser Hinsicht nicht fördert, denn Lassalle selbst manipuliert mit einem Lohngesetz und einer Armutsstatistik, die vielleicht praktisch eine Klassenkampfstimmung fördern können, aber als Theorie sich besser durch Malthus-Darwin als durch einen Klassenkampfbegriff erklären. Lange bekämpft Lassalles anti-emanzipatorischen Begriff von Staatshilfe, die die Wirkung der Ricardoschen Regel aufheben soll, mit seinen eigenen, durchaus emanzipatorischen Begriffen, die sich aber immer krampfhaft an die gleiche „Regel" mit ihrem „Kampf ums Dasein"-Begriff halten, sehr zum Nachteil seiner Verständlichkeit und Klarheit und einer effektiven Bekämpfung der Lassalleschen Übertreibungen, Einseitigkeiten und Schiefheiten [24].

Lange stand sich selbst im Wege, und das ist seine Tragik.

Lange hat sich immer von Lassalles Doktrin und den Wegen seiner Agitation distanziert und verschiedentlich vor ehrlichen Arbeitgebern und Arbeiterfreunden Verbeugungen gemacht, und trotzdem wurde seine soziale Stellung in Duisburg von Jahr zu Jahr schwieriger und isolierter. Ganz all-

---

[23] Lange, Die Arbeiterfrage (Ausgabe 1870), S. 333 ff. mit der besonderen Anmerkung über den Beehive newspaper, zu vergleichen mit Ausgabe Mehring, S. 129 ff.
[24] s. Arbeiterfrage (Ausgabe Mehring), 3. Kapitel (Die Lebenshaltung), bes. S. 99 bis 103.

gemein wird das auf das Konto seines angeblichen „Lassallitentums" gesetzt und ideologisch erklärt, und das stimmt nur, wenn Lassallitentum nichts anderes bedeutet als bewußtes und unbewußtes Fördern von Klassenbewußtsein, war er doch gerade den Lassalleanischen Berufsagitatoren in Solingen, Elberfeld und selbst in Duisburg verdächtig, so daß gegen ihn sogar eine grotesk wirkende Verrufresolution gefaßt wurde [25], wie sie der ADAV gern gegen wirkliche oder auch vermeintliche Feinde erließ, wenn sie das ADAV-Monopol auf die Arbeiterbewegung gefährdeten wie Schulze-Delitzsch, Sonnemann oder auch Jacoby. Langes Verkehr mit Mitgliedern des ADAV vollzog sich immer auf dem Boden sozialer und politischer Tätigkeit, die dem spezifischen Lassalleanismus zumindest verdächtig war, so die Konsumvereine, deren Unwichtigkeit Lassalle ausdrücklich bescheinigt hatte, oder die Agitation für Abschaffung des Zensuswahlrechtes für Gemeindewahlen, denen dieser kein Interesse entgegenbrachte, da von ihnen Staatskredit für die Lösung der sozialen Frage jedenfalls nicht zu erwarten war. Auch Langes Streben, ein regionales Arbeiterblatt zu schaffen, das tatsächlich im „Boten vom Niederrhein" reifte, war vom Standpunkt sowohl des „Nordstern" der einen Fraktion, und des „Social-Demokrat" der anderen, anstößig. Demnach hätte Lange ideologisch wie organisatorisch gegen den Vorwurf des „Lassallitentums" gefeit sein müssen, wenn man ihn nicht beschuldigt hätte, „objektiv" dem Lassalleanismus Vorschub zu leisten, was nichts anderes bedeutet, als daß er das Klassenbewußtsein der Arbeiter weckte.

Es ist Lange gelungen, seine Position zwischen dem Haß der Linksliberalen und dem Argwohn der Berufsagitatoren fast drei Jahre lang zu behaupten; mehr noch, es ist ihm tatsächlich gelungen, zwischen 1864 und 1866 sich eine bedeutende Anhängerschaft zu verschaffen, deren Kern die Konsumvereinsmitglieder in Duisburg, Ruhrort, Oberhausen, Mühlheim an der Ruhr, Kettwig, Essen und Elberfeld bildeten, um die sich aber eine weitere Peripherie sammelte, denn anders ist Langes erfolgreiche Aktion zugunsten eines zensusfreien demokratischen Kommunalwahlrechts nicht zu erklären wie auch das Gedeihen des Boten vom Niederrhein. Er hat noch mehr erreicht: seine erfolgreiche praktische Tätigkeit hat die ADAV-Funktionäre gezwungen, gute Miene zum bösen Konsumvereinsspiel zu machen und Lange gewähren zu lassen. Mehr noch: als für die Vereinsfunktionäre selbst überraschend von oben die Parole ausgegeben wurde, das Kölner Abgeordnetenfest im Sommer 1865 zu unterstützen, fanden sie in Lange einen sympathisierenden Vermittler zwischen ihnen und den erschrockenen Fortschrittlern, die die Unterstützung von links noch mehr fürchteten als die Polizei. In jenen Tagen hat Lange durch sein vermittelndes Auftreten sich die Basis für eine Politik der Volkspartei geschaffen, die Ende 1865 radikale Demokraten und Arbeiter zu gemeinsamer Aktion in der Forderung kommunaler Demokratie vereinigte. Die Kommissionsberatung der rheinischen Petition, die Lange zustande gebracht hatte, war zumindest ein Achtungserfolg [26].

[25] s. Der Bote vom Niederrhein, Faksimile Nachdruck der Jahrgänge 1865/66 mit einer Einleitung von Prof. Georg Eckert, Duisburg 1968 (weiterhin „Der Bote"), „Ein für allemal", Erklärung Langes in Nr. 34 (Beilage) v. 17. Dezember. Dazu: Einleitung, S. XVI f.

[26] s. Der Bote Nr. 20 v. 16. Februar 1866, Die Behandlung der Petition um Abschaffung des Census bei den Gemeindewahlen.

Langes politische Aktion ist infolge seiner Übersiedlung in die Schweiz nicht ausgereift und in ihrem Einfluß auf die erste Klassenregung in dem politisch so rückschrittlichen Industriegebiet schwer einzuschätzen, bis nicht genauere Studien darüber vorliegen, aber klar scheint zu sein, daß der erste Hebel die Konsumvereinsbewegung gewesen ist, und zwar nicht wegen der sozialen Perspektiven, auf die Lange hinwies und die sich nie verwirklichten, sondern wegen des ersten realen Organisationsanhaltes, den sie boten: sie erfüllten auf ihre Weise die Funktion der Arbeiterbildungsvereine, die im Rheinland und im rheinisch-westfälischen Industriegebiet fehlten. Genau wie die Fortbildungskurse der Bildungsvereine eine praktische Handhabe boten, um die ideologische Bildungstätigkeit einzuschleusen, so bot der Konsumrabatt den ersten Ansatz, über Selbsthilfe und Solidarität nachzudenken. So wie der Vereinsbetrieb Talente weckte und Meinungsbildung förderte, so auch der Konsumbetrieb. Und schließlich: so wenig die Vereinsideologie direkte Früchte zeitigte, so auch die Konsumideologie, denn aus beiden erwuchs keine nennenswerte wirtschaftliche Assoziationsbewegung, aber aus beiden kamen Impulse zu einer Klassenorganisation, die nicht vorhergesehen waren. Sowie es keine Entstehungsgeschichte der deutschen Arbeiterbewegung geben kann, die nicht die Rolle der Bildungsvereine für die Konstituierung der Arbeiterklasse gehörig einkalkuliert (es sei denn, man ließe das Klassenbewußtsein aus dem philosophischen Nichts entstehen), so wenig darf im Industriegebiet die parallele Rolle der Konsumvereinsbewegung übersehen werden. Damit ist zugleich die sozialhistorische Rolle Langes skizziert.

Es gelang Lange, eine sozialdemokratische Zeitung herauszugeben, den „Boten vom Niederrhein", keine spezifische Arbeiterzeitung, wie man damals den Begriff faßte, keine Arbeitervereinszeitung (wobei auch der ADAV „Verein" bleibt), informierend für den Vereinler, aber öde für die Allgemeinheit wegen des engen Blickpunktes, sondern eine Zeitung für jeden, dem es genügt, dreimal die Woche in gedrängter Form politisch und sozial informiert zu sein, gesamtdeutsch und international, und der sich mehr auch nicht leisten kann. Damit war der „Bote" ein Volksblatt, wie es später auch die ersten regionalen Zeitungen der Sozialdemokratie waren, ein Organ einer entstehenden sozialen Volkspartei, auf die Lange abzielte.

Erst ein Vergleich mit den anderen bestehenden Arbeiterzeitungen gibt die richtige Perspektive für die Größe der Leistung: Man kann von den kurzlebigen spekulativen Unternehmen absehen, wie den Hamburger und Leipziger „Arbeiterzeitungen", in den Jahren 1864/65 gegründet, nach wenigen Nummern wieder eingingen. Aber weder der „Nordstern", der „Social-Demokrat" oder die Koburger „Allgemeine Deutsche Arbeiter-Zeitung" trugen sich selbst; sie wurden subsidiert, so der „Nordstern" von Lassalle und der Gräfin Hatzfeldt oder sie zehrten vom Vermögen der Besitzer, bis zu deren Ruin, wie der Social-Demokrat den v. Hoffstetten und die Koburger Arbeiterzeitung den Streit. Alle Zeitungen litten an zeitweiligen Unterbrechungen aus Geldmangel und warben immer wieder um neue Abonnenten mit dem Hinweis, daß die Existenz der Zeitung gefährdet sei. Von alledem nichts beim „Boten". Er scheint sich von Anbeginn getragen zu haben, jedenfalls finden sich in Langes Korrespondenz keine Spuren irgendwelcher Sorgen über das Bestehen der Zeitung. Lange ließ die Zeitung eingehen, nachdem er entschlossen war, in die Schweiz auszuwandern. Nichts weist darauf hin, daß Lange den „Boten" wegen finanziellen Schwierigkeiten eingehen ließ. Es ist auch sehr unwahrscheinlich, daß Lange, der eben in ein Verlagsgeschäft eingetreten war, sich derartige Verluste erlauben konnte; ihm scheint gelungen zu sein, was Streits mißlang, seine Existenz zerstörte und ihn schließlich vor Gericht und ins Gefängnis brachte, ein Verlagsgeschäft mit deutlicher weltanschaulicher Tendenz mit der Herausgabe einer sozialpolitischen Zeitung zu binden. Die Zeitung, die billig und anspruchslos hergestellt wurde, ist unter den gegebenen Verhältnissen als ein sehr geglücktes Unternehmen anzusehen, und keineswegs darf Langes bekanntgewordenes Wort, er sei der Herausgeber des obskursten Wisches in Deutschland [27], dazu verleiten, den wirklichen Erfolg des Unternehmens zu verkennen.

Der Erfolg ist der glücklichen Kombinierung von regionalen Aktionen, die Lange anregte, mit regionaler Berichterstattung zuzuschreiben: Der Leser erfuhr aus seiner Zeitung von Dingen, die in seiner Umgebung besprochen wurden, im Mittelpunkt die Konsumvereinsbewegung und die Aktion für kommunale Rechte; er wurde auch belehrt, wie er sich dem Mißbrauch der Regierungsgewalt widersetzen könne [28]. Die Arbeiterzeitungen lagen in den Vereinslokalen auf und waren wohl auch im Besitz einzelner Funktionäre; nur der „Bote" kam auch in die Familien. Darin liegt ein bedeutender Unterschied.

Lange ließ den Boten eingehen bevor er wußte, was er in der Schweiz tun würde. Schon am 19. Juni 1866 war sein Entschluß gereift, sich um eine Züricher Professur zu bewerben, wenn auch mit wenig Hoffnung auf Erfolg; es mußte auch nicht unbedingt die Schweiz sein: so verhandelte er mit Sonnemann über seine Anstellung bei der Frankfurter Zeitung, die im Herbst 1866 im Stuttgarter Exil erschien; anläßlich seines Aufenthaltes dort kam dann der Vertrag mit Bleuler zustande, den „Winterthurer Landboten" zu redigieren und in sein Verlagsgeschäft einzutreten. Beschlossene Sache war jedenfalls das Exil aus Preußen, das beweist schon die Abänderung des Vertrages mit seinem Duisburger Teilhaber, der den Abbruch seiner Duisburger Tätigkeit erleichterte [29].

Als die letzte Nummer des Boten am 29. Juni erschien, war die Schlacht bei Langensalza schon geschlagen und die Schlacht von Sadowa in voller Vorbereitung, aber es war nicht Abscheu vor der siegreichen preußischen Reaktion allein, oder Mitgefühl für die besiegten deutschen Staaten, die ihn ins Exil trieben. Es scheint, als ließe sich aus dem „Boten" selbst erschließen, was ihn bewegte, die volksparteiliche soziale Aktion in die Schweiz zu verlegen, denn darum ging es zunächst, nicht um Abwendung von der Politik zurück zur Wissenschaft: Der Höhepunkt von Langes politischer Aktivität kommt ja erst mit den Züricher Verfassungskämpfen des Jahres 1867! Was Lange erschüttern mußte, war der Wankelmut seiner Duisburger Arbeiter, die bei den Wahlen

---

[27] Lange, Über Politik, S. 106 (Brief an Max Hirsch v. 27. November 1865). Zu beachten ist, daß Langes Bemerkung sich auf den noch nicht zwei Monate lang bestehenden Boten bezieht und zugleich auf seine Erfolge hinweist.

[28] Langes Aktion für sorgfältige Ausnützung der bestehenden Rechte nach dem preußischen Versammlungsrecht (an deren Verkümmerung die Behörden und die Fortschrittler den Arbeitern gegenüber gemeinsam wirkten) ist seiner Aktion für Kommunalrechte an die Seite zu stellen. Dazu: Der Bote Nr. 12 v. 28. Januar 1866 (Das Vereinsrecht); Nr. 15 v. 4. Februar 1866 (Das Versammlungsrecht); Nr. 21 v. 18. Februar (Nochmals das Versammlungsrecht) — jedesmal in der Beilage. Außerdem verfolgte der Bote genauestens jeden Vorstoß der Behörden gegen Arbeiterversammlungen und den ADAV.

[29] s. Ellissen, S. 155.

zur preußischen Kammer unter Leitung des Duisburger Agenten des ADAV, Caspar Bergrath, die konservativen Kandidaten unterstützten und ihnen zum Sieg verhalfen [30]. Lange war Bergrath direkt entgegengetreten, als dieser in einer Urwählerversammlung der Liberalen in Aussicht stellte: „Wenn die Regierung auf Grund des allgemeinen gleichen und direkten Wahlrechtes ein Parlament berufe, so würde der ganze Arbeiterstand auf ihrer Seite stehen". Das war am 4. Juni [31]; am 22. Juni trat Bergrath in einer konservativen Wählerversammlung auf und machte offene Propaganda für die Regierung, „die ein warmes Herz für den Arbeiter besitze" [32]. Seine Agitation entsprach einem wirklichen Stimmungsumschwung, und gerade die dritte Wählerklasse verhalf den Konservativen zu ihrem Erfolg. Lange hatte den Stimmungsumschlag in einer Versammlung des ADAV, an der er als Gast am 17. Juni teilnahm, beobachtet, als Bergrath nicht ohne Erfolg den Übergang ins konservative Lager vorbereitete und einer liberalen Urwählerversammlung am gleichen Tage beigewohnt, die die schon unwilligen Arbeiter durch besonders auffällige Gängelei verärgerte, aus deren Mitte dann ein Hoch auf Bismarck ausgebracht wurde [33]. Wenn einer der liberalen Honoratioren sich vernehmen ließ, „die Fortschrittspartei leide und handle für die Arbeiter und denke auch für sie mit", so mochte das im Jahre 1862 vielleicht unbeachtet geblieben sein, empörte aber jetzt, und die Konservativen brauchten nicht mehr zu tun, als die Arbeiter betont höflich zu behandeln.

Lange trat in der gegebenen Lage für eindeutige Unterstützung der Fortschrittler ein, konnte sich aber auch mit Stimmenthaltung der Arbeiter abfinden; aber es war fast eine Bankrotterklärung seiner ganzen Tätigkeit, wenn er in den letzten Nummern des „Boten" ausführlich darlegen mußte, was es mit der Arbeiterfreundlichkeit eines Krupp auf sich habe, und was ein ohnmächtiges Parlament mit demokratischem Stimmrecht in Preußen bedeute [34].

Lange hat angedeutet, daß die Regierung ihn nicht nur bedrängt habe, sondern auch versucht habe, ihn zu ködern. Wir wissen, daß solche Versuche das ganze soziale Spektrum durchliefen, angefangen bei Marx und endigend bei dem verrufenen Wilhelm Marr, aber die Regierung hat auch direkte Bestechung von Arbeiterfunktionären nicht gescheut, und Lange scheint Kaspar Bergrath in berechtigtem Verdacht gehalten zu haben: Bergrath war plötzlich aus der Schuldhaft [35] befreit und im Wahlkampf außergewöhnlich aktiv. Seine Taktik, die Rachegefühle der Arbeiter gegen die Fortschrittsführung im Dienst der Konservativen aufzuputschen, und dabei doch immer vorsichtig zu sondieren, wie weit es damit gehen könne ohne sich bloßzustellen, läßt sich am

---

[30] Der Bote Nr. 76 v. 27. Juni 1866 (Duisburg, 26. Juni).
[31] Der Bote Nr. 67 v. 6. Juni 1866 (Duisburg, 4. Juli).
[32] Der Bote Nr. 75 v. 24. Juni 1866 (Duisburg, 22. Juni).
[33] Der Bote Nr. 73 v. 20. Juni 1866 — Beilage (Duisburg 18. Juni) und Nr. 74 v. 22. Juni.
[34] Der Bote Nr. 76 v. 27. Juni 1866 (Duisburg 26. Juni). Unter besonderer Hervorhebung verzeichnet Lange in 12 Artikeln, daß die konservative Partei die Entrechtung der Arbeiter ständig betrieben habe und daß das demokratische Wahlrecht ohne demokratische Garantien in der Luft hängt.
[35] Bergrath gab in Nr. 44 des Boten v. 13. April seine Schuldhaft bekannt; der Bote berichtete über das Schicksal der Familie (Nr. 48 v. 22. April — Beilage) und nahm Unterstützungen für die Familie entgegen (Nr. 50 v. 27. April; Nr. 51 v. 29. April und laufend bis Mitte Mai); Anfang Juni ist Bergrath aktiv an der Wahlagitation tätig — und wie umgewandelt.

einfachsten durch Bestechung erklären, ohne daß damit ein letztes Wort über den Mann gesagt werden soll. Bergraths Erfolg gegen Lange haben mit der Krise seiner Duisburger Aktion sicherlich viel zu tun.

Lange schreibt anläßlich der Wahl-Versammlung vom 17. Juni in Nummer 74 des „Boten": „Unsere spezielle Wirksamkeit ist dadurch nicht nur beeinträchtigt, sondern fast unmöglich gemacht; denn wie sehr sich auch kurzsichtige Schwachköpfe und feile Denunzianten einbilden mochten, der Bote v. N. sei dazu bestimmt die Arbeiter „aufzuhetzen", so war doch für jeden Unbefangenen deutlich genug grade das Gegenteil der Fall": Er habe an die Vernunft appelliert und nicht an die Gefühle, es sei aber jetzt zunächst einmal zur Vorherrschaft der Emotionen gekommen, die Arbeiter wollten zunächst einmal beweisen, daß sie einen eigenen Willen haben und sich nicht „mit einigen matten Redensarten in die Tasche stecken lassen" [36].

So war die Zeit für rationelle Aufklärung vorbei, und auch für die Gründung einer volksparteilichen sozialen Tageszeitung sah er keine Aussichten mehr — und wohl auch nicht die richtigen Männer. Der Bote vom Niederrhein hätte der Vorbote einer großen Volkszeitung werden können, aber dem wirkten die Ereignisse entgegen: die Duisburger Krise war ja nur das Symptom einer geschichtlichen Wende. Nur eine ganz klare Klassenauffassung hätte Lange einen Ausweg aus der Krise zeigen können, und gerade daran fehlte es ihm; wer aber besaß sie damals?

Lange sah sich ein wenig als Nachfolger der „Neuen Rheinischen Zeitung" an, und so wollte auch er der Geschichte eine denkwürdige letzte Nummer hinterlassen; so kam es zu Nr. 77 vom 29. Juni 1866 mit dem „Motto zum Todestage": Paucis pugnatur vincitur vivitur. Das sind schöne und mutige Worte, aber was sagen sie sozialhistorisch gesehen? Doch eigentlich das: Ein Einzelner spricht, nicht die Bewegung; die Bewegung hat nicht standgehalten; vielleicht hat sie auch nie wirklich existiert. Die Konsumvereinsbewegung hatte nicht die Eigenständigkeit der Arbeitervereinsbewegung, vielleicht weil sie zu spät kam, nachdem die Aktivisten schon durch den ADAV absorbiert waren, ohne daß wiederum der ADAV die Kraft gehabt hätte, die Klasse wirklich zu organisieren. Langes Versuch, mit der Konsumbewegung und seiner Zeitung einen neutralen Boden für die sozialdemokratische Aktion zu schaffen, ist trotz der wichtigen Impulse, die von ihnen ausgingen, gescheitert. Ein ähnlich gelagerter Versuch in Sachsen, an dem Bebel, Germann, Fritzsche, Försterling und Vahlteich teilnahmen, ist auch gescheitert, aber nicht ohne die Vereinsbewegung erheblich entwickelt und gestärkt zu haben. Es gibt eben keinen Ersatz für die Arbeiterverbrüderung und ihre Ausläufer, die Kongreßbewegung von 1863/64.

In die Schweiz mag Lange Reste seines Vertrauens in Massenbewegungen herübergerettet haben; für Deutschland galt nunmehr der Glaube an die pauci, an die Elite: das ist der Kern der Metamorphose seiner „Arbeiterfrage", die bald anhub und mit Langes Rückkehr nach Deutschland endete; Arbeiterfrage als „Lösung" einer „sozialen Frage" durch die Wissenschaft und die Wissenschaftler.

Das elitäre Element gewinnt in der dritten Auflage der „Arbeiterfrage" die Oberhand, aber es fehlt keineswegs in der ersten Auflage des Jahres 1865,

---

[36] Der Bote Nr. 74 v. 22. Juni 1866.

einfach weil es Bestandteil von Langes Denken und Wesen ist. Das „Unter-das-Volk-Gehen" aller Narodniki ist eben grundsätzlich ein elitärer Standpunkt, sei es das hochnäsige Auftreten deutscher „Arbeiterfreunde", das Lange so entschieden gegeißelt hat, sei es die herablassende Leutseligkeit von Professoren, die Moritz Müller [37] so aufgeregt hat, aber das gilt auch für Lange, weniger für die Duisburger Aktionen als für sein Verhältnis zur Arbeitervereinsbewegung: es war mehr durch seine Beziehungen zu den Honoratioren bestimmt als durch die Arbeiter selbst.

Die elitäre Auffassung ist ein Bestandteil von Langes Erziehung und seiner wissenschaftlichen Stellung und wurde durch keine geklärte Klassenvorstellung beeinflußt; man möchte annehmen, daß sie ein wesentliches Hindernis für die Bildung einer Klassenerkenntnis gewesen ist, denn so sehr er sich ihr näherte, hat er sie dennoch nicht erreicht. Andererseits wäre es ganz verfehlt, eine theoretische Klassenvorstellung als Wert an sich zu überschätzen: Die soziale Antithese zu elitärem Denken wäre ein spontanes Aufgehen in der Arbeiterklasse, aber das ist ein seltenes Phänomen; häufig ist dagegen ein Führungs- und Funktionärsverhältnis, daß das Gedeihen der Bewegung zum persönlichen Interesse macht, und davon hat Lange einiges am Niederrhein miterlebt, ist doch der ADAV dort die Geburtsstätte des Arbeiterfunktionärs. Vom elitären Bewußtsein eines Arbeiterführers hat Lange sich sicherlich frei gewußt, und das intellektuelle Elitebewußtsein, das deutlich erkennbar ist, ist ihm subjektiv sicher nicht klar gewesen. Daß es vorhanden war, beweist eine überkompensierende Ausdrucksweise, die hier und da anzutreffen ist.

Die Auswirkung der elitären Note in Langes Verhältnis zur VDAV-Bewegung ist nicht durch ihn allein bedingt, sondern mehr noch die soziale Konstitution der Bewegung.

Lange lernte die VDAV-Bewegung auf ihrem zweiten Vereinstag zu Leipzig im Oktober 1864 kennen, als der Widerstand gegen die Beherrschung durch die „Frankfurter Schule" Sonnemann-Wirth zum ersten Mal öffentlichen Ausdruck fand und die Frankfurter gezwungen wurden, Ton und Inhalt ihrer Leitung erheblich zu ändern, ihren „engeren Ausschuß", der nur aus ihren Kreaturen bestand, zu einem wirklich mitberatenden Gremium zu machen, wodurch der Kreis der Honoratioren, die ins Vertrauen zu ziehen war, erweitert wurde [38]. Was Lange veranlaßte, die Tagung zu besuchen, hat er direkt nicht selber angegeben, läßt sich aber mit ziemlicher Sicherheit erschließen, besonders durch den Inhalt seines Auftretens. Es waren das die Tage kurz nach Lassalles Tod, als es schien, als bereite sich im ADAV eine breitere Führungsgruppierung vor, mit Einschluß von Schweitzer, Liebknecht und Marx, wie sie sich tatsächlich noch vor Jahresende im Redaktionskomitee des „Social-Demokrat" der Öffentlichkeit vorstellte. Keineswegs hoffte Lange auf das Ver-

---

[37] Siehe dazu: E. Schraepler, Der Zwölfer-Ausschuß des Vereinstages deutscher Arbeitervereine und die Ereignisse des Jahres 1866, in: Jahrbuch für die Geschichte Mittel- und Ostdeutschlands Bd. 16/17, 1968, S. 229 f. und dort Anmerkung Nr. 41. Die Auseinandersetzung zwischen Moritz Müller und Professor Provence, der den Bildungsverein beherrschte, war persönlich wie prinzipiell: Die Professorenführung im Badener Gauverband (u. a. Prof. Wundt-Heidelberg) wehrte sich gegen die Agitation der Arbeitervereine für das demokratische Stimmrecht, und Lange stieß mit ihr auf der Stuttgarter Tagung zusammen und setzte sich mit ihr im Boten auseinander.

[38] Andeutung darüber in Langes Schreiben an J. F. Martens v. 28. November 1865 („... daß die Sache nicht bloß in Händen der Frankfurter bleiben sollte") — Lange, Über Politik, S. 84.

schwinden der Bewegung, wie die Frankfurter zu glauben vorgaben; wohl erwartete er eine neue und umfassendere Parteibildung, in der die VDAV-Bewegung eine Rolle zu spielen bestimmt war. Das geräuschvolle Auftreten der Lassalleaner unter Fritzsches Führung auf der Leipziger Tagung war für ihn nicht nur eine unliebsame Störung der so sachlichen Verhandlungen, sondern ein bedeutsames Gegengewicht gegen die Redensarten eines anderen Leipzigers, des Bürgermeisters Koch, der in den Delegierten die Vertreter einer neuen Arbeiteraristokratie begrüßte [39]. Lange hat davon gesprochen, er habe zwischen den empörten Lassalleanern und den Vereinlern vermittelt [40]: die Berichte sagen darüber nichts, wie überhaupt, solange Sonnemann das Heft in der Hand behielt, wenig aus den gedruckten Berichten des VDAV über die wirklichen Vorgänge sich erschließen läßt. Was wir wissen ist, daß Lange sich zum ersten Mal zu Wort meldete, um über die Konsumvereine zu sprechen, wie auch später, ausgesprochen antischulzisch, unter Betonung, daß die Konsume eine reine Arbeitersache zu sein hätten, mit dem Ziel unabhängige Arbeiterassoziationen vorzubereiten, und daß durch Fabrikanten geleitete Konsume ein direktes Hindernis für die Arbeiteremanzipation seien. Der starke Beifall galt nicht Langes Rhetorik, sondern seiner Haltung, die der der offiziellen Berichterstatter entgegengesetzt war [41]. Lange wurde mit der größtmöglichen Stimmenzahl (mehr als Sonnemann!) in den reformierten Ausschuß gewählt [42]: für einen Außenseiter ein persönlicher Erfolg, aber auch eine Linksdemonstration, die der wendige Sonnemann nicht unbeachtet ließ und die Wirth veranlaßte, sich überhaupt zurückzuziehen.

Lange nahm aktiv an einer anderen Debatte teil, der Frage des Vereinsorgans und der Stellung zur Koburger Arbeiterzeitung Streits. Es verwundert, daß Lange sich in dieses Geschäft einmischte, obwohl er die Vorgeschichte nicht kannte, denn sie gehört zur Geschichte des Leipziger Zentralkomitees, die ihm niemand objektiv schildern konnte [43]. Diese Anteilnahme an der Lebensfrage des VDAV hat Lange während seiner ganzen Zugehörigkeit zum ständigen Ausschuß weiterhin verpflichtet, und man möchte sagen: belastet. Die Frage eines Vereinsorganes war schon seit der Gründung des „Felleisens" der deutschen Arbeitervereine in der Schweiz im Sommer 1862 aufgetaucht, besonders in Nürnberg und Mannheim, angeregt durch Eichelsdörfer, der dann ja auch in den Entscheidungsjahren der Vereinsbewegung 1867/68 („von der Bewegung

---

[39] s. Allgemeine deutsche Arbeiter-Zeitung (weiterhin: Koburger Arbeiterzeitung), Nr. 96 v. 30. Oktober 1864 (Vereinsangelegenheiten); Lange hatte im Boten darauf Bezug genommen; vgl. auch Neue Frankfurter Zeitung Nr. 296 v. 25. Oktober 1865 (Zweiter Vereinstag); dort auch die gängige Version über die Verhandlungsstörung durch F. W. Fritzsche.

[40] s. Lange, Arbeiterfrage (1870), S. 341 f.

[41] s. Neue Frankfurter Zeitung Nr. 297 v. 26. Oktober 1864 („Zweiter Vereinstag"): „Die Selbstachtung des Arbeiters, die Erziehung desselben, das ist nicht bloß Hauptsache bei Konsumvereinen, sondern das einzige Mittel der Losung der sozialen Frage überhaupt (Lebhafter Beifall)."

[42] Einstimmig gewählt (32 Stimmen) wurden in den Ausschuß nur Bebel, Weithmann und Lange. Sonnemann erhielt 28 Stimmen und Max Wirth nur 26, die kleinste Stimmenzahl!

[43] s. Na'aman, Die Konstitutierung, S. 79 ff.

zur Partei") die „Deutsche Arbeiterhalle" als Vereinsorgan redigierte[44]. Die Frankfurter widersetzten sich einer Arbeiterzeitung so lang wie möglich und unter den fadenscheinigsten Vorwänden, aber immer mit der Begründung, daß das die Absonderung der Arbeiter von der liberalen Bewegung bedeute. Als dann die Koburger Arbeiterzeitung im Januar 1863 gegründet wurde, verboten es interne Taktiken im Nationalverein, die Zeitung offen anzugreifen, obwohl alles daran gesetzt wurde, die Verbreitung der Zeitung zu hindern. Nur solange die Bekämpfung Lassalles vordringlich schien, und es günstig war den Ablehnungsvoten sämtlicher Arbeitervereine gegen Lassalles Programm die weitestmögliche Resonanz geben zu können, hielt man sich zurück. So wurde auf dem ersten Vereinstag die Erklärung der Koburger Zeitung zum Vereinsorgan durch Sonnemann hintertrieben und der Ausschuß nur verpflichtet, seine Mitteilung in der Koburger Zeitung zu veröffentlichen, wobei noch obendrein der „Arbeitgeber" ihr gleichgestellt wurde[45]. Das war der Sieg der Frankfurter „volkswirtschaftlichen" Richtung, die über ein Jahr das Feld allein beherrschte und ein zweites überwiegend: Die Bildungsvereine sollten sich die Lehren der Freihandelsschule aneignen und mittels Versicherungsgesellschaften, Sparkassen und Kleinaktiengesellschaften zu Wohlstand emporarbeiten. Dazu war „Vergesellschaftung" der Vereine zu einer Bewegung unnötig, wenn nicht gar hinderlich, und eine Zeitung konnte nur diese unnötige Vergesellschaftung fördern. Monatelang hat der engere Ausschuß jede Aktivität unterbunden, bis durch die Koburger Arbeiterzeitung Proteste gegen die Sabotage laut wurden, denn die Bewegung wollte leben. Erst danach sorgte Sonnemann für Mittel zur Belebung der Tätigkeit und kam der zweite Vereinstag zustande.

Die Koburger Arbeiterzeitung war eines der Agitationsblätter der großdeutschen (oder besser: gesamtdeutschen) liberal-demokratischen Opposition im Nationalverein, und ihr Verständnis der spezifischen Interessen der Arbeiter war recht gering, obwohl sie sich von Jahr zu Jahr in dieser Hinsicht sehr besserte. Was sich aber nicht änderte und ändern konnte waren ihre organischen Gebrechen: sie war ebenso weitschweifig, unklar, umständlich und außerdem teuer in der Herstellung, wie Langes „Bote" einfach, sachlich klar und — billig war. Diese Mängel lagen auf der Hand, bedeuteten aber längst noch nicht, daß die Zeitung bis zu einer erheblichen Erstarkung der Bewegung zu entbehren war. Das konnte ein Außenseiter wie Lange nicht so klar sehen. Wenn er die Zeitung nur vom Standpunkt des Journalisten ansah, oder von dem prinzipiellen Standpunkt, daß ein Organ der Bewegung ihr Eigentum sein solle, oder wenigstens unter ihrer Kontrolle stehen müsse, so war seine Fragestellung berechtigt, wie er sie laut der Korrespondenz der Neuen Frankfurter Zeitung formulierte; vor allem habe der Ausschuß mit der genannten Redaktion in Unterhandlungen zu treten, ob sie unsere Interessen vertreten

---

[44] Für die Bedeutung der „Arbeiterhalle" siehe S. Na'aman, Von der Arbeiterbewegung zur Arbeiterpartei (im Druck).

[45] s. Bericht über die Verhandlungen des ersten Vereinstages der deutschen Arbeitervereine, abgehalten zu Frankfurt a. M. am 7. und 8. Juni 1863, S. 36 f.; nach der Leipziger Tagung verzichtete der „Arbeitgeber" auf den Schein, die Arbeitervereine, selbst auf dem „volkswirtschaftlichen" Gebiet zu repräsentieren: Der Stuttgarter Arbeitertag wird von ihm sehr summarisch behandelt. Der Bericht neuerdings abgedruckt in: Na'aman, Die Konstituiernug, S. 629.

wolle[46], womit eine gewisse Bindung der Redaktion der Zeitung an die Aufsicht des ständigen Ausschusses angedeutet wurde. Daraus geht aber auch hervor, daß Lange unter gewissen Bedingungen in Streits Blatt mehr zu sehen bereit war als den Empfänger von Annoncen des Ausschusses, und das war durchaus nicht, wo hinaus Sonnemann wollte. Er brachte es fertig, immer Mißverständnisse mit Streit hervorzurufen, was ihm dessen Tölpelhaftigkeit sehr erleichterte. Zu fragen bleibt, ob Lange nicht Sonnemann unwissentlich Vorschub geleistet hat. Tatsache ist, daß die VDAV-Bewegung im Krisenjahr 1866/67 ohne Organ war, was einen fast tödlichen Rückschlag der Bewegung bedeutete.

Auf Lange hat außerdem der Konflikt der Arbeiterzeitung mit dem in dynamischer Entwicklung befindlichen Leipziger Arbeiterverein ungünstig eingewirkt, wobei die Stellung der Zeitung nicht so haltlos war, wie es scheinen möchte[47].

Im Herbst 1863 hatte in Leipzig ein großes deutsches Turnfest stattgefunden, das ebenso eifrig von Beust und der sächsischen Regierung ausgenützt wurde, wie der Arbeitertag von den Rechtsliberalen Leipzigs. Die Turnbewegung war die besondere Domäne Streits wegen ihrer Verbindung mit der Wehrbewegung, und deren Rechtsentwicklung, die sich in Leipzig im Jahre 1863 kundgetan hatte (auch Treitschke hatte dabei eine Rolle gespielt), warnte ihn, und er widersetzte sich Leipzig als Tagungsort für den VDAV. Aus entgegengesetztem Motiv waren die Frankfurter für Leipzig, das Biedermann, den rechtsliberalen Professor herausstellte, während Roßmäßler fehlte. Der Leipziger Bildungsverein und mit ihm August Bebel, der damals noch keine Zeichen seiner späteren Unabhängigkeit zeigte, fühlte sich durch die Arbeiterzeitung getroffen, und sein Berichterstatter, der Chemielehrer Baer, verschärfte den Konflikt durch seine breittretenden Berichte, die von persönlichen Anzüglichkeiten nur so wimmelten. Die Arbeiterzeitung brachte ein schwerwiegendes Argument vor, das merkwürdigerweise in Bebels Memoiren (und auch sonst) übergangen wird: Der ständige Ausschuß hatte an die Vereine das Buch Kolbs über die Nachteile der stehenden Heere versandt, um vom linken liberaldemokratischen und freihändlerischen Standpunkt aus die Heeresfrage aufzurollen und zwar als den großen Beitrag zur Lösung der Arbeiterfrage. Diese Argumentation war auch im Jahre 1868 noch Sonnemanns Lieblingsthema. Nun wurde mit Rücksicht auf die sächsische Regierung die Behandlung der Heeresfrage von der Tagesordnung abgesetzt, was z. B. in Pforzheim großen Unwillen

---

[46] Neue Frankfurter Zeitung Nr. 298 v. 27. Oktober 1864. Lange nahm das Wort, nachdem der Hirsch-Sonnemannsche Antrag, die Verbindung des Vereinstags mit der Arbeiterzeitung auf Veröffentlichung von Mitteilungen „soweit tunlich" zu beschränken, schon gestellt worden war. Lange wollte ein beiderseits verpflichtendes Verhältnis. Sofort nach seiner Niederlage ging er an die Ausarbeitung eines Projekts für eine eigene Arbeiterzeitung, deren Gegensatz zu der Koburger Arbeiterzeitung, so wie sie war, er betonte. Siehe: Lange, Die Arbeiterfrage (Ausgabe Mehring), S. 159 f. (Über das Projekt einer rheinisch-westfälischen Arbeiterzeitung).

[47] Bebels zusammenfassende Bemerkung nach Neue Frankfurter Zeitung Nr. 298 v. 27. Oktober 1868: „Wir haben in Sachsen gar keinen Grund, für diese Zeitung enthusiasmiert zu sein. Sie hat über unsere Verhältnisse Unwahrheiten und Übertreibungen gebracht; sie hat unser Einladungszirkular, welches wir zusandten, nicht abgedruckt; sie hat, als Leipzig schon zum Versammlungsort gewählt war, noch dagegen gewühlt. Sie hat behauptet, wir hätten aus Furcht vor unserer Regierung die Heeresfrage von der Tagung abgesetzt."

erregte [48]. Die Milizfrage war Streits Herzenssache, und sein Unwillen über die Streichung dieses Verhandlungspunktes, Beust zuliebe, ist nicht unverständlich: schließlich galt Beust nur für wenig besser als Bismarck.

Ob diese Zusammenhänge Lange bekannt waren, scheint fraglich, das bedeutet aber, daß seine Haltung gegenüber Streit nicht wirklich fundiert war. Fraglich scheint auch, ob Lange die wirklichen Hintergründe von Sonnemanns Stellung zu jeder Arbeiterzeitung durchschaute. Auf Lange wird es keinen guten Eindruck gemacht haben, daß Streit die Berichterstattung über die Leipziger Tagung abbrach [49], um nicht die Erörterung der Zeitungsfrage, die mit seiner Niederlage endete, bringen zu müssen; es wird dagegen Streit aufgefallen sein, daß Lange gegen ihn Stellung genommen hatte, jedenfalls wird das der Grund sein, warum er während eines ganzen Jahres Langes „Arbeiterfrage" totschwieg und erst darauf zu sprechen kam, nachdem sich seine Gesamthaltung radikalisiert hatte [50]. Das wiederum wird seinen Eindruck auf Lange nicht verfehlt haben.

Lange hatte sich durch seine anti-Freihandels-Stellungnahme in der Konsumvereinsfrage das Vertrauen der Leipziger Versammlung erworben, und er war nun in das Honoratiorengremium des ständigen Ausschusses gewählt, wo nur Bebel als Muster des strebsamen Arbeiters die eigentliche Mitgliedschaft vertrat. Bebel berichtet, Lange habe von Anbeginn am linken Flügel des Ausschusses gestanden [51], und das ist wohl selbstverständlich. Die Frage ist nur, ob es ihm gelang, mehr als ein radikales Aushängeschild zu sein. Die Frage ist nicht leicht zu beantworten.

Lange hätte unbedingt der Berichterstatter für die Konsumfrage sein müssen, aber nicht er galt dem Ausschuß als Referent, sondern Eduard Pfeiffer aus Stuttgart, der zwar genossenschaftlich und nicht kapitalistisch wie Schulze-Delitzsch dachte, aber von Langes Bee-Hive-Vorstellungen weit entfernt war. Stattdessen wurde Lange mit der Frage der Arbeiterwohnungen bedacht, in der er zwar ebenso sehr von dem Referenten für Leipzig, Bredehorst aus Bremen, abwich, wie in der Konsumfrage von Schulze, in der er aber keine Erfahrung besaß. Er wurde mit der Übersetzung der Schrift von Theodore Jones, „Everyman his own landlord" beauftragt, auf die V. A. Huber, der als Fachmann für die soziale Frage an der Leipziger Tagung teilgenommen hatte,

---

[48] Für die Hintergründe der Stellung der Koburger Arbeiterzeitung siehe die Verhandlungen des südwestdeutschen Arbeitertages (dort Nr. 89 v. 11. September), in dem die Wehrfrage behandelt wurde, die Frage der Arbeiterzeitung und Leipzigs als Tagungsort. Da diese Tagung die Gauverbände von Baden und Württemberg vereinte, war die dort offen hervortretende Opposition gegen die Frankfurter Führung von großer Bedeutung. Für die Einzelheiten, wie die tendenziöse Berichterstattung des Leipziger Korrespondenten Baer (der aber nicht allein in seiner Opposition gegen die Leitung des Leipziger Arbeiterbildungsvereins war) — s. Koburger Arbeiterzeitung Nr. 93 v. 9. Oktober 1864 („Leipzig") und Nr. 94 v. 16. Oktober 1864 („Ein offener Brief an die deutschen Arbeiter" mit einer redaktionellen Anmerkung) und Nr. 96 v. 30. Oktober (Pforzheim, 22. Oktober).

[49] Die Koburger Arbeiterzeitung bringt in Nr. 96 v. 30. Oktober einen unvollständigen Bericht (s. Leipzig, 23. Oktober) mit dem redaktionellen Versprechen ausführlicher Berichterstattung. Dieser bringt nur die Beschlüsse, darunter den Hirsch-Sonnemannschen, der ohne die Debatten nichtssagend ist. Lange wird nicht erwähnt außer der Tatsache, daß er in den ständigen Ausschuß gewählt worden war.

[50] s. Koburger Arbeiterzeitung Nr. 151 v. 19. November 1865 (= Versuch einer sozialen Antwort).

[51] A. Bebel „Aus meinem Leben", S. 103.

hingewiesen hatte. Lange hat über diese Frage auf dem dritten Vereinstag referiert [52], aber man darf behaupten, daß er damit auf ein totes Geleise abgeschoben war: während die Konsumfrage wirkliche organisatorische Anhaltspunkte bot, wie sich am Niederrhein, im sächsischen und auch im württembergischen Gauverband zeigte, hat es nie eine ähnliche Bewegung in der Wohnungsfrage gegeben. Wenn man nun beachtet, daß Lange als zweiten Beitrag seiner Tätigkeit im leitenden Ausschuß des VDAV die Behandlung der Differenzen des Ausschusses mit Streit übernahm und darüber dem Stuttgarter Vereinstag berichtete [53], möchten einem Zweifel kommen, ob sein moralisches Ansehen und seine praktischen Möglichkeiten richtig eingesetzt wurden, oder mit anderen Worten, ob Lange nicht den bewährten Praktiken alter Parlamentarier unterlegen ist.

Lange kehrte aus Leipzig sichtlich erregt zurück, vielleicht wäre erschüttert der passendere Ausdruck: Zeuge dafür ist die Leidenschaft, die noch in seiner „Arbeiterfrage" nachzittert, und über die er sich ausgesprochen hat [54].

Ende Oktober war er in Duisburg zurück; Anfang Januar war die Schrift fertig. Die theoretischen Grundlagen hatte er sich natürlich viel früher erarbeitet, teils im Zusammenhang mit der „Geschichte des Materialismus", die um die gleiche Zeit gereift war [55], aber mehr noch im Zusammenhang mit dem Studium von Lassalles „System der erworbenen Rechte", teils auch in seiner Fehde mit der Freihandelsschule, wie sie Max Wirth als Kombination von Bastiat und Carey kolportierte und Lassalle in seinem „Bastiat-Schulze" verhöhnte, aus der dann bald die Schrift „John Stuart Mills Ansichten über die soziale Frage und die angebliche Umwälzung der Sozialwissenschaft durch Carey" entstand [56]. Die Hast, mit der Lange seine eigenen sozialen und wirt-

---

[52] s. Bericht über die Verhandlungen des dritten Vereinstags deutscher Arbeitervereine, Nürnberg 1865, S. 23 f. (Baugenossenschaften); dort auch der Hinweis auf Huber.

[53] a. a. O., S. 29 f. (Vereinsorgan), Berichterstatter Weithmann (Leipzig) und Lange (Duisburg): Über den Inhalt von Langes Berichterstattung findet sich kein Wort.

[54] Im Vorwort zur zweiten Auflage seiner „Arbeiterfrage" sagt Lange, die erste Auflage sei „im drängenden Moment binnen wenigen Wochen auf's Papier geworfen" und verweist auf Seite 341, wo es heißt: „auf dem Vereinstag zu Leipzig (den 23. und 24. Oktober) kam es zu einem Konflikt mit den Lassalleanern, der mich, in Verbindung mit meiner Wahl in den Ausschuß des Vereinstages, hauptsächlich dazu bestimmte, um nicht den Vorwurf einer zweideutigen Haltung auf mich zu laden, die erste Auflage der dem Leser vorliegenden Schrift zu schreiben." In der ersten Auflage heißt es anläßlich des Kampfes um Lassalle: „Wir wissen es recht wohl — und nehmen es auch für uns in Anspruch — was man in der Debattierung von Tagesfragen der Hitze des Gefechts und dem Drang des Augenblicks zugute halten muß. Es muß da oft, weil eben der Moment es fordert, eine Schrift — wie auch die gegenwärtige — auf den Markt des Lebens hinausgeworfen werden ..." (Ausgabe Mehring, S. 107, Anm.).

[55] Die Geschichte des Materialismus erschien im Oktober 1865. Den methodischen Ansatz zu dem entstehenden Werk hat Lange schon im Jahre 1858 folgendermaßen formuliert: „Meine Logik ist die Wahrscheinlichkeitsrechnung, meine Ethik die Moralstatistik, meine Psychologie ruht durchaus auf der Physiologie mit einem Wort" (Geschichte des Materialismus, Ausgabe Reclam, Leipzig 1905, S. 13); dem entspricht in der „Arbeiterfrage" der Darwin-Malthussche Ansatz.

[56] Lange nahm den Hauptinhalt dieser 1866 erschienenen Schrift schon in einem im November 1865 erschienenen Aufsatz „Der Schutzzoll und die Arbeiterfrage" (Der Bote Nr. 16 v. 12. November) vorweg, worauf Ellissen schon in seiner Biographie (S. 240) hingewiesen hat. Langes sozialpolitische Tätigkeit scheint demnach die Geburtshelferin seiner literarischen Produktion gewesen zu sein und keineswegs deren Hemmschuh. Unter diesem Aspekt wären einige Akzente in seiner Biographie neu zu setzen.

schaftlichen Ideen aufs Papier brachte, mag den etwas undurchsichtigen Aufbau seiner „Arbeiterfrage" erklären, aber die späteren Überarbeitungen haben daran nicht viel verbessert, und es scheint, als habe er das gegeben, was er geben konnte.

Langes Theorie ist für die Analyse seiner Stellung in der Arbeiterbewegung nicht der zentrale Punkt, sondern seine agitatorische Auseinandersetzung mit dem praktischen Schulze, dem praktischen Wirth und dem praktischen Lassalle, hinter denen der wirkliche Sonnemann, der wahre Max Hirsch und die realen Funktionäre des ADAV stehen, und in dieser Auseinandersetzung liegt der Schwerpunkt der „Arbeiterfrage" für uns. Lange deckt deren Rolle auf und zeigt seine Alternative, den „Weg zur Rettung", wie er es nennt [57], tut das aber nicht konzentriert und systematisch, sondern häufig nur andeutungsweise, so daß erst die zweite Auflage aus der Rückschau die Karten wirklich aufdeckt [58]. Es ist das mehr, als ein Mensch leisten kann: mit den Todfeinden seiner Theorie praktisch zusammenarbeiten und sich doch nichts vergeben.

Vom Standpunkt der geschichtlichen Wirksamkeit aus gesehen, der im Zusammenhang dieser Studie maßgebend zu sein hat, ist die Schrift ein Zwitterding von Theorie und Agitation, wobei Lange sich den agitatorischen Zweck nicht offen eingesteht, sondern die praktische Wirkung aus der theoretischen Erkenntnis entstehen lassen möchte, ganz ähnlich wie Lassalle in seinem „Offenen Antwortschreiben", und mit ähnlichem negativen Erfolg. Beide wollten auf die Arbeiter, d. h. auf die Arbeitervereine einwirken; beide wußten, daß die Honoratioren ein trügerisches Bild der wahren Haltung der Mitgliedschaft präsentieren und daß eine radikale Strömung vorhanden ist, die aufgeklärt werden will. Beide skizzieren einen theoretischen Bau, der die agitatorische Wirkung beeinträchtigt und der gerade zu einer intellektuellen Vermittlerrolle der Gebildeten herausfordert. Lassalles qualitativ so viel schwächere Schrift ist an den Vereinen zwar abgeglitten, paßte aber vorzüglich für die Berufsagitatoren, die mit ihr katechismusartige Indoktrination trieben. Um diesen Preis hätte Lange nie Erfolg haben wollen, aber der vornehme Stolz des Aufklärers und des „Predigers in der Wüste" [59] verdammte ihn zu absoluter Wirkungslosigkeit in den Arbeitervereinen, jedenfalls so weit das Schweigen der Quellen ein Indikator ist. Was Lange auf dem Herzen brannte, das „volkswirtschaftliche" Treiben der Frankfurter Schule mit dem einen Rezept, Entfesselung der Wirtschaft und der Gesellschaft von jeder äußeren Schranke und freie Verwertung der Arbeitskraft als Täuschung zu entlarven und dem die soziale und politische Selbsthilfe der Arbeiterklasse entgegenzustellen, das mußte konzentriert und klar formuliert herausgearbeitet werden und durfte nicht einfach in die Theorie eingestreut sein.

Lange hat das selber gefühlt, wenn er schon Anfang März 1865 an Louis Büchner schrieb: „Ich bedaure jetzt, nicht kürzer und schlagender geschrieben

---

[57] Das 5. und letzte Kapitel der Erstausgabe der Arbeiterfrage hieß „Der Weg zur Rettung"; das Schlußkapitel der 2. Ausgabe „Die gegenwärtige Bewegung und ihr Ziel" und die dritte Ausgabe hat „Von der Lösung der Arbeiterfrage" — das ist der Rückzug des agitatorischen Elements.
[58] Die Arbeiterfrage (Ausgabe 1870), S. 340 ff. Dazu auch S. 375 f. (über Schulze-Delitzsch).
[59] Der Bote Nr. 77 v. 29. Juni (Abschiedsnummer)-Schlußwort.

zu haben, was ich wohl gekonnt hätte"[60]; er weist auch auf die Quelle seines Irrtums hin: „Ich wollte aber noch auf Leute wirken, die, wie ich einsehe, keine Belehrung wollen." In diesem Zusammenhang sagt er dann, die „Arbeiterfrage" sei ein „Stich ins Wespennest" gewesen, was sich nicht auf die Arbeiter bezieht, die an das Buch nicht herankamen, sondern auf die Bildungsbürger, die sicher nicht belehrt werden wollten, sondern ihren Gesinnungstest bei Lange anstellten und ihn für zu leicht befanden.

Lange verwickelte sich in Widersprüche, aus denen er nie herauskam: Wenn die Befreiung der Arbeiter nur das Werk der Arbeiter selbst sein kann — und das war die Grundlage seiner „Rettung", so mußte er die „Arbeiterfrage" nach links revidieren, sie eindeutiger auf die Arbeiterklasse ausrichten; was er aber vollzog, war eine Rechtsrevidierung, bei der die Selbstemanzipation der Arbeiter paradoxerweise der Intelligenz der Bildungsbürger und des Staates anvertraut werden soll; Grund: die Arbeiter haben sein Werk nicht beachtet[61]. Es ist das die Haltung Lassalles, daß, wenn die Arbeiter sein „Antwortschreiben" nicht billigen, sie „unreif" seien. Lassalle versprach, sich dann in die Wissenschaft zurückzuziehen; Lange war weniger konsequent (weil bei ihm die Emanzipation der Arbeiter tiefer ging) und versuchte es mit dem Paradox einer Selbstemanzipation von oben.

Mangelhaft wie die Schrift Langes vom Standpunkt der Arbeiteragitation auch war, so enthielt sie doch genug Elemente, den Ruck nach links, wie er in Stuttgart in Erscheinung trat, abzusichern und zu verstärken, denn was dort auf dem Vereinstag vor sich ging, war eben eine Enthüllung der „volkswirtschaftlichen" Lehren der Frankfurter; sie vollzog sich deutlich genug, um vor allem die Honoratioren selbst zu größerer Vorsicht zu ermahnen: Darin liegt der große Fortschritt des dritten Vereinstages, denn der Beschluß zugunsten des demokratischen Wahlrechts, der meist als Indikator der Linksentwicklung gilt, läßt sich verschieden interpretieren.

Zur Realisierung des aufklärenden Potentials der „Arbeiterfrage" hat Lange unglaublicherweise nichts getan; weder in der „Arbeiterzeitung" noch in den Flugblättern des „ständigen Ausschusses" findet sich ein Hinweis auf die „Arbeiterfrage". Lange hat auch seine Stellung im „ständigen Ausschuß" nicht dazu benutzt, den Vertrieb der Schrift durchzusetzen, wozu er durchaus berechtigt war, wenn man die Liste der Bücher durchsieht, die der Ausschuß auf seine Kosten erwarb (dafür hatte er reichliche Gelder vom Nationalverein und

---

[60] Über Politik, S. 45 f., Brief vom 5. März 1865.
[61] In der ersten Umarbeitung heißt es im Vorwort, daß durch (Ausgabe 1870) seine Auswanderung seine Stellung „zu jenen Fragen und Kämpfen" eine andere geworden sei (er gewissermaßen sein Anrecht mitzureden geschmälert habe), und das Buch der Vergessenheit überlassen werden könne, wenn es nicht das Interesse der Leser seiner Geschichte des Materialismus gewesen wäre, das ihn umgestimmt habe; in der zweiten Umarbeitung (1875) spricht er vorwurfsvoll von der „totalen Nichtbeachtung" seiner Schrift in ihrer ersten Form in den „Kreisen der Arbeitervereine und ihrer Stimmführer" (Ausgabe 1875, S. IV). Damit begründet er, daß nunmehr „statt mit Rücksicht auf die Leser aus dem Arbeiterstande unmittelbar die Grundsätze, die Taktik und die Aussichten der verschiedenen Arbeiterparteien der Gegenwart einer Kritik zu unterwerfen" er die Frage gestellt habe, „was die Staatsmänner und alle diejenigen, welche auf die Gestaltung der öffentlichen Angelegenheiten Einfluß zu üben in der Lage sind, tun und lassen müssen, um die große soziale Krisis zu einem gedeihlichen Ausgang zu bringen" (dort, S. III).

Gönnern) und den Vereinen zustellte [62]. Der Ausschuß brauchte Lange bei der wachsenden Klassenerregung, die sich seit Anfang 1865 der Arbeiter bemächtigt hatte, und die der Ausschuß durch Unterstützung des Burger Streiks gezwungen war, selbst zu fördern [63]. Ein empfehlendes Rundschreiben durfte er zumindest erwarten. An Martens, der den oppositionellen Hamburger Arbeiterverein vertrat, schrieb Lange am 9. Februar: „Ich glaube, meine gegenwärtige Schrift wird der Ausschuß nicht empfehlen" (im Gegensatz zu der farblosen Weithmannschen „Arbeiterbibliothek"), und er fährt dann fort: „Daran liegt mir auch nicht sehr viel" [64]. Warum diese stolze Bescheidenheit, wo ihm doch daran sehr viel gelegen sein mußte? Es war Lange klar: Die Forderung hätte Kampf mit den Frankfurtern bedeutet, und dazu fühlte er sich als Außenseiter nicht stark genug. So spielte Lange Verstecken mit seinen feindlichen Kollegen und begnügte sich damit, einige seiner Hauptanliegen in den Flugblättern des Ausschusses, die seit dem 1. Juni 1865 als Vorbereitung zum dritten Vereinstag wöchentlich erschienen, in der Form von Vereinskorrespondenzen vorzutragen.

Langes Beiträge zu diesen Flugblättern sind das Beste, was in ihnen erschienen ist, und ihr Beitrag zur Klärung des Emanzipationsstrebens der deutschen Arbeiter ist hoch anzuschlagen (wozu die objektive Schärfung der Klassenauseinandersetzung die Basis abgab), aber vergessen darf wiederum nicht werden, daß die ganze Flugblattaktion ein Streich gegen die Koburger Arbeiterzeitung war, das sicherste Mittel sie abzuschaffen und die Arbeiter mundtot zu machen [65].

Das „Flugblatt vom ständigen Ausschusse des Vereinstags deutscher Arbeitervereine" erschien Nummer 3 vom 15. Juni 1865 als offizielles Organ laut Beschluß des Ausschusses vom 10. Juni vorläufig bis zum dritten Vereinstag;

---

[62] Sonnemann gab auf dem Vereinstag zu Leipzig bekannt, daß der Ausschuß nicht weniger als 21 Schriften gratis an die Vereine verteilt habe (Koburger Arbeiterzeitung Nr. 96 v. 30. Oktober) u. a. über Häuserbau und Konsumvereine des „Arbeiterfreund" von Karl Brämer (Nr. 95 v. 18. Okt.); ein Vortrag von Schulze-Delitzsch „Arbeit und Bildung" (Flugblatt vom ständigen Ausschuß, Nr. 12).

[63] Sämtliche Nummern des „Flugblattes des ständigen Ausschusses" beschäftigen sich mit dem Burger Streik, entweder mit der Hilfsaktion zugunsten der Streikenden, oder mit dem Monstreprozeß, der die intellektuellen Führer des Streiks und vor allem Max Hirsch zusammen mit über 200 Streikenden anklagte, aber freisprechen mußte.

[64] Lange, Über Politik, S. 85. Anschließend an diesen Brief schrieb Lange an Sonnemann am 10. Februar, ursprünglich hätte er seine Mitarbeit im ständigen Ausschuß von der Annahme seiner Arbeiterfrage machen wollen, sei aber davon abgekommen (Bebel, Aus meinem Leben, S. 124).

[65] Flugblatt vom ständigen Ausschusse des Vereinstags deutscher Arbeitervereine. Das Erscheinen wöchentlicher Flugblätter war auf der Ausschußsitzung in Magdeburg am 10. Juni beschlossen worden. Vorher waren zwei sporadische Flugblätter erschienen, so daß die Serie von 15 Flugblätter mit Nr. 3 beginnt. Nr. 3 bringt die Beschlüsse dieser Sitzung, darunter die Ablehnung eines Weithmannschen (Stuttgart-Leipzig) Antrags, die normalen Beziehungen zur Koburger Arbeiterzeitung wieder aufzunehmen (der Ausschuß hatte die Zusendung der offiziellen Mitteilungen an die Zeitung eingestellt), der abgelehnt wurde (8 gegen 1) und ein Antrag von Max Hirsch dem Vereinstage die Gründung eines eigenen Organs zu empfehlen angenommen (ebenfalls 8 gegen 1). Da Lange für die Neugründung eines Organs gestimmt hatte, war seine Haltung gegenüber der Koburger Arbeiterzeitung festgelegt, und wenn er für den Ausschuß die Ausarbeitung einer Darstellung des Konfliktes übernahm, war das von vornherein eine Verteidigungsschrift für den Ausschuß.

vorläufig, weil das Fortbestehen von der Genehmigung des Vereinstages abhängig war, die tatsächlich verweigert wurde.

Das Flugblatt ist nach Form und Inhalt der direkte Vorläufer der zwei Jahre später ins Leben tretenden „Arbeiterhalle", die den entscheidenden Nürnberger Vereinstag vorbereitete; als Vorläufer eines neuen Typs von Arbeiterzeitung ist sie beachtenswert, obwohl sie wegen ihres Namens und der Art ihrer Verbreitung (Zusendung in ganzen Packen, ohne wirkliches Abonnement) sogleich verschollen war, und z. B. von Bebel nicht als Material für seine Erinnerungen benutzt wurde [66].

Das Flugblatt ist das Werk Sonnemanns, mit dessen Personal und Druck es auch hergestellt wurde. Sein Umfang nahm ständig zu, so daß die letzten Nummern wirkliche Zeitungen sind. Das allein ist schon Beweis, daß es einem wirklichen Bedürfnis entsprach. Die „politische Wochenschau", die die Titelseite jedes Flugblattes einnahm [67], entsprach einer neuen Interpretation des negativen Beschlusses des ersten Vereinstages über Behandlung politischer Fragen: Da ihr Ausschluß von den Verhandlungen des Vereinstages abgelehnt worden war, bedeutete das nunmehr Pflicht des Ausschusses, politisch aufzuklären, da Politik zweifellos zu dem gehört, was auf die Wohlfahrt der arbeitenden Klassen von Einfluß sein kann" und daher laut § 2 des Statuts Sache des Vereinstages zu sein hat [68]. Außer dem politischen Teil, den offiziellen Mitteilungen und den Vereinskorrespondenzen, enthielten die Flugblätter in wachsendem Umfange regelrechte Artikel zu Fragen der Arbeiterbewegung.

Der erste Originalbeitrag dieser Art (im Gegensatz zu aus anderen Zeitungen übernommenen Aufsätze) ist Langes Aufsatz: „Ein offenes Wort über Laden- und Markensystem bei Konsumvereinen", der in Nr. 6 vom 7. Juli 1865 erschien. Lange war sich der Neuerung bewußt und bedingte sich von Sonnemann aus, daß der Artikel ungekürzt und ohne Kommentar abgedruckt werde, abgeschreckt wahrscheinlich durch die Praxis der Koburger Arbeiterzeitung, deren Kommentare häufig die Beiträge regelrecht erstickten. Sonnemann verstand sich dazu, Meinungsäußerungen einfach durch Zusatz des Verfassernamens kenntlich zu machen [69].

Lange benutzte einen Angriff der Berliner „Gemeindezeitung" auf den Leipziger Vereinstag in Sache der Konsumvereine, um seinen eigenen Standpunkt, erstmalig schriftlich und unmißverständlich den Arbeitervereinen dar-

---

[66] An Hand der wieder zugänglichen Akten des Vereinstages deutscher Arbeitervereine (darüber: E. Schraepler, Der Zwölfer-Ausschuß a. a. O. S. 215) läßt sich feststellen, daß Bebel für seine Erinnerungen aktenmäßig gearbeitet hat. Die wichtige Auseinandersetzung in der Organisationsfrage mit seinem engen Kollegen Germann im Zusammenhang mit der Stuttgarter Tagung übergeht er, was sich nur daraus erklärt, daß er die Flugblätter nicht benutzt hat (außer Nr. 8, die sein Referat über die Speisegenossenschaften enthielt).

[67] Dazu die Bemerkung Langes in einem Brief vom 17. Juli 1865 an Sonnemann: „Mit der Haltung der Flugbläter bin ich zufrieden und zwar mit den neueren besser als mit den ersten. Die politische Übersicht könnte noch etwas pikanter und die Sammlung von kleinen Nachrichten noch etwas vollständiger und mannigfaltiger sein" (Lange, Über Politik, S. 89).

[68] s. Bericht über die Verhandlungen des ersten Vereinstages, abgedruckt in Na'aman, Die Konstitutierung, S. 627 und dazu die Anmerkung 12 auf S. 921.

[69] Dazu: Schreiben von Lange an Sonnemann v. 27. Juni 1865 (Lange, Über Politik, S. 87 f.).

zulegen, denn so oft er sich darüber ausgesprochen, letztlich auf einer Arbeiterversammlung in Magdeburg anläßlich der Ausschußsitzung, über die das Flugblatt Nr. 3 einen Zeitungsbericht gab, nie war seine grundlegende Kritik der individuellen Selbsthilfe und ihr Gegensatz zur genossenschaftlichen verständlich dargelegt und erläutert worden. Lange setzt auseinander, warum Markenkonsumvereine trotz der Dividende, die für den einzelnen erstehen können, vom Standpunkt der Genossenschaft belanglos, ja selbst schädlich wirken müssen und nur als Übergangsmittel und unter entsprechenden lokalen Bedingungen zu empfehlen seien. Lange stellt seinen schon in der „Arbeiterfrage" dargelegten Standpunkt vor, daß Entwicklung von Arbeitersolidarität und Verwaltungspraxis nebst Akkumulation von Betriebskapital für kooperative Unternehmen der wahre Gehalt der Konsumvereinsbewegung seien, daß aber das Markensystem die Arbeiter von der Gunst der Kaufleute abhängig mache, da diese sich zur Rabattzahlung bereit erklären sollen, und das meist von der Vermittlung der Arbeiterfreunde abhängig sei. Deshalb zieht Lange dem Markensystem das Lagersystem als Übergang zum Konsumladen vor: Arbeiter können sich zusammentun und gewisse leicht zu stapelnde Waren billig einkaufen und privat lagern, wie der Ballen Kaffee, den er erwähnt, oder wie Kohlen oder Brennholz, von denen man später in den Korrespondenzen der kleinen Arbeitervereine hört. Wenn Lange in diesem Zusammenhang von „volkswirtschaftlicher Spielerei" und „sozial-konservativer Ausartung" spricht, so ist der wirkliche Adressat die Frankfurter Schule, die gestern noch alles beherrschend, jetzt sich anpaßt: Keine Stimme gegen Langes Ketzereien wurde laut, und Sonnemann verstand die Zeichen der Zeit; seine eigenen Verlautbarungen über das Genossenschaftswesen und Selbsthilfe klingen nunmehr weitgehend an die Langeschen an.

Bedeutsam und ergänzend erscheint in Nr. 8 des Flugblattes vom 23. Juli Langes Bericht über eine regelrechte Klassenauseinandersetzung im rheinisch-westfälischen Industriegebiet zwischen den wirklichen Arbeiterkonsumen, geführt durch Duisburg und den Unternehmerkonsumen, geführt durch Witten: die „gelben" Konsume haben einen Unterverband des Schulze-Delitzschen Genossenschaftsverbandes hinter dem Rücken der Arbeiterkonsume gestiftet, nachdem sie eingesehen hatten, daß sie auf dem Konsumvereinstage, der zusammentreten sollte, nicht durchdringen würden. Lange verspricht den Lesern des Flugblattes, daß nunmehr die rheinischen unabhängigen Konsume sich eng an die unabhängigen Arbeiterbildungsvereine anschließen würden. Wer denken wollte, konnte aus Langes Korrespondenzen lernen, daß statt der unsinnigen Alternative von Selbsthilfe nach Schulze-Delitzsch und Staatshilfe nach Lassalle, die soziale Alternative zu stellen war: privatkapitalistische Selbsthilfe oder genossenschaftlich-solidarische Selbsthilfe. Das waren die neuen Vorstellungen, die in Stuttgart den Ton angaben. Im gleichen Sinn wirkten Langes Korrespondenz über die Ausstände in Elberfeld in obiger Nr. 8 und eine weitere, von Lange veranlaßte und redigierte „Die Arbeiterbewegung im Wuppertal" in Nr. 10 vom 6. August und eine nicht gezeichnete in der gleichen Nummer „Die Vorschußvereine in ihren Beziehungen zu dem übrigen Genossenschaftswesen", in dem die Genossenschaftsbanken aufgefordert werden, einer Anregung des „Vereinstages der Genossenschaften am Mittelrhein" Folge zu leisten und systematisch die Gründung von Arbeitergenossenschaften durch Bereitstellung von Kredit zu fördern und dadurch zu wahren Volksbanken nach französischem Vorbild zu werden: Sollten Schulzes Genossenschaften auf ihrem Genossenschaftstag das ablehnen, so könnten sie weiter als Handwerkergenossenschaften gelten, müßten aber die Arbeiter an die Gründung von „richtigen Volksbanken" gehen. In diesem Aufsatz wird Schulze eine deutliche Absage erteilt, die noch provozierender wirkt, weil eine redaktionelle Anmerkung schon von Schulze-Delitzsch' entschiedener und feindlicher Absage zu melden weiß: für die Arbeiter der Bildungsvereine — nicht für Lange — kam das überraschend und aufklärend. Keine Stimme erhob sich, Schulze zu verteidigen; er war in der Arbeiterbewegung nie mehr gewesen als ein Schild, dem Namen Lassalles einen anderen, volkstümlichen, Namen entgegenzusetzen.

Die günstigste Gelegenheit, seinen genossenschaftlichen Standpunkt klar darzulegen, bot sich Lange anläßlich der Verfassung seines Berichtes „Die Wohnungsfrage und ihre Lösung durch Arbeitergenossenschaften", der in der Doppelnummer 13—14 vom 27. August erschien. Dadurch, daß er nicht wie Bredehorst-Bremen auf dem zweiten Vereinstag einfach über Wohnungsnot und Wohnungsbau sprach, sondern über Baugenossenschaften, konnte er seine allgemeinen Genossenschaftsprinzipien auf diesen Spezialfall übertragen und zugleich den Ausgangspunkt der Leipziger Verhandlungen, nämlich die Freigabe des Baugewerbes als Allheilmittel für jede Schwierigkeit stillschweigend beseitigen. Zugleich deckte er den Wohnungsbau durch Arbeitgeber als direktes Hindernis für die Emanzipation der Arbeiter auf. An einem konkreten Beispiel wies Lange nach, daß die isolierte Selbsthilfe dem Lohnarbeiter selbst zu einem Hindernis in seinem Kampf ums Dasein werden könne, denn das Eigenheim binde an die Fabrik wie der Acker den Bauern an die Scholle: genossenschaftliche Mietwohnungen seien den spezifischen Bedingungen des Fabrikproletariats sehr viel besser angepaßt. Wenn er sich auf Engels beruft, der schon 1845 in seiner Schrift über die Lage der arbeitenden Klassen aufgezeigt habe, eine wie gefährliche Falle das Cottage-System der englischen Fabriken bei Arbeitskonflikten sei, so hatte er die deutschen Arbeiter auf eine Waffe der Arbeitgeber im Klassenkampfe hingewiesen, die in Deutschland gerade aktuell zu werden begann: auf dem Leipziger Arbeitertage hatte man derartige Fabrikswohnungen eines Leipziger Arbeiterfreundes besucht und bewundert. Langes Formel „Selbsthilfe ist gut, aber erst genossenschaftliche Selbsthilfe ist die Lösung des Rätsels", hatte den Vorzug, die Arbeitergängelei von gestern in die Selbstemanzipation von morgen überzuleiten. Wenn er dabei das Wort „republikanische Gemeinschaft" anwendet, hatte er auch vom agitatorischen Standpunkt gut formuliert. Das war dann auch die Gelegenheit, die Leser endlich auf seine „Arbeiterfrage" zu verweisen [70].

Das Referat über die Baugenossenschaften schließt sich eng an die vorhergehende Erörterung über die Kreditfrage der Konsumvereine an: Konsumvereine können zwar aus einfachsten Magazinen mit minimalem Kapitaleinsatz entstehen, und für sie ist Kredit nicht mehr als Förderung; Baugenossenschaften sind aber unbedingt auf Kredit von Volksbanken angewiesen, und hier kann er nunmehr anmelden, daß der Stettiner Genossenschaftstag eine der-

---

[70] „Grade diese größere Entschlossenheit aber wird dazu beitragen, daß der Besitz einer besseren Wohnung als Erhöhung der Lebenshaltung (standart(!) of life, von Dr. Engel mit „Lebensnorm" übersetzt; vgl. m. Schrift über die „Arbeiterfrage", Kap. III.) Dauer gewinnt, ohne daß andere Vorteile dafür geopfert werden." — Verschämter und versteckter ließ sich der Hinweis wohl kaum anbringen!

artige Entwicklung der Genossenschaftsbanken schroff abgelehnt habe. Das Band zwischen Schulze und dem VADAV war damit zerschnitten. Das hatte man bisher nie klar ausgesprochen, obwohl unter den Honoratioren darüber längst keine Zweifel mehr bestanden: Zum zweiten Vereinstag hatte der ewig verhinderte Schulze noch seinen Gehilfen geschickt, auf den weiteren Tagungen blieb er unvertreten.

Überblickt man die Flugblätter in ihrer Gesamtheit, so ist die Entwicklung von Resten „volkswirtschaftlicher" Selbsthilfe zu echter Arbeiteremanzipation unverkennbar, ein Prozeß, der selbst bei Max Hirsch erkenntlich ist und der bei dem großartigen Organisationsschema, das Moritz Germann aus Leipzig auf genossenschaftlicher Basis einbrachte (und das Bebel schroff ablehnte) wohl am deutlichsten hervortritt [71], aber die schlagendsten Formulierungen stammen doch von Lange, was nicht verwundert. Er konnte unwidersprochen scheinbar ganz neue Thesen aufstellen, weil er genau das ausdrückte, wohinaus die Bildungsvereine wirklich wollten und wovon sie die Honoratioren abhalten wollten.

Sonnemann, der große Opportunist, paßte sich geräuschlos an. Der Ruck nach links war Tatsache bevor der dritte Arbeitertag begann.

Mit dem dritten Vereinstag endet die Ära Sonnemann im VDAV; er gab zu verstehen, daß er den Vorsitz des 12er Ausschusses weiterhin nicht übernehmen werde, und dadurch machte er einen einigermaßen harmonischen Verlauf der Tagung möglich. Man war seines „Zentralisierens" müde, d. h. seiner immerwährenden Gängelei. Jetzt waren die Gauverbände in schneller Entwicklung begriffen, und das allein machte die Leitung mittels Privatkorrespondenz und Finanzierung aus Privatmitteln problematischer. Sonnemann verzichtete auf die Übernahme direkter Verantwortung, in Wahrheit hat der neue Präsident Peter Staudinger oft nur scheinbar gehandelt, während Sonnemann die Fäden zog.

Die wichtigste Frage, in der Sonnemann letztmalig seinen Einfluß direkt und mit aller Kraft einsetzte, galt der Stellung des „Vereinstages" zur Koburger Arbeiterzeitung und zu deren Redakteur Feodor Streit, und hier machte sich schon die kollektive Haltung der Gauverbände geltend: die Gauverbände Sachsens und Württembergs standen gegen Sonnemann und Bebel (der als dessen Vertrauensmann galt) und die man beschuldigte, die Zeitung im Stich zu lassen, was zur Folge haben würde, daß die Arbeiterbewegung mundtot gemacht würde, während der feindliche Social-Demokrat auch in der deutschen Frage die Alleinvertretung der deutschen Arbeiter beanspruchen würde. In diesem Zusammenhang war es bedeutsam, daß Bebel ein- und erstmalig auf einem Arbeitertag nicht den Leipziger Arbeiterbildungsverein vertrat [72].

Es war eine undankbare Aufgabe, der Lange sich unterzog, als er es unternahm, die Vorwürfe gegen Sonnemann (und Bebel) zu entkräften und den 12er Ausschuß in seiner Haltung zu decken. Er tat das in einer 12 Seiten langen

---

[71] s. Flugblatt Nr. 11 v. 13. August 1865 („An die deutschen Arbeiter-Vereine. Zur Organisationsfrage", von Moritz Germann, Leipzig). Dazu Flugblatt Nr. 13/14 v. 27. August 1863 („Für die Vertreter auf dem Stuttgarter Vereinstag" gezeichnet, Leipzig, 23. August 1865, A. Bebel).

[72] Bebel vertrat in Stuttgart den Zimmergesellen-Fortbildungsverein und Germann den Arbeiterbildungsverein.

Druckschrift, die als Beilage zum 4. Flugblatt „als integrierender Teil" erschien. Datiert ist sie vom 19. Juni [73].

Man muß viel Mühe auf den Vergleich von Langes Erklärung mit den Verlautbarungen der Arbeiterzeitung verwenden, um festzustellen, daß die entscheidenden Dokumente hier wie dort nicht, oder nur sehr teilweise, zum Abdruck kommen und über formales Recht und Unrecht sich deshalb nur schwer entscheiden läßt. Worauf es ankommt, ist die Frage, ob das Fortbestehen der Arbeiterzeitung in der gegebenen Lage wichtig für die „Vergesellschaftung" der Arbeiterbewegung und damit für ihren politischen und sozialen Einfluß war oder nicht. Antwort auf diese Frage ist die Situation, die für die Arbeiterbewegung geschaffen wurde, als die Zeitung einen Monat nach dem Eingehen des „Boten" gleichfalls ihr Erscheinen einstellte und gleichzeitig der Social-Demokrat seine offen großpreußische Schwenkung unternahm. Bebel hat die katastrophale Lage nach dem Krieg 1866 deutlich genug charakterisiert [74]. Daß Streit mit seinen Befürchtungen, er werde die Zeitung eingehen lassen müssen [75], die Anfang 1865 als leere Drohung aufgefaßt wurde, eher zu wenig als zu viel gesagt hatte, bewies sein Bankrott kurze Zeit darauf: dieses Ende ließ sich vor dem Stuttgarter Tag schon absehen. Sonnemann als gewiegter Bankier, dem Streit einigen Einblick in die Verhältnisse der Zeitung geben mußte, hat das sicher verstanden. Die Frage war, wie darauf reagieren.

Streit war nur mittelmäßig als Politiker, Redakteur und Geschäftsmann, aber ein aufrechter Demokrat, und deren gab es nicht viele. Die Zeitung hatte einen bedeutenden Leserkreis und war eine beachtliche Macht, wichtig, weil überall in Deutschland eingeführt, so z. B. auch in Hannover und Schleswig-Holstein, die auf dem Vereinstag nicht vertreten waren. Es war ganz ausgeschlossen, daß sie je in ihrem Großformat und im Umfang von über einem Bogen sich werde rentieren können. Was Streit brauchte, war ein gehöriger und gesicherter Zuschuß, ohne den später auch ein „Demokratisches Wochenblatt" oder ein „Volksstaat" nicht erscheinen konnten, zumindest brauchte er ein Darlehen. Darum ging es, wenn das auch nicht gesagt wurde: Der Ausschuß, oder genauer Sonnemann, wußten genau, wo Geld zu bekommen war, wenn es gebraucht wurde, so vor dem Leipziger Vereinstag, als es darum ging, Tätigkeit für den Jahresbericht nachzuweisen, Bücher, Zeitschriften und Berichte zu versenden; ebenso jetzt, vor dem Stuttgarter Tag, wo aus dem Nichts eine Zeitung entstand, auch wenn sie sich Flugblatt nannte. Da die Vereine praktisch nicht steuerten (die 2 Taler Beitrag, die den Zutritt zur Tagung eröffneten, wurden meist kurz vor der Tagung entrichtet und deckten wohl kaum deren Kosten), so war nichts abzurechnen, und da Fragen Geld kostete, wurde nicht gefragt, ganz im Gegensatz zu späteren Tagungen, als alles von den Mitgliedsbeiträgen abhing. Der Ausschuß konnte keinen Kredit auf-

---

[73] Wenn Lange sich bemühte, einen ruhigen Ton zu bewahren, was auch Streit anerkannte, so ist Sonnemanns Nachschrift gehässig: Zentralpunkt ist die Billigkeit der Flugblätter gegenüber den Unkosten des Streitschen Unternehmens. Die Anmerkung beginnt: Nahezu komisch klingt es, wenn Herr Streit den Ausschuß denunziert ...

[74] Der Tiefpunkt der Krise, die der Krieg von 1866 ausgelöst hatte, war die Ausschußsitzung des Vereinstags, die in Kassel zusammentrat und kaum beschlußfähig war (Bebel, Aus meinem Leben, S. 169 ff.).

[75] Koburger Arbeiterzeitung Nr. 105 v. 1. Januar 1865 („An unsere Freunde" — gezeichnet „Die Herausgeber"). Dazu auch der begeisterte Aufruf zur Unterstützung der Zeitung in Nr. 108 v. 22. Januar 1865 von August Hochberger.

nehmen, und so konnte er direkt nicht eingreifen, und indirekte Hilfe hing davon ab, ob man den Fortbestand der Zeitung wünschte oder nicht. Sonnemann stellte Streit vor die Alternative, die Zeitung dem Ausschuß zu übergeben und in Frankfurt erscheinen zu lassen, oder selbst zu sehen wie er weiterkomme. Diese Alternative hatte nur Sinn, wenn er wußte, wo Geld herzunehmen war, aber darüber brauchte er sich nicht auszulassen, denn er wußte genau, daß Streit ihm nie die Zeitung ausliefern würde. Über diese Dinge ließ sich offiziell nicht sprechen, weil offiziell der Ausschuß die Zeitung nur moralisch unterstützen konnte, aber das half bei der völligen Autonomie der Vereine blutig wenig: die willigen Vereine taten von sich aus alles, dem Notschrei der Zeitung zu entsprechen und verdoppelten und verdreifachten ihr Abonnement, aber das brachte nur einige hundert Bestellungen mehr, änderte aber kaum etwas an der Gesamtlage.

Lange bearbeitete seinen Bericht aufgrund offizieller Schriftstückes und er befriedigt deshalb keineswegs. Seine ganze Haltung ist formal, ganz anders wie bei allen Dingen, die ihm Herzenssache waren, und diese formale Haltung erklärt sich aus seiner Gesamthaltung, der er in einer ersten Anmerkung Ausdruck gibt: „Es war vielmehr ganz natürlich, daß grade diejenigen Ausschußmitglieder, welche in ihren sozialpolitischen Ansichten weder mit der Redaktion der Arbeiterzeitung noch mit der Mehrheit des Ausschusses übereinstimmen, bei aller Kollegialität innerhalb des letzteren, zu einer kühleren Auffassung des ganzen Konfliktes von Haus aus geneigt waren" [76]. Der Plural steht natürlich für Lange. Sein Grundirrtum tritt klar zu Tage: nicht nur von Max Wirth und Sonnemann, sondern auch von Staudinger und Max Hirsch trennte ihn in der Frage der Selbständigkeit der Arbeiterbewegung alles; von Streit aber nur ein tieferes Verständnis der Arbeiterfrage, das sich bei diesem bald einstellte. Lange hat sich das selbst eingestehen müssen, sobald die Koburger Arbeiterzeitung nicht nur seine „Arbeiterfrage" ausführlich und mit Verständnis besprach, sondern auch mit Schulzes Sozialtheorien gründlich abrechnete, aber das war ein halbes Jahr später, und die Erkenntnis kam ihm damit zu spät [77]. Symptomatisch für Langes falsche Position ist die Tatsache, daß eine persönliche Aussprache Streits mit Bebel noch in Stuttgart den ganzen Leipziger Aspekt des Konfliktes, dem Langes Gutachten so viel Platz eingeräumt hatte, tilgte. Sonnemanns Feindschaft hat sich damit allerdings keineswegs gewandelt.

Der eigentliche Schlüssel zum Konflikt ist darin zu suchen, daß Sonnemann eine von Streit erbetene Aussprache mit dem engeren Ausschuß im Januar 1865 ablehnte unter dem Vorwand, erst müßten sich der engere und dann der weitere eine Meinung bilden: vor dem engeren Ausschuß, d. h. Sonnemann, ließ sich besprechen, wie Geldquellen ausfindig zu machen seien, z. B. beim Nationalverein, den Streit nach seiner Demission als dessen Vereinssekretär nicht mehr direkt angehen konnte; vor dem weiteren Ausschuß konnte nur statuten-

---

[76] Erklärung des ständigen Ausschusses über seinen Konflikt mit dem Verleger und Redakteur der Allgemeinen Deutschen Arbeiterzeitung, S. 1.

[77] s. Der Bote Nr. 39 v. 1. April 1866 (Beilage) — „Zur Arbeiterfrage": „Dieselben (die Mitglieder der Arbeiterbildungsvereine — SN) haben sich seit zwei Jahren außerordentlich nach vorwärts entwickelt, wie eine Vergleichung der Coburger „Arbeiterzeitung" von damals und jetzt beweist." Die Arbeiterzeitung hatte eine vernichtende Kritik an Schulze-Delitzsch sozialen Theorien in Fortsetzungen in den Januar- und Februarnummern 1866 erscheinen lassen und sich auch auf den „Boten vom Niederrhein" in ihrem „sozialen Teil" berufen.

mäßiges Vorgehen zur Sprache kommen, und damit war Streit nicht zu helfen. Wenn Lange diese Lage vielleicht durchschaute, so war es die Kühle seiner Auffassung, die ihn hinderte, sie zu meistern. Bei der kühlen Betrachtung kam nur zum Vorschein, was gegen Streit sprach: die naive Auffassung der deutschen Frage, sein Dilettantismus in der Behandlung sozialer Fragen, sein Mangel an redaktionellem Schneid, seine Subjektivität; übersehen wurde, worauf es ankam: die unbedingte Notwendigkeit, der sozialen Demokratie ein Organ zu erhalten, besonders nachdem die junge Volkspartei in der sozialen Frage vollkommen versagte; Streits Bereitschaft, sozial umzulernen und seine Bereitschaft, sich den Anforderungen, die an ein Vereinsorgan zu stellen war, wie prompte Veröffentlichung aller offiziellen Kundgebungen und freie Aussprache in Vereinsangelegenheiten, anzupassen, hätten den Ausschlag geben müssen.

Über die schwierigen Kommissionsverhandlungen auf dem Vereinstag, an denen Lange maßgeblich teilnahm, können wir aus dem gedruckten Bericht nichts lernen; die kurze Mitteilung über die Abstimmung im Plenum besagt nur, daß ohne Diskussion über die Frage abgestimmt wurde, ob ein Vereinsorgan notwendig sei, wobei Weithmann als Berichterstatter sich dafür aussprach und Lange dagegen [78]. Unklar bleibt, ob mit „Vereinsorgan" ein neues Blatt gemeint war, oder die Bestätigung der bestehenden Arbeiterzeitung als offizielles Organ. Aus dieser Unklarheit ergab sich die Ablehnung eines Vereinsorgans mit 30 gegen 22 Stimmen, was die Koburger Zeitung dahin interpretierte, daß die wirklichen Gegner eines Vereinsorgans von „rechts" mit denen stimmten, die gegen eine Gegengründung zur Koburger Arbeiterzeitung waren (also von „links"), wie sie die „Flugblätter" darstellten [79]. So bleibt letztlich Langes eigene Haltung unklar: da er unmöglich prinzipiell gegen ein Vereinsorgan gewesen sein konnte, so kann er den status quo befürwortet haben (unter der Voraussetzung, daß Streit sich schon halten werde), kann er aber auch jede Möglichkeit, Streits Zeitung als Vereinsorgan anzuerkennen, für unannehmbar angesehen haben. Es wäre wichtig, in dieser Lebensfrage der Arbeiterbewegung Langes wirkliche Meinung zu wissen, er hat sich darüber, soweit nachweisbar, nicht ausgesprochen.

Es wäre wahrscheinlich besser gewesen, wenn ein Mann, der die Vereinsinterna besser kannte als Lange, sich dieses Geschäfts angenommen hätte; wie die Dinge liegen, kann man sich des Eindruckes nicht erwehren, daß Lange anderen Interessen gedient hat als denen er dienen wollte, und vielleicht ein knappes Jahr später auch anders gehandelt hätte.

Langes Wirken auf dem Stuttgarter Vereinstag ist die Klimax seiner Tätigkeit im VDAV: seine Berichterstattung über zwei Verhandlungsgegenstände, von denen der eine der wichtigste Punkt der ganzen Tagung war, machte diesen Außenseiter zu einer der zentralen Figuren, vielleicht gerade weil er ein Außenseiter war. Von da ab bis zur Auswanderung in die Schweiz Ende

---

[78] Bericht über die Verhandlungen des dritten Vereinstages, S. 29 f.
[79] Koburger Arbeiterzeitung Nr. 141—142 v. 15. September 1865 (Beilage): „Viele glaubten, daß die Abstimmung bereits die andere der Gründung eines neuen, vom ständigen Ausschuß selbst zu gründenden Organs in sich schließe und stimmten deshalb mit Nein, während sie aus demselben Grunde für die Arbeiterzeitung gestimmt haben würden und deshalb in erster Linie für die Notwendigkeit eines Vereinsorgans hätten stimmen müssen." Die Durchsicht des viele Spalten umfassenden Berichtes läßt diese Interpretation wahrscheinlich werden.

1866 nimmt seine Aktivität ab: Man möchte das im Zusammenhang mit der schnell ansteigenden Intensität seiner rheinisch-westfälischen Aktivität und dem „Boten vom Niederrhein" in Verbindung zu setzen, aber das befriedigt nicht recht. Lange hatte angedeutet, daß er seine rheinische Bewegung mit der VDAV-Bewegung in Berührung bringen wolle, und die Politisierung seiner Tätigkeit in Verbindung mit der gleichzeitigen Agitation des VDAV für das demokratische Wahlrecht, die sich ausdrücklich auf Langes Beispiel berief, hätte das erwarten lassen. Lange war ebenso wie die Bildungsvereine an der Entwicklung der sozialen Volkspartei interessiert, und an der politischen Bewegung im Süden nahm er tatsächlich direkten Anteil, aber für den Einfluß auf die Bildungsvereine hatte das nichts zu bedeuten, einfach weil er sich mundtot gemacht hatte: die Flugblätter hatten mit dem Stuttgarter Vereinstag aufgehört; an der Koburger Arbeiterzeitung mochte er nicht mitarbeiten, wie verständlich. Sonnemann versuchte, den Beschluß des Vereinstags gegen ein Organ des VDAV durch die Gründung einer lithographierten Korrespondenz zu umgehen, aber das Unternehmen, mit dem Bandow vom Berliner Arbeiterverein beauftragt worden war, gedieh nicht. Auch eine Monatsschrift, die Sonnemann ganz statutenwidrig aus den Überschüssen des ständigen Ausschusses der vorgehenden Jahre finanzierte, die kurzlebige „Die Arbeit", ging ein. Lange hat sich an ihr mit einem Aufsatz beteiligt [80], aber die Zeitschrift war Aufmachung und Inhalt nach kaum auf den Leserkreis aus den Arbeiterkreisen zugeschnitten.

Lange hatte an der ersten Ausschußsitzung des neukonstituierten Ausschusses in Gotha nicht teilgenommen, wohl an der zweiten zu Mannheim am 10. Juni 1866, über die er zweimal im „Boten" berichtete, ohne aber auf die dort erneut behandelte Frage eines Vereinsorgans einzugehen. Die Stuttgarter Ablehnung eines Vereinsorgans schien jetzt nicht mehr relevant; so wurde Streit besonders dorthin eingeladen, um seine Vorschläge anzuhören. Er konnte nur noch bestätigen, daß die Zeitung ihr Erscheinen baldigst einstellen müsse (die Druckerei hatte er schon seinem Faktoren Schweigert verkauft). Er schlug vor, die Arbeiterzeitung mit dem volksparteilichen Coburger Tagblatt zu verschmelzen (die Arbeiterzeitungsollte eine Wochenbeilage der Tageszeitung werden). Diesen sehr wenig realen Vorschlag nahm der ratlose Ausschuß jetzt mit „allgemeiner Zustimmung" an [81]: er wurde tatsächlich nicht realisiert, und der Ausschuß versuchte es mit Eckardts Demokratischem Wochenblatt, auch das ohne Erfolg, wobei Sonnemann mit seiner Monatsschrift „Die Arbeit" (die totgeboren war) jedem Unternehmen im Wege stand.

Die Politisierung der VDAV-Bewegung im Zeichen der sozialen Volkspartei scheint dem Protokoll der Ausschußsitzung nach eine vollendete Tatsache gewesen zu sein, und das kollektive Auftreten der Mitglieder in einer Massenversammlung in Mannheim am gleichen Tage [82] scheint das zu bestätigen, aber

---

[80] „Das Glück und die Arbeit" in Nummer 7 und 8 der Zeitschrift (Lange, Über Politik, S. 279, und dort die Anmerkung Nr. 6 des Herausgebers G. Eckert).

[81] Darüber: E. Schraepler, Der Zwölfer-Ausschuß, S. 228 f.

[82] „Hierauf wurde die Sitzung auf einige Stunden unterbrochen, um im „Badischen Hof" eine große Arbeiterversammlung abzuhalten (a. a. O.); dazu: Der Bote Nr. 70 v. 13. Juni 1866 („Soziales") und Nr. 71 v. 15. Juni (Mannheim, 13. Juni): „Der am 10. d. hier versammelte Ausschuß des Vereinstages deutscher Arbeitervereine sprach sich dafür aus, daß die Arbeitervereine sich der eben in der Bildung begriffenen deutschen Volkspartei, unter vorläufiger Zustimmung zu dem von dieser als Entwurf aufgestelltem Programm, anschließen möchten."

der Schein trügt: ein Jahr später sind die Vereine sozial und politisch gespalten, und nach einem weiteren Jahr vollziehen sie die Trennung in Nürnberg. Das Wegbleiben von Max Hirsch von der Mannheimer Sitzung und ihrer Demonstration ist symptomatisch. Die Volkspartei ist nie sozial geworden, und die widerstrebenden Elemente mußten sich trennen. Ein Teil wurde nationalliberal, volkswirtschaftlich und national begründet; ein Teil süddeutsch-partikularistisch und ein Teil blieb zwar gesamtdeutsch-national, aber strikt antisozialistisch. Die wenigen Sozialdemokraten um Eckhardt waren ohne dem linken Flügel der Arbeitervereine einflußlos.

Lange hat diese Entwicklung nicht mehr mitgemacht. Genau wie die Koburger Arbeiterzeitung hat er seinen „Boten" mit der Losung der sozialen demokratischen Volkspartei ausklingen lassen.

Von Winterthur aus hat Lange seinen Rücktritt vom ständigen Ausschuß angezeigt, aber er galt weiter als zum VDAV zugehörig. Den Geraer Arbeitertag hat er nicht besucht, trotz persönlicher Einladung durch Staudinger[83]. Auch nach Nürnberg kam er nicht.

Langes Wegbleiben von Nürnberg ist biographisch entscheidend wichtig: Bebel hatte Lange eingeladen mit der gezielten Absicht, die Aussichten der Nationalliberalen zu verringern (zum Teil Renegaten der Volkspartei, die sich verspätet daran erinnerten, daß der VDAV irgendwann einmal unpolitisch gewesen sein soll), unter ihnen Max Hirsch, Pfeiffer und Hochberger. Jetzt war also Gelegenheit, die soziale Volkspartei aus der Phrase zur Wirklichkeit zu machen, den linken Flügel der Restpartei durch eine entschiedene Phalanx von Arbeitervereinen zu verstärken. Bebels Schreiben vom 22. Juni 1868[84] zeigte Lange die politischen und sozialen Perspektiven auf und bat ihn, das Referat über die Wehrfrage zu übernehmen: es galt die Wehrfrage aus der „volkswirtschaftlichen" Hülle herauszuschälen, in die Sonnemann sie seit 1864 und die Volkspartei seit 1865 einzwängte; es galt sie politisch und sozial zu begründen, was dann nach Langes Absage er selber, und dann Liebknecht übernahm.

In Langes Absageschreiben vom 5. Juli[85] ist eine unscheinbare Bemerkung ein wahrer Schlüssel zu Langes Position: Er bedauert nicht kommen zu können, obwohl er sich sehnt, viele seiner wackeren Freunde wiederzusehen, „leider zum Teil in getrennten Lagern". Vor der Trennung von den Honoratioren der Bewegung scheut er zurück; was er so oft gepredigt hat, die Selbständigkeit der Arbeiterbewegung, ist spruchreif geworden, und es graut ihm davor; die Klassenbewegung erschreckt ihn; Selbständigkeit der einzelnen Arbeiter hat er angestrebt; Selbständigkeit der Arbeiterklasse kann er nicht verkraften: damit hat er sich gewissermaßen überholt, und seine Rolle in der Arbeiterbewegung ist zu Ende, eine Erscheinung, die nur den verwundern kann, der das ungemein schnelle Sich-Bewußt-werden der Arbeiterklasse in den Jahren 1866—68 nicht mehr verfolgt hat.

---

[83] Lange, Über Politik, S. 99, Schreiben vom 23. September 1867.
[84] Bebel, Aus meinem Leben, S. 187, Brief vom 22. Juni 1868. Ellissen, der ihn im Auszug bringt, nennt ihn „merkwürdig" und will damit wohl sagen, daß er bemerkenswert sei, und das stimmt; er war auch sehr verpflichtend, wenn Lange noch so dachte wie zur Zeit, da Bebel ihn kennen lernte. Daß Lange sich nicht verpflichtet fühlte, beweist eine tiefgehende Wandlung; hätte er nur verlangt über ein für ihn passenderes Thema zu referieren, hätte das nichts zu bedeuten gehabt.
[85] s. F. A. Lange, Über Politik, S. 99 f.

Lange ist im Sommer 1868 mit der Umarbeitung der „Arbeiterfrage" beschäftigt; sie behandelt jetzt die Arbeiterfrage als Sonderfall der „sozialen Frage", was u. a. in einem neuen Kapitel zum Ausdruck kommt über „Glück und Glückseligkeit"[86]. Direkt unter dem Eindruck der Stuttgarter Tagung hatte Lange 1865 erwogen, eine kürzere und volkstümlichere Ausgabe seiner Schrift herauszugeben, wie er Max Hirsch schrieb; jetzt, 1868, bezeichnet er seine erste Ausgabe kritisch als Zwitterding, halb Agitationsbroschüre und halb wissenschaftliche Skizze; die Neuausgabe soll, ohne den ursprünglichen Charakter ganz zu verwischen, auf die Leser der Geschichte des Materialismus zugeschnitten sein[87]: Lange hat seine kathedersozialistische Entwicklung angefangen. Aus dieser Bahn hätte ihn seine Teilnahme an dem Nürnberger Kongreß herausgeworfen. Er ist dem durch Entschuldigungen, die den Charakter von Ausflüchten haben, entgangen.

Langes letzter Entwicklungsgang ist mit seiner Rückkehr ins deutsche Reich verknüpft und erklärt: Es darf nicht vergessen werden, daß Lange aus freien Stücken ausgewandert war und aus freien Stücken die schweizer Staatsbürgerschaft erworben hatte, um am Verfassungswerk der Schweizer Nation Anteil zu nehmen; seine Rückkehr, mehr noch als seine Auswanderung, bedeutet demnach eine Krise. Es heißt das Problem leicht nehmen, wenn man einfach darauf hinweist, daß Professoren oft die Lehrstühle wechseln und die Wissenschaft keine Grenzen kennt. Lange war Redakteur und Verfassungskämpfer, bevor er den Züricher Lehrstuhl erhielt. Mehr noch: Lange hatte sich im Verlauf der Züricher Verfassungsreform eine eigene Staatstheorie erarbeitet, die es zu erproben und theoretisch zu unterbauen galt: dafür war aber Deutschland nicht der geeignete Boden. Wenn Lange sich mit seiner letzten Lebensphase in Widerspruch setzte, so kann nur eine tiefe Krise als Erklärung dienen. Lange hat selbst darauf hingewiesen, daß die Parteinahme der Schweizer für Frankreich ihn tief gekränkt und beleidigt habe[88]. Wir fragen erstaunt: warum sollen die Schweizer denn die Deutschen den Franzosen vorziehen?[89] Das kann doch nur verlangen, wer die deutschen Schweizer als Deutsche ansieht und die schweizer Staatsbürgerschaft wie die preußische oder kurhessische: Das mochte eine entschuldbare Illusion einer Bildungsschicht gewesen sein, damit war es aber seit der Reichsgründung aus.

---

[86] Siehe: Lange, Über Politik, S. 286 f., Brief an Theodor Piderit, indem er v. 29. Juli 1868 die Fertigstellung der Umarbeitung mit dem neuen Kapitel, das weitgehend ihrem Gedankenaustausch sein Entstehen verdankt, noch vor Jahresende in Aussicht stellt.

[87] Lange, Die Arbeiterfrage (Ausgabe 1870), Vorwort: Der Hinweis, daß „seit 1866 die Verhältnisse total anders liegen", ist bedeutsam und erklärt dann auch, warum ihm nach 1870 die Verhältnisse wiederum total anders schienen. Wieso die soziale Frage von Kriegsereignissen umgewälzt werden könnten, ist bei Langes Methode nicht recht ersichtlich.

[88] s. Ellissen, S. 194 f. Dazu der Brief Langes an Piderit v. 20. Juli 1870 (Lange, Über Politik, S. 290). Hier heißt es noch: „Wir Schweizer."

[89] s. Ellissen, S. 196 ff. Ein von Lange verfaßtes Manifest „Aufruf an die Menschenfreunde aller Nationen", das er glaubt seinen Schweizer Mitbürgern schuldig zu sein, das seiner Stimmung aber nicht entspricht, weil „was das Feuer unterhält, aber zugleich auch die Sache befleckt und verdirbt, sind bei den meisten doch nur die auf einer tiefer unsittlichen Basis ruhenden Sympathien mit dem Franzosentum". Ihretwegen ist er mit seinem Gesellschaftskreis zerfallen. Obwohl sich Lange keiner Hurrapatriotischen Stimmung bemächtigt gleich vielen alten Demokraten in Deutschland, fühlt er sich isoliert. Die Tatsache, daß die Schweizer eben keine Deutschen sind, scheint ihm nicht klar gewesen zu sein.

Lange hatte eine deutsche Eidgenossenschaft im Rahmen einer europäischen Eidgenossenschaft erhofft: das war der Sinn seiner Feindschaft gegenüber der borussischen Fortschrittspartei und Sinn seines Strebens nach einer Volkspartei, das war der Sinn seines Interesses für die Friedens- und Freiheitsliga und die internationale Arbeiterassoziation [90]. Stattdessen war das großpreußische Reich entstanden, eine massive Realität. Die Welt war damit verändert. Als Deutscher war man jetzt geachtet, ja gefürchtet; man war entweder Deutscher oder Ausländer, und das war nicht dasselbe wie ehedem Preuße oder Kurhesse. Es galt sich zu entscheiden, und Lange entschied sich: er wollte Deutscher sein.

Was war dann aber der Sinn von Langes jahrelanger Opposition gegen Großpreußen; was war dann der Sinn der herben Kritik an seinen engsten Freunden, die schon nach 1866 Bismärckisch geworden waren? [91] Vielleicht lag der Unterschied zu 1866 darin, daß bei Sedan alle Deutschen gemeinsam gekämpft hatten und das neue Reich nicht mehr einfach ein verlängertes Preußen war. Das mag so gewesen sein, aber der Übergang war nicht einfach. Wer Großpreußen ernstlich bekämpft hatte, mußte sich eine Brücke ins Reich schlagen, jeder auf seine Weise. Langes Weg ist typisch für einen ganzen Kreis: er vermeinte, daß das neue Reich eine Mission zu tragen fähig sei, die es bei richtiger Aufklärung auch übernehmen würde, der Staat mit seiner tragenden Bildungsschicht. Das ist das Ethos der dritten Auflage seiner „Arbeiterfrage", der zweiten Umarbeitung, die „kathedersozialistisch" genannt werden darf, weil auch die Kathedersozialisten in Aufklärung der Bildungsschicht über die soziale Frage und Einwirkung des Staates den „Weg der Rettung" sahen.

Lange hatte seine Brücke zum Reich zu schlagen, aber auch das Reich schlug eine Brücke zu ihm, eigentlich ist es Bismarck, zu dem Lange zuletzt eine versöhnliche Haltung einnahm: das war der Kulturkampf. Der preußische Pastorensohn hatte 1865 ein Pamphlet gegen den Syllabus Errorum verfaßt und den Obskurantismus der Römischen Kirche mit sichtlicher Genugtuung gegeißelt [92]; jetzt übernahm der preußische Staat diese Aufgabe, und die Staatsbürger durften mittun; es war herzerhebend dabei zu sein und den Kultuskampf zu einem Kulturkampf zu machen, und in dieser Aktion lag ungemein große Integrationskraft. Eine ganze Schicht von Freidenkern, Materialisten, Deutsch-Katholiken, aufgeklärten Philosophen und Naturforschern wurden so dem Reich gewonnen. Bismarck hat später noch die Integrationskraft des Antisemitismus und der Sozialistenfurcht erprobt, nicht ohne Erfolg, aber nie mehr mit dem Erfolg der ersten Aktion.

---

[90] s. Der Vorbote, zweiter Jahrgang 1867, S. 25 f., das Sympathieschreiben von Lange (im Auszug) mit den Bestrebungen der IAA anläßlich des Genfer Kongresses v. 3. September 1866; Langes Teilnahme als „Delegierter aus Duisburg" (Vorbote 1867, S. 138); Vorbote 3. Jahrgang 1868, S. 7 — Lange als deutscher stellvertretender Sekretär; Bericht Langes über seine Eindrücke vom Genfer Kongreß der Friedens- und Freiheitsliga, Lange, Über Politik, S. 246 (Brief an Anton Dohrn v. 26. September 1867).

[91] s. Der Bote Nr. 77 (Abschiedsnummer) v. 29. Juni (unser politischer Standpunkt — den wir selbst unerschütterlich festhalten — ist in den letzten Wochen von der großen Mehrzahl verlassen worden). Dazu auch der Brief Langes an Überweg v. 2. Mai 1869 bei Ellissen, S. 185.

[92] s. Ellissen, S. 131. Das päpstliche Rundschreiben (8. Dezember 1864) und die 80 verdammten Sätze, erläutert durch Kernsprüche von Männern der Neuzeit sowie durch geschichtliche und statistische Notizen. Die Anregung kam von Lange, die Ausarbeitung von Weinkauff.

Lange wurde Reichsbürger und ein guter Deutscher. Dazu war er prädisponiert. Schon Marx soll die Bemerkung gemacht haben, daß der Pastorensohn vieles erkläre [93]. Eine Alternative für diese Entwicklung hätte nur Klassenerkenntnis bieten können, aber der hat er sich nur genähert, sie nie erfaßt. Die einzige Gelegenheit sie zu erfassen, hat er bewußt verpaßt: er hat an der Nürnberger Tagung nicht teilnehmen wollen.

Die Ansicht, Lange habe die Entwicklung zum Kathedersozialismus aus körperlicher und geistiger Schwäche genommen, wie sie entschuldigend verlautbart wird, ist abzulehnen, denn sie ist ungerecht und seiner unwürdig [94].

Die Reichsgründung von oben legte auch die Vorstellung der „Lösung der sozialen Frage" von oben nahe; man mochte die Illusion hegen, daß „der Staat kann", weil er ja hoch über Gesellschaft, ihren Parteien und Kämpfen thront, und da Langes zweite Umarbeitung sich dieser Illusion näherte, war ihr ein nicht unerheblicher Erfolg beschieden, nur daß das reale Leben andere Wege ging. Mehring hat 1910 mit sicherem Griff die erste Auflage durch Neudruck wieder zugänglich gemacht: sie entsprach einer genau zu umschreibenden Klassenlage sowohl der Arbeiterbewegung wie einer gewissen Elite des Bildungsbürgertums, während die verhältnismäßig verbreitete dritte Auflage in der Luft hing. Langes positives Wirken in der einmalig gegebenen historischen Situation gilt es festzuhalten, denn dessen Bedeutung ist nicht geringer als gewisse theoretische Erkenntnisse, die man ideengeschichtlich konstatiert.

---

[93] s. Ellissen, S. 169.
[94] „Eine gewisse Ermattung seines Geistes": Mehring in seiner Einleitung zur „Arbeiterfrage" (Ausgabe Mehring), S. 31.

Friedrich Albert Lange und der preußische Verfassungskonflikt

von Ludger Heid

Was die Ereignisse der 48er Revolution in Deutschland auf den Studenten Friedrich Albert Lange nicht bewirkten, wurde erst Jahre später durch den preußischen Verfassungsstreit in ihm ausgelöst — politische Aktivität. Dieser Verfassungskonflikt schuf bei Lange das, was man heute „politisches Bewußtsein" nennt. Sein Interesse für politische Vorgänge war bis zu diesem Zeitpunkt nicht ausgeprägt und nicht immer ganz frei von gewissen Paradoxien. Als Student schrieb er seinem Vater (Juni 1850), daß er „einmal als Kandidat auf der Wahlliste für den studentischen Ausschuß gestanden habe, jedoch nicht gewählt worden sei und sich „auch von da an immer mehr" [1] zurückgezogen habe. Wohl mehr, um seinen besorgten Vater zu beruhigen, der ihn immer wieder an seine „politische Erziehung" erinnerte und ihn ermahnte, auf seine „Rechnung *keinerlei* Ausgaben für Politisches" zu machen, denn „es wäre gegen Dein und mein Gewissen" [2], erklärte Lange seinen Eltern, daß ihm „... nämlich Mangel der bürgerlichen Selbständigkeit und Unabhängigkeit... Grund genug sein" müsse, sich „... in die Politik... in keiner Weise thät(l)ig einzumischen" [3]. Jedoch schon damals bezeichnend im Hinblick auf seine spätere parteipolitische Haltung ist seine Äußerung aus dem gleichen Brief, daß es ihm „gegenwärtig doch noch zu früh käme, da ich wenigstens nicht so bald gesonnen bin, ... mich einer Partei anzuhängen". Langes Sympathien gingen nicht immer in ein und dieselbe politische Richtung. Es wäre allerdings auch ein Anachronismus, wollte man heute versuchen, ihn auf irgendein Parteiprogramm festzulegen. Das gelänge schon deswegen nicht, weil es für ihn keine Partei gab, der er sich hätte gänzlich verschreiben können. Nicht zuletzt aus diesem Grunde verließ er später seine Heimat. Gustav Mayer sagte in diesem Zusammenhang über ihn: „F. A. Lange nahm eine isolierte Stellung ein inmitten der (politischen) Kämpfe" [4]. Sehr treffend bezeichnete Theodor Heuss Lange als „zu den merkwürdigen Randfiguren Deutschlands" [5] zugehörig, wohingegen Karl Kautsky konzedierte, daß er „auf die Intellektuellen Deutschlands, namentlich Studenten, großen Einfluß gewann" [6].

---

[1] Brief Langes an seinen Vater (Juni 1850), zit. bei Otto Adolf Ellissen, Friedrich Albert Lange, Eine Lebensbeschreibung, Leipzig 1891, S. 33.
[2] Ebenda, S. 33 f., Brief vom 19. November 1848.
[3] O. A. Ellissen, Friedrich Albert Lange, Eine Lebensbeschreibung, a. a. O., S. 34. Wahrscheinlich hat Ellissen aus dem Aufsatz Hermann Cohens fehlerhaft zitiert, in dem es heißt: thätlich. s. H. Cohen, Friedrich Albert Lange, in: H. v. Treitschke und W. Wehrenpfennig (Hrsg.), Preußische Jahrbücher, Berlin 1876, S. 357.
[4] G. Mayer, Johann Baptist von Schweitzer und die Sozialdemokratie, Ein Beitrag zur Geschichte der deutschen Arbeiterbewegung, Jena 1909, S. 433.
[5] Th. Heuss, Anton Dohrn, Stuttgart 1948, S. 75.
[6] B. Kautsky (Hrsg.), Erinnerungen und Erörterungen von Karl Kautsky, S'-Gra-

Der preußische Verfassungskonflikt stellte den Wendepunkt in Langes Leben dar — durch ihn wurde er aus der Rolle des „interessierten Zuschauers" [7], wie Hermann Cohen ihn nannte, herausgerissen und man kann sagen, daß „in den Entscheidungsjahren des deutschen Bürgertums" [8], in den Jahren 1862 bis 1870, Langes politisches Wirken kulminierte. Bei Ausbruch dieses Konflikts hatte Lange sich zum ersten Mal verpflichtet gefühlt, offen Partei zu ergreifen. Und neben dem „großen" Heeres- und Verfassungskonflikt in Berlin gab es schon bald einen weiteren, dem man in der Hauptstadt nicht gleichgültig gegenüber bleiben konnte — Langes „Schulkonflikt" in Duisburg.

Friedrich Albert Lange spielte während des preußischen Verfassungskonfliktes eine gewisse Rolle. Ging sein Echo anfangs wenig über den regionalen Bereich hinaus und nahm sich sein Erfolg im Kampf für die verfassungsmäßigen Rechte im Vergleich zur parlamentarischen Opposition zunächst nur bescheiden aus, so sind doch die Impulse, die er in seinen Schriften und Leitartikeln setzte, einer umfassenden Würdigung wert. Erst durch den Verfassungskonflikt wurde Lange motiviert, sich journalistisch zu betätigen. Die Rolle, die er in diesen Jahren spielte, war gekennzeichnet „durch sein energisches Handeln für die demokratische Idee, die er mit sittlicher Verpflichtung und Zivilcourage" [9] verfocht. In der deutschen Geschichte stellte der preußische Verfassungskonflikt zweifellos nicht nur einen der bedeutungsvollsten, sondern auch einen der komplexesten Vorgänge dar. In ihm ver- und entflechteten sich in ihrer Art und Größe sehr unterschiedliche politische und soziale Kräfte, hier zeigte sich ein ganzes Kaleidoskop gegensätzlicher Interessen und Auffassungen. Eine solche Kraft war Friedrich Albert Lange, wenngleich seine Mittel auch nur die eines einsamen „Predigers in der Wüste" [10] waren, wie er sich selbst in der letzten Ausgabe des „Boten vom Niederrhein" resignierend nannte.

Der Konflikt in Preußen hatte zwei Seiten. Ausgelöst wurde er bekanntlich zunächst durch die von preußischen Kriegsminister von Roon entwickelte und vom König nachdrücklich geforderte Heeresreform. Zum zweiten war es das — allgemein gesprochen — autoritäre Regieren Bismarcks, der, so Georg Eckert, „die nationale Mission Preußens zu verspielen drohte" [11]. Darüber hinaus gab die preußische Regierung durch ständige, ein- und beschränkende Erlasse und Ordonnanzen immer wieder Angriffspunkte für demokratisch gesinnte Bürger, wie Lange einer war. Bismarck, zu Beginn der „Neuen Ära", deutlich spürbar zur persona non grata geworden, erhielt alle Chancen zurück, als die Verfassungskrise für Wilhelm I. unlösbar geworden und er abzudanken entschlossen war. Erst jetzt konnte sich der König dazu überwinden, Bismarck zu rufen. Einmal im Amt, begann Bismarck wie ein Jongleur mit den Parteien und Alternativen zu spielen. Die Macht „schmeckte ihm überwältigend süß" [12] und

---

venhage 1960, S. 377.

[7] H. Cohen, Friedrich Albert Lange, a. a. O., S. 359.

[8] G. Eckert (Hrsg.), Friedrich Albert Lange. Über Politik und Philosophie. Briefe und Leitartikel 1862 bis 1875, Duisburg 1968, S. 12.

[9] L. Heid, Friedrich Albert Lange, Ein Kapitel aus der Geschichte des Duisburger Zeitungswesens, maschinenschriftliche Staatsarbeit Duisburg 1974, S. 3.

[10] ‚Der Bote vom Niederrhein' (BVN), „Paucis Pugnatur Vincitur Vivitur", Nr. 77, 29. 6. 1866.

[11] ‚Der Bote vom Niederrhein'. Faksimile Nachdruck der Jahrgänge 1865/66, hrsg. und eingeleitet von Georg Eckert, Duisburg 1968, S. VI.

[12] E. J. Feuchtwanger, Preußen, Mythos und Realität, Frankfurt/Main 1972, S. 203 f.

er sorgte dafür, daß der Konflikt nicht gelöst wurde, bevor große, außenpolitische Erfolge die Szene verändert hatten.

Man fragt sich, wieso sich der Verfassungskonflikt in Preußen aus einem Konflikt über das Heer entwickelte und man erinnert sich daran, wie das monarchische Heer die Lage während der Deutschen Revolution „klärte", welche Rolle also das Heer auf dem „inneren Kriegsschauplatz" [13] spielte. Dies sollte durchaus gesehen werden im Kontext zu Carl Schmitts umstrittener Äußerung: „Souverän ist, wer über den Ausnahmezustand entscheidet" [14]. Die Notwendigkeit, das Heer zu reformieren, erkannte auch die Mehrzahl der Opposition, doch die entscheidende Frage war, wie man die Schlagkraft des Heeres n a c h a u ß e n, nicht aber n a c h i n n e n vermehren könne.

Aus dem allseitig gebildeten Menschen war im Zuge der Industrialisierung und Technisierung allmählich der homo oeconomicus, der homo technicus, der Spezialist, der „homo faber" [15], wie Friedrich Meinecke es ausgedrückt hat, geworden. Aber auch das Militärideal der Reform war den Wandlungen der Zeit nicht gewachsen. Nicht nur eine politische Unzuverlässigkeit der Landwehreinheiten in der Revolution von 1848, viel mehr noch die Unzulänglichkeit der Ausbildung, Bewaffung, also jegliches Fehlen von dem, was man heute Logistik nennt, hatte zur Roonschen Heeresform von 1860 geführt. Diese Reform sah einmal eine Vermehrung des Heeres unter Beibehaltung der dreijährigen Dienstzeit vor, zum anderen — hierauf bezog sich hauptsächlich die Kritik der Reformgegner — sollte die Landwehr aufgelöst und in die Reserve des aktiven Heeres überführt werden. Damit war das „demokratische" Prinzip der Selbstwahl ihres Offizierskorps gefallen. An die Stelle des Landwehroffiziers trat der vom Offizierskorps des aktiven Regiments kooptierte Reserveoffizier mit dem Privileg der einjährig-freiwilligen Dienstzeit — das auch Lange genoß [16] — und Ausbildung vor der Masse der anderen Wehrpflichtigen. Diese „scheinbar nur militärtechnische Maßnahme" [17] sollte jedoch ungeahnte soziale Wirkung haben.

In einem Leitartikel des „Boten vom Niederrhein" — „Die Angehörigen der eingezogenen Reservisten und Landwehrleute" bezog Lange Position: „Ist unser Heerwesen eine persönliche Sklaverei aller Leute mit gesunden Gliedern, samt ihren Frauen und Kindern", fragte er, „oder ist es eine gesetzlich geregelte Form, in welcher die Staatsbürger, welche es können, zur Abwehr des Feindes zusammentreten?" Lange meinte, daß es noch ein unklares Mittelding sei, aber zur Abwehr des Feindes solle und müsse es ein Heer geben. Für die Frauen und Kinder der Landwehrleute und Reservisten forderte er, „daß sie von den Zurückbleibenden unterhalten werden müssen, und zwar nicht spärlich und kümmerlich, sondern in vollkommen ausreichender Weise". Lange schloß den Artikel: "Also nicht Almosen, sondern geregelte vollkommen ausreichende

---

[13] A. Hess, Das Parlament das Bismarck widerstrebte. Zur Politik und sozialen Zusammensetzung des preußischen Abgeordnetenhauses der Konfliktzeit (1862—1866), Köln und Opladen 1964, S. 26.

[14] C. Schmitt, Politische Theologie, vier Kapitel zur Lehre von der Souveränität, München und Leipzig 1922, S. 9.

[15] s. F. Meinecke, Die Deutsche Katastrophe. Betrachtungen, Wiesbaden 1946, S. 62.

[16] Lange selbst erhielt den „Einjährigen-Schein", mit dem er zum „Freiwilligen-Dienst" zugelassen wurde 1851—1852, s. Nachlaß Friedrich Albert Lange, Duisburger Stadtarchiv, 20—1/IV—17.

[17] R. Dietrich, Preußen und Deutschland im 19. Jahrhundert, in: R. Dietrich (Hrsg.), Preußen, Epochen und Probleme seiner Geschichte, Berlin 1964, S. 136.

Unterhaltung, aufgebracht durch Besteuerung unter Freilassung der untersten Steuerstufen" [18].

Wegen der Eingangsworte „persönliche Sklaverei" erhob die Staatsanwaltschaft gegen Lange die Anklage, er habe „Einrichtungen des Staates dem Hasse oder der Verachtung ausgesetzt" [19]. In erster Instanz wurde Lange freigesprochen, jedoch später, nachdem die Staatsanwaltschaft Berufung eingelegt hatte, vom Appelationsgericht zu einer Geldstrafe von 25 Talern verurteilt.

Dieser Leitartikel aus dem Jahre 1866 zeigt deutlich, wie sehr sich Langes politische Einstellung gegenüber seiner früheren Haltung geändert hatte. Vierzehn Jahre zuvor, 1852, hatte es sich noch ganz anders angehört. In einem Brief an seinen Schwager Fay konnte Lange sich „nicht enthalten ... auszusprechen ..., daß unser Heerwesen ein so demokratisches Institut ist, wie nicht nur bei uns, sondern auch anderwärts nicht mehr leicht zu finden ist. Nirgendwo wird in dieser Weise der Reiche dem Armen, der Vornehme dem Geringen beigestellt ..." [20]. Tempora mutantur ...

Hier wird deutlich, daß Lange kein Mensch war, der bedingungslos irgendwelchen Dogmen anhing, sondern flexibel genug war, aufgrund besserer Einsicht eine einmal gefaßte Meinung zu ändern.

Mit dem Heeres- und Verfassungskonflikt im Jahre 1862 endete die „Neue Ära" in Preußen, die hochgespannten Erwartungen, die man an das neue Ministerium geknüpft hatte, wurden enttäuscht. Krone und Parlament, die neuberufene Regierung Bismarck und das liberale Bürgertum standen sich nun „in schroffer Frontstellung feindlich gegenüber" [21]. In diesem Jahr begannen Langes politische Aktivitäten. Lange, seit 1858 am Duisburger Gymnasium tätig, lehrte die ersten vier Jahre in gutem Einvernehmen mit den Schulbehörden. Erst als das Provinzialschulkollegium Koblenz in einem Erlaß vom 16.1.1862 die Lehrer vor „Agitation" warnte, kam es zu Spannungen. „Nach der einen Seite gefährdet die Teilnahme an Parteiagitationen die volle Hingebung des Lehrers an seinen eigentlichen Beruf", hieß es in dem Erlaß, „die Sammlung, ohne welche er demselben nicht genügen kann, und bringt ihn, auch wenn es ihm gelingt, sich selbst von Leidenschaftlichkeit und Bitterkeit fernzuhalten, fast unvermeidlich in eine davon bewegte Genossenschaft". Die Behörde erwartete, daß diese „Gesichtspunkte ... kein Lehrer unseres Bezirks außer Acht lassen wird" [22]. Lange veranlaßte daraufhin am 15. Februar eine außerordentliche Lehrerversammlung, — von der sich der Direktor fernhielt, „um in einem Promemoria an die Behörde die Verfügung für einen wohlmeinenden Rath zu erklären, den zu befolgen man nicht Willens sei" [23]. Allein

---

[18] BN, Nr. 60, 20. 5. 1866.
[19] Zit. bei O. A. Ellissen, Friedrich Albert Lange, Eine Lebensbeschreibung, a. a. O., S. 150.
[20] Brief Langes an seinen Schwager Fay, datiert: „Auf der Hauptwache, Köln den 23. Mai 1852", zit. bei O. A. Ellissen, Friedrich Albert Lange, Eine Lebensbeschreibung, a. a. O., S. 80 f.
[21] G. Eckert, Friedrich Albert Lange und die Social-Demokratie in Duisburg, in: Duisburger Forschungen. Schriftenreihe für Geschichte und Heimatkunde. Hrsg. vom Stadtarchiv Duisburg, Bd. 8, Duisburg 1968, S. 2.
[22] Brief des Königl. Provincial-Schul-Kollegiums (v. Pommer-Esche) vom 16. Januar 1862 an die „Direktionen sämtlicher Gymnasien, Realschulen 1. Ordnung, Seminarien etc. der Rheinprovinz", zit. bei O. A. Ellissen, Friedrich Albert Lange, Eine Lebensbeschreibung a. a. O., S. 115 f.
[23] F. Weinkauff, Friedrich Albert Lange, in: Allgemeine Deutsche Biographie, 17. Bd., Leipzig 1883, S. 626.

das reichte Lange nicht. Entgegen seiner früheren Absicht, sich nicht „thätig" in die Politik einzumischen, beschloß er jetzt, sich an politischen Agitationen zu beteiligen. So erfolgte nun seinerseits folgender Protest, der am 24. Februar 1862 in das Konferenzprotokoll seiner Schule aufgenommen wurde: „Indem ich von der Absicht ausgehe, daß der in der letzten ordentlichen Konferenz mitgeteilte Erlaß des Königl. Prov. Schul-Kollegiums vom 16. Januar d. J. nicht die Absicht enthält, mich in der Ausübung verfassungsmäßiger Rechte zu beschränken, und indem ich in demselben lediglich eine Ansicht der königlichen Behörde, verbunden mit einem wohlmeinenden Rate, ausgesprochen finde, sehe ich mich zu der Erklärung veranlaßt, daß meine Auffassung meines Berufes von Grundsätzen ausgeht, welche es mir unmöglich machen, den erwähnten Mitteilungen des Königl. Prov. Schul-Kollegiums einen Einfluß auf mein Verhalten in öffentlichen Angelegenheiten zu gestatten" [24].

Eine weitere Gelegenheit für Lange, sich politisch zu äußern, kam durch die Annahme des Hagen'schen Antrages vom 6. März 1862 im preußischen Abgeordnetenhaus. Der „Antrag Hagen" verlangte, den „zu Grunde liegenden Verwaltungs-Etat mehr zu spezialisieren" [25], wodurch die Verwaltung daran gehindert werden sollte, größere Posten zwischen verschiedenen Kapiteln und Titeln einfach umzutauschen und auf diese Weise dem Militärressort zusätzliche und unkontrollierte Summen zuzuführen. Hinter diesem formalen Streit um die Gliederung des Etats stand bekanntlich die größere Auseinandersetzung zwischen Krone und Parlament um die Stellung des Heeres im Staat. Die Folge war die Auflösung des Landtages (11. März 1862) und das Ende der „Neuen Ära".

Die Schulfeier zum Geburtstag des Königs am 22. März 1862 nahm Lange zum Anlaß, seine Ansicht über „die Stellung der Schule zum öffentlichen Leben" darzulegen. In dieser Rede — „ein Meisterstück rednerischen Taktes und rednerischer Taktik" [26] — sagte Lange: „Wollen wir B ü r g e r bilden, — vergeblich werden wir bei der Lektüre der Alten, vergeblich bei geschichtlichen Vorträgen, vergeblich im Religionsunterricht auf die hohen Pflichten dieses Standes hinweisen, wenn wir nicht vor allem s e l b s t B ü r g e r s i n d , Bürger in dem vollen Sinne, den die Zustände unseres Staates, die Verhältnisse der Gegenwart von uns fordern ... nur wer für das Ganze a t h m e t , wird für das Ganze b i l d e n" [27].

Am gleichen Tage erschien der Jagow'sche Erlaß, der eine Beschränkung der Wahlfreiheit vorsah. Der Erlaß des preußischen Innenministers nahm die Mitwirkung aller Behörden und Beamten für die anstehende Wahl in Anspruch, damit den Wählern durch Erteilung des Aufschlusses „die Möglichkeit einer sachgemäßen Ausübung ihres Wahlrechts gewahrt werde" [28]. Daraufhin schrieb Lange seinen ersten Leitartikel „Der Erlaß des Herrn von Jagow und die andere Reaktion", der am 27. März 1862 in der Nr. 73 der Rhein- und Ruhrzeitung (RRZ) (vgl. Abbildung hinter S. 144) erschien. Mit diesem seinem

---

[24] Zit. bei O. A. Ellissen, Friedrich Albert Lange, Eine Lebensbeschreibung, a. a. O., S. 116.
[25] E. R. Huber (Hrsg.), Dokumente zur Deutschen Verfassungsgeschichte, Band 2, Stuttgart 1964, S. 36.
[26] O. A. Ellissen, Friedrich Albert Lange, Eine Lebensbeschreibung, a. a. O., S. 116.
[27] Nachlaß Lange, a. a. O., 20—1/VII—3.
[28] s. handschriftliche Abschrift des Erlasses, in: Hauptstaatsarchiv Düsseldorf, Bestand Regierung Düsseldorf, Präsidialbüro, Nr. 565, S. o12 f.

ersten journalistischen Versuch kam Lange auch prompt mit der Zensur — das Blatt bekam für seinen Leitartikel eine Verwarnung — in Berührung. Es sollte nicht der einzige „Genuß" [29] für ihn bleiben, wie er die Vernehmung durch einen Ministerialkommissar in einem Brief vom 14. März 1862 an seinen Freund Franz Weinkauff nannte.

Am 2. April mitunterzeichnete Lange einen Aufruf an die Wähler des Kreises Duisburg-Essen zugunsten des Hagen'schen Antrags. Ein Leitartikel, den er zu diesem Punkt schrieb, verdeutlicht seine immer größer werdende oppositionelle Haltung: „Wegen dieser Heiligkeit der Verfassung", schrieb er, „darf man nun auch eine V e r l e t z u n g derselben, selbst wenn sie augenscheinlich zu vermuthen ist, ohne die zwingensten Gründe nicht annehmen; denn dies würde heißen, die Anarchie annehmen" [30]. Lange setzte im Lehrerkollegium des „Königlichen Gymnasiums" einen gemeinsamen Protest durch, worin mit Bezug auf den dem König und der Verfassung geleisteten Eid offen erklärt wurde, man glaube der Treue gegen den König am besten zu dienen durch pflichtgemäße Ausübung des Wahlrechts.

Auf diesen Affront mußten nun die Behörden reagieren, sie waren jetzt nicht mehr bereit, Langes „Agitationen" tatenlos hinzunehmen und schlugen schärfere Töne an. Aufgrund seines Aufrufs an die Urwähler des Kreises Duisburg-Essen, den sein Kollege Professor Köhnen mit unterzeichnet hatte, wurde Lange am 13. April von einem Ministerialkommissar vernommen. Am 26. Juni erhielten er und Köhnen von ihrer vorgesetzten Behörde, dem „Königlichen Provinzial-Schul-Kollegium", den Verweis, sich in „grundlose(r) gehässige(r) und aufregende(r) Insinuation gegen die Finanzverwaltung des Staates" verhalten zu haben und „sich an leidenschaftlicher und gehässiger Partei-Agitation ... in tadelwertester Weise beteiligt" zu haben, woraus folge, daß sie „e i n e n M a n g e l a n g e r e i f t e m U r t e i l ... z u e r k e n n e n g e g e b e n" [31] haben. Gleichzqeitig wurde der Direktor Karl Eichhoff angewiesen, etwaige erneute Beteiligung der beiden Lehrer an Paretiagitationen, sofort anzuzeigen.

Lange veröffentlichte „den schlimmen Passus" [32] der Verfügung in der „Rhein- und Ruhrzeitung". Darauf brachten Gesangverein und Bürger den gemaßregelten Lehrern ein Ständchen. Der Bericht in der Zeitung über diese Ehrung drückt die Freude aus „über den Mannesmut der Herren und die dankbare Anerkennung dieses Verhaltens durch die Mitbürger" [33]. Gleichzeitig verfaßten „Mitbürger, Gesinnungsgenossen und Freunde" in der RRZ eine „Solidaritäts-Adresse" an Köhnen und Lange, in der beiden versichert wurde, „wohldenkende, patriotisch gesinnte Männer" seien mit "wahrer Entrüstung erfüllt" und man wolle mit „diese(r) Zuschrift ... darthun, wie groß das Vertrauen" [34] in beide Lehrer sei.

---

[29] Brief Langes vom 14. Mai 1862 an Franz Weinkauff, zit. bei H. Braun, Friedrich Albert Lange als Sozialökonom. Nach seinem Leben und seinen Schriften. 1. Abschnitt, Phil. Diss., Halle/Saale 1881, S. 11.
[30] ‚Rhein- und Ruhrzeitung' (RRZ) Nr. 87, 12. 4. 1863.
[31] Zit. bei O. A. Ellissen, Friedrich Albert Lange, Eine Lebensbeschreibung, a. a. O., S. 119.
[32] M. Wiesenthal, Das „Königl." Gymnasium in Duisburg als stiftische evangelische Anstalt von der Errichtung des Kgl. Kompatronats bis zur Verstaatlichung 1821—1885, Duisburg 1934, S. 75.
[33] RRZ Nr. 163, 26. 6. 1862.
[34] RRZ Nr. 193, 7. 8. 1862.

Für Lange waren die Fronten nun geklärt — er zog die Konsequenzen. An das Königliche Provinzial-Schul-Kollegium richtete er „ein Gesuch um sofortige Entlassung" aus dem Schuldienst, da er es sich niemals nehmen lassen wollte, für seine „Ansichten und Grundsätze auf gesetzlichem Boden mit jenem Eifer zu wirken, der von politischen Gegnern als leidenschaftliche Agitation" gedeutet werden könne. Denn „jeden Augenblick", so folgerte er, könne „ein Fall eintreten, welcher mich veranlassen muß, in demselben Geiste öffentlich zu wirken, in welchem ich auch bisher gewirkt habe" [35]. Gleichzeitig richtete Lange an seinen obersten Dienstherrn, den „Herrn Minister der geistlichen Unterrichts- und Medicinal-Angelegenheiten von Mühler" einen Beschwerdebrief, in dem er sich vor allem gegen den Ausdruck „Mangel an gereiftem Urteil" verwahrte. Scharf wies Lange zurück, daß man ihm „jene(r) Eigenschaften abspricht, welche allgemein bei jedem mäßig gebildeten und normal entwickelten Manne vorausgesetzt werden" sollten. Und mit einem kräftigen Seitenhieb gegen die Koblenzer Schulbehörde machte er deutlich, daß dieser Ausdruck eher „denen zukommt, die überhaupt nicht einmal die Fähigkeiten besitzen, sich über dergleichen Dinge bestimmte Ansichten und Grundsätze zu bilden" [36].

Mit dieser unmißverständlichen Haltung hatte die Schulbehörde nicht gerechnet und antwortete Lange, daß „kein Grund liegt", sein „Ausscheiden aus dem Schulamte zu wünschen" [37]. Wohl erinnerte sich die Behörde der Verdienste Langes, die dieser sich mit seinem Gutachten „über Modifikation des Prüfungs-Reglements" [38] aus dem Jahre 1859 erworben hatte, und das Grundlage für die Prüfungsordnungen geworden war.

Verzichtete Köhnen fortan auf parteipolitische Betätigung, kam es Lange jetzt darauf an, den Rücken frei zu haben für politische Aktionen. „Bei mir hat die Politik der freien Hand wieder den Sieg davon getragen", schrieb er am 14. Mai 1862 an Weinkauff, „und ich bin dessen froh; die Gegenwart ist mir zu wichtig" [39]. Vergeblich versuchte ihn Direktor Eichhoff zur Zurücknahme seines Entlassungsgesuches zu bewegen. Auch eine Eingabe an das Gymnasialkuratorium war zwecklos, das die vorgesetzte Behörde in Koblenz um „Modificierung" ihres scharfen Tadels bitten sollte [40]. Am 30. September 1862 schied Lange aus dem Schuldienst.

Hauptberuflich bekam Lange zum 1. Januar 1863 die Stellung eines Sekretärs der Duisburger Handelskammer. Hier verfaßte er die Jahresberichte von 1862 und 1863, in denen er die wirtschaftlichen Zustände in Duisburg beschrieb. Er vertrat in diesen Berichten die Interessen und Forderungen der Industrie und des Handels gegenüber der Regierung. Allerdings waren Langes Kompetenzen beschränkt, er hatte keine freie Hand, da er an die Beschlüsse der Handelskammer gebunden war. Daneben wurde er im November 1862 Mitredakteur der „Rhein- und Ruhrzeitung", für die er sich verpflichtete, wöchentlich zwei Artikel, besonders volkswirtschaftlichen und handelspolitischen Inhaltes zu liefern.

---

[35] Nachlaß Lange, a. a. O., 20—1/IV—22.
[36] Ebenda.
[37] Ebenda. (Der Brief war unterzeichnet von Dietrich Wilhelm Landfermann.)
[38] Nachlaß Lange, a. a. O., 20—1/II—17 (Das Gutachten: „Über eine wünschenswert erscheinende Modification des Prüfungsreglments für das höhere Schulfach" trägt die Handschrift von Frau Lange).
[39] Zit. bei O. A. Ellissen, Friedrich Albert Lange, Eine Lebensbeschreibung, a. a. O., S. 118.
[40] M. Wiesenthal, Das „Königl." Gymnasium in Duisburg, a. a. O., S. 75.

Bis zum 1. Juni 1863, dem Tag, an dem die „Verordnung betreffend das Verbot von Zeitungen und Zeitschriften" in Kraft trat, verfaßte Lange Artikel, die, obwohl die Behörden die „Rhein- und Ruhrzeitung" als „entschieden liberale Zeitung" [41] eingestuft hatten, teilweise so polemisch waren, daß sie Verwarnungen nach sich zogen.

Vom Januar 1863 bis zum Spätsommer 1865 schrieb Lange außerdem insgesamt 65 Leitartikel für das „Wochenblatt für die Grafschaft Mark" [42], das Julius Baedeker, der später sein Hauptwerk „Die Geschichte des Materialismus" verlegte, herausgab. Auch für die „Westfälische Zeitung" und die „Süddeutsche Zeitung" verfaßte Lange in dieser Zeit Beiträge.

Zumindest eine kurze Zeit stand Lange mit der „Rhein- und Ruhrzeitung" ein Organ zur Verfügung, das es ihm ermöglichte, seine Kritik an den politischen Vorgängen in Preußen zu artikulieren. Nikolai Berdiajew nannte Lange in diesem Zusammenhang einen „Mann von großem literarischen Talent, ungewöhnlicher Vielseitigkeit, starker Empfänglichkeit für die brennenden Fragen seiner Zeit und heißem Mitgefühl für ihre demokratischen Bestrebungen", der nicht für Auserwählte schreibe, „sondern für die breite Masse" [43].

Wie ein roter Faden zog sich durch Langes Leitartikel in der Zeit des Verfassungskonflikts die Forderung nach der völligen Wiederherstellung der verfassungsmäßigen Ordnung in Preußen. In Anspielung auf Bismarck, der gerade einen Monat im Amt war, schrieb Lange: „Einem Minister gegenüber, der seine Stellung als Führer der herrschenden Partei mißbrauchen und dem König das Recht der Initiative in Allem, was das Wohl des Landes betrifft, aus der Hand spielen wollte, einem solchen Minister gegenüber würde in Preußen das ganze Land in die Opposition gehen" [44]. Lange scheute sich durchaus nicht, die Dinge beim Namen zu nennen. Zwar sei „die Verfassung ... eine Idee, aber Herr von Bismarck ist eine Thatsache. Wir dürfen nicht vergessen, daß die ... Verfassung ... höher steht, als jedes andere Recht in Preußen" [45].

Der Kampf für die Verfassung konnte für Lange nur ein Kampf gegen Bismarck sein, der für ihn die Verkörperung „des indirekten Absolutismus" war, dessen Prinzip die Macht ist, „die das Recht überwindet" [46]. Lange ging es nicht um „Einzelheiten" wie Reorganisation (des Heeres), Budget, Unterrichtsgesetz und was es sonst sei, wichtig für ihn war letztlich nur die Frage nach „Recht und Unrecht, beschworene Verfassung oder erschwindelter Absolutismus" [47]. Der Heereskonflikt weitete sich bekanntlich zum Verfassungskonflikt aus, als Bismarck nach der Zurückweisung der Budgetvorlage durch das Parlament kein neues Etatgesetz vorlegte, sondern ohne ein solches regierte und im Mai 1863 die Sitzungsperiode des Abgeordnetenhauses beendete. Die offiziöse „Sternzeitung" stellte als erste die sogenannte „Lückentheorie" auf — die Verfassung habe eine „Lücke", da sie nichts darüber aussage, was zu tun sei, wenn der Etat nicht bzw. nicht rechtzeitig zustande komme. Die Regierung müsse

---

[41] Regierung Düsseldorf, Präsidialbüro, Nr. 705, S. 062.
[42] s. hierzu die Korrespondenz zwischen Lange und Baedeker, in: Nachlaß Lange, a. a. O., 20—1/IV—11.
[43] N. Berdiajew, Friedrich Albert Lange und die kritische Philosophie in ihren Beziehungen zum Sozialismus, in: Die Neue Zeit, 18. Jg., 2. Bd., Stuttgart 1900, S. 133 f.
[44] RRZ Nr. 294, 25. 11. 1862.
[45] RRZ Nr. 96, 23. 4. 1863.
[46] RRZ Nr. 129, 2. 6. 1863.
[47] RRZ Nr. 76, 29. 3. 1863.

„im allgemeinen Staatsinteresse" diese Lücke ausfüllen und „ihr weiteres Verhalten regeln" [48], d. h. ohne Staatshaushaltsgesetz den staatlichen Erfordernissen, einschließlich Militärorganisation, gerecht werden. Diese Verfassungsinterpretation, die von Bismarck übernommen wurde, verletzte den Liberalismus im Kern seines Staats- und Rechtsgefühls.

Unter der markanten Überschrift „Schluß!" schrieb Lange in dieser Zeit einen Leitartikel, in dem er zur „Rettung der Verfassung" aufrief. Am Ende dieses Artikels ließ er keinen Zweifel aufkommen, von welchen „Gedanken" man sich leiten lassen sollte: „lieber etwas anderes ... als die Session des Abgeordnetenhauses" sollte geschlossen werden, — „nämlich die Aera Bismarck". Und Lange folgerte, daß dieser Schluß weit motivierter wäre, „er ist so motivirt, daß wir uns äußerst schwer entschließen können, einen Leitartikel irgendwelchen Inhaltes zu beschließen ohne das ceterum censeo: möchte es doch Herrn von Bismarck gefallen — natürlich nach vorheriger Bezahlung der nicht genehmigten Positionen des Etats für 1862 — sein Amt niederzulegen" [49]. Noch deutlicher und sarkastischer wurde Lange ein paar Tage später, als er schrieb: „Mohamed wollte einst durch seinen energischen Willen einen Berg versetzen. Der Berg sollte sich erheben und zum Propheten kommen; als er aber nicht kam, ging der Prophet zum Berge, und so war es auch gut. Eine ganz ähnliche Lösung der Schwierigkeit würde nun für die Urheber unseres Conflicts sich ergeben, wenn sie darauf verzichteten, den Berg der Verfassung zu versetzen und sich vielmehr selbst zu diesem Berge verfügten. Auf dem Wege dahin könnten vielleicht einige Portefeuilles verloren gehen. Nun! dieser Verlust wäre dann aber der größte Gewinn, den Preußen haben kann, denn **der Rücktritt des gegenwärtigen Ministeriums ist die erste Bedingung unseres Gedeihens**" [50].

Abgesehen von der politischen Aussage dieses Artikels wird hier deutlich, über welche journalistische Meisterschaft Lange verfügte. Immer wenn er sich begeisterte, schrieb er besonders anschaulich, dann zeigte sich auch seine Vorliebe für Kraftausdrücke und Superlative, wie er sie auch auf Volksversammlungen benutzte. Zu bemerken ist ebenfalls, daß seine Leitartikel in der Zeit der Auflösung des Abgeordnetenhauses an Heftigkeit und Polemik zunahmen, vor allem dann, wenn es um politische Tagesfragen ging. Lange wollte sich den „feindlichen Gewalten entgegenstemmen ... bevor der Conflict zur Explosion wird". Er forderte seine Leser auf: „Wollt ihr die Gefahren unserer Lage abwenden, so helft, das Ministerium überwinden" [51].

Seinen Höhepunkt an oppositioneller Agitation erreichte Lange, als er vom König forderte, „**die Personen und mehr noch das System zu beseitigen, welche Thron und Land in das Verderben zu stürzen drohen**" [52]. Lange war sicherlich nicht der einzige Publizist in Preußen, der eine solche Tonart anschlug. Überall im Land wurde massive Kritik laut gegen die Suprematie, die die Verfassung mit Füßen trat. Es war demzufolge nicht weiter verwunderlich, daß zum 1. Juli 1863 die bereits er-

---

[48] Zit. nach W. Bußmann, Das Zeitalter Bismarcks, in: L. Just (Hrsg.), Handbuch der Deutschen Geschichte, Bd. 3, II. Teil, Frankfurt/Main 1968, S. 63.
[49] RRZ Nr. 103, 3. 5. 1863.
[50] RRZ Nr. 108, 8. 5. 1863.
[51] RRZ Nr. 110, 10. 5. 1863.
[52] RRZ Nr. 117, 17. 5. 1863.

wähnte „Preßordonnanz" in Kraft trat. Der Regierung war die wachsende Erbitterung der oppositionellen Zeitungen längst zu groß geworden.

Lange waren die politischen Ereignisse viel zu wichtig, als daß er hätte kapitulieren können. Sein kämpferisches Naturell erlaubte es ihm nicht, Konzessionen an den Staat zu machen, der ihm seine „Preßfreiheit" beschränken wollte, denn längst war das Schreiben politischer Artikel gegen die Regierung für ihn zur conditio sine qua non geworden. Wenn schon „die Opposition gegen das Ministerium ... aus den Zeitungen verschwinden" mußte, galt es, „andere Bahnen ein(zu)schlagen" [53]. Demnach konnte es nicht überraschen, daß bei Lange anstelle der scharfen Leitartikel nicht weniger provokante „Flugschriften" traten, die „in Massen über einen großen Theil der Provinz verbreitet wurden" [54]. Diese Flugschriften wurden von Lange und Wilhelm Schroers, seinem Kollegen in der Redaktion der RRZ gemeinsam herausgegeben. Ein „Pamphlet" mit dem Titel: „Die Oktroyierung vom 1. Juni 1863" wurde „konfisziert ... und der Satz auf polizeiliche Anordnung auseinander genommen" [55].

Das Jahr 1864 brachte einige Veränderungen in der Taktik von Langes politischem Kampf. Ehemals Sympathisant der ‚Fortschrittspartei', bekannte er sich inzwischen zur Social-Demokratie, nachdem er erkannt hatte, „daß die Fortschrittspartei vor dem eigentlichen Angelpunkte des Konflikts, vor dem Kampfe mit der Krone, zurückschreckte" [56]. Lange war überzeugt, „daß der politische Kampf um die Volksrechte von unserer Fortschrittspartei nicht mit dem gehörigen Ernst und Nachdruck geführt wird, und daß an einen Sieg auf dem betretenen Wege nicht ferner zu denken ist. Ich glaube namentlich bemerken zu müssen, daß es einem großen Teil der Abgeordneten weit mehr darum zu thun ist, innerhalb der Partei eine glänzende und gefeierte Rolle zu spielen, als die Partei mit persönlicher Gefahr und Aufopferung zum Siege zu führen". Lange betonte, daß er niemals bezweifelt habe, „daß das Recht auf Seiten der Abgeordneten und das Unrecht auf Sciten der Regierung steht" [57].

Dieses „Bekenntnis zur sozialen Demokratie" ließen keinen Konsensus mit „den bestimmenden Persönlichkeiten" [58] der „Rhein- und Ruhrzeitung" sowie der Duisburger Handelskammer mehr zu. Die Redaktion der RRZ verließ Lange am 2. Februar 1864. Die Differenzen zwischen ihm und seinem Verleger lagen in dem energischen Eintreten Langes für die Interessen des sogenannten vierten Standes. Nicht anders lagen die Dinge bei der Handelskammer. Dort kündigte er seine Stellung zum 30. September.

Im Gegensatz zur Mehrheit der Liberalen erkannte Lange recht früh die große Bedeutung der sozialen Frage. Er war zu der Überzeugung gekommen, daß diese Frage von einer über-proportional größeren Bedeutung war gegenüber der rein politischen. Kein Wunder, daß seine politische Tätigkeit nach und nach s o z i a l - politischen Charakter annahm. Seit 1864 sympathisierte er mit der politischen Arbeiterbewegung. Unabhängig von dem lassalleanischen „Allgemeinen Deutschen Arbeiter-Verein" (ADAV), dem sozial-reformerisch ge-

---

[53] ‚Wochenblatt für die Grafschaft Mark und Anzeigenblatt für den Kreis Iserlohn', Nr. 46, 7. 6. 1863.
[54] F. Weinkauff, Friedrich Albert Lange, in: Allgemeine Deutsche Biographie, a. a. O., S. 627.
[55] O. A. Ellissen, Friedrich Albert Lange, Eine Lebensbeschreibung, a. a. O., S. 131.

sonnenen Flügel der „Deutschen Volkspartei", in „wachsender Gegnerschaft" [59] zu dem lauen Sozialliberalismus eines Schulze-Delitzsch, engagierte Lange sich von da ab für eine Sozialreform und eine demokratische Erneuerung der Gesellschaft.

Am 1. Juni wurde Lange Teilhaber des Verlages Falk & Volmer und eröffnete eine kleine Druckerei. Mit diesem Schritt kam er seinem Ziel — eine eigene Zeitung herauszugeben — ein großes Stück näher. Im Laufe der Zeit hatte man ihm fast alle Möglichkeiten genommen, sich nach seinen Vorstellungen journalistisch zu betätigen. Am längsten „tragbar" war er noch für seinen Verleger Baedeker, der ihn im Juli 1864 zwar noch ermunterte, „ruhig den betretenen Weg weiter (zu) gehen" [60], Lange jedoch kurze Zeit später mitteilen mußte, daß sein „Wochenblatt ... leider die politische Übersicht nicht mehr bringen" könne, da es „2mal confiscirt worden u. die Confiscation gerichtlich aufrecht erhalten" [61] bliebe.

Ohne Zweifel war der Hauptgrund für die Gründung einer eigenen Zeitung für Lange die soziale Frage, die sich in „ungeahnter Stärke", wie Lange sie selbst nannte, in ganz Europa zu regen begann. „Da ich in den inneren Fragen niemals meine Ansicht gewechselt", schrieb er anläßlich eines Presseprozesses in einer Verteidigungsschrift, „sondern nur das Vertrauen zu der Parteiführung verloren habe, so ist das Blatt („Der Bote vom Niederrhein") allerdings in allen Fragen des inneren Konfliktes einfach als oppositionell zu betrachten ... die s o z i a l e F r a g e, das ist mir gerade die Hauptsache geworden" [62]. Nannte Lange hier in der Retrospektive seine Zeitung selbst „oppositionell", so bestand in diesem Punkt ein bemerkenswerter Gleichklang mit der Ansicht der Behörden in Sachen „betreffend die Presse". In die „jährlich einzureichenden Verzeichnisse der erscheinenden Zeit- und Flugschriften" bekam „Der Bote vom Niederrhein" zwar den Vermerk „oppositionell", wenngleich mit dem Zusatz — „in höherem Grade". Es war eine schmeichelhafte Zensur, denn in früheren Verzeichnissen hatte die Note wenig respektabel „regierungsfeindlich" gelautet [63].

Im Herbst 1865 erfolgten Langes letzte massive Vorstöße gegen die preußische Regierung. Die Wogen des Konflikts schlugen noch einmal hoch. In seinem passiven Widerstand ging Lange so weit, daß er die Steuerzahlung verweigerte. Zweimal wurde daraufhin bei ihm gepfändet. Im Oktober, „mitten in Langes ärgster Agitationszeit" [64], erschien sein Hauptwerk, die „Geschichte des Materialismus".

Am 1. Oktober 1865 konnte Lange endlich die erste Nummer seines „Boten vom Niederrhein" der Öffentlichkeit vorstellen, nachdem er Monate zuvor

---

[56] F. Mehring, Geschichte der Deutschen Sozialdemokratie. Zweiter Band. Bis zum preußischen Verfassungsstreite, Berlin-Stuttgart 1922, S. 365.

[57] Zit. bei O. A. Ellissen, Friedrich Albert Lange, Eine Lebensbeschreibung, a. a. O., S. 132.

[58] G. Eckert, Friedrich Albert Lange und die Social-Demokratie in Duisburg, in: Duisburger Forschungen, 8. Bd., Duisburg 1968, S. 15.

[59] G. Eckert (Hrsg.), Friedrich Albert Lange, Über Politik und Philosophie, a. a. O., S. 12.

[60] Nachlaß Lange, a. a. O., 20—1/VI—11.

[61] Ebenda.

[62] Zit. bei O. A. Ellissen, Friedrich Albert Lange, Eine Lebensbeschreibung, a. a. O., S. 132 f.

[63] s. Regierung Düsseldorf, Nr. 319, S. 181 und S. 227.

[64] O. A. Ellissen, Friedrich Albert Lange, Eine Lebensbeschreibung, a. a. O., S. 145.

vergeblich versucht hatte, Karl Marx und Friedrich Engels von England aus für die Mitarbeit an seiner Zeitung zu gewinnen. Neben dem Leitartikel — ausschließlich von Lange geschrieben — brachte die Zeitung eine regelmäßige „Übersicht der Tagesbegebenheiten", die politische Korrespondenz aus der ganzen Welt. Daran schloß sich eine Sparte für soziale Angelegenheiten an. Insgesamt ging es Lange als tätigem Herausgeber „um die große Linie der sozialien und politischen Probleme"[65]. In der ersten Nummer des „Boten" legte er dezidiert dar, was er mit seiner Zeitung beabsichtige: Preußen dürfe in keiner Weise zum Absolutismus zurückkehren. Jeder Schritt dahin sei eine Annäherung an seinen Untergang. Die Verfassung müsse nicht nur bestehen bleiben, sondern ihre Rechte noch weiter ausgebaut werden. Deutschland müsse frei und einig sein, jedoch sei eine Einheit unter einer „despotischen Militärregierung"[66] eine große Gefahr.

Lange mußte in der Zeit, in der er den „Boten vom Niederrhein" herausgab, erkennen, daß der Kampf um soziale Gerechtigkeit zurückgedrängt wurde zugunsten des Kampfes um die Vormachtstellung Preußens in Deutschland. So versuchte er immer wieder, seine Leser anzusprechen, ihnen zu zeigen, wie wichtig es sei, sich aktiv an der Politik zu beteiligen. Vor der Wahl 1866 sagte er, es müsse so radikal wie möglich gewählt werden, die Kandidaten sollten sich der sozialen Frage annehmen, „damit die alte Parole: F r e i h e i t, G l e i c h h e i t, E i n h e i t wieder in ihr Recht trete"[67].

Betrachtet man die empirischen Daten, die Heinz-Dietrich Fischer in seiner Analyse über den „Boten vom Niederrhein" ermittelte, so wird deutlich, welchen Stellenwert der preußische Verfassungskonflikt in Langes Zeitung einnahm. Nicht, wie man zunächst vermuten würde, die „soziale Frage" rangierte vorne, sondern der „preußische Verfassungskonflikt" — 32 seiner insgesamt 90 Leitartikel im „Boten vom Niederrhein" (also 1/3) beschäftigten sich direkt mit dem Verfassungsstreit. Weitere 23 Leitartikel mit dem Themenbereich Krieg, Kriegsgefahr etc. erwähnen die Verfassungskrise marginal. Die Auszählung der Städtenamen führte zu ähnlichen Resultaten — hier ergab die Untersuchung: Berlin mit 94 Nennungen lag vor Duisburg, dem Erscheinungsort der „Lokalzeitung", das lediglich 87 Erwähnungen aufwies[68].

Lange war, zumal er oft gefährliche Themen aufgriff, ständigen Schikanen seitens der Behörden ausgesetzt, die den „Boten" mit wachsender Aufmerksamkeit beobachteten. So war es nicht weiter verwunderlich, daß es, wie Weinkauff schreibt, „nicht an polizeilichen Haussuchungen" fehlte. An Presseprozessen „regnete (es) förmlich"[69]. In seinem Leitartikel: „Einige Bemerkungen über die Debatte vom 10. Februar", bezeichnete Lange die Mitglieder des Obertribunals als „Verbrecher". Darauf warf ihm die Anklage vor, das preußische Obertribunal schwer beleidigt zu haben. Lange hatte sich in diesem Artikel in sehr entschiedener Weise für die Abgeordneten Twesten und Frenzel eingesetzt, deren Redefreiheit im Parlament per Urteilsspruch bedroht war. „Die Abgeordneten sind in dem offenen Unrecht", hieß es in Langes Artikel,

---

[65] W. Brauksiepe, Geschichte des Duisburger Zeitungswesens von 1727—1870, Phil. Diss., Würzburg 1937, S. 71.
[66] BN Nr. 1, 1. 10. 1865.
[67] BN Nr. 45, 15. 4. 1866.
[68] S. den Beitrag von Heinz-Dietrich Fischer.
[69] F. Weinkauff, Friedrich Albert Lange, in: Allgemeine Deutsche Biographie, a. a. O., S. 628.

„wenigstens theilweise mit persönlichem Muth entgegengetreten, und das ist unter solchen Umständen schon viel, wenn auch der Muth des p o l i t i s c h e n H a n d e l n s fehlt. Viele unter ihnen haben die drohenden Anklagen und Verurtheilungen nicht nur nicht gescheut, sondern herausgefordert in dem Bewußtsein, daß der, welcher in der Vertheidigung des Rechtes von Verbrechern verurtheilt wird, dadurch nur Ehre gewinnen kann" [70]. Das Urteil gegen Lange ergab „50 Thaler und die Kosten" [71]. In zweiter Instanz wurde das Urteil aufrechterhalten, fiel dann allerdings 1867 unter den Amnestieerlaß.

Der „aufrechte Demokrat Lange", wie ihn der israelische Historiker Walter Grab nannte, „... unterlag 1866" [72]. Die Kriegsvorbereitungen Preußens zermürbten ihn endgültig. Am 6. Mai 1866 schrieb er: „Ein schneller Sieg der Kriegspolitik, ein flottes — natürlich siegreiches — Militärduell um die Oberherrschaft in Deutschland, Überrumpelung des Volksbewußtseins durch die rasche Entwicklung der Dinge, Erringung einer preußischen Parlamentsmajorität im Fluge, bevor die Massen erst recht zur Besinnung kommen — das könnte wohl eine Lieblingsvorstellung unsrer kühnen Politiker gewesen sein ... der B l u t - u n d E i s e n p o l i t i k wird jetzt das Wohlsein tausender und abertausender Familien und — wenn es wirklich zum Schlagen kommt — das Leben ebensovieler Familienväter geopfert werden. Die Mobilisierung der preußischen Armee beweist, daß der Herr v. B i s m a r c k den Krieg will, der Angreifer ist und nicht Oesterreich" [73].

Mit Ausbruch des preußisch-österreichischen Krieges 1866 endete Langes Duisburger Periode. Für ihn bedeutete dieser Abschied eine große Enttäuschung — er gab die Hoffnung auf, ein reformiertes freiheitliches Preußen werde die deutsche Einheit im Geiste der Verfassung von 1849 erkämpfen. Lange zog das Fazit: „So stehen wir denn vor dem Kriege, der, soweit menschliche Augen sehen, nur Unheil über Unheil bringen kann, wie er auch ausfallen möge. Nur diejenigen, denen die Stärkung des Absolutismus das höchste Ziel ist, und die für Freiheit, Bildung, Ehre des Volkes bloß Spott auf den Lippen haben, die mögen sich trösten. Ihr Weizen wird blühen auf den blutgetränkten Feldern ..." [74].

Der „Bote vom Niederrhein" bestand nur neun Monate. Er war der Versuch, mit journalistischen Mitteln Opposition gegen eine Politik zu machen, die Lange verhaßt war. Die innenpolitischen Fragen erschienen ihm wichtiger als Bismarcks außenpolitische Erfolge. Resigniert schrieb Lange am 24. 6. 1866, sechs Tage vor Einstellung des „Boten": „Wir unsererseits sehen diese Wendung (Ausbruch des preußisch-österreichischen Krieges — d. Verf.) nur mit tiefer Betrübnis und nicht ohne die Befürchtung, daß damit die Allgewalt des Absolutismus angebahnt und das Ende der geistigen Entwicklung auch für unser Vaterland ... eingetreten ist. Das Scheiden von unserem Wirkungskreise wird uns dadurch freilich bei dem bevorstehenden Eingehen unseres Blattes sehr erleichtert. Die Völker sind nicht freier, als sie verdienen, und wenn die

---

[70] BN Nr. 19, 14. 2. 1866.
[71] O. A. Ellissen, Friedrich Albert Lange, Eine Lebensbeschreibung, a. a. O., S. 148.
[72] s. die Rezension des von G. Eckert neu herausgegebenen ‚Boten vom Niederrhein' von W. Grab, in: Duisburger Forschungen, hrsg. vom Stadtarchiv Duisburg, Bd. 14, Duisburg 1970, S. 261, ferner den Aufsatz desselben Autors in diesem Band.
[73] BN Nr. 54, 6. 5. 1866.
[74] BN Nr. 71, 15. 6. 1866.

Idee der Freiheit in der Gegenwart keinen Boden mehr findet, so gelingt es doch wohl noch, sie in eine bessere Zukunft hinüber zu retten" [75].

Einen Monat vorher, am 22. Mai, hatte er seinem Schweizer Freund Kambli geschrieben: „Ich würde nicht daran denken, mich unsern politischen Kämpfen zu entziehen, wenn ich eine einzige Partei fände, auf die sich mit Zuversicht bauen ließe ... vorne wird getrommelt, aber hinten sind keine Soldaten." Und weiter: „Das Ministerium sucht sich mit aller Gewalt durch tüchtige Leute zu verstärken, einerlei aus welchem Lager sie kommen. Mich hat man mit Verfolgungen auf der einen Seite und Verlockungen auf der anderen förmlich umstellt" [76]. Es ist anzunehmen, daß sich Lange bei den „Verlockungen" auf einen Briefwechsel bezog, den er Anfang 1866 mit dem Berliner Bürgermeister Seydel führte. Dieser wollte Lange nach Berlin holen, nachdem er die „Geschichte des Materialismus" gelesen hatte. Diesen Wunsch sprach er in einem herzlichen Brief an Lange aus, doch steckte er zurück, als seine Recherchen über Lange ergaben, dieser sei „ein Demagoge" [77].

Am 29. Juni 1866, dem Todestag des „Boten vom Niederrhein", erläuterte Lange ein letztes Mal, worauf es ihm angekommen war und weshalb er mit seinem Blatt gescheitert war: „Der Krieg bringt es mit sich, daß die Leser jetzt weit mehr auf N a c h r i c h t e n Gewicht legen, als auf Besprechung politischer und socialer Fragen; damit ist das Interesse an unserm Blatt nothwendig geschmälert. Unser p o l i t i s c h e r S t a n d p u n k t — den wir selbst unerschütterlich festhalten — ist in den letzten Wochen von der großen Mehrzahl verlassen worden. Wir haben uns wiederholt darüber ausgesprochen. Möchte die Schwankung nur eine vorübergehende sein!" [78]

Lange war zu wenig gouvernemental veranlagt, als daß er länger den physischen und psychischen Belastungen hätte erfolgreich widerstehen können. Seine Kampfkraft war erschöpft. Enttäuscht von der Wendung, die die politischen Dinge in Deutschland genommen hatten, verließ er seine Heimat und siedelte im Oktober 1866 in die Schweiz über.

Es ist zu fragen: Wie effektiv war Friedrich Albert Lange in seinem politischen Wirken? Lange ist sicherlich als Polyhistor anzusehen. Er selbst schrieb in diesem Zusammenhang an Anton Dohrn: „Ich habe vielfach aus der Not eine Tugend gemacht, denn ich war Dozent, Lehrer, Redakteur, Handelskammer-Sekretär, Buchhändler, Versicherungs-Agent u.s.w., von zahllosen Nebenposten abgesehen." Diese unterschiedlichen Betätigungsfelder miteinander zu vereinbaren wurde ihm möglich „durch die alles verbindliche Philosophie" [79]. Bemerkenswert erscheint die Rangfolge seiner Tätigkeiten. In erster Linie war Lange Wissenschaftler und „überhaupt zu sehr Idealist ..., um Politiker sein zu können" [80]. Lange war in den vier Konfliktjahren die treibende Kraft des radikaldemokratischen Flügels des Bürgertums ihm Ruhrgebiet. Schreckte Lange in der politischen Sphäre vor der Empfehlung äußer-

---

[75] BN Nr. 75, 24. 6. 1866.
[76] Brief Langes vom 22. 5. 1866 an seinen Freund Kambli, zit. nach O A. Ellissen, Friedrich Albert Lange, Eine Lebensbeschreibung, a. a. O. S. 150.
[77] Zit. bei O. A. Ellissen, Friedrich Albert Lange, Eine Lebensbeschreibung, a. a. O., S. 148.
[78] BN Nr. 77, 29. 6. 1866.
[79] Brief Langes an Anton Dohrn, 14. 10. 1866 zit. nach O. A. Ellissen, Friedrich Albert Lange, Eine Lebensbeschreibung, a. a. O., S. 160.
[80] F. Weinkauff, Friedrich Albert Lange, in: Allgemeine Deutsche Biographie, a. a. O., S. 629.

ster Kampfmittel gegen die Regierung nicht zurück, so wollte er auf sozialem Gebiet nur auf „friedlich-reformerischem Wege" [81] vorankommen. Eine gewaltsame, radikale Umwälzung der gesellschaftlichen Verhältnisse lehnte Lange ab. Sein sozialpolitisches Programm, wie er es in seiner Schrift „Die Arbeiterfrage" dargelegt hatte, war durchweg idealistisch konzipiert.

Sehr verdienstvoll war Langes Haltung während der Auseinandersetzungen der verschiedenen Strömungen in der deutschen Arbeiterbewegung. Seine unabhängige Stellung ermöglichte es ihm, eine vermittelnde Rolle zu spielen, die der Einheit im demokratischen Lager zugute kam. Am meisten gedankt hat ihm seine Haltung August Bebel, der Lange außerordentlich geschätzt hat [82].

Shlomo Na'aman, der israelische Lassalle-Biograph, testierte Lange, die „historische Ehre", die Bedeutung Lassalles erkannt, sowie einen Monat vor Gründung des ADAV, „... die Tragweite der noch zu gründenden Arbeiterbewegung richtig eingeschätzt zu haben." Lange hatte 14 Tage vor der ersten Begegnung Bismarcks mit Lassalle einen Leitartikel in der „Rhein- und Ruhrzeitung" geschrieben mit der Überschrift „Bismarck und Lassalle" [83]. Na'aman folgerte, dieser Artikel sei „... eine Drohung an die Liberalen, entweder den Verfassungskonflikt siegreich zu beenden oder ihre historische Rolle an die keimende Arbeiterbewegung abzutreten" [84].

Unter den Führern der Sozialdemokraten und der Sozialisten genoß Lange beinahe uneingeschränkt höchste Wertschätzung. Als die geistige Einheit der deutschen Sozialdemokratie, für die Lange so viel getan hatte, während der Revisionismusdebatte zerbrach, verwies Eduard Bernstein auf Lange. Der sozialisitischen Bewegung tue „ein Kant not", fügte dann hinzu: „Wenn ich nicht fürchten müßte, falsch verstanden zu werden ... würde ich das ‚zurück auf Kant' in ein ‚zurück auf Lange' übersetzen. Denn so wenig es sich für die Philosophen und Naturforscher, die zu jenem Motto stehen, um ein Zurückgehen bis auf den Buchstaben dessen handelt, was der Königsberger Philosoph geschrieben, sondern nur um das fundamentale Prinzip seiner Kritik, so könnte es sich auch für die Sozialdemokratie nicht um ein Zurückgehen auf alle sozialpolitischen Ansichten und Urteile eines Friedrich Albert Lange handeln." Bernstein meinte weiter: „Was ich im Auge habe, ist die Lange auszeichnende Verbindung von aufrichtiger und unerschrockener Parteinahme für die Emanzipationsbestrebungen der Arbeiterklasse mit einer hohen wissenschaftlichen Vorurteilslosigkeit, die stets bereit war, Irrtümer zu bekennen und neue Wahrheiten anzuerkennen" [85].

---

[81] R. Weber, Kleinbürgerliche Demokraten in der deutschen Einheitsbewegung 1863 bis 1866, Berlin 1962, S. 174.
[82] s. A. Bebel, Aus meinem Leben, Erster Teil, Berlin 1946, S. 92 f.
[83] RRZ Nr. 99, 6. 4. 1863.
[84] S. Na'aman, Friedrich Albert Lange. Über Politik und Philosophie ... Rezension, in: Archiv für Sozialgeschichte, Bd. 8, Hannover 1968, S. 549 f.
[85] E. Bernstein, Die Voraussetzungen des Sozialismus und die Aufgaben der Sozialdemokratie. Zit. nach: G. Hillmann (Hrsg.), Texte des Sozialismus und Anarchismus 1800 bis 1950, Hamburg 1970², S. 218.

Friedrich Albert Lange —
„Socialconservativer" oder „Socialrevolutionär"?

von Martin J. Sattler

> „Nicht mit Unrecht zittert man vor dem Sklaven, der plötzlich die Kette bricht; während das Walten des freien Mannes Vertrauen einflößt."
>
> F. A. Lange, Arbeiterfrage [3], Winterthur 1875, S. 389.

In diesem Essay sollen einige Überlegungen darüber angestellt werden, was aus heutiger Sicht über das politische Denken Langes zur „Socialen Frage" gesagt werden kann. Die politische Praxis Langes soll hier nicht untersucht werden, da eine Biographie und die Analyse des historischen Hintergrundes seines Denkens an anderer Stelle in diesem Band geleistet wird [1]. Vielmehr geht es hier um das, was Lange als die Bedingungen der Möglichkeit ansah, aufgrund der die „Umwälzung" der sozialen Verhältnisse geschehen könnten.

Drei Momente zeigen uns, daß das Langesche Denken über die notwendige Veränderung der Lage der verelendeten Arbeiterklasse und die Veränderungen der politischen Verhältnisse Deutschlands in der Epoche von 1848 bis 1871 und danach insgesamt schon seinen Zeitgenossen Schwierigkeiten bereitete, wenn sie sein Denken ideengeschichtlich einzuordnen oder dogmatisch zu systematisieren oder gar parteilich-richtungsmäßig zuzuordnen versuchten.

1. Obwohl sich Lange selbst eindeutig im Jahre 1865 vom „Socialliberalismus" Schulze-Delitzscher Prägung getrennt hatte, wird seine „Arbeiterfrage" [2] von diesem Segment des frühen deutschen Parteienspektrums und seinen Nachfolgern weiterhin gelesen und auch angenommen, da seine Verteidigung der Reform durch Arbeiterselbstorganisation und die Vorstellung von der Unternehmensorganisation als „republikanischer Fabrik" mit den Ideen vom autonomen, sein Glück selbst herstellenden Willensmenschen vereinbar erschien [3].

---

[1] s. die Beiträge von J. H. Knoll und H. J. Schoeps sowie die biographischen Daten in diesem Band.

[2] Ich benutze nur die dritte Ausgabe: Friedrich Albert Lange, Die Arbeiterfrage. Ihre Bedeutung für die Gegenwart und Zukunft. Winterthur 1875, da in diese „umgearbeitete und vermehrte Ausgabe", was Langes „Politik" anbetrifft, am ehesten die Vielschichtigkeit seines Denkens eingegangen ist.

[3] Hans-Joachim Schoeps, Die preußischen Konservativen, in: Gerd Klaus Klatenbrunner (Hrsg.), Konservativismus in Europa, Freiburg 1972, mit genauen Nachweisen.

2. Obwohl Engels zu Lange als dem Autor der „Arbeiterfrage" Marx gegenüber bemerkte, „Konfus, Malthusianer mit Darwin versetzt, nach allen Seiten liebäugeln, doch einige nette Sachen gegen Lassalle und die Bourgeoisiekonsumkerls (also Schulze-Delitzsch, d. A.)", distanziert sich die „Marx-Partei" nicht vollständig von ihm [4].

3. August Bebel rühmt Lange neben Karl Liebknecht in seinem Buch „Aus meinem Leben" [5] als „einen der Besten der Socialdemokratie", obwohl er nie direkt Einfluß auf die Parteiorganisation genommen hat und auch nicht Mitglied der „Socialdemokratischen Arbeiter Partei" geworden war, ja, sich im Vorwort zur dritten Ausgabe der „Arbeiterfrage" (1875) seiner Vorstellung von einer Volkspartei folgend „nicht mehr speziell an die Adresse der Arbeiter" wendet, „sondern an alle Diejenigen, welche vorurtheilsfrei und interesselos genug sind, um die Arbeiterfrage als eine Frage der Zukunft unserer gesamten Kultur im Lichte einer populär-wissenschaftlichen Behandlung ernst und ruhig betrachten ... können" [6].

Es kommen neben diesen schon zu seiner Zeit bestehenden Zuordnungsproblemen, die sich, wie wir weiter unten sehen werden, aus einer originellen philosophisch differenzierten Fragestellung Langes ergeben, noch weitere wissenssoziologische Schwierigkeiten hinzu, die daraus resultieren, daß unsere heutige Perspektive der Betrachtung der Zeit, in der Lange wirksam war, neue Dimensionen der „Socialen Frage" eröffnet. Die Frage „Reform oder Revolution" hat dadurch, daß wir sie heute am Fall Langes wieder aufnehmen, ganz andere Erfahrungen mitzuverarbeiten, als dies für Lange und seine Zeitgenossen nötig und ausreichend war. Es ist uns weiterhin heute aber auch gar nicht möglich, diese Frage abstrakt, sozusagen unter Beschränkung auf die von Lange vorgelegten Thesen zu betrachten. Unsere heutige historische Reflexion über Lange kann weder Lange aus seinem Erfahrungszusammenhang herauslösen, noch können wir unseren verlassen [7]. Der Begriff „socialconservativ" bzw. „socialrevolutionär" hat seit den Tagen Langes eine ganze Reihe von neuen Konnotationen aufgenommen und andere auch abgestoßen, sodaß man Geschichte darüber nur betreiben kann, wenn man sich diesen Wandel bewußt macht.

Die Geschichte der Konnotationen, und zwar speziell zum problematischeren Begriff „socialconservativ", ist hier zunächst deshalb kurz zu ergründen. Danach soll anhand der „Arbeiterfrage" untersucht werden, welche der Langeschen Positionen Realitäts- und Verständigungsbereiche zum Gegenstand haben, die aus der heutigen Sicht die Einordnung seines Denkens als „socialconservativ" oder „sozialrevolutionär" ermöglichen würden.

---

[4] Friedrich Engels an Karl Marx vom 6. 3. 1865, zitiert nach: Georg Eckert, Friedrich Albert Lange und die Social-Demokratie in Duisburg, in: Duisburger Forschungen, Bd. 8, Duisburg-Ruhrort 1965, S. 5. Marx schreibt in seinem Antwortschreiben vom 7. 3. 1865 „Lange: Ihn nicht direkt vor den Kopf stoßen", zitiert: ebenda, S. 5.
[5] August Bebel, Aus meinem Leben. 1. Teil. Stuttgart 1910, S. 98.
[6] F. A. Lange, Die Arbeiterfrage, a. a. O., S. IV.
[7] Michael Oakeshott, Rationalismus in der Politik, in: Wilhelm Hennis und Hans Maier (Hrsg.), Politica, Abhandlungen und Texte zur politischen Wissenschaft, Bd. 25, Darmstadt-Neuwied 1964, Der Beruf des Historikers, S. 160. Hier werden die Kategorien der Perspektivität historischer Reflexion unter Aufarbeitung des historischen Positivismus exemplarisch entwickelt.

Die soziale Frage seit der Zeit Langes

Beginnt man in der Gegenwart, so kann man ohne weiteres daran zweifeln, ob die Begriffe „Reform oder Revolution" überhaupt noch realitätshaltige Entstehungs- und Organisationsmomente der Veränderungen in der modernen technisch-bürokratischen Industriegesellschaft beschreiben. Die „Strukturprobleme des Spätkapitalismus" und die des Staatssozialismus sowie die Strukturprobleme der Entwicklungsländer sind, was das Ausmaß der von den jetzt bestehenden Systemen ausgehenden ökologischen Zerstörung anbetrifft, nicht mehr zu unterscheiden. Auch ist das klassenspezifische Unterscheidungsmerkmal, das man mit den Begriffen Reform und Revolution verbindet, für die in allen drei Bereichen durchzuführenden Veränderungen nicht mehr signifikant[8]. In allen drei Fällen sind heute Veränderungen vorzunehmen, die in enger Zusammenarbeit mit Technikern von einem numerisch starken Konsens in den jeweiligen Gesellschaften getragen werden müssen, denn es geht um habituelle Veränderungen, die den einzelnen Bürger erreichen und inhaltlich eine Reduzierung seiner Erwartungen gegenüber Technik, Industrie, Bürokratie, politischer Kultur, materieller Ausstattung und allgemein sozialer Rangstellung bewirken müssen. Ob man diese Veränderungen Revolution oder Reform nennt, ist in jedem Fall sekundär; es handelt sich aber sicher nicht um die unausweichliche, plötzliche Veränderung, die von einer verelendeten Arbeiterschicht gemeinsam mit der intellektuellen revolutionären Avantgarde durch den Akt der Expropriation der Exproprieteure bewerkstelligt werden könnte. Vielmehr bedarf es eines langsamen, überzeugend geplanten, flexiblen Prozesses, der sowohl von der Arbeiterschaft als auch allen anderen Gruppierungen der jeweiligen Gesellschaft getragen wird[9]. Das Bewußtsein der Dringlichkeit der notwendigen Veränderungen in der modernen technologischen Zivilisation, wie es in den sechziger Jahren entstand, führte zunächst zur Wiederbelebung der aus dem 19. Jahrhundert bekannten Antworten auf die „Sociale Frage". Sie verlieren aber in jüngster Zeit an Attraktivität, seit es sich herumspricht, daß es sich um Veränderungen sowohl globaleren als auch im überschaubaren politischen Bereich differenzierteren Charakters handelt, als zu der Zeit, in der die Industriearbeiter um ihren sozialen Status in der bürgerlichen Gesellschaft erstmalig kämpften. Von der Komplexität der nötigen Veränderungen unserer Zeit in den „ausdifferenzierten" Gesellschaften soll hier nicht weiter die Rede sein. Die Begriffe „socialconservativ" bzw. „socialrevolutionär" haben aber weiterhin von der Gegenwart rückschauend in der Geschichte der Parteineugründungen nach dem 2. Weltkrieg in der Bundesrepublik eine besondere Bedeutung gehabt. Die für die Gewerkschaften und die Arbeiterschaft allgemein oppressiven Maßnahmen der Nationalsozialisten, die Versprechungen aus dem Programm der „Männer des 20. Juli" und die politischen Vorstellungen der Alliierten erzeugten ein Klima, in dem alle Parteien, die neben der Sozialdemokratischen Partei Deutschlands um programmatische Perspektiven rangen, die neue Demokratie nur als „soziale Demokratie" oder sozialen Rechtsstaat verstanden. Das Hamburger und das Ahlener Programm der CDU und der christliche Sozialismus der frühen CSU sind die markantesten Punkte

---

[8] Anstatt vieler: Fritz W. Scharpf, Planung als politischer Prozeß, Frankfurt 1973, S. 40 ff.
[9] Ebenda, unter der Überschrift: Reformpolitik im Spätkapitalismus, S. 135 ff.

in diesem Bild, in dem Konservativismus und soziale Veränderung nicht differenziert waren. Die sogenannten „Linkstendenzen" der „Volksgemeinschaft" Otto Strassers innerhalb der „Konservativen Revolution"[10] in Deutschland waren ein Residuum geblieben, das sich immer wieder beleben ließ und das direkt in den ausformulierten Sozialksonservatismus eines Hermann Wagener zurückführt[11].

Die „sociale Frage" hatte seit der politischen Wirksamkcit Ferdinand Lassalles zwei entschiedene Ziele:

    a) die politische und rechtliche Emanzipation der Arbeiterschaft,

    b) die genossenschaftliche Umorganisation der gesamten industriellen Wirtschaft.

Politische und rechtliche Gleichstellung, insbesondere das gleiche, freie und geheime Wahlrecht, hatte die Arbeiterschaft mit der Revolution von 1919 schließlich im ganzen Reich erlangt. Der eine Teil der „socialen Frage" war dadurch gelöst. Auch dieser Umstand verändert unseren Blickwinkel bezüglich der Frage, ob jemand als „socialconservativ" oder nicht einzustufen ist. Das zweite Ziel der Lassalleschen „Sozialpolitik" wurde dagegen nicht erreicht. Lange hatte dies Ziel der Lassalleaner, die staatliche Genossenschaften planten, von vornherein kritisiert und die „konstitutionelle oder republikanische Fabrik" vorgeschlagen[12]. Man wird bei seinen Vorschlägen unmittelbar an die heute diskutierten Mitbestimmungsmodelle erinnert.

Auf einer pragmatischen Ebene hat sich unsere heutige Perspektive zur Frage der gesellschaftlichen Integration der Arbeiterschaft gegenüber der Langes allerdings stark verändert. Es gibt eine ganze Reihe von mehr oder weniger erfolgreichen Versuchen, die rapide Entfremdung der Industriearbeiter auf nicht-revolutionärem Wege oder auch durch ausgesprochen konservative Politik zu lindern. Für den Bereich der deutschen Gesellschaft beginnt dies mit der Gesetzgebung zur Sozialversicherung (1886) und führt über viele Stationen zur parlamentarisch durchgesetzten Mitbestimmung paritätischer Art für die Arbeitnehmer großer Betriebe. Daß Sozialpolitik auch von Konservativen in gründlichster Form betrieben wird (z. B. auch in England und Frankreich) ist also eine Erfahrung, aufgrund der uns die Frage ob jemand „socialconservativ" oder „socialrevolutionär" sei, in einem ganz anderen Licht erscheint als zur Zeit Langes.

Langes Kritik an Marx

Die Auseinandersetzung Langes mit Marx, insbesondere in der dritten Ausgabe der „Arbeiterfrage" von 1875[13] ist nun der Punkt, an dem sich vom Material her am ehesten darstellen läßt, wie Langes Vorstellung von der durchzuführenden Veränderung der gesellschaftlichen Verhältnisse, seine Politik im Sinne praktischen Philosophierens, aussah.

---

[10] s. z. B. Armin Mohler, Die Konservative Revolution, Stuttgart 1950, S. 14.

[11] 1815—1889, Schriftleiter der „Kreuzzeitung", Reichstagsabgeordneter für die Konservative Partei von 1867 bis 1873. Hrsg. des „Staats- und Gesellschaftslexikons".

[12] F. A. Lange, Die Arbeiterfrage, a. a. O., S. 380.

[13] Erst nach Abschluß der „Geschichte des Materialismus" (1866) kann man bei Lange von einer eindeutigen Position gegenüber dem dialektischen Materialismus sprechen. Deshalb muß die dritte Aussage von 1875 als die authentische Auseinandersetzung mit dem Problem dieses Essays angesehen werden.

Die Auseinandersetzung beginnt mit einem Argument zum „Malthusianischen Populationsgesetz". Lange geht davon aus, daß dies von ihm als allgemeines Naturgesetz angesehene Prinzip (nach dem die Zunahme der Bevölkerung in geometrischer Reihe erfolgt, die Zunahme der Lebensmittelproduktion aber nur in arithmetischer), der wahre Grund für die Verelendung der Industriearbeiter in der Industriegesellschaft der Mitte des 19. Jahrhunderts sei. Marx dagegen [14], der kein abstraktes Bevölkerungsgesetz annimmt, hält allein die kapitalistische Produktionsweise für den Grund der Verelendung. Diese Produktionsweise habe ihr eigenes Gesetz von der Zunahme der Bevölkerung und der relativ schwächeren Zunahme der Subsistenzmittel erzeugt. Nach einer eher etwas ironisch formulierten Darstellung der Marxschen Theorie „von der Bildung der Überschußbevölkerung durch die Industrie selbst und speziell durch ihre periodischen Krisen" [15], geht es Lange um das Verhältnis dieser Theorie zur Lehre vom „Kampf um das Dasein". Die Steigerung des „Exploitationsgrades", der sich für Marx daraus ergibt, daß durch hochdifferenzierte Technologie und Rationalisierung die Industrie das „menschliche Exploitationsmaterial", d. h. die unbeschäftigte Arbeiterschaft vergrößert wird, führt Lange letztlich auf „gesteigerte Noth" zurück. Über die pathetische Stelle bei Marx, in der dieser beschreibt, wie der von der Industrie beschäftigungslos gehaltene Arbeiter zum Sklavenhändler seines eigenen Weibes und Kindes wird [16], sagt Lange: „Glaubt man wohl, daß der Arbeiter, der durch die Noth gedrängt seine eigene Arbeitskraft dem Kapitalisten verkauft hat, so leicht dazu übergehen würde, nun auch noch Frau und Kindern zum Sklavenhändler zu werden, wenn er nicht auch zu diesem Schritt durch die Noth auf der einen Seite, wie durch die Verlockung auf der anderen getrieben würde? Und was ist jene immer weiter treibende Noth im letzten Grunde Andres, als eine Metamorphose des Kampfes um das Dasein" [17]. Die spezifische Notlage der Industriearbeiter im kapitalistischen System zur Zeit Langes, das aufgrund von Krisen oder fortgeschrittener Technologie Personen erst entwurzelte und dann von Arbeit freistellte, versucht Marx dagegen auf den vom Kapitalisten einbehaltenen Mehrwert zurückzuführen; dadurch allein werde die Arbeitskraft unterbezahlt und könne deshalb weiter ausgebeutet werden. Das sogenannte „stehende Kapital", Fabriken, Maschinen, Eisenbahnen etc. (also die Produktionsmittel) steht nach Marx dem Arbeiter zu, der es allein geschaffen habe, und nicht dem Kapitalisten. Die Dynamik fortschreitender Verelendung, die darin bestehe, daß der Arbeiter über dies von ihm geschaffene „stehende Kapital" nicht verfüge, ist nach Marx der Kern der „socialen Frage". Lange dagegen sieht eine Grundsituation der „menschlichen Noth", die die Menschheit zu überwinden trachte; diese Situation sei allgemeiner Art und ihre besondere Form die Verelendung des Industrieproletariats in der zweiten Hälfte des 19. Jahrhunderts. Die Marxsche Analyse der Verelendung durch die Kapitalisten in der Industriegesellschaft und ihre Produktionsweise wird also von Lange akzeptiert, nur will Lange dies Problem nicht als gesonderte moderne Angelegenheit der Industriegesellschaft betrachtet wissen, sondern versucht, über die Lehre vom „Kampf ums Dasein" das Problem des ver-

---

[14] Karl Marx, in Marx Engels Werk (MEW i. F.) Bd. 1, Umrisse zu einer Kritik der Nationalökonomie, Berlin 1960 ff., S. 518—521.
[15] F. A. Lange, Die Arbeiterfrage a. a. O., S. 231 ff.
[16] Karl Marx, Umrisse zu einer Kritik der Nationalökonomie, a. a. O., S. 518.
[17] F. A. Lange, Die Arbeiterfrage a. a. O., S. 235.

elendeten Proletariats mit dem allgemeinen Problem der Not oder des Mangels als einer „Bedingung der Existenz" [18] des Menschen in Zusammenhang zu bringen. Die historisch akzentuierte ökonomische Betrachtungsweise ist Lange eine zu enge Basis um eine Politik zu formulieren; er sucht, indem er die Verelendung mit der allgemeinen Not in Verbindung bringt, eine grundsätzlichere sozial-philosophische Betrachtungsweise.

Auf einer anderen Ebene beschäftigt sich Lange mit Marxens Malthus-Kritik, die dieser anhand des Problems der „Entvölkerung Irlands" entwickelt. Daß diese beispiellose Entvölkerung nicht zu dem nach Malthus zu erwartenden Reichtum führte, ist nach Lange kein Beweis gegen die Einsicht, daß die Knappheit der Mittel von der Bevölkerung eines Landes abhängt. Es gäbe eben „andere Faktoren" [19], die nicht im Malthus'schen Gesetz enthalten sind, aber für die Frage des Reichtums einer Gesellschaft genauso relevant wie die Größe der Bevölkerung sind. Neben den „ableitenden Schlüssen" aus einem Gesetz, die leicht am historischen Material falsifiziert werden können — und hier wird Lange rein aristotelisch — seien auch die „Schlüsse aus empirischen Tatsachen" [20] zu beachten. Beide Betrachtungsweisen (deduktive und induktive) müßten verbunden werden, denn sonst liege eine Verwechslung vor, in der man „aus der Richtigkeit eines Ursache und Wirkung verbindenden Gesetzes schließe, daß die Wirkung sich direkt und ohne weitere Analyse in den Tatsachen aussprechen müsse, sobald die Ursache konstatiert ist" [21]. Dies sind Grundregeln der klassischen Logik, die bei Marx im Medium der hegelianischen Dialektik aufgelöst sind. Wenn Lange dergleichen hier gegen Marx anführt, so greift er einerseits auf klassisches Residualwissen zurück, andererseits vertraut er darauf, daß in der „volksthümlichen Denkweise", in der er die „Arbeiterfrage" abfaßte, die Regeln noch erinnert werden.

In einer etwas unsystematischen Weise behandelt Lange als dritten Punkt in seinem Marx-Kapitel die Frage des Eigentums, d. h. — wie Marx es nennt — die „ursprüngliche Akkumulation". Er zitiert am Anfang seines Arguments die berühmte Stelle aus dem „Kapital", in der von der Revolution, also der Expropriierung der Expropriateure, als der „Negation der Negation" die Rede ist. Nach einer Würdigung der nationalökonomischen Fachkenntnisse von Marx klassifiziert Lange ihn als einen, der sich in der „spekulativen Form eng an die Manier des philosophischen Vorbilds (Hegel, d. A.) anschließt" [22]. Es folgt jener für Lange typische ironisch vorgetragene Realismus, der ihn selbst vor dem spekulativen Denken bewahrt hat [23]. „Es bewährt sich aber an seinem (Marxens, d. A.) Werk auf jedenfall auf's Neue, wie sehr die starke Seite der Hegel'schen **Spekulation in seiner Geschichtsphilosophie liegt**, deren Grundgedanken — die Entwicklung in Gegensätzen und deren Ausgleichung — man fast eine anthropologische Entdeckung nennen könnte. Nur freilich macht sich in der Geschichte wie im Leben des Einzelnen die Entwicklung durch den Gegensatz weder so leicht und radikal, noch so präzis und symmetrisch, wie in der spekulativen

---

[18] Ebenda, S. 224.
[19] Ebenda, S. 240.
[20] Ebenda, S. 239.
[21] Ebenda, S. 239/240.
[22] Ebenda, S. 248.
[23] s. etwa die Fußnote 4 (über G. W. F. Hegel) in den Anmerkungen zum fünften Kapitel, ebenda, S. 253.

Konstruktion" [24]. Lange gesteht Marx zu, daß er, was die Vergangenheit anbetrifft, nicht vergessen habe, daß die Spekulation ein Konstrukt ist, aber nicht die Wirklichkeit selbst; denn er sagt über Marx, dieser stelle den „langwierigen Kampf" der Expropriierung der Volksmassen durch wenige Usurpatoren" historisch einigermaßen genau dar. „Für die Zukunft", so fährt Lange fort, „aber denkt Marx die Sache sich anders" [25]. „Wir gestehen, daß wir uns dieser Ansicht nicht anzuschließen vermögen, diese größere Leichtigkeit", die Marx für die Revolution oder die Negation der Negation oder die Expropriierung weniger Usurpatoren durch die Volksmassen erwartet, diese Leichtigkeit „ist nur eine formelle und äußerliche. In Wahrheit gehört wohl ein nicht minder großer Kampf dazu, um das gesellschaftliche Eigenthum und wie wir uns die Sache vorstellen, die republikanisch organisierte Fabrik zur herrschenden Produktionsweise zu erheben, als es zur Verdrängung der mittelalterlichen Produktion durch die moderne bedurft hat. Der Mensch ist ein viel zu dressurfähiges Wesen und die Gewohnheiten des einseitigen Gehorchens und Befehlens graben sich viel zu tief und leider bis zu einem gewissen Grad auch erblich, in die Gemüther ein, als daß der bezeichnete Übergang so ohne Weiteres durch einen revolutionären Akt könnte vollzogen werden" [26]. Dies ist nun die anthropologische Konstante vom Menschen wie er ist, die Lange gegen die Marx-Hegelsche „anthropologische Entdeckung" der fortlaufenden „Entwicklung in Gegensätzen und deren Ausgleichung" stellt.

Schließlich plädiert Lange angesichts der „Erfüllungserwartung", die Marx an den „Akt der Volksmassen" knüpft, für die „relativ Beste" Verfassung [27]. Dabei ist man an die Lehre der antiken politischen Philosophie von der zweitbesten Verfassung erinnert [28].

Am Schluß der Auseinandersetzung mit Marx wird klar, wo und wie Lange die Chancen eines „Überganges so ohne Weiteres durch einen revolutionären Akt" [29] sieht, und warum er erkennt, daß sich dergleichen mit den Menschen wie sie sind, in einem Akt nicht erreichen läßt. „So sehr also immer auch das Endziel aller socialen Bestrebungen sein muß, den Kampf um das Dasein durch die Vernunft, deren Gegensatz er ist, aufzuheben, beziehungsweise auf sein geringstes Maß zu beschränken; so ist doch nicht zu hoffen, daß sie ohne Mitwirkung des Kampfes um das Dasein erfolgen kann" [30]. Hieraus geht hervor, daß es sich bei der Bedeutung, die Lange dem „Kampf ums Dasein" einräumt, nicht etwa um ein sozialdarwinistisches Programm handelt, nach dem darauf vertraut werden könnte, daß sich die bessere Verfassung durchsetzen werde; es ist vielmehr auch hier die Feststellung einer anthropologischen Konstante getroffen worden, nämlich, daß Vernunft nur beschränkt — beschränkt durch ihren Gegensatz, den Kampf ums Dasein — beim konkreten Menschen vorkommt. Revolution ist nach diesem Begriff als Wendung der Vernunft zwar möglich, realisiert sich aber in Gesellschaft nur „in den Bedingungen menschlichen Zusammenwirkens und vermuthlich erst nach Jahrhunderte dauerndem Kampf". Das revolutionäre Bewußtsein im Sinne eines

---

[24] Ebenda, S. 249.
[25] Ebenda, S. 249.
[26] Ebenda, S. 249 unten.
[27] Ebenda, S. 260.
[28] Aristoteles, Politik, Hamburg 1958, Fünftes Buch, S. 165 ff.
[29] F. A. Lange, Die Arbeiterfrage, a. a. O., S. 323.
[30] Ebenda, S. 251.

Glaubens an die durch Volksmassen notwendig herbeigeführten epochalen Veränderungen einer Gesellschaft fehlt Lange. Ihm geht es um die „Arbeiterfrage im pragmatischen Sinne" und er zweifelt daran, daß eine die ökonomischen Verhältnisse allein verändernde „Sozialrevolution" auch eine „allgemeine politische Revolution" sei, die er für nötig hält.

Mit dem Oberbegriff der politischen Revolution sind wir an einem Punkt der Langeschen sozialphilosophischen Gedanken angelangt, an dem seine Vorschläge zur Lösung der Arbeiterfrage — seien sie nun „socialconservativ" oder „socialrevolutionär" — untersucht werden können.

Von der Lösung der Arbeiterfrage

Mit dieser Überschrift des 7. Kapitels der „Arbeiterfrage" kommen wir zur Politik Langes, d. h. es werden seine Überlegungen, die die politische Praxis begründen, analysiert. Es handelt sich dabei um praktische Philosophie, die wiederum erst möglich ist, nachdem Lange geklärt hatte, warum die Erfüllungserwartung des „revolutionären Geistes" von der notwendig eintretenden Veränderung in der Revolution für ihn nicht plausibel ist.

Die Verheißung einer Lösung in der Überschrift findet sofort im ersten Satz eine für den Lange der frühen siebziger Jahre typische pädagogisch-stoische Einschränkung: „Nicht jedes Problem wird gelöst und nicht jede Frage beantwortet" [31].

In seiner Duisburger Zeit ab 1858 bis zu seiner von ihm selbst beantragten Entlassung als beamteter Lehrer 1862 war Lange eindeutiger Anhänger der preußischen Fortschrittspartei und als Sekretär der Duisburger Handelskammer an politischen Aktivitäten beteiligt, die einem unternehmerisch orientierten Wirtschaftsliberalismus zugerechnet werden müssen [32]. Die Unterstützung der Konsumvereinsbewegung ist in dieser Phase seines politischen Handelns bereits etwas neues. Für Lange ist der Konsumverein von vorherein ein Modell unter vielen für eine neue Ordnung der Industriegesellschaft gewesen. Aber schon im Jahre 1864 war Lange als Delegierter zum 2. Vereinstag der deutschen Arbeitervereine für Duisburg nach Leipzig gekommen und stand, wie Bebel bemerkt [33], im ständigen Ausschuß „auf der linken Seite und drängte nach links". Die Wendung nach „links" endete 1866 mit dem Ausbruch des Krieges und dem Sieg des national-liberalen Bürgertums unter preußischer Führung. Diese Ereignisse führten schließlich bei Lange, anders als bei vielen „Linken" dieser Zeit, die den Aufbruch der frühen sechziger Jahre mitgemacht hatten, nicht dazu, daß er in der „Sozialdemokratischen Arbeiterpartei" seine politische Heimat gefunden hätte. Vielmehr suchte er nach seiner eigenen politischen Position.

Die Wendung nach links hatte für ihn eingesetzt, als er den Materialismus als philosophische Richtung kritisierte [34]. Der Sozialismus seiner Prägung erschien ihm, wie auch sein undogmatisches Christentum, eine Antwort auf den Egoismus des bürgerlichen Materialismus. Die dritte Ausgabe der „Arbeiter-

---

[31] Ebenda, S. 336.
[32] s. Georg Eckert, Friedrich A. Lange und die Social-Demokratie in Duisburg, in: Duisburger Forschungen, Bd. 8, a. a. O., S. 9 ff.
[33] August Bebel, Aus meinem Leben, a. a. O., S. 97.
[34] Also seit der Beschäftigung mit der „Geschichte des Materialismus" nach 1866.

frage", die ich hier allein zugrunde lege, wurde kurz vor seinem Tod 1874 von Lange autorisiert. Diese Ausgabe beinhaltet die vielschichtigste und differenzierteste Aussage zum Problem der „Socialen Frage", da in sie alle drei politischen Erfahrungen Langes — mit dem Sozialliberalismus, mit dem Sozialismus und mit den Schweizer „Freisinnigen" — eingegangen sind.

Die Lösung der Arbeiterfrage, also die Form, in der sich Lange die Überwindung der Verelendung des Industrieproletariats vorstellte, entwickelt er aus fünf Prinzipien. Diese Prinzipien sind einerseits zu abstrakt, andererseits zu pragmatisch in ihrer Zielsetzung, als daß man die Frage, ob Lange „socialkonservativ" oder „socialrevolutionär" war, in dieser Einfachheit stellen könnte. Die politische Revolution ist für ihn im Gegensatz zur damals allgemein diskutierten sozialen Revolution die entscheidende Kategorie. Er versteht darunter den Umschlag einer Verfassung einer Gesellschaft in eine andere, ganz im Sinne der aristotelischen Lehre vom Verfassungswandel. Was er als die Besonderheit der modernen Industriegesellschaft, als „Sociale Frage", oder noch konkreter, als „Arbeiterfrage" herausarbeitet, ist ein Teilkomplex dieser politischen Revolution, deren Voraussetzungen wir in den „fünf Prinzipien" finden.

a) Das erste Prinzip

Zunächst ginge es um die „Anerkennung der Arbeiterfrage", also um ein Problem pädagogischer Art. Drei Entwicklungen hätten dazu geführt, daß die „Arbeiterfrage" als einerseits „allgemeines Zeitbewußtsein", andererseits „Naturnotwendigkeit" entstanden sei: Der „Industrialismus, das Entstehen einer Sozialwissenschaft und die Idee der Humanität" [35]. Unter Sozialwissenschaft versteht Lange die Tätigkeit von Wissenschaftlern, durch die die Zustände, die der Industrialismus hervorrief, enthüllt und analysiert werden. Die Idee der Humanität sei danach sowohl durch die „Kenntnis des Übels" als auch durch „Mitleid" anerkannt worden. Das Ziel dieser „Anerkennung der Arbeiterfrage" ist für Lange ihre Behandlung „im pragmatischen Sinn" [36]. Nach einer Polemik gegen Prince Smith, der ersten Negation seines Argumentes, wendet sich Lange der „zweiten Negation der Arbeiterfrage" im pragmatischen Sinn zu. Es ist diejenige Auffassung, „welche die Sozialrevolution als unausbleiblich, als ein unabwendbares Naturereignis, als eine nothwendige Konsequenz des Ganges der Weltgeschichte betrachtet". Diesem marxistischen Gedanken hält Lange entgegen: „Auch die historische Nothwendigkeit, die Naturprozesse im Völkerleben, vollziehen sich auf dem Wege willkürlicher Handlungen bestimmter Individuen" [37].

In einer wohlwollenden, inhaltlich aber diametral entgegengesetzten Argumentation, kritisiert Lange den historischen Materialismus und formuliert das, was man heute im marxistischen Lager als „Sozialdemokratismus" bezeichnet. „Hieraus schließen wir zunächst, daß die große, von Marx vorausgesehene Sozialrevolution, in der Nähe betrachtet, sich ganz wohl als Folge sehr vieler kleinerer Schritte und als Resultat eines bald in friedlichen Formen, bald stürmisch geführten Kampfes während einer längeren Periode herausstellen

---

[35] F. A. Lange, Die Arbeiterfrage, a. a. O., S. 337.
[36] Ebenda, S. 346.
[37] Ebenda, S. 348.

könnte"[38]. Diese Relativierung der revolutionären Erwartung ergänzt Lange noch um die Bemerkung, die ihn deutlich als Gegner eines Glaubens an unausweichlichen revolutionären Fortschritt ausweisen. „Ein im revolutionären Geiste unternommener Versuch kann möglicherweise dahin auslaufen, die Staatsgewalt zu stärken, während ein von oben herab unternommenes Experiment Oel in's Feuer gießt"[39]. Diese Sicht der Bedingungen gesellschaftlichen Wandels beinhalten eine Absage an die Theorie von der Klassengesellschaft und ihrer Dynamik des Klassenkampfes. Anerkennung der Arbeiterfrage bedeutet also neben der Erkenntnis der historischen Notwendigkeit gleichzeitig Kritik am „revolutionären Geist" und Hinweis auf die Gefahr, die sich aus diesem Geist ergibt, nämlich, „die Mittel, welche sich darbieten, nicht im richtigen Geist und Sinn (zu, d. A.) verwenden"[40]. Der richtige Geist und Sinn, die Mittel, die sich darbieten, zu verwenden, steht hier im Widerspruch zum revolutionären Geist und dem Glauben, daß gerade die Mittel in der Revolution durch einen „Sprung" ihre Qualität ändern würden.

b) Das zweite Prinzip

Weiter ginge es darum, „die wirkliche und vollständige Emanzipation der Arbeiter aus ihrer unwürdigen Abhängigkeit von den Unternehmern"[41] zu betreiben. Mit dieser Forderung greift Lange ein Motiv der Lassalleschen Politik auf. Die „Sozialreform" stellt sich für Lange aber konkreter dar, als die Veränderung dieses Abhängigkeitsverhältnisses in einer „republikanisch oder konstitutionell verwalteten Fabrik". Arbeiterbildungsvereine, Konsumvereine und Gewerkschaften hält Lange höchstens für Unternehmungen, die die allgemeine Sozialreform in Bewegung halten können. Die Auflösung des Abhängigkeitsverhältnisses bleibt aber der eigentliche Zweck, auf dessen Erreichung alle Sozialpolitik hinauslaufen müsse. Mitbestimmungsrechte von Arbeitnehmern und Arbeitgebern in einer gemischten, republikanischen Verfassung des Einzelunternehmens, diese Vorstellung Langes hat in unseren Tagen hohe Aktualität; selbstverständlich sind die Probleme, die wir heute mit der Änderung der Unternehmensverfassung verbinden, ganz andere. Verbürokratisierung, Planungsunfähigkeit und die Sachzwänge des Welthandels haben inzwischen ihre Auswirkung auf die Frage der Arbeitermitbestimmung ausgeübt. Das „emanzipatorische Motiv" ist aber auch heute noch in der Mitbestimmungsdebatte tragend.

c) Das dritte Prinzip

Es geht darum, „die materielle Hebung der Arbeiter ... nicht von der intellektuellen und moralischen" zu trennen. „Unbedingt verwerflich ist eine solche (auf materielle Hebung gerichtete, d. A.) Unternehmung nur dann, wenn sie darauf berechnet ist, durch materielle Vortheile den Arbeiter wieder mit seinem bisherigen Zustande der Unwissenheit und Unterwürfigkeit auszusöhnen"[42]. Unter moralischer Hebung versteht Lange die Wiederherstellung

---

[38] Ebenda, S. 349.
[39] Ebenda, S. 350.
[40] Ebenda, S. 347.
[41] Ebenda, S. 379.
[42] Ebenda, S. 381.

des „ethischen Bandes zwischen den Arbeitern und den engeren und weiteren Kreisen der Gesamtheit, in welcher sie leben" [43]. Hier ist also eine Gesamtheit gemeint, die nicht erst nach der Revolution, d. h. dem erfolgreichen Abschluß des Klassenkampfes entstünde. Unterprivilegierte Arbeiter leben nach Lange in einer sich in Kreisen konstituierenden Gesamtheit. Allerdings sind die Bande, die diese Kreise zusammenhalten, gegenüber der Arbeiterschaft, in der Lange einen der Kreise sieht, zur Zeit zerschnitten. „Dies (die Wiederherstellung der Bande, d. A.) kann aber auf keine andre Weise geschehen", heißt es weiter, „als dadurch, daß sie als gleichberechtigte Glieder dieser Kreise an der Leitung ihrer gemeinsamen Angelegenheiten betheiligt werden..." [44]. Auch mit diesem Argument löst sich Lange von der Interpretation einer aus ökonomisch fundierten Klassen bestehenden Gesellschaft, hält aber dennoch daran fest, daß das „öffentliche Leben", in dem sich die verschiedenen Kreise begegnen, zur Zeit nicht von der gemeinsamen Erfahrung der Rechtsgleichheit geprägt sei.

d) Das vierte Prinzip

Lange sieht die „Arbeiterfrage" immer im Zusammenhang „der allgemeinen socialen Frage". Dabei handelt es sich, was die politische Praxis angeht, „darum, die ganze Periode fortschreitender Differenzierung in der Vermögenslage der Individuen durch den stillen aber stetigen Einfluß der Gesetze in eine Periode zunehmender Ausgleichung zu verwandeln" [45]. Neben der reformistischen Vermögensumverteilung hat Lange „politische Dezentralisation" [46] als Instrument einer Sozialpolitik entdeckt, innerhalb der die Arbeiterfrage zu sehen sei, und zwar Dezentralisation „mit möglichst demokratischen Einrichtungen der lokalen und der Kreis- und Bezirksverwaltungen". Das Subsidiaritätsprinzip erscheint hier also nicht als ein den staatlichen Organismus auszeichnendes Grundelement [47], sondern ist Instrument einer auf Interessenausgleich gerichteten Sozialpolitik, durch die mehr Mitbestimmung ermöglicht werden soll.

e) Das fünfte Prinzip

Schießlich hält Lange noch „die Gewährung möglichster Freiheit der Bewegung" [48] für erforderlich, damit die „Arbeiter sich selbst aus ihrer bisherigen Ohnmacht und Erniedrigung zu erheben suchen". Auch dies ist eines der Freiheitsrechte, die 1919 erreicht und gesetzlich geschützt wurden.

F a z i t

Am Ende der Erläuterungen der Prinzipien stellt Lange noch einmal die Frage, die auch in diesem Essay die Ausgangsfrage bildet: „Werden diese Prinzipien einer ‚Lösung der Arbeiterfrage' Boden finden, oder wird die Ar-

---

[43] Ebenda, S. 381 unten.
[44] Ebenda, S. 382.
[45] Ebenda, S. 382 unten.
[46] Ebenda, S. 383.
[47] Wie etwa das Subsidiaritätsprinzip nach der „katholischen Soziallehre".
[48] Friedrich A. Lange, Die Arbeiterfrage, a. a. O., S. 386.

beiterfrage früher oder später sich lösen, wie sich ein Gewitter löst, wie eine blinde Naturgewalt unter Trümmern und Schrecken sich Bahn bricht" [49]? Lange beantwortet die Frage nicht. Er sieht seine Prinzipien „als kritische Gesichtspunkte der Beurtheilung", durch die die „Kenntnis der natürlichen Ursachen des sozialen Kampfes und der allgemeinen Bedingungen einer glücklichen Lösung der Krisis" [50] eher möglich sein dürfte. Er empfiehlt seine Prinzipien für Programme und Vorschläge „aller Parteien" und lehnt damit die agitatorische Behandlung der Arbeiterfrage als die einzige Form ab.

Die zwei Wendungen der politischen Orientierung Langes, einmal vom Sozialliberalismus zur „sozialen Demokratie", zum andern von dieser sozialen Demokratie Lassalles zur „reformerischen Politik" der dritten Ausgabe seiner „Arbeiterfrage", sind weder auf das Verhältnis zwischen Lange und Lassalle [51] noch auf das im Ideologieklima seiner Zeit seltene Faktum, daß Lange ein „Mann der Praxis" war, zurückzuführen. Seine mit Hermann Cohen betriebenen Forschungen, die dem Marburger Neukantianismus vorausgehen, sind ebensowenig alleine das entscheidende Moment für seine Kritik am Marxismus [52], wie seine Erfahrungen als „Verfassungsvater" in Zürich für seine Haltung gegenüber dem „revolutionären Geist" entscheidend sind [53]. Solche Ableitungen lassen sich sicherlich ergänzen und um weitere Varianten vermehren. Auch könnte man diese Zusammenhänge synoptisch betrachten und sagen, daß alle diese Erfahrungen in sein Denken und Handeln eingegangen sind.

Der Erfahrungshorizont seines Denkens ist für uns in seinen einzelnen Konturen kaum mehr genau nachzuzeichnen, d. h. der moralische Imperativ seiner Politik ist, was die erfahrungsmäßigen Grundlagen anbetrifft, nur schwer nachvollziehbar. Seine Forderungen beziehen sich auf die Lage der Gesellschaft seiner Zeit. Durch die hermeneutische Interpretation dieser seiner Politik „im pragmatischen Sinne" gewinnt aber die Zeit in unserer historischen Reflektion Konturen: eine dieser Konturen bleibt das Spannungsverhältnis zwischen der Haltung des „Socialrevolutionärs" und der des „Socialkonservativen".

---

[49] Ebenda, S. 386 unten.
[50] Friedrich A. Lange, Die Arbeiterfrage, a. a. O., S. 387.
[51] Paul Grebe (Hrsg.), Die Arbeiterfrage bei Lange, Ketteler, York, Schäffle, aufgezeigt an ihrer Auseinandersetzung mit Lassalle, in: Historische Studien, Heft 283, Berlin 1935, S. 10—36.
[52] Hans Vaihinger: Hartmann, Dühring und Lange. Zur Geschichte der deutschen Philosophie des 19. Jahrhunderts, Iserlohn 1876.
[53] O. A. Ellissen, Friedrich Albert Lange. Eine Lebensbeschreibung, Leipzig 1891, tendiert teilweise zu einer solchen Interpretation.

Friedrich Albert Langes Zeitung „Der Bote vom Niederrhein" und die Kontinuität demokratischer Strömungen in Deutschland

von Walter Grab

Friedrich Albert Lange gehörte einer Generation an, deren Jugendeindrücke vom Kampf der Freiheitsbewegung des Vormärz und des Jahres 1848 geprägt wurden und die vom optimistischen Aufklärungs- und Fortschrittsglauben des französischen Revolutionszeitalters getragen war. Als Anhänger des demokratischen Prinzips durch die Machtträger von aktiver politischer Betätigung abgedrängt und zum Verzicht auf seine Stellung als Pädagoge gezwungen, suchte er als Publizist und Journalist das politische Bewußtsein der Unterklassen zu fördern. Während des preußischen Verfassungskonflikts hatte er erkannt, daß das Banner des gesellschaftlichen Fortschritts den bürgerlichen Liberalen entglitten und in die Hände der mächtig aufstrebenden Industriearbeiterschaft übergegangen war. Als er am 1. Oktober 1865 in Duisburg sein dreimal wöchentlich erscheinendes Blatt „Der Bote vom „Niederrhein" herauszugeben begann, war er von der Schwenkung der Fortschrittspartei ins Lager Bismarcks zwar bereits enttäuscht, resignierte jedoch keineswegs, sondern glaubte vielmehr, daß die demokratische Regeneration Deutschlands durch einen Zusammenschluß aller progressiven Kräfte aus dem bürgerlichen sowie aus dem proletarischen Lager herbeigeführt werden könne. Er sah seine Aufgabe darin, zwischen der sich immer kräftiger regenden Arbeiterbewegung und der bürgerlichen Demokratie zu vermitteln und bemühte sich, in den Auseinandersetzungen der sozialliberalen Arbeitervereine und Genossenschaften um Schulze-Delitzsch, dem Vereinstag deutscher Arbeitervereine, den Lassalleanern und der zunächst noch schwachen „Partei Marx" eine eigene unabhängige Stellung zu wahren. Er wollte sein neues publizistisches Sprachrohr zu einem Instrument ausgestalten, das dem industriellen und dem dörflichen Proletariat zur organisatorischen Sammlung diente und das im geistigen und politischen Bereich zur Einigung der Opposition gegen die Bismarcksche Politik beitragen sollte [1].

Die demokratische Einstellung Langes und sein reges Interesse an sozialen Problemen und der Verbesserung der Lage der Arbeiter kam in ständigen Rubriken seiner Zeitung zum Ausdruck, die Lohnverhältnisse, Wohnungsfragen, Arbeitsbedingungen und verschiedene Aspekte der Reformbestrebungen behandelten. Der rheinische Demokrat wies das deutsche Proletariat un-

---

[1] Langes Organ „Der Bote vom Niederrhein" ist als Faksimile-Nachdruck, mit einer Einleitung von G. Eckert, neu herausgegeben worden, Duisburg 1968. S. meine Besprechung dieses Bandes in: Duisburger Forschungen, hrsg. Stadtarchiv Duisburg, Bd. 14, Duisburg 1970, S. 258—262.

ermüdlich auf die Notwendigkeit hin, aus den sozialen und politischen Kämpfen und Errungenschaften der Arbeiter in den industriell fortgeschrittenen Ländern des Westens zu lernen. Um die Arbeiterschaft aus der provinziellen Enge hinauszuführen und ihr zukunftsweisende, scharf umrissene Ziele zu setzen, um sie von der Führung des ängstlichen und beschränkten Schulze-Delitzsch zu emanzipieren und ihr das Bewußtsein der eigenen Stärke zu vermitteln, publizierte Lange zahlreiche Berichte und Kommentare über erfolgreiche Streiks und Lohnkämpfe, über Arbeiterkongresse und Volksbanken in verschiedenen Ländern. Er wies auf die Notwendigkeit internationaler Solidarität hin und appellierte ans Proletariat, für die eigenen Interessen zu kämpfen:

„In ganz Europa beginnt sich der Arbeiterstand zu regen, um durch vereinte Kraft auf dem Wege des Gesetzes ein besseres materielles Los und volle bürgerliche Gleichberechtigung mit allen andern Berufsklassen zu erlangen.... In allen Teilen unseres großen Vaterlandes (ist) wenigstens der unerläßlichste Anfang zu einer Besserung gemacht, indem die Arbeiter begonnen haben über ihre Lage nachzudenken, die ihnen fehlenden Rechte zu fordern und sich durch Vereine und Genossenschaften so weit selbst zu helfen, als es die engen Schranken unserer Gesetzgebung zulassen.... Laßt euch nicht dadurch abschrecken, daß der Erfolg noch in weiter Ferne steht. Einmal muß angefangen werden und wenn auch Generationen vergehen sollten, bevor sich der Arbeiterstand in der ganzen zivilisierten Welt eine wahrhaft menschenwürdige Stellung errungen hat, so wird doch kein wackerer Mann bei dieser Arbeit zurückstehen wollen...." [2].

Immer wieder hob Lange die Bedeutung und die großen Leistungen der von Arbeitern gegründeten Genossenschaften hervor und unterstrich die Notwendigkeit, durch Errichtung von Konsumvereinen zur „sozialen Selbsthilfe" zu schreiten:

„In Frankreich und England haben die Arbeiter bis jetzt mehr Selbstgefühl und Zutrauen zueinander und deshalb kommen sie auch viel schneller zur Produktiv-Assoziation, bei welcher diese Eigenschaften ganz unentbehrlich sind. Das kommt wohl daher, daß die Arbeiter in Frankreich schon öfter eine große politische Rolle gespielt und ihre Macht kennengelernt haben, und daß sie in England seit langer Zeit gewohnt sind, sich in ihren Privatverhältnissen frei zu bewegen, ohne auf Schritt und Tritt überwacht, bevormundet und niedergehalten zu werden" [3].

Lange, der sich zum „Sozialdemokraten eigener Prägung" entwickelte [4], wußte sehr wohl, daß er gegen zwei übermächtige Gegner kämpfte: gegen den „doppelten Druck des Kapitals und der konservativen Polizeiwirtschaft" [5]. Die traditionellen und halbfeudalen Machthaber, die infolge der Niederlage der Revolution von 1848 auch weiterhin das politische Antlitz Deutschlands bestimmten, witterten seit der „Blut- und Eisen"-Rede Bismarcks im Herbst 1862 Morgenluft. Lange wandte sich entschieden gegen die Absicht des preußischen Ministerpräsidenten, die deutsche Einheit nicht durch politische und soziale

---

[2] Der Bote vom Niederrhein (künftig BN), 9/1866, 21. 1. 1866, An die Arbeiter von Essen und Umgegend.
[3] BN 13/1865, 29. 10. 1865, Die Konsumvereine.
[4] s. die Einleitung G. Eckerts zu dem in Anm. 1 erwähnten Faksimileband, S. VII.
[5] s. Anm. 3.

Reformen, sondern vielmehr durch Angriffskriege gegen angebliche äußere Feinde zustandezubringen:

„... Das absolutistische Vorgehen der Regierungen ... ist ... eine gewagte Aktion, ein verzweifelter Versuch, aus einer unbehaglichen Lage herauszukommen. Ein solcher verzweifelter Versuch war gewissermaßen der ganze Anlauf zur Annexion Schleswig-Holsteins. ... Eine Reaktion in der Regierungspolitik ist aber noch lange nicht immer auch eine Reaktion im Volke. Das Volk hat nie für die Annexion geschwärmt und teilt auch die Enttäuschung nicht, welche sich an das Scheitern dieser Pläne knüpfen könnte" [6].

Der andere Feind Langes war die „Geldaristokratie" [7], die der preußische Junkerstaat durch Gewährung wirtschaftlicher Vorteile und gewaltiger Profitmöglichkeiten an sich band:

„Die Regierung hat grade der Großindustrie durch ihren Einfluß auf die Gesetzgebung in Zoll- und Steuerfragen, durch die Verwaltungsgrundsätze in diesen Fächern, ja endlich durch ganz bestimmte Staatsunterstützungen, als Steuerkredit, Exportbonifikation usw., durch die willkürliche Vergebung von großen Lieferungen, durch das Konzessionswesen für Eisenbahnen und andere große Unternehmungen ... so völlig in der Hand, daß wir uns nicht zu wundern brauchen, wenn man die Kommerzienräte, Handelskammerpräsidenten, Eisenbahndirektoren und andre Größen dieser Gesellschaftsklassen weit häufiger in den Vorzimmern der Minister findet als in Volksversammlungen" [8].

Die Großbourgeoisie, der an schnellstmöglicher Akkumulation ihres Kapitals gelegen war, steigerte die Ausbeutung der Arbeiter während des rapiden Industrialisierungsprozesses der sechziger Jahre ins Unerträgliche. Lange drang darauf, daß dem Druck der wirtschaftlich und politisch herrschenden Mächte nur durch festen organisatorischen Zusammenschluß der Unterklassen begegnet werden könne. Den Handwerksmeistern, die sich von der Industriearbeiterschaft zu distanzieren suchten und anachronistischen Zunftvorstellungen anhingen, rief er zu:

„Die Macht des Geld-Feudalismus hat den Lohnarbeiter bereits unterjocht, und sie wird auch den Handwerksmeister unterjochen, wenn ihr nicht Widerstand geleistet wird. Wenn aber dieser Widerstand egoistischer engherziger Natur ist, wenn er ohne Rücksicht auf das Los der Lohnarbeiter, welche d e r K o a l i t i o n s f r e i h e i t b e d ü r f e n, die bevorzugte Stellung des Meisters zu wahren sucht, dann ruht ein Fluch auf ihm, wie auf allen politischen Bestrebungen, die nicht das Wohl des großen Ganzen ins Auge fassen. Nicht rückwärts in der Festhaltung veralteter Gesetze, sondern nur vorwärts, in der s o z i a l e n R e f o r m, kann die Rettung liegen" [9].

Der Citoyen Lange, der die Schlagkraft und den Kampfesmut der Arbeiterschaft erhöhen und die Einsicht all jener gesellschaftlichen Kräfte stärken wollte, die von den Junkern in politischer und vom Großkapital in wirtschaftlicher Unmündigkeit gehalten wurden, war von der Vision eines sozialen und demokratischen Wohlfahrtsstaates durchdrungen. Die hasenherzige und schwankende Kleinbourgeoisie, die bereit war, die Macht anzubeten und um

---

[6] BN 21/1865, 17. 11. 1865, Die Reaktion.
[7] BN 25/1865, 26. 11. 1865, Wer ist unabhängig?
[8] Ebenda.
[9] BN 11/1866, 26. 1. 1866, Zünftler und Arbeiter. Sämtliche Hervorhebungen, in diesem wie in den künftigen Zitaten, entstammen dem Original.

kleinlicher Vorteile willen ihre eigentlichen Interessen preiszugeben, erregte seinen Abscheu:

„Wer sich hier nicht direkt von der Regierung abhängig macht, der tut es i n d i r e k t, indem er nicht wagt, offen und entschlossen gegen die P o t e n - t e n aufzutreten, wo die Sache es fordert. Der eine fürchtet hier einen geschäftlichen Nachteil, der andre dort, und in dieser Furcht vor geschäftlichem Nachteile sitzt ein so gefährliches, feines und zersetzendes Gift, welches alle Poren des gesellschaftlichen Körpers durchdringt, daß selbst mutige und redliche Leute dadurch bis an den Rand der Erbärmlichkeit gebracht werden" [10].

Diese Schichten suchte er zu gemeinsamen Vorgehen mit den Arbeitern zu bewegen:

„Wir haben den Punkt gesehen, wo die Sache des Volks noch am schwächsten ist: die Unklarheit über die großen Ziele der s o z i a l e n Reform als Aufgabe des modernen Staates oder sagen wir lieber, des Staates der Zukunft. Arbeiten wir auf diesem Punkte! Die abergläubische Verehrung der gleißnerischen Scheinwissenschaft unserer Manchestermänner hat bereits manchen Stoß erhalten, aber noch ist sie nicht gebrochen. Sorgen wir dafür, daß das alte Feldgeschrei nicht vergessen werde: Alles f ü r das Volk und alles d u r c h das Volk; daß man aber auch den ersten Teil dieses Satzes besser verstehen lerne, als ihn die Fortschrittspartei verstanden hat" [11].

Langes Blatt veröffentlichte das „Manifest der social-demokratischen Partei" vom 1. Januar 1866, das in gutgemeinten, aber verschwommenen Ausdrücken die „Errichtung eines freien Volksstaates", ein „durch den Volkswillen auf dem Arbeitsertrag gegründetes Gemeinwesen" propagierte und in wirtschaftlicher Hinsicht die poetisch klingende, aber inhaltsarme Parole „Tod der Not durch freier Arbeit Brot" anzubieten hatte [12]. Lange gab sich der Illusion hin,

„d a ß, w i e d i e D i n g e j e t z t l i e g e n, d i e S a c h e d e s V o l k s u n t e r a l l e n U m s t ä n d e n g e w i n n e n m u ß. Seit sich herausgestellt hat, daß in der Fortschrittspartei nicht die Demokratie das Ruder führt, sondern die bürgerliche Aristokratie, konnten die eigentlichen Volksinteressen sich erst recht frei geltend machen. Die beiden großen konservativen Mächte kämpfen miteinander, und infolgedessen erhebt die Forderung einer Totalreform unserer Gesetzgebung immer freier ihr Haupt. Je mehr sich der Kampf in die Länge zieht, desto weiter wird das Ziel gesteckt, desto mächtiger wachsen im Stillen die moralischen Kräfte, welche die Hand der Vorsehung zur rechten Zeit entfesseln wird" [13].

„Der Bote vom Niederrhein" begnügte sich jedoch nicht damit, die Tagespolitik zu kommentieren, zur Einheit im Arbeiterlager aufzurufen, die eigensüchtigen Ziele der Großbourgeoisie anzuprangern und auf die Gefahren der Bismarckschen Aggressionstendenzen hinzuweisen. In mehreren Aufsätzen suchte Lange die Leser des Blattes mit der Kontinuität der demokratischen Traditionen bekanntzumachen und hob seine Verbundenheit mit den geschlagenen, aber unbesiegbaren und unvergessenen früheren Vorkämpfern für politische und geistige Freiheit hervor. Er betonte, daß die Idee der sozialen

---

[10] s. Anm. 7.
[11] s. Anm. 6.
[12] BN 9/1866, 21. 1. 1866, Manifest der social-demokratischen Partei.
[13] BN 12/1866, 28. 1. 1866, Zur inneren Politik.

Demokratie im Jahre 1848 nur eine zeitweilige Niederlage erlitten hätte, daß aber ihr zukünftiger Sieg unvermeidlich sei. Er betrachtete sich als rechtmäßigen Hüter und Weiterentwickler der Ideale Robert Blums, der als Delegierter der Frankfurter Nationalversammlung ins revolutionäre Wien entsandt und dort am 9. November 1848 von der siegreichen Reaktion hingerichtet worden war. Lange würdigte den „für Deutschland gestorbenen" Blum in seinem Blatt [14], berichtete von einer Trauerfeier, die unter der Losung „Freiheit" in Frankfurt zum 17. Todestage Blums stattfand [15], und veröffentlichte Blums Aufsatz „Der Zensus", worin das allgemeine und gleiche Wahlrecht aller Staatsbürger, unabhängig von deren Besitz, und die größtmögliche Teilnahme des Volkes an den politischen Entscheidungen postuliert wurden [16]. In einem Kommentar zu Blums Artikel fügte Lange hinzu, daß inzwischen eine starke Industriearbeiterschaft entstanden sei, die sich von politischer und sozialer Unterdrückung selbst befreien müsse. Blum habe politische Bildung, Pressefreiheit und „Umgestaltung der Kanzel und der Schule aus den jetzigen Untertanendressuranstalten für Himmel und Staat zu wirklichen Volkslehranstalten" verlangt [17]. „Ja," schrieb Lange, „aber wer wird denn das geben? Etwa diejenigen, in deren Interesse es liegt, daß alles beim alten bleibt? Oder diejenigen, welche sich durch ihr Geld auch ohne viel Preßfreiheit über alles unterrichten und alle Verhältnisse für ihren Vorteil benutzen können? O nein! Ihr werdet auch die Bildung nicht bekommen, wenn ihr sie nicht fordert. ... Niemand wird euch gerade diejenige Art von Bildung geben, welche ihr nötig habt, wenn ihr dabei nicht selbst mitsprecht. Also was muß zuerst gefordert werden? R e c h t e , und nochmals R e c h t e , und abermals R e c h t e !" [18].

Lange war sich sehr wohl der Tatsache bewußt, daß die Forderung nach Volksrechten und nach Teilnahme breiter Bevölkerungsschichten am politischen Entscheidungsprozeß nicht erst von den demokratischen Revolutionären des Jahres 1848, sondern schon im Zeitalter der französischen Revolution aufgestellt worden war. „Der Bote vom Niederrhein" exzerpierte einen Aufsatz aus der Feder Christoph Martin Wielands, den dieser zur Zeit der beginnenden Jakobinerherrschaft in Frankreich, im Januar 1793, in seinem „Neuen Teutschen Merkur" veröffentlicht hatte. Lange zitierte unter anderem folgende Sätze Wielands:

„Die Glücklichen sind gewohnt, den Notstand und das Elend der untersten und bei weitem zahlreichsten Klassen nur als Massen von schwarzen Schatten, gleichsam im Hintergrund des Gemäldes, worin sie selbst die Hauptfigur sind, zu sehen, und können also nur schwach davon affiziert werden. Die Tausende, die bei einer Verbesserung des Zustandes von Millionen ihrer Nebenmenschen und Mitbürger eher etwas aufzuopfern als zu gewinnen haben könnten, sind immer mit dem gegenwärtigen Zustande des Ganzen zufrieden und passieren daher für gute Bürger. Die meisten von ihnen machen sogar dem warmen Freunde der Menschheit und des Vaterlandes (wenigstens hinter seinem Rücken) eine Art von Verbrechen daraus, wenn er nicht immer in ihr egoistisches b e n e e s t einstimmt. ... Das Übel, das wir nicht gewahr werden, oder

---

[14] BN 15/1865, 11. 10. 1865 (Kurzmeldung über den Tod von Blums Mutter in Köln).
[15] BN 20/1865, 15. 11. 1865 (Übersicht der Tagesbegebenheiten; Meldung aus Frankfurt).
[16] BN 39 und 40/1865, 29. und 31. 12. 1865, Robert Blum, Der Zensus.
[17] BN 1/1866, 3. 1. 1866, Bemerkungen zu Robert Blums Aufsatz über den Zensus.
[18] Ebenda.

worüber wir uns täuschen, nimmt inzwischen überhand; und wir, wenn endlich — nach einer Stille, die uns zur Unzeit sicher machte — der Sturm ausbricht, wir stehen überrascht und angedonnert da; als ob das, was nun begegnet nicht durch unzählige Fäden mit dem Vorhergegangenen verwebt wäre; als ob der gegenwärtige Augenblick etwas anderes wäre, als der Punkt der Zeitigung, zu welchem das Vergangene, zwar allmählich, aber doch für aufmerksame Augen nicht unmerklich heranreifte" [19].

Die Parallele zwischen dem Kampf Langes und seiner politischen Freunde in den Jahren 1865/66 und jenem der deutschen Demokraten in den Jahren 1792/93 ist außerordentlich lehrreich. Ähnlich wie sich die deutschen radikalgesinnten Intellektuellen zur Zeit des Bestehens der Mainzer Republik vom Oktober 1792 bis zum Juli 1793 darum bemühten, im Bündnis mit den unteren Sozialschichten die Suprematie der fortschrittsfeindlichen und antirevolutionären deutschen Regierungen zu brechen und insbesondere Preußen, die Speerspitze der Reaktion, bekämpften, so ging Langes Kampf vom Oktober 1865 bis zum Juni 1866 darum, eine gemeinsame Front des demokratischen Bürgertums und der Industriearbeiterschaft herzustellen, um der Übermacht Bismarcks Einhalt zu gebieten und zu verhindern, daß bei der allgemein ersehnten Einheit Deutschlands der autoritäre Militarismus die Oberhand gewann. Langes Warnungen und Prophezeiungen ähneln daher sehr den Worten Georg Wedekinds, des Vorsitzenden des Mainzer Jakobinerklubs, vom November 1792:

„Die adelige Aristokratie will man beschneiden und die bürgerliche Aristokratie, die will man an ihre Stelle bringen ... Das gute Volk, den gemeinen Mann, will man immer betrügen, und dazu sind nicht allein die Herren von Adel, sondern auch die Herren Räte und Beamten vom Bürgerstand sehr oft die Werkzeuge. Nehmt euch ja in acht, daß nicht die sogenannten vornehmen bürgerlichen Herren und die reichen Leute euch in die Klemme kriegen! ... Eure Nachkommen werden mit helleren Augen sehen wie ihr, es wird eine neue Revolution entstehen, eine Revolution nicht wie diese, die wir itzt unter dem Schutz der französischen Republik unternehmen können — eine blutige Revolution. Eure Kindeskinder werden euch fluchen und sagen: Unsere Großväter konnten uns ganz frei machen, und sie taten's nicht! Wollt ihr nicht hören die Stimme der Vernunft, wohlan, so treffe euch dann der Fluch eurer Enkel!" [20].

Ebenso wie Wedekind zwei Generationen voraussah, also gerade bis in die sechziger Jahre des 19. Jahrhunderts, und seine Kassandrarufe ausstieß, welch unheilvolle Folgen das Ausbleiben einer demokratischen Umwälzung in Deutschland nach sich ziehen würde, so blickte Lange 1866 zurück und warnte durch seinen Abdruck des Wielandschen Artikels die Mächtigen vor einer Mißachtung und Geringschätzung des auf Frieden und soziale Reformen gerichteten Volkswillens.

Lange, der seine Leser unermüdlich vor einem unter der Fuchtel Bismarcks geeinigten militärischen und geharnischten Deutschland warnte, wußte, daß diese gefährliche Entwicklung kein Zufall, sondern — um mit Wielands Worten zu sprechen — „durch unzählige Fäden mit dem Vorhergegangenen

---

[19] BN 42/1866, 8. 4. 1866, Ein social-politischer Artikel von Wieland.
[20] G. Wedekind, Drei Anreden an seine Mitbürger, Mainz 1792, neu abgedruckt bei C. Träger (Hrsg.), Mainz zwischen Rot und Schwarz. Die Mainzer Revolution 1792 bis 1793 in Schriften, Reden und Briefen, Berlin/DDR 1963, S. 172 f.

verwebt" war. Er prangerte in seinem Blatt wiederholt die Verschleuderung des Volksvermögens durch die steigenden Rüstungsausgaben an, und publizierte einen Abschnitt aus dem Buch des hessischen Demokraten Wilhelm Friedrich Schulz „Die Rettung der Gesellschaft aus den Gefahren der Militärherrschaft", das einige Jahre zuvor erschienen war. Schulz, der ebenso wie Blum ein Vorkämpfer der Volksrechte war, hatte an allen drei revolutionären Wellen von 1818/20, 1830/34 und 1848/49 teilgenommen und war in der Frankfurter Nationalversammlung Abgeordneter Darmstadts gewesen [21]. In seinem von Lange zitierten Werke hieß es:

„Aus Furcht, daß ein künftiger Krieg vielleicht einmal schaden könne, werden die Völker genötigt, sich unaufhörlich selbst Schaden zuzufügen; aus Furcht vor möglichem Tode werden ihnen zum gewissen Selbstmorde die Waffen in die Hand gezwungen, und zwar zum martervollen peinlichen Selbstmorde; aus Furcht vor Krieg dürfen sie auch des Friedens nicht froh werden.

In jedem Volke wird stets die kleine Minderheit der sehr Reichen, die sich mit Bequemlichkeit jeden gewünschten Genuß verschaffen, auch die Militärlast nicht unmittelbar als schwere Bürde empfinden. Allein jene Millionen der arbeitenden Klassen in Städten und auf dem Lande, deren Vermögen hauptsächlich in ihrer persönlichen Arbeitskraft besteht, sie fühlen es schon bitter genug, daß jeder Bissen Brot, den sie sich selbst, ihren Frauen und Kindern abdarben, eine Abgabe zur Unterhaltung der stehenden Heere ist; daß jede Stunde Zeit, in der sie mit Zerrüttung ihrer Gesundheit über das natürliche Maß ihrer Kräfte hinaus arbeiten, ein durch die Militärherrschaft ihnen auferlegter Frondienst ist, um die Verschwendung an Zeit durch ständige Bewaffung möglich zu machen.

Durch alle Kasernen in Europa werden noch keine 100 bürgerlichen Wohnhäuser überflüssig gemacht. Durch alle Millionen Uniformen gewinnen die Völker nichts an zweckmäßiger Bekleidung. ... Der Mehrertrag an Werten, wenn die militärische Verschwendung von Arbeitskraft und Zeit wegfiele, würde also in geräumigeren und gesünderen Wohnungen, in zweckmäßigerer Bekleidung des Volks, in reichlicherer Nahrung derjenigen zum Vorschein kommen, welche jetzt noch darben müssen. ... Fällt also endlich diese ständige Bewaffnung weg, welcher Wohlstand muß sich dann verbreiten, welche Masse von Not und Elend, von geistiger und sittlicher Verwahrlosung muß dann verschwinden!" [22].

Friedrich Albert Lange, der — ebenso wie in gewissem Sinn auch der preußische Demokrat Wilhelm Rüstow [23] — als geistiger und politischer Erbe von Wilhelm Schulz anzusehen ist, identifizierte sich völlig mit diesen Auffassungen. Seit Anfang März brachte sein Blatt Meldungen über die Kriegsvorbereitungen Preußens gegen Österreich [24].

---

[21] Über Wilhelm Friedrich Schulz s. W. Grab, Wilhelm Friedrich Schulz (1797 bis 1860), ein bürgerlicher Vorkämpfer des sozialen und politischen Fortschritts, in: Internationale Wissenschaftliche Korrespondenz, Sonderheft: „Frühsozialistische Bünde in der Geschichte der deutschen Arbeiterbewegung", Berlin 1975.
[22] W. F. Schulz, Die Rettung der Gesellschaft aus den Gefahren der Militärherrschaft, Leipzig 1859, S. 163 f., zitiert in: BN 22/1865, Eine Erleichterung.
[23] Über Wilhelm Rüstow s. K. J. Müller, Einheit und Freiheit im Denken Wilhelm Rüstows, in: Jahrbuch des Instituts für Deutsche Geschichte der Universität Tel Aviv, hrsg. Walter Grab, Bd. 3, Tel Aviv 1974, S. 119—151.
[24] BN 29/1866, 9. 3. 1866, Preußen und Österreich; BN 30/1866, 11. 3. 1866, Die Spannung zwischen Österreich und Preußen, u. ö.

Am 6. Mai 1866, als die Rüstungen Preußens bereits weit gediehen waren, hieß es im „Boten vom Niederrhein":

„Ein schneller Sieg der Kriegspolitik, ein flottes — natürlich siegreiches — Militärduell um die Oberherrschaft in Deutschland, Überrumpelung des Volksbewußtseins durch die rasche Entwicklung der Dinge, Erringung einer preußischen Parlamentsmajorität im Fluge, bevor die Massen erst recht zur Besinnung kommen — das könnte wohl eine Lieblingsvorstellung unserer kühnen Politiker gewesen sein. ... Die Blut- und Eisenpolitik wird jetzt dsa Wohlsein tausender und abertausender Familien und — wenn es wirklich zum Schlagen kommt — das Leben ebensovieler Familienväter geopfert werden. Die Mobilisierung der preußischen Armee beweist, daß der Herr von Bismarck den Krieg will, der Angreifer ist und nicht Österreich" [25].

Verzweifelt bemühte sich Lange in den letzten Wochen vor Beginn des preußisch-österreichischen Krieges, die düsteren Folgen des von ihm befürchteten Sieges Bismarcks zu schildern. Bismarcks „ganzes System", schrieb er, „hat ja nur dann einen Sinn, wenn es ihm gelingt, durch einen glänzenden Sieg den Beweis zu führen, daß Roß und Reisige in der Tat die einzige wahre Stütze des Thrones sind, und daß man uns Schwätzer nicht in Betracht zu ziehen braucht" [26].

Die schnelle Überwältigung Österreichs sollte seine schlimmsten Befürchtungen bestätigen.

Langes Warnungen verhallten ebenso ungehört wie diejenigen seiner politischen Vorgänger und Vorbilder Wedekind, Blum und Schulz. Es besteht jedoch nicht nur eine inhaltliche, sondern auch eine äußere Parallele zwischen den Kämpfen der deutschen jakobinischen Demokraten zur Zeit der französischen Revolution, dem Widerstand der Linken in der Frankfurter Paulskirche gegen die Soldateska des österreichischen Generals Windischgrätz und des preußischen „Kartätschenprinzen" — des nachmaligen Kaisers Wilhelm I. — und dem publizistischen Kampf Langes gegen die Suprematie Preußens. In allen drei Fällen riefen die Vertreter der wirklichen Nationalinteressen die Massen zum „socialpolitischen" Kampfe auf, und stets wurde ihre Niederlage durch einen militärischen Triumph der Reaktion besiegelt. Die Übergabe von Mainz am 23. Juli 1793 machte der ersten demokratischen Republik auf deutschem Boden, die neun Monate lang bestanden hatte, ein Ende; die Übergabe von Rastatt, 56 Jahre später, am 23. Juli 1849, bedeutete das endgültige Scheitern der bürgerlichen Revolution; der Sieg Preußens bei Königgrätz am 3. Juli 1866 war eine entscheidende Schlappe der deutschen Demokratie und stellte die politischen Weichen für die nächsten fünfzig Jahre.

„Der Bote vom Niederrhein" stellte am 29. Juni 1866, vier Tage vor Königgrätz, sein Erscheinen ein. In einem der letzten Leitartikel prophezeite der aufrechte Demokrat Lange, daß mit dieser Wendung „die Allgewalt des Absolutismus angebahnt und das Ende der geistigen Entwicklung auch für unser Vaterland" eingetreten sei. „Die Völker sind nicht freier, als sie es verdienen, und wenn die Idee der Freiheit in der Gegenwart keinen Boden mehr findet, so gelingt es doch wohl noch, sie in eine bessere Zukunft hinüber zu retten" [27].

Jahrzehntelang schienen die Gegner der demokratischen Entwicklung Deutschlands recht zu behalten. Aber auch im größten Siegestaumel von 1871,

---

[25] BN 54/1866, 6. 5. 1866, Die Kriegsgefahr.
[26] BN 59/1866, 18. 5. 1866, Die Friedensgerüchte.
[27] BN 75/1866, 24. 6. 1866, Die Beurteilung der Lage.

als Bismarck durch einen dritten Angriffskrieg die Einheit Deutschlands von oben zustandegebracht und über alle Widersacher triumphiert hatte, ließen die deutschen Demokraten von ihren politischen Überzeugungen nicht ab. Lange war in die Schweiz gegangen, wo viele enttäuschte und verzweifelte Demokraten Zuflucht gefunden hatten. Unter ihnen befand sich der Dichter Georg Herwegh, der im Februar 1871, unmittelbar nach der Krönung des „Kartätschenprinzen" zum deutschen Kaiser in Versailles, in seinem Gedicht „Der schlimmste Feind" die Zukunft des anscheinend so mächtigen Bismarck-Reiches zutreffend voraussagte:

> Dies Volk, das seine Bäume wieder
> Bis in den Himmel wachsen sieht
> Und auf der Erde platt und bieder
> Am Knechtschaftskarren weiter zieht;
>
> Dies Volk, das auf die Weisheit dessen
> Vertraut, der Roß und Reiter hält,
> Und mit Ergebenheitsadressen
> Frisch, fromm und fröhlich rückt ins Feld; ...
>
> Dies Volk, das gegen Blut und Eisen
> Jungfräulich schüchtern sich geziert,
> Um schließlich den Erfolg zu preisen,
> Womit man Straßburg bombardiert;
>
> Dies Volk, das im gemeinen Kitzel
> Der Macht das neue Heil erblickt
> Und als „Erzieher" seine Spitzel
> Den unterjochten „Brüdern" schickt, —
>
> Die Alten, Lieben, Wohlbekannten,
> Von anno Sechsundsechzig her,
> Schaffot- und Bundesbeil-Votanten,
> S i e schüfen Deutschland? Nimmermehr!
>
> Sie werden mit verschmitzten Händen
> Entreißen euch des Sieges Frucht;
> Sie werden euren Lorbeer schänden,
> Daß euch die ganze Welt verflucht! ...
>
> E i n Amboß unter e i n e m Hammer
> Geeinigt wird Alt-Deutschland stehn;
> Dem Rausche folgt ein Katzenjammer,
> Daß euch die Augen übergehn. ...
>
> Es wird die Fuchtel mit der Knute
> Die heilige Allianz erneun;
> Europa wird am Übermute
> Siegreicher Junker sich erfreun.
>
> Gleich Kindern laßt ihr euch betrügen,
> Bis ihr zu spät erkennt, o weh! —
>
> Die Wacht am Rhein wird nicht genügen,
> Der schlimmste Feind steht an der Spree [28].

---

[28] Herweghs Werke, 3. Teil, Berlin u. a. 1922, S. 131 f. Hervorhebungen im Original.

Friedrich Albert Lange und die USA im Zeitpunkt des amerikanischen Sezessionskrieges

von Helmut Hirsch

I.

Die „große amerikanische Union, mit ihrem unermeßlichen Gebiete, ihren freien Instiutionen und ihrer unberechenbaren Zukunft", die „jeder menschlichen Kraft den freiesten und großartigsten Spielraum"[1] zu bieten schien, übte im neunzehnten Jahrhundert auf viele bürgerlich-liberale wie auf manche proletarisch-progressiv orientierte Deutsche eine starke Faszination aus[2]. Als repräsentativ dürfen Friedrich Engels' Worte über „das progressivste Land der Welt"[3] gelten. Auch Karl Marxens Feststellung, daß Amerika wegen seines chronischen Krisenklimas „das interessanteste Feld für den Ökonomen"[4] darbiete, gehört hierhin. Marx' und Engels' politisch erfolgreichster Jünger, August Bebel, pflichtete den Londoner Lehrmeistern darin bei, „daß man sehr vieles drüben lernen kann, was nirgends sonst zu sehen und zu lernen ist"[5]. Es lag daher nahe zu eruieren, wie in puncto USA Leben und Werk Friedrich Albert Langes aussehen[6], dessen Beziehungen zu den genannten Sozialisten Georg Eckert in seinem materialreichen Editionsband[7] dokumentarisch und kommentatorisch nachgegangen ist.

Angesichts der bei Arbeitsbeginn vorhandenen Forschungslage war allerdings kaum daran zu denken, das ganze Spektrum der amerikanistischen Thematik in Augenschein zu nehmen. Dazu hätte einerseits die Lange-Rezeption

---

[1] Th. E. Hilgard zitiert in H. Hirsch: Die beiden Hilgards, ein Beitrag zur Geschichte des Deutschamerikanertums und der Revolution von 1848, in: Denker und Kämpfer — Gesammelte Beiträge zur Geschichte der Arbeiterbewegung, Frankfurt a. M. 1955, S. 3.
[2] s. E. Fraenkel, Amerika im Spiegel des deutschen politischen Denkens. — Äußerungen deutscher Staatsmänner und Staatsdenker über Staat und Gesellschaft in den Vereinigten Staaten von Amerika, Köln-Opladen 1959, S. 79—182.
[3] Friedrich Engels an August Bebel, 20.—23. Jan. 1886 in: August Bebels Briefwechsel mit Friedrich Engels, hrsg. von W. Blumenberg, The Hague 1965, S. 255.
[4] Karl Marx an Nikolai Franzewitsch Danielson, 15. Nov. 1878, Institut für Marxismus-Leninismus: Karl Marx/Friedrich Engels — Werke, Bd. 34, Berlin 1966, S. 359.
[5] August Bebel an Friedrich Engels, 9. März 1886 in: W. Blumenberg (Hrsg.), August Bebels Briefwechsel mit Friedrich Engels, a. a. O., S. 263.
[6] Die Anregung, über „Lange und die Vereinigten Staaten" zu arbeiten, verdankt der Autor seinem verehrten Freund Prof. Dr. Georg Eckert, der ihm im Herbst 1973 in mehreren Briefen Plan und Quellenbasis einer solchen Untersuchung nahelegte (unter Hinweis auf die eigne Studie: Wilhelm Liebknecht über Abraham Lincoln, in: Deutschland in der Weltpolitik des 19. und 20. Jahrhunderts. — Fritz Fischer zum 65. Geburtstag. Hrsg. von I. Geis, B. J. Wendt, Düsseldorf 1973 ,S. 121—132.
[7] s. G. Eckert (Hrsg.), Friedrich Albert Lange, Über Politik und Philosophie, Briefe und Leitartikel 1862 bis 1875, Duisburg 1968 (Duisburger Forschungen, Beiheft 10) S. 73—100.

in der amerikanischen Pädagogik [8] und Literatur gehört. Von ihrer Verschiedenartigkeit erhält man einen Begriff, wenn man sieht, daß die *Encyclopedia of Philosophy* [9] ihm mit über 100 Zeilen (aus der Feder von Arnulf Zweig) fast eine volle Seite widmet, während der Max Adler zu verdankende Artikel der *Encyclopaedia of the Social Sciences* [10] in den Ausgaben der dreißiger Jahre bei der Neuausgabe einfach wegfällt. Die *Encyclopaedia Britannica* [11] stellt in der bekannten 13. Auflage H[enry] St[urt] für Lange 51 Zeilen zur Verfügung, die in späteren Auflagen auf 25 und zuletzt (ohne Bibliographie) auf 22 Zeilen gekürzt sind. Der amerikanische Benutzer von *Chambers's Encyclopaedia* [12] muß sich mit *einem* lapidaren Satz begnügen: „Lange, Friedrich Albert (1828 — 1875), born at Wald, Germany, professor at Marburg, wrote a History of Materialism (Eng. trans. 1878—81, new ed. 1925)." Wald liegt der *New Encyclopedia of Social Reform* [13] nach „bei Solingen in Württemberg"; die erwähnte, an sich ausgezeichnete philosophische Enzyklopädie läßt Lange dreimal in „Duisberg" leben.

Andrerseits erforderte eine vollständige Behandlung des Themas „Lange und Amerika" die Heranziehung seiner eignen Lexikonbeiträge [14], sämtlicher erreichbaren Zeitungs- und Zeitschriftenartikel [15] und des gesamten erhaltenen Briefwechsels [16]. Derartig ausgedehnte Quellenbasen hätten den Rahmen eines umfangmäßig limitierten Aufsatzes gesprengt. Wir beschränken uns deswegen nach einem vorbereitenden Blick auf Langes wichtigste Schriften im wesentlichen auf seine zahlreichen von Eckert edierten Leitartikel. Ihr Zentralgegenstand, der amerikanische Bürgerkrieg, ermöglicht uns die Konzentration auf mehrere Hauptgesichtspunkte. Bei dieser Begrenzung tritt Langes prinzipielles Verhältnis zu den USA prägnant hervor.

Mehrere Seiten der amerikanischen Sozialstruktur sind es, die Lange in seiner von keinem Geringeren als Franz Mehring neu herausgegebenen Veröffentlichung *Die Arbeiterfrage* anschnitt, deren Vorwort vom Januar 1865 datiert war und die im darauffolgenden Monat im schweizerischen Winterthur

---

[8] Langesche Werke fand der Autor auf Forschungsreisen nach USA im Herbst 1973 und Frühjahr 1974 nicht nur in Universitätsbibliotheken der West- und Ostküste, sondern auch unter den alten Beständen des Colgate College in Hamilton, N. Y.

[9] Encyclopaedia of Philosophy, Bd. III, New York, London 1967. S. auch die am 2. Jan. 1872 von Dr. H. Szolbe an Lange gerichtete Mitteilung, daß sein Gedenkblatt für den Philosophen Friedrich Überweg „in Amerika Beifall gefunden" habe, in: G. Eckert (Hrsg.), Friedrich Albert Lange, Über Politik und Philosophie, a. a. O., S. 320.

[10] Encyclopaedia of the Social Sciences, Bd. IX, New York 1933, 1937, S. 152—153.

[11] s. Enzyclopaedia Britannica, 13. Aufl. London, New York 1911, 1916; 14. Aufl. ebenda 1929/1930; University of Chikago Ausg. 1973.

[12] Chamber's Enzyclopaedia, Neue Ausg. London 1959.

[13] New Encyclopedia of Social Reform, 3. Aufl. New York, London 1910.

[14] s. O. A. Ellissen, Friedrich Albert Lange. — Eine Lebensbeschreibung, Leipzig 1891, S. 127.

[15] Ebenda, S. 123, 126, 168 und vor allem Langes eigene Publikation „Der Bote vom Niederrhein" — Nachdr. der Jahrgänge 1865/66 hrsg. von Georg Eckert, Duisburg 1968, der zu Recht den sozialinformatorischen Inhalt betont (s. S. XV, XVI). Wir verweisen auf liberale Tendenzen wie den Ausruf: „Das Geheimnis dieser niegeahnten Kraft aber heißt: ‚Freiheit!'" (Amerika, Nr. 8, 18. Okt. 1865, S. 2) und die unverkennbare Unterstützung der Frauenwahlrechtskampagne (New York, 9. Jan., Nr. 9, 21. Jan. 1866, Beil. S. 5.).

[16] Z. B. Langes Brief an Rektor Dörpfeld, 4. Dez. 1863: „Sie sehen, daß ich dem amerikanischen System am meisten gewogen bin" (zit. bei Ellissen a. a. O., S. 127) und der Brief des Einundzwanzigjährigen an den Freund Kambli: „Die soziale Frage ist für die Welt schon gelöst, und zwar in Amerika", zit. ebenda S. 62.

herausksam. Da war einmal seine für fortschrittliche Deutsche (und Deutschamerikaner) höchst charakteristische Verurteilung der Behandlung des untersten Stratums — der schwarzen Sklaven. „Aus Afrika", hieß es hier, „... wurden Millionen unglücklicher Neger verschleppt, um in Amerika gleich Haustieren ausgebeutet und gezüchtet zu werden" [17]. Die so geographisch, historisch, psychologisch und sozioökonomisch Gekennzeichneten wurden an andrer Stelle mit den „Lohnsklaven" Europas verglichen, deren Emanzipationskampf damit in Parallele gesetzt wurde zu den Aktionen für die Befreiung der Farbigen. Lange erweiterte mit andern Worten die oft regional oder klassenmäßig eingeengte soziale Frage, die, wie er sich ausdrückte, „mit unverkennbar tiefem Zusammenhang jetzt gleichzeitig in Deutschland, Frankreich, England und Italien einer Krisis entgegenreift, während jenseits des Ozeans durch einen verwandten Zug der Zeit auf Tod und Leben um den Fortbestand der Sklaverei gekämpft wird" [18]. Das war ganz im Sinn, wenn auch nicht im streng statistisch-sozialwissenschaftlichen Stil Marxens [19].

Zwiefach waren die dialektischen Beziehungen, die Europa mit Amerika verbanden. Auf der einen Seite erinnerte Lange unter ausdrücklichem Bezug auf Marxens berühmte Inauguraladresse der Internationalen Arbeiterassoziation daran, daß „der amerikanische Bürgerkrieg die Fabrikarbeiter von Lancashire und Cheshire auf das Pflaster warf" [20]. Auf der andern Seite skizzierte er die sozialistischen Experimente, die Europamüde wie der Engländer Robert Owen oder der Franzose Étienne Cabet auf amerikanischem Boden veranstaltet hatten [21]. Originelleres wurde hinsichtlich der natürlichen Arbeitskraft normaler amerikanischer Farmer geäußert. „Hatten wohl die Ansiedler von Nordamerika, zu der Zeit, da sich ihre Anzahl schon binnen sechzehn Jahren verdoppelte, viel zinsloses Kapital übrig?" fragte Lange und beantwortet die rhetorische Frage: „Gewiß nicht! Ihre überflüssige Arbeitskraft war ihr überflüssiges Kapital, und die günstigen Verhältnisse des weiten, fruchtbaren Landes erlaubten ihnen, mit ihrer Arbeit so viel zu gewinnen, daß sie eine starke Familie davon mit ernähren konnten" [22]. Auf solche Art erwies Lange sich im Bereich der Neuen Welt als sachkundiger Sozialforscher und -reformer.

Das 1866 in Duisburg veröffentlichte Buch *J. St. Mill's Ansichten über die sociale Frage und die angebliche Umwälzung der Socialwissenschaft durch Carey* bezeigte eine noch eingehendere Kennerschaft der entsprechenden amerikanischen Wissenschaft. Die dort vorgenommene Auseinandersetzung mit dem dreißig Jahre älteren Volkswirtschaftler Henry Charles Carey, den „mystischen Schutzzöllner" [23], der vom Saulus des Freihandels zum Paulus des amerikanischen Protektionismus wurde und Marx mehrmals zu kurzen Bemerkungen veranlaßt, hat uns hier ebensowenig näher zu beschäftigen wie

---

[17] F. A. Lange, Die Arbeiterfrage, hrsg. von F. Mehring, Berlin 1910, S. 44.
[18] Ebenda S. 70.
[19] s. K. Marx: Der nordamerikanische Bürgerkrieg, in: E. Fraenkel, Amerika im Spiegel des deutschen politischen Denkens, S. 142—145.
[20] F. A. Lange, Die Arbeiterfrage, hrsg. F. Mehring, a. a. O., S. 111.
[21] Ebenda, S. 88—90; s. G. M. Bravo, Les socialistes avant Marx, Paris 1970, Bd. II, S. 21—67; Bd. III, S. 70—92.
[22] F. A. Lange, Die Arbeiterfrage, hrsg. F. Mehring, a. a. O., S. 58—59.
[23] Friedrich Albert Lange, J. St. Mill's Ansichten über die sociale Frage und die angebliche Umwälung der Socialwissenschaft durch Carey. Duisburg 1866, S. 116; s. die Ironie gegenüber den „geheiligten Ordnungen des Schutzzolls", ebenda, S. 183.

der damit verbundene, ein Jahrzehnt vor Engels' Anti-Dühring begonnene Streit mit dem deutschen „Apostel der amerikanischen Schule" [24], dem Antisemiten Eugen Karl Dühring. Es genügt für unsre Zwecke zu vermerken, daß in Langes Sicht „Careys Werk auf dem Boden der amerikanischen Literatur als eine bedeutende Erscheinung gelten und als solche auch von uns anerkannt werden durfte; daß dagegen die Überschätzung seiner positiven Leistungen in Deutschland eines der traurigsten Zeichen wissenschaftlicher Verwilderung ist, welche die letzten Jahrzehnte hervorgebracht haben" [25]. Das deutsche Amerikabild wurde in dieser Weise auf hohem Niveau korrigiert.

Doch nicht nur zwischen deutschen und amerikanischen Wissenschaftlern, sondern auch zwischen denen Englands bzw. Europas und Amerikas als Totalitäten genommen erblickte Lange einen bezeichnenden Kontrast. Er verkündete: „In der großen Angelegenheit der Rivalität zwischen England und Amerika, die sich hier so deutlich im Gewande wissenschaftlicher Forschung kundgegeben hat, steht mein Herz ganz auf Seiten der neuen Welt. Ja, noch mehr, ich neige sogar zu der Ansicht, daß wir selbst in wissenschaftlicher Beziehung in Gefahr sind, von Amerika überflügelt zu werden. Auf den verschiedensten Gebieten der Wissenschaften zeigt bekanntlich die Literatur der Vereinigten Staaten Erscheinungen, die alle dasselbe Gepräge tragen: großartige Anlage, kühne Originalität und eigensinnig konsequente Durchführung des Grundgedankens, reichhaltige, auf ausgedehnte Vorstudien gestützte Ausführung, aber auch Mangel an Kritik in der Feststellung der Tatsachen, Willkür der Schlußfolgerungen und wuchernde Üppigkeit der Vorurteile. Nun kann aber ganz dieselbe Neigung zur logischen Willkür dort ein Zeichen der Kindheit, bei uns dagegen der Überlebtheit sein, dasselbe Halbdunkel von Wahrheit und Irrtum dort Morgendämmerung, bei uns dagegen Abenddämmerung; dieselbe trübe Gährung kann dort den Wein, bei uns den Essig versprechen" [26].

Wie immer die anthropomorphen und naturbezogenen Metaphern heute wirken mögen: nach Ablauf von einhundert Jahren ist die damals zweifellos allerhand Einsicht und Mut verlangende Voraussage vom Aufstieg der amerikanischen Wissenschaft schwerlich als von der tatsächlichen Entwicklung widerlegt anzusehen.

Der „dem angeblichen Schöpfer einer neuen Sozialwissenschaft" [27] geltenden Polemik fehlten direkte sozioökonomische Bezüge auf Amerika ebenfalls nicht. Da wurde die irische Auswanderung nach Übersee sachverständig besprochen [28], die relative wirtschaftliche Gleichheit der amerikanischen Farmer gepriesen [29] und die durch eine parlamentarische Untersuchungskommission im Staat Massachusetts festgestellte Versklavung der Arbeiter mittels der Maschinisierung ausführlich geschildert [30]. Lange kannte ferner die „allgemeine Erfahrung, nach welcher die intensive Ackerwirtschaft unsrer dichtbevölkerten europäischen Länder jeden Farmer ruiniert, der sie in einer amerikanischen Ansied-

---

[24] Ebenda, S. 155.
[25] Ebenda, S. VI.
[26] Ebenda, S. V.
[27] Ebenda, S. 162.
[28] Ebenda, S. 132.
[29] Ebenda, S. 205—206.
[30] Ebenda, S. 232—234.

lung einzuführen unternimmt"[31]. Der Einfall, daß die von ihm nicht übersehenen Mängel amerikanischer Gelehrter als Parallele zu den extensiven Methoden der Landwirte betrachtet werden mochten, kam ihm anscheinend nicht. Waren sie kein immanenter Bestandteil jenes „paroxysm of creative activity"[32],den Daniel J. Boorstin in seiner fruchtbaren Analyse der „verlorenen Welt Thomas Jeffersons" gekennzeichnet hat? Hingegen wurde eine — wenn man will, „marxistische" — Logik angewandt, als in Langes Hauptwerk, der in ihrer englischen Übersetzung in Amerika unzweifelhaft erfolgreichen *Geschichte des Materialismus und Kritik seiner Bedeutung in der Gegenwart* von 1866 die bei Benjamin Franklin noch originelle Theorie vom natürlichen Zuwachs der Menschheit, der ohne Beschränkung die Erde bald überfüllen müßte, auf einen Vergleich zwischen dem raschen Wachstum der nordamerikanischen Bevölkerung mit derjenigen Europas zurückgeführt wurde[33].

II.

Als Redakteur der „Rhein- und Ruhrzeitung" nahm Lange Weihnachten 1862 Gelegenheit, die Sklaverei vom betont christlichen Standpunkt aus anzugreifen und ihre Abschaffung in USA zu suggerieren. Die „befreiende Natur des Christentums" hatte sich, wie er meinte, „trotz aller entgegenstehenden Greuel der Verfolgungen niemals auf die Dauer verleugnet". Sein erstes Auftreten hatte „das Joch der Sklaven" gebrochen. „Die Freiheit der Niederlande, Englands, Amerikas" war „mit Hülfe religiöser Bewegungen errungen oder auf dem Boden kirchlicher Grundsätze erwachsen"[34]. Binnen eineinviertel Jahr sollte auch diese eher den Geist des Hegelianismus als den des „Marxismus" atmende Verkündigung in gewissem Sinn sich als prophetisch erweisen. Im gleichen Blatt streifte Lange bald danach einen nautischen Aspekt der Amerikanistik. Anlaß war das „Projekt des Rhein-Elbe-Kanals", in jenem Zeitpunkt, als eben erst an der Erweiterung des Duisburger Rhein-Kanals gearbeitet wurde[35], lediglich „schön, gesund, lebensfähig, aber leider noch in den Windeln"[36]. Gerade darum ehrte es den vorausschauenden Journalisten, der ihm einen sich über drei Nummern erstreckenden Beitrag widmete. Speziell ging es hier um den geeigneten Schiffstyp. „Statt der gewöhnlichen Raddampfer, welche Böschungen und Sohle des Kanals schnell verderben", entnahm der Berichterstatter einer halbamtlichen Sekundärquelle[37], „wandte man Schraubendampfer an; da jedoch auch diese noch sehr schädliche Wirkungen ausüben, so hat man in Amerika neuerdings Dampfer mit einem einzigen Rad in der Mitte des Schiffskörpers angewandt, bei dem der Wellenschlag durch die innern Wandungen des Schiffes gebrochen wird". Daß Mittelraddampfer be-

---

[31] Ebenda, S. 203.

[32] D. J. Boorstin, The lost world of Thomas Jefferson, Boston 1960, S. 6.

[33] s. Frederick Albert Lange, History of materialism und criticism of its present impotence, 2. Ausg. verb. Übers. von E. Ch. Thomas, Bd. III, Boston 1881, S. 265—266.

[34] „Rhein- und Ruhrzeitung" — weiter zit.: RRZ — Nr. 320, 25. Dez. 1862, in: G. Eckert, Friedrich Albert Lange, Über Politik und Philosophie, a. a. O., S. 411.

[35] s. R. R. Hofbauer: Tausend Jahre an der Ruhr, in: RRZ, Festausg. zur 1000-Jahrfeier der Rheinprovinz, 6. Juni 1925, S. 5.

[36] Der Rhein-Elbe Canal, III, RRZ, No 75, 28. März 1863, in: G. Eckert (Hrsg.), Friedrich Albert Lange, Über Politik und Philosophie, a. a. O., S. 477.

[37] Der Rhein-Elbe-Kanal, I. RRZ, No 72, 25. März 1863, ebenda, S. 472—473. Vgl. R.: Über den Rhein-Elbe-Canal. Bearbeitet nach Vorträgen. In: „Zeitung des Vereins Deutscher Eisenbahn-Verwaltungen", No 12, 21. März 1863, S. 161, Bemerkung des Referenten.

reits Anfang des 19. Jahrhunderts in England und Amerika häufig gebaut wurden [38], wußte Lange offenbar nicht.

Erst die regelmäßige Mitarbeit an dem liberalen Presseorgan des nach Iserlohn übersiedelten ehemaligen Elberfelder Buchhändlers und Verlegers der äußersten Linken, Julius Bädeker, verschaffte Lange Gelegenheit, sich nicht nur mit den großen Problemen, sondern auch mit vielen Details des amerikanischen Lebens vertraut zu machen. Gleich der erste Absatz der ersten Wochenübersicht im „Wochenblatt für die Grafschaft Mark" bestand aus 37 Zeilen, die im wesentlichen europäische Ausstrahlungen „jenes Bürgerkrieges, der auf Europa so störend zurückwirkt", wiedergaben. Es waren dieses 1. Gefühlsreaktionen, „viel Entsetzen" und „wenige Hoffnungen"; 2. die erfreuliche Zukunftsperspektive einer Verlagerung und Erweiterung des Welthandels; 3. das Mitgefühl erweckende „Elend der Baumwollarbeiter" mitsamt den „zahlreichen üblen Rückwirkungen auf alle Geschäfte"; 4. die Vernichtung „so manchen kräftigen Sprosses von deutschem Stamme", d. h. von deutschen Emigrantenexistenzen; und 5. die (etwas später auch in der „Rhein- und Ruhrzeitung" von ihm erwähnten und in ihrem direkten Bezug zur USA noch zu betrachtenden) „Verwicklungen Frankreichs in Mexiko" [39]. Ihnen war solange erhebliche Bedeutung beizumessen, wie der „nordamerikanische Krieg" (in den Worten eines weiteren Leitartikels) noch „weit von seinem Ende" entfernt schien. Lange erkannte zwar, daß „die Nordstaaten trotz aller Schlappen, die sie erleiden, im ganzen Schritt vor Schritt an Boden gewinnen", fand jedoch die dortigen Parteiverhältnisse „immer unerquicklicher" und befürchtete sogar den inneren „Zusammensturz in den Nordstaaten". Dennoch hoffte er konsequent auf einen rettenden „Läuterungsprozeß" [40].

Deutschstämmige Amerikaner erregten in der Ära des Nationalismus bei Lesern in Deutschland spezielle Beachtung. So lautete der humorvolle Schlußabsatz eines 116zeiligen Artikels, der hessische, preußische, polnische und französische Angelegenheiten behandelte:

„Im übrigen Europa ist es ziemlich ruhig. England hat keine Baumwolle, Griechenland keinen König, Italien keine Ruhe und Holstein kein Recht. An alle diese Dinge hat man sich gewöhnt. Aus Amerika wird man wenigstens mit Interesse hören, daß das Kommando des Sigelschen Korps an Karl Schurz, den

---

[38] s. H. Szymanski, Die alte Dampfschiffahrt in Niedersachsen, Hannover 1958, S. 202.

[39] Politische Übersicht — weiter zit.: PÜ, „Wochenblatt für die Grafschaft Mark und Anzeigeblatt für den Kreis Iserlohn" — hiernach WGM —, Nr. 6, 18. Jan. 1863, in: G. Eckert (Hrsg.), Friedrich Albert Lange, Über Politik und Philosophie, a. a. O., S. 531: „Napoleon wird den Lieblingsgedanken bis in alle Wolkenhöhen verfolgen können, auf der westlichen Hemisphäre ein neues französisches Bevölkerungselement als Keil zwischen die spanische und angelsächsische Rasse zu schieben, und in Verbindung mit den Südstaaten der Union dort ein großes Reich zu begründen" (Mexiko, RRZ, Nr. 118, 19. Mai 1863, ebenda, S. 511).

[40] PÜ, WGM, Nr. 26, 29. März 1863, ebenda, S. 544. „Das merkwürdigste Symptom im ganzen Verlauf des Krieges" war für Lange, „daß die gebildeten Stände, die reineren Charaktere, welche durch das demagogische Pöbelregiment vom öffentlichen Leben ferngehalten waren, sich jetzt der Politik wieder mehr annehmen" PÜ, WGM, Nr. 34, 26. Apr. 1863, ebenda, S. 547—548.

[41] PÜ, WGM, Nr. 14, 15. Feb. 1863, ebenda, S. 538. Im Eckertschen Text fehlt „diese". Die bei dem „endlosen Ringen" der Kriegführenden nicht aufhörende „Baumwollenkrisis" Englands behandelte PÜ, WGM, Nr. 10. 1. Feb. 1863, ebenda, S. 534, die Heldentaten eines Deutschen bestehenden Regiments eine New Yorker Meldung in der zit. Ausg. vom 18. Jan. 1863.

Befreier Gottfried Kinkels, den Vorkämpfer der Deutschen in den Vereinigten Staaten, übergegangen ist. Möge seinen Waffen Glück beschieden sein!" [41].

Nachdem sich kurz darauf eine Meldung „von der schmählichen Flucht der deutschen Division des General Schurz" als „eine schmähliche Yankee-Lüge" herausstellte, wie der Duisburger es mit unüberhörbar nationalistischem Ton formulierte, bedauerte er, daß „deutsche Blätter dergleichen Nachrichten aus den unlautern Quellen anglo-amerikanischer Eifersucht so kritiklos hinnehmen, wie es unsre meisten größeren Blätter getan haben" [42]. Da „die preußische, die maßgebliche" [43] deutsche Presse der sechziger Jahre, wie die preußische Regierung selbst [44], überwiegend prosüdliche Sympathien hatte, dürfte sie schon aus diesem Grund eine „Ente" über den fliehenden, republikanisch gesinnten und handelnden Emigranten zu bringen geneigt gewesen sein.

Anfang Mai — in der Mitte seiner von der preußischen Regierung vorzeitig beendeten Tätigkeit für dieses Sprachrohr des entschiedenen Liberalismus [45] — beleuchtete Lange im zweimal wöchentlich erscheinenden „Wochenblatt für die Grafschaft Mark" eine aus dem amerikanischen Konflikt erwachsende Gefahr, die wohl schon wegen ihrer ökonomischen Implikation geeignet war, die Aufmerksamkeit der Bildungsschichten eines der „wirtschaftlich entwickeltsten Teile der preußischen Monarchie" [46] zu fesseln. In 19 Zeilen (denen 28 Zeilen über Frankreich, doppeltsoviele über Preußen und das übrige Deutschland sowie 12 über die römische Kurie folgten) schilderte Lange die internationale Solidarität der herrschenden und besitzenden Klassen in England und in den Sklavenstaaten wie auch die imperialistischen Tendenzen, die er bei den nördlichen Staaten zu entdecken glaubte. Zudem verlieh er seiner die materiellen Dinge sicher überragenden pazifistischen Einstellung Ausdruck.

„Schon wieder einmal hat sich eine Kriegsgefahr verzogen, die schnell und drohend aufgestiegen war: das Schreckbild eines Krieges zwischen England und Amerika. Die unverhohlene Sympathie der herrschenden Klassen in England mit den Sklavenstaaten trifft zusammen mit der größten Rücksichtslosigkeit der Amerikaner gegen die sonst so verwöhnte und anspruchsvolle Flagge Großbritanniens. Im Hintergrunde steht bei den Amerikanern das Gelüste, Kanada zu erobern, bei den Engländern der Wunsch, die Häfen des Südens, deren Blockade übrigens in den letzten Wochen häufig mit Glück gebrochen wurde, vollständig zu öffnen, um die Sehnsucht nach Baumwolle zu befriedigen. Obwohl nun diese Sehnsucht sehr gerechtfertigt ist und ganz Europa nach der schätzbaren Flocke schmachtet, hat man doch das Zurücktreten auch dieser Kriegsgefahr als ein Glück zu betrachten, da ein Krieg der beiden angelsächsischen Nationen für die europäische Handelswelt eine Quelle endloser Verwirrungen werden könnte" [47].

Mehr als die Bedrohung des Friedens durch die angelsächsischen Rivalen aber störte den liberalen Preußen der bonapartistische Imperialismus.

---

[42] PÜ, WGM, No 46, 7. Juni 1863, ebenda, S. 555 .Eine Meldung derselben Ausg. über Schurz' Verhalten unterstrich die Richtigstellung.

[43] R. H. Lutz, Die Beziehungen zwischen Deutschland und den Vereinigten Staaten während des Sezessionskrieges, Diss. Heidelberg 1911, zit. in: E. Fraenkel, Amerika im Spiegel des deutschen politischen Denkens, a. a. O., S. 139.

[44] s. C. Schurz, Lebenserinnerungen, Bd. II, Berlin 1907, zit. ebenda, S. 159 f.

[45] s. G. Eckert (Hrsg.), Friedrich Albert Lange, Über Politik und Philosophie, a. a. O., S. 64.

[46] Ebenda.

[47] PÜ, WGM, Nr. 38, 10. Mai 1863, ebenda, S. 549—550.

Wir können Langes Sorge von Monat zu Monat verfolgen. Im Mai bezweifelte er, daß der Kampf um die Wiederherstellung der Einheit lang genug dauern würde, um Napoleon eine Intervention von Süden her zu ermöglichen. Eine Zeitlang hatte es so ausgesehen, als wollte der Kriegszustand in ein „System halben Friedens mit permanenten, aber lässig betriebenen Feindseligkeiten" [48] übergehen. Bedeutende Operationen in Nord-Virginien — für Lange der entscheidende Kriegsschauplatz — schienen diese Möglichkeit jedoch auszuschließen. Im Juni referierte Langes Chronik, daß ein französischer Erfolg in Mexiko „im ganzen Süden der Union" gefeiert worden war. Der „phantastisch großartige Plan des Kaisers", sich „die Weltherrschaft zu sichern", trat für ihn „immer offener" [49] hervor, obwohl er ihn aus bevölkerungsstatistischen Gründen letztlich für irrealisabel hielt. Im Juli stellte er nichtsdestoweniger im Hinblick auf Frankreichs angebliche Bereitschaft, die Konföderation anzuerkennen, unmißverständlich fest, daß einer der „beiden Angelpunkte der großen Politik" [50] in Amerika läge. Vierzehn Tage später ventilierte er nochmals die kaiserliche „Phantasie, alle Völker romanischer Zunge gegen das englisch-deutsche Bevölkerungselement einhellig ins Feld zu stellen" [51]. Gleichzeitig beklagte der Artikelschreiber die „Korruption und Erbärmlichkeit", die sich in den Unionsstaaten vorfinde — ein Beweis für Langes Unvoreingenommenheit und Idealismus, aber auch für seinen Mangel an Verständnis gegenüber einigen historischen amerikanischen Realitäten. Nur das Gewicht der vom Süden betriebenen Sklaverei und dessen Haß „gegen die freie deutsche Bildung" [52], d. h. wohl den von der deutschamerikanischen Bevölkerung geförderten Abolitionismus, hieß ihn bei der Seite ausharren, die ihm das unwürdige Schauspiel eines nur auf den Nutzen abgestellten Systems darbot.

Die antizipierte „Begründung eines großen, Mexiko und die halbfranzösischen Südstaaten umfassenden Reiches romanischer Nation" wurde von einem Ereignis durchkreuzt, das ein *leader* mit einmonatiger Verspätung meldete, in dem 30 Zeilen über Preußen, 16 über Rußland, 60 über Frankreich mit 39 zur Lage in USA schlossen. „Am 4. Juli, dem Festtage der Unabhängigkeitserklärung der nordamerikanischen Kolonien", hatte ein Doppelsieg (Gettysburg und Vicksburg) stattgefunden, „wie er so bedeutungsvoll selten in der Weltgeschichte dagewesen ist" [53]. Eine der Folgen, die der Berichterstatter voraussah und mit der Kenntnis des amerikanischen Charakters begründete, erläuterte die erstaunliche Behauptung. Man könnte, meinte er, „keinen Augenblick darüber in Zweifel sein, daß die Union nach einem entschiedenen Sieg über die Südstaaten in demselben Atemzuge sich sofort auf Mexiko stürzen und der ‚lateinischen Idee' auf dem Boden, den sie längst als den ihrigen betrachtet, ein schmähliches Ende bereiten würde" [54]. Diese Sicht widersprach freilich der auf einem Gefühl der Stärke beruhenden Zurückhaltung der amerikanischen Außenpolitik [55].

---

[48] PÜ, WGM, Nr. 42, 24. Mai 1863, ebenda, S. 552.
[49] PÜ, WGM, Nr. 50, 21. Juni 1863, ebenda, S. 556.
[50] PÜ, WGM, Nr. 54, 5. Juli 1863, ebenda, S. 558.
[51] PÜ, WGM, Nr. 58, 19. Juli 1863, ebenda, S. 561.
[52] Ebenda, S. 562.
[53] PÜ, WGM, Nr. 62, 2. Aug. 1863, ebenda, S. 564.
[54] Ebenda, S. 565.
[55] s. jedoch das bei Amtsantritt vorgelegte Memorandum von William Henry Seward: Some thougts for the President's consideration, April 1, 1863, in: W. E. Curtis, The true Abraham Lincoln, Philadelphia — London 1903, S. 202.

Nach diesem August-Kommentar brachte das Blatt 1863 Mitte September bzw. Oktober noch je eine wichtige Stellungnahme zur Entwicklung auf den amerikanischen Kriegsschauplätzen. „Der glückliche Fortgang der Belagerung von Charleston" versprach in Langes Meinung, der Union „einen neuen großen Schritt weiterzuhelfen", und wirkte sich auch in einer gewissen Abkehr Englands von den Rebellen aus. Napoleon sah sich zu den „erforderlichen Schlangenwindungen" veranlaßt, während „die Blätter der Sklavenstaaten laut nach französischer Hülfe" [56] schrien. Als Gegenschlag unternahm Generalmajor Robert G. Lee, der Anführer des Südens, „wieder einen jener genialen und verzweifelten Züge", welche die Kriegführung der Konföderierten auszeichneten, nämlich einen „schweren Schlag gegen den General Rosenkranz" [57] im Südwesten, dem ein Scheinangriffsmanöver im Norden voraufgegangen war. Doch mangels Durchschlagskraft war die so gewonnene Schlacht möglicherweise nur ein neuer Schritt „zum Ende der Sezession" [58].

Während des vorletzten Kriegsjahrs überschattete der näherliegende dänische Feldzug zeitweise die Vorgänge jenseits des Atlantiks, bis Mitte März dort „wieder große, weit aussehende Kriegsoperationen" und eine noch wichtigere Tat der nördlichen Regierung zu verzeichnen waren: „der förmliche Beschluß der Aufhebung der Sklaverei". Das war „ein Akt, dessen Folgen der Menschheit gesichert bleiben; ebenso einfach und gerecht, als kühn und großartig: ein wahrer Lichtpunkt in der trüben Geschichte der Gegenwart" [59]. Über den ideellen, menschheitsgeschichtlichen wurden die unmittelbaren, materiellen Belange nicht vernachläßigt. Dachte die englische Regierung an einen „Krieg mit Deutschland"? Dann würde die Industrie Englands „sehr empfindliche Schläge erhalten", und Amerika würde „seinen Verkehr mit Deutschland nicht so gutwillig unterbrechen lassen" [60]. Lange schlug sogar wiederholt [61] „ein Bündnis mit den Vereinigten Staaten zum Schutz des deutschen Seehandels" [62] vor, mit welcher Allianz er der Geschichte um fast ein Jahrhundert vorauseilte. Näher an der Realität blieb er, wenn er ohne den geringsten Zeitverlust am 5. Juni „ein dreitägiges Gemetzel zwischen Hunderttausenden von Menschen in einem undurchdringlichen Waldesdickicht" [63] registrierte und am 19. die Leser davon informierte, daß General Pierre G. T. Beauregard sich mit Lee vereinigte (was den Feldherrn des Nordens, General Ulysses T. Grant, in wahre

---

[56] PÜ, WGM, Nr. 74, 13. Sept. 1863, G. Eckert (Hrsg.), Friedrich Albert Lange, Über Politik und Philosophie, a. a. O., S. 569. S. auch den Hinweis auf eine nordamerikanische Allianz mit Rußland (PÜ, WGM, Nr. 70, 30. Aug. 1863, ebenda, S. 568).

[57] PÜ, WGM, Nr. 82, 11. Okt. 1863, ebenda, S. 575; zu dem von Lange nicht allzu klar, doch im Kern zutreffend dargestellten Manöver Lees gegen Generalmajor W. S. Rosecrans s. Douglas Southall Freeman, R. E. Lee — a biography, Bd. III, New York — London 1935, S. 162—173.

[58] G. Eckert (Hrsg.), Friedrich Albert Lange, Über Politik und Philosophie, a. a. O., S. 576.

[59] PÜ, WGM, Nr. 21, 13. März 1864, ebenda, S. 604.

[60] PÜ, WGM, Nr. 37, 8. Mai 1864, ebenda, S. 611.

[61] PÜ, WGM, Nr. 33, 24. Apr. 1864, ebenda.

[62] PÜ, WGM, Nr. 41, 22. Mai 1864, ebenda, S. 614.

[63] PÜ, WGM, Nr. 45, 5. Juni 1864, ebenda, S. 617. Zur leicht übertriebenen Zahlenangabe s. Col. Th. Lyman, Addenda to the paper by Brevet Lieutenant-Colonel W. W. Swan, U.S.A. on the Battle of the Wilderness, in: Papers of the Military Historical Society of Massachusetts 1864, Bd. IV, Boston 1905, S. 173; zur Vereinigung der beiden Generäle, die am 18. Juni 7:30 a. m. erfolgte, s. Th. H. Williams, P. G. T. Beauregard-Napoleon in Gray, Baton Rouge 1955, S. 232.

Monsterschlachten und -manöver verstrickte). Ein Sieg Grants, prophezeite Lange mit richtigem Gespür, würde „diesen fähigen und ehrgeizigen General wahrscheinlich auch auf den Präsidentenstuhl bringen"[64].

Ein höherer Gesichtspunkt, der sich durch „das steigende Glück der Nordstaaten" ergab, war die zukünftige Weltgeltung der USA. „Der Reichtum der Nordstaaten", konstatierte Lange, „steigt mitten im Kriege; die Einwanderung deckt den Menschenverlust, und der ungeheuren Kriegsschuld stehen Mittel gegenüber, deren Unerschöpflichkeit man jetzt erst recht kennenlernt"[65]. Drüben fielen mehr Soldaten, als im Dänenkrieg überhaupt einander gegenüberstanden. Das waren „Verhältnisse, für welche uns fast der Maßstab fehlt; man mag aber darnach ermessen, ob unsre Vermutung begründet ist, daß die Vereinigten Staaten, wenn sie den Aufstand bewältigen, bald in der Weltpolitik eine geharnischte Rolle spielen werden"[66]. Vielleicht, hieß es ein andermal, war „noch viel Blut zu vergießen, bevor der Sklaverei in Amerika und anderwärts der Kopf zertreten" wurde. Doch beeinträchtigte das die Überzeugung nicht, daß „die Beendigung dieses Krieges einen Wendepunkt in der Geschichte der Menschheit"[67] darstellte.

Mit der offenbar bevorstehenden Erreichung des nördlichen Kriegsziels verfaßte Lange seinen umfangreichsten, die weltpolitische Figur Amerikas herausstellenden Abschnitt — 75 Zeilen, in denen sogar die Vorsehung bemüht wurde. Ein Teilzitat verdeutliche das schon Gesagte weiter.

„Zwar geht alles in diesem merkwürdigen Entwicklungskriege bedeutend langsamer, als die Freunde der großen Republik gehofft hatten: aber gerade diese Verzögerung stellt sich, von einem höhern Standpunkte aus betrachtet, als eine Vervollständigung des Werkes heraus, zu dem dieser Krieg von der Vorsehung bestimmt scheint. Schon früher haben wir angedeutet, daß es zwei Resultate sind, die aus diesem Kriege hervorgehen müssen: die Abschaffung der Sklaverei mit Vernichtung des südstaatlichen Junkertums, und das Auftreten einer mächtigen bewaffneten Republik im Kampf mit den alternden Monarchien Europas. Hätte der Krieg ein schnelleres Ende gefunden, so wäre die Union zwar auch erhalten geblieben, und ungeheure Opfer an Geld und Menschenleben wären für einstweilen erspart worden; aber niemals würde dann mit der Sklaverei, ja mit dem ganzen Bestande eines Junkertums so gründlich aufgeräumt worden sein, als es jetzt zum Heil der Menschheit geschehen wird. Es wäre dann auch zweifelhaft gewesen, ob die Union nach ihrer Herstellung das Schwert in der Hand behalten hätte. Jetzt, nachdem das Land gelernt hat, die fruchtbaren Lasten andauernd zu tragen, nachdem eine Reihe tüchtiger Heerführer sich gebildet hat und die Kriegstüchtigkeit der Armee und der Flotte durch jahrelange Übung eine bedeutende Höhe erreicht hat; jetzt ist es nicht mehr zweifelhaft, daß die Union, wenn sie auch keine stehenden Heere unterhält, doch in Zukunft jeden Augenblick bereit sein wird, in

---

[64] PÜ, WGM, Nr. 49, 19. Juni 1864, G. Eckert (Hrsg.), Friedrich Albert Lange, Über Politik und Philosophie, a. a. O., S. 620. Schon Anfang '64 begann der „New York Harald" Grant als „Volkskandidat" anzupreisen (s. C. E. Macartney: Grant and his Generals, New York 1953, S. 326; s. S. 327, 91—92.
[65] PÜ, WGM, Nr. 5, 17. Jan. 1864, G. Eckert (Hrsg.), Friedrich Albert Lange, Über Politik und Philosophie, a. a. O., S. 590.
[66] PÜ, WGM, Nr. 45, 5. Juni 1864, ebenda, S. 617.
[67] PÜ, WGM, Nr. 85, 23. Okt. 1864, ebenda, S. 637.

die Welthändel tatkräftig einzugreifen und vor keinem Feinde zurückzuschrecken" [68].

Angesichts der Langeschen Theorie von der strukturmäßigen Ähnlichkeit und internationalen Solidarität herrschender Klassen war die Wahl eines spezifisch deutschen Begriffs für die Oligarchie der 300 000 Sklavenhalter gewiß mehr als ein heuristisches Mittel, um dem heimischen Publikum das 3000 Meilen weiter westlich Geschehende zu vergegenständlichen. Von Junker und Junkertum zu reden, war deshalb nicht weniger ein publizistisch geschickter Schachzug.

Im Rahmen der nordstaatlichen Außen- und Innenpolitik fiel dem Präsidenten der USA ein erhebliches Gewicht zu. Lange erachtete es als hypertrophisch. „Die Sache der Nordstaaten" hatte sich auf dem Schlachtfeld günstiger gestaltet, schrieb er im Herbst 1864, als Abraham Lincoln zur Wiederwahl stand; die Wahlbewegung zeigte jedoch nach seiner Auffassung, daß „in der Wahl und Stellung des Präsidenten" ein „ungeheurer Fehler der amerikanischen Verfassung" lag. So „schön, menschlich und politisch", das allgemeine und direkte Wahlrecht für „engere Bevölkerungskreise" war, bei denen ein Wählender „das Feld der Persönlichkeiten übersehen" konnte, so „verderblich" war die Anwendung dieses Prinzips „in einem großen Lande grade auf die Spitze der ganzen Regierung", zumal da, wo ein Präsident „einen großen Einfluß auf die Besetzung zahlreicher Ämter und ausgedehnte Vollmachten jeder Art" [69] gewährte. Daran knüpfte sich diese Vorhersage, die weniger erinnerungswürdig für die Charakterisierung Lincolns und seiner — z. T. deutschamerikanischen — Wählerschaft war als kennzeichnend für die politologischen Grenzen seines demokratischen Beobachters in Deutschland: „Das Spiel, welches dadurch dem Ehrgeiz, der Ämtergier und blinden Parteileidenschaft eröffnet wird, dürfte diesmal an die Stelle des unfähigen, aber redlichen Lincoln den unfähigen und zweideutigen M'Clellan bringen, und das wäre für die Sache der Union verderblicher als manche verlorene Schlacht" [70]. Daß die Wähler dann „fast in allen Staaten der Union für Lincoln" stimmten, erzeugte das uns nun schon vertraut klingende Echo, dieses bedeute „den Entschluß, die Befreiung der Sklaven und die Eroberung der Junker-Staaten fortzusetzen". Auf der „weltgeschichtlichen Bahn jener großen transatlantischen Republik" [71] war ein weiterer Schritt zurückgelegt worden.

Zu einer noch positiveren Einschätzung des anfänglich Abgewerteten kam es, als ganz deutlich wurde, daß jetzt „der Rebellion der Todesstoß versetzt" werden würde. „Während dieser kriegerischen Fortschritte", erklärte Lange, „wird aber gleichzeitig der neu erwählte Präsident Lincoln in seiner Politik immer sicherer, und jetzt betreibt er die definitive Abschaffung der Sklaverei mit größter Energie ..." [72]. Bald jubelte der Leitartikler: „Der Norden siegt, und mit ihm die Sache der Menschheit" [73], und kurz darauf berichtete seine „Politische Übersicht" vor einer Meldung von der fast überall durch den Norden beherrschten Kriegslage:

---

[68] PÜ, WGM, Nr. 5, 15. Jan. 1865, ebenda, S. 651. In PÜ, WGM Nr. 17, 26. Febr. 1865, ebenda, S. 660 wird die Dialektik von Dauer und Wirkung nochmals aufgegriffen.
[69] PÜ, WGM, Nr. 77, 25. Sept. 1864, ebenda, S. 634—635.
[70] Ebenda, S. 635.
[71] PÜ, WGM, Nr. 95, 27. Nov. 1864, ebenda, S. 639.
[72] PÜ, WGM, Nr. 5, 15. Jan. 1865, ebenda, S. 652.
[73] PÜ, WGM Nr. 21, 12. März 1865, ebenda, S. 662.

„Garibaldi hat kürzlich bestimmt, daß ein Enkel, der ihm geboren wurde, den Namen Lincoln erhalten sollte. So fühlen die Freiheitskämpfer der Erde ihre Zusammengehörigkeit. Der Mann, welchen der Haß der englischen Geld-Aristokratie, die noch heute mit der Sklaverei liebäugelt, als eine Art von Mittelwesen zwischen Mensch und Affe darzustellen pflegt, der schlichte, aus den untersten Schichten emporgestiegene Abraham Lincoln, ist eben von der Vorsehung als Werkzeug ersehen worden, um das großartigste Ereignis unserer Tage durchzuführen: die Abschaffung der Negersklaverei. Schon erfüllt sich sein prophetisches Wort, daß die Ursache des Krieges noch vor dem Kriege aufhören werde; denn die Südstaaten haben jetzt endlich den verzweifelten Beschluß gefaßt, die Sklaven in die Armee einzureihen, was einem Verzicht auf die Aufrechterhaltung der Sklaverei gleichkommt" [74].

Die zahlreichen Bezüge auf Guiseppe Garibaldi bei Lange, über die das — beim Thema „Amerika" nicht immer ganz vollständige — Register zum Eckertschen Band Aufschluß gibt, illustrieren, was unser Autor für die Zusammengehörigkeit aller Freiheitskämpfer tat.

Endlich war es „zwischen den beiden Hauptbefehlshabern der amerikanischen Union und [der] Konföderation, Grant und Lee", nach monatelangen Operationen zur „gewichtigen Entscheidung" gekommen, die den Schluß „des gewaltigen, nunmehr im vierten Jahre geführten Krieges" bilden mußte. Die Unionsarmeen hatten die „letzten Bollwerke" der Konföderierten erobert. Von „dem gesunden Sinne der Amerikaner" erwartete Lange nun, „daß sie den Sieg der Menschenrechte, den Sieg der Arbeit über die Aristokratie des Südens zum Vorteile ihres Landes und der ganzen Welt auszubauen verstehen" [75] würden. Zwei Wochen nach dieser optimistischen Erwartung lagen die „Ermordung des Präsidenten Lincoln und Verwundung des Staatssekretärs Seward" (er hatte kurz davor noch gesagt, „daß die Zukunftspolitik der Regierung keine aggressive sein würde" [76]) schon einige Zeit zurück. Der Mörder, meldete der Berichterstattende mit einer merkwürdig indifferenten Wortwahl, sei nicht „erwischt" [77], doch eine Belohnung von 100 000 Dollar dafür ausgesetzt worden. In Wirklichkeit starb John Wilkes Booth, Lincolns Mörder, im Augenblick seiner Gefangennahme am 26. April 1865 [78]. Hier hinkte die Berichterstattung des Halbwochenblatts also nach. Erst fast einen Monat danach sprach es von der „Ergreifung und Erschießung des Mörders Lincolns" [79] und der Aussetzung einer gleichhohen Prämie auf die Ergreifung des Expräsidenten der Südstaaten, Jefferson Davis, dessen Verhaftung und Aburteilung Anfang Juni notiert wurden [80].

Lincolns Nachfolger, Andrew Johnsohn, besaß Lange zufolge „den Ruf einer ungeheuren Willenskraft". Der Wechsel war deshalb „für die Rebellen

---

[74] PÜ, WGM, Nr. 25, 26. März 1865, ebenda, S. 662—663. S. den geradezu leninistischen Denkansatz zu der von den Sklavenstaaten vorgenommenen Bewaffnung der Schwarzen, die somit „gegen ihre eigene Freiheit fechten" würden. Es sei möglich, daß die Neger dieses „mit derselben Dummheit" tun würden, mit der „die Völker Europas" es schon oft getan hätten (PÜ, WGM, Nr. 91, 13. Nov. 1864, ebenda, S. 639).

[75] PÜ, WGM, Nr. 33, 23. Apr. 1865, ebenda, S. 667.

[76] Ebenda, S. 667—668.

[77] PÜ, WGM, Nr. 37, 7. Mai 1865, ebenda, S. 671.

[78] s. F. Wilson, John Wilkes Booth — Facts and Fiction of Lincoln's assassination, Boston — New York 1919, S. 217.

[79] PÜ, WGM, Nr. 41, 21. Mai 1865, G. Eckert (Hrsg.), Friedrich Albert Lange, Über Politik und Philosophie, a. a. O., S. 673.

[80] s. PÜ, WGM, Nr. 45, 4. Juni 1865, ebenda, S. 674.

vom größten Nachteil"[81]. Bei Beendigung der Feindseligkeiten erfuhr der Leser von ihm die — den „in stehende Heere vernarrten Köpfen" schier unbegreifliche — Nachricht von der drastischen Demobilisierung, die nicht verhindern würde, daß Amerika „auch fernerhin die erste Macht der Welt"[82] blieb. Mitteilungen über „das massenhafte Hinmorden der wehrlosen Gefangenen" verwarf Lange als „Greuelszenen, die in den Verbrecherseelen jener selbstsüchtigen Junker ausgeklügelt wurden"[83]. Als Folge der angeblich „allzu großen Milde", mit der Johnson bei der „Rekonstruktion" der unterlegenen Staaten gegen die „südstaatlichen Junker" verfuhr, erachtete der wohl aus preußischen Traditionen heraus Stellung Nehmende, die verhängnisvollen Konsequenzen des den Besiegten auferlegten Regimes nicht Voraussehende die Gefahr, daß der abgefallen gewesene Teil der Union „in gar nicht langer Zeit" mindestens „ebenso mächtig und ebenso separatistisch"[84] würde wie vor dem Krieg.

Auch hier aber lieferte Lange, wie meistens, zur Unterstützung seiner These präzise Argumente.

„Während vom Norden aus große Transporte an Korn und Lebensmitteln in den Süden zur Hebung der allgemeinen Hungersnot abgehen, beschließen die Junker, den emanzipierten Schwarzen monatlich nur 5 Dollar Lohn zu geben; dadurch wird die Not permanent und die armen Neger, denen man die Waffen in die Hand gab und ihre Kraft kennenlernte, dann aber die Rechte vorenthält, für die sie gekämpft zu haben glauben, werden rein zur Verzweiflung getrieben. Eine Neger-Revolution im Süden wäre rein die Schuld des Nordens und fiele auch in ihrer ganzen Gefahr auf den Norden zurück. Die einzige Art, wieder ordentliche Zustände in den zerrütteten Süden hineinzubringen, besteht in der Gewährung des vollen Stimmrechts für die Neger und der Verleihung von soviel Grundbesitz an jeden, als zur Erhaltung einer Familie notwendig ist. Zur Durchsetzung der Gewährung des Stimmrechts dürfte sich der Norden gezwungen sehen, da die Südstaaten durch die Emanzipation der Schwarzen 24 Stimmen im Kongreß gewonnen haben, die sie den Negern verdanken, für die sie aber die Deputierten selbst wählen würden. Bisher bestand der Kongreß aus 234 Mitgliedern und stellte sich das Verhältnis der Deputierten des Nordens zu denen des Südens wie 150:84. In dem nächsten Dezember zusammentretenden Kongresse würde sich dann das Verhältnis auf 138:96 stellen, so daß nur 22 Stimmen sich zu den Junkern zu schlagen brauchten, um den Norden in Minorität zu setzen. Das ist aber, wie noch die jüngste Zeit lehrte, keine große Schwierigkeit, und dann wäre der Wille des Südens das Gesetz der Nation"[85].

Soviel aus dem insgesamt 89zeiligen letzten Lange mit Sicherheit zuzuschreibenden Beitrag zu diesem Periodikum, dessen erste 40 Zeilen den USA vorbehalten waren — ein überzeugendes Schlußbeispiel für seine materialreichen, zukunftsweisenden, wenn auch nicht immer unfehlbaren amerikani-

---

[81] PÜ, WGM, Nr. 37, 7. Mai 1865, ebenda, S. 671.
[82] PÜ, WGM, Nr. 45, 4. Juni 1865, ebenda, S. 674.
[83] PÜ, WGM, Nr. 49, 18. Juni 1865, ebenda, S. 678 (im Orig. und im Eckertschen Text steht „Verbrechersälen", was wir als Druckfehler ansehen).
[84] PÜ, WGM, Nr. 57, 16. Juli 1865, ebenda.
[85] Ebenda, S. 678—679.

stischen Informationen und Interpretationen sowie für die spürbare Intensität seiner Stellungnahme für den u n d e r - d o g.

III.

Im Entwurf zu einem „Aufruf an die Menschenfreunde aller Nationen" [86], dem zur beschränkten Verbreitung gedachten Manifest, mit dem Lange im Winter 1870 an Stelle des deutsch-französischen Waffengangs die Idee eines internationalen Schiedsgerichts setzen wollte, wandte er sich in erster Reihe den Europäern zu. Er bezog indessen erneut Amerika in seine Zukunftsplanung ein. „Aber auch jenseits des Ozeans", las man in dem Appell, „suchen wir die Bundesgenossen unsrer Bestrebungen. Immer enger wird das Band der Interessen und des Verkehrs, sowie der gemeinsamen geistigen Arbeiten und Kämpfe, welches alle zivilisierten Nationen verbindet, und je mehr die realen Verhältnisse diese Einheit unwiderstehlich herstellen, desto gefährlicher wird die Versäumnis einer großen und planmäßigen Pflege der internationalen Beziehungen [87]. Das Zirkular, „einer der letzten, nur zögernd unternommenen Versuche Lange, in das tagespolitische Geschehen handelnd einzugreifen" [88], erwähnte (außer Frankreich als Ort des „unmenschlichen Krieges" [89] keine einzelnen Länder und bezog sich daher nicht ausdrücklich auf die USA. Wegen deren bedeutender Position in Langes Weltbild, die unsre Analyse Revue passieren ließ, darf mit einiger Gewißheit angenommen werden, daß er sie — 75 Jahre vor Gründung der UNO in San Francisco — mehr als andre amerikanische Staaten im Auge hatte.

Fragen wir uns nach den hervorstechenden positiven Zügen des Langeschen Amerika, so wird auf dem gesellschaftlichen Sektor die Emanzipation der Farbigen festzuhalten sein, die in unsern Tagen ersichtlich einigermaßen befriedigende Resultate zu zeitigen anfängt. Aus der wissenschaftsgeschichtlichen Perspektive ist die hohe Einschätzung der amerikanischen Forschung bedeutsam; wirtschaftsgeographisch die den USA eine maßgebliche Stellung zuweisende Erweiterung des Weltmarkts, der die Verlagerung des militärpolitischen und diplomatischen Gleichgewichts entspricht. Hinzu tritt die militärwissenschaftliche Einsicht in die relative Geringfügigkeit der Truppenpräsenz im Verhältnis zur ökonomischen Macht, zur kriegerischen Effizienz und Erfahrung. Daß auch in allen diesen Punkten Langes Erkenntnisse erst in unsrer Zeit richtig gewürdigt zu werden vermögen, erhellt die Größe und Tragik seiner mit genialen Qualitäten versehenen Persönlichkeit.

Unter diesen beiden Gesichtspunkten fesseln uns Schaffen und Schicksal Langes auch dann noch, wenn wir daran denken, daß einige seiner Zeit- und Gesinnungsgenossen (wie eingangs angedeutet) ähnliche Haltungen zu Amerika einnahmen. Um die Ähnlichkeit an einem weiteren Beispiel zu erhärten und zugleich bezeichnende Unterschiede sichtbar werden zu lassen, kehren wir noch einmal zu der zentralen Figur des amerikanischen Präsidenten zurück. Lange, auch nach seinem Ausscheiden aus dem Lehramt mehr Akademiker als Agitator, stellte seinen Lesern am 25. September 1864 neben dem „unfähigen, aber redlichen Lincoln" den angeblich sowohl untüchtigen wie unehrlichen M'Clellan

---

[86] Ebenda, S. 294.
[87] Ebenda, S. 298.
[88] Ebenda, S. 295.
[89] Ebenda, S. 296.

vor. Liebknecht, dem einer seiner besten Freunde attestierte, er sei„ zum Lehrer und Gelehrten (freilich nicht zum d e u t s c h e n Professor) geboren" und werde sich „als a m e r i k a n i s c h e r Professor durchaus glücklich fühlen" [90], verfuhr umgekehrt eher agitatorisch als akademisch, indem er am 8. Oktober 1864 seine Leserschaft mit den (drei) Alternativen konfrontierte, sie eingehender darlegte und sein eignes Votum mit geringerer Einschränkung abgab [91]. Während Lange den Tod Lincolns lediglich registrierte und auf das Entkommen des Mörders sogar (wie erinnerlich) einen auffallend burschikosen Ausdruck verwandte, entwarf Liebknecht, der gestand, daß das Attentat ihn geradezu krank machte [92], u. a. einen pathetischen Nachruf und übermittelte ihn in der Form einer von organisierten Arbeitern unterzeichneten Adresse dem Berliner Gesandten der USA zur Weiterleitung an das neue Staatsoberhaupt [93]. Johnson führte Lange Anfang Mai 1865 als einen wegen seiner Willensstärke für den Süden gefährlichen Ersatzmann ein, während Liebknecht sich Ende jenes Monats abermals mit mehr Fakten über dessen Potential verbreitete [94]. Mitte Juli äußerte Lange enttäuscht an Johnsons Durchsetzungsvermögen die stärksten Zweifel und erblickte resigniert die Südstaatler schon als künftig maßgebliche Gesetzgeber der Union. Liebknecht ersann stattdessen im August als massenhaft einzusetzendes Gegenmittel die Auswanderung reformwilliger Europäer nach Übersee, obwohl er selbst nur in extremis nach USA emigrieren wollte [95]. Bekanntlich fand er im Gegensatz zu Lange bald in einem andern Teil Deutschlands ein fruchtbares politisches Betätigungsfeld, wo er (mit einem Wort Werner Blumenbergs) „eine Aufklärungsarbeit großen Stiles" [96] betrieb.

Mit noch größerem Format ergriff Marx die Gelegenheiten zu politischem Handeln beim Schopf. Bediente Liebknecht sich mittels einer deutsch abgefaßten Erklärung der keineswegs von ihm beherrschten, winzigen Berliner Gemeinde des Allgemeinen Deutschen Arbeiter-Vereins, um über den ihm befreundeten amerikanischen Gesandten an die Regierung in Washington heranzukommen, die ihrerseits in Liebknechts Person neben Lange einen weiteren pronordstaatlichen Pressekontakt bekam, so setzte Marx als Sekretär der bereits nach Tausenden zählenden Internationalen Arbeiter-Assoziation schon Ende 1864 anläßlich Lincolns Wiederwahl eine, man möchte fast sagen, englische Botschaft auf. Sie fiel derartig eindrucksvoll aus, daß sie mehr als eine formelle Empfangsbestätigung hervorrief, was die Absender von weniger wirksamen Sympathiebekundungen begreiflicherweise neidisch stimmte [97]. Zu

---

[90] G. Eckert, Wilhelm Liebknecht über Abraham Lincoln, in: I. Geis, B. J. Wendt (Hrsg.), Deutschland in der Weltpolitik des 19. und 20. Jahrhunderts, Festschrift für Fritz Fischer, a. a. O., S. 123.
[91] Ebenda, S. 126.
[92] Ebenda, S. 128; s. Robert Schweichel an Wilhelm Liebknecht, 3. Mai 1865, in: W. Liebknecht, Briefwechsel mit deutschen Sozialdemokraten, Quellen und Untersuchungen zur Geschichte der deutschen und österreichischen Arbeiterbewegung, Bd. IV N F, hrsg. von G. Eckert, Assen 1973, S. 66.
[93] G. Eckert, Wilhelm Liebknecht über Abraham Lincoln, a. a. O., S. 131—132.
[94] s. ebenda, S. 130.
[95] Ebenda.
[96] W. Blumenberg, Kämpfer für die Freiheit, Berlin — Hannover 1959, S. 58.
[97] Karl Marx an Wilhelm Liebknecht, gegen Ende Nov. 1864, in: W. Liebknecht, Briefwechsel mit Karl Marx und Friedrich Engels, hrsg. von G. Eckert, Quellen und Untersuchungen zur Geschichte der deutschen und österreichischen Arbeiterbewegung, Bd. V, The Hague 1963, S. 39; G. Eckert, Wilhelm Liebknecht über Abraham Lincoln, a. a. O., S. 121.

den jeweiligen Positionen und Proportionen paßte es, daß der relativ isolierte Duisburger sich an den Berliner „Agenten" der „Partei Marx"[98] wandte, der Theoretiker an den Praktiker, Lange an Liebknecht, und nicht etwa umgekehrt. Welche absolute Größenordnung jedem dieser geistigen Gestirne zukam, ist natürlich vom amerikanischen Aspekt allein her nicht zu bestimmen.

---

[98] Zu den Ausdrücken s. Anm. 5, S. 49 in dem unter Note 97 zit. Briefwechsel, zum Vorgang Wilhelm Liebknecht an Friedrich Engels, 25. März 1865, ebenda, S. 50.
Der Autor dankt auch an dieser Stelle der Gesellschaft der Freunde der Niederrheinischen Universität Duisburg für die Bezuschussung einer Forschungsreise in die USA, bei der u. a. durch die Benutzung der Bürgerkriegsliteratur der New Yorker Staatsuniversität in Albany die inhaltliche Zuverlässigkeit und Aktualität der Langeschen Berichterstattung überprüft werden konnte. Dank gebührt ebenfalls Herrn Menzel vom „Iserlohner Kreisanzeiger", der dem Autor die Kollationierung der edierten WGM-Langebeiträge ermöglichte, und Herrn Direktor Dr. Günter von Roden vom Duisburger Stadtarchiv, der das gleiche für die RRZ-Artikel gestattete. Ein Blick auf das im Nachlaß befindliche Fragment „Die Eselsinseln im atlantischen Ozean oder merkwürdige Irrfahrten und Entdeckungen eines Deutsch-Amerikaners" enthüllte dem Autor bei dieser Gelegenheit erneut, wie stark Lange sich offenbar mit den Bewohnern der Neuen Welt identifizierte.

II. PÄDAGOGIK UND PUBLIZISTIK

Friedrich Albert Lange — eine „merkwürdige Randfigur" in der Pädagogik des 19. Jahrhunderts

von Joachim H. K n o l l

Nicht allein ein bevorstehender Gedenktag, nicht allein auch die historiographische Aufforderung Leopold v. Rankes, daß die Geschichte immer wieder umgeschrieben werden müsse, auch nicht der Versuch, Beiläufigem den Glanz der Originalität zu verleihen, veranlaßt unser Vorhaben, Friedrich Albert Langes Ort in der Pädagogikgeschichte des 19. Jahrhunderts anzugeben und näher zu porträtieren. Langes Beitrag zu einer neukantianischen Philosophie, die ihn teils an den Beginn der sogenannten Marburger Schule rangiert, seine sozialpolitische Publizistik und sein nationalökonomischer Sachverstand sind vielfach und verläßlich nachgezeichnet worden; auch viel, bislang unbekanntes Quellenmaterial hat unsre Kenntnis über diesen, in die herkömmlichen Schemata schwer einzuordnenden „Prä-Revisionisten" vermehrt. Auf diese Materialien und Zuordnungsversuche wird noch einzugehen sein. Wir wollen eine bislang geringer beachtete Variante im Lebensvollzug Friedrich Albert Langes bewußt machen, die unser Bemühen um eine biographisch verfaßte Schulgeschichte des Niederrheins fortsetzt [1]. Die Biographen Friedrich Albert Langes wie Franz Weinkauff [2], O. A. Ellissen [3], wie in jüngster Zeit Georg Eckert [4] haben auf die pädagogische Publizistik mehr oder minder intensiv aufmerksam gemacht, haben aber gleichzeitig deutlich werden lassen, daß seine stärkste Potenz offenbar auf diesem Gebiet nicht gelegen habe. Das gilt um so mehr für jene Arbeiten, die Lange in den philosophischen oder politisch-nationalökonomischen Kontext einordnen, wobei wir im Vorgriff auf spätere Nennungen hier nur hinweisen auf die Arbeiten von M. Kronenberg [5], Theodor Heuss [6], Erich Becher [7], Hans Vaihinger [8], H. Braun [9] und N. Berdiajew [10]. Da indes das

---

[1] J. H. Knoll, Johann Gottfried Christian Nonne, Ein Beitrag zur niederrheinischen Schulgeschichte am Beginn des 19. Jahrhunderts, München-Paderborn-Wien 1971. Auch: Duisburger Forschungen, Beiheft 14, Duisburg 1971.

[2] F. Weinkauff, Friedrich Albert Lange, in: Allgemeine Deutsche Biographie, Leipzig 1883, Bd. 17, S. 624 ff.

[3] O. A. Ellissen, Friedrich Albert Lange, Eine Lebensbeschreibung, Leipzig 1891.

[4] G. Eckert (Hrsg.), Friedrich Albert Lange, Über Politik und Philosophie, Briefe und Leitartikel 1862 bis 1875, Duisburg 1968 (Duisburger Forschungen, Beiheft 10).

[5] M. Kronenberg, Moderne Philosophen, Porträts und Charakteristiken, München 1899.

[6] Th. Heuss, Anton Dohrn, Tübingen 1940, S. 73 ff.

[7] E. Becher, Deutsche Philosophen, München und Leipzig 1929.

[8] H. Vaihinger, Hartmann, Dühring und Lange — Zur Geschichte der Deutschen Philosophie im XIX. Jahrhundert, Iserlohn 1876.

[9] H. Braun, Friedrich Albert Lange als Sozialökonom — nach seinem Leben und seinen Schriften, Phil. Diss. Halle 1881.

[10] N. Berdiajew, Friedrich Albert Lange und die kritische Philosophie in ihren Beziehungen zum Sozialismus, Die Neue Zeit, 2. Bd., Stuttgart 1900, 18. Jg., S. 132 ff.

pädagogische Schrifttum Langes wissenschaftliche und schulpraktische Überlegungen in breitem Umfang enthält, da auch der pädagogische Nachlaß noch kaum hinlänglich ausgewertet ist, scheint der Versuch gerechtfertigt, Lange hier als Pädagogen vorzuführen, wobei diese Seite seiner schriftstellerischen Produktivität nicht von seinem sonstigen publizistischen Ertrag abgesondert werden sollte. Es wird sich allerdings später noch zeigen, daß gerade in seinen Beiträgen zur Schmid'schen Enzyklopädie [11] ein mehr darstellender und referierender Charakter offenbar wird, der die eindeutige, auch bildungspolitische Aussage zurückstellt. Daß Lange als Pädagoge weithin unbekannt ist, mag auch daran abgelesen werden, daß die von uns eingesehenen „Konversationslexika" allenfalls seine turnpädagogischen Aktivitäten berücksichtigen, ansonsten aber auf seine Mittelposition zwischen linkem Liberalismus und rechtem Sozialismus abheben und ihn als einen Vorläufer Bernsteins auszuweisen versuchen. In diesem Zusammenhang und in den intensiver gewordenen Ideologiediskussionen mag es verwunderlich erscheinen, daß Lange in ein Gespräch mit aktueller Dimension bislang kaum eingebracht wurde.

Selbst in den auf Stringenz bedachten Lexika wird sein Ort — der wissenschaftliche wie auch der politische — nicht eindeutig und übereinstimmend definiert. Wir wollen einige Typologisierungsversuche hier anfügen. So erklärt ihn Meyers Lexikon von 1927 [12] zum „idealistischen Kathedersozialisten" und rechtfertigt dieses Epitheton mit dem Hinweis, daß Lange die Ethik Kants in diese Richtung ausgebaut habe. Der Große Brockhaus aus dem Jahre 1932 [13] schließt sich dieser Optik weithin an, urteilt aber darüber hinaus, Lange habe „dem Programm des Revisionismus vorgearbeitet". Neuere Auflagen dieses Lexikons bleiben hinter solcher Differenzierung gar zurück und verbleiben in der vordergründigen und unbestimmten Charakterisierung, Lange habe „früh sozialistische Forderungen vertreten" [14]. Soweit wir feststellen konnten, gehen nur zwei Lexika auf pädagogische Zusammenhänge im Lebensvollzug Langes und in seiner Publizistik ein, so wenn der „Große Herder" [15] (1933) Lange als „hervorragenden Turnpädagogen" apostrophiert und die Encyclopaedia Britannica [16] schreibt: „he was educated at Duisburg, Zürich and Bonn, where he distinguished himself by gymnastics as much as by studies ... He wrote „Die Leibesübungen" (1863)." Ansonsten folgen die Autoren der Artikel den tradierten Auffälligkeiten, wobei die Hinweise auf Langes Anteil bei der Formulierung einer neukantianischen Philosophieposition überbewertet erscheinen. In diesen Zusammenhang gehört die schlichte Verkürzung des Schweizer Lexikons [17], die Lange als „Vorläufer des Neukantianismus" tituliert, wohingegen wohl geltend gemacht werden könnte, daß Lange in keiner Weise ein

---

[11] Encyklopädie des gesammten Erziehungs- und Unterrichtswesens, bearbeitet von einer Anzahl Schulmänner und Gelehrten, hrsg. unter Mitwirkung von Prof. Dr. v. Palmer und Prof. Dr. Wildermuth von K. A. Schmid, Gotha 1859 ff.
[12] Meyers Lexikon, Leipzig 1927[7], 7. Bd., Sp. 580.
[13] Der Große Brockhaus, Leipzig 1932[15], S. 113.
[14] Brockhaus Enzyklopädie, Wiesbaden 1970[17], Bd. 11, S. 119 und Der Große Brockhaus, Wiesbaden 1955[16], 7. Bd., S. 65; die neueste Ausgabe weist gegenüber der vorangehenden nur geringfügige Veränderungen auf, die Ergänzungen bleiben hinter dem gegenwärtigen Kenntnisstand zurück.
[15] Der Große Herder, Freiburg 1933[4], 7. Bd., Sp. 652.
[16] Encyclopaedia Britannica, Chicago-London-Toronto 1961, Vol. 13, S. 691 f.
[17] Schweizer Lexikon, Zürich 1947, 4. Bd., Sp. 1436.

Systematiker war und seine Detailüberlegungen allenfalls wesentliche Züge des Neukantianismus antizipiert haben. Eine aktuelle politische Variante, die wir bei den hierzulande erschienenen Lexika leider vermissen mußten, findet sich in der DDR-Ausgabe von Meyers Lexikon[18], in dem Lange auf eine „bürgerlich-liberale, demokratische Position" reduziert und, was freilich abwertend gemeint ist, als „ideologischer Wegbereiter des Revisionismus" indiziert wird. Darüber hinaus begegnet der Hinweis auf Langes Aktivitäten in den Lassalleschen Arbeiterbildungsvereinen. Hier sei im nebenhinein angemerkt, daß sich Langes Teilnahme an Problemen der Erwachsenenbildung aus seinem Schrifttum nicht ersehen läßt, daß aber sein Einsatz für die Idee popularisierter Wissenschaft im Sinne von veröffentlichter und sprachlich decodierter Wissenschaft im Bereich der Arbeiterbildungsvereine wiederholt dargelegt wurde[19]. Die ausländischen Lexika — wir hatten auf die Ausnahme der Encyclopaedia Britannica hingewiesen — grenzen sich in der Regel auf ein biographisches Referat ein, das für unseren Zusammenhang unerheblich erscheinen muß; die Formel der Encyclopaedia Americana[20] bleibt reichlich dunkel: „Lange was an exponent of the ‚other Germany'... he was representative of the best in the German 19th century academic tradition"[21].

An dieser Übersicht wird deutlich, daß Lange in den aus dem Zeitgeist geronnenen lexikalischen Ausführungen nicht als Pädagoge gilt. Unsere Darlegungen müssen sich demzufolge aus anderen Quellen speisen, so aus den Lebensumständen, die Lange als Schulpraktiker und wissenschaftlichen Lehrer der Pädagogik ausweisen und sodann aus jenen Publikationen, die sich an erzieherische Fragen im Umland einer Sozialtypologie und politischen Aktualität wenden oder solchen, die pädagogische Fragen dezidiert aufgreifen und bearbeiten. Wir brauchen an dieser Stelle nicht in eine biographische Nachzeichnung einzutreten, sondern markieren nur jene beruflichen Positionen, die ihn in der Nähe pädagogischer Tätigkeiten sehen. Darüber berichten Weinkauff[22] und O. A. Ellissen[23] ausführlich und zeigen vor allem sein Bemühen um eine Pädagogik, die am praktischen Handeln orientiert ist, die also beides in den Blick nimmt; die wissenschaftlich fundierte Vorbildung und die durch den Augenschein und die Selbsterfahrung gewonnene Handlungssicherheit. Nachdem er 1851 mit einer Dissertation (Questiones metricae) in Bonn promoviert und im Sommer des gleichen Jahres das Oberlehrerexamen abgelegt hatte, absolvierte Lange das Probejahr als Schulamtskandidat und nahm gleichzeitig eine Stelle als Erzieher im Hause des Bankiers J. D. Herstatt an. In diese Zeit fällt auch ein erster publizistischer Versuch zu einer Reform des Turnens „Über die Verbindung des Turnens und der militärischen Ausbildung", der ihm zwar wohlmeinende, auch gleichsam offizielle Zusprache ein-

---

[18] Meyers Neues Lexikon, Leipzig 1963, 5. Bd., S. 266.
[19] Jüngst in: H. Dräger, Die Gesellschaft für Verbreitung von Volksbildung — eine historisch-problemgeschichtliche Darstellung von 1871 bis 1915, Phil. Diss. Bochum 1973, Stuttgart 1975.
[20] Encyklopädia Americana, New York 1966, Vol. 16, S. 711 f.
[21] s. ferner Grand Larousse encyclopedique, Paris 1962, 6. Bd., S. 588, Grote Winkler Prins Encyclopedie, Amsterdam-Brussel 1967, Bd. 11, S. 584; Grande Dizionario Enciclopedico Utet, Turin 1967, Bd. 10, S. 926.
[22] F. Weinkauff, Friedrich Albert Lange, in: Allgemeine Deutsche Biographie, a. a. O., S. 624 ff.
[23] O. A. Ellissen, Friedrich Albert Lange, Eine Lebensbeschreibung, a. a. O., S. 90.

brachte, aber seinem beruflichen Avancement nicht erkennbar förderlich war. 1855 hat er sich dann in Bonn für Philosophie und Pädagogik habilitiert und, wie Ellissen hervorhebt, sich besonders der Pädagogik zugewandt. Über die Antrittsvorlesung gehen die Meinungen auseinander; so gibt Weinkauff als Titel „Herbarts mathematische Psychologie" [24] an, während Ellissen in einem Manuskript vom 24. 10. 1855 „Über den Zusammenhang der Erziehungssysteme mit den herrschenden Weltanschauungen verschiedener Zeitalter" das Konzept von Langes Antrittsvorlesung vermutet [25]. Über seine Bonner Lehrtätigkeit gibt ein Brief an den Kieler Professor Taulow vom 16. 11. 1857 Auskunft, an dem sich jener Sachverhalt eingehender nachweisen läßt, der auch aus den lapidaren Vorlesungsankündigungen ablesbar ist, daß nämlich Langes Vorlesungen zur Pädagogik kaum von Erfolg begleitet waren. In dem Brief heißt es: „Daß ich mich gerade für Pädagogik habilitierte, entsprach zwar im Innersten der Gesamtrichtung meines Strebens, war aber äußerlich nur ein Experiment, auf das ich ein negatives Resultat erwartete. Als alter Schüler Ritschls mußte ich wissen und wußte es, daß, so lange der Einfluß dieses bedeutenden Mannes hier ungeschwächt bleibt, an ein Aufkommen pädagogischer Studien an hiesiger Universität nicht zu denken ist. Es war aber nötig, daß dieser Sachverhalt dokumentiert werde und daher mußte ich dafür sorgen, daß beständig pädagogische Vorlesungen hier angekündigt sind.

Und um den Beweis des Thatbestandes vollständig zu machen, lag es mir ob, durch anderweitige Vorlesungen zu zeigen, daß der Nichtbesuch der pädagogischen mit meiner Person und Lehrweise nichts zu thun hat. Dies gelang mir, indem die Listen meiner Vorlesungen über Psychologie, Geschichte des Materialismus, Moralstatistik 12 bis 20 Zuhörer aufweisen, was bei sechs konkurrierenden Dozenten anständig ist. Die Moralstatistik, die ich in diesem Semester lese, ist ein Lieblingsgegenstand von mir, wie ich mich überhaupt im Gegensatz zur Spekulation und Konstruktion in allen Gegenständen, die ich anfasse, gern an die exakte Seite halte, neben der ich die geschichtliche am höchsten stelle. Ich gehe mit nichts Geringerem um, als die Psychologie unter Verlassung des unfruchtbaren Herbartschen Weges mit Hülfe der Statistik, zur exakten Wissenschaft im eigentlichen und gewöhnlichen Sinne des Wortes zu machen. Die Möglichkeit einer streng wissenschaftlichen Beobachtung mittelst des ‚innern Sinns', nach Fortlages Manier leugne ich gänzlich. Die zwei Bände starke Psychologie dieses Philosophen, halte ich für ein Gewebe von Unsinn, und J. H. Fichte mit seiner Anthropologie kann ich im Prinzip nicht viel höher stellen, mindestens ist der ganze Weg dieser Naturwissenschaftlichkeit ein durchaus verfehlter. Hier heißt es: konsequent oder gar nicht" [26].

Das „Verzeichnis der stattgehabten Vorlesungen von Privatdozent Friedrich Albert Lange" [27] zwischen dem Winter-Semester 1855/56 bis zum Winter-Semester 1857/58 bestätigt den brieflich mitgeteilten Eindruck:

---

[24] F. Weinkauff, Friedrich Albert Lange, in: Allgemeine Deutsche Biographie, a. a. O., S. 625.
[25] O. A. Ellissen, Friedrich Albert Lange, Eine Lebensbeschreibung, a. a. O., S. 91.
[26] zit. nach O. A. Ellissen, ebenda, S. 9 ff.
[27] Nach einer Zusammenstellung des Archivs der Rheinische Friedrich-Wilhelms-Universität, Bonn, 15. 3. 1973.

WS 1855/56
Vorlesungsverzeichnis der Universität Bonn, S. 1013
Lange, A.

    Geschichte der Pädagogik
    publ. — nur eine Meldung

    Pädagogik
    priv. — keine Meldung

    Pädagogische Übungen und Unterredungen
    privatissime — 2 Hörer — 10. 11. — 23. 2.
    Diese Vorlesung wurde durch Kuratorialentscheidung vom 13. 8. 1855 genehmigt.

SS 1856
Vorlesungsverzeichnis, S. 1031
Lange, A.

    Geschichte des Gymnasilunterrichts
    publ. — nur zwei Meldungen

    Psychologie
    priv. — 6 Hörer — 24. 4. — 5. 8.

    Pädagogische Übungen
    privatissime — keine Meldung

WS 1856/57
Vorlesungsverzeichnis, S. 1052
Lange, F. A.

    Über die Schulen des 16. Jahrhunderts
    publ. — nur zwei Meldungen

    Psychologie
    priv. — 9 Hörer — 3. 11. — 14. 3.

    Pädagogik
    priv. — keine Meldung

    Pädagogische Übungen
    privatissime — keine Meldung

SS 1857
Vorlesungsverzeichnis, S. 1070
Lange, F. A.

    Geschichte des Materialismus
    publ. — 19 Hörer — 7. 5. — 6. 8.

    Psychologie
    priv. — 12 Hörer — 7. 5. — 6. 8.

    Pädagogische Übungen
    privatissime — keine Meldung

WS 1857/58
Vorlesungsverzeichnis, S. 1090

Lange, F. A.

    Moralstatistik
    publ. — 11 Hörer — 2. 11. — 11. 3.

    Psychologie
    priv. — 3 Hörer — 2. 11. — 12. 3.

    Pädagogische Übungen
    privatissime — keine Meldung

In seiner akademischen Tätigkeit, als Dozent und Professor an der Universität Zürich und als Professor in Marburg, sind dann pädagogische Veranstaltungen von Lange nur noch spärlich angekündigt worden. Sein vorrangiges Interesse hat sich nach seiner Schultätigkeit in Duisburg, wohl auch im Zusammenhang mit der Geschichte des Materialismus, der Philosophie zugewandt; so hat er in Marburg, wo er vom Winter-Semester 1872/73 bis zum Winter-Semester 1875/76 lehrte, nur noch eine pädagogische Vorlesung angeboten, nämlich im Sommer-Semester 1874 zur „Geschichte der neueren Pädagogik"; ob diese Vorlesung tatsächlich stattgefunden hat, ist aus den uns verfügbaren Unterlagen indes nicht ersichtlich [28].

Bringen wir nachfolgend auch noch kurz Langes Duisburger Tätigkeit und sein dortiges schulpraktisches und pädagogisch-publizistisches Wirken in den Blick, so lassen sich die vorrangigen Schwerpunkte seines pädagogischen Interesses bereits markieren. Dabei wird allerdings auch deutlich, daß seine politischen Ansichten nur bedingt auf den pädagogischen Denkvollzug eingewirkt haben, seine Mitwirkung an der praktischen Arbeiterbildung hat — wie gesagt — einen erkennbaren Niederschlag in seinen pädagogischen Schriften nicht gefunden. Einmal treffen wir bei Lange, vor allem während der Duisburger Zeit, auf kultur- und bildungspolitische Tagesschriftstellerei, so etwa über das je konkrete Verhältnis von Staat und Kirche und über die Grenzen der Loyalitätspflicht des Lehrers gegenüber der vorgeordneten Kultusadministration [29]. Sodann treffen wir auf anglophil eingestimmte Reformmodelle zur Neuorganisation des Schulwesens [30] — hierbei scheint seine ursprünglich linksliberale Position maßgeblich gewesen zu sein [31]. Sodann können wir Versuche zu einer Geschichte der Pädagogik ausmachen, die sich allerdings im wesentlichen auf Vives und dessen Nachfolge konzentrieren. Schließlich hat er in einem mehr systematischen Zugang Grundfragen erzieherischer Praxis erörtert, dafür gelten die Artikel in der Schmidschen Encyklopädie als Beleg.

---

[28] s. Vorlesungen von Professor Friedrich Albert Lange, Mitteilung der Universitätsbibliothek Marburg 7. 3. 1973, s. dazu auch F. Gundlach, Die akademischen Lehrer der Philipps-Universität von 1527—1910. 1927. Veröffentlichungen der Hist. Kommission f. Hessen und Waldeck. 15.

[29] s. hierzu u. a. O. A. Ellissen, Friedrich Albert Lange, Eine Lebensbeschreibung, a. a. O., S. 110 ff.; G. Eckert (Hrsg.), Friedrich Albert Lange, Über Politik und Philosophie, a. a. O., S. 125.

[30] Dazu G. Eckert, ebenda, S. 164; O. A. Ellissen Friedrich Albert Lange, Eine Lebensbeschreibung, a. a. O., S. 116 f.

Es darf sicher als Verkürzung erachtet werden, wenn Fr. Gossart den Artikel über „die Leibesübungen" als den „pädagogisch wichtigsten" ausweist [32].

Ab 1858 war Lange in Duisburg tätig, wobei er zumal in den Oberklassen des dortigen Gymnasiums die Fächer Griechisch, Lateinisch, Deutsch und philosophische Propädeutik unterrichtete. Diese Zeit wird von allen Biographen als die politisch und publizistisch prägende Periode bezeichnet, die allerdings nur bis in das Jahr 1866 hineinreichte. Der Abschied von seiner Bonner Dozentur ist vergleichsweise formal abgelaufen und es scheint, als habe ihm der schmale Lehrerfolg den Übertritt in die pädagogische Wirklichkeit der Schule erleichtert [33].

Eigentlich haben deutsche Universitäten ein lebhafteres Interesse an Lange erst bekundet, nachdem seine „Geschichte des Materialismus" eine auch internationale Beachtung gefunden hatte und er sich stärker zur Philosophie hin orientierte. Der Privatdozentur und der Professur an der Universität Zürich folgen zahlreiche Anfragen, so von Marburg, wo er ab 1872 eine Philosophieprofessur mit beachtlichem Zuspruch versah, so auch von Kiel — der dortigen Fakultät hat er einen freundlichen absagenden Bescheid zukommen lassen [34]; auch Jena und Greifswald haben bei Vakanzen seinen Namen ins Gespräch gebracht. Die kämpferischen Einlassungen Langes aus der Duisburger Zeit waren offenbar inzwischen durch den wissenschaftlichen Eindruck seiner philosophiehistorischen Arbeiten in Vergessenheit geraten.

Seine Tätigkeit im Schuldienst war nur von relativ kurzer Dauer; 1862 ist er aus Gründen politischer Auseinandersetzungen aus seiner Gymnasialtätigkeit ausgeschieden, blieb aber als Redakteur des „Boten vom Niederrhein" — eine Lange-Gründung, die allerdings eine nur bescheidene Lebensdauer erreichte — und als Sekretär der Duisburger Industrie- und Handelskammer vorerst in Duisburg. In diese Zeit fällt — wir hatten bereits vorab darauf hingewiesen — seine politische Profilierung, die er im Zwischenbereich von Linksliberalen und Lassalleaner vornahm, dabei Lassalle zunehmend näher als den Linksliberalen. Der sich verstärkende Munizipalliberalismus hat Lange kaum zu faszinieren vermocht, da sich seine Optik auf nationale und gesamtsoziale Perspektiven ausrichtete und er den Rückzug der Liberalen auf eine dem englischen selfgovernment folgende Kommunalpolitik als eine für seine politische Wirksamkeit nicht fruchtbare Plattform erachtete. In der pädago-

---

[31] Über die anglophile Ausrichtung des Linksliberalismus ist eingehend gehandelt in: J. H. Knoll, Führungsauslese in Liberalismus und Demokratie, Stuttgart 1957.

[32] Fr. Grossart, Lebensbilder aus Kurhessen und Waldeck 1830—1930, Veröffentlichungen der Historischen Kommission für Hessen und Waldeck, 20, 1, hrsg. von I. Schnack, Bd. 1, Marburg 1929, S. 186. G. gibt eine insgesamt verläßliche Interpretation der gedruckt vorliegenden Schriften Langes; seine Meinung, daß L. seiner Forschung eine „einseitige Ausrichtung auf die naturwissenschaftliche Forschung gegeben habe", läßt sich in unserem Zusammenhang nur im Blick auf die Psychologie und die Auseinandersetzung mit den psychologischen Setzungen Herbarts zustimmen.

[33] s. hierzu den Brief Langes — aus dem Bonner Universitätsarchiv — v. 10. 5. 1858: „Einer hochl. Fakultät mache ich die ergebenste Anzeige, daß ich meine am 28. Jan. d. J. erfolgte Ernennung zum ersten ordentlichen Lehrer des hiesigen Gymnasiums angenommen und bereits meine diesseitigen Funktionen angetreten habe" ... und den Brief des Königl. Kuratoriums der Rheinischen Friedrich-Wilhelms-Universität — ebenfalls aus dem Bonner Universitätsarchiv — vom 3. 5. 1858: „Dem äußern Vernehmen nach ist der Privatdocent Dr. Lange aus seinem bisherigen Verhältniß bei der hiesigen Universität ausgeschieden ..." Der damalige Dekan hat am 5. 5. 1858 eine lakonische Mitteilung über das Ausscheiden Langes an die Fakultät gerichtet.

[34] s. Brief vom 19. Juni 1872 aus Zürich, Original in der Univ.-Bibliothek Bonn.

gisch-linksliberalen Anglophilie hat er sich, ähnlich wie später Hermann Lietz [35], am System der reformierten Public Schools orientiert und eine Übertragung des dort praktizierten Erziehungsvollzugs für möglich gehalten. An den Public Schools rühmt Lange in gewiß ähnlicher Verzeichnung wie H. Lietz deren liberale Grundstimmung, das von diesen Schulen ausgehende und sie prägende Persönlichkeitsideal, das unter der Formel von W. of Wikham „manners make men" subsumiert werden kann, die Verbindung von individueller und familialer Erziehung und letztlich die Anleitung zu einer bürgerlichen Gesinnung. Er wünschte sich „Schulmänner", die dem Beispiel Th. Arnolds, des Rektors von Rugby, zu entsprechen vermochten. Thomas Arnold hat er als beispielsetzende pädagogische Kraft wie folgt charakterisiert: „Das aber machte den Zauber seiner Wirkung aus, daß in ihm Alles aus einem Gusse war; daß der ganze Mensch in allen seinen Lebensäußerungen von seinen leitenden Gedanken durchdrungen und gestaltet war. Und an dem Verlaufe wichtiger Lebensfragen nahm er so lebhaften Anteil, daß unbesonnene und neidische Freunde nicht selten die Befürchtung äußerten, sein Auftreten in politischen und kirchlichen Fragen müsse seine Stellung zur Schule gefährden. Aber seine Schule gedieh nach innen und außen, und das Wirken seiner vollen, in Wahrheit gegründeten Person verbreitete mehr nationale Gesinnung durch die Gewalt des Beispiels, als je Reden und Lektionen vermocht hätten" [36]. Von diesem Vorbild ausgehend hat er im Briefwechsel mit Dörpfeld [37] sein Modell einer freien Schulgemeinde entwickelt, die sich gegenüber staatlichen und kirchlichen Einsprüchen und Maßgaben abgrenzen sollte. Vielleicht dürfen schon an dieser Stelle einige der von ihm vorgebrachten Merkmale einer reformierten Bildungsorganisation vorgeführt werden. Einmal sollten Schulgründungen nicht allein von kirchlichen oder staatlichen Regularien und Auflagen abhängig gemacht werden; er vertritt in diesem Zusammenhang das Prinzip freier Assoziationen, wie das später auch von der Landerziehungsheim-Bewegung propagiert und in die Wirklichkeit umgesetzt wurde; sodann möchte er das Recht zu Schulgründungen allen gesellschaftlichen und pädagogischen Partikularkräften der Gesellschaft einräumen, „welche mit den kirchlichen konkurrieren" [38], also Stadtgemeinden, Aktiengesellschaften, Vereinen, Privatpersonen. Und schließlich möchte er in solchen Schulgemeinden auf der Grundlage freier Assoziationen die Kraft selbstgesetzter und selbstgewählter pädagogischer Vorgehensweisen realisiert sehen, sofern dabei Absichten und Zwecke des Staates nicht beeinträchtigt werden. Im Blick auf vom Staat organisierte und geleitete Schulen, die einen dispersen Adressatenkreis unterschiedlicher weltanschaulicher Herkunft und Zugehörigkeit umfassen, möchte er die weltanschaulichen Einseitigkeiten und Eindeutigkeiten eliminieren. Konkret formuliert er hier: „Es darf ... nichts gelehrt werden, dessen Unentbehrlichkeit nicht aus dem allgemein — für Christen Juden Heiden gleichen — Staatszweck gefolgert werden kann; also keine Religion. Wohl aber ist natürlich den Eltern überlassen, wie sie diese Lücke ausfüllen wollen" [39].

---

[35] s. dazu J. H. Knoll, Pädagogische Elitebildung, Heidelberg 1964.
[36] Zit. nach O. A. Ellissen, Friedrich Albert Lange, Eine Lebensbeschreibung a. a. O., S. 117.
[37] s. dazu G. Eckert (Hrsg.), Friedrich Albert Lange, Über Politik und Philosophie, a. a. O., S. 123 ff.
[38] Zit. nach ebenda, S. 127.
[39] Zit. nach ebenda, S. 127.

Die biographischen Details von F. A. Lange sollen hier nicht weiter aufgefächert werden, auf nur einen für eine pädagogisch-bildungspolitische Betrachtung bedeutsamen Anlaß, das Ausscheiden Langes aus dem öffentlichen Schuldienst, werden wir an anderer Stelle noch kurz zu sprechen kommen. Im weiteren soll nun so vorgegangen werden, daß wir zunächst erzieherische Sätze aus dem nicht speziell pädagogischen Schrifttum Langes darstellen, daß wir dann auf Erziehungswissenschaft und Erziehungspraxis eingehen und schließlich Hinweise auf seine Systematik — sofern eine solche überhaupt besteht — geben, wie sie an den Enzyklopädie-Artikeln vielleicht in Umrissen erkennbar wird.

Bei der Darstellung pädagogischer Überlegungen Langes in der nicht speziell pädagogisch ausgerichteten Literatur wollen wir so verfahren, daß wir uns auf die „Arbeiterfrage" und die „Geschichte des Materialismus" eingrenzen und daran anschließend auf jene Würdigungen Langes eingehen, in denen dieser Aspekt zumindest kursorisch aufgenommen wird. In der „Arbeiterfrage" [40] begegnen wir Langes sozialreformerischem Liberalismus, dessen Mittelposition von A. Grabowsky verläßlich nachgezeichnet ist [41]. Grabowsky zählt zu den wenigen, die Langes Versuch recht gesehen haben, Bürgertum und Arbeiterschaft in der sozialen Frage einander näher zu bringen, in solchem Verständnis ist Lange einmal in der Nähe Lassalles, dessen Sozialismus biographisch und publizistisch vielfältige Hinwendungen zum Bürgertum erkennen läßt, sodann ist Lange neben seiner prärevisionistischen Position auch in der Nähe Friedrich Naumanns, der mit der Formel vom „sozialen Kaisertum" die Klassengegensätze zumindest zu bilden bestrebt war. Daß Langes „Arbeiterfrage" — wie Grabowsky ausführt — in der Arbeiterschaft intensiv gelesen wurde, läßt sich heute nicht mehr eindeutig verifizieren [42]. Übrigens darf hier darauf hingewiesen werden, daß Grabowsky auch einen instruktiven, die geistesgeschichtlich-weltanschaulichen Dimensionen Langes ausleuchtenden Lebensabriß bietet, die materiale Verpflichtung gegenüber Ellissen und Cohen (in den Preußischen Jahrbüchern von 1876) ist indes erkennbar und wird keineswegs verdeckt. Für unseren Zusammenhang sind die in der „Arbeiterfrage" erörterten Bestimmungen von Talent und Gleichheit von erheblichem und grundsätzlichem Belang. Im unausgesprochenen Rückgriff auf die von der Französischen Revolution beförderten und veranlaßten Harmonisierungsvorstellungen Humboldts neigt auch Lange — unter Bezugnahme auf biologistisch zu nennende Beispiele — zu einer milieubedingten Definition von Talent. Der Ausdruck Begabung findet sich bei ihm nicht. Einmal schreibt er gegen die ererbten Hierarchien an, deren quantitatives Ausmaß er als Hindernis von Aufstiegsvorgängen beklagt, und von der Analyse sozialer Verhältnisse aus findet er zu einem Gleichheitsbegriff, der über die Rechtsnatur von „Gleichheit" hinausgeht. Auf eine einfache Formel gebracht: Aufstieg wird beeinträchtigt durch geborene Aristokratie und die „Aristokratie des Kapitals" [43]. Gegen die damals landläufige Meinung, daß sich der Talentierte auch gegenüber Widrigkeiten durchzusetzen vermöge und doch zunehmend an die Stelle der

---

[40] F. A. Lange, Die Arbeiterfrage, Ihre Bedeutung für Gegenwart und Zukunft, Leipzig 1910.
[41] Ebenda, S. 4.
[42] Ebenda, S. 4.
[43] Ebenda, S. 37.

Geburts- die Leistungsaristokratie trete, wendet er sich nachdrücklich und macht demgegenüber geltend, „daß es für jede solche Stellung" — gemeint sind verantwortliche Tätigkeiten im Staatsdienst, in der Armee, in der Wissenschaft — „zahlreiche befähigte Bewerber gibt, deren Talente entweder unerkannt bleiben, oder trotz der Anerkennung im Wettbewerb zurückstehen müssen. Wo dies scheinbar nicht so ist, vergißt man, die Einwirkung der höheren Stellung auf die Entwicklung der Anlage mit in Anschlag zu ziehen"[44]. Damit ist ein doppeltes gemeint; einmal, daß zufolge tradierter Oligarchisierungen im Prozeß der Elitenbildung die Aufstiegsmöglichkeiten begrenzt sind und daß der soziale Status auch die Möglichkeiten für eine Entfaltung von Talent bedinge. Wir wollen uns hier eine unangemessene Aktualisierung versagen, die etwa darauf hinweisen würde, daß soziales Milieu Bildungsbereitschaft und -fähigkeit weitgehend konditioniere. Im Hinblick auf eine nähere Bestimmung von Gleichheit rekurriert Lange auf einen reichlichen grobschlächtigen anthropologischen Satz, daß es bei aller Unterschiedlichkeit ein „gemeinsames Wesen in allen Menschen"[45] gäbe und daß es eben im erzieherischen Vollzug nur darauf ankomme, die Hindernisse, die der Entwicklung dieses gemeinsamen Wesens entgegenstehen, aufzuheben. Seine pädagogische Absicht und Vision ist allerdings bescheidener als die Humboldts, der ja meinte, daß sich bei einer nur „negativen Wohlfahrt" gleichsam automatisch — und darin dem Manchesterliberalismus auf wirtschaftlichem Gebiet vergleichbar — die „höchstproportionierliche Entwicklung des Menschengeschlechts" einstellen werde[46]. Für Lange sind demgegenüber die eingreifenden sozialen Veränderungen — also nicht ein sich selbst regulierender Automatismus — wesentlich gravierender: „Allerdings wird die Beseitigung aller erblichen oder vom Kapitalbesitz abhängigen festen Schranken zwischen den verschiedenen Klassen der Gesellschaft mit zu den ersten Erscheinungen eines besseren Zustandes gehören"[47]. Da wir vermuten, daß ausgehend vom Linksliberalismus Humboldtsche Einflüsse auf Lange bestehen[48], möchten wir auch deutlich machen, daß Lange und Humboldt von erheblich unterschiedlichen Positionen her argumentieren. Ein wie auch immer geartetes Verständnis für soziale Fragen und Bedingungen ist bei Humboldt nicht anzutreffen, während Lange seine weithin idealistische Position durch den sozialen Bezug relativiert. Auch ist Lange vielmehr auf positive Wohlfahrt und Eingriffsverpflichtung des Staates eingestellt. Von daher drängt sich ihm auch die nüchterne Einsicht auf, „daß dem Ruf nach Gleichheit eine tiefe und dauernde Berechtigung zugrundeliegt", fährt aber fort: „Zwar wird auch die idealistische Auffassung der zukünftigen Gestaltung der Menschheit niemals eine vollständige innerliche und äußerliche Gleichheit herstellen dürfen"[49]. Hier werden die Grenzen einer reinen Milieu-

---

[44] Ebenda, S. 36.
[45] Ebenda, S. 37.
[46] s. dazu J. H. Knoll, H. Siebert, Wilhelm von Humboldt, Politik und Bildung, Heidelberg 1969.
[47] F. A. Lange, Die Arbeiterfrage, a. a. O., S. 37.
[48] E. Eyck hat mir in einem längeren Briefwechsel wiederholt vorgeworfen, ich hätte den Einfluß Humboldts und seiner „Ideen zu einem Versuch die Grenzen der Wirksamkeit des Staates zu bestimmen" auf den Linksliberalismus überschätzt und darauf hingewiesen, daß sich Belege in der Parteipublizistik für meine These nicht finden ließen.
[49] F. A. Lange, Die Arbeiterfrage, a. a. O., S. 37.

theorie markiert. Doch bereits die „Arbeiterfrage" weist der Erziehung als einem Mittel zur gesellschaftlichen Veränderung und Verbesserung einen hohen Rang zu.

Die „Geschichte des Materialismus" [50] ist gegenüber der „Arbeiterfrage" mehr in der Nüchternheit wissenschaftlicher Darlegung komponiert und läßt Eindeutigkeiten weithin vermissen. Auch in ihrem Kontext ist ein System — worauf Cohen einleitend nachdrücklich aufmerksam macht [51] — nicht erkennbar und die pädagogischen Hin- und Verweise haben allenfalls fragmentarischen Charakter. Ansätze einer Geschichte der Pädagogik, die sich mit Vives und Herbart begnügen [52], werden ebenso wenig weitergeführt wie solche einer Schulkritik, in der Schule und Zeitgeist konfrontiert werden. Von daher sind es im wesentlichen drei Aspekte in der Geschichte des Materialismus, die unser Interesse beanspruchen. Einmal wird hier ersichtlich, woher das Engagement an einer intensiveren Beschäftigung mit Vives rührt, sodann werden uns Fehlentwicklungen des Schulwesens vorgeführt, die einen Teil zeitgenössischer Schulkritik abdecken, und schließlich wird im Zusammenhang kritischer Auseinandersetzung mit Herbart ein Beitrag zur Disziplingeschichte von Psychologie und insonderheit mathematischer Psychologie geleistet.

An Vives rühmt er dessen erfahrungswissenschaftliche Orientierung, und Erfahrungswissenschaft ist ja auch ein Etikett, das Lange seiner eigenen wissenschaftlichen Vorgehensweise zu geben versucht. Darüber hinaus meint Lange, daß Vives bei aller Versicherung in der klassischen Tradition, den in dieser Tradition angelegten erfahrungswissenschaftlichen Ansatz erst zur „frischesten Blütezeit" [53] gebracht habe. Freilich konkretere Anwendungen dieses Satzes auf die Geschichte von Bildung und Erziehung bleiben zumindest hier aus. In Überschätzung seines Favoriten rangiert Lange Vives an die Seite von Leonardo da Vinci. Bei seinen Auslassungen über das Schulsystem und die Schulpraxis im 17. Jahrhundert vernehmen wir noch am ehesten parteiliche Töne. Gleichsam genüßlich nimmt er jene Denunziationen von Gervinus über die „antiquarischen Gelehrten" [54] auf und münzt sie zu einer Generalattacke gegen das Schulsystem [55]. Im zweiten Buch der Geschichte des Materialismus finden wir an anderer Stelle [56] eine Abgrenzung zu der Psychologie Herbarts, in der Schärfe und Ironie eine angemessene Würdigung verdrängen. So schreibt Lange bündig: „Es bleibt ein merkwürdiges Denkmal der philosophischen Gärung in Deutschland, daß ein so feiner Kopf wie Herbart, ein Mann von einer bewunderungswürdigen Schärfe der Kritik und von großer mathematischer Bildung, auf einen so abenteuerlichen Gedanken kommen konnte, wie der ist, das Prinzip für eine Statik

---

[50] F. A. Lange, Die Geschichte des Materialismus und Kritik seiner Bedeutung in der Gegenwart, Buch 1—2, Leipzig 1914/15⁹.
[51] Ebenda, S. X: „Lange hat weder die Religion noch das Recht als systematischer Ethiker kritisiert."
[52] Ebenda, S. 179, S. 358.
[53] Ebenda, S. 179.
[54] Ebenda, S. 400.
[55] Wir heben hier im nebenhinein hervor, daß sich in diesen Passagen (S. 403) Ansätze eines depersonalisierten, pantheistischen Religionsverständnisses offenbaren.
[56] Es sei nur auf die Schrift „Grundlegung der mathematischen Psychologie" verwiesen.

und Mechanik der Vorstellungen durch Spekulation zu finden. Noch auffallender ist, daß ein so aufgeklärter, in echt philosophischer Weise dem praktischen Leben zugewandter Geist sich in die mühevolle und undankbare Arbeit verlieren konnte, ein ganzes System der Statik und Mechanik des Geistes nach seinem Prinzip auszuarbeiten, ohne irgend eine Gewähr der Richtigkeit an der Erfahrung zu haben. Wir sehen hier, wie eigentümlich die Gaben und Leistungen des Menschen zusammenhängen" [57]. Aber diese Kritik führt ebenso über unseren Erörterungszusammenhang hinaus wie die pädagogisch nicht näher untersuchte Relation von Seele und Idee (S. 362).

Es sei an dieser Stelle der eingangs unternommene Versuch, den Standort Langes anhand wissenschaftlicher Interpretationen zu profilieren, wieder aufgenommen, um solchermaßen bewußt zu machen, ob wie und in welchem Ausmaß sozialpolitische und pädagogische Überlegungen miteinander konvergieren. Im Vorwege auf später noch auszuführende Gedanken darf schon jetzt gesagt werden, daß in den systematisch angelegten Beiträgen Langes zur Pädagogik ein Wechselspiel politisch-philosophischer und pädagogischer Ansichten kaum festgestellt werden kann. Andererseits zeigen aber die pädagogikhistorischen Beiträge eine Wendung in aktuelle Fragestellungen (z. B. an der Darstellung Vives besonders deutlich), ganz abgesehen von jenen schmalen Publikationen aus der Duisburger Zeit, die bei aller verbalen Kaschierung ihren pamphletistischen Charakter nicht verbergen können. In unseren ersten Hinweisen auf die politisch-weltanschauliche Fundierung des Langeschen Erziehungsverständnisses ist bereits auf die Mittelposition zwischen linkem Liberalismus und Sozialdemokratie hingewiesen worden. Allerdings trägt bei Lange nicht jene Abhebung von linkem und rechtem Liberalismus, derzufolge der linke Liberalismus vorrangig frankophil, der rechte im Anschluß an Dahlmann und zu Teilen Gneist anglophil orientiert ist. In der Pädagogik Langes gehen beide Zuströmungen eine Symbiose ein: die frankophile Richtung drückt sich etwa in dem extensiven Verständnis von Gleichheit aus, die anglophile Variante drückt sich in der Bewunderung der institutionell verfaßten Bildung der englischen Public Schools aus. Ein Gedanke, den die Anglophilen wiederholt diskutiert haben, begegnet auch bei Lange: ob Vorbildmuster übertragbar seien und ob der Vergleich verschiedener Systeme zu Übernahmen veranlassen könne. Eine Diskussion, die übrigens in der Vergleichenden Erziehungswissenschaft in ihrer sogenannten klassischen Periode eine nicht unerhebliche Rolle gespielt hat [57a]. Auf jeden Fall darf festgehalten werden, daß Lange im Gegenlauf zu der von Humboldt initiierten Harmonisierungslehre, derzufolge gesellschaftlicher und individueller Fortschritt ohne äußeren Eingriff zustande komme, auf jene Veränderungsmechanismen setzt, die auf dem Grundsatz eingreifender „positiver Wohlfahrt" basieren. In dieser Richtung sind auch seine scharfen Invektiven gegen den Manchesterliberalismus zu sehen, der recht besehen nichts anderes bedeutet als die Übertragung der Harmonisierungslehre auf ökonomische Abläufe. So denunziert er den ökonomischen Liberalismus als „Vulgär-

---

[57] F. A. Lange, Geschichte des Materialismus, 2. Buch, a. a. O., S. 358.
[57a] Auf diesen Sachverhalt gehen wir in dem Beitrag ein: Erziehungswissenschaft und Erwachsenenbildung — Gedanken zur Methodologie des Vergleichs in der BRD, in: J. H. Knoll (Hrsg.), Internationales Jahrbuch der Erwachsenenbildung 1973, Bd. 3, Düsseldorf 1973, S. 66 ff.

liberalismus" [58], und der engagierte Biograph Langes, Hans Vaihinger [59], hat noch deutlicher charakterisiert, daß die optimistische Harmonievorstellung des Manchesterliberalismus nach Meinung Langes gar nicht durch die geschichtlichen Tatsachen abgedeckt werden könne: „Von diesen Gesichtspunkten aus verwirft Lange entschieden das auf dem Egoismus beruhende Freihandelssystem, das Manchesterthum, diesen socialen Optimismus, gegen den ein socialer Pessimismus ein gerechtfertigtes Gegengewicht bildet; und er bahnt die positive Ueberzeugung von der Nothwendigkeit einer auf ethischen Grundsätzen beruhenden totalen Umwälzung der gegenwärtigen Theorieen und Zustände an. Er bekämpft in einer einschneidenden Kritik, welche auf einer tiefen Einsicht in die Gesetze der historisch-politisch-socialen Entwicklung basiert, die ‚Dogmatik des Egoismus' und erhebt die Fahne des ethischen Idealismus; denn jene Dogmatik ist eben nur ethischer Materialismus. Indem man die bloße Abstraction, daß die Menschen alle aus Egoismus handeln, zum Dogma erhob, indem man jenen Irrthum, daß der Egoismus die einzige Triebfeder sei, wissenschaftlich vertheidigte, wurde er allmälig thatsächlich die Haupttriebfeder; man beschönigte das Laster der Pleonexie mit dem falschen und verderblichen Dogma ‚von der Harmonie aller Sonderinteressen', welches das Gewissen beruhigen sollte" [60]. Neben diesen Urteilen über die Abwehr Langes gegenüber dem ökonomischen Linksliberalismus läßt die wissenschaftliche Literatur wiederholt den Versuch erkennen, Langes weltanschauliche Position in handliche Formeln einzugießen. Ein Streit freilich, der solange zum Scheitern verurteilt ist, als man sich an den parteipolitischen Gruppierungen um die Mitte des 19. Jahrhunderts heftet.

Das Kaleidoskop linker Möglichkeiten und Verhaltensweisen spiegelt sich denn auch in der wissenschaftlichen Literatur wider, freilich mehr in der Form politischer Ratlosigkeit, denn in der ideengeschichtlichen Kenntlichmachung der Langeschen Position. Erich Becher [61] ordnet Lange dem Revisionismus zu, den er als „ethisch fundierten, evolutionären Sozialismus" charakterisiert, während demgegenüber H. Braun [62] Lange aus dem Kontext der genossenschaftlichen Bewegung H. Schulze-Delitzsch's zu interpretieren versucht. Übrigens zählt die Arbeit von Braun zu den wenigen, die einigen Aufschluß über Langes politische Volksbildung vermitteln, wobei Braun vor allem auf die Bemühungen um stärkere ökonomische Bildung breiterer Schichten hinweist, die Lange in Zusammenarbeit mit Weinkauff in Gang bringen wollte. Sympathie schwingt bei aller Kritik in der Studie von Berdiajew [63] mit, der wohl am klarsten das sozialistische und das bürgerliche Element in Lange diagnostiziert hat: „... er ist der Typus des Eklektiker, ein Mensch, der auf der Grenze zweier historischer Epochen steht und unfähig ist, sich einer von beiden ganz

---

[58] s. dazu Th. Heuss, Anton Dohrn, a. a. O., S. 79. Heuss teilt auch eine Kennzeichnung Langes von Dohrn mit, der in der Anfangsphase der Bekanntschaft von Lange nicht viel mehr wußte, als daß er „ein gemaßregelter Oberlehrer des Duisburger Gymnasiums ist, der nicht auf das Kommando aus dem Nationalverein hat treten wollen", ebenda S. 74.
[59] H. Vaihinger, Hartmann, Dühring und Lange. Zur Geschichte der deutschen Philosophie, Ein kritischer Essay, a. a. O.
[60] Ebenda, S. 189.
[61] E. Becher, Deutsche Philosophen, a. a. O., S. 122.
[62] H. Braun, Friedrich Albert Lange als Sozialökonom, Phil. Diss. Halle, Halle 1881.
[63] N. Berdiajew, Friedrich Albert Lange und die kritische Philosophie in ihren Beziehungen zum Sozialismus, a. a. O., S. 132 ff.

anzuschließen. Er ist einer der wenigen Vertreter der bürgerlichen Gesellschaft, die wohl mit der Arbeiterklasse sympathisieren, jedoch nach der Art ihrer Psychologie außerstande sind, ganz und gar auf deren Seite zu treten und von ihrer Anschauungsweise durchdrungen zu werden." Andere Studien, die ebenfalls die Rückfrage an den weltanschaulichen Ort Langes einschließen, sind über die dezidierte Analyse von Berdiajew nicht hinausgekommen [64]. Die weltanschauliche Fundierung Langes wird mit zu bedenken sein, wenn wir nachfolgend einige Hinweise zu den bildungspolitischen Äußerungen Langes geben. Hier geht es um eine in die Tagesaktualität gewendete Pädagogik, vor allem um die Frage nach der gesellschaftlich-politischen Einordnung des Lehrers, nach seinen Möglichkeiten, eine kritische Position einzunehmen und gleichzeitig die ihm aufgetragene Loyalität zur vorgegebenen Obrigkeit nicht zu verletzen. In diesem Zusammenhang ist Lange von Theorie weit entfernt und hat Bildungspolitik im 19. Jahrhundert im eigenen Beispiel konkret werden lassen.

Lange hat am Beginn der 60er Jahre, die sich u. a. durch eine stärkere Profilierung der parteipolitischen Gegensätze auszeichnen, das in der damaligen Situation schier Unmögliche versucht, nämlich der vom Staatsbeamten zu fordernden Loyalität gegenüber der vorgegebenen Obrigkeit zu entsprechen und gleichzeitig jene Freiräume auszuweiten, innerhalb derer sich eine kritische Position bewähren konnte. Das Verhältnis von Staatsdienst und Teilnahme an politischen Auseinandersetzungen befand sich bis in die 70er Jahre hinein innerhalb der engen Grenzen, die das altkonservative Staatsverständnis gezogen und das den Pflichtkanon den politischen Rechten vorgeordnet hatte. Es geht hier nicht darum, die einzelnen Etappen der Konfrontation zwischen Lange und der Schulaufsicht nachzuzeichnen, das ist an anderer Stelle hinlänglich geschehen [65]. Weinkauff hat den Konflikt in knapper Form dargestellt: „Das Jahr 1862 begrub sein gehofftes Stilleben in den Wogen und Wirbeln des politischen ‚Conflictes'. Die Schulbehörde hatte in einer Verfügung (16. Januar) die Lehrer vor ‚Agitation' gewarnt. L. veranlaßte (15. Februar) eine außerordentliche Lehrerversammlung (der Director hielt sich fern), um in einem Promemoria an die Behörde die Verfügung für einen wohlmeinenden Rath zu erklären, den zu befolgen man nicht Willens sei. Er sah sein Recht angetastet und beschloß nun, gegen seine frühere Absicht, an politischer Agitation sich zu betheiligen. Die Gelegenheit kam durch die Annahme des Hagen'schen Antrags (6. März) in der Kammer, der die Auflösung der Kammer, die Bildung der Fortschrittspartei, den Rücktritt des altliberalen Ministeriums zur Folge hatte. L. legte seine Ansicht über ‚Die Stellung der Schule zum öffentlichen Leben' (Duisburg 1862) dar in der Festrede bei der Schulfeier am Königsgeburtstag, 22. März: in dem ernst religiösen und streng sittlichen Geiste eines Thomas Arnold, dem er in vielen Stücken glich. An demselben Tage erschien

---

[64] s. z. B. M. Kronenberg, Moderne Philosophen, a. a. O., eine Arbeit, die in den biographischen Details verläßlich ist und erhebliches zur Interpretation auch der sozialpolitischen Wirksamkeit und der Volksbildung beiträgt; ferner: G. Lehmann, Geschichte der Philosophie — Die Philosophie des neunzehnten Jahrhunderts, Band II, Berlin 1953, S. 58 ff.; H. Vaihinger, Hartmann, Dühring und Lange a. a. O., S. 103 f.
[65] F. Weinkauff, Allgemeine Deutsche Biographie, a. a. O., S. 626; M. Kronenberg, Moderne Philosophen, a. a. O., S. 86 f.; G. Eckert (Hrsg.), Friedrich Albert Lange, Über Politik und Philosophie, a. a. O., S. 26; O. A. Ellissen, Friedrich Albert Lange, Eine Lebensbeschreibung, a. a. O., S. 115.

der berufene Jagow'sche Erlaß. Die Duisburger Rhein- und Ruhrzeitung nahm einen Leitartikel von L. auf — es war der erste, den er in seinem Leben geschrieben — und erhielt dafür die erste Verwarnung. L. und Professor Köhnen hatten (2. April) den Aufruf an die Urwähler des Wahlkreises Duisburg-Essen mitunterzeichnet, zu Gunsten des Hagen'schen Antrages; L. hatte in der Lehrerconferenz (14. April) einen gemeinsamen Protest des ganzen Collegiums beantragt und durchgesetzt, worin mit Bezug auf den dem König und der Verfassung geleisteten Eid offen erklärt wurde, man glaube der Treue gegen den König am besten zu dienen durch pflichtmäßige Ausübung des Wahlrechtes; da erschien ein Ministerialcommissär (13. Mai), um L. und Köhnen in Sachen des Aufrufs zu vernehmen; von der Schulbehörde (Koblenz 26. Juni) erfolgte an beide eine Verwarnung. L. beschloß mit dem Ende des Schuljahres aus seinem Amte zu scheiden" [66].

Georg Eckert hat nicht von ungefähr seine Darstellung und Edition — von einigen Ausnahmen abgesehen — mit dem Jahr 1862 beginnen lassen, also zu jener Zeit, da die Rücksichtnahme auf die Loyalität des Staatsbeamten von Lange genommen war und er sich stärker als bis dahin in die politischen Auseinandersetzungen einschalten konnte. Fortan war sein Ton direkter, verzichtete auf das verschönende Dekor und die verschnörkelte Kaschierung seines politischen Engagements. Mit diesem Jahr beginnt auch seine intensive publizistische Tätigkeit, die stets beides im Auge hat, einmal die Stellungnahme zum aktuellen politischen Geschehen und auch die von der politischen Grundposition ausgehende wissenschaftliche Tätigkeit. Im „Boten vom Niederrhein" hat er versucht, sich ein Sprachrohr zu schaffen, das ihm eine Artikulation ermöglichte, die nicht durch Rücksichtnahmen formaler Natur eingeschränkt wurde. Die Zusammenstellungen seiner Arbeiten [67] belegen diesen Sachverhalt. Freilich gibt es einige, belangvolle Arbeiten Langes, die bereits vor diesem Jahr schriftlich fixiert, aber nicht veröffentlicht wurden. Aus dem Nachlaß nenne ich das Fragment zum Gymnasialunterricht von 1857, seinen Vortrag über „Charakter und Privatleben des Erasmus von Rotterdam" (1856/57), seine Äußerungen zum Turnunterricht (1854) und seine Stellungnahmen zu Einzelaspekten des örtlichen Schulwesens in Duisburg (1859 ff.) [68]. In den biographischen Studien zu Friedrich Albert Lange wird auch im Hinblick auf den „Konflikt" Langes Festrede anläßlich des Geburtstages des Königs am 22. März 1862, unter dem Titel „Die Stellung der Schule zum öffentlichen Leben" [69] ein hoher politisch-oppositioneller Stellenwert beigemessen. Dieser Einschätzung durch die Biographen wird man sich nur zum Teil anschließen können, selbst wenn man den rhetorischen Schutt beiseiteschiebt, den Lange im weitschweifigen Vorspruch auftürmt. In der linksliberalen Publizistik der 60er Jahre ließen sich gewiß eindeutigere Beispiele von selbstbewußter Bürgergesinnung aufspüren. Und doch begegnen wir in dieser Schrift bei aller sprachlichen Zu-

---

[66] F. Weinkauff, Allgemeine Deutsche Biographie, a. a. O., S. 626.

[67] H. Braun, Friedrich Albert Lange als Sozialökonom, a. a. O., S. 4, versucht erstmals eine Bibliographie der 1881 gedruckt vorliegenden Arbeiten Langes.

[68] s. hierzu: Verzeichnis des wissenschaftlichen Nachlasses von F. A. Lange, aufgestellt April 1929 von Dr. W. Ring, Teile des Nachlasses, soweit er sich auf Pädagogik bezieht, habe ich veröffentlicht in: Friedrich Albert Lange, Pädagogik zwischen Politik und Philosophie, Duisburg 1974.

[69] F. A. Lange, Die Stellung der Schule zum öffentlichen Leben, Duisburg 1862.

rückhaltung einigen Grundvorstellungen, die Lange später wiederholt variiert hat.

So fächert er seinen Bildungsbegriff in dreifacher Richtung auf, er sieht zunächst eine philosophische Bildung, die er als sittliche Bildung aus ihrer Abstraktion herunterzieht und solchermaßen bildungspraktisch relevant macht [70], sodann definiert er eine nationale Bildung, die wir in die Nähe des politisch aufgeklärten Bildungsbegriffs von der Preußischen Reform bis zum Vormärz rangieren wollen [71]. Und schließlich spricht er von einer Bürgerbildung, die die Mündigmachung des Erwachsenen zum Ziel hat. Gerade die Bürgerbildung ist ein Stück liberaler Erwachsenenbildung im 19. Jahrhundert. Ihr geht es darum, den Bürger instand zu setzen, die ihm gewährten politischen und vor allem kommunalpolitischen Freiräume durch Sachverstand auszufüllen; das heißt, jenes Bewußtsein herzustellen, daß politische Rechte nur dann angemessen in Anspruch genommen werden können, wenn auch Kenntnisse, Erkenntnisse und Handlungsweisen vermittelt werden, die politische Partizipation voraussetzen. Hier begegnen wir jener Einsicht, die etwa die Nationalerziehung des Freiherrn vom Stein getragen hat, daß die Rechtsmöglichkeiten der Städteordnung nur ausgefüllt werden können, wenn dafür Bürger zur Verfügung stehen, die die Rechte durch politische Kenntnis — im modernen Sinn Aktionswissen — wahrzunehmen vermögen. Darüber hinaus finden sich in dieser Schrift Langes auch historisch verkleidete Hinweise auf den „handelnden Pädagogen" [72], der seinen Beruf immer auch in einer öffentlichkeitsdienlichen Dimension begriffen hat. Im historischen Zugang wird dieser Aspekt mit dem Hinweis auf Melanchton, Trotzdendorf, Beza und Sturm, auch mit dem Verweis auf Jahn und Thomas Arnold of Rugby belegt. Ganz im Sinne späterer staatsbürgerlicher Erziehung, wie wir sie bei Georg Kerschensteiner und in der Landerziehungsheimbewegung um H. Lietz antreffen, scheint er der Einübung politischer Verhaltensweisen und dem Selbstregiment der Jugendlichen das Wort zu reden [73]. Jene von uns wiederholt kritisierte Einübungspädagogik [74] und Identitätslehre von Schule und Staat ist bei Lange bereits vorformuliert, so, wenn er gleichsam im nebenhinein anmerkt, daß sich „die Ordnung des bürgerlichen Lebens schon in der Schule" spiegelte. Ohne eine unangemessene Aktualisierung und Originalität auf Lange anzuwenden, sei auch darauf hingewiesen, daß im Sinne „jugendlicher Autonomie", wie sie später von Wyneken so rigoros propagiert wurde, auch Lange den Jugendbereich nicht nur als einen quasi biologischen und mithin transitorischen, das Erwachsenenalter vorbereitenden Erfahrungsraum begreift, sondern mit dem Etikett ‚Beruf der Jünglinge' der Jugend einen eingegrenzten Eigenwert beilegt. Daneben stehen Bemerkungen, die mehr schulorganisatorische und bildungspraktische Überlegungen anstellen, die durch seinen Tätigkeitsbereich — in einer Schule einer am Handel orientierten Stadt — bedingt sind.

---

[70] F. A. Lange, Die Stellung der Schule, a. a. O., S. 6 f.
[71] s. hierzu die Nationalerziehungspläne, die in der politischen Reformgesinnung von Humboldt und des Freiherrn vom Stein vorgeformt sind.
[72] F. A. Lange, Die Stellung der Schule, a. a. O., S. 8.
[73] Ebenda.
[74] J. H. Knoll, K. Schleicher und F. Kuebart, Politische Bildung und Erziehung, in: Sowjetsystem und demokratische Gesellschaft, Eine Vergleichende Enzyklopädie, Freiburg-Basel-Wien 1971.

Hier sehen wir eine Übereinstimmung mit dem Duisburger Schulreformer J. G. Ch. Nonne [75], der gleich Lange den Prioritäts- und Ausschließlichkeitsanspruch traditioneller Gymnasien in Frage stellte. Solchermaßen werden Entwicklungen vorbereitet, die in das Jahr 1900 und die damals durchgeführte Schulkonferenz vorweisen, durch die die unterschiedlichen Gymnasialformen — die humanistischen Gymnasien und die Realgymnasien — als gleichberechtigt und gleichrangig akzeptiert wurden. Lange ging bei seinen schulreformerischen Überlegungen, ähnlich wie auch Nonne, von der Bevölkerungsstruktur und dem Berufsbedarf der vornehmlich an Handel und beginnender Industrialisierung ausgerichteten Stadt Duisburg aus und meinte, daß neben dem traditionalen Gymnasium auch solche Bildungseinrichtungen ihren Platz haben müßten, die mehr auf praktische Berufe denn auf den Zugang zur Universität hin ihre Bildungsziele orientierten. „Die gehobene Realschule" sah Lange als „gleichberechtigte Schwester" [76] neben dem Gymnasium und erhoffte von einem Verbund beider Einrichtungen auch ein vermehrtes Verständnis im Bürgertum für weiterführende Bildungsinstitutionen überhaupt. Darüber hinausgehende Erwartungen Langes, daß sich aus solchem Verbund allmählich eine „gegliederte Gesamtanstalt" ergeben werde, sind gewiß noch verfrüht gewesen. Ihm schwebte vor, daß Schüler und Lehrer beider Bildungseinrichtungen stärker aufeinander bezogen würden, daß die wechselseitige Durchlässigkeit erleichtert werde, daß sich die „vollkommene höhere Schule" dadurch erweise, „daß sie die innere Einheit beider Richtungen" (der gehobenen Realschule und des Gymnasiums) realisiere. Auf jeden Fall hat Lange hier den Abbau gegenseitigen Rivalitäts- und Prestigedenkens ebenso im Auge wie eine vereinheitlichte Struktur des Gymnasialwesens, in dem unterschiedliche Zielvorstellungen verwirklicht werden. Gedanken dieser Art werden später in der Schulreform der 20er Jahre wieder aufgenommen.

Letztlich geht Lange in der in Rede stehenden Schrift auf das Verhältnis von Schule und Staat und Schule und Politik ein [77]. Das bewegt sich — trotz gelegentlicher Verweise auf liberale Vorstellungen — doch weithin im Kontext des vorherrschenden Zeitgeistes. Demzufolge begreift Lange die Schule als Glied und Teil des sichtbaren Staates und sieht die Aufgabe der Schule gerade darin, daß sie den Status quo von Staat und Staatsidee mit den ihr zur Verfügung stehenden Mitteln sichere. Ein patriotischer Unterricht habe bei der Festigung des Staats mitzuwirken und Gedanken vom „christlichen Königtum" nachdrücklich zu vertreten.

Das „christliche Königtum", hier im wesentlichen als personales Charisma begriffen, versteht Lange als pouvoir neutre, das über den Parteien steht, allerdings gleichzeitig den Austrag parteipolitischer Kontroversen toleriert. Und innerhalb der parteipolitischen Auseinandersetzungen sei auch das Engagement des Lehrers vorstellbar, dem Lange im Hinblick auf die Schüler eine beispielgebende Rolle zumißt. Nur in diesem Sinn kann der Schrift Langes über die Stellung der Schule zum öffentlichen Leben jener Rang zuerkannt werden, den ihr die Biographen nachsagen [78].

---

[75] J. H. Knoll, Johann Gottfried Christian Nonne, Ein Beitrag zur niederrheinischen Schulgeschichte am Beginn des 19. Jahrhunderts, a. a. O.
[76] F. A. Lange, Die Stellung der Schule, a. a. O., S. 5.
[77] Ebenda, S. 13 ff.
[78] s. hierzu auch den Brief Langes an den Minister der geistlichen, Unterrichts- und

In die wissenschaftliche Dimension von Pädagogik dringt Lange bereits in den 50er Jahren durch Beiträge in den „Neuen Jahrbüchern für Philologie und Paedagogik" vor, wobei er im Zusammenhang von Rezensionen sein Verständnis einer wissenschaftlichen Pädagogik und ihres Verhältnisses zur Schulwirklichkeit ausführt. Wir hatten bereits deutlich gemacht, daß einer seiner pädagogik-publizistischen Schwerpunkte im Bereich der Geschichte der Pädagogik liegt. Zunächst beklagt Lange hier die Flut der Publikationen, die gerade in der Mitte des 19. Jahrhunderts sich einer geschichtlichen Betrachtung der Pädagogik zuwenden. In genaueren Augenschein nimmt er vor allem die Arbeiten von Raumer, Körner und des Herbartianers Brzoska [79]. An eine Geschichte der Pädagogik stellt er neben der materialen Fundierung und deren exakter Interpretation vor allem die Forderungen, durch den geschichtlichen Stoff die handelnden und über ihre Zeit hinausweisenden Personen sichtbar werden zu lassen und zum zweiten das je vorherrschende Bildungsideal und dessen Rückwirkung auf die jugendlichen Adressaten zu erkunden. Diesen Forderungen scheint die pädagogikgeschichtliche Literatur nur in geringem Maße zu genügen, denn sein Urteil über sie fällt herb aus: „Was man so Geschichte des Schul- und Erziehungswesens oder Geschichte der Paedagogik nennt, ist meist eine Schmarotzerpflanze aus der allgemeinen Weltgeschichte, der Culturgeschichte, der Litteraturgeschichte und anderen Geschichten" [80]. Er meint aber gleichzeitig, daß in Raumers Geschichte der Pädagogik bereits wesentliche Ansprüche an eine Geschichte eingelöst seien. Dabei hebt er wissenschaftliche Gediegenheit in besonderer Weise hervor und verhehlt nicht seine Sympathie für eine auch „parteiliche" Darstellung geschichtlicher Abläufe und Personen [81]. Hier wie an seinen Arbeiten zu Vives und in denen, die er zur „Encyklopädie" beisteuerte, wird ein Prinzip seiner historiographischen Vorgehensweise erkennbar, daß nämlich von einer Ausbreitung des Stoffes und seiner Interpretation immer auch zu einer aktuellen Betrachtungsweise vorangeschritten wird. Vives begreift er demzufolge nicht nur als eine historisch interessierende Person, er mißt ihm auch einen kulturgeschichtlichen Rang für die Entwicklung erzieherischen Denkens bis in die unmittelbare Gegenwart zu. Freilich wird dabei Historie nicht für eine Rechtfertigung gegenwärtiger Befunde in ausschließlichen Anspruch genommen. Was Lange im Gegensatz zu der damals üblichen Geschichtsschreibung in der Pädagogik auszeichnet ist der Versuch, auch das je soziale Umfeld, in dem sich schulische und erzieherische Maßnahmen ereignen, zu beschreiben. Zwar verfügt die Geschichtsschreibung der Pädagogik im 19. Jahrhundert über eine Sichtweise in die angrenzenden Wirklichkeits- und Denkbereiche wie Philosophie und Theologie, jedoch unterbleibt in der Regel das, was man im modernen Sprachgebrauch als ‚Sozialgeschichte des Bildungswesens' bezeichnen würde. Allerdings

---

Medicinalangelegenheiten von Mühler, abgedruckt bei G. Eckert (Hrsg.), Friedrich Albert Lange, Über Politik und Philosophie, a. a. O., S. 27 f.

[79] F. A. Lange, in: Neue Jahrbücher für Philologie und Paedagogik, 2. Abteilung, 3. Jg., Leipzig 1857, S. 105 ff. und Das Studium und die Principien der Gymnasialpädagogik, in: Neue Jahrbücher für Philologie und Pädagogik, 2. Abteilung, 28. Jg., hrsg. von R. Dietsch und A. Fleckeisen, Leipzig 1858, S. 483 ff.

[80] F. A. Lange, Das Studium und die Principien der Gymnasialpädagogik, a. a. O., S. 491.

[81] F. A. Lange, in: Neue Jahrbücher für Philologie und Paedagogik, 3. Jg., a. a. O., S. 108.

haben die sozialgeschichtlichen Bezugnahmen auch bei Lange nur einen marginalen Charakter.

Von besonderem Interesse ist für Lange das Verhältnis von wissenschaftlicher Ausbildung und praktisch pädagogischer Tätigkeit [82]. Zunächst erläutert er die damals in den Fachwissenschaften gebräuchliche Ansicht, daß die wissenschaftliche Beherrschung eines Stoffes und allenfalls zusätzliche akzidentelle Einführungen in die Pädagogik über den Beruf des Gymnasiallehrers ausreichend seien. Die Ausbildung des Dozenten und des Gymnasiallehrers erfolge wissenschaftlich in gleicher Weise, der „Kandidat des höheren Schulamtes soll sich allenfalls durch gewisse Talente und Neigungen" für sein pädagogisches Tun auszeichnen. Diese Ansicht ist auch verstärkt worden durch die Verfassung pädagogischer Veranstaltungen in den Universitäten, die sich im wesentlichen auf die Verabreichung von Rezepten beschränkten — ein Vorwurf, den übrigens Lange auch gegenüber Kant erhebt — oder einer Erziehungsphilosophie nachfolgten, die den Praxisbezug weithin vermissen ließ [83]. In den Äußerungen Langes wird sein Wunsch erkennbar, einmal der Pädagogik als Wissenschaft eine solide Grundlage zu geben und das Verhältnis von Fachwissenschaft und Pädagogik neu zu regulieren. Er sieht aber auf jeden Fall eine deutliche Unterscheidung zwischen „Elementarlehrern" und Gymnasiallehrern, zumal in dem Ausmaß pädagogischer Unterweisung und praktischer Zurüstung. Lange könnte eine Reduzierung der Fachwissenschaften zugunsten pädagogischer Veranstaltungen nur dann zustimmen, wenn ein System der Pädagogik bereits hergestellt wäre, das wissenschaftlich abgesichert sei und gleichzeitig die Theorie-Praxis-Relation im Blick habe. Das sind übrigens Überlegungen, die bei Einführung und Etablierung einer eigenständigen Wissensdisziplin „Pädagogik" an der Friedrich-Wilhelms-Universität Berlin am Beginn des 20. Jahrhunderts Gegenstand ausführlicher Gutachten (etwa von Troeltsch u. a.) gewesen sind. Für seine Zeit konstatiert Lange noch erhebliche Defizite in einer Wissenschaftlichkeit der Pädagogik; insbesondere das pädagogische Schrifttum sei zu neunzehntel so geschrieben, daß es „der Gymnasiallehrer ohne Schaden gar nicht zum ernsthaften Gegenstande seiner Studien machen kann". Pädagogik werde wohl erst dann wissenschaftliche Dignität erfahren, wenn ihre Gegenstandsbereiche — sprich Teildisziplinen — klar abgegrenzt, wenn ihre Einsichten historisch und gegenwärtig auf sichere Quellenbasis abgestellt seien und wenn auch die Fachwissenschaften den Weg zu einer solchermaßen gesicherten Pädagogik fänden. Hinsichtlich der Differenzierung der Pädagogik in ihre Gegenstandsbereiche scheint sich Lange an den Systematisierungsvorschlag von Brzoska zustimmend anzuschließen, der die Pädagogik wie folgt aufgefächert hat: „1. Encyklopädie und Methodologie der pädagogischen Wissenschaften; 2. allgemeine Pädagogik; 3. das Unterrichtswesen; 4. Katechetik (Religionsunterricht); 5. Schulkunde; 6. Schuldiszi-

---

[82] Wir beziehen uns auf den Aufsatz von F. A. Lange, Das Studium und die Principien der Gymnasialpaedagogik, a. a. O. Leider wählt Lange hier einen Stil vorrangiger Frageform, so daß seine Meinungen, Überzeugungen und Veränderungsvorschläge nicht immer eindeutig zu ermitteln sind.

[83] s. J. H. Knoll, „Pädagogik" im Lexikon, in: Pädagogische Rundschau, 25. Jg., H. 1/1971, S. 1 ff.

plin; 7. Schulrecht; 8. Familienerziehung; 9. Geschichte der Erziehung und des Schulwesens; 10. Literaturgeschichte der Pädagogik; 11. Staatspädagogik" [84].

Aus Langes Artikel scheint des weiteren deutlich zu werden, daß er den Staat ermuntern möchte, den durch das Examen pro facultate docendi definierten Ausbildungsauftrag an die Universitäten klarer einzugrenzen und zwar in der Weise, daß der Staat „verlange, daß die Universitäten die Lehrer tatsächlich für den Lehrberuf tauglich machen". Lange mißt dem Staat das R e c h t zu, zu verlangen, daß „die Lehrer als Lehrer und nicht als Philologen" ausgebildet werden [85]. Demzufolge stimmt auch Lange jener von der preußischen Regierung verfügten Ausbildungsregelung zu, eine Probejahr einzurichten und „in die Prüfung der Candidaten des höheren Schulamtes auch die Pädagogik aufzunehmen" [86]. Freilich hat Lange Bedenken gegen die Praxis dieser Regelung und unterbreitet sogleich auch Vorstellungen über eine mögliche Veränderung resp. Verbesserung der Verfahrensweise. Da hier in praktische Aspekte der Gymnasialpädagogik eingedrungen wird, sei es gestattet, eine längere Passage aus Langes Ausführungen wiederzugeben:

„Wir wollen die Forderung eines bei den Regierungen abzuhaltenden praktischen Examens am Schlusse des Probejahres hier nicht weiter ausführen als nöthig ist, um daraus diejenige Art der Gymnasialpaedagogik zu entwickeln, die wir als die wichtigste ansehen und die den Namen der ‚positiven' tragen möge. Wenn in einem solchen Examen von dem Candidaten etwa gefordert würde: ‚beschreiben Sie den Stufengang des griechischen Unterrichtes mit specieller Angabe der einzelnen Klassenpensa', oder gefragt: ‚in welchem Umfang und in welcher Weise kann an unsern Gymnasien die Lehren von den Kegelschnitten behandelt werden?', ‚in welchen Fällen ist nach den bestehenden Vorschriften die Ausstoszung eines Schülers gerechtfertigt?' ‚welches sind die Hauptpunkte der Verfügungen vom 6. und 12. Januar 1856?' ‚welche Anforderungen sind in der Geschichte für die Versetzung von Secunda nach Prima zu stellen?' ‚hat der Ordinarius besondere Rechte und Pflichten in Bezug auf den Unterricht gegenüber andern in seiner Klasse unterrichtenden Lehrern?' usw., so würde der Candidat die Antworten entweder wissen oder aber nicht wissen, und so liesze sich schon ermitteln, wie er und seine Vorgesetzten hinsichtlich des Probejahres ihre Schuldigkeit gethan hätten. Unseres erachtens wäre es auch durchaus nicht zu viel verlangt, wenn man hieran Fragen über die parallelen Einrichtungen anderer Länder, noch mehr aber über die geschichtliche Entwicklung unserer Gymnasien anknüpfte. Von Raumers Geschichte der Paedagogik, Thiersch über den Zustand des öffentlichen Unterrichtes, Wieses deutsche Briefe, Hahns Unterrichtswesen in Frankreich sind Bücher positiven und gediegenen Inhaltes, die jeder Candidat während seines Probejahres lesen könnte, ohne deshalb seinen philologischen, historischen, mathematischen Studien Lebewohl zu sagen. Er würde sich dadurch das Probejahr selbst fruchtbar machen, und wo wir nicht sehr irren, würde dadurch ein gesundes Standesgefühl befördert werden, ohne dasz ein erheblicher Schaden zu befürchten wäre. Man halte es nun hinsichtlich des postulierten zweiten

---

[84] F. A. Lange, in: Neue Jahrbücher für Philologie und Paedagogik, a. a. O., S. 490; eine nähere Ausführung dieser Teilbereiche erfolgt bei Lange nicht, so daß der Eindruck bestehen bleibt, daß die Teilbereiche weniger nach Gegenständen als nach Funktionen der Schule aufgefächert sind.
[85] F. A. Lange, in: Neue Jahrbücher für Philologie und Paedagogik, a. a. O., S. 493.
[86] Ebenda, S. 494.

Examens wie man wolle, so zeichnet sich hier jedenfalls sowol Stelle als Stoff der positiven Gymnasialpaedagogik in sehr bestimmter Weise ab, wenn sich auch nicht gerade ein einzelnes Buch nennen läszt, das diesen Bestimmungen entspricht. Das Princip der positiven Gymnasialpaedagogik wäre kein anderes, als das einer wissenschaftlich geordneten Einführung in die geschichtlich gegebenen und organisch in einander greifenden Lebensverhältnisse unserer Gymnasien selbst" [87].

In einem letzten und abschließenden Zugang wollen wir noch Langes Tätigkeit für die „Encyklopädie" betrachten, die zwar hinsichtlich des Umfanges den größten Teil seiner pädagogischen Publizistik ausmacht, die aber einen mehr aktuarischen, registrierenden und beschreibenden Charakter besitzt. Aus diesen Beiträgen lassen sich Eindeutigkeiten kaum ablesen, die etwa sein sozialpolitisch-pädagogisches Interdependenzdenken charakterisieren. Er selbst hat diese vergleichsweise aseptischen Arbeiten mehr als einen Beitrag zu einer wissenschaftlichen Bestandsaufnahme in der Geschichte der Pädagogik, in der allgemeinen resp. systematischen Pädagogik und in der Schulkunde verstanden. Die Biographen (Weinkauff, Ellissen, Eckert usw.) rühmen diesen Arbeiten zu Recht eine für damalige Zeiten hervorragende Akribie nach und weisen darauf hin, daß die Beiträge historisch verläßlich abgehandelt sind und über einen umfassenden Literaturteil verfügen. In einem Brief an Kambli vom 27. September 1858 [88] erfahren wir Langes Beurteilung und Einschätzung dieser Mitarbeit an der Encyklopaedie: „Wie Du bemerkt hast, arbeite ich auch mit an der pädagogischen Encyklopädie ganz friedlich neben ‚... und anderen dieses Gelichters'. Meinen ersten Artikel ‚Bildungsfähigkeit' hat man mir ein wenig im Geist des Unternehmens zugestutzt; ich könnte ihn fast desavouieren. Die anderen, meist historischen Inhalts, sind nur ein wenig abgekürzt und abgeschwächt (z. B. Calvin), sonst wirklich von mir. Man entbehrt meine Arbeiten nicht gern, weil sie alle aus den Quellen schöpfen; jedoch bin ich nicht der einzige Mitarbeiter, der das thut. Man findet in diesem ‚Sammelwerk' Manches historischen und statistischen Inhalts, was man in Spezialwerken vergeblich sucht; ich mochte mich diesem bedeutendsten Werke der neueren pädagogischen Literatur um so weniger entziehen, da ich in dem Hauptredakteur, Rektor Schmid in Ulm, persönlich einen gediegenen, bescheidenen und in seiner Art sehr verständigen Mann kennen gelernt habe." Weinkauff hat versucht, die verschiedenen Beiträge seinem Lebensablauf zuzuordnen, ein Versuch, der nur bedingt überzeugend erscheint. Im Duisburger Nachlaß [89] sind die Konzepte der folgenden Artikel — zum Teil nur bruchstückhaft — erhalten: Bildungsfähigkeit, Einflüstern, Komplettieren in Schulen, Leibesübungen, Oppositionsgeist, Wunderkinder und Frühreife. Die in dem Brief von Lange an Kambli angemerkten Kürzungen beziehen sich zufolge unserer Überprüfung nur auf Überlängen und betreffen nicht die inhaltliche oder weltanschauliche Substanz seiner Arbeiten. Der erste Band der „Encyklopädie des gesammten Erziehungs- und Unterrichtswesens" [90] erschien 1859 und enthält einen beachtenswerten Beitrag von Lange über „Bildungs-

---

[87] Ebenda, S. 495 f.
[88] Abgedruckt bei O. A. Ellissen, Friedrich Albert Lange, Eine Lebensbeschreibung, a. a. O., S. 106.
[89] Verzeichnis des wissenschaftlichen Nachlasses, a. a. O., Blatt 3.
[90] Encyklopädie des gesammten Erziehungs- und Unterrichtswesens, a. a. O.

fähigkeit", der jenes Verhältnis von erzieherischem Einfluß und Milieu beschreibt, das in freilich pointierterer Form in der „Arbeiterfrage" dargestellt wird. Kurz gesagt: Bildungsfähigkeit ist einmal in der Freiheit des educandus begründet, schließt aber sogleich die „planmäßige Einwirkung des Erziehers" [91] ein.

Doch bevor wir in Einzelheiten eintreten, wollen wir die in der Schmid'schen „Encyklopädie" enthaltenen Beiträge F. A. Langes aufführen, wobei wir bereits an den Thematisierungen die Schwerpunkte seiner pädagogischen Interessen noch einmal bestimmen können. Der 1. Band beinhaltet neben dem Artikel Bildungsfähigkeit noch die über „Calvins Einfluß auf die Pädagogik" [92], „Censoren" (S. 762 f.), „Complottieren" (S. 829 ff.), „Cötus" (S. 880 ff.). Im Band 2 finden sich die Artikel Langes zu „Einflüstern" (S. 68 ff.), „Erasmus" (S. 144 ff.), „Errichtung und Erhaltung der Schulen" (S. 197 ff.), „Frühreife" (S. 563 ff.), „Furcht" (S. 572), „Gewerbeschule" (S. 859 ff.). Der Band 3 enthält nur einen systematischen Artikel über „Hintergehung" (S. 545 ff.); der Band 4 weist zwei Beiträge aus, einmal über „Leibesübungen" (S. 308 ff.) und „Mnemotechnik" (S. 826 ff.); Band 5 erörtert den „Oppositionsgeist" (S. 579 ff.), den Lange als „eine der schlimmsten Krankheiten des Schullebens" charakterisiert. Band 6 führt einen Artikel auf zur „Phrenologie" (S. 54 ff.), wohl die einzige Arbeit, in der Lange versucht, die Grenzen der Psychologie bis in die Gehirnforschung hineinzuverlagern. In Band 7 ist Lange der Autor der Beiträge „Schülerzahl" (S. 780 ff.) und „Schulbücher" (S. 904 ff.). Band 8 zeigt Langes Interesse an einer Disziplingeschichte der Psychologie „Seelenlehre" (S. 573 ff.) und an „Statistik" (S. 647 ff.). In Band 9 finden wir schließlich die umfangreichste Darstellung Langes über „Vives" (S. 771—814.).

In der Auflistung konfiguriert sich wiederum das Feld pädagogischer Aufmerksamkeit, das wir schon vorher einmal charakterisiert haben. Im Vordergrund stehen Artikel, die Unterrichtsbeobachtungen und pädagogische Anweisungen enthalten und die sich als praxisdienliche Hilfen verstehen. Freilich ist der praxisdienliche Ertrag durch das sorgsame Ausbalancieren und die quellenmäßige Verstellung eingeschränkt. Dies gilt in besonderem Maße für den Beitrag über „Schülerzahlen", der sich im wesentlichen auf die optimale Klassenfrequenz bezieht [93]. Sodann finden sich Arbeiten, die schulorganisatorische und schulstrukturelle Probleme diskutieren, wobei Gedanken vertieft werden, die sich besonders um den Auftrag und die Funktion von Gymnasium, Realschule und Gewerbeschule zentrieren. Sodann werden didaktische Fragen angesprochen und zwar im Hinblick auf die „Leibesübungen" und das „Schulbuch", wobei sich Lange einer restriktiven Auslegung des Schulbuches anschließt; er versteht nämlich darunter nur das Lehrbuch. Ferner sind Arbeiten Langes zu registrieren, die sein Interesse an der Psychologie erkunden, hier erörtert er auch die Frage, inwieweit sich die Einsichten der Psychologie auf pädagogische Sachverhalte und Verfahrensweisen anwenden lassen. Und schließlich werden mit Calvin, Erasmus und Vives pädagogikgeschichtliche Fragen aufgenommen.

---

[91] F. A. Lange, Bildungsfähigkeit, Encyklopädie, a. a. O., Bd. 1, S. 688.
[92] Encyklopädie des gesammten Erziehungs- und Unterrichtswesens, Bd. 9, a. a. O., S. 754 ff.
[93] Encyklopädie des gesammten Erziehungs- und Unterrichtswesens, Bd. 7, a. a. O., S. 780 ff.

Abgesehen von einer je kurzen Charakterisierung können wir aus mehrfachem Grunde hier auf eine breitere Interpretation verzichten. Einmal sind Langes Arbeiten weithin ausführliche Literaturberichte, wenn auch für die damalige Zeit der „Internationale Aspekt", etwa im Artikel „Errichtung und Erhaltung der Schulen" [94], unsere Aufmerksamkeit beanspruchen darf. Wir weisen an dieser Stelle darauf hin, daß Lange bislang für eine Genesis der Vergleichenden Erziehungswissenschaft noch nicht fruchtbar gemacht wurde. In den Geschichten der Vergleichenden Erziehungswissenschaft über die Periode der monographisch-beschreibenden Auslandspädagogik fehlt sein Name, obwohl bei ihm — wenn auch methodisch noch keineswegs überzeugend — Ansätze zu einem Vergleich vorhanden sind [95]. Außerdem sind Langes Arbeiten in der „Encyklopädie" ganz im Kontext seiner Zeit befangen und können von daher nur historisches Interesse beanspruchen. Da aber disziplingeschichtliche Arbeiten heute vergleichsweise selten sind und sich das historische Interesse zur Methoden- und Theoriendiskussion hin verlagert hat, können seine Arbeiten — etwa zur Psychologie (Seelenlehre) [96] zu historischer Rückbeziehung anleiten.

Im übrigen behalten wir uns vor, eine Edition pädagogischer Texte Langes zu veranstalten.

Einige Auffälligkeiten seien schon an dieser Stelle mitgeteilt und zwar, soweit sie mit Themen korrespondieren, die wir schon im Zusammenhang anderer Publikationen Langes angesprochen haben. In dem Artikel „Censoren", worunter er Schüler versteht, „welche den Auftrag haben über das Betragen ihrer Mitschüler zu wachen und Fehler zu rügen oder zur Anzeige bringen" [97] greift Lange auf seine Vorstellung eines extensiveren Mitbeteiligungsrechts der Schüler an der Organisation des Schullebens zurück und läßt wiederum erkennen, daß das Beispiel der englischen Public Schools für diesen Aspekt für ihn weithin maßgeblich gewesen ist.

Während Lange in anderem Zusammenhang die Funktion von Gymnasium und Realschule vergleichsweise eindeutig bestimmt, hält er in dem Beitrag „Errichtung und Erhaltung der Schulen" [98] die Funktionszuweisung in der Schwebe. Er meint, daß der Auftrag der Volksschule eindeutig im Sinne von „Erziehungs- und Bildungsschule" definiert sei, während es „für die Gymnasien und die Real- oder höheren Bürgerschulen noch streitig sei, welches ihre Stellung sei". Die Fachschulen, die sich an speziellen Berufssituationen, deren Kenntnissen und Bedürfnissen orientieren, klammert er aus dem öffentlichen

---

[94] Encyklopädie des gesammten Erziehungs- und Unterrichtswesens, Bd. 2, a. a. O., S. 197 ff.

[95] s. hierzu allgemein: S. B. Robinsohn, Erziehungswissenschaft: Vergleichende Erziehungswissenschaft, in: Handbuch pädagogischer Grundbegriffe, hrsg. J. Speck und G. Wehle, Bd. 1, München 1970, S. 256 ff.; O. Anweiler, Vergleichende Erziehungswissenschaft, in: Das neue Lexikon der Pädagogik, Freiburg 1971, Bd. 4, S. 293 ff.; W. Schultze, Vergleichende Erziehungswissenschaft, in: Pädagogisches Lexikon, hrsg. von W. Horney, Bd. 2, Gütersloh 1970, S. 1302 f.; G. Hausmann, Anfänge Vergleichender Erziehungswissenschaft, in: Internationale pädagogische Kontakte, Heidelberg 1963, S. 84 ff.; O. Anweiler, Von der pädagogischen Auslandskunde zur Vergleichenden Erziehungswissenschaft, in: Pädagogische Rundschau, H. 10, 1966, S. 886 ff.

[96] Encyklopädie des gesammten Erziehungs- und Unterrichtswesens, Bd. 8, a. a. O., S. 573 ff.

[97] Ebenda, Bd. 1, S. 762.

[98] Ebenda, Bd. 2, S. 211.

Bildungswesen aus und möchte sie ganz in die Verantwortung der Träger legen, die ein besonderes Interesse an diesen Schulen haben. Die Handelsschulen — so führt er aus — sollten „privaten Bestrebungen überlassen werden, da sie nur privaten Zwecken dienen". Darüber hinaus merkt Lange an, daß diese fachlich ausgerichteten Schulen weniger nach pädagogischen Grundsätzen und mehr nach nationalökonomischen beurteilt werden sollten.

In einem gewissen Widerspruch befinden sich Langes Auslassungen über „Leibesübungen" zu seiner ansonsten auf Freizügigkeit und Selbstregulierung gegründeten Pädagogik. Leibesübungen werden bei Lange in die Nähe einer vormilitärischen Ausbildung gerückt, und in seinen Einzelanweisungen für dieses Unterrichtsfach bedient er sich auch einer soldatischen Ausdrucksweise, so wenn er etwa über das „Stillgestanden" ausführt, daß dieser Ordnungsruf „in allem soldatischen Ernste ausgeführt werden" und der Lehrer „gut und scharf commandiren" müsse [99]. Im übrigen hält sich Lange weithin an die zeitgenössischen Vorgaben, wie sie am Beginn systematisch betriebener Leibeserziehung um die Mitte des 19. Jahrhunderts vorlagen.

Aus seiner Arbeit über Schülerzahlen wollen wir nur das Fazit zitieren: „Das gesetzliche Maximum sollte so gestellt werden, daß ein treuer und befriedigend vorgebildeter Lehrer, der seine Kräfte ordentlich einsetzt, auch ohne besonders ausgezeichnete Gaben sein Ziel noch erreichen kann, und da würden wir selbst für eine Classe gleichartiger Schüler nicht über 70, für eine gemischte Classe (einclassige Volksschule) nicht über 50 hinausgehen" [100]. Es sei aber aus Gründen der Gerechtigkeit auch darauf hingewiesen, daß hier keineswegs nur mit Pauschalierungen vorgegangen wird, daß vielmehr differenzierte didaktische und methodische Vorgehensweisen erörtert, Fragen der Lernfortschritte und auch Probleme der Jahrgangsklasse ventiliert werden. Ausdrücklich ist auch noch einmal auf den psychologiehistorischen Beitrag hinzuweisen, in dem spekulative Psychologie und empirische Psychologie im damaligen Verständnis voneinander abgehoben und hinsichtlich ihrer Nützlichkeit für die Pädagogik bestimmt werden [101].

Lange hält für richtig und im nachhinein kann ihm hierin zugestimmt werden, daß der Beitrag einer spekulativen Psychologie für die Pädagogik in der Regel gering sein wird, während eine empirische Psychologie jene Sicherheit und Verläßlichkeit vermitteln kann, auf die sich eine handlungsorientierte Pädagogik zu gründen vermag. Freilich darf die von Lange gemeinte empirische Psychologie nicht an gegenwärtigen Standards gemessen werden, und auch Lange interpretiert das Mißbehagen an der empirischen Vorgehensweise nur zum Teil aus den Unzulänglichkeiten ihres damaligen Entwicklungsstandes: „Die geringschätzigen Urtheile, welche man noch gerade über die empirische Psychologie so vielfach hören muß, stammen keineswegs bloß aus dem Übermuth der Hegelianer und anderer Speculativen; noch weniger gründen sie auf die oben erwähnte Unvollständigkeit der erst in Anfängen begriffenen Wissenschaft; denn wer diese Unvollständigkeit erst recht eingesehen hat, der weiß auch den Werth der vorhandenen Anfänge erst recht zu schätzen. Die Hauptquelle der Mißachtung der empirischen Psychologie liegt vielmehr

---

[99] Ebenda, Bd. 4, S. 361.
[100] Ebenda, Bd. 7, S. 795.
[101] Ebenda, Bd. 8, S. 576 ff.

in der verdächtigen Natur der Empirie selbst, so weit sie auf diesem Gebiete bis gegen die neueste Zeit hin zur Anwendung gekommen ist" [102].

Diese Hinweise auf die Arbeiten Langes in der „Encyklopädie" sind nur bruchstückhaft und sollten nur auf seine Interessen- und Arbeitsschwerpunkte aufmerksam machen. Es mag wohl deutlich geworden sein, daß gerade in den encyklopädischen Arbeiten Langes kaum Rückwirkungen aus seiner weltanschaulichen Position erkennbar sind. Hier sind die von uns angeführten Marginalien in der „Arbeiterfrage", in der „Geschichte des Materialismus", in seinen schulpolitischen Reden („Die Stellung der Schule") und Gutachten auskunftsträchtiger. Die Lexikon-Arbeiten zeigen demgegenüber einen materialbeflissenen und das Für und Wider sorgsam abwägenden pädagogischen Schriftsteller, der sich theoretisch auf der Höhe wissenschaftlicher Diskussion befindet und über sie hinausgreift, dort wo es sich um Fragen der Schulorganisation und der Schulstrukturen handelt. Es war von uns auch nicht zu ermitteln, inwieweit die Anregungen für Lexikonartikel von Lange selbst oder von Schmid ausgegangen sind. Auftragsarbeiten im engen Sinn sind es jedenfalls nicht, da in den Artikeln Themen angsprochen werden, die auch sonst mit seinem pädagogischen Interesse korrespondieren. Es sei wiederholt, daß das Gesamte seiner pädagogisch-publizistischen Tätigkeit nicht auf ein System schließen läßt, aus dem heraus Schule, Schüler, Bildung und Bildungsinhalt schlüssig umgrenzt werden könnten. Der von Eduard Bernstein an der Jahrhundertwende formulierte Ruf „Zurück zu Lange" [103] kann sich nicht auf den Pädagogen Lange beziehen. Über seine Vorstellungen sind die Schulkonferenzen von 1890 — im Hinblick auf die politische Bildung Jugendlicher [104] — von 1900 — im Hinblick auf die Gleichbehandlung und Gleichstellung von Gymnasien und Realgymnasien — und die Reichsschulkonferenz von 1920 — im Hinblick auf eine anzustrebende schulorganisatorische Vereinheitlichung — hinweggegangen. Allerdings ließe sich bei Kenntnis historischer Tatbestände auch jener Originalitätsanspruch aufheben, der pädagogische Diskussionen stets am Nullpunkt beginnen läßt. Wer sich des Herkommens pädagogischer Einsichten versichern will, ist auch auf die Pädagogik Langes zurückverwiesen.

---

[102] Ebenda, Bd. 8, S. 577.
[103] E. Bernstein, Die Voraussetzungen des Sozialismus und die Aufgabe der Sozialdemokratie, Stuttgart 1899.
[104] s. J. H. Knoll, Staatsbürgerliche Erziehung im 19. Jahrhundert, in: Pädagogische Rundschau, H. 4, 1966, S. 377 ff.

Friedrich Albert Lange und die deutsche Turnbewegung

von Julius H. Schoeps

Seit seiner Studentenzeit zählte Friedrich A. Lange zu den aktiven Anhängern der deutschen Turnbewegung. Die Biographen Franz Weinkauff [1], O. A. Ellissen [2], wie auch in jüngster Zeit Georg Eckert [3] haben auf diese weniger bekannte Seite im Leben Langes nachdrücklich hingewiesen. In den einschlägigen Nachschlagewerken werden Langes Bemühungen in der deutschen Turnbewegung zwar am Rande gewürdigt [4], seine turnpädagogischen Überlegungen, die er in einer Vielzahl von Schriften und Aufsätzen niederlegte, finden jedoch nicht den Stellenwert, der ihnen eigentlich zustehen müßte [5]. Es erscheint deshalb der Versuch gerechtfertigt, Lange als Turnpädagogen vorzuführen bzw. die Schriften Langes, die sich mit turnpädagogischen Fragen befassen, einer kritischen Würdigung zu unterziehen.

In den Jahren seiner Lehrtätigkeit am Friedrich-Wilhelms-Gymnasium in Köln (1852—1855) fiel Lange neben dem abzuhaltenden Unterricht in Deutsch, Latein, Griechisch, Geographie und Geschichte, auch die Aufgabe zu, Turnunterricht zu erteilen. Dies mag ihn bewogen haben, sich näher mit den Problemen des Turnunterrichts bzw. der Leibesübungen, die als Erziehungsmittel gerade zu dieser Zeit immer mehr Eingang in die Lehrpläne der Schulen fanden, zu befassen. In einer 1854 vorgelegten Denkschrift „Bemerkungen über eine Umgestaltung des Turnunterrichts an unsern Gymnasien" [6], in der Lange sich zu Jahn und Spieß, aber auch zu dem von Rothstein in Berlin vertretenen System der „Schwedischen Gymnastik" nach dem Vorbild von Pehr Henrik Ling bekennt, kritisiert er den herkömmlichen Turnunterricht. Im Eingang dieser

---

[1] Franz Weinkauff, Friedrich Albert Lange, in: Allgemeine Deutsche Biographie, Bd. 17, Leipzig 1883, S. 624 ff.

[2] O. A. Ellissen, Friedrich Albert Lange. Eine Lebensbeschreibung, Leipzig 1891, S. 219 ff.

[3] Friedrich Albert Lange. Über Politik und Philosophie. Briefe und Leitartikel 1862 bis 1875, hrsg. und bearb. von G. Eckert, Duisburger Forschungen, Beiheft 10, Duisburg 1968, S. 128 ff.

[4] s. den Beitrag von J. H. Knoll, S. 108 ff.

[5] Die Ausführungen des Schweizer Pfarrers F. Meili (Friedrich Albert Lange und seine Stellung zur Turnsache, in: Deutsche Turn-Zeitung vom 3., 10. und 17. Januar 1878) sind zwar heute noch informativ und gut zu lesen, doch bedarf das von ihm gezeichnete Bild von Lange als Turnpädagogen und Turnschriftsteller einiger wesentlicher Korrekturen.

[6] Die Denkschrift, die das Datum vom 20. Mai 1854 trägt und 40 Seiten Folio-Seiten Umfang hat, befindet sich im Nachlaß Lange (II, 20). Ellissen hat in seinen Ausführungen „Lange als Turnschriftsteller" s. O. A. Ellissen, Friedrich Albert Lange, a. a. O., S. 219 ff. hauptsächlich diese Denkschrift herangezogen und auszugsweise einige Passagen referiert.

Denkschrift, die „in einem merkwürdig naiven, aber frischen und zuversichtlichen Tone gehalten" [7] (Ellissen) ist, bringt Lange zum Ausdruck, daß es sich bei dem Inhalt der Denkschrift weniger um vereinzelte Mitteilungen aus der Praxis oder um Gedanken zu Verbesserungen dieses oder jenes Problems handele, „als vielmehr um eine Gesamtauffassung, die sich in der Ausführung ebenso sehr durch ihren Geist und ihre Beziehungen zu unserm Staats- und Schulleben, als durch die äußere Gestalt der Übungen von der herkömmlichen unterscheiden müßte".

Folgende Einwände gegen den eingebürgerten Turnunterricht [8] werden von Lange in dieser Denkschrift geltend gemacht:

1. Die „roh empirische Weise" der Übungen böte nicht nur keine Garantie gegen eine fehlerhafte Ausbildung des Körpers, sondern „wir können sogar in der Wirklichkeit eine solche an vorzüglichen Preisturnern oft in auffallendem Maße wahrnehmen und mehr oder minder erstreckt sie sich über ganze Generationen von Turnern".

2. Durch den „häufigen Betrieb der Rüstübungen" würde der „natürliche, instinktive Gleichgewichtssinn irritiert und das Gefühl für die feinere, sichere und graziöse Haltung des Körpers zurückgedrängt".

3. Schließlich die verkehrte Anschauung, „welche die Rüstübungen zu dem eigentlichen Feld des Turnwesens" mache und den „Wert derselben nach ihrer Schwierigkeit" bestimme. Es sei nur ein Schritt bis zur „Ausartung in eine neue Seiltänzerei, die nicht nur ohne wahren Nutzen ist, sondern auch alles höhere ästhetische Gefühl verletzt und eines freien Mannes durchaus unwürdig ist".

Im Anschluß an diese Kritik stellt Lange in der Denkschrift den Satz auf, „daß auch in der Erziehung die Pflege und Ausbildung des Leibes, soviel es sich immer tun läßt, nur auftreten soll in Verbindung mit einem großen, wesentlich geistigen Prinzip, dem der Körper dienen lernt, als Vorschule für den Dienst des Geistes im weitesten Sinne". Das ist auch der Ansatzpunkt für Lange, die Theorien von Spieß [9] und Ling [10] zu kritisieren und auf Jahn hinzuweisen, für den das Ziel des Turnens nicht die Beherrschung körperlicher Übungen, sondern eine bestimmte Lebensführung und geistige Haltung gewesen sei, „zu der man", wie es B. Saurbier und E. Stahr in diesem Zusammenhang formuliert haben, „auf dem Wege der E r z i e h u n g des lebendigen Menschen v o m L e i b e her kommt" [11].

Wie Lange in der Denkschrift ausführt, findet er ein vertretbares Prinzip in dem „nationalen Gedanken" der allgemeinen Wehrhaftigkeit. Dieser Ge-

---

[7] O. A. Ellissen, Friedrich Albert Lange, a. a. O., S. 219.

[8] Nicht immer ist in diesem Aufsatz von „Turnunterricht" die Rede, manchmal heißt es, entsprechend der Terminologie des 19. Jahrhunderts Leibeserziehung bzw. Leibesübungen und Gymnastik, häufig aber auch Turnen und Sport. Zu diesem Problem s. K. Wildt, Friedrich Ludwig Jahn und das deutsche Turnen, Leipzig 1931, S. 22 ff.

[9] s. A. Spieß, Die Lehre der Turnkunst, 4 Teile, Basel 1847 und ebenfalls A. Spieß, Turnbuch für Schulen, als Anleitung für den Turnunterricht durch die Lehrer der Schulen, 2 Teile, Basel 1847 und 1848.

[10] s. P. H. Ling, Schriften über Leibesübungen, Magdeburg 1847.

[11] B. Saurbier und E. Stahr, Geschichte der Leibesübungen, Leipzig 1939, S. 133.

danke hätte nach Langes Meinung längst auf den höheren Schulen seine Anwendung finden sollen, schon deswegen, weil durch die „militärische Schule der Zucht und Wehrhaftigkeit" ein wichtiger Beitrag zur Erziehung künftiger Soldaten geleistet werden könnte. Lange will zwar nicht, wie er schreibt, die Gymnasien in Kadettenanstalten verwandeln, doch meint er, daß es notwendig sei, eine grundlegende Reform voranzutreiben, vor allem derart, daß zunächst etwas geschaffen würde, „das ebensosehr extremsten Anforderungen einer gesunden Schulbildung, als auch den Bedürfnissen der militärischen Vorbereitung entspräche".

Ohne Zweifel spielt der Stellenwert des Militärischen bei den Überlegungen Langes zur Neugestaltung des Turnunterrichtes eine wichtige Rolle. Deutlich wird dies an den Vorschlägen, die er in der Denkschrift unterbreitet. Im Kern laufen die Betrachtungen Langes auf den Vorschlag hinaus, das preußische Exerzierreglement den Übungen im Turnunterricht der Schulen zugrundezulegen. „Knaben", schreibt er, „spielen gern Soldaten". Und: „nichts läge näher, nichts wäre aber auch verkehrter, als diese Übungen spielhaft zu behandeln". Lange will stattdessen wirkliche militärische Zucht und Strenge. „Vor der Front", führt Lange aus, „bin ich ein Despot, aber ein gerechter. Wehe dem, der auf ‚Stillgestanden!' noch muckt. Die Spannung, die dadurch herrscht, der harte Klang des Kommandos, verbunden mit den scharf abgeschnittenen Tempos der Exercitien: alles das bewirkt eine von innen und außen, moralisch und physisch zugleich eintretende Kräftigung, die von knechtischer Furcht weit entfernt, vielmehr zur männlichen Sicherheit und Selbstbeherrschung, zur Kühnheit und Entschiedenheit, verbunden mit Zucht und Ehrerbietung vor gesetzlicher Macht, erzieht und vorbereitet".

Die Vorschläge Langes im einzelnen vorzuführen, wie er sie in der Denkschrift darstellte, ist nicht unbedingt notwendig. Nur soviel: Militärische Übungen wie Bajonettfechten, Reihenmarsch, Kolonnenmarsch und Dauerlauf stehen im Mittelpunkt der von Lange angestrebten Ausbildung.

Wie wir von Ellissen wissen, wurde die Denkschrift über den Direktor des Kölner Gymnasiums an die Schulbehörde in Koblenz eingereicht [12]. Wir haben von Ellissen auch Kenntnis darüber, daß Kultusminister Raumer auf diese Denkschrift hin ein Belobigungsschreiben veranlaßte, in dem Lange zu einer Besprechung mit Hugo Rothstein, dem Leiter der 1848 gegründeten Zentral-Turnanstalt, nach Berlin eingeladen wurde [13]. Mit Aufbau und Zielsetzung der „Schwedischen Gymnastik" — Rothstein wollte durch „Fortentwicklung des Lingschen Systems eine preußische Staatsturnmethode" schaffen [14] — konnte Lange sich nach Besuch der Zentral-Turnanstalt jedoch nicht befreunden. Sein Urteil ist zwar nicht so hart wie das von Georg Hirth, der in Rothstein einen „Fanatiker seiner Ideen" [15] sieht, aber seine Einstellung zu der Methode Rothsteins [16] ist skeptisch. Je mehr Lange im Verlauf der Jahre

---

[12] s. O. A. Ellissen, Friedrich Albert Lange, a. a. O., S. 87 f.
[13] Das von Ellissen erwähnte Belobigungsschreiben findet sich nicht im Nachlaß Lange.
[14] s. B. Saurbier und E. Stahr, Geschichte der Leibesübungen, a. a. O., S. 173.
[15] G. Hirth, Das gesamte Turnwesen. Ein Lesebuch für deutsche Turner, Bd. 4, Hof 1895, S. 153.
[16] s. H. Rothstein, Die Gymnastik nach dem Systeme des schwedischen Gymnasiarchen P. H. Ling dargestellt, 5 Bde., Berlin 1847—1851.

Einblick in die Grundlagen der Physiologie, die Methodik und Geschichte der Medizin erhielt, desto zurückhaltender wurde er sogar in seinen Äußerungen. Endgültig widerruft Lange seine einstigen Sympathien für das System Rothsteins in der 1863 veröffentlichten Schrift „Die Leibesübungen"[17], wenn er dort schreibt: „Über die schwedische Gymnastik habe ich meine Ansichten wirklich geändert, desgleichen über den Wert der Central-Turnanstalt und des ganzen Wirken des Herrn Rothstein. Die Geschichte dieser Änderung ist ... äußerst einfach. Als Nicht-Mediziner konnte ich nicht wissen, wie unglaublich dürftig es mit der sogenannten wissenschaftlichen Grundlage des schwedischen Systems bestellt sei. Zu den Unternehmungen des Staates hatte ich als junger Mann von wenig Welterfahrung noch so viel Zutrauen, daß ich nicht geglaubt hätte, wie ein Central-Institut für einen so wichtigen Zweig nach der theoretischen Seite vollständig auf Sand gebaut werden könnte, ohne daß ein Hahn danach krähte"[18].

Unverändert bleibt jedoch Langes Einstellung zur militärischen Gymnastik, deren Stellenwert in der Erziehung junger Menschen von ihm hoch angesetzt wird. Daß dieser Standpunkt auf keinen nennenswerten Widerstand unter den zeitgenössischen Pädagogen stieß, ist nicht weiter erstaunlich. Schließlich entsprach es einer weit verbreiteten Bewußtseinslage, wenn von den Pädagogen eine Verbindung zwischen Militär und Leibeserziehung gesehen wurde. Stimmen, die in dieser Verbindung einen bewußten Mißbrauch der Leibeserziehung erkennen wollen, erliegen einem großen Irrtum. Es ging in dieser Phase des 19. Jahrhunderts, das muß ausdrücklich betont werden, nicht um eine einseitige Unterordnung der Leibeserziehung für aktuelle Kriegszwecke, sondern um ein pädagogisches Prinzip bzw. Bildungsideal, das aus den nationalen Befreiungskämpfen Anfang des Jahrhunderts erwachsen war[19]. Die Leibeserziehung war zu diesem Zeitpunkt mit dem Prinzip der Wehrertüchtigung eine Allianz eingegangen zu dem Zweck, die Jugend Deutschlands für den Kampf gegen Napoleon vorzubereiten. Jahn hat dies niemals verheimlicht. Das mag aber auch die Erklärung dafür sein, daß „militärische" Übungen wie Marsch, Dauerlauf und Wendungen in der weiteren Geschichte der Leibeserziehung einen merkwürdig ambivalenten Charakter annahmen, der immer wieder zu Mißverständnissen Anlaß geboten hat.

Auch Langes turnpädagogische Überlegungen und Einsichten müssen auf diesem historischen Hintergrund gesehen werden. In der „Turn-Zeitung" greift Lange 1864 in einer Artikelfolge[20], die mit dem bezeichnenden Titel „Schulturnen und Wehrtüchtigkeit" erschien, diese Problematik auf. Ausgehend davon, daß zwischen dem Schul- und dem Heerwesen eine Kluft vorhanden ist, die der Einheit der Nation entgegensteht, sucht Lange einen Weg, diese Kluft zu überwinden. „Die einseitig geistige Dressur der Schule, die einseitig physische Dressur der Heere", schreibt er, „sie bilden schroffe Gegensätze und haben doch etwas Verwandtes". Und weiter: „Das Turnwesen ist bestimmt,

---

[17] F. A. Lange, Die Leibesübungen. Eine Darstellung des Werdens und Wesens der Turnkunst in ihrer pädagogischen und culturhistorischen Bedeutung, Gotha 1863.
[18] F. A. Lange, Die Leibesübungen, a. a. O., S. 5 f.
[19] s. S. Moosburger, Ideologie und Leibeserziehung im 19. und 20. Jahrhundert, Phil. Diss. München 1970, S. 124 ff.
[20] F. A. Lange, Schulturnen und Wehrtüchtigkeit, in: Deutsche Turn-Zeitung Nr. 1, 5, 6, 7, 8, vom 1. Januar, 29. Januar, 5. Februar, 12. Februar und 19. Februar 1864.

auf diese beiden Institute befreiend, vermittelnd, ergänzend einzuwirken und auch von beiden Einflüsse in sich aufzunehmen". Und schließlich: „Durch das Turnen wird das Heerwesen zur Bildungsanstalt, das Schulwesen zu einer Vorbereitungsstätte der Wehrtüchtigkeit" [21]. Interessanterweise spricht Lange in diesem Zusammenhang von einer Wechselwirkung zwischen Bildung und Freiheit. Seiner Ansicht nach ist Bildung nicht denkbar ohne die Erhaltung der Freiheit, eine erfolgreiche Verteidigung der Freiheit aber nicht denkbar ohne Steigerung der Bildung. Turnwesen und Volksbildung sind aber nach Langes Auffassung nicht voneinander zu trennen, denn die „wahre Bildung", so drückt es Lange aus, „führt nicht nur zum Wissen, sondern auch zu Kraft und Männlichkeit, und sie verlangt als letztes Ziel auch einen körperlichen Ausdruck des inneren Wesens, zu dessen Darstellung in Leib und Leben die Jugend berufen und verordnet ist" [22].

Konsequenterweise kommt Lange in diesem Aufsatz zu dem Schluß, daß der Turnunterricht in Schule und Heer eine pädagogische Einheit zu bilden habe. Drei Forderungen leitet Lange aus diesem Grundsatz ab. Für das Heer verlangt er, daß „die Turnkunst nicht nur als ergänzendes Drill-Mittel angewandt, sondern in ihrer ganzen, allseitig bildenden Fülle und Freiheit aufgenommen werde, nicht als Nebensache, sondern als Grundlage der ganzen spezifisch kriegerischen Ausbildung". Für die V e r e i n e [23] erhebt er den Anspruch, „daß sie durch Darstellung des reinen Gleichgewichtes von Bildung und Wehrkraft dem Heer und der Schule bahnbrechend vorangehen". Der S c h u l e schließlich soll nach den Vorstellungen Langes die Aufgabe zukommen, „daß sie die Rücksicht auf die Wehrtüchtigkeit ihren übrigen Bestrebungen nicht äußerlich anhängen, sondern mit ihrem Bildungsziel möglichst verschmelze" [24].

---

[21] F. A. Lange, Schulturnen und Wehrtüchtigkeit, in: Deutsche Turn-Zeitung, Nr. 1 vom 1. Januar 1864, S. 2.

[22] Ebenda.

[23] Für das Turnvereinswesen hat sich Lange Zeit seines Lebens interessiert. Bereits während seiner Kölner Gymnasialtätigkeit entwickelte er Vorstellungen zu einer Neugestaltung des Turnvereinswesens (s. „Briefentwurf betr. Turnverein", ohne Datum, Nachlaß Lange III/3). Am 6. August 1861 schrieb Lange eine „Anzeige und Anfrage betreffend der Arbeiten eines Ausschusses des rheinisch-westfälischen Turnvereins" (Archiv der Stadt Duisburg 307/528), in der er dem Bürgermeister der Stadt Duisburg mitteilte, daß er den „vorläufigen Vorsitz in einem Ausschusse übernommen habe, welcher Vorarbeiten für eine Regelung des Zusammenwirkens der rheinisch-westfälischen Turnvereine vorzunehmen hat". In dieser „Anzeige und Anfrage" kommt Lange um die Auskunft ein, ob der Ausschuß, dem außer seiner Person noch Vertreter von Turnvereinen aus Köln, Krefeld, Bielefeld und Witten angehören, für seine jeweiligen Sitzungen nach § 1 des Gesetzes vom 11. März 1850 einer „jedesmaligen Anzeige" bedürfe. Nach dem Konzept der Antwort, die mit dem 8. August datiert ist, wird Lange die Auskunft zuteil, daß dies nicht für notwendig erachtet werde. Als Mitglied des Fünferausschusses der Turnvereine Rheinlands und Westfalens fühlte er sich im übrigen Jahre später veranlaßt, die polizeilichen Maßnahmen gegenüber den Turnvereinen zu kritisieren. In einer Artikelserie „Die Turnvereine und das Vereinsgesetz" (Deutsche Turn-Zeitung Nr. 49, 50 und 51 vom 1. Dezember, 8. Dezember und 15. Dezember 1865) erörterte er die „Tragweite der Allerhöchsten Verordnung vom 11. März 1850" und deren Folgen. O. A. Ellissen (Friedrich Albert Lange, a. a. O., S. 114) weist darauf hin, daß Lange diese Artikelserie auf Veranlassung einer Entschließung auf dem Düsseldorfer Turntag vom Oktober 1861 verfaßt hat.

[24] F. A. Lange, Schulturnen und Wehrtüchtigkeit, in: Deutsche Turn-Zeitung, Nr. 1 vom 1. Januar 1864, S. 2.

In Zusammenhang mit der Erörterung des Problems von Turnunterricht in Schule und Heer kritisiert Lange das Kadettenwesen, wie er dies schon in seiner Duisburger Denkschrift von 1854 getan hatte. „Das Kadettenwesen", schreibt er, „wird ... niemals unserm eigentlichen Ziel genügen; es wird aber unter Umständen ein höchst schätzenswertes, unter anderen Umständen vielleicht ein sehr verderbliches Element der Jugendbildung sein können". Und weiter: Es „klebt ihm der Mangel an, daß es das letzte Ziel vorweg nimmt, das Ende hart neben den Anfang setzt und eben dadurch eine inn're Vermittelung dieses Bildungsstoffes mit den Zweigen der allgemeinen Jugendbildung außerordentlich erschwert". Der eigentliche Grund für die Kritik am Kadettenwesen ist aber die Befürchtung Langes, daß durch diese Institution ein Gegensatz zwischen Volk und Heer geschaffen würde. Kadettenschulen, meint er, würden nicht einer angestrebten allgemeinen Volksbildung, sondern nur der Ausbildung von Offizieren dienen. „Sie dienen", heißt es, „den Standesunterschieden; vergrößern eine Kluft, die wir geschlossen wünschen; machen einseitig und hochmütig; verschließen den edelsten und schönsten Bildungselementen, die das Volksleben in sich trägt, eigensinnig die Tür". Warnend meint Lange deshalb: „Überträgt man unter solchen Verhältnissen die Waffenübung auf die Jugend anderer Schulen, so wird ebendeshalb, weil das Waffenwerk dem Volksleben so fremd, ja feindlich gegenübersteht, die Scylla der pedantischen Kälte und die Charypdis eitler Spielerei jeden bedrohen, der seine Kraft solchen Versuchen widmet" [25]. Auch Vorschläge, „einsichtige" Unteroffiziere als Lehrer für den Turnunterricht in den Schulen einzusetzen, werden von Lange nicht gutgeheißen. Er gibt zwar zu, daß unter diesen zwar „Persönlichkeiten" vorhanden sind, die den „Anforderungen genügen würden", aber er hält es für besser, wenn diese Aufgabe von Lehrern durchgeführt würde, die militärisch vorgebildet bzw. ihren Militärdienst abgeleistet hätten. „Die Erziehung der Dorfjugend sollte", heißt es in dem Aufsatz „Schulturnen und Wehrtüchtigkeit", wo irgend möglich, nicht auseinandergerissen und auf zwei verschiedene Persönlichkeiten vertheilt werden, sondern in einer Hand bleiben; und wenn der Lehrer dadurch eine allseitigere, bedeutungsvollere, pecuniär bessere und bürgerlich freiere Stellung gewinnt, mit welcher sich zugleich eine erweiterte und vertiefte Einsicht in das Wesen des Menschen und den Haushalt des Staates verbindet, so dürfte das ... dem ganzen Dorfe ... zu Gute kommen" [26].

Grundsätzlich ist Lange in diesem Zusammenhang jedoch der Auffassung, daß die Militärpflicht durchaus in Frage gestellt werden kann. Er ist der Ansicht, sollte es einmal dazu kommen, „die gesetzliche Schulzeit noch um mindestens drei volle Jahre mit **vorwiegend** körperlicher Bildung zu verlängern und dann dafür später ein einfaches Milizsystem nach Art der Schweiz einzuführen" [27]. Wohl im Hinblick auf mögliche Zensurmaßnahmen schreibt Lange dann aber: „Doch es fällt uns nicht ein, so radikale Forderungen zu machen; wir möchten nur darauf hinweisen, wie viel sich mit einer sehr mäßigen Ersparnis an den gegenwärtigen Kosten des Heerwesens schon ausrichten ließe." Trotz der Einschränkung wird der Gedanke aber weiter-

---

[25] Ebenda.
[26] F. A. Lange, Schulturnen und Wehrtüchtigkeit, in: Deutsche Turn-Zeitung, Nr. 8 vom 19. Februar 1864, S. 57.
[27] Ebenda, S. 58.

gesponnen. Lange gibt zu bedenken, ob nicht die auf diesem Wege ersparten Mittel sinnvoll für den Ausbau von Schulen, vor allem aber des Turnunterrichts an den Schulen, verwendet werden könnten. Und der Aufsatz schließt mit den Worten: „Die Zeit wird nicht ausbleiben, in der sich die Idee der physischen Nationalerziehung durchsetzen ließe, wenn erst die Lebendigen im Volke dafür gewonnen sind ... Den Turnern namentlich ziemt es, sich den drückenden Umständen einer unbehaglichen Zeit gegenüber nicht leidend und nicht bloß verneinend zu verhalten, sondern edle und bedeutende Schöpfungen in der Hoffnung auf eine bessere Zeit im Herzen zu tragen und den spröden Stoff der Gegenwart zu bilden, so weit es möglich ist" [28].

Weit mehr Aufsehen als die Artikelserie „Schulturnen und Wehrtüchtigkeit" erregt Langes ein Jahr zuvor erschienene Schrift „Die Leibesübungen". Und in der Tat: Der systematische Ansatz Langes in dieser Schrift, mit der er sich um eine theoretische Grundlegung der Leibesübungen bemühte, war dazu angetan, Aufmerksamkeit zu bewirken [29]. Lange geht nämlich von der geschichtsphilosophischen Auffassung aus, daß „das classische Heidentum, das christliche Mittelalter und die mit der Gegenwart beginnende Weltepoche sich wie die Momente einer Entwicklungsreihe durch Thesis, Antithesis und Synthesis verhalten" [30]. Mit anderen Worten: Lange sieht die Bestimmung der Gegenwart bzw. der Zukunft einmal in der Aufgabe, die einseitigen, einander widerstreitenden Richtungen des Altertums und des Mittelalters zu vereinigen, zum anderen in der Verpflichtung, historisch bedingte Gegensätze zu versöhnen. Für die Leibeserziehung bedeutet diese Auffassung in der Anwendung: Das Altertum suchte die Gottähnlichkeit des Menschen zunächst durch körperliche Schönheit und Vollendung, das Mittelalter durch einseitige Zucht des Geistes darzustellen. Aufgabe von Gegenwart und Zukunft muß es deshalb sein, Leib und Geist zu gleichen Teilen auszubilden. Diese Forderung sucht Lange mit seiner geschichtsphilosophischen Grundanschauung — „daß mit der geistigen Erhebung der Menschheit das Bestreben Hand in Hand geht, auch die leibliche Erscheinung des Menschen durch vollendete Durchdringung mit geistigem Inhalte zu einer höheren Stufe zu erheben" — in Einklang zu bringen, indem er „die Verwerfung alles Sinnlichen, welche dem christlichen Mittelalter eigen scheint ... nur [als] eine Stufe des sich in Gegensätzen entwickelnden Fortschrittes" [31] betrachtet. Ausdrücklich betont Lange, daß es ihm nicht um eine „biblische Rechtfertigung" der Leibeserziehung geht. Denn, so schreibt er im Vorwort zu der Schrift, „wie jede große culturgeschichtliche Entwicklung, welche die Menschheit ihrem Ziele sichtbar näher führt, sind auch die Leibesübungen an sich schon gerechtfertigt, gleichsam durch eine fortgehende Offenbarung, deren Bedeutung nicht verkannt werden kann" [32].

Lange kommt in der Schrift im weiteren zu der Auffassung, daß die Leibesübungen zugleich Geistesübungen sind. „Jede Leibesübung ist also Geistesübung", schreibt Lange, „und zwar, weil sie eben auf das Allgemeine geht,

---

[28] Ebenda, S. 59.
[29] G. Hirth begrüßte in einer der „Turn-Zeitung" veröffentlichten Rezension (s. Deutsche Turn-Zeitung vom 18. und 25. Dezember 1863) diese Abhandlung als einen „ersten Versuch einer geschichtsphilosophischen Darstellung von dem Wesen und Werden der Turnkunst".
[30] F. A. Lange, Die Leibesübungen, a. a. O., S. 9.
[31] Ebenda, S. 11.
[32] Ebenda, S. 8.

nicht etwa weniger als andere Übungsarten, sondern sogar in einem hervorragenden Sinne; denn der Leib als Totes, das Fleisch vielmehr, ist keiner Übung fähig; wir sind unserem Wesen nach in all unserm Tun und Treiben nur Geist". Und weiter: „Unser Geist übt sich, einerlei, ob wir mit den Augen einer Schrift folgend, eine Reihe von Vorstellungen in uns entwickeln, oder ob wir lernen, die Willensimpulse, durch welche unsere Muskeltätigkeit regiert wird, so zu kombinieren, daß ein kunstvoller Sprung entsteht." Schließlich: „Man darf also nicht dabei stehen bleiben, die Leibesübungen nur deshalb zugleich für Geistesübungen zu halten, weil bei ihnen gelegentlich zugleich Selbstüberwindung, oder Unterordnung des Einzelnen unter ein Ganzes, oder denkende Auffassung räumlicher Verhältnisse geübt wird, sondern man muß sich gewöhnen, die ganze zweckmäßige Leibestätigkeit selbst im Lichte der zu Grund liegenden geistigen Funktionen zu betrachten. Es erscheint dann der Körper nach seinen materiellen Bestandteilen lediglich als der Stoff, der von der Form, als die Masse, die vom Geist zu durchdringen und in allen Punkten zu beherrschen ist" [33].

Die Ausführungen, die sich mit den kulturhistorischen und turnpädagogischen Problemen der Leibeserziehung befassen („Die Gymnastik der Hellenen und der Römer", S. 24—42; „Über die Leibesübungen des Mittelalters und ihre Ausläufer in der Gegenwart", S. 42—51; „Entstehungsgeschichte des Turnwesens. Guts Muths", S. 51—68; „Jahn und die deutsche Turnkunst", S. 68 bis 90; „Entwicklung des Schulturnens. Spieß", S. 90—108; „Ausländische Sprossen. Ling, Rothstein", S. 108—118) sollen in diesem Zusammenhang nicht weiter erörtert werden. Nur der Abschnitt in dieser Schrift, der sich mit dem Verhältnis von Schulturnen und Heerwesen („Das Turnen in der Volksschule und die Bedeutung des Schulturnens für das Heerwesen", S. 126—149) befaßt, soll näher beleuchtet werden, weil in ihm Lange Vorschläge zu einer künftigen Leibeserziehung an den Schulen unterbreitet [34].

Lange sieht für die Ausbildung vier Stufen vor. In der ersten Stufe sollen Kinder im Alter von sechs bis zwölf Jahren nach der Methode von Spieß, wobei die Erziehung zur Wehrtüchtigkeit nur am Rande mitläuft, unterwiesen werden. Die zweite Stufe, die Jugendliche im Alter von 12 bis 15 Jahren umfaßt, soll dann nach den Vorstellungen Langes die entscheidende Ausbildungsphase sein, nicht zuletzt deshalb, weil sie für die Auszubildenden eine „Zeit strenger Regelung" sein wird. In diesem Abschnitt der Ausbildung sollen Übungen angesetzt werden, die Lange als „Vorschule der Wehrtüchtigkeit" behandelt wissen will. Neben Freiübungen sollen hier Exerziermethoden klassischen Musters vermittelt werden. Erfahrungen aus der Kölner Gymnasialtätigkeit Langes fließen mit ein. „Wir haben", sagt er, „bei diesen Freiübungen zweckmäßig gefunden, die Festigkeit des Taktes häufig bald durch kräftiges Zählen, bald durch sichtbares Taktschlagen zu unterstützen, zuweilen auch die Schüler laut zählen lassen. Wir bedienten uns ferner eines schulterhohen, handfüllenden Stabes aus Buchenholz, um nicht nur wenige militärische Griffe mit der Waffe nachzuahmen, sondern namentlich auch, um bei den Freiübungen ein Gerät zur turnerischen Beschäftigung

---

[33] Ebenda, S. 18.
[34] Zur Illustration der Vorstellungen Langes ist im Anhang der Inhalt einer von Lange als „ideal" bezeichneten Turnstunde wiedergegeben.

der Armkraft zu haben, das die mannigfaltigste Verwendung zuließ"[35]. Turnspiele, die den Bedürfnissen der Bewegung entgegenkommen, sollen daneben aber nicht vergessen werden. Ebenfalls sind Wett- und Dauerlauf, Sprung in Höhe und Weite, über Sprungreck und Graben häufig zu üben, der Schwebebaum und der Jahn'sche Querbalken hin und wieder zu benutzen. Die d r i t t e Stufe, welche die Altersklassen von 15—18 Jahren umfaßt, soll auf die freie und volle Entfaltung der Kräfte des jungen Menschen abgestellt sein. Der Katalog, der von Lange hier vorgeschlagenen Übungen, reicht vom Reck über den Barren bis hin zu förmlichen Felddienstübungen. Über die Schulzeit hinaus soll schließlich die v i e r t e Stufe greifen. Unbeschadet bereits bestehender Turnvereine sollen nach den Vorstellungen Langes neue Vereine geschaffen werden, in denen neben Turnübungen der Gebrauch von Handwaffen, Scheibenschießen und Bajonettfechten geübt und vervollkommnet werden kann.

Langes aktives Wirken in der deutschen Turnbewegung, sein mutiges Auftreten gegen das preußische Kultusministerium, nicht zuletzt aber seine schriftstellerische Tätigkeit, sicherten ihm bei den deutschen Turnern eine sachliche und menschliche Autorität. Wie groß sein Ansehen war, wird deutlich aus der von Georg Eckert veröffentlichten Korrespondenz Langes mit Otto Heinrich Jäger[36], einer der markantesten, aber zugleich umstrittensten Gestalten der deutschen Turnergeschichte[37].

Jäger hatte Lange gleich nach Erscheinen von dessen Artikelserie „Schulturnen und Wehrtüchtigkeit" einen Brief geschrieben, in dem er ihm versicherte: „Es hat mich nicht bald Etwas so gefreut, wie die geistige Begegnung mit ihren Grundsätzen und Ihrem Turnziel"[38]. Und in der Tat mußte Jäger, der als Hauptlehrer an der Turnlehrerbildungs- und Musterturnanstalt in Stuttgart beschäftigt war, von den Vorstellungen Langes fasziniert gewesen sein, da er unabhängig von ihm, ein Turnsystem entwickelt hatte, das in seinem kämpferisch-militärischen Charakter den Vorstellungen Langes ähnelte. In der Turnerschaft wurde dieses System freilich mit gemischten Gefühlen aufgenommen. Der kämpferische Zug entsprach zwar der Idee der allgemeinen Volksbewaffnung und Volkswehr, die auf dem Höhepunkt der Schleswig-Holstein-Bewegung vor allem von den demokratischen Kräften vertreten wurde[39], andererseits stieß aber das Fehlen der „deutschen Geräteübungen" auf lebhaften Widerspruch. Karl Wilhelm Friedrich Wassmannsdorff[40], einer der Hauptgegenspieler Jägers, schrieb denn auch an Otto Hermann Kluge[41] am 21. Mai 1864: „Schon wieder muß ich Dir ein paar Zeilen schreiben. Jäger hat auf dem Bruchsaler Jugendwehr- (d. h. Knabensoldatenspielerei) tage sein Turnen als das einzig richtige hingestellt, dessen letzte Stufe die ist, daß das Turnen dem Exercieren weichen müsse ...". Und am 22. Juni schrieb Wass-

---

[35] F. A. Lange, Die Leibesübungen, a. a. O., S. 145.
[36] s. G. Eckert, Friedrich Albert Lange, a. a. O., S. 128 ff.
[37] Ausführliche biographische Angaben, in: E. Neuendorff, Geschichte der neueren deutschen Leibesübung vom Beginn des 18. Jahrhunderts bis zur Gegenwart, Bd. III (Die Zeit von 1820 bis 1860), Dresden 1932.
[38] Jäger an Lange 4. April 1864, in: G. Eckert, Friedrich Albert Lange, a. a. O., S. 133.
[39] s. u. a. R. Weber, Kleinbürgerliche Demokraten in der deutschen Einheitsbewegung 1863—1866, Berlin 1962.
[40] K. W. F. Wassmannsdorff (1821—1906) war ein zu dieser Zeit bekannter Turnschriftsteller.
[41] O. H. Kluge war Lehrer an der Zentralturnanstalt in Berlin.

mannsdorff an Kluge: „Helft doch zu Eurem Teil dazu beitragen, daß dieser — neue Rothstein unsere süddeutschen Turnverhältnisse nicht ebenso vergifte wie der erste Rothstein das norddeutsche Turnen..."[42]. Auf dem Höhepunkt der „Turnfehde" wandte sich Jäger, dessen Ideen 1867 von der großen Mehrheit der Stuttgarter Turnlehrerversammlung verworfen wurden, an Lange, um seinen Rat, vor allem aber seinen literarischen Beistand zu erbitten. „Ich wäre dankbar", schrieb er am 4. Juli 1864 an Lange, „wenn doch Eine oder die andere Stimme sich erhöbe dafür, daß man mich einmal in den Schulen Württembergs solle gewähren und thatsächlich zeigen lassen [sollte], wie ichs mit der deut[schen] Turnsache, die doch wohl Keiner gepachtet hat, vielmehr ein gemeinsames Gut für jeden ist, meine, und was ich mit ihr vorhabe; das deutsche Reich hat ja Platz für Viele"[43]. Lange hat sich dieser Bitte nicht versagt. In der „Deutschen Turn-Zeitung" vom 12. Januar 1866 veröffentlichte er eine warmherzige Verteidigung der Jäger'schen Bestrebungen, die mit den Worten schloß: „Man solle doch mit dem Abschließen, Dogmabilden, Ketzerverbrennen in den Turnkreisen nicht so schnell bei der Hand sein. Wie man Jaeger hat mit Rothstein vergleichen können, ist mir ein Räthsel, seitdem ich die Wirksamkeit beider Männer gesehen habe"[44].

Ohne Zweifel ist der militärische Charakter der Leibeserziehung, wie er von Lange, Jäger und anderen Mitte des 19. Jahrhunderts gefordert wurde, nicht mit den Maßstäben der Gegenwart zu messen. Der Zusammenhang von militärischer Erziehung und Leibeserziehung hatte in früheren Jahrhunderten einen anderen Stellenwert[45] als in der Gegenwart. Nur wenige Spiele und Bewegungsübungen wurden zu wirklich erzieherischen Zwecken angewandt, was damit zu erklären ist, daß kaum ein Unterschied zwischen Erziehung und der Vorbereitung für kriegerische Bedürfnisse gemacht wurde. Hinzu kam, daß die Erziehung zur Wehrtüchtigkeit und die allgemeine Körpererziehung mit der Ausdehnung des Militärdienstes auf alle Gesellschaftsschichten auf ein gesteigertes Interesse stießen. Vor allem die Erweiterung und der Einfluß des modernen Krieges auf das gesamte gesellschaftliche Leben wurden zum Anreiz für die verstärkte Ausbreitung verschiedener Formen von Bewegungsübungen. Es entstanden eine ganze Reihe neuer Verbindungen zwischen der Leibeserziehung im allgemeinen und den Bedürfnissen des Militärs, die um so weniger zu erfassen waren, je weiter der Umfang und der Grad der kriegerischen Bedürfnisse anstieg und je mehr die geforderten Übungen der militärischen Ertüchtigung sich mit den Übungen deckten, die zu gesundheitlichen Zwecken entwickelt wurden. Es verwundert deshalb nicht, daß Marsch, Dauerlauf und Wendungen, wie sie in Gestalt militärischer Ordnungsübungen und

---

[42] E. Neuendorff, Geschichte der neueren deutschen Leibesübung vom Beginn des 18. Jahrhunderts bis zur Gegenwart, Bd. IV (Die Zeit von 1860 bis 1932), Dresden 1932, S. 264 f.

[43] Jäger an Lange 4. Juli 1864, in: G. Eckert, Friedrich A. Lange, a. a. O., S. 134.

[44] Die Verteidigung erfolgte anonym in Form einer Zuschrift an die Turnzeitung. S. dazu den Brief Jäger an Lange vom 31. Januar 1866, in: G. Eckert, Friedrich A. Lange, a. a. O., S. 138. Jäger schreibt dort: „In dem Brief der No. 2 darf ich doch ihre Feder vermuthen, und komme, um Ihnen im Geist herzlich die Hand zu drücken."

[45] Dazu s. E. Neuendorff, Geschichte der neueren deutschen Leibesübung vom Beginn des 18. Jahrhunderts bis zur Gegenwart, S. 175 ff., ebenfalls s. Moosburger, Ideologie und Leibeserziehung, a. a. o., S. 52 ff. Für diese Thematik von Interesse ist auch die, wenn auch ideologisch einseitige Arbeit von A. Wohl, Die gesellschaftlich-historischen Grundlagen des bürgerlichen Sports, Köln 1973.

Der Erlaß des Herrn von Jagow und die andere Reaktion.

h Duisburg, 26. März.

Die Ministerkrisis ist vorüber; die Volkskrisis beginnt. — Wir meinen damit nicht eine äußere Bewegung irgend welcher Art, sondern den stillen Prozeß der Sonderung zwischen den gesunden constitutionellen Elementen im Volke und jenem charakterlosen Troß, der heute um Popularität und morgen um Ministergunst zu buhlen weiß. Diese Sonderung, welche in Folge des Auftretens unsrer neuen Minister nothwendig eintreten muß, erscheint in der That als eine ernste Krisis, wenn man bedenkt, wie viel im gegenwärtigen Augenblicke von der Haltung des preußischen Volkes abhängt. Es ist die Zukunft Deutschlands.

Nicht das neue Ministerium ist im Stande, den Bestrebungen des Nationalvereins, wie ein ultramontanes Blatt meinte, den Todesstoß zu versetzen; wohl aber könnte das Volk Preußens dies thun. Dann freilich, dann — wenn Preußens Volk sich selbst untreu würde — mag immerhin das Hohngelächter des neidischen Auslandes lauter denn je erschallen; denn vorbei sind die Ideale unserer Dichter, die Ziele edler Staatsmänner, die Wünsche treuer Vaterlandsfreunde und denkender, sorgender Bürger! Dann sind wir wieder einmal die unpolitischen Träumer gewesen, da wir doch meinten, im Läuterungsfeuer der bittersten Reaktion fest genug geworden zu sein, um gleich andern freien Völkern die Bahn nationaler Entwicklung mit sicherm Tritt durcheilen zu können! Nun, so weit sind wir eben noch nicht; es wird sich aber zeigen — und gar bald wird es sich zeigen — ob auch diesmal wieder der Troß der Charakterlosen in Preußen so groß sein wird, daß Deutschland endlich den Gedanken an seine künftige Größe gleich dem Traum eines unmündigen Kindes vergessen muß.

Die Volkskrisis ist da. Auch ihre gute Seite, die große, reiche Hoffnung auf eine neue Zeit voll Kraft und Gesundheit fehlt keineswegs. Das ist mindestens klar: Wenn die Mittel der Einschüchterung, die ohne Zweifel bald mächtig spielen werden, ein einziges Mal an dem gesunden Sinne des Volkes gescheitert sind, so sind sie für immer zertrümmert. Ist es doch meistens, wie in Goethe's Mährchen, nicht der Riese, welcher wirkt, sondern nur sein Schatten. Nicht die direkten Eingriffe in jene Zustände und Verhältnisse, welche der schlichte Sinn des Bürgers durch den Rechtsspruch gesichert glaubt, nicht der Wortlaut befehlender Verfügungen, nicht die unmittelbare Thätigkeit dienstfertiger Beamten vermag einen Einfluß auf die Haltung des ganzen Volkes zu üben; sondern einzig und allein jene unbestimmte Furcht, welche die gegenüberstehende Kraft in's Tausendfache vergrößert, und welche sich jedes Schutzes beraubt wähnt, sobald hie und da eine für fest gehaltene Brustwehr durchlöchert wird. Hat man sich einmal gewöhnt, seinen Feind, auch wenn er in der unheimlichen Spukgestalt Manteuffel'scher Reaktionswirren erscheint, fest in's Auge zu fassen, dann schwindet der Zauber. Einmal geschwunden wird er nicht wiederkehren. Wer in dem glühenden Todtenkopf auf den Pfählen des Kirchhofs einmal einen hohlen Kürbis mit verglimmendem Lichtstumpf erkannt hat, der wird von sol-

Zu S. 60 und 149

2.

Rhein- und Ruhrzeitung vom 27. 3. 1862

Or.: Stadtarchiv Duisburg

3.
Friedrich Engels an Fr. A. Lange, 29. 3. 1865
Or.: Stadtarchiv Duisburg, Nachlaß Fr. A. Lange

4.
Kautionszahlung für den Boten vom Niederrhein
Or.: Hauptstaatsarchiv Düsseldorf

Die Duisburger Urwähler

werden hiedurch eingeladen, sich Samstag Abend 8½ Uhr im Kolkmann'schen Saale (Beginnengasse) einfinden zu wollen, um die auf Sonntag einberufene Wahlmänner-Versammlung und die politische Lage des Landes zu besprechen.

A. Lange.

Zu S. 165

5.
Anzeige für die Duisburger Urwähler
Or.: Stadtarchiv Duisburg

des militärischen Drills zusammengefaßt werden, von Lange und anderen Turnpädagogen seiner Zeit für Vorschläge zur Neugestaltung der Leibeserziehung aufgegriffen wurden.

Anhang

Zur Illustration der Vorstellungen Langes, wie eine „ideale" Schulstunde auszusehen habe, wird nachstehend ein Vorschlag Langes wiedergegeben, der in seinem Aufsatz „Schulturnen und Wehrtüchtigkeit", in: Deutsche Turn-Zeitung vom 5. Februar 1864, S. 42 f. zu finden ist.

Vorschlag für eine Turnunterrichtsstunde

Es seien sechzig Schüler gleichzeitig zu unterrichten. Auf den Ruf „Antreten" sammeln sie sich sofort in sechs Abtheilungen, durch ausreichende Zwischenräume getrennt. Auf den Befehl „die Stäbe holen!" begiebt sich von jeder Abtheilung ein Schüler an den Aufbewahrungsort, wo die Stäbe abtheilungsweise zusammengestellt sind. Für das Anfassen, Aufheben, Tragen derselben sind die praktischen Griffe ein- für- allemal vorgeschrieben. Inzwischen läßt sich der Lehrer die Fehlenden melden, nimmt Entschuldigungen entgegen u.s.w. Die Schüler, welche die Stäbe geholt haben, stehen auf ihrem Platze, bis der Lehrer das Vertheilen befiehlt. Alle diese Verrichtungen sind vorgesehen; in wenigen Sekunden hat jeder Schüler seinen Stab. Ein neuer Befehl bringt eine Aufstellung in zwei oder drei Gliedern zuwege; es werden die Abtheilungen gebildet (ob sie nun „Reihen" im Gegensatze zum „Reihenkörper" oder „Sectionen" und „Züge" heißen sollen, darüber streiten wir diesmal nicht), und die Uebung beginnt. Stillgestanden; einige Griffe mit dem Stabe, Wendungen, Schwenkungen, Aufmärsche, rechts, links, nach dem ersten, nach dem letzten Gliede, in munterer Folge etwa fünf Minuten lang. Dann kommt das Marschieren; Griffe, Wendungen im Marsche, Evolutionen aller Art, Bald im Schritte, bald im Trabe ausgeführt, unterhalten den Schüler, indem sie ihn anstrengen. Rechtzeitiges „Halt!" „Rührt euch!" unterbricht ab und zu die Folge der Uebungen und giebt Raum zu Erklärungen, Bemerkungen, zum Tadel oder Lobe des Ganzen wie der Einzelnen. So mag im Ganzen etwa eine Viertelstunde vergangen sein; auf einmal wird mitten in den Uebungen nach einigen lebhaften Evolutionen plötzlich ein Glied formiert und die ganze, 60 Mann breite Reihe marschiert auf eine Mauer, einen Zaun zu. „Halt!" „Stäbe wegsetzen!" (Jeder lehnt seinen Stabe gerade vor sich an die Wand). „Links um!" — Mit dem Befehle „Dauerlauf!" läuft der Lehrer an die Spitze der Reihe. Ein neuer Befehl setzt die ganze Schar in Trab, und in gewöhnlicher Turnerweise wird nun unter Anführung des Lehrers ein Schneckenlauf ausgeführt. Der Befehl „Flügelmann gerad' aus!" „Halt!" „Links um!" stellt die Reihe wieder her, und nach kurzem Verschnaufen wird zu allgemeinen Ordnungsübungen, die auf der vorigen Stufe schon gelernt sind, übergegangen. Hier wird der Gang der Schüler, unter Beibehaltung des Taktmäßigen, leichter, ungezwungener und gefälliger; die ganze Haltung des Körpers stimmt damit überein; die Befehle des Lehrers werden minder scharf betont, ohne deshalb an Deutlichkeit zu verlieren; kurz die straffe Spannung macht dem Streben nach Anmuth Platz, und im Einklange damit werden vorwiegend Ordnungsübungen ästhetischen Charakters gewählt. Ein Liederreigen fällt etwa in die Mitte der Unterrichtsstunde. In Viererreihen mit Abstand wird Halt gemacht und ein Sprunggestell herbeigeholt, welches auf Befehl je von einer Reihe zugleich übersprungen wird. In ähnlicher Weise wird der Schnelllauf als Wettlauf einer Reihe nahezu gleich großer Schüler geübt. Hier ist nun der Lehrer am weitesten aus der starren Ordnung herausgetreten, und ein Feld mannigfacher Uebungen eröffnet sich ihm, bis in der letzten Viertelstunde wieder zum strengen Befehle und militairischer Haltung zurückgekehrt wird. Die Stäbe werden wieder aufgenommen, und es wird ein ausreichender Abstand hergestellt, wonach die ganze Schar nach Befehl des Lehrers Stabübungen vornimmt, die auf Stärkung der Armkraft berechnet sind. Hierbei wird dieselbe Genauigkeit und wuchtige Kraft gefordert, wie sie bei Waffenübungen bräuchlich ist, und es mögen manche Bewegungen auch geradezu den Stößen des Bajonettfechtens oder der regelrechten Führung einer zweihändigen Hiebwaffe entnommen werden, ohne daß deshalb das Ganze als eine Waffenübung betrachtet wird. Die Art der Ausführung jedes Schwunges und Stoßes muß einen kriegerischen Charakter haben. Das „Drauf!" muß sich in den Bewegungen aussprechen. Davon wird die Rückwirkung auf den Charakter der Knaben nicht ausbleiben, denn diese ist es, die wir im Auge haben, nicht die Erlernung der Bewegungsformen an sich. Gegen Schluß der Stunde wird auch die ursprüngliche Aufstellung wieder hergestellt. Dieser Rahmen ist unerläßlich, wenn die Disciplin ohne öftere Strafen erhalten werden soll; denn ohne die Hülfe der Gewährung lockert sich die strengste Einrichtung sehr bald. Daher läßt auch ein kluger Hauptmann seine Compagnie nach einer Uebung im Felde noch auf dem Casernenhofe vor dem Abtreten einige Griffe oder Wendungen machen und hört dabei womöglich mit einer befriedigend ausgeführten Leistung auf.

Friedrich Albert Lange als politischer Publizist

von Heinz-Dietrich Fischer

Vergeblich forstet man die einschlägige publizistikwissenschaftliche Literatur nach dem Namen Friedrich Albert Lange durch. Weder Ludwig Salomon in seinem lange Zeit gültigen Standardwerk [1], noch Otto Groth in seiner vierbändigen enzyklopädischen Darstellung des deutschen Pressewesens [2] kennen ihn. Nicht einmal in jenen gängigen Darstellungen, welche die sozialistisch orientierte Presse des 19. Jahrhunderts behandeln [3], taucht dieser Name auf. Selbst ein vor rund einem Jahrzehnt erschienenes Speziallexikon geht mit keinem Wort auf die Existenz eines solchen Mannes ein [4]. Lediglich eine Bibliographie zur Geschichte der sozialdemokratischen Presse Deutschlands vermerkt unter dem Stichwort „Duisburg", daß hier ab „1. 10. 1865—(1866)" eine dreimal wöchentlich publizierte Zeitung unter dem Titel ‚Der Bote vom Niederrhein' erschien, deren Herausgeber Friedrich Albert Lange war [5].

1. Die präjournalistische Periode

Duisburg, das zwischen 1652 und 1818 eine Universität besaß [6], war bereits seit 1727 als Pressestadt ausgewiesen [7]. Innerhalb des nur siebenundvierzig Jahre umfassenden Lebens Friedrich Albert Langes gehörte bestenfalls „die Duisburger Periode (Frühjahr 1858 bis Herbst 1866)", die zugleich „die inhalt- und ereignisvollste Zeit" gewesen sein soll [8], auch zu seiner journalistisch zentral stehenden. Ihn als Journalisten in jenem Zeitraum porträtieren zu wollen, wäre somit naheliegend, würde indes die kommunikationsaktive Persönlichkeit Langes möglicherweise einseitig verkürzen. Lange war zweifelsohne zeit-

---

[1] s. L. Salomon, Geschichte des deutschen Zeitungswesens von den ersten Anfängen bis zur Wiederaufrichtung des Deutschen Reiches, Bd. 3: Das Zeitungswesen seit 1814, Oldenburg-Leipzig 1906, S. 666 ff.
[2] s. O. Groth, Die Zeitung. Ein System der Zeitungskunde (Journalistik), Bd. 4, Mannheim-Berlin-Leipzig 1930, S. 551 ff.
[3] s. K. Koszyk, Deutsche Presse im 19. Jahrhundert, Berlin 1966, S. 346 ff.; A. Held, Die deutsche Arbeiterpresse der Gegenwart, Leipzig 1873, S. 46 ff.
[4] s. Lexikon sozialistischer deutscher Literatur von den Anfängen bis 1945, Halle/Saale 1963, S. 575 ff.
[5] K. Koszyk, G. Eisfeld, Die Presse der deutschen Sozialdemokratie. Eine Bibliographie, Hannover 1966, S. 100.
[6] s. W. Rotscheidt (Hrsg.), Die Matrikel der Universität Duisburg 1652—1818, Duisburg 1938; G. v. Roden, Die Universität Duisburg, Duisburg 1968 (Duisburger Forschungen, Bd. 12).
[7] s. W. Brauksiepe, Geschichte des Duisburger Zeitungswesens von 1727 bis 1870, phil. Diss. München 1937, Würzburg 1937; P. J. Mennenöh, Duisburg in der Geschichte des niederrheinischen Buchdrucks und Buchhandels bis zum Ende der alten Duisburger Universität (1818), Duisburg 1970 (Duisburger Forschungen, Beiheft 13).
[8] F. Weinkauff, Friedrich Albert Lange, in: Allgemeine Deutsche Biographie, Bd. 17, Leipzig 1883, S. 625.

lebens ein Publizist, als welchen man — unabhängig von den an die Öffentlichkeit gerichteten Aussagen — grundsätzlich definieren könnte „jeden am Kommunikations-Prozeß aktiv bzw. inspirativ mitwirkenden Individual- oder Kollektivschöpfer einer wie auch immer gearteten und gestalteten öffentlichen Aussage, sei es durch Wort, Schrift, Bild oder Tat sowie durch deren Kombinationen" [9]. Geht man von dieser These aus, so zeigen sich bereits in seiner präjournalistischen Periode gewisse auf Publizistik gerichtete Interessen bzw. Aktivitäten Langes.

Im Hause des Vaters aufgewachsen, der als reformierter Prediger zunächst in Solingen-Wald, später in Langenberg/Rheinland und Duisburg sowie ab Frühjahr 1841 in Zürich als Professor tätig war, wuchs Lange in einer kommunikationsfreudigen Atmosphäre auf. Von Friedrich Alberts Vater, Johann Peter Lange, wird berichtet, daß „Bücher .. sein Alles" waren und er niemals Fahrten unternahm, ohne hinreichend Lesestoff mitzuführen [10]. Friedrich Albert Langes Vater galt als Spezialist für Fragen kirchlicher Verkündigungstechniken, der Homiletik. Der Befehl eines Lehrers, „Steckt die Nase in's Buch", machte auf F. A. Lange einen nachhaltigen Eindruck [11]. Während seiner Elementarschulzeit versuchte Friedrich Albert sich an Gedichten, beispielsweise verfaßte er eines zum 35. Geburtstag des Vaters [12]. Ohne übertrieben sensibel zu sein, gab es doch schon in früher Jugend ein von seinem Biographen Ellissen übermitteltes Vorkommnis, das ihn nachdenklich stimmte: „Mit Geld wurden die Kinder (der Familie Johann Peter Langes, d. Verf.) bis in ihr späteres Alter sehr knapp gehalten. Als eines Tages ein Junge hinter ihm (Friedrich Albert Lange, d. Verf.) her brummte: ‚do geht der rike Jung', machte das einen tiefen Eindruck auf ihn, weil er darüber nachdachte, wie arm wohl die sein müßten, die ihn für reich hielten" [13].

Friedrich Albert Langes Vermögen, als Elfjähriger anläßlich einer Schulfeier zum Geburtstag des Königs ‚König Karls Meerfahrt' effektvoll zu deklamieren, deutet seine rhetorischen Qualitäten schon früh an. Während seiner Zürcher Schuljahre lernte Lange „merkwürdig rasch Zürichdeutsch sprechen und so vollkommen in Accent und Aussprache, wie seine Schweizer Freunde es zeitlebens von keinem anderen Fremden sprechen hörten" [14]. Seine schon früh erkennbare „Anlage zur Gelehrsamkeit" trug ihm die Ehrentitulierung „de Prof" ein, — eine Bezeichnung, die mehr als ein Jahrhundert später während der Zeit der Studentenbewegung wieder aufgegriffen und teilweise als Negativklischee für Professoren verwendet wurde. Neuere Sprachen lernte Friedrich Albert Lange „gelegentlich im Verkehr mit Neuschatellern und Engländern, da es damit am Gymnasium schlecht bestellt war. Früh konnte Albert zwischen dem Vater und besuchenden englischen Theologen den Dolmetscher spielen" [15]. Im April 1847 erwarb Lange am Zürcher Gymnasium das Reifezeugnis, das später auch als für Preußen gültig anerkannt wurde. Eine

---

[9] H.-D. Fischer, Der Publizist als Persönlichkeit, in: H.-D. Fischer (Hrsg.), Deutsche Publizisten des 15. bis 20. Jahrhunderts, München-Berlin 1971, S. 34.
[10] O. A. Ellissen, Friedrich Albert Lange. Eine Lebensbeschreibung, Leipzig 1891, S. 3.
[11] Ebenda, S. 6.
[12] Abgedruckt ebenda, S. 10.
[13] Ebenda.
[14] Ebenda, S. 16.
[15] Ebenda, S. 20.

Rede anläßlich der Abitursfeier „hielt Lange in ausgezeichneter Weise", wie Ellissen berichtet [16].

Lange begann sein Studium an der Universität Zürich, wo er ab April 1847 während zwei Semestern theologische und philologische Lehrveranstaltungen besuchte. Er hörte Vorlesungen über Griechische Komödie und über Aristophanes' Satire auf die Schule der Sophisten, ‚Die Wolken', ein für einen an Problemen der Öffentlichkeit interessierten Studenten anregender Text [17]. Friedrich Albert Lange soll namentlich bei diesen philologischen Übungen „mit ausgezeichnetem Fleiß und Eifer" teilgenommen haben [18]. Als er sich Ostern 1848 an der Universität Bonn einschrieb, wo schon zuvor sein Vater studiert hatte, konzentrierte er sich zunächst auf Welcker und Ritschl. Er betrieb Privatstudien in den klassischen Sprachen sowie im Englischen. Und abends, so berichte Ellissen, „von 8—9 ging er auf das Akademische Lesekabinett, wo er mit Vorliebe die ‚Rheinische Zeitung' [19] studiert zu haben scheint" [20]. Im August 1848 äußerte er sich denn auch in einem Brief über seine Wertschätzung dieses Blattes: „Ich las jüngsthin in der ‚Neuen Rheinischen Zeitung', einem Blatte, das die Männer der neuesten mißlungenen Pariser Arbeiterrevolution in Schutz nimmt, einen Artikel über die Schweiz, der das Treffendste enthielt, was ich über die dortigen Verhältnisse gelesen habe" [21].

Neben dieser Rezipientenrolle nahm Lange während seiner Bonner Zeit auch aktiv an der studentischerseits betriebenen Politik teil. Im Juni 1850 schrieb er in einem Brief an seinen Vater: „Als ich in jenem Frühjahr frisch nach Deutschland kam, hatte ich ein offenes Herz für Alles, das mir groß und schön entgegentrat; aber ich hatte noch nicht die Spur von Erfahrung, persönlicher Festigkeit und klarem ruhigem Blick oder brauchbaren Ideen. Ich war auf gutem Wege, mitgerissen zu werden, wenn nicht meine solide Natur doch widerstanden hätte. Hie und da hatte ich schon eine Rede gehalten, war mit einem der Führer verschiedener Parteien bekannt geworden und stand einmal als Kandidat auf der Wahlliste für den studentischen Ausschuß ... Ich wurde aber nicht gewählt und zog mich auch von da an immer mehr zurück" [22]. Die Eltern baten dringend, sich nicht mehr um Politik zu kümmern, und schon vorher war ihm der Verdacht gekommen, seine Angehörigen würden versuchen, ihn allmählich zur Theologie hinüberzulenken. Die sich um ihn herum abspielenden politischen Vorgänge betrachtete er indes, wie Ellissen bemerkt, „fortwährend mit regstem Interesse, und selbst in den vorsichtigen Äußerungen gegen die Eltern bemerkt man die innere Anteilnahme an den Kämpfen der Zeit ... Die Suspendierung von Preßfreiheit und Versammlungsrecht empörte ihn ..." [23].

[16] Ebenda, S. 22.
[17] Über die politisch-publizistische Relevanz der attischen Komödie s. vor allem M. Croiset, Aristophane et les partis à Athènes, Paris 1906.
[18] O. A. Ellissen, Friedrich Albert Lange. Eine Lebensbeschreibung, a. a. O., S. 23.
[19] Gemeint ist eindeutig die seit dem 1. Juni 1848 in Köln publizierte ‚Neue Rheinische Zeitung' unter der Chefredaktion von Marx, die bis zum 19. Mai 1849 erschien; s. hierüber u. a. H. Kümhof, Karl Marx und die ‚Neue Rheinische Zeitung' in ihrem Verhältnis zur demokratischen Bewegung der Revolutionsjahre 1848/49, phil. Diss. (FU) Berlin 1961 (Photodruck).
[20] O. A. Ellissen, Friedrich Albert Lange. Eine Lebensbeschreibung, a. a. O., S. 29.
[21] Zit. ebenda, S. 30.
[22] Ebenda, S. 33.
[23] Ebenda, S. 46 f.

In Bonn trat Lange dem ‚Novemberverein' bei, der „seinen Mitgliedern bei einem heiteren und brüderlichen Zusammenleben eben zugleich die Gelegenheit bieten" wollte „zu einem förderlichen Austausch der Ideen, zu ästhetischer, dialektischer und rhetorischer Ausbildung" [24]. Wie Lange betonte, hatte die Vereinigung, die das Training publizistischer Fähigkeiten förderte, keine politischen Ambitionen. Nach seiner Verlobung mit der Langenberger Fabrikantentochter Friederike Colsmann bereitete sich Friedrich Albert Lange auf seinen Studienabschluß vor. Mit der Dissertation ‚Quaestiones metricae' promovierte er im März 1851 an der Bonner Universität. Im Sommer des gleichen Jahres schloß er das Oberlehrerexamen an und diente dann in Köln als Einjährig-Freiwilliger von Herbst 1851 bis 1852, wo er bis zum Unteroffizier befördert wurde. Anschließend trat er zur Ableistung seines Probejahres als Schulamtskandidat in das Königliche Friedrich-Wilhelms-Gymnasium in Köln ein, und etwa zur gleichen Zeit übernahm er die Leitung der Erziehung des jüngsten Sohnes des Bankiers J. D. Herstatt. Spätestens zu jenem Zeitpunkt, als der Vater im Frühjahr 1854 einen Ruf an die Universität Bonn annahm, dürften in Friedrich Albert auch Wünsche auf eine Hochschullehrer-Karriere aufgekommen sein. Im Herbst 1855 habilitierte er sich als Privatdozent der Philosophie und Pädagogik an der Universität Bonn [25]. Sein Gesuch um Habilitation kann als publizistisch geschickt formulierter Antrag betrachtet werden [26].

Es können in diesem Zusammenhang nicht die einzelnen und zum Teil mehrschichtigen Aktivitäten Langes in seiner Funktion des Hochschullehrers als Kommunikator nachvollzogen werden [27]. Während seiner Bonner Privatdozenten-Periode las er über pädagogische und psychologische sowie historische Fragestellungen, und er publizierte während dieser Zeit fleißig. Im Frühjahr 1858 trat er aus dem Hochschuldienst aus und erhielt eine Stelle als Lehrer am Gymnasium in Duisburg, wo er bereits während der Zeit der Duisburger Tätigkeit seines Vaters als Schüler gewesen war. Von hier aus lieferte Lange insgesamt 25 Beiträge für eine pädagogische Enzyklopädie, darunter die Stichwortartikel „Censoren", „Oppositionsgeist" oder „Schulbücher", die auch ein kommunikationswissenschaftliches Interesse beanspruchen dürfen [28]. Da er seit seiner Bonner Studentenzeit politisch engagiert war, erklärte Lange bald zu Beginn seiner Duisburger Tätigkeit, „daß er sich derzeit zumeist für Duisburger Lokalverhältnisse, demnächst für Provinzielles, erst in weiterem Sinne für die große Politik interessiere. Dementsprechend suchte er sich systematisch durch Besuch des Kasino usw. in die lokalen Verhältnisse einzuleben und die Stadt mit ihren Persönlichkeiten, Verhältnissen, Gewerben etc. möglichst gründlich und allseitig kennenzulernen, soweit dies für einen Bücherwurm beineben möglich war", wie Ellissen dieses Erkunden der Duisburger Szenerie beschreibt [29].

---

[24] Ebenda, S. 55.
[25] F. Weinkauff, Friedrich Albert Lange, a. a. O., S. 624 f.
[26] s. Textauszüge bei O. A. Ellissen, Friedrich Albert Lange. Eine Lebensbeschreibung, a. a. O., S. 90.
[27] s. hierzu detailliert den Beitrag von Joachim H. Knoll, Friedrich Albert Lange — eine „merkwürdige Randfigur" in der Pädagogik des 19. Jahrhunderts, im vorliegenden Band.
[28] s. die gesamte Liste bei O. A. Ellissen, Friedrich Albert Lange. Eine Lebensbeschreibung, a. a. O., S. 104 f.
[29] Ebenda, S. 108.

Doch erst der preußische Verfassungskonflikt von 1862 bedeutete für Friedrich Albert Lange die Initialzündung für eigene politisch-publizistische Aktivitäten. Die neue Regierung Bismarck und das liberale Bürgertum standen sich „in schroffer Frontstellung feindlich gegenüber"[30], und so entstand bei Lange plötzlich das, „was man heute ‚politisches Bewußtsein' " zu nennen gewohnt ist[31]. Obwohl die Schulbehörde — das Provinzialschulkollegium Koblenz — in einem Erlaß vom 16. Januar 1862 die Lehrer vor „Agitation" gewarnt hatte, veranlaßte Lange, wie Weinkauff schreibt, zum 15. Februar 1862 „eine außerordentliche Lehrerversammlung (der Direktor hielt sich fern), um in einem Promemoria an die Behörde die Verfügung für einen wohlmeinenden Rat zu erklären, den zu befolgen man nicht Willens sei. Er sah sein Recht angetastet und beschloß nun, gegen seine frühere Absicht, an politischer Agitation sich zu beteiligen ... Lange legte seine Ansicht über ‚Die Stellung der Schule zum öffentlichen Leben' (Duisburg 1862) dar in der Festrede bei der Schulfeier am Königsgeburtstag", dem 22. März[32]. Diese Rede, welche von Ellissen als „ein Meisterstück rednerischen Taktes und rednerischer Taktik"[33] bezeichnet worden ist, bildete den Beginn zunehmender Kontroversen des politischen Publizisten mit der Obrigkeit.

2. Redaktionelle Tätigkeiten

Die in Duisburg erscheinende ‚Rhein- und Ruhrzeitung' nahm am 27. März 1862 einen in diesem Sinne gehaltenen Leitartikel Langes[34] — der erste, den dieser in seinem Leben verfaßte — auf und verschaffte seinen Auffassungen eine über die Schulöffentlichkeit hinausreichende Publizität; dafür wurde die Zeitung verwarnt[35]. Am 2. April mitunterzeichnete Lange einen Aufruf an die Urwähler des Wahlkreises Duisburg-Essen, und in einer Lehrerkonferenz am 14. April setzte er einen Protest des gesamten Kollegiums durch, „worin mit Bezug auf den dem König und der Verfassung geleisteten Eid offen erklärt wurde, man glaube der Treue gegen den König am besten zu dienen durch pflichtmäßige Ausübung des Wahlrechts"[36]. Ein am 13. Mai in Duisburg eintreffender Ministerialbeamter vernahm Lange und den Mitinitiator des Aufrufes, Prof. Köhnen; im Juni erfolgte an beide eine Verwarnung, da sie „sich an leidenschaftlicher und gehässiger Partei-Agitation ... in der tadelswertesten Weise beteiligt" hatten[37]. Gleichzeitig wurde der Schuldirektor angewiesen, „von etwaiger erneuter Beteiligung der beiden an Parteiagitationen dem Provinzial-Schul-Kollegium sofort Kenntnis zu geben"[38].

Lange publizierte maßgebliche Passagen der Verfügung in der ‚Rhein- und Ruhrzeitung', woraufhin ihm Sympathie- und Solidaritätsbekundungen aus

---

[30] G. Eckert, Friedrich Albert Lange und die Sozialdemokratie in Duisburg, in: Duisburger Forschungen, hrsg. Stadtarchiv Duisburg, Bd. 8, Duisburg 1965, S. 2.
[31] s. den Beitrag von L. Heid, Friedrich Albert Lange und der Preußische Verfassungskonflikt, im vorliegenden Band.
[32] F. Weinkauff, Friedrich Albert Lange, a. a. O., S. 626.
[33] O. A. Ellissen, Friedrich Albert Lange. Eine Lebensbeschreibung, a. a. O., S. 116.
[34] s. Abb. 2.
[35] s. O. A. Ellissen, Friedrich Albert Lange. Eine Lebensbeschreibung, a. a. O., S. 117.
[63] F. Weinkauff, Friedrich Albert Lange, a. a. O., S. 626.
[37] Zit. nach O. A. Ellissen, Friedrich Albert Lange. Eine Lebensbeschreibung, a. a. O., S. 119.
[38] Zit. ebenda.

der Bevölkerung entgegenschlugen [39]. Dennoch zog er die Konsequenzen aus der Maßregelung und ersuchte am 4. Juli 1862 um Entlassung aus dem Staatsdienst, da er u. a. den Vorwurf von „Mangel an gereiftem Urteil" nicht auf sich sitzen lassen wollte [40]. Zwar suchte das Provinzial-Schul-Kollegium einzulenken, doch Lange lehnte ab; in einem zweiten Schreiben verzichtete er ausdrücklich auch auf seine Pensionsberechtigung [41]. Er erhielt die gewünschte Entlassung zum 30. September 1862 und wandte sich nunmehr schwerpunktartig einer Kommunikationstätigkeit zu: Durch Vertrag vom 17. November des gleichen Jahres wurde er Mitredakteur der Duisburger ‚Rhein- und Ruhrzeitung', in der er vorher schon die aufsehenerregenden Beiträge anläßlich seines Konfliktes mit der Schulbehörde publiziert hatte. Gegen ein Jahreshonorar von 400 Talern verpflichtete er sich, wöchentlich zwei Artikel besonders volkswirtschaftlichen und handelspolitischen Inhalts zu liefern. Durch Vertrag vom 9. Dezember 1862 erhielt er darüber hinaus zum 1. Januar 1863 die Stellung eines Sekretärs der Duisburger Handelskammer. Trotz dieser Doppelfunktion konnte er die Arbeiten an seiner ‚Geschichte des Materialismus' vorantreiben. Der wegen des Buches angeknüpfte Kontakt mit dem Verlag Baedeker in Iserlohn erbrachte für Lange die zusätzliche Möglichkeit, an dem ‚Wochenblatt für die Grafschaft Mark' mitzuarbeiten; ebenfalls für die ‚Westfälische Zeitung' und die ‚Süddeutsche Zeitung' lieferte Lange in jener Zeit Beiträge [42].

Zwischen Januar 1863 und Spätsommer 1865 verfaßte Lange 65 Leitartikel für Baedekers ‚Wochenblatt für die Grafschaft Mark' [43]. Seine feste Tätigkeit bei der ‚Rhein- und Ruhrzeitung' genoß indes Vorrang, und diese Tageszeitung [44] schuf ihm die Möglichkeit, kritische Anmerkungen zu politischen Konstellationen in Preußen zu machen. Als Sekretär der Handelskammer trug er die redaktionelle Verantwortung der Jahresberichte für die Jahre 1862 und 1863, die als wertvolle Quelle für die ökonomische Situation gelten. Nachdem jedoch die Bismarcksche Preßordonnanz vom 1. Juni 1863 „nach französischem Muster die Verwarnung mit anschließendem Verbot für eine ‚fortdauernd gefährliche Gesamthaltung' " eingeführt hatte und u. a. auch Konzessionsentzug vorsah [45], traten bei Friedrich Albert Lange „an Stelle der scharfen Leitartikel nicht minder scharfe Flugschriften, herausgegeben von Lange und Wilhelm Schroers, den Redakteuren der ‚Rhein- und Ruhrzeitung' " [46]. Die Flugschrift ‚Die Oktroyierungen vom 1. Juni 1863' wurde am 6. Juni sogleich nach Übersendung des Pflichtexemplars konfisziert und der Satz auf polizeiliche Anordnung zerstört. Lange bewirkte jedoch „unter Weglassung der inkriminierten Stellen" einen Neudruck [47].

---

[39] s. Details bei L. Heid, Friedrich Albert Lange und der Preußische Verfassungskonflikt, a. a. O.

[40] s. die Passagen des Gesuches bei O. A. Ellissen, Friedrich Albert Lange. Eine Lebensbeschreibung, a. a. O., S. 119.

[41] Das Dokument ist abgedruckt bei G. Eckert (Hrsg.), Friedrich Albert Lange: Über Politik und Philosophie. Briefe und Leitartikel 1862—1875, a. a. O., S. 25 f.

[42] O. A. Ellissen, Friedrich Albert Lange. Eine Lebensbeschreibung, a. a. O., S. 121 ff.

[43] s. das Dokument bei G. Eckert (Hrsg.), Friedrich Albert Lange ..., a. a. O., S. 64.

[44] Über die Geschichte und Binnenstruktur dieses Blattes informiert ausführlich J. Monning: Die Geschichte der Duisburger Presse von 1870 bis zum Ausbruch des Weltkrieges, phil. Diss. München 1936, Würzburg 1937, S. 39 ff.

[45] K. Koszyk, Deutsche Presse im 19. Jahrhundert, a. a. O., S. 234.

[46] O. A. Ellissen, Friedrich Albert Lange. Eine Lebensbeschreibung, a. a. O., S. 131.

[47] Ebenda.

Das Jahr 1864 brachte für Lange Veränderungen verschiedenster Art: Zunächst trat er Anfang Februar von der Redaktion der ‚Rhein- und Ruhrzeitung' zurück. „Der Grund der Verstimmung zwischen ihm und dem Verleger", so bemerkt Ellissen, lag offenbar in dem energischen Eintreten Langes für die Interessen des sogenannten vierten Standes" [48]. Ausschlaggebend mag auch der Umstand gewesen sein, daß Lange für das Blatt ein Ärgernis zu werden begann, nachdem wegen seiner Beiträge mehrere Verwarnungen gegen die Zeitung ergangen waren [49]. Als ehemaliger Sympathisant der ‚Fortschrittspartei' hatte er sich inzwischen zu einer mehr „social-demokratischen" Richtung hineinentwickelt. Lange selbst begründete später seine Abkehr von Fortschrittlern mit dem Hinweis darauf, „daß der politische Kampf um die Volksrechte von unserer Fortschrittspartei nicht mit dem gehörigen Ernst und Nachdruck geführt wird, und daß an einen Sieg auf dem betretenen Wege nicht ferner zu denken ist ... Ich frage mich nach dem Grund der politischen Schwäche der Fortschrittspartei, und ich glaube ihn in dem Vorwalten der materiellen Interessen zu finden. Andererseits sah ich die soziale Frage, welcher ich ein rein wissenschaftliches Interesse seit vielen Jahren zugewandt hatte, in ganz Europa mit einer ungeahnten Stärke sich regen..." [50].

Aufgrund dieser Wandlung war nach dem Verlassen der Redaktion der ‚Rhein- und Ruhrzeitung' das Quittieren des Dienstes bei der Handelskammer praktisch nur noch eine Frage der Zeit; sie erfolgte zum 30. September 1864. „Wir können nicht konstatieren", schreibt Ellissen, „ob es ihm etwa nahegelegt war" [51]. Schon vorher, am 1. Juni des Jahres, war Lange Teilhaber der Firma Falk und Volmer in Duisburg geworden, worüber er am 9. Januar 1865 an Julius Baedeker schreibt: „Gegenwärtig darf ich mich — übrigens mit der Bescheidenheit des Anfängers — als Ihren Kollegen bezeichnen. Ich bin Teilhaber der Firma W. Falk und Volmer, und habe die spezielle Leitung einer seit Juni (18)64 — wo ich erst als stiller Gesellschafter mich beteiligte — errichteten Druckerei übernommen" [52]. Lange hatte den Plan gefaßt, Volksschriften herauszugeben, und im Januar 1865 erschien in dem jungen Verlag von Falk und Volmer Langes sozialpolitische Schrift ‚Zur Arbeiterfrage' in ihrer ersten Auflage. In einem Brief an Friedrich Engels vom 2. März 1865 weist Lange auf einen Plan hin, „demnächst eine Zeitschrift von nur 10 Heften zu 3 Bogen im Jahre unter dem Titel ‚Die Sphinx' herauszugeben" [53], doch konnte der Plan, wie Eckert annimmt, „vermutlich aus finanziellen Gründen, zunächst nicht verwirklicht werden" [54].

Nach dem Zerschlagen dieses Zeitschriftenplanes — oder möglicherweise parallel hierzu — verfolgte Lange die Idee der Realisierung einer Zeitung. Bereits in seiner Publikation ‚Zur Arbeiterfrage' hatte sich Lange mit dem Projekt einer ‚Rheinisch-Westfälischen Arbeiter-Zeitung' befaßt, wo es u. a. hieß [55]:

---

[48] Ebenda, S. 131 f.
[49] F. Weinkauff, Friedrich Albert Lange, a. a. O., S. 627.
[50] Zit nach O. A. Ellissen, Friedrich Albert Lange. Eine Lebensbeschreibung, a. a. O., S. 132.
[51] Ebenda, S. 134.
[52] Zit. ebenda, S. 134 f.
[53] G. Eckert (Hrsg.), Friedrich Albert Lange ..., a. a. O., S. 78 f.
[54] Ebenda, S. 79, Anm. 2.
[55] Text nach G. Eckert (Hrsg.), Der Bote vom Niederrhein. Faksimile-Nachdruck der Jahrgänge 1865/66, Duisburg 1968, S. XXI—XXIV.

„Da die Arbeiterinteressen in der politischen Presse vernachlässigt werden, so hatte sich zunächst in den Kreisen mehrerer bedeutender Arbeiter-Genossenschaften der Rheinprovinz das Bedürfnis nach einem Organ für die Vertretung dieser Interessen kundgegeben. Im Sommer 1864 entwarf der Verfasser das erste Projekt einer solchen Zeitung. Es waltete dabei gleich von Anfang an die Absicht vor, nicht ein bloßes Vereinsorgan zu bilden, sondern ein Blatt, welches bei größter Billigkeit und äußerster Popularität in die einzelnen Familien der Arbeiter eindringen sollte ...

Die ‚Rheinisch-Westfälische Arbeiter-Zeitung' will dem Arbeiterstande des bedeutendsten deutschen Industrie-Bezirks ein Organ für seine Interessen bieten. Sie will den Arbeiterstand nicht anpredigen, sondern ihm das Wort verschaffen. Durch sie soll der Arbeiter zum Arbeiter sprechen; und durch diese Verständigung soll eine **moralische Macht** gebildet werden, welche dem ganzen Stande zugute kommt. Wir nennen deshalb unsere Zeitung ein **Organ des vierten Standes**, um uns zu unterscheiden von denjenigen, welche das Dasein eines vierten Standes leugnen und welche behaupten, daß der Arbeiter in Staat und Gesellschaft bloß dieselben Interessen habe wie jeder andere Stand. Man kann sämtliche Bestrebungen in der Arbeiterfrage in zwei große Klassen teilen. Die einen laufen bloß darauf hinaus, den intelligentesten Arbeitern zu zeigen, wie sie dem Druck ihres Standes entrinnen und sich zu Unternehmern emporschwingen können; die anderen wollen dem **Stand als solchen** helfen. In dieser Beziehung nehmen wir die letztere Partei, und das ist im Grunde **unser ganzes Programm**.

Alle übrigen Fragen bleiben offen; und dies ist das erste, was wir dem Arbeiterstande bieten, daß wir ihm in unseren Blättern einen **öffentlichen Sprechsaal** einräumen, in welchem jeder seine Ansichten kundgeben kann. Wir werden niemals eine Einsendung deshalb zurückweisen, weil sie den persönlichen Ansichten der Redaktion zuwiderläuft. Wo wir etwas nicht aufnehmen können, wird sich der Grund im **Briefkasten** bemerkt finden. Wir müssen auf einen **gemäßigten** Ton halten, gerade deshalb, weil wir Dinge zur Sprache bringen wollen, welche **dem Gedanken nach sehr weitgehen**. Die ganze Wahrheit **gesprochen** ist besser als die **halbe Wahrheit posaunt**. Deshalb wollen wir aber doch kein ängstliches Geflüster haben, sondern eine kernige, ungeschmückte, für den Arbeiter verständliche Sprache. Die Redaktion wird auch mit ihren persönlichen Ansichten über die vielen offenen Fragen durchaus nicht hinter dem Berge halten; aber weil diese Fragen eben offene sind, über welche auch andere Ansichten sich aussprechen werden, gehört eine Erörterung darüber nicht ins Programm. Der Redakteur wird solche Artikel, in denen er seine persönliche Ansicht über eine wichtige Frage ausspricht, stets unterzeichnen.

Zusendungen von Arbeitern, welche schlecht stilisiert sind, werden wir, wenn nicht wörtliche Aufnahme verlangt wird, verbessern. Wir werden dabei mit der strengsten Gewissenhaftigkeit nichts Wesentliches ändern, zusetzen oder weglassen und jede allfällige Beschwerde über Entstellung des Sinnes in unserem Blatte veröffentlichen. Wir beantworten aber auch **Fragen aller Art**, entweder ganz kurz in unserem Briefkasten oder ausführlich durch einen besonderen Artikel. Letzteres geschieht namentlich regelmäßig, wo uns **Rechtsfragen, Verträge,** Streitigkeiten über **gesetzliche Verpflichtungen** und ähnliche Gegenstände zur Begutachtung und Beratung vorgelegt werden, deren Erörterung für alle Leser des Blattes Interesse hat. Wir werden in solchen Fällen genaue Erkundigungen einziehen und verständlich berichten. Wir bieten also unseren Lesern auch eine **Auskunftstelle** für alle Fragen, welche den Arbeiterstand besonders betreffen. Dabei werden wir nicht unterlassen, darauf hinzuweisen, wo die bestehenden Gesetze mangelhaft oder **dem Arbeiterstande nachteilig** sind, damit dieser Stand zur rechten Zeit sein politisches Gewicht in die Wagschale werfen kann, um die Änderung solcher Einrichtungen zu verlangen und durchzusetzen. Das ist in unseren Augen die **wahre Selbsthilfe** ...

Weil nun unser Blatt nicht bloß als Parteiblatt in Vereinslokalen herumliegen, sondern **in die Familien der Arbeiter eindringen** will, so werden wir auch dem **Gemüt** etwas zu bieten suchen. Wir fühlen wohl, daß dies der schwerste Teil unserer Aufgabe ist und wollen deshalb nicht viel versprechen. Wir würden uns aber schämen, dem Arbeiterstande nichts zu bieten als das gewöhnliche, inhaltleere, zerstreuende Feuilletonfutter, welches die große Masse der Zeitungsleser so begierig verschlingt. In dieser Beziehung **wäre das Beste eben gut genug**; aber woher das Beste nehmen bei einer so geringen Auswahl von tüchtigen Schriftstellern und bei so geringen Mitteln, wie sie ein Blatt, welches im Quartal nur 5 Sgr. kostet, aufwenden kann? Wir werden deshalb mitunter etwas Klassisches bringen, was die ‚Gebildeten' mit ihrem überreizten Geschmack nicht mehr genießen können, während es doch besser ist, als all die pikanten Neuigkeiten, mit denen unsere Zeit sich zu amüsieren pflegt ...

Von der **Politik** werden wir nur bringen, was den Arbeiter besonders interessiert. Ein großer Teil der Arbeiter liest schon tägliche Zeitungen und weiß daher viel mehr, als was wir auf beschränktem Raum einmal die Woche bringen können. Er kann sich aber diese Zeitungen nicht selbst kaufen und mit nach Hause nehmen, um sich das Merkwürdigste daraus, oder meinetwegen das Ganze, aufzubewahren. Er muß sie meistens flüchtig durchfliegen, weil wieder ein anderer darauf wartet; er kann aber auch nicht alles verstehen. Diesen Übelständen wollen wir durch unsere politische Übersicht, die jedesmal **ganz besonders für den Arbeiter geschrieben** wird, abzuhelfen suchen. Politische Leitartikel bringen wir nur, insofern die **Stellung der Parteien zur Arbeiterfrage** erörtert werden muß. Wir werden darin stets die Arbeiterfrage als Hauptsache und alles übrige nur als Mittel zum Zweck betrachten.

Das **Genossenschaftswesen** werden wir sorgfältig beachten und gegen seine Feinde und Verächter verteidigen, aber wir werden uns auch sorgfältig vor dem Irrtum hüten, als sei mit der Errichtung von Konsumvereinen und Krankenkassen oder selbst mit vereinzelten Produktivgenossenschaften alles getan, was für den Arbeiterstand geschehen muß. Wir werden uns vielmehr bei all diesen Einrichtungen immer fragen, **wie sie sein müssen, um dem Arbeiterstand wirklich zu nützen** ...

Dem **Allgemeinen deutschen Arbeiterverein** können und wollen wir nicht feindlich entgegentreten, obwohl die Redaktion Lassalles Grundansicht vom Zweck des Staates nicht teilt und die Exklusivität, mit welcher der Verein sich zu einem sehr speziell ausgebildeten System bekennt, nicht billigt. Noch weniger vermögen wir freilich das System des Totschweigens zu billigen, welches der größte Teil der Presse dem Allgemeinen deutschen

Arbeiterverein gegenüber mit einer ebenso beispiellosen als fruchtlosen Konsequenz geübt hat. In unserem Blatt erhält der Lasselleaner so gut das Wort wie der Genossenschafter ... Sind die noch unentschiedenen Arbeiter nur die Gleichgültigen, und verschmähen es alle entschiedenen Parteimänner, sich gelegentlich unseres Organs zu bedienen, dann sind auch die Tage der ‚Rheinisch-Westfälischen Arbeiterzeitung' gezählt, und wir werden unser Unternehmen so bald als möglich auf einen glücklicheren Zeitpunkt vertagen; finden wir aber Unterstützung, dann werden wir auch kein Opfer scheuen und vor keinem Hindernis zurückschrecken, um dem vierten Stande ein Organ zu schaffen, welches seine Interessen ebenso entschieden als allseitig wahrnimmt."

Obwohl es sich hierbei um eines der originellsten Zeitungsprogramme des 19. Jahrhunderts handeln dürfte, verrät doch der gutmeinende Idealismus Langes bisweisen eine Naivität, die faktisch in Leserbevormundung ausartet, wenn es etwa heißt: „Von der Politik werden wir nur bringen, was den Arbeiter besonders interessiert ... Politische Leitartikel bringen wir nur, insofern die Stellung der Parteien zur Arbeiterfrage erörtert werden muß ...". Im ersten zitierten Satz wird unterstellt, daß man weiß, was die Arbeiter interessiert; Langes Betonung dürfte darauf liegen, was seiner Meinung zufolge die Arbeiter zu interessieren hat. Infolge mangelnder empirischer Daten handelt es sich somit um Vermutungen oder Spekulationen über das Leserinteresse. Auch die gedachte exklusive Beschränkung von Leitartikeln [56] auf Arbeiterprobleme zeugt von jenem missionarischen Eifer idealistischer Individualpublizisten des 19. Jahrhunderts, wonach bereits eine permanente Berieselung der Leserschaft mit bewußt einseitig strukturierter publizistischer Kost auf die Dauer im Wege der Überzeugung oder Überredung die intendierten politischen Wirkungen erzielen werde. Die Konzeption einer relativen Uniformität der Zeitung, wie sie beispielsweise auch schon bei Görres ‚Rheinischem Merkur' während der Freiheitskriege der Fall war [57], läßt Blätter wie das hier konzipierte typologisch eher zu den Zeitschriften neigen.

3. Der Chefredakteur und Verleger

Lange war zu dieser Konzeption einer Zeitung offensichtlich durch den Umstand gekommen, daß er sich zuvor beratend über die Aus- und Umgestaltung eines in Existenznot geratenen Arbeiterblattes geäußert hatte [58]. Doch das Projekt der eigenen Zeitung wollte nicht recht vorankommen, obwohl Lange schon Ende November 1864 das baldige Erscheinen einer Probenummer avisiert hatte [59]. Im Februar des folgenden Jahres, nachdem seine Broschüre mit dem Zeitungsprogramm publiziert worden war, bedauerte er, daß es immer noch nicht zu der geplanten Zeitung gekommen sei. Als Hauptgrund

---

[56] s. zum Problem beispielsweise C. Gentner, Zur Geschichte des Leitartikels, in: W. B. Lerg et al. (Hrsg.), Publizistik im Dialog. Festgabe für Henk Prakke, Assen/Niederlande 1965, S. 60—68, wo auch Spezialliteratur angegeben wird.

[57] s. hierüber z. B. M. Berger, Görres als politischer Publizist, Bonn-Leipzig 1921; P. Wentzke, Die politische Bedeutung des ‚Rheinischen Merkurs', in: Görres' Rheinischer Merkur, Faksimileausgabe, Bd. I, Köln 1928, S. 7 ff.

[58] s. den Text bei O. A. Ellissen, Friedrich Albert Lange. Eine Lebensbeschreibung, a. a. O., S. 139 ff.

[59] Brief F. A. Lange an J. F. Martens (Hamburg) vom 28. November 1864, abgedruckt bei G. Eckert (Hrsg.), Friedrich Albert Lange ..., a. a. O., S. 84.

gab er an [60], „daß unsre denkenden Arbeiter in Folge des Uebermutes und der Dummheiten der Liberalen so ziemlich samt und sonders in das Lassallesche Lager gegangen sind. Sehr viele lesen jetzt den ‚Sozialdemokraten'[61] und halten außerdem noch am ‚Nordstern'[62] fest". In einem nicht datierbaren Brief hatte sich Lange auch über Erscheinungshäufigkeit seines geplanten Blattes geäußert: Es sollte nur zehnmal jährlich herauskommen [63] — offenbar eine Wiederholung der zitierten Vorstellungen über das ebenfalls gescheiterte Zeitschriftenprojekt ‚Sphinx'. In einem Brief an Engels vom 4. März 1865 hatte Lange indirekt dessen Mitarbeit an dem zu gründenden Blatt erbeten [64], diesen jedoch — ebensowenig wie Marx — nicht zu interesiseren vermögen.

In Duisburg war seit dem zweiten Halbjahr 1848 ein demokratisches Blatt unter dem Titel ‚Der Volksfreund' erschienen, das bis zu seinem Eingehen im Jahre 1850 die publizistische Szenerie in der Stadt wesentlich belebt hatte [65]. Seitdem besaß die ‚Ruhr- und Duisburger Zeitung', die 1852 den Namen ‚Rhein- und Ruhrzeitung' annahm, und bei der Lange bekanntlich einige Zeit als Mit-Redakteur tätig gewesen war, das faktische Lokalmonopol in der Duisburger Tagespresse. Georg Eckert ermittelte, daß Lange in der ‚Rhein- und Ruhrzeitung' 58 Artikel veröffentlichte; hinzu kamen die bereits genannten 65 Beiträge im ‚Wochenblatt für die Grafschaft Mark', so daß Friedrich Albert Lange insgesamt 123 Artikel in Duisburg verfaßt hatte [66], bevor er die Gründung eines eigenen Blattes plante. Dessen Finanzierungsprobleme scheinen indes während des Sommers 1865 hinreichend geklärt worden zu sein. Das eigene Druck- und Verlagunternehmen wurde umbenannt in ‚Verlag von Falk und Lange', wo ab Anfang Oktober die Zeitung erscheinen sollte.

Die Kaution in Höhe von 1.500 Thalern zur Zeitungsgründung hatte Lange „ein Verwandter seiner Frau zur Verfügung gestellt" [67], bemerkt Brauksiepe und deutet damit auf die Familie des Industriellen Colsmann in Langenberg/Rhld. Wie aus einigen im Staatsarchiv zu Düsseldorf aufgefundenen Akten hervorgeht, wurde der Bescheid über die zu zahlende Kaution am 5. Oktober 1865 ausgefertigt, wo auch die Kosten spezifiziert wurden [68]. Am 7. Oktober erfolgte die Einzahlung des Betrages mit dieser Bestätigung: „Der F. A. Lange

---

[60] Brief F. A. Lange an J. F. Martens (Hamburg) vom 9. Februar 1865, abgedruckt ebenda, S. 85.

[61] Es handelt sich um das Ende 1864 entstandene Sprachrohr der Lassalleaner; siehe H. D. Fischer, ... und der ‚Vorwärts' ergriff die Fahne. Vor hundert Jahren erschien erstmals der ‚Social-Demokrat', in: ‚Vorwärts', Nr. 52/53, Bonn, 23. Dezember 1964, S. 27.

[62] In Hamburg erschienenes Blatt der Lassalleaner; s. K. Koszyk, Deutsche Presse im 19. Jahrhundert, a. a. O., S. 188.

[63] Nach O. A. Ellissen, Friedrich Albert Lange. Eine Lebensbeschreibung, a. a. O., S. 141.

[64] Brief F. A. Lange an Friedrich Engels (London) vom 2. März 1865, abgedruckt bei G. Eckert (Hrsg.), Friedrich Albert Lange..., a. a. O., S. 78 f., vgl. Abb. 3.

[65] W. Brauksiepe, Geschichte des Duisburger Zeitungswesens von 1727 bis 1870, a. a. O., S. 63 ff.

[66] G. Eckert (Hrsg.), Friedrich Albert Lange ..., a. a. O., S. 22; sämtliche 123 Beiträge finden sich komplett abgedruckt ebenda, S. 381—681.

[67] W. Brauksiepe, Geschichte des Duisburger Zeitungswesens von 1727 bis 1870, a. a. O., S. 69.

[68] s. Abb. 4; Quelle: Hauptstaatsarchiv Düsseldorf, Zweigarchiv Schloß Kalkum, Bestand: Regierung Düsseldorf, Nr. 336.

zu Duisburg hat für die Herausgabe eines wöchentlich dreimal zu erscheinenden Blattes, betitelt ‚Der Bote am (!) Niederrhein', eine Kaution zum Betrage von 1.500 (Eintausend fünfhundert) Thalern in inländischen Staatspapieren nach dem Nennwerthe bestellt. Die Regierungs-Haupt-Kasse wird hierdurch angewiesen, diese Kaution anzunehmen, und mit den etwa dazu gehörigen Talons in das Dokumenten-Depositorium niederzulegen, auch dem Kautionsbesteller den vorschriftsmäßigen Empfangsschein zu ertheilen ..."[69].

Obwohl die Prozedur der Kautionshinterlegung sich einige Tage hinzog, war es Lange schon zuvor möglich gewesen, am Sonntag, dem 1. Oktober 1865, die erste Ausgabe des Blattes ‚Der Bote vom Niederrhein' als Probenummer erscheinen zu lassen, und auch die zweite Ausgabe vom 4. Oktober war als solche deutlich gekennzeichnet. Das in der ersten Probenummer veröffentlichte Zeitungsprogramm Langes ging über die zuvor eng gezogenen Grenzen der geplanten und nicht verwirklichten ‚Arbeiterzeitung' beträchtlich hinaus. In kluger Einschätzung der publizistischen Realität gab er dem Blatt eine — wenngleich auch tendenziös geprägte — nahezu generalanzeigermäßige, offene Note. Wörtlich lautet der Programmbeitrag [70]:

„Der ‚Bote vom Niederrhein' will seinen Lesern möglichst viele N a c h r i c h t e n bringen und dabei möglichst wenig Zeit und Geld in Anspruch nehmen. Er hofft dadurch seinen Weg auch zu denen zu finden, die sich bisher um Politik und sonstige Neuigkeiten nicht viel bekümmert haben. Alle Artikel werden so gefaßt sein, daß sie für Jedermann verständlich sind; dagegen verschmäht der ‚Bote' die abgeschmackte und verschrobene Sprache, welche so oft als ‚Volkston' angewandt wird, meistens von Leuten, die das Volk betrügen wollen. Kurz und bündig, daß ist unsere ganze Popularität. Wo E r k l ä r u n g e n wünschenswerth sind, werden wir sie nach Kräften bringen, aber wir werden nicht zu jedem Ereigniß eine Sauce von Ansichten, Meinungen und Vermuthungen geben. In Hauptfragen, wo wir glauben unsere Ansicht aussprechen zu müssen, werden wir kleine L e i t a r t i k e l bringen, und damit Jeder weiß, von welchem Standpunkte wir die Dinge ansehen, lassen wir hier einige Sätze folgen:

P r e u ß e n kann und darf weder in offener noch in versteckter Weise zum Absolutismus zurückkehren. Jeder Schritt dazu ist ein Schritt zu seinem Untergang, wenn auch, äußerlich betrachtet, noch keine Gefahr zu drohen scheint. In dem Maße, in welchem die bestehende Verfassung in Frage gestellt wird, müssen die Freunde der Freiheit darauf bedacht sein, ihre Rechte nicht nur zu erhalten, sondern sie noch zu erweitern. Jedermann muß den Entschluß fassen, bei der nächsten günstigen Wendung Bürgschaften zu gewinnen gegen die Wiederkehr ähnlicher Zustände.

D e u t s c h l a n d muß frei und einig werden; aber eine Einheit, durch welche die Freiheit unterdrückt und eine despotische Militärregierung eingeführt würde, wäre kein Fortschritt, sondern die größte Gefahr, die sich denken läßt.

---

[69] Aktenstück ebenda.
[70] An die Leser, in: Der Bote vom Niederrhein, Duisburg, Nr. 1, (1. Oktober 1865), S. 1 (die Zeitung wird künftighin zitiert als ‚BN'; da sämtliche Beiträge anonym erschienen, jedoch vermutlich alle Leitartikel von Lange persönlich stammen, wird auch auf diesen Umstand nicht mehr besonders verwiesen).

Die Fortschrittspartei hat ein gutes Programm und gute Redner; sie hat aber in der Vertheidigung der Verfassung keine hinlängliche Energie bewiesen, die materiellen Interessen zu stark berücksichtigt, die Bedeutung der socialen Frage verkannt und auf die Stimmung im übrigen Deutschland nicht genug Rücksicht genommen.

Eine allgemeine Zersetzung aller Parteien ist in diesem Augenblick unverkennbar und kann nicht länger vermieden werden. In solchen Zeiten ist es doppelt wichtig, daß Jedermann im Volke sich über die Lage unseres Vaterlandes unterrichtet und selbst denkt, statt blindlings einer Fahne zu folgen. Je weniger in der Gegenwart auszurichten ist, desto mehr muß für die Zukunft vorbereitet werden.

Die Bildung einer ächten Volkspartei ist unbedingt nothwendig. Diese kann nicht durch ein paar Führer von oben herab regiert werden, sondern sie muß ihr Heil davon erwarten, daß eine selbständige politische Erkenntniß immer mehr die Massen in Stadt und Land durchdringt. Jeder redliche Versuch zur Bildung und Ausbreitung einer solchen Partei verdient unsere Unterstützung, wenn wir auch im Einzelnen nicht immer einverstanden sind.

Damit für diesmal genug. Ein vollständiges Parteiprogramm kann man von einem so bescheidenen Blättchen, wie der ‚Bote', nicht verlangen. Wir sind auch der Ansicht, daß eine Zeitung — sei sie so klein oder so groß, wie sie wolle — nicht bloß einen privilegirten Predigtstuhl für die Redaction abgeben soll. Deshalb werden wir gern auch abweichenden Ansichten das Wort geben, wenn sie aus dem Kreise unserer Leser kommen, kurz und anständig geschrieben sind und eine Namensunterschrift tragen. Politische Artikel, die nicht unterschrieben sind und auch nicht die Bezeichnung eines andern Blattes tragen, aus dem sie entnommen sind, gehen für Rechnung der Redaction. Wir werden die augenblickliche Stille in den politischen Ereignissen benutzen, um die wichtigsten allgemeinen Fragen im Laufe des Quartals einer Besprechung zu unterziehen.

Besondere Beachtung wollen wir auch den näher liegenden Interessen der Provinz, des Kreises und der einzelnen Gemeinden zu Theil werden lassen. Wir gehen von dem Grundsatz aus, daß der Sinn für öffentliche Angelegenheiten in diesen engeren Kreisen und im Vereinswesen seine beständige Pflege finden muß, wenn nicht das Interesse für die großen Geschicke des Vaterlandes an der Wurzel verdorren soll. Das bureaukratische Regiment muß der Selbstregierung weichen. Je weniger Aussicht dafür einstweilen vorhanden ist, desto entschiedener muß es verlangt werden. Es wird wieder eine Zeit kommen, in welcher die Forderungen des Volkes gehört werden; deshalb verständigen wir uns über das, was Noth thut!"

Das Impressum der Zeitung enthielt die folgenden Angaben: „Verlag von FALK & LANGE in Duisburg. — Verantw. Redacteur: Dr. A. Lange in Duisburg. Druck von Jul. Sturmberg (Falk & Lange) in Duisburg. — Erscheint wöchentlich dreimal: Mittwochs, Freitags und Sonntags. Abonnementspreis: vierteljährlich in der Expedition 10 Sgr., mit Botenlohn 11½ Sgr., — durch die Post bezogen 12½ Sgr. Insertionsgebühren: die dreispaltige Petitzeile oder deren Raum 6 Pfg." Wenn man berücksichtigt, daß die örtliche Konkurrenz der ‚Rhein- und Ruhrzeitung' bei sechsmal wöchentlichem Erscheinen pro Quartal in der Expedition 1 Taler und 5 Silbergroschen sowie durch die Post

1 Taler, 11 Silbergroschen und 3 Pfennige kostete [71], so war der ‚Bote vom Niederrhein' weniger als ein Drittel so teuer, — bei allerdings der um die Hälfte niedrigeren Erscheinungshäufigkeit. Folgt man der von H.-F. Meyer aufgestellten These von der „Preis-Publizitätswelle" für Zeitungen des 19. Jahrhunderts, so war bei diesen geringen Kosten auch die Bevölkerung „der unteren Schichten ... in der Lage, den geforderten Zeitungsbezugspreis aufzubringen, ohne sich in ihrer Lebenshaltung erheblich einzuschränken" [72].

Allerdings muß bei dem relativ niedrigen Abonnementspreis für den ‚Boten vom Niederrhein' auch angeführt werden, daß das Blatt nur zweispaltig im Format von lediglich 24 × 17 cm erschien, während die örtliche Konkurrenzzeitung dreispaltig und in einem regelrechten Zeitungsformat herauskam. Der inhaltliche Aufbau des ‚Boten vom Niederrhein' blieb während der gesamten Zeit seines Erscheinens relativ konstant: Auf der ersten Seite war meist der von Lange verfaßte Leitartikel, dem eine „Übersicht der Tagesbegebenheiten", eine knappe Nachrichtenauswahl mit internationaler Ausrichtung, folgte. Eine zusätzliche Nachrichtenrubrik war „Rheinland und Westphalen" gewidmet. An diese Informationen schlossen sich gewöhnlich Meldungen oder kleinere Berichte zu sozialen Angelegenheiten an, namentlich die Aktivitäten des ‚Allgemeinen Deutschen Arbeiter-Vereins' (ADAV) beobachtend. Auch setzte sich Lange hier kritisch mit den verschiedensten Theorien über die Lösung der sozialen Frage auseinander. „Den Schluß des redaktionellen Teils", so schreibt Brauksiepe, „bildete das ‚Feuilleton' unter der Bezeichnung ‚Vermischtes'. Hier brachte Lange nicht etwa Romane oder Novellen, sondern lediglich Anekdoten, Humor oder sonderbare Begebenheiten ... In den Anzeigen, die die letzte Seite nicht immer ganz ausfüllten, wurden neben Privatanzeigen und Eigenwerbung des Verlages amtliche Bekanntmachungen, Geld-Kurse, Fruchtpreise und Wasserstandsmeldungen veröffentlicht" [73].

Nur in Ausnahmefällen widmete sich der Leitartikel lokalen oder engregionalen Fragestellungen. Langes Intention war eindeutig die Analyse und Kritik der großen Politik, was bisweilen zu rein akademischen Gefechten führte und nicht immer die Sprache der arbeitenden Klassen, die er mit seinem Blatt erreichen wollte, gewesen sein dürfte. In gewisser Weise kann man den ‚Boten vom Niederrhein' als ein journalistisch wenig flexibles, wenngleich auch eminent geistreiches Blatt bezeichnen. Die wesentliche Funktion bestand in der missionarischen Aufgabe, die Lange sich selbst und damit dem Blatt gesetzt hatte. Seine Leitartikel griffen brisante und sogar gefährliche Themen auf, doch ließ der Streuradius der auflageschwachen Zeitung kaum eine überörtliche Resonanz — die lokale war freilich recht beachtlich — zu. Dieser Mangel, den Lange selbst erkannte, erklärt es, daß er stets bemüht war, dem Blatt durch verschiedene Maßnahmen eine gewisse Außenwirkung über das Duisburger Einzugsgebiet hinaus zu verschaffen. So tauschte er beispielsweise mit Julius Baedeker ein Exemplar des ‚Boten' gegen dessen ‚Wochenblatt' aus [74].

[71] Laut Impressum der Ausgabe der ‚Rhein- und Ruhrzeitung' vom 6. Februar 1863, abgebildet bei G. Eckert (Hrsg.), Friedrich Albert Lange ..., a. a. O., Abb. 15, vor S. 537.

[72] s. H.-F. Meyer, Zeitungspreise in Deutschland im 19. Jahrhundert und ihre gesellschaftliche Bedeutung, phil. Diss. Münster 1967, Münster 1969, S. 339.

[73] W. Brauksiepe, Geschichte des Duisburger Zeitungswesens von 1727 bis 1870, a. a. O., S. 71.

[74] s. G. Eckert (Hrsg.), Friedrich Albert Lange ..., a. a. O., S. 72.

Auch gegenüber Friedrich Engels diente der ‚Bote' für Lange quasi als Reputations-Vehikel, denn er bot diesem unaufgefordert die fortlaufende Zusendung eines Exemplars an [75].

Um sich einen Gesamteindruck über die Inhaltsproportionen des ‚Boten vom Niederrhein' für die gesamte Periode seines Erscheinens zu verschaffen, mag nachfolgende quantitative Analyse wertvolle Orientierungswerte vermitteln [76]:

| Monat/Jahr | Zeitungs-Ausgaben | | Gesamt-Seiten | Aufgliederung der Seiten | | | |
| | Lfd. Nrn. | Gesamt-zahl | | Textteil | | Anzeigenteil | |
				absolut	in %	absolut	in %
Oktober 1865	1—13	13	54	44,995	83,32	9,005	16,68
November 1865	14—26	13	62	51,790	83,53	10,210	16,47
Dezember 1865	27—40	14	66	53,780	81,48	12,220	18,52
Januar 1866	1—13	13	66	54,850	83,11	11,150	16,89
Februar 1866	14—25	12	70	58,300	83,29	11,700	16,71
März 1866	26—38	13	62	51,840	83,61	10,160	16,39
April 1866	39—51	13	62	52,030	83,92	9,970	16,08
Mai 1866	52—64	13	54	46,300	85,74	7,700	14,26
Juni 1866	65—77	13	54	45,930	85,06	8,070	14,94
Oktober 1865 bis Juni 1866 (9 Monate)	(117)	117	550	459,815	—	90,185	—
Durchschnittswerte pro Monat	—	13	61,11	51,090	83,60	10,020	16,40

Nicht sämtliche der insgesamt 117 erschienenen Ausgaben des ‚Boten vom Niederrhein' führten einen Leitartikel, sondern nur ganze 90. Weniger infolge Themenarmut oder Ideenlosigkeit, sondern wahrscheinlich wegen des enormen Arbeitsaufwandes dürfte Lange nicht immer dazu gekommen sein, einen solchen Beitrag zu verfassen. Es ist nicht bekannt, ob und ggf. welche redaktionellen Helfer ihm zur Seite standen bei der Zusammenstellung seines Blattes, das er verlegerisch und redaktionell gleichermaßen leitete. Insgesamt 24

---

[75] s. ebenda, S. 79.
[76] Inhalts-Ausmessungen und -Berechnungen von Erika J. Fischer auf der Basis des von G. Eckert besorgten Faksimile-Nachdrucks des ‚Boten vom Niederrhein' (1865/66), a. a. O. — Die fortlaufende Zählung der faksimilierten Seiten ergibt zwar die Ziffer 560, doch mußten hiervon insgesamt 10 Seiten als für die Analyse irrelevant subtrahiert werden, so daß in der Tabelle nur insgesamt 550 Seiten genannt werden! Folgende Gründe zwangen zur Eliminierung der genannten zehn Seiten: (a) In der Nr. 3 vom 7. Januar 1866 findet sich irrtümlich die vierseitige „Beilage" doppelt reproduziert, muß somit einmal entfallen; (b) außerdem findet sich in der Nr. 7 vom 17. Januar 1866 eine zweiseitige Werbebeilage über das ebenfalls im Verlag von Falk & Lange publizierte Anoncenblatt ‚Duisburger Gratisanzeiger', die ebenfalls nicht in die Berechnung einbezogen werden konnte; (c) schließlich findet sich die Nr. 35 des BN vom 20. Dezember 1865 in der Faksimile-Ausgabe zweimal reproduziert, was einen Abzug von weiteren 4 Seiten bewirkte.

Ausgaben waren ohne jeglichen Leitartikel [77] und begannen sogleich auf der Titelseite mit der „Politischen Übersicht", also dem Nachrichtenteil. Bei zwei weiteren Ausgaben war anstelle des Leitartikels jeweils eine zweispaltige aufgemachte „Petition" zu finden [78], während in einem einzigen Falle eine Leserzuschrift eines gewissen „S." unter dem Titel „Eingesandt" den zeitungseigenen Leitartikel ersetzte [79]. Die genannten 90 Leitartikel der Zeitung, bei denen man eine Autorenschaft Langes voraussetzen darf, gliedern sich grob in folgende Themenbereiche, wobei Überlappungen zwischen mehreren Kategorien durchaus möglich sind [80]:

Krieg, Kriegsgefahr etc.	23 Leitartikel
Ausland / Internationale Politik	19 Leitartikel
Parlament / Parteien	13 Leitartikel
Wahlen / Wahlrechtsfragen	9 Leitartikel
Innenpolitik Deutschland / Preußen	6 Leitartikel
Militärfragen / Rüstungsprobleme	4 Leitartikel
Arbeiterschaft / Arbeiterbewegung	3 Leitartikel
Eigenprobleme des ‚Boten vom Niederrhein' [81]	3 Leitartikel
Organisationen / Genossenschaften	3 Leitartikel
Gegnerische Presseorgane	2 Leitartikel
Wirtschaftsfragen	2 Leitartikel
Regionalpolitik	1 Leitartikel
Staats-Philosophie	1 Leitartikel
Gesellschaftsfragen	1 Leitartikel

Nach dieser systematischen Erfassung der Meinungsbeiträge erscheint es angemessen, auch das Nachrichtenangebot des ‚Boten vom Niederrhein' einer Analyse zu unterziehen. Es kann in diesem Zusammenhang nicht detailliert untersucht werden, woher das Blatt seine Informationen bezogen hat, da hierüber keinerlei Auskünfte vorliegen und die Meldungen selbst nur in den allerseltensten Fällen eine Quellenangabe enthalten. Aufgrund der allgemeinen Situation im Pressewesen jener Zeit kann jedoch vermutet werden, daß Lange für seine Zeitung im wesentlichen andere Blätter permanent „ausgeschlachtet" hat und den Informationsstoff kritisch kompilierte; eine exakte Trennung zwischen Nachricht und redaktionellen Anmerkungen fand nicht immer statt. Es kann als ausgeschlossen gelten, daß Lange finanziell in der Lage und auch Willens war, die Nachricht als Ware zu akzeptieren [82] und ein

---

[77] Es handelt sich um die Nummern 8, 11, 19, 20, 24, 31, 35 und 37 des Jahrgangs 1865 sowie um die Nummern 13, 14, 17, 22, 27, 28, 31, 43, 53, 57, 63, 64, 69, 73, 74 und 76 aus dem Jahrgang 1866; Eigenermittlungen d. Verf.

[78] In den Ausgaben Nr. 30 vom 8. Dezember 1865 sowie in der Nr. 38 vom 27. Dezember 1865; Eigenermittlungen d. Verf.

[79] In der Nr. 4 vom 8. Oktober 1865.

[80] Eigenerhebungen d. Verf.

[81] Es handelt sich hier (a) um den Programmbeitrag in der Nr. 1 vom 1. Oktober 1865, (b) den Beitrag „Unser Kampf um das Dasein" in Nr. 1 vom 3. Januar 1866 sowie (c) um die Abschiedsworte in der letzten Ausgabe, Nr. 77 vom 29. Juni 1866.

[82] Zum Problem der Kommerzialisierung von Nachrichten s. H.-D. Fischer, Entwicklungsphasen der Presse-Nachrichtenversorgung. Etappen der Evolution aktueller Informationen als Ware, in: E. Strassner (Hrsg.), Nachrichten. Entwicklungen — Analysen — Erfahrungen, München 1975 (im Druck).

Abonnement bei einer kommerziell betriebenen Agentur abzuschließen. Es hat den Anschein, daß Lange vor allem rheinische Regionalblätter, die großen Berliner Tageszeitungen sowie die verschiedenen Organe der sozialistischen Bewegung aus verschiedenen deutschen Städten als Informationsquellen benutzte. Das ‚Wolffsche Telegraphen-Bureau' (W.T.B.) dürfte für Lange schon deshalb nicht als Informationslieferant in Frage gekommen sein, weil es Anfang März 1865 zu einem Großunternehmen ausgebaut worden war [83], das der preußischen Regierung nicht gerade fern stand.

Woher Lange für den ‚Boten vom Niederrhein' auch immer seinen Nachrichtenstoff im einzelnen bezogen haben mag, aufschlußreich dürfte auf jeden Fall sein, über welche Orte bzw. Regionen sein Informationsmaterial handelte. Eine Totalauswertung aller namentlich genannten Herkunftsorte erbrachte aufschlußreiche Resultate [84]: Nicht der Erscheinungsort der Langeschen Zeitung, sondern die preußische Hauptstadt wurde am häufigsten genannt: insgesamt 94 Meldungen oder Nachrichtenblöcke stammten aus Berlin, während Duisburg lediglich mit zusammen 87 in den neun Monaten des Bestehens des ‚Boten vom Niederrhein' in dem Blatt vertreten war. Diese Feststellung stützt in gewisser Weise die bereits weiter oben aufgestellte These, wonach Lange keineswegs ausschließlich ein Lokalblatt schaffen wollte, sondern durch überregionale und — wie noch zu belegen sein wird — übernationale Informationsgebung eine allgemeine Informationszeitung, freilich mit vorsichtig sozialdemokratischer Grundhaltung, herauszugeben bemüht war. Um dennoch den Ausgangspunkt vom Erscheinungsort des ‚Boten vom Niederrhein' zu nehmen, sei das nachfolgende statistische Material grundsätzlich gegliedert nach vier Gesichtspunkten, vom Lokalen und Regionalen bis zum Nationalen und Überstaatlichen.

In der ersten Kategorie, 481 Meldungen umfassend, werden Orte aus dem seinerzeitigen **Rheinland und Westfalen** in einer Häufigkeitsverteilung genannt, die angibt, wie oft aus ihnen oder über sie in dem Blatt berichtet worden ist. Wie bereits erwähnt, stand Duisburg mit 87 Nennungen an der Spitze; es folgten Köln (48), Mülheim (31), Düsseldorf (29), Essen (23), Hagen (17), Barmen, Dortmund (je 16), Bonn (15), Elberfeld (14), Witten (13), Koblenz (12), Krefeld (11), Aachen (10), Iserlohn (9), Gladbach, Haspe, Oberhausen, Solingen, Trier (je 6), Bielefeld, Langenberg, Ruhrort, Werden a. d. R., Wesel (je 5), Kettwig, Minden, „vom Rhein" (je 4), Geldern, Hamm, Kleve, Mörs, Münster, Viersen, „aus Westfalen" (je 3), Arnsberg, „vom Niederrhein", „aus dem Oberbergischen", Remscheid, Soest, Sterkrade (je 2), Altena, Altenhundem, Blankenstein, Bochum, Büren, Dülken, Düren, Emmerich, Gelsenkirchen, Gevelsberg, „Grafschaft Mark", Hattingen, Höxter, „von der holländischen Grenze", Kamen, Kempen, Merzig, Ratingen, Recklinghausen, Rees, Rheinberg, Rheydt, Ronsdorf, „von der Ruhr", Schwelm, Schwerte, Siegen, „Siegkreis", Velbert und Wetzlar (je 1).

Eine zweite Gruppe von insgesamt 654 Nachrichten verteilte sich auf **sonstige deutsche Städte** außerhalb Rheinlands und Westfalens. Hier führte, wie ebenfalls schon genannt, Berlin mit 94 Nennungen, gefolgt von Wien (67), Frankfurt (50), Hamburg, München (je 30), Kiel (23), Dresden,

---

[83] s. K. Koszyk, Deutsche Presse im 19. Jahrhundert, a. a. O., S. 212 ff.
[84] Nach Erhebungen und Systematisierungen d. Verf. unter Mitarbeit von Erika J. Fischer.

Nürnberg (je 18), Altona, Kassel (je 17), Breslau, Königsberg, Schleswig (je 14), Karlsruhe, Leipzig (je 13), Hannover (12), Darmstadt, Gumbinnen (je 10), Augsburg, Bremen, Görlitz, Magdeburg, Stuttgart (je 7), Mainz, Rendsburg, Saarbrücken, Wiesbaden (je 5), Coburg, Danzig, Eisenach, Erfurt, Flensburg, Neiße, Rostock, Stettin (je 4), Glatz, Gotha, Hadersleben, Hameln, Heidelberg, Hildesheim, Kosel, Mannheim, Memel, Nordhausen, Oderberg, Schwerin (je 3), Bamberg, Brieg, Bromberg, Celle, Chemnitz, Gießen, Hirschberg, Marienburg, Posen, Reichenberg (je 2), Amt Hütten, Bautzen, Beuthen, Bingen, Bodenbach, Böhnen, Büchen, Eckernförde, Emden, Euskirchen, Friedrichstadt, Gera, Glauchau, Glogau, Göttingen, Halberstadt, Hanau, Hersfeld, Herzberg, Husum, Itezhoe, Kreuznach, Lichtenfels, Lüneburg, Marienwerder, Meiningen, Meissen, Merseburg, Myslowitz, Namslau, Neumünster, Neustadt, Nordhausen, Oldenburg, Olmütz, „von der Oppa", Potsdam, Rastatt, Ratibor, Ratzeburg, Regensburg, Stade, Tönning, Troppau, Weimar, Wittenberg und Zerbst (je 1).

An deutschen Staaten bzw. Regionen fand aus 168 Meldungen Österreich/Ungarn mit 51 Nennungen die häufigste Erwähnung, es folgten Preußen, Schleswig-Holstein (je 24), Bayern (13), Baden (10), Sachsen (6), Kurhessen, Nassau, Württemberg (je 5), Hannover (3), Bremen, Hamburg, Lauenburg, Mecklenburg-Schwerin, „von der sächsischen Grenze" (je 2), „aus Böhmen", „von der Böhmischen Grenze", Braunschweig, Coburg, „Deutschland", Hessen-Darmstadt, Mecklenburg, „von der Mosel", „aus Nassau", „aus Oberschlesien", „Reussische Fürstentümer" und Sonderburg (je 1). Von ausländischen Staaten bzw. Gebieten fanden in den Nachrichten des ‚Boten vom Niederrhein' Erwähnung: Frankreich (95 Nennungen), Italien (91), England (82), „Amerika" (73), Spanien (41), Schweiz (33), Belgien, Rumänien (je 25), Rußland (23), Irland (13), Holland (12), Türkei (9), Dänemark (8), Chile, Griechenland (je 7), Schweden (6), Mexico (5), Luxemburg, Polen (je 4), Peru, Portugal (je 3), Litauen, Syrien (je 2), Ägypten, „Afrika", Brasilien, China, Dominikanische Republik, Haiti, „Kap der guten Hoffnung" und „Ostindien" (je 1); zusammen waren dies 581 Auslandsmeldungen.

Insgesamt wurden in den 117 Ausgaben der Zeitung 1884 Nachrichten publiziert, was einen Durchschnitt von 16 Meldungen pro Ausgabe entspricht. Lange war ständig bemüht, seinem Blatt neue Abonnenten zuzuführen. „Wer den ‚Boten' einige Zeit auf Probe lesen will, kann sich bis auf Weiteres für 1 Sgr. die Woche abonnieren", so lautete eine der Einladungen [85]. Und gegen Ende des ersten Erscheinungsjahres bat Lange darum, „das Abonnement rechtzeitig zu erneuern, damit keine Unterbrechung in der Zusendung eintritt" [86]. In einer Beilage zum ‚Boten vom Niederrhein' erschien eine Eigenanzeige des Unternehmens mit folgendem Wortlaut [87]: „Die Buchdruckerei von J. Sturmberg (Falk & Lange) in Duisburg empfiehlt sich zur Anfertigung von Druckarbeiten jeder Art, als: grössere Werke, Circulare, Preis-Courante, Avis- und Frachtbriefe, Wechsel- und Anweisungsformulare, Facturen, Rechnungen, Adress-, Verlobungs- und Visitenkarten, Etiquett's in Gold-, Silber- und Farbendruck, Briefköpfe, Geschäftsbücher jeder Art und Größe, Todtenzettel, Tabellen, Plakate, Prozessvollmachten, Klageformulare, Exekutionsgesuche etc. unter Zusicherung reeller und prompter Bedienung bestens."

---

[85] BN, Nr. 22 vom 19. November 1865, S. 1, Sp. 1.
[86] BN, Nr. 35 vom 20. Dezember 1865, S. 1, Sp. 1.
[87] s. Duisburger Gratisanzeiger, Nr. 6 vom 16. Januar 1866, S. 2.

Es hat den Anschein, daß die offenbar gut ausgestattete Druckerei des Langeschen Verlages möglicherweise eingetretene Defizite der Zeitung trug, — eine Erscheinung, die bei Verlagen gerade in jener Zeit keine Seltenheit war. Interessant in diesem Zusammenhang erscheint auch der Hinweis darauf, daß Falk & Lange am Vertrieb eines „Belletristischen Journal-Lesezirkel" beteiligt waren und damit zusätzliche Einnahmen erwarten durften, obwohl die in dem Lesezirkel verbreiteten Zeitschriften durchweg bourgeoise Mode- und Unterhaltungsblätter darstellten, die zumindest den politischen Intentionen Langes partiell zuwiderliefen [88]. Durch Sonderangebote für Spezialabonnements [89] oder durch Probeleseangebote [90] suchte man die Bezieherschaft des ‚Boten' permanent zu erweitern. Aber es gab Schwierigkeiten mit der Distribution, worüber Lange ausführlich in einem Leitartikel der ersten Ausgabe des neuen Jahrganges 1866 berichtete [91]:

„Unser ‚Bote' hat sich schon weit in die Runde zahlreiche Freunde erworben, denen wir hiermit herzliches Glück zum neuen Jahr wünschen. Möge dies Jahr dem Volk mehr Rechte und den Fürsten weniger Sorgen bringen. Im Uebrigen können wir nicht dafür, wenn wir den neuen Jahrgang mit Klagen anfangen müssen.

Die königliche Post hat uns die **Versendung von Probenummern** abgeschlagen. Wir dachten, gut, das wird wohl auch zum System gehören. Die Postbehörde muß bei solchen Gesuchen bei der Regierung anfragen, und die Regierung wird wohl, wie das unter den jetzigen Zeitverhältnissen kaum anders zu erwarten steht, dabei nach politischen Rücksichten verfahren. Also beruhigen wir uns!

Doch was geschieht? In diesen Tagen erhalten wir unter andern Probenummern liberaler Blätter auch eine von der ‚Magdeburger Presse', einem Organ der entschiedensten Fortschrittspartei, welches erst vor Kurzem ... begründet wurde ... Freilich ist die ‚Magdeb. Presse' ein großes Blatt, welches von Leuten gelesen wird, die Geld haben, während unser ‚Bote' in unscheinbarer Gestalt seinen Weg zu den Hütten der Armen sucht. Aber darin kann der Unterschied doch wohl nicht liegen!

Wir halfen uns mit großen Kosten durch die Verbreitung von **Abonnements-Einladungen** unter sorgfältiger Vermeidung der zahlreichen Klippen unserer Gesetzgebung. Was geschieht? In Düsseldorf wird die Herumbringung derselben durch Dienstleute in die Häuser von der Polizei verhindert als ein Verstoß gegen § 10 des Preßgesetzes ...

Soll denn nun das Ueberbringen der betreffenden Druckschrift **in die Häuser** der Arbeiter als ein Vertheilen **auf öffentlichen Wegen** interpretiert werden? Unserm Agenten, welcher sich diese Frage erlaubte, wurde auf dem Polizei-Bureau mit **sofortiger Verhaftung** gedroht.

Ohnehin stößt ein kleines Blatt, welches sich unter den mit Mammon nicht übermäßig behafteten Einwohnern der Provinz seinen Weg sucht, auf zahllose Schwierigkeiten, welche für die vornehmen Blätter nicht bestehen. Wir erwähnen nur eine. Ein Abonnent in N. bei Köln tritt an den Schalter des Postamts und will sein Geld abgeben für das nächste Quartal, des ‚Boten vom

---

[88] s. die Anzeige ebenda.
[89] s. BN, Nr. 18 vom 11. Februar 1866, S. 7, Sp. 2.
[90] s. BN, Nr. 26 vom 2. März 1866, S. 4, Sp. 2.
[91] Unser Kampf ums Dasein, in: BN, Nr. 1 vom 3. Januar 1866, S. 1, Sp. 1 f.

Niederrhein'. — Antwort: „ ‚Bote vom Niederrhein'? Existiert nicht." Schalter zu! Wer sich nicht zu helfen weiß, geht kopfschüttelnd ab, wenn er auch unsere Abonnements-Einladung in der Tasche hat.

Zufällig war es in N. bei Köln ein Mann, der sich zu helfen wußte, und er fuhr daher in seinen Bemühungen fort. „Bitte, wollen Sie nicht einmal im Zeitungskatalog nachschlagen?" Der Titel wird ganz genau angegeben: ‚Der Bote vom Niederrhein'. Der Beamte am Schalter sucht unter dem Buchstaben D, findet nichts und erklärt wiederholt: Das Blatt ist nicht im Postdebit zu haben. Nochmalige Bitte, nochmalige Gefälligkeit, endliche Auffindung unter dem Buchstaben B.

Wie viele Abonnenten können wir nicht auf diese Weise einbüßen, da wir es meist mit schlichten Arbeitern zu thun haben, die vom Zeitungskatalog und Post-Debit nicht viel verstehen! Es wird eben denjenigen Leuten, **welche eine entschlossene Vertretung ihrer Interessen am meisten nötig haben, auch am meisten erschwert, sich ein Organ zu schaffen**. Deshalb bitten wir unsere Freunde auch um doppelten Eifer in der Unterstützung unseres Blattes, und zwar nicht nur durch Förderung der Verbreitung des ‚Boten', sondern auch durch **Zusendung von Beiträgen**, welche stets gern gesehen werden."

Überhaupt erfreute sich der ‚Bote vom Niederrhein' strenger Observanz seitens der Obrigkeit. Lange, der sein Blatt selbst einmal in einem Brief an Max Hirsch als „obscurster Wisch in Deutschland" bezeichnete [92], betrachtete die Funktion der Zeitung — ebenfalls nach eigenen Worten — „in allen Fragen des inneren Konfliktes (Preußens, d. Verf.) einfach als oppositionell" [93], was nicht nur in Duisburg die Aufmerksamkeit der Aufsichtsbehörden zur Folge haben mußte. Erreichte die ‚Rhein- und Ruhrzeitung' als seit geraume Zeit eingeführtes Blatt eine Auflage von zeitweilig 1900, so betrug jene des ‚Boten vom Niederrhein' gleichzeitig nur 240. Verfocht erstere Zeitung in den Augen der Regierung eine „entschieden liberale Tendenz", so wurde Langes Blatt folgendermaßen typisiert: Die Grundhaltung sei ähnlich, „nur noch in höherem Grade oppositionell; wesentlich auf die arbeitenden Klassen berechnet, verficht das Blatt social- und democratische Tendenzen" [94]. In einem anderen Aktenstück, das für den Regierungspräsidenten in Koblenz angefertigt worden war, wurde der ‚Bote vom Niederrhein' sogar zunächst als „in höherem Grade regierungsfeindlich" eingestuft; eine nachträglich vorgenommene Bereinigung der Eintragung wandelte „regierungsfeindlich" in „oppositionell" um [95].

Wie Weinkauff hervorhebt, „regnete es förmlich Preßprocesse gegen den kühnen Wortführer, die von ihm zwar mit unverwüstlichem Humor und

---

[92] Brief F. A. Lange an Dr. M. Hirsch (Magdeburg) vom 27. November 1865, abgedruckt bei G. Eckert (Hrsg.), Friedrich Albert Lange ..., a. a. O., F. 106.

[93] Zit. nach O. A. Ellissen, Friedrich Albert Lange. Eine Lebensbeschreibung, a. a. O., S. 133.

[94] Acta betreffend die jährlich einzureichenden Verzeichnisse der erscheinenden Zeit- und Flugschriften, 1864—1866, in: Hauptstaatsarchiv Düsseldorf, Zweigarchiv Kalkum: Regierung Düsseldorf, Nr. 705, Bl. 61 f.

[95] Ebenda, Regierung Düsseldorf, Nr. 319, Bl. 226 f. — Eine ähnliche regierungsamtliche Passage findet sich abgedruckt bei J. Monning, Die Geschichte der Duisburger Presse von 1870 bis zum Ausbruch des Weltkrieges, a. a. O., S. 13; das Original des Dokumentes konnte jedoch vom Verf. bei seinen Recherchen im Staatsarchiv Düsseldorf, Zweigarchiv Kalkum, nicht entdeckt werden.

ebenso schneidiger wie glänzender Dialektik geführt, doch die kostbare Zeit zersplitterten" [96]. Zunächst blieb Lange von Kontroversen verschont, er entwickelte lediglich ein besonderes Interesse für die Belange des ‚ADAV'. Nach einer gegen den Redakteur des ‚Social-Demokrat', Johann Baptist von Schweitzer, im November 1865 ausgesprochene Verurteilung zu einem Jahr Gefängnis wegen Majestätsbeleidigung schrieb Lange: „Wir würden es bedauern, wenn durch diesen Zwischenfall das Dasein eines Organs bedroht würde, welches ... jedenfalls mit Talent und Geist redigiert ist und durch seine rücksichtslose Parteinahme für die Arbeiter ... eine große Lücke in der freisinnigen Presse ausgefüllt hat" [97]. Bald darauf kündigt Lange in seinem Blatt eine geplante Delegiertenversammlung des ADAV in Duisburg an, „in welcher der Streit zwischen dem ‚Social-Demokrat' und dem abgetretenen Präsidenten Becker zum Austrag kommt" [98]. Einmal beschwerte sich Lange jedoch bitter über einen im Blatt der Lasselleaner veröffentlichten Leserbrief aus Solingen, „worin die liebenswürdige Äußerung vorkommt, der Redakteur des ‚Boten vom Niederrhein' hätte sich öffentlich für einen Feind der Arbeiter erklärt" [99]. Lange verwies auf die bereits im Oktober publizierte Richtigstellung einer mißverstandenen Äußerung [100].

Der am 18. Dezember 1865 in Duisburg abgehaltene ADAV-Kongreß berief für den 21. Januar 1866 ebenfalls nach Duisburg einen ‚Allgemeinen Rheinisch-Westfälischen Arbeitertag' ein [101]. Dieser fand jedoch nicht statt, worüber der ‚Bote vom Niederrhein' am 20. Januar berichtete [102]: „Soeben beim Schluß unseres Blattes läuft die Nachricht ein, daß der ‚hiesige Zweigverein des allgemeinen deutschen Arbeitervereins' aufgelöst und der für morgen berufene **Arbeitertag** verboten ist. Die betreffende Annonce haben wir deshalb weggelassen. Der Raum derselben mußte wegen Zeitmangel leer bleiben" [103]. Das Verbot der Zusammenkunft, das wegen des Anzeigenausfalls den ‚Boten vom Niederrhein' auch materiell berührte, wurde in der folgenden Ausgabe von der Polizei als angeblicher Mißbrauch des Versammlungs- und Vereinsrechtes bezeichnet [104]. Eine etwas veränderte Anzeige lud schließlich zur „Arbeiter-Versammlung" am 28. Januar ein, nachdem man den Text entsprechend entschärft hatte [105]. Im Februar erschien zweimal eine Anzeige an „Die Duisburger Urwähler" in der Zeitung, wobei Lange selbst als Einladender fungierte [106].

Den ersten größeren Konflikt mit den Zensurbehörden provozierte Lange im Februar 1866: In einem Leitartikel, der sich, nachdem zwei Abgeordnete vom Obertribunal wegen „aufreizender Reden" verurteilt worden waren, mit

---

[96] F. Weinkauff, Friedrich Albert Lange, a. a. O., S. 628.
[97] s. BN, Nr. 25 vom 26. November 1865, S. 2, Sp. 1.
[98] s. BN, Nr. 30 vom 8. Dezember 1865, S. 3, Sp. 2.
[99] L.: Ein für allemal, in: BN, Nr. 34 vom 17. Dezember 1865, Beilage S. 1, Sp. 1.
[100] s. BN, Nr. 8 vom 18. Oktober 1865, S. 3, Sp. 1.
[101] s. BN, Nr. 35 vom 20. Dezember 1865, S. 3, Sp. 2.
[102] s. BN, Nr. 9 vom 21. Januar 1866, S. 4, Sp. 2.
[103] s. die Anzeigenlücke ebenda, Beilage zu Nr. 9, S. 4. Die Anzeige war indes schon vorher zweimal im BN, Nr. 7 vom 17. Januar 1866, S. 4 sowie in Nr. 8 vom 19. Januar 1866, S. 4.
[104] s. BN, Nr. 10 vom 24. Januar 1866, S. 3, Sp. 1 f.
[105] s. BN, Nr. 10 vom 24. Januar 1866, S. 4 sowie Nr. 12 vom 28. Januar 1866, S. 4.
[106] s. BN, Nr. 20 vom 16. Februar 1866, S. 4 sowie Nr. 21 vom 18. Februar 1866, S. 3, s. Abb 5.

dem Problem der Redefreiheit im Parlament befaßte, bezeichnete Lange die Mitglieder des Gerichtes als „Verbrecher"[107]. Wenige Tage später meldete Langes Zeitung: „Heute Mittag wurde in unserem Redactionslokale nach dem Manuscript des Leitartikels in Nr. 19 vom 14. Febr. polizeiliche Haussuchung gehalten..."[108]. Wie der ‚Bote vom Niederrhein' später bekanntgab, sollte am 13. April „beim hiesigen Kreisgericht die mündliche Verhandlung gegen den Red. des ‚Boten v. Niederrhein' wegen Beleidigung des Obertribunals" erfolgen[109]. Auch das Urteil wurde im eigenen Blatt publiziert: „Gestern wurde der verantwortliche Redakteur des ‚Boten vom Niederrhein', Dr. A. Lange, von dem hiesigen Kreisgericht wegen B e l e i d i g u n g   d e s   O b e r t r i b u n a l s zu einer Geldstrafe von 50 Thlr., im Unvermögensfalle 3 Wochen Gefängniß, verurtheilt. Zugleich wurde auf Vernichtung der incriminirten Nummer erkannt und dem Königl. Obertribunal das Recht zugesprochen, das Erkenntniß durch den ‚Boten vom Niederrhein' zu veröffentlichen. In den Gründen wurde ausgeführt, daß die Beleidigung des Obertribunals eine besonders schwere gewesen sei..."[110]. Die Verurteilung wurde auch in zweiter Instanz vor dem Appellationsgericht in Hamm aufrechterhalten, „indes fiel die Sache später unter den Amnestieerlaß des Jahres 1867"[111].

Wenige Tage nach dieser Verurteilung erfolgten gegen Lange zwei weitere Anklagen, einmal wegen Beleidigung des Staatsministeriums, zum anderen wegen einer angeblichen Teilnahme an einem Vergehen gegen das Vereinsgesetz[112]. Das Kreisgericht entschied am 3. Mai in dem Pressdelikt „auf eine Geldstrafe von 10 Thaler, Vernichtung des incriminirten Artikels usw."[113]. Kurze Zeit darauf, im gleichen Monat, geriet Lange in einen weiteren Konflikt mit dem Staat. Während der Vorphase des deutsch-österreichischen Krieges warf er in provokanter Weise innerhalb eines Leitartikels die Frage auf, ob das „Heerwesen eine persönliche Sklaverei aller Leute mit gesunden Gliedern" sei. Er plädierte anschließend für eine wesentlich bessere Versorgung von Frauen und Kindern der eingezogenen Reservisten[114]. Anfang Juni meldet daraufhin der ‚Bote vom Niederrhein': „Gegen den Redakteur d. Bl. wird wiederum eine Anklage eingeleitet, weil er die Unterstützung der Familien der eingezogenen Reservisten und Landwehrmänner durch Besteuerung unter Freilassung der untersten Steuerstufen ‚eine — — Schuldigkeit der Behörden und Gemeindevertreter' genannt hat. In der Redaction fand gestern Haussuchung nach dem betr. Manuscript statt"[115]. Die öffentliche Verhandlung vor dem Kreisgericht war auf den 7. Juni festgelegt[116]. Lange wurde von der Anklage, „Einrichtungen des Staates dem Hasse oder der Verachtung ausgesetzt zu haben", in erster Instanz freigesprochen. Als dann jedoch die Staats-

---

[107] s. einige Bemerkungen über die Debatte vom 10. Februar, in: BN, Nr. 19 vom 14. Februar 1866, S. 1.
[108] s. BN, Nr. 23 vom 23. Februar 1866, S. 1, Sp. 1.
[109] s. BN, Nr. 44 vom 13. April 1866, S. 2, Sp. 1.
[110] s. BN, Nr. 45 vom 15. April 1866, S. 4, Sp. 1.
[111] O. A. Ellissen, Friedrich Albert Lange. Eine Lebensbeschreibung, a. a. O., S. 149.
[112] s. BN, Nr. 48 vom 22. April 1866, Beilage S. 1, Sp. 2.
[113] s. BN, Nr. 53 vom 4. Mai 1866, S. 3, Sp. 2.
[114] Die Angehörigen der eingezogenen Reservisten und Landwehrleute, in: BN, Nr. 60 vom 20. Mai 1866, S. 1; s. Abb. 6.
[115] s. BN, Nr. 66 vom 3. Juni 1866, S. 3, Sp. 1.
[116] s. BN, Nr. 67 vom 6. Juni 1866, S. 4, Sp. 1.

Der Bote vom Niederrhein.

Zugleich Anzeiger für den Kreis Duisburg.

Verlag von Falk & Lange in Duisburg. — Verantw. Redacteur: Dr. A. Lange in Duisburg.
Druck von Jul. Sturmberg (Falk & Lange) in Duisburg.

Erscheint wöchentlich dreimal: Sonntags, Mittwochs und Freitags.
Abonnementspreis: vierteljährlich in der Expedition 10 Sgr., mit Botenlohn 11½ Sgr., — durch die Post bezogen 12½ Sgr.
Insertionsgebühren: die dreispaltige Petitzeile oder deren Raum 6 Pfg.

№ 60.   Duisburg, Sonntag, den 20. Mai   1866.

Die Angehörigen der eingezogenen Reservisten und Landwehrleute.

Ist unser Heerwesen eine persönliche Sklaverei aller Leute mit gesunden Gliedern, sammt ihren Frauen und Kindern, oder ist es eine gesetzlich geregelte Form, in welcher die Staatsbürger, welche es können, zur Abwehr des Feindes zusammentreten?

Vielleicht ist es in Wirklichkeit noch ein unklares Mittelding; aber das letztere soll und muß es sein, und die erstere Idee ist verabscheuungswürdig.

Was folgt daraus für die Frauen und Kinder der Landwehrleute und Reservisten?

Daß sie von den Zurückbleibenden unterhalten werden müssen, und zwar nicht spärlich und kümmerlich, sondern in vollkommen ausreichender Weise.

Gegen den Staat hat von Natur jeder Bürger die gleiche Verpflichtung. Wie? nun soll der Eine, weil ihn die Commission tauglich befunden hat, sich den furchtbarsten Verlust gefallen lassen, indem er aus seinem Erwerb herausgerissen wird, und der „Untaugliche" soll inzwischen seine Kundschaft an sich reißen und vom Ueberfluß der Familie des „Tauglichen" ein Almosen zukommen lassen? Das sei ferne! Die Lasten müssen gerechter vertheilt werden, und das Allermindeste, was geschehen kann, ist dies, daß für die Angehörigen derjenigen, die in's Feld rücken, in gesetzlicher Weise vollkommen ausreichend gesorgt wird.

Ob der Krieg populär ist oder nicht, kommt dabei nicht in Betracht. Im Gegentheil! Es ist im einen wie im andern Falle gut, daß auch die Zurückbleibenden etwas stärker empfinden, was die Mobilmachung auf sich hat. Das wirkt dem Leichtsinn entgegen und kommt einer wirklichen Begeisterung zu gute, wenn einmal die Zeit danach ist. Wenn die gesetzliche Basis fehlt, so muß sie geschaffen werden; wenn sie zweifelhaft ist, **so muß sie trotz des Zweifels benutzt werden.** Wer in solchen Fragen unnütze Bedenklichkeiten erhebt, ist ein schlechter Bürger.

Kommt es erst zum Kriege; dann wehe dem Staat, wenn die Angehörigen der Soldaten Mangel leiden, so lange überhaupt noch Jemand etwas zu brocken und zu beißen hat! Es ist vielleicht am bequemsten, unter dem Schrecken der Kriegsartikel Leute einzuziehen, und dann die ganze Noth von denen tragen zu lassen, deren schwache Stimme im Lärm des Tages verhallt; aber **das ist unrecht;** es ruht ein Fluch darauf.

Also nicht Almosen, sondern geregelte, vollkommen ausreichende Unterhaltung; **aufgebracht durch Besteuerung, unter Freilassung der untersten Steuerstufen!** Das ist das Princip, und nach unserer Ansicht ist es die verfluchte Schuldigkeit der Behörden und Gemeindevertreter, zu sehen, wie sie es ausführen können.

Politische Uebersicht.

Berlin, 18. Mai. Preußen verlangte in Wien Genugthuung wegen der Ueberschreitung der Grenze bei Klingebeutel, wo eine österreichische Patrouille preußische Zollbeamten festnahm und ausfragte.

— Am Mittwoch begann hier vor der Kreis-Ersatz-Kommission die Musterung aller derjenigen jungen Leute, die sich im Besitze der Berechtigung zum einjährigen Freiwilligendienst befinden und das militärpflichtige Alter bereits erreicht haben. Nachdem ihre Namen und Wohnungen eingezeichnet, wurde ihnen eröffnet, daß sie sich sämmtlich bis zum 1. Juni bei einem Ersatz-Bataillon, das sie wählen könnten, zu gestellen haben, um, wenn sie diensttauglich befunden würden, sofort einzutreten; sie müßten sich aber (trotz der Mobilmachung) auf eigene Kosten equipiren, dürften dafür aber auch die schwarz-weißen Freiwilligenschnüre behalten und würden verpflegt werden. Wer sich bis zum 1. Juni nicht freiwillig gemeldet hätte, würde bei der Mitte Juni stattfindenden allgemeinen Aushebung herangezogen werden und dann das Recht der Wahl des Truppentheils verlieren. Es waren heute ca. 400 zum einjährigen Dienst Berechtigte anwesend, und das Geschäft wird noch 14 Tage lang fortgesetzt werden.

— Aus einer hiesigen Morgenzeitung ist in mehrere andere Blätter die Notiz übergegangen, daß in der vergangenen Woche 13,000 Arbeiter aus Berliner Fabriken entlassen seien. Es hat dies zu einer amtlichen Untersuchung Veranlassung gegeben, wobei sich herausgestellt hat, daß die Zahl der entlassenen Arbeiter 997 beträgt.

— Die Gerüchte von einer angeblich angeordneten Sistirung der Einberufung von Landwehrleuten, welche vorgestern und gestern hier verbreitet waren, erklären

Zu S. 166

7.
Fr. Albert Lange erhält das Bürgerrecht in Winterthur
Or.: Stadtarchiv Duisburg, Nachlaß Fr. A. Lange

anwaltschaft ihrerseits Berufung einlegte, verhängte das Appellationsgericht schließlich eine Geldstrafe von 25 Talern [117].

Inhaltlich erfuhr der ‚Bote vom Niederrhein' während all dieser Vorkommnisse eine gewisse Konsolidierung. Schon Anfang 1866 hatte Lange der Leserschaft seines Blattes zugesichert, man werde „gern Artikel, welche der Sache des Volkes zu dienen bestimmt sind, auch dann nehmen, wenn sie der Ansicht der Redaktion nicht völlig entsprechen, und zwar **ohne Bemerkungen**, falls die **volle Unterschrift des Namens** mit unter den Artikel gedruckt werden kann. Mitarbeiter, welche verschwiegen zu sein wünschen oder nur einen Buchstaben geben, sollten bedenken, daß das Publikum für solche Artikel doch immer die Redaktion verantwortlich macht, daher auch, um nicht scheinbare Widersprüche entstehen zu lassen, in solchen Fällen bisweilen Bemerkungen nöthig sind. Außerdem verlangen wir von allen Einsendungen, die wir aufnehmen sollen, 1) Kürze und 2) ruhige, leidenschaftslose Sprache. Wir sind nun einmal überzeugt, daß sich auch die **stärksten und wirksamsten Wahrheiten** in dieser Sprache sagen lassen, und haben unser ganzes Blatt danach angelegt. Mit dieser seiner Richtung muß es stehen oder fallen..." [118]. Allerdings blieb der Anteil der publizierten Leserzuschriften relativ gering, — vermutlich aus Platzgründen.

Über die Verbürgtheit der Meldungen während der Vorphase des deutschösterreichischen Krieges hieß es einmal [119]: „Nächstens werden wir eine Ecke in unserm Blatt absondern und darüber schreiben ‚Entenstall'; dann brauchen wir nicht jedesmal dazuzusetzen, daß die Nachrichten, die darin stehen, wahrscheinlich gelogen sind. Was sollen wir machen? Werfen wir alle verdächtigen Nachrichten in den Papierkorb, so wird der ‚Bote' so langweilig, daß ihn Niemand mehr lesen will. Unsere Leser haben für 10 Sgr. im Quartal so gut wie die Leser der großen Blätter das Recht, sich ein wenig aufzuregen und sich nachher zu verwundern, wie man so frech lügen kann. Es gibt aber noch einen andern Grund, warum wir in einer Zeit wie die jetzige auch die tollsten Gerüchte nicht verschweigen dürfen. Es könnte ja doch einmal auch das Allertollste wahr sein; oder ist das in den jetzigen Zeitläuften, wo es so viele Genie's unter den Diplomaten gibt, etwa unmöglich? Nun denn, sehen wir uns gleich einmal die neuesten Gerüchte an! Interessant sind sie; gelogen wahrscheinlich auch, was will man mehr? Um es kurz zu sagen: Die in der letzten Nummer gemeldeten Kriegsnachrichten aus Italien sollen auf einer furchtbaren Finte beruhen...". Daß seine Zeitung bald auch von anderen Blättern „ausgeschlachtet" wurde, ließ Lange einmal die folgende Bitte formulieren: „Die größeren Artikel des ‚Boten' erfreuen sich seitens mehrerer befreundeter Blätter einer starken Benutzung. Wir bitten dabei doch die Angabe der Quelle nicht vergessen zu wollen. Wenn, wie es häufig geschieht, Alles aus den Artikel weggestrichen wird, was sich auf die Arbeiterfrage bezieht, so kann ja nach Anleitung des Index dazu gesetzt werden ‚expurgirt' " [120].

Die Zeitgenossen sahen in Lange „nicht den verantwortungsbewußten Mahner", wie Monning hervorhebt, „sondern den lästigen Kritiker und gefähr-

---
[117] Zit. nach O. A. Ellissen, Friedrich Albert Lange. Eine Lebensbeschreibung, a. a. O., S. 150.
[118] s. BN, Nr. 11 vom 26. Januar 1866, S. 4, Sp. 2.
[119] Sonderbare Nachrichten, in: BN, Nr. 50 vom 27. April 1866, S. 1, Sp. 1.
[120] s. BN, Nr. 39 vom 1. April 1866, S. 3, Sp. 2.

lichen Agitator, der ihre bürgerliche Ruhe unangenehm störte", so daß er „der kleinlichen Anfeindungen müde" wurde [121]. Schon im Mai 1866 zeigten sich bei ihm resignative Züge, wenn er an einen Freund schrieb: „Ich würde nicht daran denken, mich unsern politischen Kämpfen zu entziehen, wenn ich eine einzige Partei fände, auf die sich mit Zuversicht bauen ließe; allein grade darin sieht es bei uns am schlimmsten aus ... Mich hat man mit Verfolgungen auf der einen Seite und Verlockungen auf der andern förmlich umstellt" [122]. Es waren eine Anzahl Faktoren gewesen, die „zur Zermürbung von Langes Kampfgeist beitrugen. Aus dem anfänglich einsamen Starken wurde ... der müde Einsame, der in seinem ehrlichen Ringen keinen verwandten Geist fand, dem er sich hätte rückhaltlos anschließen können. Sein politischer Agitationswille war gebrochen" [123]. Lange faßte bald den Plan, die Zeitung einzustellen, und am 29. Juni 1866 erschien die letzte Ausgabe des ‚Boten vom Niederrhein' mit diesen emphatischen Abschiedsworten [124]:

„Mit dem heutigen Tage hörte der ‚Bote vom Niederrhein' auf zu erscheinen. Seit einiger Zeit war der Herausgeber mit bewährten Männern gleicher Gesinnung in Verbindung getreten, um ein tägliches Blatt gleicher Richtung in einem geeigneten Ort ins Leben zu rufen. Die inzwischen eingetretenen Umstände bestimmen uns, auf die Verwirklichung dieses Projektes nicht zu warten, sondern unser Blatt schon jetzt eingehen zu lassen.

Der Krieg bringt es mit sich, daß die Leser jetzt weit mehr auf N a c h r i c h t e n Gewicht legen, als auf Besprechung politischer und socialer Fragen; damit ist das Interesse an unserm Blatt nothwendig geschmälert.

Unser politischer Standpunkt — den wir selbst unerschütterlich festhalten — ist in den letzten Wochen von der großen Mehrzahl verlassen worden. Wir haben uns wiederholt darüber ausgesprochen. Möchte die Schwankung nur eine vorübergehende sein!

Unsere socialen Artikel waren stets darauf berechnet, die Arbeiter zur Einigkeit, zum Nachdenken und zum geregelten Gebrauch ihrer Macht zu bewegen. In diesem Augenblick werden die Massen durch Agenten in Bewegung gesetzt, die ganz andere Zwecke verfolgen, und denen reichliche Mittel zu Gebote zu stehen scheinen. Dieser Agitation vermögen wir um so weniger einen Damm zu setzen, als die Liberalen nach wie vor der Sache der Arbeiter fremd und theilweise feindlich gegenüberstehen und dadurch den Gegnern in die Hände arbeiten.

Unser Blatt ist noch nicht so tief eingewurzelt, daß es nicht bei einer günstigen Wendung der Dinge leicht wieder da anfangen könnte, wo es aufgehört hat. Wir haben aber für eine baldige Wendung keine sanguinischen Hoffnungen und haben keine Mittel, die Rolle eines Predigers in der Wüste längere Zeit durchzuführen. Uebrigens hat uns die bisherige Entwicklung unseres Unternehmens die Ueberzeugung gebracht, daß es unter günstigeren Verhältnissen hätte gelingen müssen, und wir bitten daher schon jetzt einen

---

[121] J. Monning, Die Geschichte der Duisburger Presse von 1870 bis zum Ausbruch des Weltkrieges, a. a. O., S. 14.

[122] Zit. nach O. A. Ellissen, Friedrich Albert Lange. Eine Lebensbeschreibung, a. a. O., S. 150.

[123] W. Brauksiepe, Geschichte des Duisburger Zeitungswesens von 1727 bis 1870, a. a. O., S. 71.

[124] Paucis Pugnatur Vincitur Vivitur, in: BN, Nr. 77 vom 29. Juni 1866, S. 1, Sp. 1.

dereinstigen Nachfolger auf unserm Wege, sich nicht abschrecken zu lassen, sondern mit frischen Kräften drauf zu gehen."

Auf der letzten Seite der betreffenden Ausgabe findet sich noch folgender Hinweis an die Anhänger des Blattes: „Ein Freund des ‚Boten vom Niederrhein' will uns durch eine Sammlung der interessantesten politischen und socialen Artikel ein Grabdenkmal setzen. Es wird eine kleine Broschüre von 2—3 Bogen werden und höchstens 3 Sgr. kosten. Auswärtige Leser, welche darauf reflectieren, bitten wir, uns zu benachrichtigen" [125]. Diese Publikation ist höchstwahrscheinlich nicht mehr erschienen.

4. Spätere Aktivitäten

Friedrich Albert Lange war, den Worten Braukspiepes zufolge, „die einzige große Führerpersönlichkeit im Duisburger Zeitungswesen des 19. Jahrhunderts ... Bis zum Jahre 1868 schwebten noch Prozesse gegen Lange. In diesem Jahre wurden alle Klagen niedergeschlagen und die Firma Colsmann erhielt die 1500 Taler Kaution, die sie für Langes ‚Boten' gestellt hatte, zurück. Damit waren die Akten über eine bewegte aber saubere Journalistenlaufbahn geschlossen" [126]. Der Duisburger Beobachter einer Kölner Zeitung schrieb am Tage der Einstellung des Langeschen Blattes: „Mit heute hat der ‚Bote vom Niederrhein', Redacteur Dr. A. Lange, zu erscheinen aufgehört. Das Blatt hatte sich vorzüglich mit der socialen Frage befaßt, und die Organisation und politische Thätigkeit der Arbeiter zu fördern gesucht" [127]. Daß Langes Zeitung erst allmählich einen gewissen Bekanntheitsgrad erlangt hatte, mag u. a. aus dem Umstand hervorgehen, daß mehr als ein halbes Jahr nach dem Erlöschen des ‚Boten' noch diese Anfrage aus Berlin eintraf: „Wie steht es denn mit der Versendung des von Ihnen redigierten Blattes des ‚Boten vom Niederrhein'? Würde die Post gegen Provision dasselbe hierher befördern? Dann hätte ich wohl Lust, es zu halten" [128].

Mit der Gründung des ‚Boten vom Niederrhein' hatte Lange „seine Entwicklung vom Sozialliberalen zum Sozialdemokraten eigener Prägung" vollendet, bemerkt Koszyk und ergänzt: „Wie viele liberale Persönlichkeiten nach ihm, wollte er seinen Weg zwischen den Parteiungen zum Nutzen des Ganzen gehen. ‚Der Bote vom Niederrhein' belegt diesen Versuch, dem damals nicht nur die etablierten Mächte, sondern auch Marx und Engels ablehnend begegneten — die einen, weil sie die Lösung der Arbeiterfrage durch die Arbeiter selbst fürchteten, die anderen, weil die unangenehmen Erfahrungen mit den Lassalleanern zu frisch waren" [129]. Schon am 22. Mai, also rund fünf Wochen vor der Einstellung des ‚Boten', hatte Lange in einem Brief an einen Freund mitgeteilt, „daß ich jetzt so weit bin, daß ich sehr gern nach der Schweiz übersiedeln würde" [130]. Und in einem Schreiben vom 19. Juni 1866, als Lange

---

[125] An unsere Leser, in: BN, Nr. 77 vom 29. Juni 1866, S. 4, Sp. 2.

[126] W. Brauksiepe, Geschichte des Duisburger Zeitungswesens von 1727 bis 1870, a. a. O., S. 66 bzw. 71.

[127] Zit. nach G. Eckert (Hrsg.), Friedrich Albert Lange ..., a. a. O., S. 170, Anm. 1.

[128] Brief H. Küppers (Berlin) an F. A. Lange vom 14. Februar 1867, abgedruckt ebenda, S. 273.

[129] K. Koszyk, Rezension von G. Eckert (Bearb.), Der Bote vom Niederrhein. Faksimile-Nachdruck der Jahrgänge 1865/66, Duisburg 1968, in: Publizistik, 15. Jg., H. 2, Konstanz 1970, S. 177.

[130] Zit. nach O. A. Ellissen, Friedrich Albert Lange. Eine Lebensbeschreibung, a. a. O., S. 152.

sich nach den Chancen für die Bewerbung um eine in Zürich freigewordene Professur erkundigte, fragte er beiläufig auch nach den Presseverhältnissen in der Schweiz und erwog den Gedanken, dort ein kleines Verlagsunternehmen aufzubauen. „Ich würde mich in diesem Falle wahrscheinlich darauf verlegen", schrieb er, „poluär-wissenschaftliche Volksbücher aus allen Zweigen des Wissens herauszugeben, was ein alter, noch immer nicht aufgegebener Gedanke ist ..."[131].

Über Bonn und Stuttgart gelangte Lange im Oktober 1866 in die Schweiz, wo er schon als Schüler gelebt hatte. Die Hoffnungen auf die Professur hatten sich inzwischen zerschlagen, so daß er sich voll auf weitere publizistische Tätigkeiten konzentrierte. Ende August hatte Lange in Duisburg seine Geschäftsverbindung mit Falk in der Weise gelöst, daß dieser das Sortiment als alleiniger Inhaber bekam, während Lange den Verlag und die Druckerei erhielt; die Druckereieinrichtung wurde bald in die Schweiz befördert[132]. Am 10. Oktober schloß Lange mit seinem Freund Salomon Bleuler in Winterthur einen Einjahresvertrag, wonach Bleuler Langes Druckerei mietete und Lange als Gegenleistung dafür Mitarbeiter an dessen Zeitung werden sollte[133]. „Als Mitherausgeber und Redakteur des ‚Winterthurer Landboten'", so bemerkt Eckert, war Lange „bald einer der angesehensten Sprecher der Züricher Demokratie, die im Verfassungskampf von 1868 den Liberalen die Macht entwand"[134]. Im März 1867 teilte Lange an einen Korrespondenzpartner in Deutschland voller Stolz mit: „Wir geben eine der einflußreicheren entschieden demokratischen Zeitungen der Schweiz heraus"[135]. Ein anderer Briefpartner teilte aus Köln im Februar 1868 mit: „Inzwischen habe ich den ‚Landboten' bestellt und lese ihn nun jeden Tag. Sollte es Ihnen nicht zu viel Mühe machen, mir von den früher in Ihrem Blatte erschienenen, den Umschwung in Zürich betreffenden Aufsätzen die interessantesten zuzusenden, so würde ich Ihnen dafür sehr verbunden sein"[136].

Neben seiner in Winterthur zusätzlich ausgeübten Tätigkeit als Lehrer am Gymnasium verschlang die journalistische Arbeit viel Zeit. Lange führte eine längere Korrespondenz mit Johann Hamspohn in Köln, den Herausgeber und Besitzer des ‚Kölnischen Anzeigers', der als Mitarbeiter für den ‚Winterthurer Landboten' gewonnen werden konnte und namentlich die Berichterstattung aus dem Rheinland besorgte[137]. Einmal beschwerte Hamspohn sich bei Lange: „Sie werden mir gestatten, meine Verwunderung darüber auszudrücken, daß Sie meine Depeschen unausgearbeitet in den ‚Landboten' aufnehmen. Damit machen sich gerade u n s e r e Z e i t u n g e n breit, daß sie aus einer Original-Depesche von 20 Worten, eine solche von 50 oder noch mehr fabrizieren. Es sieht nach mehr aus. Das könnten sie auch wohl thun ..."[138]. Der 1836 ent-

---

[131] Zit. ebenda, S. 154.
[132] Ebenda, S. 155.
[133] Ebenda, S. 158. Über F. A. Langes Tätigkeit bei dieser Zeitung s. detailliert G. Guggenbühl, Der Landbote, 1836—1936, Winterthur 1936.
[134] G. Eckert (Hrsg.), Friedrich Albert Lange ..., a. a. O., S. 13.
[135] F. A. Lange an P. Staudinger vom 4. März 1867, abgedruckt ebenda, S. 98.
[136] Brief M. Rittinghausen (Köln) an F. A. Lange vom 19. Februar 1868, abgedruckt ebenda, S. 144.
[137] s. ebenda, S. 165.
[138] J. Hamsphon (Köln) an F. A. Lange vom 12. Januar 1867, abgedruckt ebenda, S. 172.

standene ‚Landbote'[139], der sich von 1860 bis 1867 „kümmerlich mit Hülfe von Subventionen freisinniger Politiker durchgeschlagen" hatte, mußte von Bleuler und Lange „reorganisiert und wirtschaftlich fest begründet werden", um „das leitende Organ der kantonalen Demokratie" werden zu können[140]. In dem schon erwähnten Zürcher Verfassungskampf von 1868 kam es zwischen dem ‚Landboten', der ein Quasi-Parteiorgan darstellte, und der ‚Neuen Zürcher Zeitung' zu mehreren Kontroversen[141].

Lange, der „sein Züritüüsch ... noch so vollkommen" handhabte, „wie wenn er den Schweizer Boden nie verlassen hätte"[142], war bei der Redaktionsarbeit außergewöhnlich aktiv, worüber Ellissen berichtet: „Was er schrieb, war gleich druckfertig; selten wurde etwas gestrichen oder eingeschaltet. Der einzige Fehler war, daß er wohl einmal die Sache zu hoch auffaßte, so daß die Leser, unter denen namentlich viele Bauern waren, nicht folgen konnten"[143]. Lange scheint somit einen alten Mangel aus seiner Duisburger Zeit fortgeführt zu haben, nämlich das faktische Unvermögen, seine politischen und gesellschaftstheoretischen Ambitionen in eine allgemeinverständliche Sprache zu fassen. Die Redaktionseinrichtungen des ‚Landboten' werden als „primitiv" beschrieben. Nach den Überlieferungen von Rüegg, den Lange Anfang 1870 „mit himmlischer Geduld" in redaktionelle Arbeitsmethoden einführte, hatten Bleuler und Lange im Verlagsgebäude des ‚Landboten' auch ihre Privatwohnungen. „Wie sehr die beiden Geschäftsgenossen ... zusammenpaßten", bemerkt Ellissen, „und welche Erleichterung diese Verbindung ... war, dafür gibt es keinen schlagenderen Beweis als die Tatsache, daß sie einander, hie und da, sei es zum Scherz, sei es im Drang der Umstände, angefangene Leitartikel aus der Hand nahmen und fortsetzten. Öfter hatten sie das Vergnügen, die Freunde in Zürich und Winterthur über die Urheberschaft eines Artikels zanken zu hören, und wiederholt ging das Schlußurteil dahin, daß man die beiden verwechselte"[144].

Als Socius Bleulers hatte Lange in das gemeinsame Verlagsunternehmen des ‚Landboten' ein Kapital von nicht weniger als 15 000 Schweizerfranken eingebracht[145]. Neben der Redakteurstätigkeit für die Zeitung und der Beschäftigung am Gymnasium führte Lange außerdem während eines Jahres die Redaktion des Wochenblattes ‚Der Unabhängige' und wirkte an dem wöchentlichen Witzblatt ‚Züri-Heiri' mit[146]. Weinkauff berichtet auch über Langes Mitarbeit am ‚Demokratischen Wochenblatt' sowie am ‚Pionnier — Organ des socialen Fortschritts'[147]. Hinzu kamen, wie schon in Duisburg, zahlreiche Ehrenämter. Darüber hinaus „arbeitete Lange in seinen spärlichen Mußestunden hauptsächlich an der zweiten stark veränderten Auflage der Schrift über die Arbeiterfrage"[148]. Da er sich — nach eigenen Worten — „voll-

---

[139] s. H. Prakke et al. (Hrsg.), Handbuch der Weltpresse, Bd. 2, Weltkatalog der Zeitungen, Köln-Opladen 1970, S. 176.
[140] O. A. Ellissen, Friedrich Albert Lange. Eine Lebensbeschreibung, a. a. O., S. 167.
[141] s. detailliert L. Weisz, Die ‚Neue Zürcher Zeitung', im Kampf der Liberalen mit den Radikalen, 1849—1872, Zürich 1962, S. 251—255.
[142] O. A. Ellissen, Friedrich Albert Lange. Eine Lebensbeschreibung, a. a. O., S. 158.
[143] Ebenda, S. 167 f.
[144] Ebenda, S. 174.
[145] Ebenda, S. 170.
[146] s. ebenda, S. 168.
[147] F. Weinkauff, Friedrich Albert Lange, a. a. O., S. 629.
[148] O. A. Ellissen, Friedrich Albert Lange. Eine Lebensbeschreibung, a. a. O., S. 190.

ständig mit dem ‚Landboten' identificierte" [149], stellte er auch einmal Betrachtungen über die möglichen Konsequenzen seines Engagements im Vergleich zu seinen früher gemachten Erfahrungen an: „Im Preßprozeß bestehen mildere Strafen, aber das Prinzip ist durchaus dasselbe wie in Preußen: gegen jeden Angriff wird geklagt, und wenn auch Niemand leugnet, daß dem Angriff eine gewisse Berechtigung zu Grunde liegt, so treibt doch der Staatsanwalt sein Werk zur Rettung der Gesellschaft mit einem alle Humanität überschreitenden Eifer ..." [150].

Nach dem Eintritt Reinhold Rüeggs in die Redaktion des ‚Landboten' war Lange beträchtlich entlastet worden, so daß dieser bald mehr Zeit für eine erhoffte akademische Lehrtätigkeit an der Zürcher Universität zu haben glaubte. Er schrieb noch während des ersten Monats des deutsch-französischen Krieges zwischen dem 19. Juli und dem 17. August 1870 die Kriegsberichte für sein Blatt, die, wie Weinkauff berichtet, „das Publikum trotz ihrer großen Objectivität zu preußisch fand. Er wurde tief betrübt durch die leidenschaftliche Theilnahme der Schweizer für Frankreich, er sah sein stolzes Vertrauen auf ein politisch hochgebildeten Volk getäuscht, das nicht einmal gerecht sein konnte gegen die Deutschen. Er beschloß daher, sämmtliche Ämter niederzulegen und in Zürich sich gänzlich den Wissenschaften zu widmen, in der bitteren Erkenntniß, daß er überhaupt zu sehr Idealist sei, um Politiker sein zu können" [151]. Persönlich äußerte sich Lange über seine Situation Anfang Oktober 1870: „Ich habe lebhaft mit den deutschen Waffen sympathisiert und bin dadurch mit der vielfach franzosenfreundlichen Stimmung meiner eigenen Landsleute und Parteigenossen etwas in Differenzen gerathen. Dies hat endlich dazu geholfen, mich von der Zeitung, an der ich nur noch pekuniär betheiligt bin, ganz loszumachen, was umso nothwendiger war, als ich mit Anfang des Wintersemesters die Professur antrete" [152].

Der Ruf auf die Professur, von der hier die Rede ist, war bereits am 13. August 1870 erfolgt [153], Langes Ernennung zum Professor für „inductive Philosophie" an der Universität Zürich kam am 17. Oktober [154]. Vorausgegangen waren von Lange als bösartig und hinterhältig empfundene Gerüchte, wonach „es eine abgekartete Sache" sei, „daß der Redakteur des ‚Landboten' — als solcher war Lange ... in der Schweiz am bekanntesten — für seine dem Umsturz geleisteten Dienste mit einer Professur belohnt werden" sollte [155]. Mit der Übernahme der vollamtlichen Universitätstätigkeit kann die Phase der mehrschichtigen publizistischen Aktivitäten Friedrich Albert Langes als beendet betrachtet werden. Eine noch Ende 1870 diagnostizierte Krebserkrankung behinderte Lange in der Folgezeit erheblich: zwar konnte er noch 1872 einem Ruf an die Universität Marburg folgen, nachdem er zuvor Angebote aus Würzburg und Königsberg ausgeschlagen hatte, doch war seine Kraft gebrochen. In

---

[149] Zit. ebenda, S. 182.
[150] Zit. ebenda, S. 180.
[151] F. Weinkauff, Friedrich Albert Lange, a. a. O., S. 629 f.
[152] Brief F. A. Lange an F. Ueberweg (Königsberg) vom 8. (3?) Oktober 1870, abgedruckt bei G. Eckert (Hrsg.), Friedrich Albert Lange ..., a. a. O., S. 304.
[153] F. Weinkauff, Friedrich Albert Lange, a. a. O., S. 629.
[154] O. A. Ellissen, Friedrich Albert Lange. Eine Lebensbeschreibung, a. a. O., S. 96.
[155] Ebenda, S. 192.

Marburg wurden „seine Vorlesungen stark, zum Teil sehr stark besucht" [156], und einer seiner Dozentenkollegen bezeichnete ihn als „einen bedeutenden Redner" [157]. Der vielseitige und nachwirkende politische Publizist Friedrich Albert Lange, der sich seit langem „als candidatus mortis" betrachtete [158], starb am 21. November 1875 in Marburg.

---

[156] O. A. Ellissen, Biographisches Vorwort zu Friedrich Albert Lange, Geschichte des Materialismus und Kritik seiner Bedeutung in der Gegenwart, Bd. 1, Leipzig 1905, S. 9.
[157] Zit. nach O. A. Ellissen, Friedrich Albert Lange. Eine Lebensbeschreibung, a. a. O., S. 205.
[158] Zit. ebenda, S. 212.

III. PHILOSOPHIE UND RELIGION
Friedrich Albert Langes ‚Geschichte des Materialismus'

von Hermann Ley

Vom Oktober 1865 datiert das Vorwort zur ersten Auflage von Langes ‚Geschichte des Materialismus', vom Juni 1873 das zur zweiten Edition, die er noch kurz vor seinem Tode, am 21. November 1875, in ihrer erweiterten und weiterwirkenden Fassung erscheinen sah. Die 10. Auflage erhielt eine Einleitung von Hermann Cohen und wurde 1920 von Wilhelm Bölsche herausgegeben. In den von O. A. Ellissen besorgten Ausgaben von Philipp Reclam jun. verbreitete sich Langes ‚Geschichte' getrennt nach erstem und zweitem Band bis in die vierziger Jahre dieses XX. Jahrhunderts. Verfasser vorliegender Arbeit bekennt, am Ende der zwanziger Jahre über die Reclam-Edition von der ersten Hälfte des Werkes als sehr junger Mann einen nicht unbeträchtlichen Eindruck empfangen zu haben.

Die Untersuchungen strukturalistischer Art zu solchen Sachverhalten wie ‚texte', ‚écriture', ‚lecture', ‚discours significatif' schärften unbeschadet der gewichtigen Einwände gegen die von Bataille, Foucault, Derrida repräsentierte Tendenz das Verständnis für das unterschiedliche Wirken theoretischer und literarischer Arbeiten. Langes frühe Zuneigung zu einem erst um die Wende zum XX. Jahrhundert sich ausbreitenden Neukantianismus beeinträchtigt nicht den vornehmlich aus dem ersten Teil seiner ‚Geschichte' hervorgehenden Impuls zum Studium und dem Anerkennen materialistischer Philosophie, deren Existenz er mehr oder minder als Widerspruch in sich selbst empfand. In den verschiedenen Schichten der vorliegenden und wirksam werdenden Texte entstand der Eindruck beim Leser unter dem Einfluß der unterschiedlichen Zeitverhältnisse, der zeitgenössischen Diskussion und der fortwährend sich wandelnden Geschichte der Probleme.

Lange diskutiert aus dem Blickwinkel des Materialismusstreites, der anläßlich eines Vortrages des Physiologen Rudolf Wagner auf der Naturforscher-Versammlung zu Göttingen im Jahre 1854 entstand, aber schon vorherige Debatten zwischen dem Zoologen Carl Vogt, dem Chemiker Justus Liebig und dem Physiologen Jacob Moleschott zur unmittelbaren Voraussetzung hatte. Des Arztes Ludwig Büchners ‚Kraft und Stoff' war 1855 erschienen. Der Kapitalismus und die Naturwissenschaften entwickelten sich stürmisch zusammen mit der Technik und der Arbeiterklasse. Karl Marx und Friedrich Engels waren im Begriff, den dialektischen und historischen Materialismus theoretisch auszubauen und praktisch anzuwenden. 1888 schreibt Engels von den vulgarisierten Materialismus reisepredigenden Büchner, Vogt, Moleschott, die damit in den fünfziger Jahren den Materialismus des 18. Jahrhunderts ausbreiteten [1].

Unter dem doppelten Einfluß von vordringendem philosophischen Materialismus und in den Naturwissenschaften wie der Gesellschaft neu entstandenen und entstehenden Problemen machte Lange den geschichtlichen Prozeß des philosophischen Denkens zum Gegenstand. Damit reagierte er auf die tatsächlich vorhandene theoretische und ideologische Situation.

Die Geschichte der Philosophie bis auf Kant geriet Lange gleichsam unter der Hand zu einer fortlaufenden Darstellung materialistischer Strömungen innerhalb der sonstigen überformenden und jeweils herrschenden Ideologie. Da er zugleich auch das Setzen atheistischer Akzente berücksichtigte und der Auseinandersetzung zwischen Gesellschaft und Kirche, den Konfessionen sowie beider mit den aufstrebenden Naturwissenschaften Aufmerksamkeit schenkte, erhielt sich in dem gesamten Werke ein Anhauch des Geistes von 1848. Unter dem Einfluß bürgerlicher Revolution wirkte auf ihn die Aufklärung des 18. Jahrhunderts ebenso nach wie auf jene von Engels kritisch beurteilten Vulgärmaterialisten, bei denen er Dialektik und das Weitergehen zum historischen Materialismus vermißte. Soweit sie Materialisten waren, galt für sie, was Marx dazu in der Kritischen Schlacht geäußert hatte [2] und Engels nach Jahrzehnten bekräftigte.

Lange gibt tatsächlich eine höchst instruktive Geschichte des Materialismus und nachträglich einen Einblick in die objektive Problematik, die sich mit der weiteren Entfaltung der Naturwissenschaften überhaupt und im Berichtszeitraum ergibt. Die Resultate des jeweiligen philosophischen Denkens sind mit der geltenden Erkenntnisproblematik in Beziehung gesetzt. Hatte Friedrich Engels die drei Beschränktheiten des französischen Materialismus als die eines naturwissenschaftlichen Materialismus kritisiert, aber ihre materialistische Grundlage gebilligt, so sah sich Lange vor einer ähnlichen Lage [3]. Mit jeder epochemachenden Entdeckung auf naturwissenschaftlichem Gebiet ändert nicht nur der Materialismus seine Form, sondern es entstehen weltanschauliche und methodologische Fragestellungen, die theoretisch und wissenschaftspraktisch zu bewältigen sind. Das von der Sache her geforderte Selbstverständnis vermag das Resultat von bereits vollzogenen Problemlösungen zu sein oder in deren Vorbereitung aufzutreten, wenn divergierende Hypothesen gleich wahrscheinlich scheinen und zwischen ihnen noch kein experimenteller Entscheid möglich geworden ist. Vermochte Langes Zuneigung zu einer am Neukantianismus orientierten subjektiv idealistischen Methodologie den zweiten Teil seiner ‚Geschichte' zu bestimmen und gerade das von Friedrich Engels

---

[1] F. Engels, Ludwig Feuerbach und der Ausgang der klassischen deutschen Philosophie, in: K. Marx, F. Engels-Werke, (MEW) Bd. 21, S. 278: „Noch mehr, er (Feuerbach, H. L.) wirft ihn zusammen mit der verflachten, vulgarisierten Gestalt, worin der Materialismus des 18. Jahrhunderts heute in den Köpfen von Naturforschern und Ärzten fortexistiert und in den fünfziger Jahren von Büchner, Vogt und Moleschott gereisepredigt wurde. Aber wie der Idealismus eine Reihe von Entwicklungsstufen durchlief, so auch der Materialismus. Mit jeder epochemachenden Entdeckung schon auf naturwissenschaftlichem Gebiet muß er seine Form ändern; und seitdem auch die Geschichte der materialistischen Behandlung unterworfen, eröffnet sich auch hier eine neue Bahn der Entwicklung'.

[2] K. Marx, F. Engels, Die heilige Familie, Frankfurt/M. 1845, S. 195—211, (MEW) Bd. 2, S. 131—141.

[3] s. F. Engels, Ludwig Feuerbach und der Ausgang der klassischen deutschen Philo-

angemerkte Moment in ausführlicher Kritik nachzuvollziehen, so belegte Lange im ersten geschichtlichen Teil gerade die von Engels generalisierte These. Die ‚Geschichte' führt vor, wie sich der philosophische Materialismus in Verbindung mit dem naturwissenschaftlichen Kenntnisstand wandelt und auf die neuartigen Sachverhalte einstellt, und zwar von der Antike bis an die Schwelle des 19. Jahrhunderts. Darauf beruht Langes Wirkung. Der naturwissenschaftliche Materialismus behielt gerade durch diesen unterschwelligen und bloß halb ausgesprochenen Nachweis im allgemeinen Bewußtsein eine Geltung, die nach Bedarf Reaktivierung erlangen konnte. Ein unmittelbarer Bezug auf naturwissenschaftlich begründete Diskussion, wie es Langes Zweiter Teil der ‚Geschichte' darstellt, besitzt immer den Nachteil, daß der konkrete Anlaß vergänglich ist. Er geht in die Geschichte der betreffenden Disziplin ein. Ob dann später gerade ein Debatte auslösendes Moment noch im Bewußtsein zu haften Gelegenheit hat, pflegt wenig wahrscheinlich zu sein. Zum Anlaß der Auseinandersetzung werden gerade solche Sachverhalte, die von hohem Unbestimmtheitsgrad sind, daher besonders kontroverser Interpretation fähig sich erweisen und nach gefundener Lösung bestenfalls in eine schwer zu eruierende Geschichte der betreffenden Disziplin eingehen. Die Nachwirkung steht für diese Partien von Langes ‚Geschichte des Materialismus' deshalb in umgekehrtem Verhältnis zu etwaiger aktualer Wirkung, die unmittelbar in den damals vorübergehend auslaufenden Materialismusstreit eingriff.

Nun war Lange so etwas wie ein deistischer Atheist in Voltairianischem Sinne und dazu noch ethisch betonter Sozialist. Angetrieben durch den sich damals vorbereitenden Kulturkampf und unterstützt durch das Entstehen einer selbständigen Arbeiterpartei, bekämpfte er die Institution der Kirche mit gleichem Elan wie er sich szientistisch für den Fortschritt der Wissenschaften einsetzte und eine weltanschaulich aktivierte Methodologie verlangte. Naturwissenschaftlicher Materialismus und Atheismus finden sich bei Lange abgeschwächt, manchmal aber vulgarisiert und dann in aller Radikalität.

Lange verlangt einen ethischen Idealismus [4]. Der absichtliche und unversöhnliche Kampf richte sich gegen die Bedrohung der Freiheit, die Hemmung der Wahrheit und Gerechtigkeit [5]: ‚... den Kampf der Befreiung aber, den absichtlichen und unversöhnlichen Kampf richte man gegen die Punkte, wo die Bedrohung der Freiheit, die Hemmung der Wahrheit und Gerechtigkeit ihre Wurzel hat: gegen die weltlichen und bürgerlichen Einrichtungen, durch welche die Kirchengesellschaften einen depravierenden Einfluß erlangen und gegen die unterjochende Gewalt einer perfiden, die Freiheit der Völker systematisch untergrabenden Hierarchie. Werden diese Einrichtungen beseitigt, wird der Terrorismus der Hierarchie gebrochen, so können die extremsten Meinungen sich nebeneinander bewegen, ohne daß fanatische Übergriffe entstehen, und ohne daß der stetige Fortschritt der Einsicht gehemmt wird ... Fällt die Religion mit dieser abergläubischen Furcht dahin, so mag sie fallen; fällt sie nicht, so hat ihr idealer Inhalt sich bewährt, und er mag dann auch ferner in dieser Form bewahrt bleiben, bis die Zeit ein Neues schafft'. Dem Geistlichen billigt Lange in seinen besten Personen eine

---

sophie, a. a. O., Bd. 21, S. 280 ff.

[4] F. A. Lange, Geschichte des Materialismus und Kritik seiner Bedeutung in der Gegenwart, 4. Aufl., Iserlohn 1882, besorgt von H. Cohen, Bd. II, S. 840.

[5] Ebenda, S. 840.

ideale Kraft zu, die in Fichteschem Sinne Staat, Wissen und Glauben zu scheiden habe. Im sittlichen Falle genüge, es bei der Kraft des Glaubens zu belassen und einstweilen die Aufklärung zu opfern [6].

Das Analogon, so meint Lange, finde sich bei dem Naturforscher. Das Haben von Idealen in ethischem Sinne und eine philosophisch materialistische Weltansicht scheinen sich für Lange als nicht unverträglich, aber meist nicht vorhanden herauszustellen. Als gewiß erscheint es in der ‚Geschichte', daß kein Zweifel an folgendem bestehe:

1. nur methodisch strenge Empirie führe in den Naturwissenschaften zum Ziel;
2. sei scharfe und vorurteilslose Betrachtung der Sinnenwelt zu fordern;
3. rücksichtslose Konsequenz der Schlußfolgerungen unentbehrlich;
4. gewiß, daß m a t e r i a l i s t i s c h e (im Original gesperrt) Hypothesen dem Naturwissenschaftler stets die größte Aussicht auf neue Entdeckungen eröffnen [7].

Neuerer kulturpessimistischer Nostalgie schreibt Lange gleichsam vorwegnehmend ins Stammbuch, wenn es schwer sei, mit einer so geregelten Tätigkeit das Anerkennen des Idealen zu verbinden, ohne daß Verwirrung, Unklarheit und sterile Zaghaftigkeit sich bei dem Naturforscher zeige, dann sei es ‚in den meisten Fällen weit besser, in diesen Fächern krasse Materialisten zu haben, als Phantasten und verworrene Schwachköpfe' [8].

Hingabe an einen bedeutenden Stoff bringe bereits ‚so viel Ideales als unumgänglich nötig' [9]. Allein aus dem Studium der Geschichte der Philosophie unter materialistischem Aspekt kommt Lange zu der Überzeugung von den Naturwissenschaften als einer humanen und humanistischen Potenz sui generis. Sterile Zaghaftigkeit sei bei ihr nicht am Platze. Leiste der Materialist in seiner Wissenschaft wirklich etwas, dann habe er wenig Neigung, den ‚negativen Missionar' [10] zu spielen. Was auch Lange unter materialistischen Hypothesen verstehen mag, so äußert sich in Lange unbeschadet seiner Ansätze zu Neukantianismus und dem Respekt vor dem kategorischen Imperativ keine Aversion gegen Materialismus. In der frühen Phase erneuter Kantbeschäftigung erinnert Lange an den von Lenin vermerkten materialistischen Kern bei Kant, auf den seine Erneuerer dann gerade verzichten wollten. Handelt es sich bei Langes Erinnerung nicht um das Ding an sich, so vielmehr um Kants Konfrontation von Platonism und Epikurism [11], so betont er damit gerade alle die von Kant dem Epikurism gegebenen Vorteile, nämlich, ‚seine sichere und faßliche Erkenntnis ohne Ende erweitern' [12] zu können. Hält Lange im Notfall krasse Materialisten in den meisten Fällen besser als Phantasten und verworrene Schwachköpfe, so sieht er einen Konflikt zwischen ‚Idealen' und ‚steriler Zaghaftigkeit', der ein Analogon zu Kants kritischer Behandlung von ‚Moral' und ‚Religion' zu sein scheint. In Kants Entgegensetzung von Platonism und Epikureism gehören die genannten Terme zu einem konzisen Bedeutungskomplex, der mit neuerer Begriffsbelegung nicht ohne weiteres identisch sind.

---

[6] Ebenda, S. 842.
[7] Ebenda, S. 842.
[8] Ebenda, S. 842.
[9] Ebenda, S. 842 f.
[10] Ebenda, S. 843.
[11] I. Kant, Kritik der reinen Vernunft, Leipzig 1971, S. 551—557, A 466 — A 476.
[12] Ebenda, A 468.

Kant versteht [13] unter Moral und Religion das praktische Interesse jedes Wohlgesinnten anzunehmen, daß die Welt einen Anfang habe, das denkende Selbst einfacher und unverweslicher Natur sei, dieses in seinen willkürlichen Handlungen frei, endlich die ganze Ordnung der Dinge, welche die Welt ausmachen, von einem Urwesen abstamme, von welchem alles seine Einheit und zweckmäßige Verknüpfung entlehne. Gegen diesen Katalog von Annahmen, die Kant dogmatisch nennt, wendet sich auch Lange. Von den Naturwissenschaftlern zu verlangen, solche oder andere vorweggenommene und als wahr betrachtete Sätze nachzuweisen, hält er ebenfalls für dogmatisch. Kants Vorstellung von Empirism und Epikureism deckt sich wenigstens in einigem mit Langes Position des krassen Materialisten, der hinreichend Ideales hat, weil er sich einem bedeutenden Gegenstand widmet, nicht aber auf Betrachtung der Sinnenwelt, rücksichtsloses Denken und das Testen von auf den Gegenstand bezogenen Hypothesen verzichten möchte.

Benutzt Kant schließlich seine kritizistische Position, um zwischen Platonism und Epikurism zu vermitteln, weil er entdeckte, daß Hypothesen als Aktivitäten des Bewußtseins aufzufassen sind, die anläßlich gefundener Data sich dem Entscheid des Experimentes stellen, so neigt Lange dem philosophischen Materialismus noch aus einem bestimmten, gesellschaftlich signifikanten Grunde zu: eine Epoche des Materialismus vermag sich als Vorbote von Prozessen auszuweisen, die der Welt des Menschen eine neue Gestalt zu geben vermögen [14]. Entscheidet sich Lange, in seinen Wertkatalog auch die Naturwissenschaften aufzunehmen, so begreift er mindestens in erster Annäherung deren innergesellschaftliche Funktion. Er setzt sie nicht in kontradiktorischen Widerspruch zur gesellschaftlichen Entwicklung, sondern sieht in ihnen einschließlich der mit ihnen verbundenen Weltanschauung ein wesentliches Merkmal von gesellschaftlichem Progreß. Jenes Wort von der sterilen Zaghaftigkeit eines falschen Verhaftetseins an ‚Ideale' entstammt sicherlich Langes intensiver Beschäftigung mit der Geschichte des philosophischen Materialismus. Historisches Bewußtsein erweist sich als unumgänglich für das Verständnis der Entwicklung von Produktivkräften, ihrer Dialektik und möglichen positiven Konsequenzen für die Gesellschaft. Artikuliert Lange auch nicht ausdrücklich dialektische Strukturen, so nähert er sie immerhin an. Es ist ein Gesichtspunkt, der sich erst gegenwärtig erschließen läßt, weil ohne historisches Verständnis und mit jener Zaghaftigkeit das immer sichtbar werdende Widersprüchliche zum Verzicht auffordert. Da sich Lange aber im Nachvollzug der Geschichte des Materialismus mit den Folgen zu befassen hatte, die im Wechselbezug spezifische gesellschaftliche Verhältnisse erzeugten, in denen sich die Naturwissenschaften n i c h t entwickelten und jener naturwissenschaftliche Materialismus versiegte, folgert er daraus auf mögliche zukünftige Erscheinungen. Er sieht sie in Beziehung auf jene Institutionen, die sich als den Naturwissenschaften nicht förderlich erweisen. Die Kritik der Bedeutung des Materialismus in der Gegenwart, die als stets klein gedruckter Untertitel erscheint, befaßt sich gerade mit dem Adaptieren des philosophischen Denkens an die epochemachenden Entdeckungen, die Lange als notwendiges Moment

---

[13] Ebenda, A 466.
[14] F. A. Lange, Geschichte des Materialismus, a. a. O., Bd. II, S. 844: ‚Oft schon war eine Epoche des Materialismus nur die Stille vor dem Sturm, der aus unbekannten Klüften hervorbrechen und der Welt eine neue Gestalt geben sollte'.

von Gesellschaft überhaupt erscheinen, als Kriterium des Zustandes der Gesellschaft einer nicht sterbenden Menschheit [15].

Der neukantianische Ansatz Langes ergibt sich aus einer von d'Alembert bemerkten Notwendigkeit, die Kluft zwischen Erscheinungsbild und Denken zu überspringen [16]. In Langes Formulierung zweifelt d'Alembert, ob es überhaupt etwas gebe, was dem, was wir zu sehen glauben, entspreche [17]. Lange verdeutlicht damit, was er in strengem Sinne unter Materialismus verstanden wissen will. Sein Empirismus versteht, wenn es ein materialistischer sein soll, darunter das Behaupten einer Identität von Sinneserscheinung und Begriff. Decke sich beides nicht, was selbstverständlich nie vorkommt, dann müsse der ganze Materialismus zugestehen, alle Naturvorgänge seien unerklärlich. Als Skeptizismus aber faßt es Lange auf, anzunehmen, daß die Materie, ‚wie sie unseren Sinnen erscheint, die letzte Lösung aller Rätsel der Natur enthalte' [18]. Die heutigen ‚Materialisten' glaubten das allerdings nicht, zögen aber vor, sich so zu verhalten, als ob es so wäre ‚und warten bis ihnen aus den positiven Wissenschaften selbst eine Nötigung zu anderen Annahmen' [19] entgegentrete.

In der von Lange in der gesamten zweiten Hälfte ausführlich behandelten Debatte handelt es sich um das Bewältigen von den aus dem 18. Jahrhundert übernommenen Problemen, die die Sinneseindrücke und die Funktion der von Objekten gewonnenen Daten betreffen. Soweit die Daten und Gestalten in das Bewußtsein durch die Sinne gelangen, entsprechen sie nicht den hypothetisch erschlossenen Strukturen und ebensowenig den in einem bestimmten Zeitintervall als zutreffend zugestandenen. Die Objekte außerhalb und unabhängig vom Bewußtsein, wie sich schon bei John Locke findet, sind tatsächlich Quelle von Erkenntnis, deren Vollzug gesellschaftliche und individuelle Aktivität voraussetzt. Wie Lange formuliert, sind die von ihm als zweifelhafte ‚Materialisten' angesehenen Skeptiker solche, die die Objekte in einen Zustand versetzen, daß sie ihre Hypothesen testen. Seit Demokrit aber werden die Atome u n d Strukturen h i n t e r den Erscheinungen gefunden, ohne damit die Sinneseindrücke zu disqualifizieren. Langes Vorstellung des Als-ob reflektiert einfach die Situation, in der sich Naturwissenschaft sichtlich mindestens seit Kopernikus befindet, daß nämlich die wissenschaftlich angenommenen und nahegelegten Bewegungen nicht nur nicht den Sinneseindrücken entsprechen, sondern ihnen sogar ausdrücklich entgegengesetzt sein können. Die Notwendigkeit des präzisen Messens, die vermittelt oder unvermittelt wahrgenommenen, war damit nicht ausgeschaltet, sondern wie im Falle des Kopernikus sogar die Voraussetzung, um die den Sinnen entgegengesetzten Strukturen nachzuweisen und damit zu Kepler und Newton zu gelangen.

Da Lange phantastisches Spekulieren zurückweist, liegt in dem Vorgang des Nötigen der Hinweis auf die Konfrontation von Natur und Naturwissenschaft, mit der sich der theoretisch vorgehende Empirismus auseinanderzusetzen hat. Es zeigt sich indes, daß Lange mit dem Verlangen von Erklärung und dem Zugeständnis der Unerklärlichkeit von Naturvorgängen ihrem Beschreiben mit Reserve gegenübersteht. Objekte, Sinneseindrücke und Begriffe

---

[15] Ebenda, S. 845.
[16] Ebenda, S. 4.
[17] Ebenda.
[18] Ebenda, S. 7.
[19] Ebenda.

oder mit Bedeutung belegte Terme sind und bleiben etwas voneinander Verschiedenes. Sie begegnen sich in dem Vermittlungsprozeß des gesellschaftlichen Handelns und des wechselseitigen Aufeinanderwirkens. Die formal logisch festgehaltenen Unterschiede werden damit nicht aufgehoben, aber finden sich auf einem gemeinsamen Nenner, der die wirklichen Unterschiede zu überspringen gestattet.

Die Relationen faßt Lange als ein Gebiet, in dem ‚ächter Idealismus' mindestens ‚ebenso vollständig mit der Naturwissenschaft Hand in Hand gehe, als es der Materialismus nur irgend' [20] vermöge. Gemeint sind Relationen zwischen den Erscheinungen und beziehen sich auf die hypothetisch im Bewußtsein entworfenen Strukturen, die nach der Annahme von Marx im Unterschied zu den Thesen der meisten Theoretiker des 18. Jahrhunderts als materiell aufgefaßt sind. Lange stößt damit auf Problematik von Beziehungen oder Gesetzmäßigkeiten, die in einer sich schnell entwickelnden Naturwissenschaft dem Fortschreiten der Theorien entsprechen, in der Gesellschaft nach Marx materiell, objektiv, erkennbar und quantitativ zum Teil durch Wahrscheinlichkeitstheorie bestimmbar sind [21].

Was als Methode und was als Weltanschauung aufzufassen wäre, läßt Lange ineinander verschwimmen. Da er dem Naturwissenschaftler attestiert, sich wie ein Materialist zu verhalten, vermag sich natürlich echter Idealismus, der mit dem klugen und spöttischen Lichtenberg belegt ist [22], ebenso wie der Materialist der Relationen anzunehmen. Dazu kommt aber, daß Lichtenberg keinesfalls als philosophischer Idealist argumentiert, wenn er notierte: ‚Wenn etwas auf uns wirkt, so hängt die Wirkung nicht allein von dem wirkenden Dinge ab, sondern auch von dem, auf welches gewirkt wird [23]. Wissenschaft ist einmal Approximation, die dem Entwicklungsprozeß der Welt und der Wissenschaft selbst unterliegt, schwer zu prognostizieren und selbstverständlich innerhalb der Gesellschaft allein mit Menschen und Mitteln zu betreiben. Der Materialismus liegt nicht allein, philosophisch im Verständnis von Marx gesehen, in der Tatsache, daß sie sich nicht im luftleeren Raume vollzieht und Wissenschaftler wie andere Menschen auch essen und trinken müssen, dazu aber je nach ihrem Fach Geräte benötigen, die heute in Prozenten des jährlichen Nationaleinkommens gemessen werden. Lange insistiert auf der erkenntnistheoretischen Unterscheidung von Materialismus und Idealismus, läßt dahingestellt, wie weit letzterer erkenntnistheoretisch oder ethisch gewertet werden müsse, versichert aber, die gröbste Form tradierter, vulgarisierter Gestalt von Materialismus sei es, die allgemein dem Verhalten des Naturwissenschaftlers zugrunde liege. Langes Kritik geht deshalb auf Primitivvorstellungen, von denen er aber annimmt, sie seien immer noch fruchtbarer als phantastische Spekulationen.

In einem Brief vom 27. September 1858 schreibt Lange eine Art Glaubensbekenntnis nieder:

> ‚Meine Logik ist die Wahrscheinlichkeitsrechnung, meine Ethik die Moralstatistik, meine Psychologie ruht durchaus auf der Physiologie, mit einem Wort: ich suche mich nur in exakten Wissenschaften zu bewegen.'

---

[20] Ebenda, S. 239.
[21] s. K. Marx, Randglossen zum Gothaer Programm, in: K. Marx, F. Engels-Werke, (MEW) Bd. 19, S. 19.
[22] F. A. Lange, Geschichte des Materialismus, a. a. O., Bd. II, S. 411.
[23] Ebenda.

Er versteht darunter naturwissenschaftliche Verfahren und will sie auf die Gesellschaft anwenden, die er von Sachverhalten her erschließen will, die wie Naturprozesse zu erschließen wären. Bemerkenswert scheint daran der damit gegebene Einblick in das Entstehen der quantitativen Erfassung gesellschaftlicher Vorgänge. Beginnend mit William Petty in der zweiten Hälfte des 17. Jahrhunderts, bietet Lange den Reflex weiterer Versuche im 19. unter dem Einfluß von Quételet. Nicht auseinandergehalten wurden damals wie heute die von gesellschaftlichen Strukturen ausgelösten Ereignisfolgen und die aus dem ererbten Verhalten sich ergebenden, relativ konstanten Motivationen. Lange vermutet deshalb, man vermöge mittels Statistik psychologische Strukturen zu entdecken, die gleichermaßen gültig wären für Handel und Schiffahrt, den Transport der Eisenbahnen für Güter wie Personen, die Durchschnittswerte von Ernteerträgen und des Viehbestandes, Güterteilung und Güterkopplung und der Moral [24]. Quételets Formeln über einen mittels Statistik nachgewiesenen H a n g etwa zum Verbrechen lehnt Lange ausdrücklich ab [25]. Ganz modern wird Lange mit seinem Hinweis, die Statistik betreffe ‚innerhalb der großen Kreise erwiesener Gesetzmäßigkeit' [26] das Gesetz der großen Zahl. Es widerspreche der veralteten Doktrin der Willensfreiheit. In Deutschland habe man sich längst daran gewöhnt, die Vorstellung einer Einheit von Natur und Geist zu akzeptieren [27]. Deshalb sei man von dem Widerspruch zwischen den Resultaten der Statistik und eben jener Doktrin der Willensfreiheit nicht so sehr affiziert. Statistische Erscheinungen interpretiert Lange also als gesetzmäßig, nimmt sie indes aus der allgemeinen Kausalverbindung der Dinge heraus [28]. Da im 19. Jahrhundert ein vorwiegend mechanistischer Materialismus vorherrschte, wie Lange zutreffend demonstriert, unterliegt er dem gleichen Einfluß. Kausalität als reiner Verstandesbegriff im Verständnis von Kant ist als stringentes Ursache- und Wirkungsverhältnis aufgefaßt. Statistik fällt dann notwendigerweise aus dem Gültigkeitsbereich von Kausalität mechanistischer Art, aber auch aus der Vorstellung des Probabilismus von Laplace, den Lange verschiedentlich erwähnt. Da aber Wahrscheinlichkeitsereignisse als gesetzmäßig bezeichnet sind, lassen sich mit Statistik Voraussagen treffen, die sich auf den Wahrscheinlichkeitsbereich beziehen. Die Aktualität solcher Probleme ist unverkennbar. Lange stößt durch seine gegenwartsbezogene philosophiegeschichtliche Berichterstattung auf Gesetzmäßigkeiten, in denen Statistik genuin vorkommt. Da er aber unter dem Einfluß von Kant der mechanistischen Kausalität einen erkenntnistheoretischen Vorrang gibt, im übrigen das Vorhandene referiert, erscheint das statistische Erfassen von Problembereichen als ein methodologisch neuartiges Verfahren, in dem die mechanistische Verursachung offensichtlich nicht die entscheidende Funktion besitzt. Vorbereitet ist damit das Auftreten von genuiner Statistik in noch zu entdeckenden Naturvorgängen und in den noch nicht erfaßten anderen Gebieten der Gesellschaft. Langes Aufzählung aber umfaßt bereits Bereiche von Produktion und Transport, in denen Statistik Einblick und Voraussagemöglichkeit gewährt [29], das Mitteln über die eingetretenen Ereignisse aber

---

[24] Ebenda, S. 402.
[25] Ebenda.
[26] Ebenda, S. 403.
[27] Ebenda.
[28] Ebenda.
[29] s. H. Ley, Th. Müller, Kritische Vernunft, Köln 1971.

notwendige Voraussetzung für das Abbilden darstellt. Daß Lange einen Einfluß von Identitätsphilosophie konstatiert, interessiert allerdings nicht den Statistiker, und zwar weder damals noch heute, gilt indes für das Entdecken der Statistik wie die Versuche ihrer Anwendung. Sie liegen geographisch in dem Einzugsbereich des englischen und französischen Materialismus und der unterschiedlich gedeuteten Hegelschen Philosophie. Übrigens verlangt Lange, was damals zu betonen wichtig war, eine zusätzliche theoretische Analyse der statistischen Ergebnisse [30].

Das Zufällige und das Gesetzmäßige in eine Kategorie zu integrieren, beginnt Lange mit einiger Konsequenz in Anschluß an Charles Darwin vorzunehmen. Deszendenztheorie, natürliche Züchtung und die Abstammung des Menschen sind seinerzeit allgemeiner Gegenstand der Diskussion. Lange interessiert die Deszendenztheorie als Lehre von der natürlichen Erklärung der organischen Formen überhaupt [31]. Als krasser Aberglauben gilt die Annahme von präexistierenden Arten, die als Reaktion auf den Materialismus Vogts und anderer einen absoluten Speciesbegriff im Anschluß an den platonisch-aristotelischen Eidos zu vertreten suchen. Lange spricht von ‚einer allen Grundsätzen der Naturforschung widerstreitenden Weise' [32] der Argumentation. Die Bastardierung differenter Arten verweist Lange in das Reich der Legende und verlangt einen stichhaltigen experimentellen Nachweis von denen, die daran festhalten [33]. Den gleichen experimentellen Nachweis verlangt Lange für das Belegen von Darwins These, die er als mächtigen Schritt zu der Vollendung einer naturphilosophischen Weltanschauung bezeichnet. Lange benutzt Darwins Arbeiten als solche mit unmittelbaren und künftigen Konsequenzen. Einmal wird sich der Ertrag erst künftigen Generationen erschließen, wobei die zu leistende Arbeit die Fähigkeit bloß einzelner Forscher übersteigen dürfte [34]. Zum anderen aber sei bereits der auf einen Weltbaumeister vertrauenden teleologisch und damit nach Zweckmäßigkeiten suchenden Lehre der weitere Weg versperrt [35]. Lange entnimmt Darwin das Moment des Zufälligen, von millionenfachen Versuchen, die zum natürlichen Erzeugen des Zweckmäßigen benötigt werden und auch des zufälligen Zusammentreffens günstiger Bedingungen für das Entstehen des Lebens [36]. Er kommt zu der Überzeugung, Untergang entstandener Lebenskeime, Fehlschlagen des Begonnenen sei die Regel, naturgemäße Entwicklung ein Spezialfall unter Tausenden [37]. Bloß die Ausnahme schaffe jene Natur, deren zweckmäßige Selbsterhaltung der Teleologe bewundere [38].

Was an der Erhaltung der Arten Zufall genannt werde, sei es nicht im Sinne der allgemeinen Naturgesetze, ‚deren großes Getriebe alle jene Wirkungen hervorrufe' [39]. Zufall bedeute es im Vergleich ‚zu den Folgen einer men-

---

[30] F. A. Lange, Geschichte des Materialismus, a. a. O., Bd. II, S. 406 ff.
[31] Ebenda, S. 240 f.
[32] Ebenda, S. 301, Anm. 54.
[33] Ebenda, S. 242.
[34] Ebenda, S. 243.
[35] Ebenda, S. 245 f.
[36] Ebenda, S. 246.
[37] Ebenda, S. 246 f.
[38] Ebenda, S. 247.
[39] Ebenda, S. 247.

schenähnlich berechnenden Intelligenz'[40]. In dieser Entgegensetzung äußert sich die noch wenig entfaltete erkenntnistheoretische Beschäftigung mit dem Zufälligen, da die menschliche Intelligenz ähnliche Verfahren zur Grundlage hat, die physiologisch erst später entdeckt wurden. Das Einbeziehen in Naturgesetzmäßigkeiten aber zeigt das Bemühen Langes um das Vereinigen von Zufälligem und Notwendigem, wie es sich bei dem Versuch des Herangehens an den freien Willen und seine objektive oder subjektive Determination zeigte. Lange bezeichnete den Darwinismus als Zufallslehre[41] und versichert, es handele sich nach der menschlichen Zweckmäßigkeit beurteilt, um eine sehr niedrige[42]. Dem Range nach sei aber die von Darwin entdeckte Zweckmäßigkeit durch ihre Allgemeinheit mindestens ebenso hochstehend wie die menschliche, die als vollkommenster Spezialfall aufgefaßt werden müsse[43]. Jedenfalls betrachtet Lange diese Darwinsche ‚Zufallslehre' als fundamental. Bemerkenswert sind seine in neuerer Zeit diskutierten Bemerkungen zu der Art der Entstehung von Leben. Lange fragt sich, ob überall, wenn Leben anderenorts zustande komme, es von gleicher Art wie das terrestrische sein müsse. Er gibt zu bedenken, daß bei jeder beliebigen Beschaffenheit der Uranfänge möglicherweise Gestalten entstehen könnten, die für ein nach Art der Menschen organisiertes Lebewesen unverständlich bleiben müßten. Es sind Probleme, die inzwischen die Science fiction modellmäßig durchspielt. Lange neigt traditionell und antitheologisch zu der Annahme, es gebe wahrscheinlichkeitsmäßig Leben auf anderen Planeten, referiert die vorhandenen Ansichten. Als Empiriker unterscheidet er, wie es notwendig ist, von den vermuteten und den nachgewiesenen Erscheinungen. Früher weltanschaulich geladene Problemstellungen sind im endenden 19. Jahrhundert bereits im Begriff, zu naturwissenschaftlich entscheidbaren und den Naturwissenschaften unterworfenen Fragen zu werden, wie es sich ebenso mit der Frage der Krümmung dieses Kosmos und seiner Undendlichkeit oder Endlichkeit der Ausdehnung nach verhält.

Schließlich erklärt Lange einen Zusammenhang mit Empedokles, den Atomisten, der Kantischen Philosophie und Fechners Teleologie, mit denen die inzwischen entdeckten Sachverhalte zu vereinigen wären, um sich entschieden von Eduard von Hartmanns ‚Philosophie des Unbewußten' abzugrenzen. Auch Hartmann benutze ‚vermeintliche Wahrscheinlichkeitsrechnung', um daraus Finalität abzuleiten. Damit suche er den strengen Kausalzusammenhang der Natur zu durchbrechen, womit er aber ‚auf den Standpunkt des Köhlerglaubens und der rohen Naturvölker'[44] zurückkehre. Hartmann unterscheide zwischen geistigen und materiellen Ursachen. Die wirkende Ursache eines Ereignisses M (für Materie) sei in den obwaltenden materiellen Umständen nicht vollständig begründet. Es wirken danach aufeinander Geist und Materie sowie Geist auf Geist. Lange sieht damit den Spuk an die Stelle der wissenschaftlichen Erklärung treten[45]. Auch aktuell geschriebene Geschichte weltanschaulichen Bewußtseins erweist sich damit als relevant. Lange hält fest, wie

---

[40] Ebenda.
[41] Ebenda, S. 274.
[42] Ebenda.
[43] Ebenda.
[44] Ebenda, S. 277 f.
[45] Ebenda, S. 278.

etwa ein Jahrhundert später wieder auftretende Wellen von Glauben an Okkultismus und telepathischen Phänomenen ihre Vorläufer unabhängig von sich entwickelndem wissenschaftlichem Bewußtsein besitzen. Sie dringen in das philosophische Denken ein, geben sich einen pseudowissenschaftlichen Anstrich und erfordern überall dort wo sie auftreten, einen energischen Widerstand. Lange war der Ansicht, Hartmann ähnele damit dem Australneger, dem er übrigens hohe Intelligenz zubilligt, aber angepaßt an die Bedingungen, unter denen er lebt. Hartmann betrachtet Lange als aus den Bedingungen der ihn umgebenden Verhältnisse ausgeschieden und theoretisch gleichsam heruntergekommen. Er kümmere sich nicht um die Ergebnisse der Unermüdlichkeit von Forschern, die auf den Hartmann beschäftigenden Gebieten ‚täglich neue Entdeckungen' [46] hervorbringen. Sie weisen nach Lange alle darauf hin, ‚daß auch diese Erscheinungen ihre mechanischen Ursachen haben' [47]. Ist damit bloß zum Ausdruck gebracht, daß es sich prinzipiell bei unerklärlichen Erscheinungen um wissenschaftlich klärbare Phänomen handelt [48], so gibt Lange faktisch eine als materialistisch zu bezeichnende Position zu erkennen. Soweit er tatsächlich in strengem Sinne mechanische Erklärungen erwartet, sind nicht mechanische Gebiete der Physik, Chemie und Biologie simplifiziert. Kommen indes gesellschaftliche Erscheinungen als Grund für unvollständiges Durchdringen von wissenschaftlich bedingtem Denken in Frage, dann versagt der naturwissenschaftliche Materialismus und es macht sich eine sozial-ökonomische Analyse erforderlich, um das Vordringen von Spiritismus und Okkultismus auf seine Gründe hin abzuklopfen. Lange formuliert im Anschluß an eine reservierte Anmerkung über einen möglichen Übergang vom Materialismus zum Idealismus: ‚... so lange wir aber noch zwischen Geist und Materie unterscheiden, haben wir nicht das Recht, Geister und geistige Ursachen zu erfinden, die uns nicht gegeben sind' [49].

Als Prototyp für energisches Abweisen von Phantastischem erwähnt Lange den damals gängigen Ausspruch Du Bois-Reymonds, man solle ihm, wenn er eine Weltseele annehmen solle, erst irgendwo im Universum das Gehirn derselben nachweisen [50]. Aus den Vorstellungen des Gläubigen und der Naturvölker seien Annahmen über nicht materielle Ursachen hervorgegangen, nicht aber aus der Kenntnis der Molekularbewegung und den Grundsätzen der mechanischen Weltanschauung [51]. Insofern sieht Lange in Du Bois-Reymonds unphilosophischem, aber suffisantem Bonmot etws Befremdendes, in Hartmanns Meinung aber ‚phantastischen Reflex unserer Unwissenheit' [52]. Lange benutzt die Gelegenheit, um näher zu erörtern, wie Hartmann einfache Sachverhalte von Wahrscheinlichkeitsrechnung mißbraucht, den Fall der Gleichwahrscheinlichkeit mißachtet und damit sich einen Pseudobeweis für die Existenz sogenannter geistiger Ursachen erschleicht [53]. Lange bezeichnet ein etwaiges Durchsetzen von Hartmanns Philosophie des Unbewußten als Kenn-

---

[46] Ebenda, S. 279.
[47] Ebenda.
[48] Ebenda, S. 278.
[49] Ebenda, S. 279.
[50] Ebenda, S. 280.
[51] Ebenda.
[52] Ebenda.
[53] Ebenda, S. 280 ff.

zeichen für ‚eine Periode des geistigen Verfalls' [54]. Setzt er sie mit dem anderen Fall in Parallele, daß Schelling und Hegel zum Rang einer Nationalphilosophie ersten Ranges legitimiert wurden, so besteht zweifellos eine unmittelbare Analogie zu Schelling, während mit Hegel der Zug zum Spiritismus nicht verbunden war.

Als einen der Gründe sieht Lange, der selbst zum mechanischen Materialismus mehr neigt als er zugestehen möchte, in einigem sich etwa auf Positionen in Kants ‚Kritik der Urteilskraft' begibt, einen Feldzug ‚unserer Materialisten gegen die gesamte Philosophie' [55] an. Aus dem Verschwinden eines philosophischen Bewußtseins und, wie er meint, aber an dieser Stelle nicht ausspricht, des historischen Bewußtseins, vermochte sich ein System zu entwickeln, daß sich in schrofferen Gegensatz zu den positiven Wissenschaften stellt als irgend eines der früheren, die Fehler Schellings und Hegels wiederhole [56]. Gemeint ist die gründliche Absage an spekulatives Konstruieren im Bereiche von den Naturwissenschaften unterliegenden Erscheinungen, während der philosophischen Reflexion umgekehrt gerade die Funktion einer Selbstverständigung über die der Erkennntnis unterliegenden Objekte und das methodische Vorgehen zugewiesen ist. Da nicht bloß in einer mißgeleiteten Philosophie, sondern auch in einem anscheinend unphilosophischen Denken jene Abseitigkeiten vorkommen, fehlt ersichtlich bei Lange auch in dem aus der Philosophie des Unbewußten abgeleiteten Gegenstand die sich notwendig machende gesellschaftliche Analyse.

Angemerkt sei noch Langes Position zum Atomismus. In seinem die vergangenen Jahrhunderte betreffenden historischen Teil erscheint Gassendi, unabhängig von Francis Bacon und vor Descartes als eigentlicher Erneuerer einer ausgebildeten materialistischen Weltanschauung, die er am Atomismus Epikurs orientierte [57]. Materialismus ist für Lange gleichbedeutend mit Atomismus, wobei er die Kritik immer wieder an dem Ausspruch Vogts ansetzt, die Gedanken verhielten sich zum Gehirn, wie die Leber zur Galle und der Urin zu den Nieren. Der Vergleich kommt schon bei Cabanis vor und Lange betont ausdrücklich, Vogt werde von Du Bois-Reymond in Schutz genommen [58]. Du Bois-Reymonds Rede auf der Versammlung deutscher Naturforscher und Ärzte in Leipzig 1872 kommt für Langes Position eine Schlüsselstellung zu.

Unbeschadet aller Einwände ist der Satz festgehalten, alles Naturerkennen ziele in letzter Instanz auf Mechanik der Atome [59]. Als stichhaltiger Einwand gilt gegen die mechanistische Position der Laplaceschen Weltformel, wir seien nicht im Stande, die Atome zu begreifen. Außerdem lasse sich aus den Atomen und ihrer Bewegung auch nur die geringste Erscheinung des Bewußtseins erklären [60]. Lange verteidigt nun den Physiologen gegen ein Inanspruchnehmen durch die Theologie. Da Du Bois-Reymond keinen Zweifel an der Abhängigkeit des Denkens von der Gehirnfunktion lasse, reiche auch seine Ansicht hinreichend gegen den Spiritismus aus. Da Lange aber einen zeitgenössischen

---

[54] Ebenda, S. 283.
[55] Ebenda.
[56] Ebenda, S. 284.
[57] s. F. A. Lange, Geschichte des Materialismus, a. a. O., Bd. I, 3. Abschnitt zuzügl.
[58] F. A. Lange, Geschichte des Materialismus, a. a. O., Bd. II, S. 152. Anmerkungen.
[59] Ebenda, S. 148.
[60] Ebenda, S. 148 f.

idealistischen Skeptizismus akzeptiert, der erst in der ersten Hälfte des 20. Jahrhunderts zur vollen Blüte gelangt, begnügt sich Lange damit anzuempfehlen, der Atomismus und der Materialismus sei eine unbedingt notwendige Arbeitshypothese, ob man nun aus der Mechanik der Atome jeden einzelnen Gedanken ableiten und jedes Ereignis berechnen könne oder nicht. Da der Physiologe die einfachste Sinnenempfindung schon als durch den Atomismus für nicht erklärbar hinstellte, wurde versucht, seine agnostischen Bemerkungen als Freibrief für das Wiedereinführen der Metaphysik und der alten weisen Begriffspsychologie (in religiösem Sinne) zu nehmen.

Lange hält Du Bois-Reymond vor, ein derartiges Mißverständnis liege nicht bloß an einer tiefeingewurzelten Gewohnheit, sondern sei auch Schuld des Vortrags, der eine solche Deutung faktisch möglich gemacht habe. Er findet indes bloß eine einzige Stelle [61], wo sich in jener von ihm abgelehnten Weise anknüpfen lasse. Lange polemisiert gegen alle Theoretiker einschließlich Justus Liebig, die eine Beschränkung der naturwissenschaftlichen Erkenntnis behaupten. Er schreibt: Streng genommen erzeugt die exakte Forschung den Materialismus nicht, aber sie widerlegt ihn auch nicht, wenigstens nicht in dem Sinne, in welchem die Mehrzahl der Gegner ihn widerlegt sehen möchte' [62]. Schließlich versichert Lange, ‚daß es fast durchweg Naturforscher waren, welche die Erneuerung der materialistischen Weltanschauung in Deutschland herbeigeführt haben' [63]. Als Ausweg empfiehlt Lange, man solle sich mit den Relationen begnügen. Sie seien der sichere Boden der Naturwissenschaften. Träger der Relationen seien zugelassen, wobei er an die Atome denkt. Man dürfte sie hypothetisch einführen und wie wirkliche Dinge behandeln [64]. Streng genommen war der Atomismus damals wirklich eine Hypothese und entwickelte sich erst nach einem halben Jahrhundert zu einer experimentell und theoretisch belegten fundierten wissenschaftlichen Einsicht, die es den subjektiv idealistischen Positivismen nahe legte, sich einem anderen Gegenstande zuzuwenden.

Bei dem Befassen mit gesellschaftlichen Problemen und der Auseinandersetzung mit Karl Marx [65] zeigt sich Langes Ausgang von naturwissenschaftlichen Überlegungen, die den Darwinismus und das Parallelogramm der Kräfte als Vergleichsobjekte verwenden. Lange betont übrigens ausdrücklich, Marx beziehe sich nicht auf den Darwinismus, um ihn gleichsam in die Gesellschaft zu übertragen.

Langes Materialismusbegriff entstammt, wie sich schließen läßt, den naturwissenschaftlichen Debatten nach der Mitte des 19. Jahrhunderts und behält deshalb auch für die Gegenwart ein gewisses Interesse, daß nicht bloß antiquarisch orientiert zu sein braucht. Abgesehen von der nachhaltigen Aktualität einiger Problembereiche, gegen die sich Lange in wissenschaftlicher Ansicht wenden mußte, beeindruckt der Überblick über eine anscheinend sehr fern zurückliegende Zeit. Der philosophische Materialismus war damals vorherrschend und begleitete den Beginn einer rasanten Entfaltung der Naturwissenschaften, die noch nicht ihres Gleichen gesehen hatte. Langes Bedenken

---

[61] Ebenda, S. 158.
[62] Ebenda, S. 169.
[63] Ebenda, S. 170.
[64] Ebenda, S. 220.
[65] s. F. A. Lange, Die Arbeiterfrage, 4. Aufl., Winterthur 1879, S. 214 ff.

gegen grobe Ableitungen komplizierter Sachverhalte stammen aber anscheinend mehr aus der widersprüchlichen Reaktion institutionalisierter Ideologie als einer etwaigen Abneigung, um so mehr als die Naturwissenschaftler selbst ihre Relationen zu der aufstrebenden Industrie zu festigen begannen und keine Bedenken gehegt zu haben scheinen, den Materialismus als Hypothese beizubehalten und zu benutzen. Da Lange mit dem Gang der die naturwissenschaftliche Welle begleitenden philosophischen Erörterungen ausgiebig sich vertraut zeigt, unterliegt er auch den momentanen Ansichten, die sich aus dem wechselnden Fortschritt der Forschung ergeben, wenn er etwa zum Exempel referiert, die Existenz der Moleküle scheine mehr gesichert als die der Atome oder sich auf Zöllner bezieht, der C. Neumanns sich im Raume bewegende Potentialwerte als materielle Teilchen diagnostizierte[66]. Daß sich nachträglich bei Lange die Dramatik einer Epoche naturwissenschaftlicher Entwicklung und philosophischer Debatte nachempfinden läßt, bleibt ein nicht zu unterschätzendes Verdienst Langes. Wer darin bloß etwa Voraussahnungen der künftigen Problemstellungen suchen wollte, müßte enttäuscht sein. Das Entstehen der neopositivistischen Strömungen, mit denen sich am Ende des 19. Jahrhunderts Wilhelm Wundt leidenschaftlich zu befassen begann und sich gegen den Empiriokritizismus entschied, läßt sich in einigen ihrer innerwissenschaftlichen Bedingtheiten aus Langes ‚Geschichte des Materialismus' ablesen. Seine erklärte Absicht, Kritik an dessen Bedeutung zu üben, gerät unter der Hand in das Gegenteil. Er widerlegte gleichsam praenumerando die spätere Behauptung, Naturwissenschaft und andere Disziplinen benötigten keine Philosophie. Vielmehr bewies er gerade auch in solchen Bereichen, die erst mit einer Karenz eines Dreivierteljahrhunderts vordergründig wurden, wie weit gerade unterschiedliche Positionen der weltanschaulichen Selbstverständigung nicht zu entbehren vermögen, ohne in die Nachbarschaft selbst spiritistischen, nicht bloß spiritualistischen Irrationalismus zu geraten.

---

[66] F. A. Lange, Geschichte des Materialismus, a. a. O., Bd. II, S. 220.

Der Standpunkt des Ideals als kritische Überwindung materialistischer und idealistischer Metaphysik

von Hans-Martin Sass

Es gibt philosophiegeschichtliche Monographien, die zu aparten Spezialproblemen akademischer Philosophiegeschichtsschreibung detaillierte Forschungsergebnisse vorlegen und die trotz ihrer Zuständigkeit für solche Spezialitäten dann schließlich voluminöse und etablierte Lehrbücher verdrängen und an deren Stelle treten. Einige solcher Spezialuntersuchungen bekommen darüber hinaus, den engen Raum akademischen Räsonierens sprengend, sogar die Funktion von Feldzeichen und Programmschriften im kultur- und wissenschaftspolitischen Streit weltanschaulicher Gegensätze. Karl Löwiths Untersuchungen zum „revolutionären Bruch im Denken des 19. Jahrhunderts" und seine Darstellungen von so wenig bekannten Denkern wie Arnold Ruge, Sören Kierkegaard, Bruno Bauer, Sorell, Stirner und Donoso Cortes, die in der Regel von den philosophierenden Zunftgenossen nicht einmal zu den ihren gerechnet wurden, und seine Darstellung der Probleme der bürgerlichen Gesellschaft, der Arbeit, der Christlichkeit, der Selbstentfremdung und Bildung im 19. Jahrhundert wertete 1941 unter dem Titel „Von Hegel zu Nietzsche" nicht nur — nach dem Ausweis der gängigen Philosophiegeschichtsschreibung zum 19. Jahrhundert — das Gewicht der philosophiegeschichtlichen Klassiker und der klassischen Probleme des 19. Jahrhunderts um, sondern markierte durch seine Wirkung zugleich einen revolutionären Bruch in der philosophischen Selbstdefinition der neueren Philosophie vor dem Kulissenwechsel des philosophischen background. Und Georg Lukács' Untersuchungen zum Aspekt eines kontinuierlich und zunehmenden irrationalistischen Trend im Denken des 19. und 20. Jahrhunderts, der vom deutschen Idealismus über Schopenhauer, Eduard von Hartmann und Nietzsche zu Hitler und Mussolini führt, machen schon durch eine auch bei Lukács fehlende Einschränkung im Titel „Die Zerstörung der Vernunft" (1954) den Anspruch deutlich, mit der Untersuchung dieses Spezialproblems zugleich das Wichtigste und damit auch alles überhaupt Notwendige über die Geschichte der bürgerlichen Philosophie im 19. und 20. Jahrhundert gesagt zu haben. An der Wirkungsgeschichte beider Bücher läßt sich nicht nur die Verdrängung der überlieferten Lehrbücher der Geschichte der Philosophie des 19. Jahrhunderts studieren, sondern auch die Umpolung der Forschungsplanung für die neueste Denkgeschichte. Die Bedeutung solcher Monographien liegt in der Ökonomie und Aktualität, mit der sie zu Zwecken aktueller Problembearbeitung Personen und Sachen aus dem geschichtlichen Fundus des Denkens in den Diskussionsraum gegenwärtigen Problematisierens hinein- und heraustragen [1]. Geltung, auch Lehrbuchcharakter, können solche Bücher jeweils solange beanspruchen, wie der von ihnen bereitgestellte Dialogtext mit Modellen und Theorien und Fragerichtungen aus der Vergangenheit tatsächlich im Interesse arbeitsökonomischer Problematisierungen und Lösungen nützlich bleibt oder solange — selbst bei inzwischen langweilig und unergiebig oder sonstwie unpassend gewordener philosophiegeschichtlicher Kulisse — der sozioökonomische und gesamtgesellschaftliche Rahmen mittelbar oder auch unmittelbar die Philosophie zum Festhalten — auch in Form einer musealen sakralverehrenden Mumifizierung — solcher Kulisse zwingt.

Friedrich Albert Langes „Geschichte des Materialismus und Kritik seiner Bedeutung in der Gegenwart", 1866 zum ersten Mal in Iserlohn erschienen, macht schon von der Formulierung des Titels her deutlich, daß die Motivation des dann in der 2. Auflage auf 2 Bände angewachsenen Werkes nicht etwa nur gelehrter Pedanterie entspringt, sondern sich zeitkritisch und ideenpolitisch engagiert. Und eine solche kultur- und philosophiepolitische Wirkung hatte das Buch dann auch tatsächlich; das belegen schon die Auflagenziffern [2]. Obwohl eigentlich nie in den Rang eines andere Philosophiegeschichten verdrängenden Lehrbuchs gekommen, stellte es doch mit seiner These einer differenzierten, Kritik und Zustimmung säuberlich nebeneinanderstellenden Würdigung eines der auch in der philosophischen Wissenschaft vorkommenden Ismen, nämlich des Materialismus, eine argumentationsstrategische Position parat, die nicht nur in der 2. Hälfte des 19. Jahrhunderts in Philosophie, Kultur und Politik vielfältige Nützlichkeit versprach. Heute, mehr als ein Jahrhundert nach dem Erscheinen der 1. Auflage, ist das Werk nur noch dem philosophiehistorischen Spezialisten bekannt, der es teils als — noch immer nicht ganz veraltetes [3] — Kompendium für die Geschichte des materialistischen Denkens heranzieht, teils — wegen des 4. Abschnitts des 2. Bandes — zur Analyse einer recht frühen „Vorform" neukantianischer praktischer Philosophie benutzt, eine Frage übrigens, die einen modebewußten Philosophen heute, sofern er sie überhaupt versteht, vermutlich nur ein müdes Lächeln abgewinnen dürfte. In der Philosophie und in der Philosophiegeschichtsschreibung ist der Standpunkt des Ideals von Lange eigentlich nie ernsthaft

---

[1] s. H. M. Saß, Philosophische Positionen in der Philosophiegeschichtsschreibung, in: Deutsche Vierteljahresschrift für Literaturwissenschaft und Geistesgeschichte, 46, 1972, S. 539—567, bes. 545 f.

[2] F. A. Lange, Geschichte des Materialismus und Kritik seiner Bedeutung in der Gegenwart, Iserlohn 1866; 2. Aufl. in 2 Bd. Iserlohn 1875; 3. Aufl. 1877; 4. Aufl., hrsg. v. H. Cohen 1882 (2. Tausend der 4. Aufl. 1887); 5. Aufl. mit biographischem Vorwort, einer Einleitung und kritischem Nachtrag von H. Cohen, Leipzig 1896; 6. Aufl. 1898; 7. Aufl. 1902; 8. Aufl. 1908; 9. Aufl. mit erweitertem Nachtrag von H. Cohen 1914; 10. Aufl. 1921; Herausgegeben und mit einem biographischen Vorwort versehen von O. A. Ellissen, Leipzig 1906 (die Einleitung von Ellissen, Bd. 1, S. 3—14, nennt auch unbekanntere Schriften Langes); Neuaufl. 1920; für die Deutsche Bibliothek ausgewählt und eingeleitet von W. Bölsche o. J. (1920); Hrsg. und eingeleitete von H. Schmidt, Leipzig 1926 (16.—18. Tausend); Hrsg. und eingeleitet von A. Schmidt, Frankfurt 1974, 2 Bde. XXV u. 1010 S. — Französische Übersetzung von B. Pommerd 1877, avec une introduction par D. Nolen; Englische Übersetzung von Thomas 1879; 3. Aufl. d. engl. Übersetzung d. E. Ch. Thomas mit einer Einf. v. B. Russell, New York 1950, S. XLII, 330, 397, 376.

[3] s. jetzt z. B.: H. Ley, Geschichte der Aufklärung und des Atheismus, Berlin, Bd. I 1966; Bd. II,1 1970; Bd. II,2 1971.

diskutiert worden; er hatte die Funktion, eine Station auf dem Wege zur Transzendentalphilosophie des Neukantianismus für den Philosophiehistoriker zu markieren. Das unbestreitbare Faktum, daß Langes ideenpolitische Position im philosophischen und philosophiegeschichtlichen Diskussionskontext nicht gerade aktuell ist, muß aber nicht ein Indiz dafür sein, daß seine Fragestellung und Problemlösung in Ansehung einer kritischen Würdigung des idealistischen und materialistischen Ansatzes unwichtig oder gar überholt sind. Weder der Gang philosophischer Diskussionen, noch das Verhältnis der Philosophie zu ihrer eigenen Tradition sind ausschließlich von der Arbeit des Begriffs oder einem Prozeß fortlaufender Problembearbeitung bestimmt, sie unterliegen vielmehr auch außerphilosophischen — politischen und kulturellen — Notwendigkeiten oder Moden oder sind im innerphilosophischen Diskussionsfortgang so gesteuert, daß beispielsweise durch so wichtige Beiträge wie die erwähnten von Löwith und Lukács und dem von diesen dominierend bestimmten weiteren Gang der akademischen philosophischen Disputation im größeren gesamtgesellschaftlichen Rahmen andere Prädispositionen für Problemzergliederungen oder Optionen auf andere Lösungen und andere Blickwinkel einfach auch vergessen werden. — Der Frage einfach nachzugehen, warum Langes Bestseller — wenn man das Wort für Philosophica von einer gewissen Voluminosität darf gebrauchen können — heute keiner mehr ist, wäre nicht nur ein Beitrag zur Wissenschaftsgeschichte der Philosophie, sondern könnte ebenso **ein Beitrag zum gegenwärtigen Philosophieren** sein, sofern sich zeigen ließe, inwieweit die faktische Inaktualität der Langeschen philosophischen Kritik am Materialismus zusammen mit seiner teilweisen Rechtfertigung materialistischer Denksansätze tatsächlich nicht unmittelbar mit einer sachlich begründeten Aussonderung Langes aus dem philosophischen Diskussionszusammenhang und damit einer Überwindung und „Aufhebung" seiner Position begründbar ist, sondern ihre Gründe in anderen — teils ideenpolitisch, teils dialogprozessual bedingten — wissenschaftsinternen Ursachen hat. Und in einem günstigen Fall könnte sich sogar eine gewisse Plausibilität zeigen, wieso es eigentlich auch für aktuelle Diskussionen nicht unnütz wäre, den Friedrich Albert Lange mal wieder am Gespräch zu beteiligen, — nicht aus einer unökonomisch-musealen Motivation heraus, sondern aus dem ganz pragmatischen und handfest arbeitsökonomischen Gesichtspunkt heraus, daß die Aufnahme eines neuen Gesprächspartners in einen langsam ermüdenden Kreis von Kombattanten ausnahmsweise das Gespräch mal nicht verlängern, sondern beleben und abkürzen und vielleicht sogar eventuell vorhandene gemeinsame Befangenheiten des zeitgenössischen Disputanten offenlegen könnte.

Ausarbeitung und Veröffentlichung der „**Geschichte des Materialismus**" haben eine Funktion in Langes politischer Strategie für ein gesellschaftsreformerisches Handeln. Seit seiner Dozentenzeit hatte er Stoff zu diesem Thema behandelt. Die intensive Durcharbeitung des Materials fällt aber nicht etwa in die Zeit des Privatdozenten für Philosophie oder des Lehrers am Duisburger Gymnasium, sondern in die Zeit nach Langes freiwilligem Abschied aus dem Schuldienst im Herbst 1861. Als Sekretär der Handelskammer in Duisburg hält er — neben seinen administrativen und politischen Aufgaben im engeren Sinne — Privatvorlesungen über die Geschichte der neueren Philosophie und wird zeitweise Redaktor der „Rhein- und Ruhr-Zeitung". Diese kurzfristigen Engagements langfristig zu stabilisieren und den lokalen Wirkungsraum zu sprengen, — das ist die politische und ideenpolitische Funktion der „Geschichte des Materialismus und Kritik seiner Bedeutung in der Gegenwart". Das Thema des Materialismus war aktuell; aber es war eher Gegenstand weltanschaulicher Auseinandersetzung und kulturpolitischen Tagesstreites, denn Gegenstand akademischen Ressentiments oder philosophischer Durchdringung. Friedrich Albert Lange holt das Thema mit seiner Monographie von 1866 und der 2. erweiterten Auflage von 1875 in den philosophischen Hörsaal und stellt damit zugleich für die politische, auch die partei- und kulturpolitische Auseinandersetzung des Tages eine differenzierende Bewertung des Materialismus parat, die eine langfristige philosophische und politische Orientierung erlauben sollte.

Daß die Fragen des Materialismus nicht Probleme einer gesellschaftsfernen philosophischen Fachdiskussion sind, sondern von eminent politischer und sozialer Bedeutung, hatte 1845 schon der Berliner Philosoph Ludwig Buhl behauptet, wenn er feststellt, daß der „Charakter" der Zeit „der Industrialismus, der Egoismus; also gerade das Gegenteil der Aufopferung" ist: „Der Industrialismus ist eben nichts Isoliertes, sondern durchdringt alle Lebensgebiete und mehr oder weniger durchdringt und beherrscht er euch alle"[4], hatte er den Mitgliedern des Berliner Vereins zur Linderung der Not der arbeitenden Klassen erklärt und damit eine durch diesen „Charakter der Zeit" bedingte Begrenzung in der Erreichung der Vereinsziele vorausgesagt und anstelle des Almosenverteilens an die Armen das wissenschaftliche Studium dieses Phänomens als neu zu beschließenden Vereinszweck vorgeschlagen. — Der seit der Göttinger Naturforscherversammlung 1854 entfachte Materialismusstreit läßt diese gesamtgesellschaftliche Dimension nicht erkennen. Vordergründig geht es hier um polemische Invektiven zwischen Vulgärmaterialismus und biblizistischen Schöpfungs- und Wunderglauben. Kern der Auseinandersetzung ist jedoch die Tendenz, die physikalisch-mechanistische Methode, welche sich in den Naturwissenschaften als so erfolgreich erwiesen habe, zur Universalmethode der Wissenschaft zu machen und auf alle Gegenstände, auch auf die Philosophie, z. B. auch auf die Erkenntnistheorae und die Theorie der Geschichte, die Religionsphilosophie und die Ethik, anzuwenden[5]. Die zeitgenössische Philosophiegeschichtsschreibung erkannte weder die wissenschaftstheoretische Schärfe und Kompromißlosigkeit, noch die politische Brisanz dieses Materialismus als einer Universalmethode, die nach dem Willen ihrer dialektischen und ihrer nichtdialektischen Verfechter auch Grundlage für neue Formen der Staats- und Gesellschaftsorganisation und für neue Maximen sittlichen Handelns abgeben sollte. Im gleichen Jahr wie Langes „Geschichte des Materialismus" erschienen auch die Philosophiegeschichten des Hegelianers J.

---

[4] L. Buhl, Andeutungen über die Not der arbeitenden Klassen und über die Aufgabe der Vereine zum Wohl derselben, Berlin 1845, S. 32.

[5] Im Jahre 1854 hatte Rudolf Wagner auf der erwähnten Versammlung einen Vortrag „Menschenschöpfung und Seelensubstanz" gehalten, in dem er die vollständige Vereinbarkeit der biblischen Geschichten mit der Naturwissenschaft behauptete, s. R. Wagner, Menschenschöpfung und Seelensubstanz, Göttingen 1851. Carl Vogt antwortete im gleichen Jahr mit der sarkastischen Polemik von „Köhlerglaube und Wissen", Gießen 1856 in 3. Aufl. Viele weitere Broschüren unterstützten die Attacke von Vogt; nicht gerade die diffenziertesten, aber wirkungsmächtigsten waren L. Büchners „Kraft und Stoff. Empirisch-naturwissenschaftliche Studien", Leipzig 1855.

E. Erdmann und des eher positivistisch eingestellten Friedrich Überweg [6]. Für Erdmann ist bis zur Gegenwart diejenige Tendenz in der Philosophie bestimmend, die auch den Grundzug der das Jahrhundert dominierenden hegelschen Philosophie ausmacht: die Restauration. Hegels Philosophie war gegenüber derjenigen des Zermalmers Kant restaurativ, weil sie erstens der Philosophie ihr „Allerheiligstes", eine Metaphysik nämlich, zurückgab, weil sie zweitens ein positives Verhältnis der Philosophie zu gerade auch den theoretischen Implikationen der christlichen Religion restituierte oder allererst begründete und weil sie drittens gegenüber der individualistischen Moral des kantischen Subjekts das Recht der „sittlichen Organismen" des Staats und der Gesellschaft betonte (§ 331). Aus diesem Grunde habe man Hegel auch mit Recht „einen neuen Herrn von Haller" genannt. Nach 1830 setzt die Philosophiegeschichte sich dann in zwei Etappen mit diesem Prospekt der Restauration auseinander: einmal im „Auflösungsprozeß" der Hegelschule, der nacheinander die Problematisierung der hegelschen Vermittlungen im logisch-metaphysischen, im religionsphilosophischen und im politisch-sozialen Bereich sich vornimmt (§ 332 bis 342) und zum anderen in Versuchen zum „Wiederaufbau der Philosophie", welche sich als Restitutionen oder Weiterentwicklungen früherer Ansätze erweisen (§ 343—348); das betrifft insbesondere auch die Materialisten, die sich von den wirklich originellen Materialisten des 18. Jahrhunderts nur durch einen erschreckenden Niedergang des Reflexions- und Argumentationsniveaus unterscheiden. Moleschott und andere Leute, die ganz tüchtige Fachwissenschaftler seien, sollen sich nicht mit Sachen beschäftigen, von denen sie nichts verstehen. „Wer heute das Mikroskop gut zu handhaben weiß, glaubt ohne weiteres darüber absprechen zu dürfen, was Ursache, was Bedingung, was Kraft, was Stoff, was logisches Gesetz, was Wahrheit ist." (§ 345.4) Eine eigentliche Auseinandersetzung Erdmanns findet mit dem zeitgenössischen Materialismus jedoch nicht statt; die Sonderform des dialektischen Materialismus ist nicht einmal bekannt. Die unbezweifelbare Wirkung des Materialismus, dokumentiert in Auflagenhöhe und Zeitschriftenecho, wird abgetan mit dem Hinweis, daß andere Dinge doch mehr Resonanz im Volke hätten und daß es in größeren Städten zwar zu Aufruhr und Revolution wegen Erhöhungen des Bierpreises, aber nicht wegen Erhöhungen der Preise Büchnerscher oder Moleschottscher Bücher gekommen sei. Im übrigen sei spätestens seit Hegel eine Philosophie undenkbar, die sich nicht auf die Systeme und Theorien vor ihr bezieht, und deshalb sei die Klage völlig unberechtigt, daß die Gegenwart zwar Geschichte der Philosophie treibe, aber keine Philosophen hervorbringe. Vielmehr müsse man festhalten, „daß die Philosophiehistoriker selbst zu philosophieren pflegen, und so vielleicht auch hier dieselbe Lanze, welche verletzte, auch Heilung bringen kann" (§ 348.3) Außerdem sei es ein Fehlschluß, wenn man behaupte, daß das Jahr 1830 und dann vor allem das Jahr 1848 eine Erschütterung der Restaurationstendenz gebracht habe. Vielmehr bestätigt die Analyse der neueren philosophischen Diskussion das Bild, daß die revolutionären und auch die reaktionären Bewegungen der neueren Zeit „mißleitete Bewegungen des Restaurationstriebes" seien, „die dementsprechend, daß der lebende Organismus, der noch Organisationskraft hat, aber zu gesunden Bil-

---

[6] J. E. Erdmann, Grundriß der Geschichte der Philosophie, 2. u. letzter Bd.: Philosophie der Neuzeit, Berlin 1866; Fr. Überweg, Grundriß der Geschichte der Philosophie von Thales bis auf die Gegenwart. 3. Teil: Die Neuzeit, Berlin 1866.

dungen (momentan) unfähig ist, wildes Fleisch erzeugt" (§ 343.). — Friedrich Überweg schließt im gleichen Jahr den dritten Band seiner Philosophiegeschichte ab mit der Darstellung der Systeme von Hegel und Herbart. Ein Schlußparagraph enthält die weiteren Schuldiskussionen der beiden Schulen [7]. Maßgebend für die philosophische Diskussion des 19. Jahrhunderts ist nach Überweg die Philosophie Kants, deren idealistische, den subjektiven Ursprung der Erkenntnisformen betonende Seite von Fichte, Schelling und Hegel und deren realistische, das Gegebensein des Stoffes und die Verursachung der Sinneseindrücke durch diesen unterstreichenden Position die Herbartsche Philosophie ist. Für die Philosophie der Zukunft fordert Überweg eine Verbindung und Harmonisierung aller Gegensätze als Ideal-Realismus, eine Position, die er für seinen eigenen philosophischen Ansatz in Anspruch nimmt. (vgl. § 14) Diese Problematik ist für Überweg jedoch vorwiegend eine erkenntnistheoretische; auch bei ihm kommt der Materialismus nur in Form des nichtdialektischen vor. — Noch im Jahr 1900 spricht Wilhelm Windelband der Philosophie des 19. Jahrhunderts jede Originalität ab. Mit der Entwicklung der großen Systeme aus der Wende vom 18. zum 19. Jahrhundert ist die philosophische Entwicklung abgeschlossen; was folgt, ist von „literarhistorischem" Interesse und beschäftigt sich mit der Frage, welche Rolle die naturwissenschaftliche Wirklichkeitsauffassung über „diese Spezialwissenschaften" [8] hinaus auf dem Gebiet der Weltanschauung und Lebensgestaltung finden soll. Die philosophiepolitische Auseinandersetzung spitzt sich auf die Konfrontation zweier großer Lager — historische Weltanschauung und mechanische Weltbetrachtung — zu. „Demokritismus" und „Baconismus" und das „Utilität"-Denken der Naturwissenschaften stehen dem Idealismus entgegen. Unter den Stichworten der philosophischen Frage nach der Seele, nach der Geschichte und nach den Werten, stellt sich letztlich der Kampf des „Individuums gegen die Übermacht der Gesellschaft" dar [9]. Dieser macht ganz klar als Kampfplatz der Kombattanten den gesamtgesellschaftlichen Raum aus und ordnet die einzelnen Scharmützel ein in das Gesamtbild der Auseinandersetzung; ja er projeziert — hierin Marx nicht unähnlich — die in der Gegenwart vermeintlich erlebte Polarisierung zweier Positionen zurück in die Philosophiegeschichte, wenn er an Demokrit und seine Gegner und an Bacons Konfrontation mit den idealistischen Schulen erinnert und beispielsweise formulieren kann: „Universalismus und Individualismus sind, wie in der Renaissance, wiederum heftig aufeinandergestoßen" (s. 538). — Schopenhauer hatte in den „Parerga und Paralipomena" einen Abriß der Geschichte der Philosophie seit Descartes als „Skizze einer Geschichte vom Idealen und Realen" gegeben, und Extrempositionen kritisierend, für sich selbst eine Mittelposition eingenommen, die die Welt als Vorstellung dem Idealen zuordnet, die Welt als Wille, aber als das Reale bezeichnet [10]. Aber die Schopenhauersche Position ist eine solche, die politisch nur als Resignationshaltung wirkte, wie es auch von Schopenhauer intendiert war.

---

[7] s. Fr. Überweg, Grundriß der Geschichte der Philosophie von Thales bis auf die Gegenwart, a. a. O., Bd. III, § 28; dort S. 297—300 weitere Materialien zum Materialismusstreit.

[8] W. Windelband, Lehrbuch der Geschichte der Philosophie, 2. Aufl. 1900, 7. Teil: Die Philosophie des 19. Jahrhunderts (1. Aufl. 1891); zit. nach der 14. Aufl., hrsg. H. Heimsoeth, Tübingen 1950, S. 537.

[9] Ebenda, S. 538.

[10] A. Schopenhauer, Sämtliche Werke, Bd. 5, hrsg. J. Frauenstädt, 2. Aufl., Leipzig 1919, S. 21.

Gegenüber den die Gegensätze zwischen materialistisch-realistischem (realistisch teils im Herbartschen Sinne, teils im positivistisch-materialistischen Sinne, am allerwenigsten im Sinne des dialektischen Materialismus, weil dieser auch noch bei Dilthey zu unbekannt ist) und idealistischem Ansatz kritisierende Positionen von Erdmann, Überweg und eigentlich auch Schopenhauer, die einen Mittelweg gehen wollen, und die im Erkenntnistheoretischen steckenblieben und keine gesellschaftlichen und politischen Konsequenzen in der praktischen Philosophie aus ihrer theoretischen Position zogen, hat in den Augen Diltheys eine politische und ideenpolitische Entscheidungsschlacht begonnen, in der das Individuum die von ihm gelebten Werte gegen den Baconismus verzweifelt verteidigt. Genau diese Entscheidungsschlacht zwischen Idealismus und Materialismus zugunsten des letzteren wollte Karl Marx seit 1844 herbeiführen. Aufgrund von Erfahrungen der eigenen Biographie intellektuell im Übergang von der idealistischen Antithetik des Kreises um Bruno Bauer zu einer materialistischen Antithetik in den Jahren 1843/44 beschreibt Marx die letzte Entscheidungsschlacht im Gebiet der philosophischen Theorie als eine zwischen Materialismus und Idealismus, und diese Schlacht im Gebiet der Theorie ist teils ein Reflex teils ein Moment einer umfassenderen Entwicklung des in Klassenkämpfen ablaufenden weltgeschichtlichen Prinzips. „Der Materialismus ist bekanntlich mit seltenen Ausnahmen die Weltanschauung der führenden progressiven Kräfte der Gesellschaft, während der Idealismus — wenn auch nicht immer — die Weltanschauung der absterbenden und reaktionären Kräfte der Gesellschaft ist", heißt es in der Einleitung zur „Geschichte der Philosophie", die von der Akademie der Wissenschaften der UdSSR herausgegeben wurde [11]. Nur über das Prinzip der „Parteilichkeit" gelingt es dem Marxismus, unter grundsätzlicher Voraussetzung dieses antithetischen Gegensatzes von Materialismus und Idealismus differenziertere philosophiegeschichtliche Urteile zu finden [12]. Schon die „Kritik der hegelschen Rechtsphilosophie. Einleitung" aus den Deutsch-Französischen Jahrbüchern des Jahres 1844 gibt diese antithetische Auffassung der Gegensätze von Materialismus und Idealismus durch Marx wieder. Sie beantwortet auch die Frage, wie die weitere philosophische Auseinandersetzung zwischen Idealismus und Materialismus geführt werden soll: unphilosophisch im Sinne des tradierten Begriffs von Philosophie, nämlich durch revolutionäre Veränderung der gesellschaftlichen „Vorbedingungen" für theoretische und weltanschauliche Positionen. „Die Waffe der Kritik kann allerdings die Kritik der Waffen nicht ersetzen, die materielle Gewalt muß gestürzt werden durch materielle Gewalt, allein auch die Theorie wird zur materiellen Gewalt, sobald sie die Massen ergreift ... Der Kopf dieser Emanzipation ist die Philosophie, ihr Herz das Proletariat. Die Philosophie kann sich nicht verwirklichen ohne die Aufhebung des Proletariats, das Proletariat kann sich nicht aufheben ohne die Verwirklichung der Philosophie. Wenn alle inneren Bedingungen erfüllt sind, wird der deutsche Auferstehungstag verkündet durch das Schmettern des gallischen Hahn" [13]. Die

---

[11] Autorenkollektiv der Akademie der Wissenschaften der UdSSR (Hrsg.), Geschichte der Philosophie, Bd. 1, 2. Aufl., dt. Berlin 1962, S. 5.
[12] Zum Prinzip der Parteilichkeit in der marxistischen Philosophiegeschichtsschreibung s. H. M. Saß, Philosophische Positionen, a. a. O., S. 559—561.
[13] K. Marx, Zur Kritik der Hegelschen Rechtsphilosophie. Einleitung, in: Marx-Engel-Studienausgaben, hrsg. I. Fetscher, Bd. 1, Frankfurt 1966, S. 24, 30.

Verwirklichung der Philosophie nicht durch befriedigend zu Ende gebrachten Dialog, sondern durch Waffen, markiert zugleich das Ende des die philosophische Diskussion des Abendlandes durchziehenden akademischen Streites zwischen Idealismus und Materialismus durch den totalen Sieg des letzteren. Das Neuartige der von Marx vorgeschlagenen Lösungsmethode dieses ewigen Streites in der Philosophie ist in Übereinstimmung mit seiner Theorie der Wiederspiegelung von gesellschaftlichen Verhältnissen in theoretischen Positionen die Forderung, das Kampffeld zu wechseln, d. h. den Hörsaal und die Monographie auszutauschen gegen Klassenkampf und Revolution.

Wie Dilthey und wie Marx weiß auch Lange um die politischen und gesellschaftlichen Implikationen der materialistischen Basistheorie. Diese ideenpolitische Konstellationen im außerakademischen Raum und diese Hoffnungen, die sich an den Materialismus und eine mehr oder weniger gewaltsame Veränderung der Gesellschaft knüpften, sind für ihn Voraussetzung seiner eigenen Parteinahme. Der Hoffnung, durch materialistisch-ökonomische Veränderungen, durch Eigentumsverschiebungen, durch Genossenschaft- und Vereinsgründungen allein die unheile und ungerechte Gesellschaft zufrieden, heil und gerecht zu machen, stellt er den „Standpunkt des Ideals" entgegen. Aus sozialem Engagement heraus bestreitet er nicht nur den Marxisten, sondern vielen anderen, bloß ökonomisch orientierten Sozialisten die Richtigkeit ihrer Gesellschaftsanalysen und die Nützlichkeit ihrer Ziele und Aktionen. „Es geht ein Zug zum Materialismus durch unsere moderne Kultur, welcher jeden, der nicht irgendwo einen festen Anker gefunden hat, mit sich fortreißt. Philosophen und Volkswirtschaftler begegnen sich im Lob der **Gegenwart** und ihrer Errungenschaften. Mit dem Lobe der Gegenwart verbindet sich der Kultus der **Wirklichkeit**. Das Ideal hat keinen Kurs; was sich nicht naturwissenschaftlich und geschichtlich legitimieren kann, wird zum Untergang verurteilt, wenn auch tausend Freuden und Erquickungen des Volkes daranhängen, für die man keinen Sinn mehr hat" [14]. Dieser Zug zum Materialismus ist der tiefere Grund dafür, daß die Bewegungen, die auf gesellschaftliche Verbesserungen aus sind, zu kurz greifen und in radikalen Revolutionen ihr Ziel sehen. Die „große Masse" der Ausgebeuteten und Armen folgt denen kritiklos und am ehesten, die ihnen „eine entschiedene Verbesserung oder auch nur entschiedenen Kampf und Hoffnung auf Rache" versprechen. Das ist der Grund dafür, daß die extremsten Führer die größten Massen bewegen können. Wegen des durchgehenden Grundzuges der Zeit zur bloß ökonomischen Betrachtung gesellschaftlicher und politischer Probleme und wegen der extremen Charakterstruktur der radikalen Arbeiterführer wird jedoch, „sollte der Sozialismus jemals dies nächste, rein negative Ziel erreichen", es nicht zu einem Fortschritt, sondern zu einer „finsteren Stagnation" kommen. Langes Kampf gegen den radikalen, auf revolutionäre ökonomische und politische Veränderungen bedachten Sozialismus begründet sich in Revolutionsfurcht. Einmal ist er im Gegensatz zu den radikalen Revolutionsanhängern der Meinung, daß das Maß an relativer Vernünftigkeit in der Gegenwart nicht so gering ist, als daß es sich nicht lohnen würde, an es anzuknüpfen. Und zum anderen ist es für ihn völlig sicher, daß nach einer möglichen Revolution das

---

[14] F. A. Lange, Geschichte des Materialismus, 4. Aufl. Iserlohn 1882, S. 820. Zur problemgeschichtlichen Analyse der Langeschen Materialismuskritik s. vor allem H. Lübbe, Politische Philosophie in Deutschland, Basel 1963, S. 137 ff.

Maß an Vernünftigkeit nicht größer sein wird, als in der Gegenwart, — das Gegenteil wird der Fall sein. Die Eskalation von Veränderungen gesellschaftlicher Institutionen und des Abbaus von kulturellen und sittlichen Normen wird in einer Schwundstufe von Rationalität und Mündigkeit ausmünden. Die Revolution wird „verwüsten", sie wird keinen Segen bringen. „Kommt es gar zum Zusammenbruch unserer gegenwärtigen Kultur, so wird schwerlich irgendeine bestehende Kirche, und noch weniger der Materialismus, die Erbschaft antreten: sondern aus irgendeinem Winkel, an den niemand denkt, wird etwas möglichst Unsinniges auftauchen, wie das Buch Mormon oder der Spiritismus, mit dem sich dann die berechtigten Zeitgedanken verschmelzen, um einen neuen Mittelpunkt der allgemeinen Denkweise vielleicht auf Jahrtausende hinaus zu begründen."Als einziges Mittel, diese Entwicklung zu vermeiden, die entweder in die totale Revolution oder die „finstere Stagnation" führt, sieht Lange die „r e c h t z e i t i g e Überwindung des Materialismus"; und diese rechtzeitige Überwindung des Materialismus wird dann gleichzeitig „die Heilung des Bruchs in unserem Volksleben" sein und „die Trennung der Gebildeten vom Volke und seinen geistigen Bedürfnissen" aufheben: „I d e e n und O p f e r können unsere Kultur noch retten und den Weg durch die verwüstete Revolution in einen Weg segenreicher Reformen verwandeln". (S. 821)

Die Langesche Diagnose des mit einer gewissen Zwangsläufigkeit ablaufenden Prozesses eines Zusammenbruchs „unserer gegenwärtigen Kultur" hat die Einsicht zur Voraussetzung, daß eine bloß ökonomische Veränderung von Eigentumsstrukturen und Gesellschaftsformen ohne vorhergehende und begleitende sittliche Erneuerung und Bildung auf Mündigkeit und opferbereiten Idealismus hin schon aus Gründen, die in der Natur des Menschen liegen und die anthropologisch oder kulturanthropologisch zu erläutern wären, scheitern muß trotz oder sogar gerade wegen der diese revolutionären Theoriepositionen „legitimierenden" materialistischen Geschichtsmetaphysik. Langes Position setzt zweitens eine Revolutionsfurcht voraus, die aufgrund solcher realistischer anthropologischer Einsicht und geschichtlich-empirischer Erfahrung mit stattgehabten Revolutionen oder Revolutionsversuchen die Voraussage wagt, daß eine weitere Revolution nach gehabtem oder vorgeschlagenem Muster nur Zunahme von Unfreiheit, Abhängigkeit, Unmündigkeit und Kulturlosigkeit zur Folge haben dürfte. Und sie setzt drittens die unerschütterliche Hoffnung in die menschliche Substanz voraus, daß der Standpunkt des Ideals, daß die in utopischer Antizipation vorweggenommene humanere Welt dem Einzelnen — auch dem Machtlosen — die Kraft gibt, immer wieder neu die Miserabilitäten der Gegenwart mit „Ideen und Opfern" zu überwinden und auf dem Weg prozessualer Reformen ohne ein die Handlungsprädispositionen stützendes Korsett von idealistischen oder materialistischen Geschichtskonstruktionen die Menschen Stück für Stück glücklicher und freier zu machen. Was in Langes therapeutischem Appell allerdings unbedacht blieb, ist die Tatsache, daß in Zeiten, welche durch den „Zug zum Materialismus" gekennzeichnet sind und welche zunehmend über immer mehr ökonomische und technische Möglichkeiten verfügen, die Ideale und die Opferbereitschaft selbst zum Gegenstand einer unidealistischen, nämlich am Materiellen orientierten politischen Mechanik gemacht werden können. Die eine Möglichkeit postrationalen Welt- und Selbstbezuges ist zwar die des von Lange richtig gesehenen subjektivistischen und pluralistischen Irrationalismus; eine andere Möglichkeit jedoch sind die teils durch Mode oder Konsumappell von Wirtschaftsunternehmungen, teils durch staatskapitalistische Propaganda introjezierten Verhaltensweisen, zu denen vor allem im Falle der letzteren die „ideale Opferbereitschaft" gehört, dem größeren Ganzen zu dienen. So kann um ein neues Buch Mormon als Mittelpunkt eine neue „allgemeine Denkweise" entstehen, die zwar einerseits durch ihren Irrationalismus und ihre durch Realitätsferne sich kennzeichnende und auch nur erhaltende hohe Abstraktheit gekennzeichnet ist, sich sinnvoller jedoch durch ihre gesellschaftliche Funktion der Abverlangung hoher Opferbereitschaft für ein dem Einzelnen eben nur durch diese Propaganda vermittelndes Ganzes beschreiben läßt. Nach Langes Andeutungen (S. 821) haben erst die Frankfurter Schule in den 30er Jahren unseres Jahrhunderts und dann später Herbert Marcuse solche nachaufklärerischen Mechanismen genauer beschrieben [15]. Aber auch Marcuse kennt trotz seiner Analysen vielfältiger Formen von Manipulation noch ein utopiefähiges, der Introjektion gegenüber sich widerspenstig und borstig verhaltendes Subjekt als appellationsfähige Instanz zur Verweigerung von solchen Manipulationszwängen und den von diesen versprochenen und ja auch gebotenen Lustgewinnen und Freuden. Auch Marcuse benutzt pathetisch, wo er an Ethos und Ideale und Opfer appelliert, die Sprache Schillerscher Balladen in der Absicht, eine self-fullfiling prophecy in Gang zu setzen. Und Lange, wird aus den gleichen Motivationen des Appells heraus dort pathetisch, wo er fordert, daß „zwei große Dinge" sich verbinden müssen, wenn „ein Neues werden und das Alte vergehen" soll: „eine weltentflammende e t h i s c h e I d e e und eine s o z i a l e L e i s t u n g, welche mächtig genug ist, die niedergedrückten Massen um eine große Stufe emporzuheben. Mit dem nüchternen Verstande, mit künstlichen Systemen wird dies nicht geschaffen. Den Sieg über den zersplitternden Egoismus und die ertötende Kälte der Herzen wird nur ein großes Ideal erringen, welches wie ein „Fremdling aus der anderen Welt" unter die staunenden Völker tritt und mit der Forderung des Unmöglichen die Wirklichkeit aus den Angeln reißt" (s. 839 f.). Umkehrbar ist die Zeit nicht, das alte ist vergangen und ein Zurück gibt es nicht mehr. „Inzwischen tun die auflösenden Kräfte nur ihre Schuldigkeit. Sie gehorchen dem unerbittlichen kategorischen Imperativ des Gedankens, dem Gewissen des Verstandes, welches wachgerufen wird, sobald in der Dichtung des Transzendenten der Buchstabe auffallend wird, weil der Geist ihn verläßt und nach neuen Formen ringt" (s. 843). So sicher es ist, daß das alte sich nicht unverändert erhalten kann, so sicher ist es auch, daß das neue nicht etwas total anderes sein wird. Deshalb ist es notwendig, daß eine Kulturrevolution vermieden wird, daß „die unvergängliche Natur aller Dichtung in Kunst, Religion und Philosophie erkannt wird", und daß es zu neuen Versöhnungen und Vermittlungen kommt, vor allem zur Versöhnung des „Widerstreits zwischen Forschung und Dichtung", d. h. zwischen dem, was Motor fortschreitender Rationalität und Aufklärung, auch der Dialektik der Aufklärung ist, und dem, was Agens von Kultur in Dichtung, Musik und Sittlichkeit ist: „Wer will eine Messe von Pallestrina widerlegen, oder wer will die Madonna Raffaels des Irrtums zeihen. Das gloria in excelsis bleibt eine weltgeschichtliche Macht und wird schallen durch die Jahrhunderte, solange noch der Nerv eines Menschen unter dem Schauer des Erhabenen erzittern kann.

---

[15] Th. W. Adorno, M. Horkheimer, Dialektik der Aufklärung, Amsterdam 1947; H. Marcuse, One-Dimensional Man, Boston 1964.

Und jener einfache Grundgedanke der Erlösung des vereinzelten Menschen durch die Hingabe des Eigenwillens an den Willen, der das Ganze lenkt; jene Bilder von Tod und Auferstehung, die das ergreifendste und höchste, was die Menschbrust durchbebt, aussprechen, wo keine Prosa mehr fähig ist, die Fülle des Herzens mit kühlen Worten darzustellen; jene Bilder ... werden nicht für immer schwinden, um einer Gesellschaft Platz zu machen, die ihr Ziel erreicht hat, wenn sie ihrem Verstand eine bessere Polizei verdankt und ihrem Scharfsinn die Befriedigung immer neuer Bedürfnisse durch immer neue Erfindungen. Oft schon war eine Epoche des Materialismus nur die Stille vor dem Sturm, der aus unbekannten Klüften hervorbrechen und der Welt eine neue Gestalt geben sollte." (s. 844) Nicht Bilderstürmerei, sondern Metamorphose von tradierten Kultur- und Kunstwerken in einen durch neue gesellschaftliche Ziele bestimmten Kontext hinein zu Zwecken der Vermittlung eben dieser Ziele nicht nur durch räsonierende und kritisierende Intellektualität, sondern auch durch poetische Einstimmung, künstlerische Erhebung und Imagination konkreter Utopien und Visionen, — das ist das Programm einer postchristlichen Funktionalisierung von Kultur und überliefertem Erbe für die Prädisposition der Zeitgenossen zur opferbereiten Arbeit für eine humanere Welt. Die christlichen Überlieferungen werden als poetische Metaphern gelesen und allegorisch interpretiert. In der „Poesie", nicht in der „Prosa des Alltags" findet sich der Schlüssel zur Analyse eben dieses Alltags und der Überwindung seiner unpoetischen Prosaität, d. h. der leidvoll erlebten Inhumanität [16].

Wenn der formale Mechanismus geistesgeschichtlicher Prozesse so abläuft, wie Hans Blumenberg beschreibt, nämlich „daß ‚Stellen' im System der Daseinsdeutung durch Funktionsschwund freiwerden und für neue Besetzung nicht nur offenstehen, sondern von ihrer überlebten funktionalen Bedeutung her einen Bedürfnisrest freihalten, der auch durch eine neue Konzeption abgesättigt sein will" [17], dann entwirft Lange eine eigene Strategie für die inhaltliche Besetzung freigewordener Positionen, deren Taktik darin besteht, den bestehenden Materialismus nicht als eine die alte ablösende neue Epoche zu verstehen, sondern als bloß iterativ für eine die alte Ideale verwandelnd neu bestätigende Zeit der Geltung des Ideals. Und Marcuses Position wäre gerade durch das Fehlen einer Strategie wegen Nichtbeachtung dieses Funktionswandels gekennzeichnet, d. h. durch mangelnde Reflexion über die bei ihm trotz der Bilderstürmerei vorhandene Besetzung von Bedürfnisrestpositionen durch Neues: neue Sensibilität usw. Die eigentümliche Verschwommenheit dieser kulturrevolutionären Inhalte dürfte mit der Blindheit für die Nichtbeachtung ihrer eigenen weltanschaulichen und imaginativ-utopischen Funktion zusam-

---

[16] Zur Metapher des Gegensatzes von Poesie und Prosa s. z. B.: G. Th. Fechner, Die drei Motive und Gründe des Glaubens, Leipzig 1863, S. 10 f., 264 f.; H. Lotze, Mikrokosmos. Ideen zur Naturgeschichte und Geschichte der Menschheit. Versuch einer Anthropologie, Bd. 1, 1856, 6. Aufl. Leipzig 1923, S. XXXIII, 614 f.; D. Fr. Strauss, Der alte und der neue Glaube, Leipzig 1872; W. Ostwald, Monistische Sonntagspredigten, 5 Bde. Leipzig 1911—1916; s. H. M. Saß, Daseinsdeutende Funktionen von Glauben und Wissen im Jahrzehnt 1860—70, in: Zeitschrift für Religions- und Geistesgeschichte, H. 20, 1968, S. 113—138; Raabes „Blick auf zu den Sternen, hab acht auf die Gassen" und Stifters „Nachsommer" gehören nach dieser Unterscheidung zur „Poesie".
[17] H. Blumenberg, Die Vorbereitung der Neuzeit, in: Philosophische Rundschau, H. 9, 1961, S. 132.

menhängen. Ihr wird nicht deutlich, wie sie intentional-irrational Genußpositionen besetzt, die als subkulturelle nur aus dem bestehenden Kulturzusammenhang von Lebens-, Essens- und Lustgewohnheiten sich als „kritisch", als „revolutionär" begreifen können und die Frage eigentümlich offenhalten, ob sich in der Polemik und Revolte gegen die Klassengesellschaft nicht nur eine besonders aparte Konsumlust befriedigt, welche einerseits durch einen gewissen Rousseauismus, andererseits durch eine durchaus nicht schüchterne Benutzung auch der vielgeschmähten technischen, ökonomischen und sozialen Angebote freiheitlicher, auf dem Leistungssystem aufgebauter Gesellschaftssysteme sich auszeichnet[18]. Unter den Fahnenzeichen der Rationalität und Autonomie des einzelnen[19] wird eine „neue Sensibilität", d. h. sich revolutionär verstehende Alternative zu überlieferten und als brüchig erfahrenen Verhaltensformen in Sitte und Lebensgewohnheit gefordert, eine Haltung, die zur Mimikry des ihr wesentlichen Generationenprotestes und als flankierende Maßnahme der idée neuve der jeunesse en colère, das Insgesamt des überlieferten Kultur- und Lebenszusammenhang in Frage stellt. Die Totalität eines solchen bilderstürmerischen und ungeschichtlichen Jugendprotestes zeigt sich in der Ahnungslosigkeit, mit der ein solcher Prozeß gerade wegen seiner Ungeschichtlichkeit sich in neue Abhängigkeiten hineinbegibt. Und ist es rational, wenn es einmal heißt: „der neue Radikalismus widersetzt sich ebenso der zentralisierten bürokratisch-kommunistischen Organisation, wie der halbdemokratischen liberalen. Ein starkes Element der Spontaneität, ja des Anarchismus ist in dieser Rebellion enthalten ... Daher die Abneigung gegen bereits stablierte Führer, Apparatschiks jeder Sorte und Politiker, wie weit links sie auch stehen mögen", und dann: „die Parole l'imagination au pauvoir paßte gut zu les comités (soviets) partout; das Piano mit dem Jazz-Spieler stand trefflich zwischen den Barrikaden; schicklich zierte die rote Fahne die Statue des Autors von Les Misérables; und streikende Studenten forderten in Toulouse die Neubelebung der Sprache der Albigenser". Nicht fortschreitende Humanisierung, sondern Suche nach einer neuen Autorität, Vater-Sohn-Probleme teils in gesamtgesellschaftlicher, teils in sittengeschichtlicher Dimension drängen sich stark in den Vordergrund. Das Bekenntnis zu den Albigensern, die eine blühende Kultur unter Einschluß ihrer Träger für immer auslöschten und durch unerhörten asketisch-autoritären, freiheitsfeindlichen und sinnesfeindlichen Terror ersetzten, ist entlarvend für das erweckte, quasi manichäische Bewußtsein einer im Grunde autoritätshungrigen Revolte. Die Utopie, d. h. der Standpunkt des Ideals, eine „großartige, real transzendierende Macht"[20] bekommt so eine die bisherige Geschichtsentwicklung nicht real und material genug als Bedingung der Möglichkeiten ihrer Überwindung einschätzende Funktion. Sie macht sich an einer neuen Metaphysik des Protestes fest und wird damit zum Ausdruck glaubender Erweckung oder glaubenwollender Sehnsucht als trotziges Dennoch in einer durch Rigorosität und Vereinzelung bestimmten Position. Sie ist gerade nicht Erfahrungen — auch Geschichtserfahrungen und Kulturerfahrungen — akkumulierende Rationalität.

---

[18] s. H. Marcuse, Repressive Toleranz, in: R. P. Wolff, B. Moore, H. Marcuse, Kritik der reinen Toleranz, Frankfurt a. M. 1967; H. Marcuse, Versuch über Befreiung, Frankfurt a. M. 1969.
[19] H. Marcuse, Repressive Toleranz, Frankfurt 1967, S. 117.
[20] H. Marcuse, Versuch über Befreiung, Frankfurt 1967, S. 41, 130 f.

Langes Standpunkt des Ideals dagegen ist durchaus nachpietistisch, durchaus realistisch und ohne metaphysisches Sicherungsnetz. „Meine Logik ist Wahrscheinlichkeitsrechnung, meine Ethik die Moralstatistik, meine Psychologie ruht durchaus auf der Physiologie; mit einem Wort: ich suche mich nur in exakten Wissenschaften zu bewegen", schreibt er am 27. 9. 1854 an Kambli [21]. Und zu den Erkenntnissen aus exakten Wissenschaften gehört auch die Erfahrung, die das Studium der Geschichtswissenschaft über die mittelbaren und unmittelbaren Grausamkeiten und Unmenschlichkeiten und Barbarismen von Revolutionen gibt. Es würde „die bevorstehenden Kämpfe mildern, wenn die Einsicht in die Natur menschlicher Entwicklung und geschichtlicher Prozesse sich der leitenden Geister allgemeiner bemächtigte" [22]. Die „neue Zeit", die sich in den Unruhen und Kämpfen der Gegenwart ankündigt, wird nichts neues bringen, wenn sie nicht „unter dem Banner einer großen Idee steht, die den Egoismus hinwegfegt und die menschliche Vollkommenheit in menschlicher Genossenschaft als neues Ziel an die Stelle der rastlosen Arbeit setzt, die allein den persönlichen Vorteil ins Auge faßt". Sollte die Zukunft nur „eine bessere Polizei" und „die Befriedigung immer neuer Bedürfnisse" bringen, so ist sie noch nicht die „n e u e" Zeit.

Auf den Fahnen der Materialisten und Sozialrevolutionäre stand das Schlagwort „Wissenschaft", und ihr Geschichts- und Handlungsmodell entwarf entweder wie das marxsche einen dialektischen Kampf zwischen Idealismus und Materialismus, in welchem letzterer in einer großen Entscheidungsschlacht Sieger blieb, oder wie das comptesche eine Stufenfolge, in welcher auf Theologie und metaphysische Spekulation das Zeitalter der Wissenschaft folgt. Langes geschichtsphilosophische Konstruktion depontenziert den geschichtsphilosophischen Anspruch des Materialismus dadurch, daß sie den Materialismus als Moment in einem langsamen, aber beständigen Marsch des Standpunkts des Ideals beschreibt. Dieser Standpunkt des Ideals ist nicht identisch mit der auch von Marx inkriminierten idealistischen Metaphysik. Der Standpunkt des Ideals verhält sich kritisch gegenüber der idealistischen, wie der materialistischen Metaphysik. Und so kann auch der Materialismus nicht als eine Alternative zum Idealismus erscheinen, er wird vielmehr dargestellt als ein notwendiges und auch nicht zu leugnendes Zwischenstadium auf dem langen Weg des Standpunktes des Ideals. In diesem Zusammenhang unterstreicht Lange auch das „Idealistische" der modernen Materialisten [23] und rechnet sie mit zu der „kleinen Schar" derer, die für Fortschritt und Emanzipation kämpft. Damit spaltet Lange einerseits das von außen so geschlossen erscheinende Lager des Materialismus und bricht andererseits aus dem Lager

---

[21] Zit. in: F. A. Lange, Geschichte des Materialismus, hrsg. und mit einem biogr. Vorwort vers. d. O. A. Ellissen, Leipzig o. J. (1905), Vorw., S. 13.

[22] F. A. Lange, Geschichte des Materialismus, hrsg. Cohen, 4. Aufl.- Iserlohn 1882, S. 845.

[23] Ebenda, S. 442—448: „Wie Büchner im Gebrauch der einzelnen Begriffe schwankend und willkürlich ist, so kann er natürlich auch nicht als Vertreter eines scharf ausgesprochenen bestimmten positiven Prinzips betrachtet werden. Scharf, unerbittlich und konsequent ist er nur in der Negation; aber diese Negation ist durchaus nicht die Folge eines trockenen, rein kritischen Verstandes; sie stammt vielmehr aus einer schwärmerischen Begeisterung für den Fortschritt der Humanität, für den Sieg des Wahren und Schönen ... Büchner ist von Haus aus eine idealistische Natur."

des Gegners Kämpfer für die eigene Sache heraus oder versucht dieses zumindest [24].

Lange ist — hierin gar nicht so weit von Lenin entfernt, der ja, vermutlich aus mangelndem Vertrauen in die faktische Automatik von Geschichtsgesetzen, die Theorie elitärer Kader, also der kleinen Schar zur Veränderung der Wirklichkeit entwarf — „Idealist" auch in seiner Theorie von der „Macht" der „ohnmächtigen" kleinen Gruppe, die gegen die herrschenden Kräfte für den Standpunkt des Ideals kämpft. Am 31. Januar 1864 schreibt Lange in einer „Politischen Übersicht": „Es ist immer ein Zeichen einer bevorstehenden totalen Wendung im Verhalten eines Staates, wenn eine, nur auf moralische Mittel gestützte Minderheit beginnt, die mit allen Vorteilen der Macht bewaffnete Mehrheit wankend zu machen, zu teilen und teilweise zu sich hinüberzuziehen" [25]. Anders als für den Marxismus gibt es für Lange jedoch keine Geschichtsgesetze, die politisches Handeln im emanzipatorischen Sinne stabilisieren und motivieren. In dem vermutlich unveröffentlicht gebliebenen, für einen kleinen Personenkreis nur gedachten Friedensprojekt von 1870 „Aufruf an die Menschenfreunde aller Nationen" (hg. Eckert, S. 296—298) ruft er zur Gründung eines „Bundes freier Männer" auf, deren Autorität die „Gerechtigkeit selbst" sein soll. Das Ziel des Bundes soll im Interesse der Menschlichkeit und der gesamten Zukunft unserer Zivilisation" die Gründung eines Vereins sein „als ein lebendiges Zeugnis für die Macht der Humanität in der modernen Gesellschaft und als Basis eines großen und nachdrücklichen Versuchs, mit rein geistigen Mitteln dem Strom des Unheils und des Verderbens halt zu gebieten, welcher im fernern Wachsen unsere gesamte Kultur mit dem Untergang bedroht". Der Standpunkt des Ideals kann und darf sich nicht absichern in geschichtsphilosophischen Spekulationen; das wäre ein Rückfall in eine — entweder materialistische oder idealistische — Metaphysik. Deshalb kann es für den Standpunkt des Ideals auch keine Handlungsstrategie geben, die Geschichtsgesetze voraussetzt. „Glückliche Naturen treffen den Augenblick; niemals aber hat der denkende Beobachter ein Recht zu schweigen, weil er weiß, daß ihn für jetzt nur wenige hören", lauten die letzten Worte der „Geschichte

---

[24] s. z. B. die sehr kritische Rezension der „Arbeiterfrage" durch L. Büchner, in welcher dieser Lange gegenüber aber durchaus zugibt, daß „der Kampf um das Dasein auf einem Naturgesetz beruht, das schon als solches niemals außer Kraft gesetzt werden kann ... und gegenseitiges Ringen und Kämpfen um die Güter des Lebens wird auch unter jeder Form des Staats und der Gesellschaft notwendiges Lebenselement des menschlichen Geschlechts sein und bleiben. Auch wäre kaum zu wünschen, daß es anders sein würde; denn aller Fortschritt des menschlichen Geschlechts auf materiellem und geistigem Gebiet, ja das Interesse am Leben selbst beruhen ja mehr oder weniger auf diesem Kampfe, und ohne ihn müßte die Menschheit in ein dumpfes und apathisches Traumleben versinken", abgedruckt bei G. Eckert (Hrsg.), Friedrich Albert Lange, Über Politik u. Philosophie, Duisburg 1968, S. 55. Wie Lange war Büchner für Reform und gegen Revolution. „Und was tun wir mit einer neuen Arbeiteraristokratie, nachdem wir an den schon bestehenden Aristokratien der Geburt, der Macht und des Geldes mehr als genug haben?", fragt Büchner in der gleichen Rezension (S. 58). Das einzig wirksame Mittel, das „dem fürchterlichsten aller bürgerlichen Kämpfe, dem sozialen, vorbeugen und auf friedlichem und allmählichem Wege zu der nun einmal unvermeidlichen Umänderung der sozialen Zustände hinleiten kann ...: Reform oder allmähliche, gradweise sich steigernde Reform des Erbrechts zugunsten der Allgemeinheit" (S. 57).

[25] G. Eckert (Hrsg.), Friedrich Albert Lange, Über Politik und Philosophie, a. a. O., S. 595.

des Materialismus" [26]. Und zum Standpunkt des Ideals gehört es eben darum, trotzig darauf zu vertrauen, „daß nie ein Wort, in diesem Geiste gesprochen, verloren ist und daß sich selbst unter dem Schein äußerer Erfolglosigkeit oft tiefe Wirkungen auf die nahe und ferne Zukunft verbergen" [27]. Lange ist alles andere als optimistisch in Bezug auf die Chance, daß die Macht des Ideals im Appell oder im unerschrockenen Vorbild gerade zu seiner Zeit erfolgreich sein wird; vielmehr ist er durch und durch pessimistisch, wenn er am Schluß der „Geschichte des Materialismus" schreibt: Wohl wäre es der schönste Lohn abmattender Geistesarbeit, wenn sie auch jetzt dazu beitragen könnte, dem Unabwendbaren unter Vermeidung fruchtbarer Opfer eine leichte Bahn zu bereiten und die Schätze der Kultur unversehrt in die neue Epoche hinüberzuretten; allein die Aussicht dazu ist gering und wir können uns nicht verhehlen, daß die blinde Leidenschaft der Parteien im Zunehmen ist" [28]. Die Rigorosität des Standpunkts der Ideals und der kleinen Schar kann die Übermacht des Egoismus und des egoistischen Parteienstreits nicht anerkennen.

In den Bonner Diskussionen mit dem Kollegen Friedrich Überweg, die vordergründig über die Frage der Gründung freireligiöser Kirchen gingen [29], wird — wie im 4. Teil des letzten Abschnittes der „Geschichte des Materialismus" — die Imagination und die produktive Kraft des Standpunkts des Ideals als eine auch im Religiösen lebendige humanisierende Macht vorgeführt. Nicht in kalter und rationaler Berechnung, sondern mit der Leidenschaft des humanen Engagements soll die neue Gesellschaft und kann sie nur gebaut werden. Auch das gehört zur Realistik des „Idealisten" Lange, daß er die Kraft der gesellschaftlichen und moralischen Utopie nicht verachtet, sondern sie vielmehr als das eigentliche Agens im Emanzipationshandeln der Menschen erkennt und für sein eigenes politisches Handeln daraus die Konsequenzen zieht, — auch für seine unradikale Metaphysikkritik, die gegenüber gewachsenen Traditionen sich temperiert, gegenüber Neodogmatismen materialistischer Provenienz jedoch abrupt verhält. Die Thesen von Blochs „Prinzip Hoffnung" [30] ziehen sich auch durch Langes „Geschichte des Materialismus" und sind Voraussetzung für seine gesellschaftlich-politische Analyse und die Kritik kurzsichtiger Parteipositionen. Aber Lange geht dort über Bloch hinaus, wo bei ihm anklingt, daß alles Emanzipationshandeln, auch das aufgeklärte und aufklärerische, seine Kraft aus Utopie und Projekten bezieht, — aus dem „Standpunkt des Ideals". Der Versuch Langes, durch eine differenzierte Betrachtung des Phänomens des Materialismus und seines Anspruchs in der Gegenwart die Lager und die Parteiungen der bürgerlich-konservativen und der sozialistisch-radikalen — auch der revolutionären — Seite in einer Ver-

---

[26] F. A. Lange, Geschichte des Materialismus, hrsg. Cohen, 4. Aufl. Iserlohn 1882, S. 845.

[27] G. Eckert (Hrsg.) Friedrich Albert Lange, Über Politik und Philosophie, a. a. O., S. 297.

[28] F. A. Lange, Geschichte des Materialismus, hrsg. Cohen, 4. Aufl., a. a. O., S. 845; s. auch G. Eckert zu Langes Schwanken im Zusammenhang mit dem „Aufruf an die Menschenfreunde aller Nationen", in: G. Eckert (Hrsg.), Friedrich Albert Lange, Über Politik und Philosophie, a. a. O., S. 294—296.

[29] G. Eckert (Hrsg.), Friedrich Albert Lange, Über Politik und Philosophie, a. a. O., S. 299 f.; F. A. Lange, Friedrich Überweg, Berlin 1871; F. A. Lange, Geschichte des Materialismus, a. a. O., 4. Aufl., S. 798—812; Fr. Überweg (unter dem Pseudonym: Philalethes), Über freie Gemeinden und Persönlichkeit Gottes, Bonn 1860.

[30] E. Bloch, Das Prinzip Hoffnung, Berlin 1954—59.

söhnung zu überwinden, ist eine solche vom Standpunkt des Ideals ausdrücklich: nicht vom Standpunkt einer wie auch immer gearteten idealistischen Metaphysik — geprägte Utopie, deren Kraft aus self-fullfilling prophecy einplanbar ist. Sie ist in ihrem humanen und sozialen Anspruch, auch angesichts der in den staatskapitalistischen Ländern vorhandenen Tendenzen zum Ökonomismus und Bürokratismus als neuer Formen von Verschwendung, Ausbeutung und Unterdrückung, nicht etwa bloß eine vergangene Bewußtseinsform, die lediglich „für die idealistische Vorbereitung der bürgerlichen Revolution typisch und erforderlich war"[31]. Eine solche Deutung Langes in der neueren marxistischen Philosophiegeschichtsschreibung ist bei aller beachtlichen Detailkenntnis aus politischer und damit auch aus wissenschaftlicher Parteilichkeit heraus zu undifferenziert, um den metaphysikfreien „Standpunkt des Ideals" besser würdigen zu können als die Philosophiegeschichtsschreibung im Kielwasser des Neukantianismus[32]. Nicht nur die weithin gängig gewordene Kritik des späteren Neukantianismus an Langes „Standpunkt des Ideals", sondern auch ein zu kurzschlüssiger Gebrauch der methodisch sich an der Fortschrittsstrategie jeweils des gesellschaftlichen Alltages absichernden Interpretationsmaxime der „Parteilichkeit" dürfte der Grund für eine solche wenig differenzierende Bewertung der Langeschen Position von Seiten des Marxismus aus sein. Wenn der Gegensatz von Materialismus und Idealismus im marxistischen und marxschen Geschichts- und Handlungsschema konstitutiv ist, dann ist es natürlich auch nur zwingend, die Langesche Position in ihrem Versuch zur humanistischen engagierten Überwindung dieses Gegensatzes — und dieser Positionen überhaupt — nicht als solche anzuerkennen, sondern sie

---

[31] Fr. Richter, V. Wrona, Neukantianismus und Sozialreformismus, in: Deutsche Zeitschrift für Philosophie, H. 22, 1974, S. 288.

[32] Wenn Richter und Wrona schreiben: „Das reaktionäre Anliegen der neukantianischen Sozialismusvorstellung lag aber gerade darin, daß sie glaubhaft zu machen suchte, der Sozialismus sei auf der idealistischen Grundlage der allgemein menschlichen bürgerlichen Illusionen zu verwirklichen, und damit das Bewußtsein des grundlegenden Gegensatzes zwischen bürgerlicher und sozialistischer Umgestaltung verschleierte. ... mißbrauchen sie aufgrund des Ahistorismus ihrer Betrachtungsweise Namen und humanistisches Anliegen dieses großen deutschen Philosophen für den reaktionären Zweck der ideologischen Untermauerung der kapitalistischen Klassenherrschaft, deren Ablösung heute Gesetz unserer geschichtlichen Epoche ist" (S. 288), so muß demgegenüber daran erinnert werden, daß es Lange gerade nicht um die „Untermauerung" irgendeiner kapitalistischen Klassenherrschaft ging und daß er den Gegensatz der beiden rivalisierenden Lager keineswegs verschleiern wollte. Vielmehr begründet sich sein Versuch der Überwindung der Gegensätze in der historischen Einsicht, daß Revolutionen nicht per se mehr Gleichheit und Humanität gebracht haben. Interessant ist aber immerhin der Versuch, die philosophische Position und das soziale Engagement von Lange postiver zu beleuchten, als den späteren Neukantianismus; s. z. B. den Hinweis auf K. Geyer, Die Marxsche Kritik der ethisch-idealistischen Geschichtskonzeption Karl Höchbergs [Höchberg war ein Schüler Langes], in: Deutsche Zeitschrift für Philosophie, 1968, S. 452 ff. und S. Rupprecht, Ideal und Wirklichkeit, Berlin 1968, S. 56 ff. Richter und Wrona führen aus, daß sowohl Lange wie sein Schüler Höchberg bestrebt waren, „den Marxismus vom Boden eines ethisch-idealistischen Sozialismus entgegenzuwirken" (S. 274). Aber zur Zeit Langes sei die „proletarische Revolution objektiv noch nicht auf der Tagesordnung" gestanden und erst „der Neukantianismus Marburger Observanz am Ende des vorigen Jahrhunderts" sei bemüht gewesen, den Marxismus eine Alternative entgegenzusetzen, „dessen gesellschaftliche Funktion letztendlich darin bestand, die Notwendigkeit der proletarischen Revolution für die Verwirklichkeit des Sozialismus zu leugnen" (S. 274). Die vielen von H. Cohen besorgten Ausgaben der Langeschen „Geschichte des Materialismus ..." bewerten Richter und Wrona als Ausdruck einer solchen „Professorendemagogie" (S. 275).

einer der beiden als unversöhnlich, jedenfalls als unvermischbar bezeichneten Parteien zuzuordnen. Die differenzierende Sicht Langes würde diesem dagegen durchaus auch im Marxismus der Gegenwart einen in und hinter der marxistischen Metaphysik stehenden „Standpunkt des Ideals" zu sehen erlauben, der sich sowohl in den neueren Diskussionen um einen „sozialistischen Humanismus" wie auch in der ganzen idealisierenden Verherrlichung der ökonomischen Errungenschaften der staatskapitalistischen Länder ausspricht.

In dieser Perspektive ist jede Form von Emanzipationsphilosophie und ihre gesellschaftliche und politische Praxis — alle Aufklärung und alles Aufklärungshandeln — von der „Parteilichkeit" des Standpunkts des Ideals aus positiv interpretierbar. Auch Aufklärung ist Projektion, ist intentionales Handeln auf einen noch nicht real vorhandenen Zustand hin, und es ist nur die Frage, inwieweit ein Standpunkt des Ideals selbstkritisch genug ist, die Reste unaufgeklärten dogmatischen Weltverhaltens und der sich daraus ergebenden Schwierigkeiten im Umgang mit dem Humanum für sich selbst offenzulegen. Der undogmatische Zugang zur Wirklichkeit — zur wissenschaftlichen und auch zu der der weltanschaulichen Gegensätze — ist bei Lange bestes kantisches Erbe. Und der Standpunkt des Ideals ist in gleicher Weise eine Kritik am dogmatischen Materialismus wie am dogmatischen Idealismus. Gegen beide Lager, die je von einem einmal fixierten Vorverständnis aus die ganze Totalität des Lebens erläutern und auch handelnd in den Griff bekommen und umgestalten wollen, postuliert er die pragmatische Differenzierung in dem Zugang zur Wirklichkeit und ihrer Veränderung. Insbesondere gegen das politische und gesellschaftliche Handeln aus fertigen Deutungsschemata heraus stellt er die Offenheit des nur auf ideale und konkrete-utopische Maximen sich festlegenden Individuums, das situationsgerecht und pragmatisch im konkreten Einzelfall sein Ideal aus der Tradition des geschichtlich-humanen Erbes verwirklichen muß. Zur Pragmatik des Standpunkts des Ideals gehört es dann auch, daß Lange in seiner Zeit und für seine Zeit die Kritik des dogmatischen Materialismus für dringlicher und nützlicher hielt, als eine radikale Kritik des dogmatischen Idealismus.

Wenn im Gegensatz zum weltanschaulich fixierten Handeln der Standpunkt des Ideals keine Stabilisierung der eigenen Position durch geschichtsphilosophische Fortschritts„gesetze" kennt, dann findet der Standpunkt des Ideals seine Bestätigung nur im Anspruch an die eigene Person dessen, der den Standpunkt des Ideals vertritt, und in der Kraft, die das Ideal als Handlungsprädisposition seinem Träger zu politischem und gesellschaftlichen Emanzipationshandeln gibt. Dieser Standpunkt des Ideals hat die Geschichtskonstruktionen des metaphysischen Idealismus und des metaphysischen Materialismus überwunden. Insofern bedarf auch das vom späteren Neukantianismus übernommene Vorläuferschema in der philosophiehistorischen Bewertung der praktischen Philosophie Langes einer Korrektur: der Standpunkt des Ideals ist nicht eine V o r s t u f e auf dem Weg einer philosophiehistorischen Entwicklung zu einem späteren transzendentalphilosophischen Neukantianismus; er ist eine A l t e r n a t i v e zu diesem. Das Ideal, festgemacht nicht in einem philosophischen System, sondern an demjenigen, der diesem Ideal gegenüber verpflichtend handelt, und festgemacht an der Tradition, aus der das Ideal überliefert wird, ist weder metaphysisch noch dogmatisch begründbar. Wer den Standpunkt des Ideals vertritt, kann nicht und muß nicht das Theorienschema übernehmen, das je als Gehäuse und konkrete Ausformung das Ideal in dieser oder jener Metaphysik, Ideologie oder Weltanschauung umgab oder umgibt. Weil für die Geltung des Ideals und seine konkrete Anwendung im praktischen Leben die prägende Kraft auf das von ihm her handelnde Subjekt wichtiger ist, als der philosophisch-systematische Kontext, in welchem es theoretisch anschließbar an andere theoretische oder auch metaphysische Aussagen gemacht wird, daher kann Lange sich auch so unpolemisch, so in der Sache des Gehäuses gleichgültig — deshalb dann umso engagierter am Ideal — der Innovationskraft solcher theoretischer Stabilisierungen von Idealen gegenüber verhalten, die für ihn selbst nicht mehr verpflichtend sind. Der metaphysikkritische Standpunkt des Ideals depotenziert die Metaphysik zu Rahmenerzählungen von Idealen, denen gegenüber man sich verhalten kann, wie man sich zu anderen Geschichten verhält, deren „Sinn" in der Erzählung konkreter Verwirklichung von Idealen oder Antiidealen besteht und die man nach Bedarf auch weiterdichten oder allegorisch interpretieren kann. I d e a l e sind nicht Aussagen über metaphysische Wahrheiten, sondern Maxime von hoher Allgemeinheit, die in konkreten Situationen, in Handlungsschemata und Weltdeutungsschemata je eine bestimmte Ausprägung finden und finden müssen. Konstituierend für sie sind erstens ihre grundsätzliche A b l ö s b a r k e i t vom jeweiligen philosophischen oder religiösen handlungsbegründeten System, in dem sie vorkommen, — nichtsdestoweniger — zweitens die Notwendigkeit ihrer V e r w u r z e l t h e i t in solchen je konkreten Deutungen —, vor allem aber Handlungssystemen und drittens ihre erst im p r a k t i s c h e n H a n d e l n der sie tragenden Persönlichkeit sich bewahrheitende Realität. So wichtig es ist, daß Lange beobachtet hat, wie Revolutionslust und gegenaufklärerischer Säkularbiblizismus und Mirakelglaube — auch der Glaube an Geschichtsmirakel im Prozeß der Weltgeschichte — zusammenhängen, so wichtig ist es auch, daß er gezeigt hat, wie Ideale, wenn sie in ihrer Griffigkeit der Realität gegenüber dieselben bleiben wollen, entsprechend den Notwendigkeiten der Veränderung von Realitäten — gesellschaftlichen und allgemeinökologischen — sich selbst in ihrer konkreten Ausformung müssen wandeln können. So in einen Raum jeweils hinter den konkreten geschichtlichen Ausformungen im gesellschaftlich-sittlichen Kontext angesiedelt, entziehen sie sich selbst dem Wandel geschichtlicher Wertvorstellungen; ja sie befördern im Interesse ihrer Geltung geradezu einen solchen Wandel. Zugleich ermöglicht es diese Ebene der Meta-methaphysik, in der Lange das Ideal ansiedelt, durch Brückenprinzipien die Geltung der Ideale in historisch gleichzeitig vorkommenden Weltdeutungs- und Handlungsschemata erst einmal zu beschreiben und danach Strategien der Aufdeckung, der Bewußtmachung und vielleicht der Überwindung solcher Barrieren zu entwickeln, die auf den Fundamenten von Kulturkreisen und Weltanschauungen aufgebaut sind. Lange hat die Fruchtbarkeit seines Ansatzes für einen solchen weltweiten Dialog über Ideale und Werte nicht gesehen, weil er mit Recht zu seiner Zeit zu stark mit innereuropäischen sozialen Problemen befaßt war; aber sein Umgang mit dem christlichen Erbe in seinen konkreten Parteinahmen mag ein Hinweis sein, wie dieser Ansatz etwa in Fragen der Arbeitszusammenhänge der UNESCO oder Bemühungen um eine Verbesserung von gegenseitigem Verständnis, vielleicht sogar der Kommunikation und im Beginn von kulturkreisübergreifenden Dialogen nützlich angewandt werden könnte. Langes Mangel an Radikalität in der Kritik historisch gewachsener Traditionen und Wertschemata ist begründet in einer grundsätzlichen Reserviertheit der Metaphysik gegenüber in Ansehung der Wahrheitsfrage, und das ermöglicht ihm, ganz pragmatisch die Bedeutung der überlieferten Wertbegründungen funktional zu begreifen. Der Vorzug fehlender Radikalität liegt in der aufklärerisch-irenischen Prädisposition, welche Gespräche über Werte und Ideale im gewandelten historischen Kontext und über Traditionsbarrieren hinweg allererst ermöglicht. Die Langesche Pragmatik des Standpunkts des Ideals macht ernst mit der Einsicht, daß die Philosophen und Ökonomen bisher die Welt vielfältig und verschieden interpretiert haben, daß es aber nun darauf ankommt, die Welt zu verändern, — nicht durch eine politische oder ökonomische Revolution, sondern durch die Revolution der Denkungsart.

Im übrigen entlastet Lange sich davon, in revolutionären sittlichen Handlungen metaphysische Geschichtskonstruktionen bestätigen zu wollen. Die metaphysische Ungebundenheit ermöglicht und erfordert, die konkrete Utopie einer menschlichen Gesellschaft zunächst im Anspruch an sich selbst handelnd verwirklichen zu müssen. Eine solche metaphysikfreie Offenheit zum Handeln wird und kann ebenfalls nicht in Resignation wegen ausgebliebener Bestätigungen von handelnd herausgeforderter Geschichtskonstruktionen verfallen, weil sie von einer solchen sich niemals zum Handeln hatte anstiften lassen. Diese aus Einsicht in die realen Schwächen und Stärken des Menschen vollzogene kritische Überwindung metaphysischer Positionen in der praktischen Philosophie — auch und gerade in der praktischen Philosophie der materialistischen Schulen und Lager — das war und ist der politische und moralische Sinn von Langes zunächst so akademisch erscheinenden Differenzierung im Begriff des Materialismus [33]. Langes wissenschaftliche Kritik und seine Philosophiegeschichtschreibung stehen im Dienst einer Analyse und Überwindung weltanschaulicher Fixierungen und politischer Handlungsmodelle, deren bedrohende Aktualität seit 1866 nicht geringer geworden sind. Die von Lange geforderte Neubesinnung der praktischen Philosophie auf den Standpunkt des Ideals und die sich daraus ergebende neue gesellschaftliche Funktion der Philosophie ist (noch) nicht erfolgt.

---

[33] Diese für eine spätmarxistische Position interessante Darstellung der Probleme bei Lange wird auch von Alfred Schmidt noch nicht gesehen, der im Vorwort „F. A. Lange als Historiker und Kritiker des vormarxschen Materialismus" zu seiner Ausgabe der „Geschichte des Materialismus..." (Frankfurt a. M. 1974, Bd. 1, S. X—XXI) innerhalb des tradierten, teils neukantianischen, teils marxistischen geschichtsphilosophischen Schemas der Entwicklung des Materialismus bleibt und recht konventionell das Langesche Buch als „ein zeit- und kulturgeschichtliches Dokument hohen Ranges und ein Werk gelehrter Forschung" (S. XIX) empfiehlt. Aber erst eine unvoreingenommenere Lektüre des Langeschen Buches wird den Leser von der Unkonventionalität der Langeschen Thesen überzeugen und damit auch die Konventionen — die der Neukantianer und die der Marxisten — im Umgang mit Langes Buch kritisch überwinden können.

Philosophische Kritik

Zum Verhältnis von Erkenntnistheorie und Sozialphilosophie bei F. A. Lange

von Helmut Holzhey

Bemerkenswert ist schon der literarische Befund. Lange hat weder eine Erkenntnistheorie noch ein systematisches sozialphilosophisches Werk geschrieben.

Nur der 1. Teil seiner ‚Logischen Studien' ist fertig geworden [1]; er enthält in der Hauptsache formallogische Untersuchungen, denen ein einleitendes Kapitel zur Abgrenzung von formaler Logik und Erkenntnislehre vorangeht und ein erkenntnistheoretischer Abschnitt über Raum, Zeit und Zahl am Schluß folgt. Unter ‚Erkenntnistheorie' versteht Lange („mit Rücksicht auf Trendelenburg und Ueberweg") eine „Lehre von der menschlichen Erkenntnis, welche sich auf Logik, Metaphysik und Psychologie stützt und also kein streng einheitliches Prinzip hat". Sie soll in einen apriorischen Teil, die Aufsuchung der Postulate des Erkennens, und einen empirischen Teil, die Psychologie des Erkennens, aufgelöst werden. Welche erkenntnistheoretischen Auffassungen Lange des genaueren vertreten und wie er sie begründet hat, muß (abgesehen von kleineren Schriften) seiner ‚Geschichte des Materialismus' entnommen werden [2].

In deren Schlußteil finden sich auch ökonomische, ethische und religionsphilosophische Erwägungen. Als ‚praktischer Philosoph' war aber Lange in erster Linie durch die „soziale Frage" in Anspruch genommen. Die Stellungnahme dazu und ihre Begründung machen eigentlich seine ‚Sozialphilosophie' aus. Eine systematische Ethik und/oder Rechtsphilosophie zu schreiben, lag ihm fern. Cohen stellte mit Recht fest: „Lange hat weder die Religion noch das Recht als systematischer Ethiker kritisiert. ... In der Beziehung auf Recht und Staat hat er zwar nur die Untergründe derselben in den Bewegungen der Wirtschaft untersucht, aber er hat von hier aus die Notlage des Rechts in der sozialen Frage als ein Mann der Gerechtigkeit und als ein Denker des Rechts dargetan. Eine systematische Rechtsphilosophie aus dem Gesichtspunkt des ökonomischen Sozialismus ist noch nicht geschrieben" [3]. Was Cohen aber gemäß

---

[1] Postum herausgegeben von H. Cohen, 1877; in dessen Vorwort findet sich auch der Hinweis auf den geplanten zweiten Band.
    Allgemein gilt: Doppelte Anführungszeichen „" verwende ich nur bei Zitaten (von Sätzen und Ausdrücken, außer Titeln), in allen übrigen Fällen einfache Anführungszeichen,'. Die zitierten Texte sind orthographisch modernisiert.

[2] H. Vaihinger hat in seinem Buch ‚Hartmann, Dühring und Lange. Zur Geschichte der deutschen Philosophie im XIX. Jahrhundert', Iserlohn 1876, Langes Erkenntnislehre zusammenfassend dargestellt und gewürdigt.

[3] H. Cohen, Biographisches Vorwort des Herausgebers (1881), in: F. A. Lange: Geschichte des Materialismus und Kritik seiner Bedeutung in der Gegenwart, 4. Aufl. Iserlohn 1882; zit. 7. Aufl. Leipzig 1902, S. XII f.

seiner Tendenz zum System [4] als Beschränktheit gelten mußte, war für Lange Konsequenz aus geschichtlicher Erfahrung mit Philosophie.

Abgrenzung von der Systemphilosophie

Denn Systemphilosophie bildet für Lange das Erbstück der nachkantischen Epoche, insbesondere des Deutschen Idealismus, die wesentliche Form einer in ihren Resultaten unheilvollen, weil sich selbst mißverstehenden Metaphysik. Fordert er auch für den Naturforscher philosophische Bildung — in Auseinandersetzung mit einer Argumentation, die von der unüberbrückbaren Kluft zwischen Philosophie und Naturwissenschaft ausgeht (H. von Mohl) —, dann damit doch keineswegs die Produktion philosophischer Systeme. Und zu diesen rechnet auch der dogmatische Materialismus. „... in dieser Beziehung sind wir den Schaden der naturphilosophischen Zeit noch immer nicht los: der Materialismus ist der letzte Ausläufer jener Epoche, wo jeder Botaniker oder Physiologe glaubte, die Welt mit einem System beglücken zu müssen" [5]. Dabei soll metaphysischen Systemen nicht von vornherein ein gewisser Wert abgesprochen werden: er liegt in der geschlossenen Weltanschauung, die sie bieten [6]. Die genauere Charakteristik und Beurteilung dieses Wertes durch Lange wird noch zur Sprache kommen. Jetzt ist zunächst nur hervorzuheben, unter welchem Aspekt er die Konstruktion metaphysischer Systeme kritisiert. Kants Vergleich zwischen Mathematik und Naturwissenschaft einerseits, der Metaphysik, die „den sichern Gang einer Wissenschaft" noch nicht einzuschlagen vermocht habe, anderseits [7], wird hier ‚wiederholt' und bis zum Verzicht auf die Verwissenschaftlichung von Metaphysik vorgetrieben. Den metaphysischen Systemen (einschließlich Kants Vernunftkritik in ihrem positiven Teil) fehlt sowohl die apodiktische Evidenz für ihre Ausgangssätze wie der zwingende Charakter ihrer Schlußfolgerungen. Sie bewegen sich nicht auf exakt-wissenschaftlichem, und das heißt für Lange: überhaupt nicht „auf theoretischem Boden". Ihren Anspruch auf strenge Wissenschaftlichkeit decken sie scheinhaft durch die „bloße Darstellung in Form der Deduktion aus dem Ganzen eines Systems heraus" und die Gleichsetzung apodiktischen Wissens mit dieser Darstellungsform. Lange hält es keineswegs für zwingend, daß Philosophie nur auf diese ‚imperialistische' Weise — mit der These nämlich, daß allein das systematische, aus Prinzipien deduzierte Wissen wahres Wissen sei — ihre Stellung gegenüber den positiven Wissenschaften behaupten kann, im Gegenteil. **Philosophie hat vielmehr ihre spezifische Aufgabe in der Kritik.** Diese bezieht sich einerseits auf logisch-methodologische Fragen der Wissenschaften, anderseits auf die metaphysische Spekulation in den Wissenschaften und in den Konzepten, die der politischen

---

[4] Zwischen 1902 und 1912 erschienen drei Teile des Cohenschen ‚Systems der Philosophie': Logik, Ethik und Aesthetik.

[5] ‚Geschichte des Materialismus und Kritik seiner Bedeutung in der Gegenwart', Iserlohn 1866, S. 329; diese erste Auflage wird im folgenden zitiert als GdM, A, die zweite Auflage in zwei Teilen als GdM, B I und II nach der von H. Cohen besorgten 7. Aufl., Leipzig 1902.

[6] s. — auch zum folgenden — ‚Logische Studien', S. 4 ff.

[7] ‚Kritik der reinen Vernunft', Vorrede zur 2. Aufl., B, S. X ff.

und gesellschaftlichen Praxis zugrundegelegt werden [8]. Der ersten Aufgabe hätte offenbar vor allem der zweite Teil der ‚Logischen Studien' genügen sollen. Die zweite wahrzunehmen bedeutet nicht etwa, doch wieder Metaphysik zu betreiben. Das bringt Lange zunächst durch eine terminologische Festsetzung zum Ausdruck: „Um nun aber Verwirrung zu vermeiden, wollen wir in Zukunft die metaphysischen [d. h. die Metaphysik betreffenden, H. H.] Untersuchungen, welche mit den gewöhnlichen Mitteln der Empirie und des Verstandes die allgemeinen Begriffe bearbeiten, lediglich als philosophische Kritik bezeichnen und den Namen der Metaphysik jener wichtigen Scheinwissenschaft vorbehalten, welche entsteht, wenn ein positives philosophisches System aus Erkenntnissen a priori abgeleitet wird, deren Wert wir nicht kennen" [9]. Der ‚kritische' Philosoph kann dem Naturforscher nur nützlich sein, wie Lange gegen die bereits erfolgreichen Trennungsbestrebungen von naturwissenschaftlicher und philosophischer Fakultät einwirft, weil er dank methodologischer Ausbildung am schärfsten zwischen Metaphysik und Empirie unterscheidet, schärfer noch als der Wissenschaftler selber, der leicht „irgendwo und irgendwie Metaphysiker wider Willen" wird, weil eben Metaphysik — nach Kants Behauptung — „ein allgemeines Bedürfnis des menschlichen Geistes ist" [10].

Erkenntniskritik

Der von Lange gegen das Selbstverständnis der meisten (Schul-)Philosophen der Zeit entwickelte Begriff philosophischer Kritik hat einen stark skeptischen Einschlag. So wenig es Lange, unbeschadet der Anerkennung des besonderen ‚Wertes' von Metaphysik, als seine philosophische Aufgabe ansieht, selbst an einer Metaphysik zu arbeiten, so wenig kümmert ihn eine nach den Maßstäben der kritisierten Systemphilosophie stringente Begründung seines Philosophiebegriffs. Kritik wird auf Empirie fundiert. Für die Prinzipien von Erkenntnis und also auch philosophisch-kritischer Erkenntnis bedeutet das, daß sie — mit Aristoteles [11] — als induktiv gewonnene in Ansatz gebracht werden. Immer geht es Lange um psychologisch-genetische Herleitung, nie um geltungstheoretische Begründung. Die Apodiktizität rein formallogischer Sätze wird auf die räumliche Anschauung zurückgeführt, dank der sich jene „in absolut zwingender Weise entwickeln lassen und ... ein für allemal dem Streit der Schulen und dem individuellen Belieben entrückt sind" [12]. Einem ‚pragmatischen' Begriff der Geltung logischer Gesetze („Nor-

---

[8] Z. B. GdM, A, S. 333 (Naturwissenschaften) und ‚Die Arbeiterfrage in ihrer Bedeutung für Gegenwart und Zukunft' Duisburg 1865, 4. Aufl. Winterthur 1879, S. 350; die erste Auflage dieses Buches wird im folgenden zitiert als Af, A, die vierte als Af, D. Für Af, A halte ich mich an den Text der Ausgabe von F. Mehring, Berlin 1910.
[9] GdM A, S. 250, s. A, S. 261.
[10] GdM A, S. 331, s. Kant, Kritik der reinen Vernunft, B, S. 21.
[11] s. Anal. Post. B, S. 100 b 3 f.; Log. Studien, S. 6; GdM, B I, S. 67 (wo Lange freilich feststellt, daß das Ausgehen von den Tatsachen und die Induktion eine Theorie blieb, die Aristoteles selbst selten anwandte).
[12] Zitat aus Log. Studien, S. 7; zur Anschauung als „Quell der Apodiktizität" (20) s. S. 9 ff. — Husserl hat sich wohl in der Tendenz zur gesonderten Behandlung der rein formalen, apodiktischen Elemente der Logik mit Lange einig erklärt, nicht hingegen in der Durchführung dieses Programms, die nach seiner — begründeten —

malgesetze" alles Denkens) entspricht ihre psychologische ‚Begründung' aus der allgemein überzeugenden Anschauung: man sieht und deshalb glaubt man [13].

Aus Langes Behandlung des Satzes vom Widerspruch ergibt sich ein weiteres Moment der philosophische Kritik fundierenden ‚Empirie'. Das in der Raumanschauung ‚einsichtig' gemachte logische „Normalgesetz" ist schon als psychologisches Naturgesetz „auch ohne unsere Anerkennung wirksam". Lange versteht unter letzterem eine empirische Regularität, die durch die menschliche „Organisation" gegeben ist und „das vernichtende Prinzip im natürlichen Fortschritt des menschlichen Denkens" darstellt [14]. Natürlich hat Husserl recht, wenn er gegen die Verwechslung einer „rohen empirischen Allgemeinheit" mit dem logischen Gesetz (im exakten Sinne des Wortes ‚Gesetz') Einspruch erhebt [15]. Aber Lange kennt von vornherein nur einen schwächeren Begriff des Gesetzes (etwa im Sinne einer empirischen Gesetzeshypothese), unter den er auch den logischen Satz vom Widerspruch, eben als ein „Normalgesetz", subsumiert.

Die Bezugnahme auf die menschliche „Organisation" ist für Langes Auffassung des Erkenntnisapriori generell charakteristisch. Letztlich müßten die (kantischen) „Bedingungen der Erfahrung" physiologisch erkannt werden können [16], wie auch bloß „die allgemeine Methode wissenschaftlicher Spezialforschung", hier der Psychologie, zur Erkenntnis der metaphysischen Naturanlagen in der menschlichen Vernunft führen kann [17]. Wie soll aber die wissenschaftliche Empirie ihre eigenen Bedingungen einholen? Lange begegnet diesem idealistischen Einwand gegen sein ‚kritisches' Konzept mit dem Argument, daß auch die apriorischen Bedingungen der Erfahrungserkenntnis, sie sollen bestimmt erkannt werden, gemäß eben diesen Bedingungen der Erfahrungserkenntnis erkannt werden müssen, anders gewendet: die menschliche „Organisation" gemäß der mit der „Organisation" gegebenen Auffassungsweise. In dieser Argumentation ist ein eigentümliches Vorverständnis des Ausdrucks ‚apriorische Bedingungen der Erfahrung' leitend: das Bedingungsverhältnis wird als kategorial ‚organisiertes' Kausalverhältnis und das Bedingende gegenständlich als die Einrichtung interpretiert, „durch welche die Einwirkungen der Außenwelt ... verbunden und geordnet werden" [18]. Wie andere Gegenstände ist die „Organisation", kantisch gespro-

---

Auffassung nur wieder auf einen spezifischen Psychologismus hinauslief (‚Logische Untersuchungen' 1. Band: Prolegomena zur reinen Logik, 5. Aufl., Tübingen 1968, S. 224 f. und S. 93 ff.). — Zur näheren Kritik von Langes Ansatz s. A. Riehls Rezension der Log. Studien in: Vierteljahrsschrift für wissenschaftliche Philosophie, 2, 1878, S. 240—250.

[13] Log. Studien, S. 28. Für die Überzeugungskraft der Anschauung ist die „Variabilität des Raumbildes" (22) wesentlich — eine Bestimmung, die — an der Funktion geometrischer Figuren gewonnen — sich auch in Husserls Charakteristik der „Wesensschau" wiederfindet; s. z. B. ‚Phänomenologische Psychologie', Husserliana IX, § 9.

[14] Log. Studien, S. 28.

[15] ‚Logische Untersuchungen' Bd. 1, a. a. O., Anm. 12, S. 96 f.

[16] „Vielleicht läßt sich der Grund des Kausalitätsbegriffes einst in dem Mechanismus der Reflexbewegung und der sympathischen Erregung finden, dann hätten wir Kants reine Vernunft in Physiologie übersetzt und dadurch anschaulicher gemacht." GdM, A, S. 263 / B II, S. 44; s. A, S. 235 u. a.

[17] GdM, A, S. 273.

[18] GdM, A, S. 263; B II, S. 44.

chen, nur als „Erscheinung" gegeben und dergestalt e r k e n n b a r , mag man sich auch unverbindlich, nämlich metaphysisch, dieser Erscheinung etwas zugrundeliegend d e n k e n : „die Tätigkeit einer M o n a d e (Leibniz'scher Idealismus) oder etwas schlechthin Unbekanntes (Kritizismus)" bzw. eben gerade weiter nichts (Materialismus) [19]. Die Möglichkeit einer besonderen apriorischen Erkenntnis des Apriori weist Lange ab: man sei bei der Aufstellung und Prüfung der synthetisch-apriorischen Sätze „auf die gewöhnlichen Mittel der Wissenschaft beschränkt" und gelange also auch nur zu wahrscheinlichen Annahmen [20]. Die Unterscheidung zwischen Erscheinung und Wesen (bzw. Ding an sich) ist selbst vom menschlichen Verstand geschaffen, der Begriff des wahren Wesens der Dinge „nicht mehr und nicht weniger als die letzte Ausgeburt eines von unserer Organistion bedingten Gegensatzes" [21]. Philosophische Kritik, wie sie Lange definiert, hat dank dieser Einsicht in die beschränkte Erkennbarkeit der Wahrheit den Charakter einer „gebändigten und methodisch gewordenen Skepsis", in der das „scharfe Ende der Sichel" zu suchen ist, „welche den Materialismus zugleich mit dem Idealismus an der Wurzel abschneidet" [22].

Von der Konsequenz, Philosophie in Physiologie und Psychologie aufgehen zu lassen, ist Lange weit entfernt. Die Untersuchungen der Bedingungen und Grenzen menschlicher Erkenntnis im allgemeinen, die Feststellung eines Apriori der Erkenntnis als solchen, erkenntnistheoretische Fragen also, um hier nur von solchen zu reden, sind bleibende Aufgaben der Philosophie. Dabei ist der Philosoph auf die Kenntnis der Forschungsmethoden und wichtigsten Resultate der Wissenschaften angewiesen: „Die exakte Forschung ... muß für jeden Philosophen das tägliche Brot sein" [23]. Nebst der Kritik wissenschaftlicher Begriffe zum Zwecke der Aufdeckung von metaphysischen Theoremen, die gerade in die Naturforschung immer wieder einfließen, ist es die geschichtliche Einsicht in die Entwicklung der Wissenschaften, zu der der Philosoph den Wissenschaftler teils auffordern, zu der er — wie Lange — teils selbst beitragen kann. „Geschichte und Kritik sind oft eins und dasselbe" [24].

---

[19] GdM, B II, S. 127, Anm. 25.
[20] GdM, A, S. 249; B II, S. 31.
[21] GdM, A, S. 286; B II, S. 50. Diese Position Langes ist von der in der 2. Aufl. neu ausgesprochenen Ansicht unberührt geblieben, daß Kant selbst das ‚Ding an sich' als bloßen Grenzbegriff aufgefaßt hat, daß es sich dabei also nicht um eine versteckte Kategorie handelt (A, S. 268). Lange stellt sich in B hinter Cohens und gegen Überwegs Kant-Interpretation, s. B II, S. 48 f. und S. 130 f., Anm. 35.
[22] GdM, A, S. 276.
[23] GdM, A, S. 333; Lange nimmt damit eine stetig wiederholte Forderung des Neukantianismus, insbesondere der ‚Marburger Schule' vorweg. Siehe H. Holzhey, Philosophie und Wissenschaft. Zur Genese der Grundkonzeption des Marburger Neukantianismus, in: Neue Zürcher Zeitung, Beilage ‚Literatur und Kunst' 22. 10. 1972. In GdM, B, S. 142 f. findet sich folgender Forderungskatalog an philosophischer Schulung: 1) „streng logische Durchbildung in ernster und angestrengter Beschäftigung mit den Regeln der formalen Logik und mit den Grundlagen aller modernen Wissenschaften, der Wahrscheinlichkeitslehre und der Theorie der Induktion"; 2) „ernstes Studium der positiven Wissenschaften"; „erst in dritter und vierter Linie ... das eingehende Studium der Geschichte der Philosophie".
[24] GdM, A, S. 335 ff.; B II, S. 171 ff. Langes Forderung, kritische Geschichte der Wissenschaften zu betreiben, ist heute wieder hochaktuell, wie die Diskussion im Gefolge von Th. S. Kuhns Buch: The Structure of Scientific Revolutions, 2. Aufl. Chicago 1970, zeigt.

Kritik und Sozialphilosophie

Hauptaufgabe der Philosophie ist es nach Lange, „dem Jahrhundert die Fackel der Kritik voranzutragen, die Strahlen der Erkenntnis in einen Brennpunkt zu sammeln und die Revolutionen der Geschichte zu fördern und zu lindern" [25]. In der letzten der drei Zielbestimmungen steckt das gesellschaftspolitische Credo Langes. Wie ist es zu interpretieren? In welchem Verhältnis steht es zu den zwei ersten, vorläufig erörterten Zielsetzungen? Es muß auffallen, daß es die P h i l o s o p h i e ist, der Lange die Aufgabe zuweist, „die Revolutionen der Geschichte zu fördern und zu lindern".

Es wäre vergebliche Mühe, wenn man versuchen wollte, aus Langes Begriff einer kritisch-skeptischen Philosophie seine geschichtsphilosophischen Auffassungen oder sogar sein sozialpolitisches Programm zu ‚konstruieren'. Man widerspräche damit der Selbstauffassung des Kritikers, man folgte einem systematischen Konzept, von dem er sich gerade distanziert hat. Gerade im Bereich der ‚praktischen Philosophie' Langes wird bloß empirisch, d. h. unter Bezugnahme auf die von ihm gewählten Themen und ihre Behandlungsweise, zu ermitteln sein, was nach seiner Überzeugung der Philosoph hier zu leisten fähig ist. Es wäre also falsch, die zitierte philosophische Zielbestimmung als Gegenposition zur Marxschen These der Aufhebung von Philosophie in weltverändernde Praxis zu lesen; Lange verficht in dieser Frage überhaupt keine theoretische Position. Sein philosophischer Einsatz bleibt damit in eigentümlicher Weise an seine Person und die besondere geschichtliche Situation, in der er Stellung nimmt, gebunden.

Lange schreibt, um unmittelbar zu wirken. Das gilt sowohl für seine ‚Geschichte des Materialismus' wie seine ‚Arbeiterfrage'. In der bekannten „Ansprache" an den Leser heißt es: „Ich will nicht nur theoretische Wahrheiten enthüllen, nicht durch eine historische Monographie meine Befähigung für einen Professorenstuhl nachweisen, sondern wirken, direkt wirken, und zwar unter einem Leserkreise, von dessen Aufklärung, von dessen gesunder Weltanschauung, von dessen frischer Beteiligung an wissenschaftlichen Zeitfragen nichts geringeres abhängt, als das geistige Fortleben der Nation" [26]. Als Leser seiner ‚Arbeiterfrage' denkt sich Lange bestimmter noch — den Arbeiter. In beiden Fällen täuscht er sich: Die f a k t i s c h e n Leser der ‚Geschichte des Materialismus' legten „höhere Maßstäbe" an, als es die Kreise hätten tun können und sollen, für die das Werk ursprünglich bestimmt war; die erste Auflage der ‚Arbeiterfrage' erfuhr, wie Lange selbst festgestellt, „totale Nichtbeachtung ... in den Kreisen der Arbeitervereine und ihrer Stimmführer" [27].

Mit dem ihm eigenen ‚Realismus' trägt er in den Neuauflagen seiner Bücher dem tatsächlichen Leserkreis Rechnung (für die „Gebildeten" werden beispielsweise die gewünschten Anmerkungen hinzugefügt; die Adressaten des sozialpolitischen Programms im Schlußteil der ‚Arbeiterfrage' sind nun Politiker und überhaupt Leute von öffentlichem Einfluß). Dieser ‚Realismus' entspricht

---

[25] GdM, A, S. 328.
[26] GdM, A, S. 241; s. B I, S. XIV.
[27] Af, D, S. VI, Vorwort zur 3. Aufl. von 1874.
[28] GdM, A, S. 551 f. verwendet Lange das Wort „Ideologie" in der Bedeutung „Ergriffensein von der Idee"; in der Umarbeitung B II, S. 554 f. sind „Ideologie" und der von Lange bevorzugte Ausdruck „Standpunkt des Ideals" Synonyma.

ganz dem Standpunkt philosophischer Kritik, wie ihn Lange gegenüber jeder „Ideologie" [28] vertritt. Er anerkennt, daß „Ideologen" — wie Lassalle —eine bedeutendere Rolle in der Geschichte spielen, „als die sogenannten Praktiker, welche ihren Namen meist davon zu haben scheinen, daß sie n i c h t handeln, sondern nur vertuschen und verschleppen" [29]. Ideen sind deshalb nicht objektiv gültige Einsichten; sie gewinnen aber praktische Bedeutung durch Zustimmung und Befolgung. In der ethischen Bewährung zeigt sich ihre Güte oder ‚Wahrheit' (die sie im theoretischen Sinne gar nicht haben können). Lange selbst vermittelt in seinen Arbeiten nebst wissenschaftlichen Einsichten und methodologischen Reflexionen solche ‚Ideen', die im Unterschied zu objektiven wissenschaftlichen Erkenntnissen auf ein Echo warten, in dem der Autor allein ihren Sinn finden kann. (Über den theoretischen Status philosophisch-kritischer Aussagen — zwischen Erkenntnis und „Ideologie" — scheint Lange nie reflektiert zu haben; eigene Stellungnahmen versieht er häufig mit dem Index, sie besäßen bloß subjektive Sicherheit.)

Pragmatische Einstellung zur Revolution

Was will es nun heißen, daß der philosophische Kritiker — als der sich Lange selbst versteht — zur Förderung und Linderung geschichtlicher Revolutionen beiträgt? Genau genommen steht nur eine, die von vielen erwartete, vorausgesagte, befürchtete und beredete Umwälzung im Gefolge der „sozialen Frage" zur Diskussion. Von philosophischer Seite her lassen sich die Möglichkeit und die Bedingungen einer solchen Revolution erörtern, die Gegenwart auf das Vorhandensein revolutionärer Elemente hin untersuchen und die „Perhorreszierung jeder Revolution" [30] durch den „Philister" bekämpfen. Das ist Langes Programm [31] zur F ö r d e r u n g der Revolution. Nicht daß er sich der Revolution verschrieben hätte und sie nun mit allen Mitteln, die dem Theoretiker (und Praktiker) zur Verfügung stehen, herbeizuführen gedächte! Die Lösung der Arbeiterfrage muß die G e s c h i c h t e bringen; die Dimensionen der modernen sozialen Problematik übersteigen das Maß dessen, „was ein Individuum, und wäre es der tiefste Philosoph und klügste Staatsmann in einer Person, übersehen und leiten kann" [32]. Lange betrachtet seine eigenen Überlegungen und Vorschläge nicht nur als Stellungnahmen zur krisenhaften sozialen Gegenwartssituation, sondern zugleich als S y m p t o m der Krise, die möglicherweise auf eine „Weltwende" (Lassalle) zuführt.

Mit dem „Gesetz der Konkurrenz um das Dasein" führt gerade Wissenschaft „ganz unmittelbar auf die Elemente zukünftiger Weltrevolutionen" hin [33]. Die „Arbeiternot der Gegenwart" ist aber nach Langes spezifischer Auffassung nichts anderes „als d i e d e n g e g e n w ä r t i g e n ö k o n o m i -

---

[29] Af, A, S. 135.
[30] Af, A, S. 67.
[31] Af, A, S. 70.
[32] Af, D, S. 349.
[33] Af, A, S. 66. Es handelt sich um jenes „Gesetz" oder jene „Tatsache" (wie Lange auch sagt), die durch Charles Darwins ‚Über die Entstehung der Arten durch natürliche Zuchtwahl' (1859) „Gemeingut aller Gebildeten", jedoch nicht eigentlich entdeckt wurde. Der Grundgedanke findet sich nach Lange schon bei Thomas Robert Malthus (1766—1834), der seinerseits auf anderen fuße, s. Af, D, S. 29 f.

schen Verhältnissen entsprechende Form des allgemeinen Kampfes um das Dasein"[34]. Wenn weder Wissenschaftler noch Sozialpolitiker sich mit dem Gedanken einer durchgreifenden Änderung der sozialen Zustände befreunden können, dann liegt das offenbar am revolutionären Potential, das eine solche Änderung enthält. Ihm will man auf keine Weise Explosionsmöglichkeiten bieten. Der Grund: „ein falscher Begriff vom Wesen des Staates in Verbindung mit der Furcht vor einer allgemeinen Revolution"[35]. Hier hat der philosophische Kritiker seine Aufgabe. Lange bekämpft eine bis in die Antike zurückgehende staatsphilosophische Tradition, die über dem Bestand und der Macht des Staates (des ‚Ganzen') die Stellung und Befindlichkeit der Individuen (der ‚Teile') ganz außer Acht läßt[36]. Der Verbreitung des staatsvergötzenden Vorurteils kommt es entgegen, daß eine „freie, die Resultate aller Wissenschaften in einen Brennpunkt sammelnde Philosophie" Seltenheitswert besitzt, eine „vom Staat bezahlte und gewerbsmäßig betriebene ‚Philosophie'" hingegen stets bereit ist, „das Bestehende für das Vernünftige zu erklären"[37]. Der Gedanke an eine mögliche Auflösung des bestehenden Staates tritt nur zusammen mit der Vorstellung des Untergangs schlechthin auf. Im Lichte geschichtlicher Erfahrung gesehen verliert hingegen der Wechsel von Staatsformen allen Beigeschmack von Ruchlosigkeit. Er erscheint, gegebenenfalls „teils durch die Macht der Gewohnheit, teils durch die Gewohnheit der Macht" verzögert, als die notwendige Folge neuer Zeitverhältnisse, und damit als unumgänglich, sobald die „treibenden Kräfte der neuen Zeit" die Oberhand gewonnen haben. Lange konzediert, daß die (bürgerliche) Angst vor der Revolution in der Gegenwart mehr als verzeihliche Schwäche, vielmehr insofern berechtigt ist, als eine Revolution, „welche hervorginge aus einem allgemeinen Aufstreben der Bevölkerungsschichten, die das Ringen um ihr Dasein müde sind", einen tiefgreifenderen Umsturz des Bestehenden hervorrufen müßte als frühere Revolutionen, eben eine „Weltwende", den für viele so unheimlich drohenden „Untergang unserer ganzen Kultur"[38]. Aber Lange kann die in der Revolutionsfurcht ängstlich gehütete Gegenwartskultur nicht so hoch einschätzen, daß sie „die Sympathie edler Männer wirklich in so hohem Grade" verdienen sollte, in höherem Grade nämlich als eine neue, auf der Basis „einer einfacheren, aber gesunderen und harmonischeren Bildung" der „jetzt durch den Druck des Lebens niedergehaltenen Volksschichten" hervorgehende Kultur[39].

Lange weiß, auf welcher Seite er steht, „wenn das Bewußtsein einer höheren Bestimmung in den Massen zum Durchbruch kommt". Es ist dies eine Frage des Humanismus („den Menschen wirklich im vollen Sinne des Wortes als Menschen" anzuerkennen). „Der volle Fluch ..., den der kurzsichtige Dok-

---

[34] Af, A, S. 70 f.
[35] Af, A, S. 65.
[36] „Man freut sich über die steigende Macht des Staates, als ob gar keine Individuen da wären, die unter dem immer steigenden Druck der Konkurrenz um das Dasein zu leiden hätten, oder als ob es eben nur darauf ankäme, die Herden eines glücklichen Besitzers zu vermehren." Af, A, S. 66.
[37] Af, A, S. 66. Über Langes Stellung zu Hegel s. insbesondere Af, D, S. 257 ff.; außerdem GdM, A, S. 281 (und B II, S. 133), A, S. 533; und die zusammenfassende Darstellung bei H. Lübbe: Politische Philosophie in Deutschland. Studien zu ihrer Geschichte, Basel/Stuttgart 1963, S. 93 ff.
[38] Af, A, S. 68 f.
[39] Af, A, S. 69.

trinär der Revolution als solcher entgegenschleudert", muß „bewußten Widerstand gegen eine solche Bewegung" der bisher Unterdrückten treffen — „sobald sie mit unverkennbarer Allgemeinheit und Tiefe hervortritt"⁴⁰. Der wiederholte Rekurs auf das feststellbare geschichtliche Faktum als Bedingung seiner Zustimmungs- und Unterstützungsbereitschaft ist für den philosophischen Humanimus Langes charakteristisch. Dieselbe Argumentation prägt auch seine Stellungnahme zum Kommunismus, den er als mögliche Form des allgemeinen Rechtsbewußtseins würdigt⁴¹. Er müßte „dem Eigentum gegenüber Recht behalten..., **wenn er wirklich** in das allgemeine Rechtsbewußtsein übergegangen wäre" — vorfindlich ist ein solches (denkbares) Rechtsbewußtsein aber in der Gegenwart nicht⁴².

Respekt vor geschichtlichen Tatsachen schlägt hier durch, verbunden mit einer realistischen Einschätzung der praktischen Bedeutung von Ideen. Die sozialkritisch relevanten Tatsachen sind für Lange an die tiefe soziale Unruhe der Zeit geknüpft. Eine Lösung der „sozialen Frage" steht aus, aber ist unumgänglich geworden; wie sie sich vollziehen wird, weiß niemand. „Respekt vor den Tatsachen"⁴³ bedeutet nicht, sich an das vermeintlich Bestehende zu klammern. „Ich verlasse mich", schreibt Lange, „auf die Richtigkeit der **signatura temporis**, wie ich sie verstehe"⁴⁴; die Signatur der Zeit sind Wandel und Übergang. Unter allen utopischen Träumen wäre der der törichteste, in dem man sich „die Verhältnisse der Gegenwart verewigt denkt"⁴⁵.

Steht eine Revolution unmittelbar bevor? Langes Antwort: „Was wir vor Augen sehen, ist wie ein Feuer bei Nacht, dessen Entfernung nicht zu schätzen ist"⁴⁶. Aber nicht bloß der Zeitpunkt des allgemein erwarteten bzw. befürchteten Umschwungs ist unbestimmt; auch und gerade darüber, welche Vorgänge als revolutionär zu bewerten sind, herrschen offenbar Unklarheiten und Meinungsverschiedenheiten. Lange würde es schon als „große, unaussprechlich bedeutungsvolle Weltwende betrachten", wenn staatliche Gesetzgebung und Verwaltung sich die Lösung der sozialen Probleme wirklich angelegen sein ließen, statt wie bisher die Unterdrückung des Arbeiterstandes zu fördern⁴⁷. Eine solche Wende könnte durchaus in naher Zukunft erreicht werden (und Langes Empfehlungen zu primär **politischer** Aktivität der Arbeiterschaft

---

⁴⁰ Af, A, S. 70.
⁴¹ In ‚J. St. Mill's Ansichten über die sociale Frage und die angebliche Umwälzung der Socialwissenschaft durch Carey', Duisburg 1866, im folgenden zitiert als MAsF, 6 (und ff.) stellt Lange Egoismus und Kommunismus wie folgt gegenüber: „Unter ‚Egoismus' verstehen wir dabei das prinzipielle Ausgehen vom Ich und seinen Interessen; unter ‚Kommunismus' das Ausgehen von einer Gesamtheit und ihren Interessen. Daß dies in der Tat der durchgreifende Gegensatz ist, ergibt der Verfolg, und die sonstigen Bedeutungen der beiden Ausdrücke können nicht sehr störend sein, da sie sich auf dieselben Grundbegriffe zurückführen lassen."
⁴² Af, A, S. 87 (Auszeichnung von mir); s. A, S. 91. Lange scheidet scharf zwischen „allgemeinem Rechtsbewußtsein" und „öffentlicher Meinung"; letztere spricht „eigentlich nur die jedesmalige Richtung in den schwankenden Ansichten der mittleren Schichten der Bevölkerung aus", A, S. 85.
⁴³ s. den Ausdruck in Langes Aristoteles-Interpretation GdM, B I, S. 64.
⁴⁴ GdM, A, S. VIII.
⁴⁵ MAsF, S. 8.
⁴⁶ Af, A, S. 70.
⁴⁷ Af, A, S. 142; s. A, S. 147 These 5.

haben dieses Ziel im Auge [48], während die eigentliche Lösung der Arbeiterfrage, also die massenwirksame Befreiung vom Druck des Kampfes ums Dasein, wegen ihrer schwerwiegenden wirtschaftlichen Implikationen sehr lange Zeit benötigte. Der von Marx gestellten Prognose einer **unausbleiblichen** Sozialrevolution hält Lange die Kontingenz der Tagesgeschichte entgegen. Viele kleinere Schritte statt des einen großen, viele vermeintliche Lösungen der Arbeiterfrage statt der einen, theoretisch allein zugänglich fundierten, viele einander sogar entgegengesetzte, ja sich erbittert bekämpfende Unternehmungen mitsamt ihren Folgen statt der in der Theorie eindeutig vorgeschriebenen Praxis könnten wohl auch zum angestrebten Ziel führen [49] — kein Zweifel, daß Lange den verschlungenen und vielschichtigen Weg der Geschichte für den wahrscheinlicheren hält (und bezüglich der Entwicklung des sozialen Problems in den westeuropäischen Industrienationen mit dieser Prognose recht behalten hat). Dieser Weg entspricht der von ihm anvisierten **pragmatischen** [50] Lösung der Arbeiterfrage. Sie muß primär gegen eine Ideologie, die mit den Grundlagen der kapitalistischen Gesellschaft auch deren für unabänderlich erklärte Übelstände konserviert und das Bestehen einer Arbeiterfrage einfach verneint, aber ebenso gegen die Auffassung vom objektiv-zwingenden Verlauf der Geschichte, die notwendig zur Sozialrevolution führe, verteidigt werden [51]. Von der letzteren Sicht her ist der Einwand zu erwarten, Langes ‚Pragmatismus' laufe darauf hinaus, jeder willkürlichen Unternehmung zur Lösung der sozialen Frage einen Freipaß zu geben, „den Ausgang den Göttern" zu überlassen. In Abwehr dieses Einwandes formuliert Lange den Kern sozialphilosophischer Kritik: „Im Gegenteil wird die Kritik aller möglichen Einrichtungen und Vorschläge eine wichtigere Aufgabe haben, als die Erfindung irgendeines neuen Punktes, und je mehr die Masse solcher Erfindungen verwirrend zu werden droht, desto notwendiger wird das Licht **fester Prinzipien** zu ihrer Prüfung" [52].

---

[48] Af, A, S. 146 These 2. Die Pointe dieser Empfehlung beleuchtet P. Grebe, Die Arbeiterfrage bei Lange, Ketteler, Jörg, Schäffle aufgezeigt an ihrer Auseinandersetzung mit Lassalle, Berlin 1935, S. 20 ff.

[49] Af, D, S. 349 f. Ich vermag in dieser Stellungnahme zu Marx, die in die dritte Auflage der ‚Arbeiterfrage' eingearbeitet wurde, keinen Bruch Langes mit früher geäußerten Auffassungen zu erkennen.

[50] „Aber ist es dann nicht zu spät für eine ‚Arbeiterfrage' im pragmatischen Sinne?", Af, D, S. 346.

[51] Af, D, S. 340 f. Langes Ausführungen sind wert zitiert zu werden: „Man kann die Übel, welche durch eine Lösung der Arbeiterfrage beseitigt werden sollen, für unabänderlich oder wohl gar für einen notwendigen Schatten des allgemeinen Fortschritts erklären, und man kann auch annehmen, daß ein großer unabänderlicher Gang der natürlichen Entwicklung das Problem lösen wird, ohne daß irgendwelche künstlichen Eingriffe der Politiker etwas anderes dazu beitragen dürften, als ein wenig Beschleunigung oder ein wenig Verzögerung und auf alle Fälle ein wenig unnütze Verwirrung herbeizuführen. Der erstere Standpunkt will keine Lösung der Arbeiterfrage; er konserviert wo möglich nicht nur die Grundlagen der Gesellschaft, sondern auch die Übelstände, welche diesen Grundlagen anhaften; der letztere erwartet die Lösung von einer großen Sozialrevolution und schließt eben deshalb eine absolute Geringschätzung aller subjektiven Studien und Experimente über die Arbeiterfrage in sich."

[52] Af, D, S. 350.

Nicht nur die Parallelität dieser Standortbestimmung zu der Zielsetzung der ‚Geschichte des Materialismus' ist bemerkenswert [53]. Sie schlägt auch die Brücke zwischen den beiden Vorhaben, die Revolution zu f ö r d e r n und sie zu l i n d e r n. Die kritische Förderung der Revolution i m p l i z i e r t ihre Linderung. Denn ‚kritische Förderung' heißt für Lange: Aufklärung über das, was der Fall ist, Prüfung von Programmen zur Lösung der bestehenden Probleme im Lichte kritischer Gesichtspunkte und Erörterung dieser Gesichtspunkte. Und eben auf diese Weise könnte gemildert werden, was ohne derartige „Aufklärung" und deren praktische Folgen wie ein Sturzflut die gegenwärtige Kultur zu vernichten droht. „Aufklärung" und „Versöhnung" [54] sind die Stichworte für eine philosophische Kritik, die sich nicht nur vornimmt, weltanschauliche Gegensätze durch diskursive Erledigung zentraler Streitfragen zu mildern und „gewissermaßen auf einen harmonischen Antagonismus" zurückzuführen, sondern damit auch „die ärgsten Ursachen ewiger Irrungen und Quertreibereien" [55] in praktischer Hinsicht zu beseitigen und also durch ‚Ideologiekritik' auf humane sozialpolitische Lösungen hinzuarbeiten.

Die Prinzipien einer „‚Lösung der Arbeiterfrage'" [56] sollen nicht ein weiteres Programm darstellen. Philosophische Kritik wird nicht auf diese Weise, durch „Erfindung irgendeines neuen Punktes", praktisch. Sie bewirkt aber gegebenenfalls Einsicht, die politisch nicht folgenlos bleibt. Von „den ewigen Gütern der Menschheit" soll durch die Revolution hindurchgerettet werden, was zu retten ist [57]; Haß und Rache der ihre Ketten sprengenden unterdrückten Massen sollen nicht aufkommen, indem „der großen Wendung der Dinge ... mit Besonnenheit und Einsicht vorgearbeitet" wird [58].

Dieser Aufruf zur Einsicht ergeht — auch schon in der 1. Auflage der ‚Arbeiterfrage' — an die (noch) herrschenden Mächte der Zeit. Über dem idealistisch-pathetischen Unterton darf man nicht überhören, daß Lange für eine unpathetische Gesinnung der Menschlichkeit, aus der heraus das Nächstliegende getan und nicht einem vermeintlichen Ende der Geschichte vorgearbeitet wird, Partei ergreift. Er proklamiert nicht die These vom Klassenkampf; er engagiert sich nicht als Theoretiker oder Agitator einer Seite (weder den dritten noch den vierten Stand kann er als eigentlichen Menschheitsstand gelten lassen) [59]; er fürchtet Gewalt und Greuel und bemüht sich um eine Analyse, die die These von der Unvermeidlichkeit solcher Begleiterscheinungen einer sozialen Revolution erschüttert [60]. Lange wahrt auch, worauf H. Lübbe hingewiesen hat, einen von diffamierender Hetze und persönlichen Angriffen freien literarischen Umgangston [61].

[53] s. GdM, B I, S. XV: Der wesentliche Zweck des Buches „liegt nach meiner Auffassung nach wie vor in der A u f k l ä r u n g ü b e r d i e P r i n z i p i e n".
[54] GdM, A, S. VIII.
[55] GdM, A, S. III f.
[56] Af, D, S. 386. Die „Thesen" der 1. Auflage haben allerdings eine wesentlich programmatischere Tendenz als die „Prinzipien" der dritten.
[57] Af, A, S. 70.
[58] Af, A, S. 149.
[59] „Daß dieser [der vierte] Stand mit dem ganzen Menschengeschlecht gleichbedeutend sei, kann möglicherweise nichts mehr und nichts weniger sein, als eine Wiederholung des Irrtums, mit welchem der Abbé Sieyes einst ausrief, der dritte Stand müsse alles sein," Af, A, S. 136 f.
[60] s. Af, D, S. 347.
[61] H. Lübbe, a. a. O., Anm. 37, S. 99.

Zusammenhang zwischen Erkenntnistheorie und Sozialphilosophie

Es ist nun meine These, daß man Langes sozialphilosophischen und sozialpolitischen Pragmatismus nicht nur mit seiner Kritik metaphysischer Spekulation und Systemkonstruktion sowie dem in dieser Kritik implizierten „Standpunkt des Ideals" in sachlichen Zusammenhang bringen muß, sondern auch und gerade mit seiner „naturalistischen Weltauffassung"[62].

‚Naturalismus' und ‚ästhetisch-ethischer Idealismus' (Standpunkt des Ideals) sind Komplementärpositionen. Beide haben bei Lange nicht den Charakter einer Weltanschauung im Sinne eines metaphysischen Systementwurfs, sie sind eher als Grundeinstellungen oder Tendenzen zu kennzeichnen[64]. Zu Langes ‚Naturalismus' gehören strenge Verpflichtung auf die Empirie und ein gewisser Relativismus[63]. Der ‚Naturalismus' selbst besteht in den Annahmen, daß das Erkennen eine Naturbasis in der physisch-psychischen Organisation besitzt, daß Natur (als Erscheinung) der eigentliche Gegenstand der Erkenntnis ist bzw. das Ziel von Erkenntnis in der Reduktion aller Phänomene auf natürliche (mechanische, chemische, physiologische) Vorgänge besteht, daß Gesetze immer Naturgesetze sind. Die physiologische Interpretation des Erkenntnisapriori, die Behauptung von Egoismus und Sympathie als Naturgegebenheiten bzw. des Differenzierungs- und Solidaritätstrends als Naturgesetzen und der Sozialdarwinismus sind Ausdruck dieses ‚Naturalismus'. In den ersten beiden Fällen ist es die Natur des Menschen, in der Erkenntnis[65] und gesellschaftliches (ökonomisches) Verhalten begründet werden, im dritten Falle eine Gesetzlichkeit der biologischen Entwicklung überhaupt, in der menschliche Sozialgeschichte samt der sozialen Situation der Gegenwart fundiert wird. ‚Natur' hat hier je die Bedeutung eines kausalen Gesetzen gehorchenden Mechanismus.

Zu Langes pragmatischer Einstellung hat der ‚Naturalismus' in erster Linie als Sozialdarwinismus eine Beziehung; am ästhetisch-ethischen ‚Idealismus' ist hingegen in dieser Hinsicht die erkenntniskritische Position, nach der erfahrungstranszendenten Ideen keine theoretische Geltung, keine Wahrheit zukommt, aufschlußreich.

In der ‚naturalistischen' wie ‚idealistischen' Tendenz kommen Erkenntnistheorie und praktische Philosophie bei Lange überein. Ein engerer Zusammenhang in der Behandlungsart dieser philosophischen Disziplinen, als er in solchen gemeinsamen Tendenzen sichtbar wird, läßt sich m. E. nicht feststellen. Gelegentlich macht Lange die Abhängigkeit der öffentlichen Meinung von den Interessen der herrschenden Klasse geltend oder greift die Verfälschung der Nationalökonomie zu deren Gunsten an[66]. Aber er entwickelt keinen grundsätzlichen ideologiekritischen oder wissenssoziologischen Ansatz, mit dem Erkenntnis und ‚Ideologie' im gesellschaftlichen ‚Unterbau' fundiert würden.

---

[62] GdM, A, S. V.
[63] s. MAsF, IV, (die Relativismus als „die Seele aller exakten Wissenschaften"); GdM, A, S. 321, S. 323.
[64] Af, D, S. 67; s. D, S. 38 f., GdM, A, S. 502 ff. u. a.
[65] s. zu dieser ‚Begründung' oben S. 209 f.
[66] Af, D, S. 15 und insbesondere Anm. 6, D, S. 39: „Daß die Nationalökonomie im Interesse der Kapitalisten und behufs Niederhaltung der Sozialreform systematisch gefälscht worden ist und noch fort und fort gefälscht wird …".

Daß Lange selbst und bewußt die Position des philosophischen Kritikers durchgehalten hat, ob er nun zu erkenntnistheoretischen oder sozialen Fragen Stellung nahm, schließt nicht schon den Vollzug einer Verhältnisbestimmung von Erkenntnis- und Sozialphilosophie ein. Es ist K. Vorländer insofern durchaus recht zu geben, wenn er schreibt, Lange habe „keine Verbindungslinien zwischen Sozialismus und ‚Kantianismus', d. h. zwischen sozialökonomischer Entwicklungstheorie einer-, Erkenntniskritik und erkenntniskritisch begründeter Ethik anderseits gezogen" [67]; daß aber, wie es an anderer Stelle heißt, die Verbindung zwischen seinem ‚Kantianismus' und seinem ‚Sozialismus' „nur in seiner edlen, von reinstem ethischen Idealismus erfüllten P e r s ö n l i c h k e i t" bestanden habe [68], trifft nicht zu. Denn weder hat Lange einem „ethischen Idealismus" im Sinne Cohens gehuldigt, noch ist ein Zusammenhang zwischen Langes Erkenntnis- und Gesellschaftskritik (wie man besser sagen sollte, um nicht eine Lange fremde ‚Schul'- bzw. ‚Partei'zugehörigkeit zu suggerieren, wie es die Titel ‚Kantianismus' und ‚Sozialismus' tun) der Sache nach zu verkennen, so wenig ihn Lange selbst durchdacht hat. Billigerweise darf man, wie schon angeführt, von einer systemkritischen Position keine systematische Ausfaltung (‚Konstruktion') eines solchen Zusammenhanges erwarten (wie sie dann in einer gewissen Traditionsbeziehung zu Lange in der ‚Marburger Schule' bei Cohen und Natorp vollzogen wurde, von modernen Konzepten nicht zu reden).

Ich stelle im folgenden Langes ‚Naturalismus' auf erkenntnis- und sozialtheoretischem Gebiet (unter Ausklammerung seiner Auffassung von Egoismus und Gemeinsinn), sodann seinen „Standpunkt des Ideals" vor, mit der Absicht, in diesen ‚Tendenzen' zugleich Aspekte seiner pragmatischen Grundeinstellung hervortreten zu lassen.

‚N a t u r a l i s m u s'

Die naturwissenschaftliche Physiologie der Sinnesorgane bietet Anlaß zur Annahme, „daß die Qualität unserer Sinneswahrnehmungen ganz und gar von der Beschaffenheit unserer Organe bedingt", ja daß auch der Zusammenhang der Sinneswahrnehmungen, die Erfahrung also, von der natürlichen „Organisation" des Menschen abhängig ist [69]. Die sogenannten Erkenntnisse a priori Kants formulieren nichts anderes als die mit der „physisch-psychischen Organisation", „der bleibenden Natur des Menschen", gegebenen ‚Bedingungen' jeder besonderen Erfahrung [70]. In seiner K a n t k r i t i k greift Lange die Behauptung an, die ‚Form' zur Ordnung der Empfindungen könne nicht selbst wieder Empfindung sein; hiergegen spricht, daß sich — wie das Weber-Fechnersche Gesetz zeige — „Empfindungen an Empfindungen ... der Intensität nach messen" und sich so auch „in der Vorstellung eines Nebeneinanders nach

---

[67] K. Vorländer, Kant und Marx. Ein Beitrag zur Philosophie des Sozialismus, Tübingen 1911, S. 122.
[68] K. Vorländer, Kant und der Sozialismus, in: Kantstudien 4, 1900, S. 361—412, zit. S. 370.
[69] GdM, A, S. 235 f., B II, S. 5. Wenn Lange an dieser Stelle (u. a.) von „geistiger Organisation" spricht, dann denkt er nicht an ein geistiges Prinzip, sondern ein Prinzip, in dem das geistige Leben bzw. Denken (s. A, S. 247) fundiert ist.
[70] A, S. 249; B II, S. 30 f.

den bereits vorhandenen Empfindungen ordnen"[71]. Das Apriori von Raum und Zeit besteht einfach darin, daß sich diese Formen „vermöge **organischer Bedingungen** ... aus unserem Empfindungsmechanismus ergeben"[72]. Das Apriori der Kategorien interpretiert Lange dahingehend, daß „Einrichtungen" (ein mit „Organisation" synonym gebrauchter Begriff) vorhanden sind, durch die Einwirkungen der Außenwelt kategorial verbunden und geordnet werden: „Man könnte sagen, a **priori ist der Körper**", wenn sich nicht hier jene schon besprochene Schwierigkeit bemerkbar machte, das Apriori nur als Erscheinung fassen zu können[73]. Hermann Cohen hat die „Organisation" als Langes „erkenntnistheoretisches Arcanum" gekennzeichnet[74]. Nun, der Ausdruck soll in der Tat etwas anscheinend nicht besser Faßbares bezeichnen, im Wissen darum, daß das Gesuchte immer ein Unbekanntes bleiben wird. Lange selbst erläutert in einer Anmerkung der 2. Auflage seiner ‚Geschichte des Materialismus' relativ ausführlich, was der Ausdruck „physisch-psychische Organisation" anzudeuten versucht: „daß die physische Organisation, als **Erscheinung**, zugleich die psychische" (im umfassenden Sinne, die verstandesmäßige also eingeschlossen) ist. Kants reine Verstandesbegriffe dürften höchstens als **Ausdruck** des Apriorischen, nicht aber als sein Ursprung aufgefaßt werden. Die Zurückweisung des Ausdrucks „Organisation" vermeide zwar den Schein des Materialismus, umgekehrt drohe aber die Gefahr, entweder der Tautologie bezichtigt werden zu können oder in platonischen Idealismus zu verfallen, wenn man den Begriff als Ursache des Begriffs auffasse. Lange rekurriert auf „Organisation", um mit diesem Wort das erscheinungsmäßig **allein Gegebene** zu bezeichnen, in dem „alle Eigentümlichkeiten des menschlichen Wesens, so weit wir von ihnen **wissen**, am Faden des Kausalzusammenhanges verlaufen". Unter physisch-psychischer Organisation soll demnach dasjenige verstanden werden, „was unserm äußeren Sinne als derjenige Teil der **physischen Organisation** erscheint, welcher mit den psychischen Funktionen im unmittelbarsten Kausalzusammenhange steht"[75]. Gegebensein (im Sinne einer ‚äußeren' Tatsache) und Kausalnexus kennzeichnen also die ‚Natur', als die Lange das Apriori der Erkenntnis bestimmt. Doch wehrt er sich ausdrücklich gegen eine metaphysische Interpretation dieses ‚Naturalismus'. Man mag idealistische oder materialistische Thesen über das Ding an sich aufstellen, das der Organisation als Erscheinung zugrundeliegt — es handelt sich dabei immer um strittige, bloß hypothetische Annahmen („Hirngespinste"). Langes erkenntnistheoretischer ‚Naturalismus' impliziert, was an sich nahe läge, keine metaphysisch-materialistische Position[76]. Sein Standpunkt bleibt hier insofern kritisch, als er keine Behauptung

---

[71] A, S. 252; B II, S. 34.
[72] A, S. 253; B II, S. 35 f.
[73] A, S. 263; B II, S. 44. Es folgt der in Anm. 16 zitierte Satz.
[74] H. Cohen, Friedrich Albert Lange, zuerst ersch. in: Preußische Jahrbücher 37, 1876, S. 353—381, abgedruckt in: Schriften zur Philosophie und Zeitgeschichte Bd. II, Berlin 1928, S. 357—391, zit. S. 381.
[75] GdM, B II, S. 125—127, Anm. 25. Siehe die in B nicht mehr abgedruckte Stelle A, S. 256 f., wo Lange erklärt, sich bloß auf „Tatsachen des Bewußtseins" zu beziehen, bei denen von einem Unterschied des Physischen und Psychischen noch gar nicht die Rede sein könne.
[76] Hierin (wie in seinem „Standpunkt des Ideals") unterscheidet sich Langes ‚Naturalismus' von jenem Weltanschauungstypus, den Dilthey unter diesem Namen schildert („Sensualismus als Erkenntnistheorie, Materialismus als Metaphysik und ein

mit Wissensanspruch über den Grund der physischen Organisation aufstellt, auch nicht die Behauptungen, ihr liege weiter nichts oder ein uns Unbekanntes zugrunde. Als ‚Naturalismus' darf er insofern bezeichnet werden, als nicht die Fülle des wacher Aufmerksamkeit überhaupt Gegebenen, sondern allein im Lichte des wissenschaftlichen Naturbegriffes ausgewähltes ‚natürlich' Gegebenes zur Basis der Erkenntnis, ja auch der ‚Metatheorie' der Erkenntnis genommen wird.

Der ‚Natur'basis der menschlichen Erkenntnis korrespondiert die ‚Natur'basis der menschlichen Geschichte, der physisch-psychischen Organisation des Menschen der **Kampf ums Dasein** als Entwicklungsgesetz aller organischen Wesen. Was Darwin von den Lebewesen überhaupt annimmt, daß sie aufgrund ihres starken Vermehrungsstrebens beständig in Auseinandersetzungen um Leben und Tod geraten, bestätigt für Lange die ältere Einsicht von Malthus, daß die progressive Vermehrung der Menschheit die eigentliche Quelle ihrer Leiden ist, insofern die Produktion der „Subsistenzmittel" nicht mit dem Bevölkerungswachstum Schritt zu halten vermag [77]. In Konsequenz dieses Ansatzes ist die „Arbeiternot der Gegenwart nichts ... als **die den gegenwärtigen ökonomischen Verhältnissen entsprechende Form des allgemeinen Kampfes um das Dasein**", das Ricardosche Gesetz „**ein Spezialfall des Darwinschen Gesetzes**" [78]. Auch in der spezifisch menschlichen Organisation des Zusammenlebens wiederholt sich jener „grausame Mechanismus der Erzeugung und Vernichtung": der Kampf um die bevorzugte gesellschaftliche Stellung wird durch die der Überproduktion von Lebenskeimen parallele Überproduktion von Fähigkeiten verschuldet [79].

Lange läßt sich weder durch Engels' brieflich geäußerte Einwände noch durch Marx' Theorie vom Entstehen einer relativen industriellen Übervölkerung den „Faden, der sich durch die organische Natur bis hinauf zum Menschen zieht", abschneiden [80]. Engels bezeichnet die Ähnlichkeit von Darwins und Malthus' Theorie sarkastisch als „höchste Blamage für die moderne bürgerliche Entwicklung ..., daß sie es noch nicht über die ökonomischen Formen des Tierreichs hinausgebracht habe" [81]. Die ökonomischen Gesetzmäßigkeiten der modernen kapitalistischen Gesellschaft seien als historisch gewordene, erst mit dem Kapitalismus ins Leben getretene und nur für ihn gültige zu begreifen — nicht als „ewige Naturgesetze". Auf ihr „rationelles Maß" reduziert besage die Maltussche Theorie, daß ein Bevölkerungsdruck auf die Beschäf-

---

zweiseitiges praktisches Verhalten — der Wille zum Genuß und die Aussöhnung mit dem übermächtigen und fremden Weltlauf durch die Unterwerfung unter denselben in der Betrachtung"). Siehe W. Dilthey, Die Typen der Weltanschauung und ihre Ausbildung in den metaphysischen Systemen, in: Ges. Schriften, VIII, 3. Aufl. Stuttgart/ Göttingen 1962, S. 101.

[77] Af, A, S. 50 ff.; zu Thomas Robert Malthus (1766—1834) s. Af, D, S. 33—38; zu Charles Darwin (1809—1882) ebd., S. 29—31.

[78] Af, A, S. 70 f. Eine genaue Fassung der ‚Ricardoschen Regel' findet sich Af, D, S. 31 f. David Ricardo lebte von 1772 bis 1828; sein nationalökonomisches Hauptwerk ‚Grundsätze der politischen Ökonomie und des Steuerwesens' erschien 1817.

[79] Af, A, S. 72 ff.

[80] Af, D, S. 224.

[81] Brief an Lange vom 29. 3. 1865; abgedruckt u. a. in: G. Eckert (Hg.), F. A. Lange: Über Politik und Philosophie. Briefe und Leitartikel 1862—1875, Duisburg 1968, S. 79—83, zit. S. 80.

tigungs-, nicht aber die Subsistenzmittel besteht; dieser Druck sei aber keine Naturgegebenheit sondern Folge bzw. Implikation der Produktionsgesetze in der bürgerlichen Gesellschaft.

Lange hält auch gegenüber Marx' Akkumulationstheorie [82], die er ausführlich wiedergibt, an der „Anwendung des Darwinismus auf den Menschen" fest. Während Marx das Bevölkerungsgesetz (von Malthus) durch die kapitalistische Produktionsweise für so modifiziert hält, „daß gerade in der eigentümlichen Modifikation und nicht im allgemeinen Naturgesetz die wahre Quelle jener Übelstände zu suchen wäre, die uns eine Arbeiterfrage geschaffen haben", führt Lange diese Mißstände auf das „allgemeine Gesetz der Ausbreitung organischer Wesen" zurück [83]. Für dessen Geltung auch in der modernen gesellschaftlich-ökonomischen Entwicklung macht Lange eine Reihe von ‚natürlichen' Fakten namhaft: Armut als V o r a u s s e t z u n g der Fabrikindustrie schon in ihren ersten Anfängen, die natürliche Erweiterung des Angebotes an Arbeitskräften mit der heranwachsenden Jugend, die Tendenz zur Vermehrung bei jeder momentanen Erleichterung der Lebensbedingungen [84].

Der Streit zwischen historischem Materialismus und Sozialdarwinismus, w i e e r h i e r g e f ü h r t w i r d, könnte ‚akademisch' erscheinen, wenn sich nicht aus den differenten Auffassungen differente Konzepte der zukünftigen Entwicklung, insbesondere in der Arbeiterfrage, und damit differente Handlungsprogramme ergäben. Wer die Arbeiterfrage als Resultat historisch gewordenen Produktionsverhältnisse auffaßt, wird von der Änderung der letzteren eine Lösung der ersteren erwarten und, sofern er die bisherige Geschichte der Menschheit in den Klassengegensatz von Bourgeois und Arbeiter einmünden sieht, eine definitive Lösung der sozialen Probleme der Menschheit überhaupt; wer die Arbeiternot als eine „Metamorphose des Kampfes ums Dasein" ansieht [85], wird mit deren Beseitigung nicht schon diesen Kampf für beendet halten. Indem Lange im sozialen Problem eine natürliche Geißel nicht nur der Menschheit, sondern aller Lebewesen am Werk sieht, muß er den Geltungswert von Theorien relativieren, die das soziale Problem rein historisch erklären und überdies unter Bezugnahme auf eine dialektische Regularität der Geschichte gewissermaßen sich selbst lösen lassen wollen. Lange vermag es ebensowenig, im Arbeiter- den „Menschheitsstand" zu sehen wie an einen revolutionären Akt zu glauben, der mit Sicherheit eine rasche und durchgreifende Änderung der Besitz- und Produktionsverhältnisse brächte, geschweige denn mit dieser eine Aufhebung des Kampfes ums Dasein. Kritisch gegenüber den Folgerungen, die aus dem „Bevölkerungsgesetz" gezogen wurden, schreibt er: „Überhaupt ist die eigentliche Lösung der sozialen Frage gänzlich dem Bereich des Zwanges wie die Überredung entzogen und nur die Vermutung über den Weg, welchen die menschliche Natur im Verlauf der Geschichte kraft des ihr innewohnenden Entwicklungsprinzips nehmen wird, kann einigen Aufschluß über die Zweckmäßigkeit oder Unzweckmäßigkeit der nächsten Schritte darbieten" [86].

---

[82] s. ‚Das Kapital. Kritik der politischen Ökonomie' Bd. 1, Kap. 23, insbesondere Abschn. 3, (MEW, S. 23, S. 640 ff.); bei Lange Af, D, S. 212 ff.
[83] Af, D, S. 214.
[84] Af, D, S. 225—227; S. 227 ff.; S. 236 f.
[85] Af, D, S. 235.
[86] MAsF, S. 24 f. — Zu Langes Kritik an den Empfehlungen von Malthus und anderen, wie dem Bevölkerungswachstum beizukommen sei, s. Af, A, S. 51 f.

Langes sozialer ‚Naturalismus' impliziert nicht etwa einen naturalistischen Geschichtsdeterminismus [87]. Das „Bevölkerungsgesetz" ist grundsätzlich modifizierbar; der „grausame Mechanismus" könnte im Verlauf der Zeit durch menschliche (geistige) Anstrengung zerstört werden. Marx' Theorie der Gesetzmäßigkeiten kapitalistischer Entwicklung ist zum Verständnis der sozialen Situation der Gegenwart ebenso notwendig wie Darwins Evolutionslehre und ebenso richtig („wissenschaftlich"). Aber Extrapolationen der Zukunft, wie sie für Marx' Geschichtsverständnis charakteristisch sind, lassen sich niemals wissenschaftlich begründen.

Langes sozialer ‚Naturalismus', der Blick auf eine — auch an menschlicher Geschichte wesentlich mitwirkende — umfassende Naturgesetzlichkeit, auf den „treibenden Keim des geistigen Fortschritts", relativiert und mildert die harten Tagesgegensätze, die aus Kurzsichtigkeit und Selbstüberschätzung für ihre Verfechter unüberwindlich scheinen [88]. Natur ist für Langes kritisch-skeptische Denkart zweifacher Bezugspunkt: als einziger ‚Gegenstand', über den wissenschaftliche Aussagen gemacht werden können, und als Horizont philosophischer Kritik. Dieses Horizontes, d. h. der auch seine theoretischen Überlegungen leitenden I d e e Natur, ist sich Lange allerdings nicht bewußt. Auch wenn ‚Natur' nicht zum metaphysischen Prinzip ‚Stoff' umgedeutet wird, impliziert ‚Naturalismus' eine (krypto-)metaphysische Position. An ihr hat Langes Kritizismus seine Grenze.

„Standpunkt des Ideals"

Geistige oder ideelle Faktoren sind für Lange nicht einfach Überbauphänomene. Sie besitzen vielmehr einen gewissen selbständigen Einfluß auf die geschichtlich-gesellschaftliche Entwicklung. Wie könnte Lange sonst schon in einer veränderten Einstellung der Öffentlichkeit zur Arbeiterfrage, in der Zuwendung des Staatswillens zur Sache der Arbeiter, in einer revidierten Gesetzgebung usw. die „große Weltwende" vollzogen denken! ‚Ideologien' [89] können zu Modifikationen des Kampfes ums Dasein führen. In dieser Überzeugung will Lange selbst — wenngleich primär durch Aufklärung — „wirken".

Unter den geistigen Faktoren ist es interessanterweise die W i s s e n s c h a f t, deren Leistungsfähigkeit „in Beziehung auf eine rationelle Gestaltung des Staatslebens" nach Lange allgemein überschätzt wird. „So unzweifelhaft es auch ist, daß selbst für eine exakte Staatswissenschaft durch die neuesten Fortschritte der S t a t i s t i k — der revolutionärsten aller Wissenschaften der erste Grund gelegt ist, so ungemein viel fehlt doch noch daran, daß man mit völliger Sicherheit sagen könnte, wie die wesentlichsten bestehenden Einrichtungen auf das Wohl und Wehe der Völker wirken." Und was neue Staats- und Gesellschaftsformen betrifft, so müßte man von exakter Wissenschaft (im Unterschied zu einer Utopie) [90] eine genaue Berechnung der Wirkungsweise dieser neuen Formen erwarten — wozu sie nicht imstande ist [91].

---

[87] s. Af, D, S. 30.
[88] MAsF, S. 9 f.
[89] s. Anm. 28.
[90] s. zu Langes Beurteilung der Utopie Af, D, S. 41 ff.; MAsF, S. 7 f.
[91] Af, A, S. 48 f.

Wissenschaft wäre vielmehr ein nützliches Hilfsmittel, nachdem eine Revolution stattgefunden hat — „wenn sich auch auf keine Theorie schwören läßt"[92].

Im allgemeinen (und vor allem in erkenntnistheoretischen Zusammenhängen) diskutiert Lange die Frage des Einflusses geistiger Faktoren auf die Gestaltung individuellen und gesellschaftlichen Lebens unter dem Titel der praktischen Bedeutung von I d e e n. Der Ausdruck ‚Idee' wird dabei sehr vage und weit verwendet; sein Bedeutungsspektrum reicht vom individuellen Einfall über Zeitdiagnose, Zukunftsprognose und Utopie bis zu Lebensprinzip und Weltanschauung. Das gemeinsame Moment dieser geistigen ‚Produkte' ist ihr atheoretischer Status (objektive Ungewißheit).

Den Ausgangspunkt für Langes Ideenlehre bildet wieder die Rezeption der kantischen Philosophie. „Ideen" sind hier zunächst verstanden als das Feld der Erfahrung transzendierende Begriffe der menschlichen Vernunft; Kant nennt verkürzend deren drei: Gott, Freiheit und Unsterblichkeit („Freiheit" steht für die Vierfalt der kosmologischen Ideen). Lange bestreitet mit der Möglichkeit einer Herleitung der Ideen aus e i n e m Prinzip (den Schlußformen) die Richtigkeit ihrer Deduktion nach Zahl und Form[93]. Bezüglich des Erkenntniswertes von Ideen, „die mit der Erfahrung nichts zu tun haben", wird im Anschluß an Kant bündig festgestellt, daß ihnen „j e d e t h e o r e t i s c h e G e l t u n g i m G e b i e t d e s a u f d i e A u ß e n w e l t g e r i c h t e t e n E r k e n n e n s" a b g e h t[94]. Sie sind Ausdruck eines in der „vernünftigen Organisation" (der „Naturanlage des menschlichen Geistes") liegenden systematischen Einheitsstrebens, das sich aber nie in einer wissenschaftlichen Erkenntnis erfüllen kann. Ihr psychologischer Geburtsort ist die Phantasie (der „dichtende Menschengeist")[95]. Der gemeinsame psychische Ursprung und derselbe atheoretische Status verbinden die metaphysische „Begriffsdichtung" mit der eigentlichen Poesie und mit der Religion.

Die Welt der Ideen ist eine eingebildete Welt; aber gerade als eingebildete hat sie ihren besonderen ‚Wert'. Die Kritik, die — um Langes Vergleich zu brauchen — zeigt, daß das Kaleidoskop kein Fernrohr ist, befreit zum Genuß seiner Bilderwelt; der Metaphysik „als einer erbaulichen Kunst der Begriffsfügung" wird „das volle weite Feld ihres welthistorischen Tummelplatzes wieder freigegeben"[96] — zur „Erbauung". Die Freiheit der Ideen entspricht der Freiheit der Kunst, sie ist Freiheit von der Verpflichtung zur Wahrheit bzw. zur Überprüfung der Wahrheit, wie sie den Bereich der Wissenschaft definiert. „Wer will einen Satz von Beethoven widerlegen, und wer will Raphaels Madonna des Irrtums zeihen?"[97].

---

[92] Af, A, S. 49 f.
[93] GdM, A, S. 270 ff.
[94] GdM, A, S. 272.
[95] GdM, B II, S. 539.
[96] GdM, A, S. 268.
[97] GdM, A, S. 269; s. S. 276 f.: „Es gibt keine Wahrheit, welche im Reich des Schönen und Guten eine absolute Herrschaft üben dürfte. Selbst wenn man jemals dahin käme, das Entstehen einer Idee aus psychologischen und physiologischen Bedingungen vollständig zu erklären, so wäre damit die Idee selbst weder erklärt, noch beurteilt." Die Diskussion um den Begriff einer ‚doppelten Wahrheit' schließt Lange mit der Feststellung ab: „In den Relationen der Wissenschaft haben wir Bruchstücke der Wahrheit, die sich beständig mehren, aber beständig Bruchstücke bleiben, in den Ideen der Philosophie und Religion haben wir ein Bild der Wahrheit, welches sie uns ganz vor Augen stellt, aber doch stets ein Bild bleibt, wechselnd in seiner Gestalt mit dem Standpunkt unsrer Auffassung." (A, S. 541).

Die ästhetische Funktion der Ideen verbindet sich für Lange mit ihrer ethischen im Begriff des „Ideals". Der Wert der Vorstellung unbedingten Sollens liegt nicht darin, daß sie Wahrheit besitzt, sondern zu sittlichem Handeln motiviert: gewiß nur mit bedingter Kraft, weil die Vorstellung als solche zur Welt der Erscheinungen gehört, aber doch umso stärker, „je reiner, klarer und stärker der Mensch jene **unbedingt befehlende** Stimme in sich vernehmen kann" [98]. Gerade darin sieht Lange die Bedeutung der philosophischen Dichtungen Schillers, insbesondere von ‚Das Ideal und das Leben', auf denen er seinen „Standpunkt des Ideals" begründet, daß sie „dem Ideal eine überwältigende Kraft" verleihen, „indem sie es offen und rückhaltlos in das Gebiet der Phantasie" verlegen [99]. Was Lange an der **Religion** wichtig ist: Glaubens **k r a f t**, „Erhebung der Gemüter über das Wirkliche", das Vorwalten der **Form** gegenüber dem historischen Inhalt im echten Glauben [100] — das charakterisiert den „Standpunkt des Ideals" im allgemeinen. Es ist „die **Form des geistigen Lebens**, die über das innerste Wesen des Menschen entscheidet" [101].

Eine entsprechende Bedeutung räumt Lange ideellen Faktoren für die Gestaltung des **gesellschaftlichen** Lebens ein. Ich greife nur eine Äußerung heraus. Um mit der Emanzipation des vierten Standes nicht etwa neuen Standesegoismus aufkommen zu lassen, bedürfte es eines geistigen Prinzips, „welches den ganzen Menschen ergreift, welches zugleich staatlich, gesellschaftlich und ethisch revolutionär auftritt, mit einem Worte, ein Prinzip, welches zugleich die Auflösung und die Erfüllung des Christentums in sich schließt" [102]. Die inhaltliche Unbestimmtheit, Formalität des hier postulierten Prinzips wird aus dem Formalismus eines idealbezogenen Lebens verständlich. Sich ganz ergreifen zu lassen, das Gemüt zu erbauen und zu erheben — das sind Funktionsbestimmungen eines um jeden Wahrheitsanspruch gebrachten Ideals von Vollkommenheit, Harmonie, Sittlichkeit usw.

Lange hat einen Einwand, der sich gegen diesen Standpunkt geradezu aufdrängt, selbst formuliert und als schwerwiegend betrachtet: „Ist dann nicht ... wieder jede beliebige Religionsform, jede Form von Aberglauben gerechtfertigt, sobald sie etwas ästhetisch Bedeutendes, sobald sie wahrhaft ideellen Gehalt hat?" [103]. Gegen Langes Behandlung der ethischen Frage im besonderen hat Cohen eingeworfen: „Hier gälte es, deutlich zu machen, daß der ‚Standpunkt des Ideals' einen kritisch strenger nachweisbaren Zusammenhang hat mit der Welt der Wirklichkeit, mit den Grundsätzen der Erfahrung, als die Vermischung von Synthesis und Dichtung einen solchen herzustellen vermag" [104]. Ich lasse diese Einwände, ohne noch bei Lange nach Ansätzen zu ihrer Beantwortung zu suchen, gewissermaßen als Fragen stehen. Sie führen in eine heute noch (oder wieder) aktuelle Diskussion, vor allem im Umkreis des ‚Kritischen Rationalismus', den Lange in mancher Hinsicht vorweggenommen hat.

---

[98] GdM, B II, S. 58.
[99] GdM, B II, S. 545.
[100] s. GdM, A, S. 545 ff.; B II, S. 546 ff.
[101] GdM, A, S. 550; B II, S. 553.
[102] Af, A, S. 137; s. A, S. 37: „Während ich streng daran festhalte, daß eine vollständige Erneuerung des Lebensprinzips dazugehört, namentlich des Prinzips der Gemeinschaft und der gegenseitigen Beziehungen des Menschen zum Mitmenschen" und A, S. 146: Annahme eines „vollständigen Umschwungs im geistigen Leben der Völker".
[103] GdM, A, S. VII.
[104] a. a. O., Anm. 74, S. 387 f.

Religion und Sozialismus bei Friedrich Albert Lange

von Adam Weyer

Es ist nicht nur vordergründiges biographisches Interesse, das uns nach dem Verhältnis von Religion und Sozialismus bei F. A. Lange fragen läßt. Lange entstammt einem evangelischen Pfarrhaus, sein Vater war später Professor der Theologie. Er selbst begann seine Studien 1847 in den Fächern Theologie und Philosophie. Immer wieder tauchen religiöse Fragen auf: In Einzelvorträgen etwa über Calvin und in Begründungszusammenhängen seiner Werke.

So ist es vielmehr die von ihm selbst hervorgehobene revolutionäre Rolle der Religion des Christentums im sozialen Kampf, die trotz aller Religionskritik und vor allem trotz aller Kritik an der bestehenden Form und Gestalt der Religion uns zu dieser Fragestellung Religion und Sozialismus bei F. A. Lange kommen läßt. In den Schlußabschnitten seiner Geschichte des Materialismus nennt er die drei großen Verbündeten in diesem revolutionären Kampf und zählt an zweiter Stelle die Religion auf: „Wir legen den Griffel der Kritik aus der Hand, in einem Augenblick, in welchem die soziale Frage Europa bewegt: eine Frage, auf derem weitem Gebiete alle revolutionären Elemente der Wissenschaft, der Religion und der Politik ihren Kampfplatz für eine große Entscheidungsschlacht gefunden zu haben scheinen"[1].

Mit dieser Hervorhebung der revolutionären Rolle der Religion steht F. A. Lange nicht alleine, er scheint sich vielmehr in eine Kette einzuordnen, in deren Reihe verschiedenartige Sozialreformer, die als ethische Liberale, Kulturapostel, schwärmerische Liebeskommunisten oder bürgerliche Renegaten verschrien wurden, sich finden. Seit den frühen Zeiten des Sozialismus werden nämlich religiöse Motive zur Begründung des Sozialismus angeführt, werden der Religion — und manchmal sogar ihrer äußeren Gestalt, der Kirche — revolutionäre Kräfte zugetraut und werden der Religion Kraft und Impuls zur inneren Änderung der Menschen zugesprochen, die für die neue Zeit notwendig ist. So erwartete der Priester Robert de Lamenais (1782—1854), daß die Kirche mit Einsatz aller Personen und aller Geldmittel die irdische Gleichstellung aller Menschen und damit die irdische Gerechtigkeit schaffen würde. Nachdem er exkommuniziert worden war, übertrug er diese Erwartungen von der Kirche auf die Religion. Und der Graf von Saint-Simon Claude Henry de Rouvroy (1760—1825) wollte die Nächstenliebe einer diesseitsorientierten Christenheit einimpfen, der er sein Buch „Das neue Christentum" widmete. Ebenso erwartete der gläubige Katholik Philipp J. B. Buchez (1796—1865), daß die

---

[1] F. A. Lange, Geschichte des Materialismus. II. Band, Leipzig 1907, S. 200.

Kirche nun mit ihrem Geld die Produktionsgenossenschaften stützen werde und so kollektives Eigentum entstehen könne.

In den vierziger Jahren des vergangenen Jahrhunderts war der Kampf um den Ort der Kirche und um die Rolle der Kirche in der sozialen Frage noch unentschieden: Der „Evangelischen Kirchenzeitung", die den Protestantismus zu einer Ideologie des Gehorsams und zu einer Doktrin der Unterordnung gestalten wollte, standen die „Halleschen Jahrbücher" gegenüber, die den Protestantismus zur revolutionären Kraft mit dem Ziel der Emanzipation von der Orthodoxie — der kirchlichen wie der staatlichen — machen wollten; den staatsorientierten Vorstellungen, die 1849 in Johann Hinrich Wicherns epochemachender Denkschrift zusammenflossen („Der Tag der Ausgeburt der Revolution sollte der Tag der eigentlichen Geburt der Inneren Mission werden."), standen sozialistische Programme gegenüber, die besonders von den Pastoren Rudolf Dulon, Theodor Althaus und ihren Lichtfreunden vertreten wurden („Das Himmelreich hat keinen anderen Zweck, als alle Menschen zu möglichst gleichmäßigem und möglichst größerem irdischen Lebensglück zu verhelfen") [2].

Diese revolutionäre Konzeption des Christentums findet sich wieder in Wilhelm Weitlings „Evangelium des armen Sünders" (1843) [3]. Weitling geht davon aus, daß Jesus das Evangelium der Gleichheit und Freiheit verkündet hat, daß also christliche Religion vom Ursprung her prinzipiell revolutionär ist. Erst die Herrschenden haben aus diesem revolutionären Evangelium ein solches der Tyrannei, Bedrückung und Täuschung gemacht und damit die Kirche zu einer Organisation des Staates vergewaltigt. Weil Jesus in seinem Evangelium die Gleichheit und Gemeinschaft der Menschen will, weil er das Eigentum als widergöttlich entlarvt hat, darum kann ein wahrer Christ nur Kommunist — und ein wahrer Kommunist nur Christ — sein. Die Arbeiterbündler-Kinder sangen deshalb auch Weitlings Lied:

> Ich bin ein kleiner Kommunist
> und frage nicht nach Geld,
> weil unser Meister Jesus Christ
> da von ja auch nichts hält.
>
> Ich bin ein kleiner Kommunist
> und bins mit Lieb und Treu
> und trete einst als guter Christ
> dem Arbeitsbunde bei.

Bis zum Ersten Weltkrieg hing in den Wohnungen von Sozialisten ein Bebelbild, dessen unterer Rand mit dem Spruch versehen war:

> Unser Jesus Christ war der erste Sozialist.

In der Mitte des 19. Jahrhunderts finden wir also die Überzeugung, daß das Christentum eine oder die einzige revolutionäre Kraft sei, in jedem Fall aber eine Kraft sei, die in diesem Revolutionsprozeß unbedingt nötig sei, ja diesen Prozeß erst ermögliche. Diese Überzeugung steht in Widerspruch zu einer anderen, mit der Reaktion nach 1848 sich durchsetzenden und unser

---

[2] Aussage von R. Dulon, zit. nach: J. Droz, Die religiösen Sekten und die Revolution von 1848, in: Archiv für Sozialgeschichte, Band III, Hannover 1963, S. 115.
[3] W. Weitling, Evangelium des armen Sünders [1843], zit. nach der Neuausgabe: ro-ro-ro-Klassiker Nr. 274—276, Reinbeck 1971.

rückblickendes Verständnis des Christentums im vorigen Jahrhundert prägenden Überzeugung. Dieser Widerspruch soll kurz skizziert werden an den unterschiedlichen Wertungen von Ordnung und Revolution, Diesseits und Jenseits, Thron und Altar:

Auf der einen Seite gilt das Christentum als die Religion der stabilisierenden Ordnung und Unterordnung. Es garantiert eine „Stufenreihe aller Ordnungen in der Natur und im Leben" von der Schöpfung her, es nennt „die Ungleichheit der Stände eine göttliche Stiftung" und verteidigt die „nothwendigen bürgerlichen Verhältnisse von Obrigkeiten zu Unterthanen, Herren zu Dienern, Lehrern zu Schülern" als „Naturgebot" und das heißt als „Wille Gottes" [4].

Dagegen steht die Auffassung, daß das Christentum von Anfang an eine Arme-Leute-Bewegung gewesen ist und sich darum gegen diese sich Ordnung nennende Tyrannei auf Erden richten muß: „Der Zweck Jesu war ein revolutionärer ... Er wollte zugleich die Herrschaft der Römer und der Pfaffen stürzen und eine Gemeinschaft der Güter, ja selbst der Freuden und Leiden herbeiführen" [5].

Auf der einen Seite wird betont, daß das Christentum über das Leben hinausweist. Es hat nicht (direkt) irdische Ziele, sondern nur die bestehenden Ordnungen zu stabilisieren, indem es den Ausgleich für das kümmerliche Diesseits im glorreichen Jenseits verkündet. „Es ist nirgends von Verbesserung der Lebensbedingungen, sondern nur von ihrem Ertragen und Fruchtbarwerden für den inneren Gewinn die Rede" (Ernst Troeltsch).

Dagegen steht die Auffassung, daß gerade das Christentum den Menschen auf diese Erde verweist. „Wo soll Gott geoffenbart werden? Auf Erden! Nicht im Himmel — da braucht er dich nicht, da sind Engel genug, die ihn ehren! Auf Erden (ist) dein Platz!" rief der evangelische Pastor Christoph Blumhardt der Jüngere (1842—1919) [6], denn es ist wichtig, „daß gerade um die Erde gearbeitet wird; es soll nicht der Himmel erobert werden, sondern die Erde".

Auf der einen Seite wird das Christentum als staatstreu charakterisiert: Die Christen sind „um der Liebe willen zu Kirche und Vaterland dem Umsturz von Thron und Altar entgegenzutreten" bereit [7], die „Normen des christlichen Sittengesetzes" sind nämlich „Gottesfurcht, Königstreue, Nächstenliebe" [8]. Und Christenart ist es, dem zu folgen, was ein Adachtsbuch formuliert: „Der Unterthan ist zu allem frei, was nicht gegen die landesobrigkeitslichen Gesetze verstößt" [9].

Demgegenüber wird die Staatsreligion als Abfall vom Christentum gebrandmarkt: Die „Feinde des Christentums" — „als Herren wollen sie von

---

[4] J. H. Zschokke, Stunden der Andacht, 1. Aufl. 1809, 37. Aufl. 1903. Zit. nach der 7. Aufl. Aarau 1822, S. 317 f.

[5] W. Weitling, Das Evangelium des armen Sünders, a. a. O., S. 8.

[6] Ch. Blumhardt, Predigten und Andachten, hrsg. von R. Lejeune, Band II, Erlenbach-Zürich und Leipzig, 1925, S. 194.

[7] Beschluß der preußischen Generalsynode von 1891, zit. nach A. Erdmann, Die christliche Arbeiterbewegung in Deutschland, Stuttgart 1909², S. 292 f.

[8] Der Evangelische Oberkirchenrat: Über die Beteiligung der Pfarrer an der sozialpolitischen Bewegung, 1895. Zit. nach: Quellen zur Geschichte des deutschen Protestantismus 1871—1945, hrsg. von K. Kupisch, Siebenstern-Dokumentarband 41/42, München und Hamburg 1965, S. 78 f.

[9] J. H. Zschokke, Stunden der Andacht, a. a. O.

uns geliebet sein" — haben das Christentum geraubt und zur Tyrannei pervertiert [10]. Und der evangelische Pfarrer Hermann Kutter formuliert 1910: „Die Christenheit" — und damit meint er die offizielle Christenheit der Staatskirche — „berufe sich nur nicht auf das Evangelium. Während sie sich an den Buchstaben klammert, vermag Gott den Geist des Evangeliums in den steinernen Herzen der Atheisten zu entfachen. Er gibt den Glauben, wenn er will. Heute gibt er ihn den Sozialdemokraten. Die Sozialdemokraten sind es, die heute hoffen, wie Abraham, wo nichts zu hoffen ist.... Sie sind gewiß, daß eine andere Welt im Anbruch ist — mit allen Glaubenshelden der Bibel" [11].

Konservativ oder revolutionär, jenseitig oder diesseitig, staats- und herrschaftserhaltend oder weltverändernd, das waren die in der Mitte des 19. Jahrhunderts und lange danach diskutierten und auch praktizierten Alternativen des Protestantismus. Ähnliche Strömungen waren innerhalb des Katholizismus spürbar [12]. Eine Reihe von Menschen, die sich zum Sozialismus bekannte, hat sich eindeutig dafür entschieden, das Christentum als revolutionär und diesseitsorientiert und weltverändernd anzusehen und ihm eine wesentliche Rolle im revolutionären Prozeß zuzuschreiben. Meist entstammten diese Menschen der Kirche oder dem Pfarrerstand, waren bürgerlich oder demokratisch. Sie mißtrauten einem ökonomischen Automatismus, sie fragten nach dem neuen Menschen in diesem revolutionären Prozeß, sie suchten nach der revolutionären Motivation, nach der Psyche der Revolution — und stießen immer wieder auf die Kraft der Religion.

In diesem Zusammenhang steht auch F. A. Lange, der weder religiöser Sozialist war noch zu ihnen gerechnet werden wollte, der aber dem Christentum im revolutionären Prozeß eine nicht unwesentliche Rolle zuspricht. Denn die soziale Frage und der damit verbundene revolutionäre Prozeß sind nicht durch äußere Dinge fortzuführen, sondern nur durch „eine veränderte Geistesrichtung" [13]. „Sonach läuft denn Kern und Wesen der ganzen gegenwärtigen Arbeiterbewegung auf einen großen geistigen Kampf hinaus, dessen Ziel und Ende nur in der Besiegung der falschen Willensrichtung zu suchen ist, die sich allen durchgreifenden Verbesserungen in der Lage des eigentlichen Volkes von jeher entgegengestellt hat. Dieser Kampf ist nicht rein äußerlich zu fassen, er ist zugleich in dem Gemüt jedes einzelnen auszufechten" [14]. Nur hier, in dieser inneren Erneuerung, ist „der Anfang der Rettung aus einer großen Gefahr in der Arbeiterbewegung", deshalb muß „der großen Wendung der Dinge, die unausbleiblich herannaht, mit Besonnenheit und Einsicht vorgearbeitet werden" [15]. Schon die religiöse — und manchmal quasi-theologische — Wortwahl deutet an, daß F. A. Lange der Religion in diesem Prozeß einen wichtigen Platz anweisen will.

Für F. A. Lange kommt eine denkbare Beseitigung der Religion nicht in Frage, denn „die völlige Aufhebung und Abschaffung aller Religion" führt

---

[10] W. Weitling, Das Evangelium des armen Sünders, a. a. O., S. 125.

[11] H. Kutter, Gerechtigkeit. Ein altes Wort an die moderne Christlichkeit. Jena 1910, S. 132.

[12] Zu verweisen ist hier insbesondere auf die deutsch-katholische Bewegung in Österreich.

[13] F. A. Lange, Die Arbeiterfrage. Ihre Bedeutung für Gegenwart und Zukunft, Leipzig o. J. (1910), S. 13.

[14] F. A. Lange, Die Arbeiterfrage, a. a. O., S. 90 f.

[15] Ebenda, S. 91.

die Gefahr geistiger Verarmung mit sich" [16]. Weil er „den Kern der Religion" eben nicht in „gewissen Lehren über Gott, die menschliche Seele, die Schöpfung und ihre Odrnung" erkennt, sondern vielmehr „in der Erhebung der Gemüter über das Wirkliche" und „im ethischen und nicht im logischen Inhalt" sieht, darum hält er Religion bei als das „Prinzip der schaffenden Idee" und als „bildliche Stellvertretung der vollen Wahrheit" [17]. Und im Anschluß an Fichte formuliert er: „Der Geist, von dem im Neuen Testament geweissagt wird, daß derselbe die Jünger Christi in alle Wahrheit leiten soll; es ist kein anderer als der Geist der Wissenschaft, der sich in unseren Tagen offenbaret hat. Er lehrt uns in absoluter Erkenntnis die Einheit des menschlichen Daseins mit dem göttlichen, die von Christus zuerst der Welt im Gleichnis verkündigt wurde. Die Offenbarung des Reiches Gottes ist das Wesen des Christentums, und dies Reich ist das Reich der Freiheit..., welches in Wahrheit das Prinzip einer neuen Weltverfassung ist" [18]. Diese Religion der Wahrheit und der Wissenschaft, der ethischen Idee und der sozialen Leistung, die „die wahre Religion" [19] ist, muß in die Arbeiterbewegung hineinfließen, ehe das Neue kommen kann: „Bildung und Brüderlichkeit werden dann die guten Genien sein, welche die Menschheit von Stufe zu Stufe aufwärts leiten" [20].

Diesen großen Wert schreibt er allerdings nicht der gegenwärtigen Gestalt der Religion zu, wie sie ihm im zeitgenössischen Christentum entgegentritt. Denn die Gestalt der Religion in Kirche und Christentum widerspricht sowohl dieser prinzipiellen Wertung von Religion für die Arbeiterbewegung und damit für die Menschheit als auch der ursprünglichen Intention des Christentums.

Der prinzipiellen Wertung widerspricht nach F. A. Lange die gegenwärtige Kirche, weil sie die „notwendige Konsequenz der Annahme" eines Gottes als „Zusammenhang der Dinge nach Ursache und Wirkung" nicht beibehalten hat [21]. Der eine Gott läßt nämlich die Welt als Einheit erscheinen und läßt vor allem die Menschheit als eine Menschheit erscheinen. Wer Religion hat, wer diese Religion hat, muß für F. A. Lange für diese Einheit eintreten und kann nicht Über- und Unterordnungen, Luxus und Elend in einer Menschheit zulassen. Deshalb ist es unrecht und zugleich unreligiös, wenn die Kirche ihren partiellen Dogmen den Vorrang vor der Gesamtsicht gibt: „Sie wird den Lehrsätzen eine Weihe und ein Gewicht geben, deren sie nicht bedürfen, und wird, je tiefer sie das einzelne einprägt, desto mehr den Geist des Ganzen verunstalten" [22]. Deshalb muß die Wissenschaft sich konsequent bemühen, „die Glaubensartikel zu Hypothesen herabzusetzen" [23], und das ist dann eine eminent religiöse Aufgabe der Wissenschaft. Der prinzipielle Wert der Religion kann nicht in diesen Dogmen bestehen, sondern nur in den ethischen und sozialen Kriterien, die die Religion als Idee und Wahrheit in die Wirklichkeit einbringt.

---

[16] F. A. Lange, Geschichte des Materialismus, Bd. II, a. a. O., S. 192.
[17] Ebenda, S. 192 f.
[18] Ebenda, S. 194.
[19] F. A. Lange, Geschichte des Materialismus, Bd. I, a. a. O., S. 90.
[20] F. A. Lange, Die Arbeiterfrage, a. a. O., S. 92.
[21] F. A. Lange, Geschichte des Materialismus, Bd. I, a. a. O., S. 65.
[22] Ebenda, Bd. II, S. 174.
[23] Ebenda, S. 95.

Deshalb greift F. A. Lange auch die „bedenklichsten und gefährlichsten" Faktoren an, deren sich die Kirche bei ihrem Verlassen des rechten Weges der Religion bedient hat und noch immer bedient: „organisierte Priesterschaft und Autorität des Amtes" [24]. Beide Faktoren sind widergöttlich, weil sie die Idee der Einheit des Menschengeschlechts und die Wahrheit „der gleichmäßigen Berufung aller Menschen zu einem höheren Dasein" [25] in ihr Gegenteil kehren. Diese Pervertierung der Religion in der Kirche, die für ihn zugleich mangelnde Ethik und fehlende soziale Leistung darstellt, moniert er immer wieder; so verweist er „auf die heuchlerische Bahn des reichen Pfarrers ..., der den hungernden Schulmeister mit dem inneren Lohn der treuen Arbeit an den Kinderseelen und mit der Anweisung auf das Jenseits abfindet" [26]. Jede Organisationsform der Menschheit — auch innerhalb des Sozialismus — die sich dieser Faktoren der Priesterschaft und der Amtsautorität bedient, wird von F. A. Lange als unsittlich und unreligiös verworfen.

Aber das zeitgenössische Christentum und die damalige Kirche halten nicht nur der prinzipiellen Wertung nicht stand, sondern widersprechen auch der ursprünglichen Intention des Christentums, die für Lange immer wieder als die wahre, reine, höchste und sittlichste Religion in ihren Ursprüngen erscheint. Christentum und Kirche haben nämlich aus der „Religion der Unterdrückten und der Sklaven, der Mühseligen und Beladenen" [27] ein „Regierungschristentum" [28] gemacht, das nur den Herren dient. Trotz dieser Unterdrückung der wahren Religion hat sich der christliche Gedanke, „daß das Elend der Massen eine Schande der Menschheit ist, und daß alles daran gesetzt werden muß, um es gründlich zu beseitigen" [29] in den christlichen Ländern durchgesetzt, aber dieser Gedanke wird nun von den Kirchen als unchristlich bezeichnet. Damit aber verraten die Kirche und das Christentum endgültig die wahre Religion. Denn Lange ist der Überzeugung: „Auch liegt der Umsturz des alten Prinzips in den Grundgedanken des Christentums, die bestimmt scheinen, erst mit dem Zerbrechen der alten kirchlichen Formen sich unter den Völkern in ihrem wahren Sinne lebenskräftig zu verbreiten. Die Verweisung auf das Jenseits ist eine Verheißung, ein Gleichnis, ein Glaubensartikel; die Vollendung im Fleisch ist die Erfüllung, die Auslegung, das Schauen. Wann wird den Armen in diesem Sinne die frohe Botschaft verkündet?" [30]. Diesen Umsturzgedanken hat das Christentum gegen die alte Gesellschaft Roms bewährt, als es im Kampf mit den bestehenden Einrichtungen gegen die Sklaverei die Sklaven als Brüder achten lehrte (Ethik) und sie als Brüder behandelte (soziale Leistung) [31]. „Indem das Christentum den Armen das Evangelium verkündete, hob es die antike Welt aus den Angeln" [32]. Nun aber ist es an der Zeit, die heutige — alte — Welt aus den Angeln zu heben, dazu bedarf es aber einer religiösen Kraft, die in der Kirche und im Christentum, die beide von der prinzipiellen Grundeinsicht und ihrer eigenen ursprünglichen Inten-

---

[24] Ebenda, S. 173.
[25] Ebenda, Bd. I, S. 65.
[26] F. A. Lange, Die Arbeiterfrage, a. a. O., S. 59.
[27] F. A. Lange, Geschichte des Materialismus, Bd. I, a. a. O., S. 64.
[28] Ebenda, Bd. II, S. 41.
[29] F. A. Lange, Die Arbeiterfrage, a. a. O., S. 24.
[30] Ebenda, S. 43.
[31] Ebenda, S. 77.
[32] F. A. Lange, Geschichte des Materialismus, Bd. I, a. a. O., S. 64.

tion abgewichen sind, nicht mehr vorhanden ist. Denn „List, Verrat und Greuel halfen, den christlichen Staat — einen Widerspruch in sich — zu begründen" [33] und den „Umsturz des alten Prinzips" zur heiligen Geschichte erstarren zu lassen, die unwirksam wird.

Trotz dieser harten Kritik an der vorfindlichen Gestalt von Christentum und Kirche verschließt sich F. A. Lange der grundsätzlichen Religionskritik von Strauß, Überweg und von den atheistischen Sozialisten. Denn für F. A. Lange ist es kein Zufall, daß Strauß und Überweg nach seiner Darstellung in ihrer prinzipiellen Religionskritik „mit ihrem Materialismus die Rechtfertigung des Industrialismus verbinden, und daß sie an die Stelle der Religion der Elenden und Unterdrückten eine Religion der bevorzugten Aristokratie stellen, die auf jede kirchliche Gemeinschaft mit der großen Masse verzichtet" [34]. Und auch die atheistischen Materialisten erweisen der Menschheit mit ihrer Religionskritik keinen Dienst: „Das Ideale hat keinen Kurs; was sich nicht naturwissenschaftlich und geschichtlich legitimieren kann, wird zum Untergang verurteilt, wenn auch tausend Freuden und Erquickungen des Volkes daran hängen, für die man keinen Sinn mehr hat" [35]. Diesem atheistischen und materialistischen Sozialismus fehlt eben das „Prinzip der schaffenden Idee", die „bildliche Stellvertretung der vollen Wahrheit" [36]. Nur „Ideen und Opfer können unsere Kultur noch retten und den Weg durch die verwüstete Revolution in einen Weg segensreicher Reformen wandeln" [37].

Damit aber steht F. A. Lange auf dem Standpunkt, daß die sozialistische Bewegung aus eigener Kraft das erkannte richtige Ziel nicht erreichen wird, wenn sie nicht eine neue religiöse Motivation gewinnt, die der prinzipiellen Wertung der Religion und zugleich den ursprünglichen Intentionen des Christentums entspricht. Der Sozialismus hat Religion nötig — freilich eine Religion, die den Umsturz des alten Prinzips permanent beibehält, die mit der Wissenschaft konform geht und die ihre Aufgaben in den sozialen Leistungen, d. h. in der Lösung der Arbeiterfrage und der Erschaffung des Neuen, sieht. Daneben stellt sich bei F. A. Lange ein pädagogischer Gedanke, der nicht unwesentlich für ihn ist: einmal erscheint ihm die Gefahr recht groß, daß trotz „aller schulmäßigen Aufklärung" und systematischen Abbaus der Religion „eine Reaktion im Volke zugunsten einer recht fanatischen und engherzigen Auffassung der Religion entstehen müßte" [38]; zum anderen sieht er im Volk Religion, die „nicht auf größerer Sicherheit, sondern auf einer größeren Wertschätzung beruht" [39], die dem Volk nicht geraubt werden kann. Wer dem Volk helfen will, kann es nicht um das Seine betrügen — auch nicht um die wahre Religion; aber er soll dann auch alles tun, um dieser wahren Religion — gegen alle Entstellungen — zum Durchbruch zu verhelfen.

Was aber ist für F. A. Lange „wahre Religion", die zur inneren Ausrüstung des Sozialisten und des Sozialismus gehören muß?

Wahre Religion ist für F. A. Lange zunächst das, was die Herzen rührt, was das Gemüt erhebt, was den Geist aufrichtet und verändert. Damit ist für

---

[33] Ebenda, S. 64.
[34] Ebenda, Bd. II, S. 188.
[35] Ebenda, S. 188.
[36] s. Anm. 17.
[37] F. A. Lange, Geschichte des Materialismus, Bd. II, a. a. O., S. 174.
[38] Ebenda, S. 192.
[39] Ebenda, S. 193.

ihn zugleich eine ethische Tendenz verbunden: Die religiöse Idee der Harmonie, die zur praktischen sozialen Harmonie wird, die religiöse Idee der Brüderlichkeit, die zur Praxis der Menschenverbrüderung wird. Religion ist damit Idee und Innerlichkeit zugleich, allerdings Idee und Innerlichkeit, die sich nach außen wenden können zur sozialen Praxis. „Ein Stoff, der einerseits echt menschlich, andererseits auf Göttliches und Ewiges hinweisend die Herzen berührt, bildet die Grundlage, mit welcher die ethische Tendenz der Religion sich unauflöslich verbindet" [40].

Weiter ist für F. A. Lange die wahre Religion in Identität mit der wahren Wissenschaft zu sehen. Scharf wendet er sich gegen den abstrusen Köhlerglauben, der Religion nur im Gegensatz zur Wissenschaft glauben will; ebenso energisch verwirft er aber auch die Afterphilosophie und Scheinwissenschaft, die Wissenschaft nur im Gegensatz zur Religion treiben wollen. Dieser Gegensatz von Religion und Wissenschaft — und damit auch der Gegensatz von Religion und Sozialismus — ist für ihn nur das Produkt einer jahrhundertelangen Fehlentwicklung, in der die Religion sich selbst aufgegeben und die Wissenschaft sich selbst verlassen haben. „Das Eingehen auf den Kern der Religion und die Überwindung alles Fanatismus und Aberglaubens durch die bewußte Erhebung über die Wirklichkeit und den definitiven Verzicht auf die Verfälschung des Wirklichen durch den Mythus, der ja nicht dem Zweck der Erkenntnis dienen kann" [41] sind ihm Forderungen an die Religion und ihre künftige Praxis im Sozialismus. Zugleich aber wendet er sich mahnend und korrigierend an die Wissenschaftler und Sozialisten, indem er ihnen einschärft: „Wir haben in den Naturgesetzen nicht nur Gesetze unseres Erkennens vor uns, sondern auch Zeugnisse eines anderen, einer Macht, die uns bald zwingt, bald sich von uns beherrschen läßt" [42].

Schließlich sind wahre Religion und Sozialismus keine Gegensätze für F. A. Lange. Auch hier sieht er mit Schrecken das Auseinandertreten der beiden Kräfte, die für den „natürlichen sittlichen Fortschritt" [43] der Menschheit zusammengehören. Religion bleibt ohne Verwirklichung des für die alte Welt gefährlichen Grundgedankens, des umstürzlerischen Grundgedankens des Christentums, eine überflüssige Angelegenheit. Darum muß das Christentum zu sich selbst hinfinden, dies aber kann es nur, wenn es sich mit der Wissenschaft und dem Sozialismus verbindet. Der Sozialismus — und hier vor allem der theoretische Materialismus im Sozialismus — hat aus sich nämlich nicht die Potenz, die Welt zu verändern, weil ihm der Zukunftsentwurf, das Ideal und der Gedanke fehlen. „Das Bild einer idealen Vollkommenheit entspringt im Gemüte, und die Anschauung dieses Ideals wird zu einem Leitstern bei allen Handlungen. Der theoretische Materialismus kann sich ohne Inkonsequenz nicht zu diesem Standpunkt erheben, weil für ihn dies Ausgehen vom Ganzen und von einem allgemeinen, vor jeder Erfahrung feststehenden Prinzip ein Irrtum ist" [44]. Dieses Ausgehen von einem Ganzen, von einem vor jeder Erfahrung feststehenden Prinzip ermöglicht erst der religiöse Monotheismus.

---

[40] Ebenda, S. 174.
[41] Ebenda, S. 192.
[42] Ebenda, S. 190.
[43] F. A. Lange, Die Arbeiterfrage, a. a. O., S. 17.
[44] F. A. Lange, Geschichte des Materialismus, Bd. II, S. 175.

In der Auseinandersetzung mit Überweg entwirft F. A. Lange dann auch ein Bild der künftigen Religion des Sozialismus. Hierbei müssen wir beachten, daß diese Gedanken z. T. ganz pragmatisch auf die damalige Situation der Arbeiter bezogen sind. Lange will eben das auf Veränderung drängende Potential in der Kampfsituation und das die neue Welt schaffende und erhaltende Potential nicht auseinanderreißen; das Potential der Veränderung und des Schaffens und Erhaltens ist ihm dasselbe. So ist er der Auffassung, „daß die Religion der Zukunft wesentlich eine Religion der Versöhnung und der Freude sein müsse, mit entschiedener Richtung auf die Vollkommenheit des diesseitigen Lebens, welches vom Christentum aufgegeben wird"[45]. Während Überweg „die ganze Leidens- und Jammerpoesie des Christentums" entfernen will aus einer künftigen Religion, widerspricht F. A. Lange dieser Radikalkur: Im Kultus der Religion der Zukunft, der Religion des Sozialismus müsse in jedem Fall auch das Lied „O Haupt voll Blut und Wunden" aus ästhetischen und inhaltlichen Gründen beibehalten werden[46]. Zur Begründung führt F. A. Lange Kenntnis des Volkes und Rücksicht auf das Volk an, er argumentiert pädagogisch, ohne inhaltliche Verfälschungen seines Sozialismus zuzulassen: „Ich verwies darauf hin, daß wir doch das soziale Elend und den Kummer des Einzelnen nicht wegschaffen könnten, daß in der Verschuldung aller, auch der Gerechtesten, ein tiefer Sinn liege, daß der rücksichtslose Aufruf an die Willenskraft des Einzelnen eine tiefe Unwahrheit und Ungerechtigkeit in sich schließe. Demgemäß verlangte ich auch neben dem heiteren Neubau der Religion der Zukunft zum mindesten meine gotische Kapelle für bekümmerte Gemüter und im nationalen Kultus gewisse Feste, in denen auch der Glücklichere lernen sollte, in den Abgrund des Elends niederzutauchen und sich mit dem Unglücklichen und selbst mit dem Bösen in der gleichen Linie der Erlösungsbedürftigkeit wiederzufinden. Mit einem Worte: wenn in unserem jetzigen Christentum Jammer und Zerknirschung die Regel, heitere Erhebung und Siegesfreude die Ausnahme bilden, so wollte ich dies Verhältnis umkehren, aber den finsteren Schatten, der nun einmal das Leben durchzieht, nicht ignorieren"[47]. Hier wird deutlich, daß F. A. Lange als Idealist für sich „neben die Erscheinungswelt eine Idealwelt stellen"[48] muß, damit diese Erscheinungswelt der Idealwelt nähergebracht werden kann; ebenso will er als sozialistischer Pädagoge dem ganzen Volke — und er geht hier vom Proletarier aus auf das ganze Volk — diese Idealwelt zugänglich machen, um sie in der Wirklichkeit der Erscheinungswelt zu stärken und über diese Erscheinungswelt zu erheben auf die Zukunft des Sozialismus hin.

So bleibt für F. A. Lange die Religion wesentlicher Faktor des Sozialismus und der künftigen Weltgestaltung. Allerdings gibt er der Religion eine eigene Deutung, in die er die Argumente der bisherigen Diskussion innerhalb des Christentums aufnimmt. Seine Behauptungen, daß das Christentum als die wahre Religion ursprünglich auf die revolutionäre Umgestaltung des Bestehenden hinziele, kommt ebenso schon aus älteren Wurzeln wie die anderen

---

[45] Ebenda, S. 183.
[46] Ebenda, S. 183.
[47] Ebenda, S. 183.
[48] Ebenda, S. 184. Auf die Problematik des nationalen Kultus sowohl im Blick auf die geforderte Internationalität der Zukunft als auch auf die kritisierte damalige Staatskirche kann hier nur hingewiesen werden. F. A. Langes Patriotismus und sein Internationalismus sind ihm selbst nicht als konfliktträchtiger Gegensatz erschienen.

Behauptungen, daß die gegenwärtige Gestalt der Religion im Christentum der wahren Religion widerspreche. Seine eigene Deutung aber ist darin zu sehen, daß er den Idealismus und die ihm eigene Volkspädagogik in ein Konzept der Religion der Zukunft packt, das schließlich eher den sozialreformerischen Fortschritt als die klassenkämpferische Revolution zum Ziele hat. Deshalb wird die Religion der Zukunft bei F. A. Lange zu einer diesseitsorientierten — und rückblickend gesehen: enttäuschten — Hoffnung: „Das ist nicht Furcht, was die Hand am Schwerte lähmt; das ist nicht Überraschung, was das drohende Zepter plötzlich in den Staub sinken läßt; nicht gemeine Beschränktheit, was die schlau berechneten Ratschläge zum Verderben wendet: es ist eine verborgene Macht, die aus den Tiefen des gemeinsamen Daseins hervorbricht; es ist das überwältigende Gefühl der großen Wendung der Dinge, welches in die Herzen aller Beteiligten einzieht, auf welcher Seite sie auch stehen mögen" [49].

---

[49] F. A. Lange, Die Arbeiterfrage, a. a. O., S. 91.

IV. ANHANG

Der Nachlaß F. A. Langes im Stadtarchiv Duisburg

von Klaus Plump

Im Zusammenhang mit der Vorbereitung dieses Bandes stand die Überlegung, das im Jahre 1929 aufgestellte Verzeichnis des Nachlasses von Friedrich Albert Lange zu überarbeiten und, wo es möglich war, durch zeitliche Daten oder Angaben über den Umfang zu ergänzen.

Dazu war es notwendig, den Nachlaß einer gründlichen Durchsicht zu unterziehen, um anhand äußerer und innerer Merkmale bisher verdeckte Zusammenhänge kenntlich zu machen.

Bei der Durchsicht der Veröffentlichungen über Lange erwiesen sich neben den Arbeiten Weinkauffs [1] und Ellissens [2], die noch unmittelbaren Kontakt zu Lange oder — wie im Falle Ellissens — wenigstens zum Nachlaß in seinem frühen Umfang und zum Freundes- und Familienkreis des Philosophen hatten, die Untersuchungen von Prof. Eckert [3] als entscheidende Hilfsmittel, um Fortschritte bei der Einordnung und Datierung zu erzielen.

Am Anfang einer kurzen Skizze der Geschichte des Nachlasses [4], soweit sie sich heute noch rekonstruieren läßt, stehen die gegenseitigen Duisburger Verfügungen der Freunde Lange und Weinkauff über ihren handschriftlichen Nachlaß vom 8. April 1860 [5].

Am 24. November 1866, dem Tag, an dem Lange von Duisburg in die Schweiz übersiedelt, ergänzt Weinkauff diese Abmachungen durch eine Vermögensbestimmung, die er erst im Jahr 1869 dem Freunde mitteilt [6].

---

[1] Franz Weinkauff: Friedrich Albert Lange. In: Allgemeine Deutsche Biographie 17 (1883), S. 624—631.

[2] O. A. Ellissen: Friedrich Albert Lange. Eine Lebensbeschreibung. Leipzig 1891.

[3] Von den Arbeiten Georg Eckerts kamen vor allem der Aufsatz „Friedrich Albert Lange und die Sozial-Demokratie in Duisburg" (In: Duisburger Forschungen 8 (1965), S. 1—23), Vorwort und Einführungen in „Friedrich Albert Lange. Über Politik und Philosophie — Briefe und Leitartikel 1862 bis 1875" (Beiheft 10 der Duisburger Forschungen (1968)) und die Einleitung zum Neudruck des „Boten vom Niederrhein" (Der Bote vom Niederrhein. Faksimile-Nachdruck der Jahrgänge 1865/66. Duisburg 1968) in Frage. Der Wunsch, in einem Band „Friedrich Albert Lange und die Schweiz" die Zeugnisse der Schweizer Jahre zu veröffentlichen, bleibt durch den Tod Eckerts leider unerfüllt (S. 21 des Vorworts von „Über Politik und Philosophie — Briefe und Leitartikel 1862 bis 1875").

[4] Eckert, a. a. O. (1968), S. 17—21.

[5] Bestand 46-1-IV/14: „Für den Fall meines Absterbens spreche ich hiermit als meine bestimmte Willenserklärung aus, daß mein gesamter handschriftlicher Nachlaß, mit Ausnahme der Privatbriefe, in alleinigen Besitz des Dr. Franz Weinkauff, der Zeit Lehrer am Gymnasium in Köln, gelange; mit der Bedingung jedoch, daß nach dem Tode desselben die Manuskripte, so weit sie noch vorhanden sind, in den Besitz meiner Hinterbliebenen zurückfallen. Es steht dem Dr. Weinkauff inzwischen frei, jeden beliebigen Gebrauch von denselben zu machen und insbesondere zu veröffentlichen oder zu vernichten, was ihm gut scheint."

[6] Vgl. 46-1-VI/88: Schreiben vom 25. Februar 1869: „So will ich, daß die Summe von fünftausend Talern, also etwa mein väterliches Erbe, an meine Geschwister, bezüglich deren Kinder, zurückfalle; das sämtliche übrige bare Vermögen soll meinem D. Friedr. Albert Lange (bisher in Duisburg wohnhaft, am heutigen Tage nach der Schweiz übersiedelnd) zur freien Verfügung gestellt sein; ich schenke ihm mein erspartes Vermögen,

Wie Weinkauff nach dem Tode Langes versucht, die mit dem Freunde getroffenen Vereinbarungen zu verwirklichen und welche Schwierigkeiten sich dabei bald einstellen, lassen die im Nachlaß erhaltenen Briefe aus den Jahren 1876 bis 1883 deutlich erkennen [7].

Wie eine Vorahnung der kommenden Zwistigkeiten hört es sich an, wenn er bereits am 24. April 1876 an die Witwe schreibt: „Was uns beide betrifft, so wollen wir Langes Wunsch erfüllen und „hübsch einig bleiben" ... Was die Bücherangelegenheiten betrifft, so will ich das im Briefe an den Herrn Varrentrapp behandeln, da derselbe die Güte hat, im Verein mit Herrn Cohen die Sachen zu ordnen" [8].

Inzwischen bemüht sich Weinkauff, Material über den Freund zusammenzubringen. Der Kollege „Feld brachte mir auch Briefe von Lange mit, weil er weiß, daß mich jede Zeile von meinem lieben Freund interessiert" [9].

Daß in der Zwischenzeit ernste Meinungsverschiedenheiten aufgetreten sind, spiegelt sich im ersten Schreiben des Jahres 1877 [10]. „Als ich zuletzt bei Ihnen war, habe ich den handschriftlichen Nachlaß unseres gemeinsamen Freundes Albert zusammengelegt und erwartet, daß Sie ihn mir schickten ... Das gegenseitige Testament, das Lange und ich machten, hat nach meiner Gemütsverfassung durchaus keine juristische Kraft, sondern nur eine moralische Bedeutung. Ich habe 1875 unsern Guten gebeten, das Testament, das mich zum alleinigen Besitzer des handschriftlichen Nachlasses machte, aufzuheben: **er wollte durchaus nichts davon wissen.** ... An dem Nachlasse hängt für mich eine Verpflichtung, eine Arbeit und Mühe, die mir Lange auferlegte: ein Interesse, d. h. Gewinnsucht oder die Eitelkeit, meinen Namen gedruckt zu sehen, muß mir fern liegen, unzweifelhaft für Jeden, der mich einigermaßen kennt. Ich bin wohl auch der Einzige, der den Nachlaß nutzbar zu machen versteht, weil ich so lange und so vertraut mit unserm Albert in Liebe und Freundschaft gelebt habe. Ob Sie seinen Willen ehren wollen, ist ganz Ihre Sache."

Die Antwort von Frau Lange läßt den Konflikt noch krasser hervortreten. Weinkauff antwortet erregt [11]: „Ich glaube nicht mit dem blinden Eifer des Sammlers zu kommen, sondern in Ihrem Interesse und in L[ange]s Wunsch zu handeln. ... Woher soll ich denn wissen, daß L[ange] sich in der angegebenen Weise geäußert? ... Auch Herr Cohen hat mir nichts von dieser Verschenkung [12] gesagt, sondern, daß L[ange] gewünscht, daß er sie benutzen dürfe. Sie haben mich bloß gebeten, die betreffenden Papiere zusammenzusuchen und herauszulegen. Ich kann doch nicht wissen, was mir nicht gesagt wird. L[ange]s Willen würde ich augenblicklich geachtet haben. ... Ich wünsche schließlich, daß Sie annehmen, die Sache sei mit meiner Verzichterklärung abgemacht und zu einem guten Ende gebracht."

---

um damit nach bestem Wissen und Gewissen sozialen Notständen in der Arbeiterklasse abzuhelfen. Meine anderen Manuskripte (d. h. abgesehen von meinen Reimereien und Briefen), wissenschaftliche Studien, Exzerpte usw. gehören, laut Testament vom 8. April 1860 in Duisburg errichtet, meinem obengenannten D. Lange."

[7] Vgl. 46-1-VI/88.
[8] Die folgenden Zeilen des Briefes lassen den Schluß zu, daß Weinkauff beabsichtigt, die Bibliothek seines Freundes zu erwerben.
[9] 46-1-VI/88: Brief vom 7. August 1876.
[10] 46-1-VI/88: Brief vom 27. Februar 1877.
[11] 46-1-VI/88: Brief vom 2. März 1877.
[12] Es handelt sich um zwei Hefte unbekannten Inhalts.

Offensichtlich waren die Spannungen um den Nachlaß mitverursacht durch das ungeklärte Verhältnis, das zwischen Hermann Cohen, dem Marburger Freund, Nachfolger auf dem philosophischen Lehrstuhl und Betreuer von Langes Schriften nach dessen Tode[13], und Weinkauff, dem Weggenossen der Bonner und Duisburger Zeit[14], herrschte.

Das wird auch deutlich aus einem Brief, den Weinkauff im Januar 1879 an Johanna, die Tochter Langes, richtet[15]. „Eine eingeschriebene Postkarte des Herrn Prof. Cohen, die ich eben erhielt, zwingt mich, die Bitte an dich zu richten, Herrn Prof. Cohen sagen lassen zu wollen, daß ich freilich zur Zeit seinen Brief erhalten, daß er unter eine Masse Briefe geraten war und ich mir eben den verlegten ... hervorgeholt. ... Was nun die Frage des Herrn Prof. betrifft, so hab ich aus dem Briefe nicht ersehen, ob er sehr im Auftrag deiner l[ieben] Mutter handelt. Wenigstens scheint er mir ... Euch etwas ferner getreten zu sein. Was nun den literarischen Nachlaß deines seligen Vaters betrifft, so ist zu unterscheiden, was er als fertig zum Druck hinterlassen u[nd] gern gedruckt gesehen und was sonst da liegt. Zum Druck fertig waren die Vorles[ungen] über philos[ophische] Bildung. Ich riet vor Jahren zum Druck. Ob es jetzt die passende Zeit noch ist? Ich hab nichts dagegen, wenn Rodenberg sie aufnimmt. Was den übrigen Nachlaß betrifft, so sollte der nach dem letzten Willen deines Vaters mir übergeben werden. Ich hatte damals in Marburg mit meinem alten Studienfreund Prof. Leop. Schmidt überlegt, die kleineren Schriften (Aufsätze u. Vorträge, schon gedruckt) zu sammeln und mit dem Kern aus dem Nachlaß vermehrt herauszugeben, selbstverständlich zum Vorteil deiner Mutter. Die Sache kam anders. Ich erhielt bloß das Amt eines Oberaufsehers über den Nachlaß. Es ist ein Amt, das mir von meinem Freunde nicht aufgetragen ist. ... Wenn ich nicht die Stellung habe, die mir laut Testament dein Vater gegeben, so habe ich überhaupt keine. Ich habe nichts hineinzureden, da ich vor Jahren förmlich auf mein Recht verzichtet habe. Will deine Mutter die Vorles[ungen] über philos[ophische] Bildung drucken lassen [und] Herrn Prof. Cohen dafür den Auftrag geben, ... so ist das ihre Sache. Wenn ein Fremder und Nicht-befugter über den sonstigen Nachlaß verfügt, so kann ich das nicht hindern, behalt mir jedoch nötigenfalls eine öffentliche Erklärung vor."

Daß Cohen inzwischen in Marburg die Stellung eines Nachlaßverwalters einnahm, wird auch durch einen anderen Zeugen belegt. Heinrich Braun[16], der

---

[13] Cohen versieht u. a. eine wohlfeile Ausgabe, die Julius Baedeker, Leipzig, in einem Bande 1882 (vgl. Weinkauff, a. a. O., S. 630 f.) herausbringt, mit einem biographischen Vorwort. — Am 9. Januar 1899 schreibt er einem Dr. Julius Lohmeyer, Berlin-Charlottenburg 5, Spandauer Straße 7, auf eine Anfrage für das „Goldene Buch des Deutschen Volkes an der Jahrhundertwende": „Der älteste Sohn meines berühmten Amtsvorgängers Fr. Alb. Lange — der jüngere ist Kaufmann — ist Arzt in Melsungen. Die Tochter ist Frau Rechtsanwalt Meinshausen in Eschwege. Übrigens bin ich selbst, der ich u. a. 1896 die 5. Aufl. seiner „Geschichte des Materialismus" herausgab, zu Nachrichten für das „Goldene Buch" über ihn gern bereit." Das Schreiben befindet sich in einer Kuratoriumsakte des Marburger Universitätsbestandes im Stadtarchiv Marburg (Signatur 16 Rep. VI Kl. 9 Nr. 59, S. 30 f.).

[14] Weinkauff übernimmt noch während des Tübinger Krankenhausaufenthaltes im Juli und August 1872 die Pflege des Freundes.

[15] 46-1-VI/88: Brief vom 10. Januar 1879.

[16] Heinrich Braun, Budapest 1854/1927 Berlin, Sozialpolitiker, 1883 Mitbegründer der „Neuen Zeit", Herausgeber des „Archivs für soziale Gesetzgebung und Statistik" (1888/1903), des „Sozialpolitischen Zentralblattes" (1892/95), der „Neuen Gesellschaft" (1905/

im Jahr 1881 als erster eine Dissertation über Lange veröffentlichte [17], versuchte bei den Vorbereitungen für seine Arbeit „Friedrich Albert Lange nach seiner Bedeutung als sozialökonomischer Theoretiker", die der Hallenser Professor Conrad betreute, an den Marburger Nachlaß heranzukommen. An seinen Freund Paul Natorp, der in Marburg Bibliothekar geworden war [18], schreibt er: „Meine Arbeit über Lange soll in zwei Abteilungen gedruckt werden (Professor Conrad hat mir die „Jahrbücher für Nationalökonomie und Statistik" zu diesem Zwecke angeboten), die erste Abteilung soll als Doktordissertation, die zweite als Habilitationsschrift verwendet werden" [19]. In der Biographie Brauns heißt es dann weiter: „Auf Conrads Betreiben hatte er sich zur Doktorprüfung verstanden, aber er weigerte sich entschieden, die Studie über Lange in unfertigem Zustand zu veröffentlichen. Eine Ausgestaltung war fürs erste nicht möglich. Wertvolles Material wurde ihm vorenthalten und ließ sich auch durch Natorps gute Beziehungen zu Professor Hermann Cohen, dem Bewahrer der literarischen Hinterlassenschaft Langes, nicht beschaffen. Vergeblich betonte Heinrich, „derjenige, dem der Nachlaß anvertraut ist, habe die Pflicht, diese wichtige Quelle zur Erkenntnis von Langes Anschauungen zugänglich zu machen, damit das öffentlich abzugebende Urteil auch ein möglichst sachgemäßes und richtiges sei"; Professor Cohen beharrte bei seiner Ablehnung" [20].

Im Jahre 1883 war Weinkauffs Darstellung in der Allgemeinen Deutschen Biographie erschienen [21]. Die resignierend klingende Schlußbemerkung „Langes testamentarische Verfügung über seinen literarischen Nachlaß ist nicht zur Ausführung gekommen" [22], war vielleicht ein letzter Versuch, Bewegung in die verfahrene Nachlaßsituation zu bringen. Am Geburtstag seines Freundes wendet er sich noch einmal an die Witwe und gibt zugleich einen Rückblick auf frühere Pläne [23]. „Der nun endlich gedruckte Artikel ... ist schon vor Jahren verfaßt worden. ... Ich bin überzeugt, Sie würden mir noch lebhafteren Dank zollen, wenn mein seit Jahren abgefaßtes, aber aus guten Gründen zurückgelegtes Buch „Fr. Albert Lange. Ein Denkmal (aus seinem Briefwechsel mit mir und meinen Bekannten)" gedruckt vor Ihnen läge, oder wenn ich gar den bei meiner letzten Anwesenheit in Marburg mit Prof. Leop. Schmidt besprochenen Plan hätte ausführen können, zur Ehre meines Freundes und im Interesse seiner Frau, die mir wie eine Schwester gelten sollte. Meine Absicht war, eine Sammlung der „Kleinen Schriften" zu veranstalten und sie mit Einleitungen und Erläuterungen zu versehen, und aus dem Briefwechsel mit mir, wie aus dem literarischen Nachlasse, den Lange zu meiner alleinigen

---

1907) und der „Annalen für Sozialpolitik und Gesetzgebung" (1911/13). Nach: dtv-Lexikon, Band 2 (1966), S. 263. — Die nachfolgenden Zitate finden sich bei Julie Braun-Vogelstein: Heinrich Braun — Ein Leben für den Sozialismus. Stuttgart 1967 [Neuauflage von 1932], S. 46—51.

[17] H. Braun: Friedrich Albert Lange als Sozialökonom — nach seinem Leben und seinen Schriften. Diss. Halle 1881.

[18] Paul Natorp, Philosoph und Pädagoge, Düsseldorf 1854/1924 Marburg, seit 1885 Professor in Marburg, neben Cohen der bedeutendste Vertreter der Marburger Schule des Neukantianismus. Nach: dtv-Lexikon, Bd. 13 (1969), S. 62.

[19] J. Braun-Vogelstein, a. a. O., S. 50.
[20] J. Braun-Vogelstein, a. a. O., S. 50 f.
[21] ADB. Bd. 17 (1883), S. 624—631.
[22] ADB, a. a. O., S. 631.
[23] 46-1-VI/88: Brief vom 28. 9. 1883.

Disposition gestellt, reiche Auszüge zu geben. Es ist nicht geschehen. ... Langes Schwester hat mir wertvolle Mitteilungen über ihres Bruders Jugend gemacht [24]. Wollen Sie mir nicht auch die Hand reichen und mich mit dem nötigen Material unterstützen? ... Seitdem ich den Artikel habe drucken lassen, wird nun der Schlußsatz gewiß einige Frager erwecken: Warum? Zu wessen Vorteil? Was soll ich dann antworten? Mein Gewissen zwingt mich, Ihnen diese Situation vorzulegen, wo es sich um Langes wie um meine Ehre handelt. Ich habe, so viel als möglich, die freundschaftliche Beziehung zu erhalten versucht. Ich bin friedlich, wenn auch nicht wehr- und waffenlos. Bedenken Sie, daß es nun in Ihrer Hand liegt, ob dies meine letzten Zeilen an Sie sein sollen oder nicht."

Die Reaktion auf dieses Schreiben ist unbekannt. Der Nachlaß gibt keine Hinweise darauf, daß es noch einmal zu einer Annäherung gekommen ist. Eine weitere Veröffentlichung über Lange von Weinkauffs Hand ist bisher nicht bekannt geworden. Wie Prof. Eckert herausgefunden hat [25], muß die in späteren Testamenten Weinkauffs gesondert aufgeführte Kiste mit „Langiana" als verschollen gelten. Von den Briefen Langes an Weinkauff konnte bisher ein einziger gefunden werden [26].

Im Jahre 1886 war der Schweizer Freund Salomon Bleuler, der im Januar 1876 in zehn Folgen seines Winterthurer „Landboten" Langes Leben porträtiert hatte [27], gestorben. Scheuchzer, sein Biograph [28], erhielt aus Marburg die Bleuler-Briefe für seine Arbeit zugesandt [29].

Einige Zeit später erhält der Biograph Langes, O. A. Ellissen, Zugang zu den hinterlassenen Papieren Langes. In seinem im Mai 1890 abgeschlossenen Werk [30] findet sich eine Fülle von Hinweisen darauf, daß das ihm von der Familie Lange und anderen überlassene Material wesentlich umfangreicher war, als die Dokumente, die den heutigen Nachlaß bilden [31]. Im Jahr 1897 veröffentlicht Ellissen aus dem Nachlaß Langes „Einleitung und Kommentar zu Schillers philosophischen Gedichten" [32].

Über den Weg, den Langes Nachlaß nach dem Tod der Witwe im Jahre 1888 genommen hat, lassen sich bisher nur Vermutungen anstellen. Prof. Eckerts Hinweis [33], daß sich im Jahr 1909 Gustav Mayer, der Biograph Johann

---

[24] Möglicherweise handelt es sich auch hier um die Erinnerungen der Schwester Alwine (vgl. 46-1-IV/2).
[25] G. Eckert, a. a. O. (1968), S. 292.
[26] G. Eckert, a. a. O. (1968), S. 330. Der unter Nr. 133 aufgeführte Brief vom 2. August 1873 befindet sich im Haeckel-Archiv.
[27] Vgl. 46-1-IV/3.
[28] Friedrich Scheuchzer: Salomon Bleuler. Bülach 1887.
[29] Vgl. 46-1-VI/100.
[30] O. A. Ellissen: Friedrich Albert Lange. Eine Lebensbeschreibung. Leipzig 1891. Vgl. S. V des Vorworts.
[31] Vgl. die zahlreichen Lange-Zitate aus Briefen an Ueberweg. — Der Briefwechsel mit Weinkauff war allerdings auch Ellissen nicht zugänglich. Vgl. die Anm. a. a. O., S. 155.
[32] F. A. Lange, Einleitung und Kommentar zu Schillers philosophischen Gedichten, aus dem Nachlaß des Verfassers hrsg. von O. A. Ellissen, Bielefeld 1897. — Ellissen hat mindestens noch zweimal Arbeiten von Lange veröffentlicht: F. A. Lange, Über den Zusammenhang der Erziehungssysteme mit den herrschenden Weltanschauungen verschiedener Zeitalter. In: Material zum Arbeitsunterricht an höheren Schulen, Nr. 71. Herausg. Prof. Dr. O. A. Ellissen. Bielefeld 1926. Vgl. 46-1-II/15 und 16. — F. A. Lange, Die griechischen Formen und Maße in der deutschen Dichtung. Hrsg. O. A. Ellissen. Bielefeld 1928.
[33] G. Eckert, a. a. O. (1968), S. 19.

Baptist von Schweitzers, bei einem in Melsungen ansässigen Familienmitglied für die Benutzung des „Boten vom Niederrhein" bedankte, läßt den Schluß zu, daß zumindest Teile der Marburger Hinterlassenschaft an den in Melsungen als praktischen Arzt tätigen ältesten Sohn [34] Langes gelangt sind.

Erst etwa zwanzig Jahre später, als man in Duisburg eine Hundert-Jahr-Feier zu Langes Geburtstag vorbereitet, wird die Spur wieder sichtbar. In einer Besprechung [35] im Juli 1928 berichtet Schulrat a. D. Eicker: „Von dem literarischen Nachlaß wurde ein Teil [36] auf dem Speicher der deutschen Burse in Marburg gefunden, mit dessen Sichtung der Studienrat Lange zur Zeit beschäftigt ist; er ist bereit, den Nachlaß der Stadt gegen Entschädigung zu überlassen."

Im August 1928 berichtet Albert Lange [37] dem Duisburger Stadtarchivar Dr. Ring über die Durchsicht der Briefe seines Großvaters [38]. Am 14. September 1928 verhandelt man, wie Ring in einem Bericht an den Oberbürgermeister darlegt, mit Lange. Mitbewerber um den Nachlaß ist das Moskauer Marx-Engels-Institut. Auf ein Angebot von 4.000,— RM, das Ring ihm am 7. Oktober mitteilt, geht Lange sofort ein. Am 8. Dezember 1928 werden die Manuskripte und Briefe Friedrich Albert Langes der Stadt Duisburg übergeben [39].

Im April des folgenden Jahres kann Ring dem Oberbürgermeister das „Verzeichnis des wissenschaftlichen Nachlasses von F. A. Lange" vorlegen [40]. Die von Ring gebildeten sieben Gruppen

     I. Philosophie
     II. Pädagogik
     III. Politik, Volkswirtschaft u. a.
     IV. Zur Biographie
     V. Familienbriefe
     VI. Briefwechsel mit Gelehrten, Politikern, Verlegern, Freunden u. a.
     VII. Drucksachen

sind bis auf die letzte Gruppe auch in dem folgenden überarbeiteten Verzeichnis beibehalten worden [41].

Frühe Benutzer des Nachlasses sind von Eynern (1930), Ring selbst (1930) und Guggenbühl, der Verfasser einer Monographie über den Winterthurer

---

[34] Arthur Lange, geboren 1854 in Köln. Vgl. 46-1-VI/13 b und den Brief Cohens in Anm. 13.
[35] Vgl. 46-1-VII/8.
[36] Vermutlich waren die Briefe stets in Familienbesitz. Der aufgefundene Nachlaßteil kann etwa aus Vorlesungsmanuskripten bestanden haben.
[37] Studienrat Albert Lange wurde als Sohn des Arztes Dr. Arthur Lange und der Caroline Lambert 1889 in Melsungen geboren. Im Jahre 1928 war er in Langenberg, später in Herne, von 1931 bis 1936 in Duisburg an der Studienanstalt tätig. Vgl. Stadtarchiv Duisburg, Bestand 103/5694.
[38] Vgl. Stadtarchiv, Bestand 102/791: Ankauf des wissenschaftlichen Nachlasses von Friedrich Albert Lange. 1928/29.
[39] Vgl. Bestand 102/791: Bericht Rings vom 13. Dezember 1928 an den Oberbürgermeister.
[40] Bestand 102/791: Schreiben Rings vom 27. April 1929 nebst Verzeichnis.
[41] Der Nachlaß erhielt die Bestandsnummer U 41, im Jahre 1972 bei einer Umordnung der Nachlässe die Bezeichnung 20-1; die Ordnungsarbeiten wurden von der damaligen Mitarbeiterin, Frau Editha Maruhn, durchgeführt. Seit März 1975 trägt der wichtigste Nachlaß-Bestand des Stadtarchivs Duisburg die Signatur 46-1.

„Landboten" (1936)[42]. Im Januar 1934 gelingt es, den Briefwechsel um drei Schreiben Langes an den Darmstädter Philosophen und Mediziner Büchner zu vermehren[43].

Im September 1936 erfolgt durch Dr. Werner Brauksiepe, den Verfasser der „Geschichte des Duisburger Zeitungswesens von 1727—1870", eine Einzelverzeichnung der Briefe von und an Lange[44].

Bereits im Jubiläumsjahr zeichnet sich die Möglichkeit ab, daß der gerade zusammengeführte Nachlaß erneut geteilt wird. In seinem Bericht an den Oberbürgermeister vom 11. Oktober 1928 schreibt Ring[45]: „Schon jetzt möchte ich den Wunsch des Herrn Oberstudiendirektors Lic. Dr. Feigel übermitteln, den p h i l o s o p h i s c h - wissenschaftlichen Teil des Nachlasses bearbeiten zu dürfen, bevor derselbe, wie es ja wohl geplant ist, einer rheinischen Universität als Geschenk übergeben wird." Zwei Monate später erwägt Ring[46]: „Wenn das Register vorliegt, kann gegebenen Falls auch eine Auswahl derjenigen Stücke getroffen werden, die für eine Abgabe an die Bonner Universitätsbibliothek in Frage kommen. Ob man sich dafür vielleicht die Duisburger Universitätsakten ausbitten könnte?"

Damit ist bereits ein Ton angeschlagen, der dann in den Jahren 1935 bis 1937 zum beherrschenden Thema wird[47]. Schließlich aber bleibt der Nachlaß durch die Ablehnung des Düsseldorfer Staatsarchivs, den gewünschten Tausch durchzuführen, an Ort und Stelle.

Nach dem Kriege war es vor allem der Band „Friedrich Albert Lange. Über Politik und Philosophie. Briefe und Leitartikel 1862—1875", den Professor Georg Eckert bearbeitete und herausgab, der einen großen Teil der bis dahin im Nachlaß verborgenen wissenschaftlich-politischen Korrespondenz Langes der Öffentlichkeit vorstellte[48]. Welche Möglichkeiten der wechselseitigen Ergänzung hierbei genutzt wurden, zeigt ein Vergleich der Zahlen beim Briefteil der Veröffentlichung: den 123 Dokumenten aus dem Duisburger Nachlaß stehen 44 aus fremdem Besitz gegenüber[49].

Dagegen stützt sich der von Joachim H. Knoll herausgegebene Band „Friedrich Albert Lange — Pädagogik zwischen Politik und Philosophie" weitgehend auf Druckvorlagen und nimmt nur in drei Fällen Manuskripte des Nachlasses zur Vorlage[50].

---

[42] Gert von Eynern, Die Unternehmungen der Familie vom Rath. Ein Beitrag zur Familiengeschichte. Bonn 1930. S. 238—244. Vgl. VII/4. — Walter Ring, Geschichte der Duisburger Familie Böninger. Duisburg 1930. S. 232. Vgl. VII/4, — G. Guggenbühl, Der Landbote 1836—1936. Hundert Jahre Politik im Spiegel der Presse. Winterthur 1936.

[43] Vgl. 46-1-VI/6.

[44] Vgl. 46-1-VII/5. Brauksiepes Verzeichnis erfaßt die gesamte Gruppe VI und von der Gruppe V die Briefe Langes an die Eltern (V/1) und an seine Frau (V/2).

[45] Vgl. Bestand 102/791.

[46] Vgl. Bestand 102/791: Bericht Rings an den Oberbürgermeister vom 13. Dezember 1928.

[47] Vgl. Bestand 102/790: Abgabe des wissenschaftlichen Nachlasses des Prof. F. A. Lange an die Universität Bonn g[e]g[en] Rückgabe der Akten der ehem[aligen] Universität Duisburg. 1935/37. — Die Akte beginnt im November 1935 mit einem entsprechenden Vorschlag Rings und endet im November 1937 mit dem ablehnenden Bescheid des Staatsarchivdirektors Dr. Vollmer.

[48] Beiheft 10 der Duisburger Forschungen. 1968.

[49] Vgl. die Einzelübersicht der Briefe bei Eckert, a. a. O. (1968), S. 6—9.

[50] Friedrich Albert Lange — Pädagogik zwischen Politik und Philosophie. Hrsg. von Joachim H. Knoll. Duisburg 1975. — Vgl. 46-1-II/1, 2 und 14.

Bei der Durchsicht des Nachlasses konnten die Gruppen, wie sie Ring gebildet hatte, weitgehend beibehalten werden. In einer Reihe von Fällen ließen sich die Gruppen jedoch stärker differenzieren, einzelne Dokumente aufgrund von Schriftvergleichen und mit Hilfe biographischer Daten zeitlich genauer bestimmen. Auf deutlich werdende Zusammenhänge zwischen den Gruppen und einzelnen Archivalien sowie auf vorhandene Drucke wird nach Möglichkeit durch Fußnoten hingewiesen, um auf die innere Kommunikation des Nachlasses aufmerksam zu machen.

Die Gruppe I (Philosophie) stellt etwa ein Drittel des gesamten Duisburger Nachlasses dar. Unter den hier besonders zahlreichen Vorlesungsmanuskripten ragt vom Umfang her ein siebenhundertseitiges Psychologie-Manuskript hervor [51].

Die Gruppe II (Pädagogik), die durch die Veröffentlichung Knolls generell Aktualität gewonnen hat, enthält neben einer Reihe biographischer Ansätze (Vives, Erasmus, Calvin) pädagogikgeschichtliche Arbeiten, Reformvorschläge zu einzelnen Schulfragen und Beiträge zu einer pädagogischen Enzyklopädie.

Die Gruppe III (Politik und Volkswirtschaft) ist die schwächste Gruppe des Nachlasses. Ihr wären zum Beispiel aber alle publizistischen Arbeiten, wenn sie sich etwa in Manuskriptform erhalten hätten, zuzuordnen [52].

Zur Biographie (Gruppe IV) konnten eine Reihe von Daten ergänzt, aber auch neue Dokumente beigebracht werden [53].

Bei den Briefen (Gruppe V: Familienbriefe und Gruppe VI: Briefwechsel mit Gelehrten u. a.) wurden, abweichend vom Verzeichnis Rings, auch Schreiben mit Briefcharakter, die sich in den vorhergehenden Gruppen befinden, aufgeführt. Mit Hilfe von Brauksiepe [54], Ellissen [55] und Eckert [56] konnten bei einigen Briefschreibern die biographischen Daten ergänzt werden. Mehrere Schreiben bisher unbekannter Verfasser wurden identifiziert.

Die Gruppe der Familienbriefe enthält 187 von und 53 Schreiben an Lange. Nimmt man die an anderen Stellen verborgenen Briefe, so erhöht sich die Zahl dieser Gruppe auf 254 Briefe.

Bei der Gruppe der wissenschaftlich-politischen Korrespondenz herrscht das umgekehrte Verhältnis. 328 Briefen an Lange oder seine Familienangehörigen stehen nur 13 eigene Schreiben Langes gegenüber. Nimmt man einmal beide Gruppen des Nachlasses zusammen, so ergibt sich immerhin die imponierende Zahl von 595 Briefen, 214 von Lange und 381 an Lange und seine Familie.

Bei den Briefpartnern, deren Schreiben 1968 von Eckert herausgegeben wurden, wurde im folgenden Verzeichnis in einer Anmerkung jeweils auf die laufende Nummer dieser Veröffentlichung hingewiesen.

Die letzte Gruppe (VII: Drucksachen), die Ring 1929 bildete, konnte jetzt aufgegeben werden, da die Originalausgabe des „Boten vom Niederrhein" [57]

---

[51] Vgl. 46-1-I/15.
[52] Vgl. daher hierzu die von Eckert a. a. O. (1968) gesammelten Zeitungsartikel aus der „Rhein- und Ruhrzeitung" (1862/64) und dem „Wochenblatt für die Grafschaft Mark" (1863/65) und den ebenfalls von Eckert eingeleiteten Faksimile-Druck des „Boten vom Niederrhein" (1968).
[53] Vgl. 46-1-IV/34-37.
[54] Vgl. VII/5.
[55] O. A. Ellissen, a. a. O.
[56] G. Eckert, a. a. O. (1968).
[57] 1929 als A 29 der Archivbibliothek zugeführt, hat sie heute unter der Signatur 68/9 ihren Standort bei den Zeitungen gefunden.

sich bereits seit längerem im Zeitungsbestand des Duisburger Stadtarchivs befindet sich ein Sammelband kleinerer Arbeiten [58] Langes der Archivbibliothek zugeordnet worden ist.

Statt dessen wurde eine neue Gruppe VII (Materialien zu Friedrich Albert Lange) gebildet, die die bisher zum Teil an verschiedenen Stellen befindlichen Zeitungsartikel [59], Notizen, Hilfsmittel [60], Familiendaten u. a. an einer Stelle zugänglich macht.

*

Der Nachlaß Friedrich Albert Langes ist, wie es seine zu Beginn dargestellte Geschichte unschwer vermuten läßt, fragmentarisch an seinen jetzigen Standort gekommen. Manuskripte der Schriften, die Lange bekannt gemacht haben wie „Die Arbeiterfrage", „Die Geschichte des Materialismus" oder die Arbeit über Mill, fehlen oder sind nur in Konzepten vorhanden.

Eine genaue Chronologie seines Lebensweges, die mit der Wissenschaftsgeschichte des 19. Jahrhunderts zu korrespondieren hätte und geduldig die im Nachlaß, besonders in den Briefen, gesammelten Daten auslotet, kann noch zu manchem Neuen führen. So ist beispielsweise der Bereich der Schweizer Jahre Langes bisher nur unzureichend erschlossen [61].

Es fehlt noch an einer exakten Bibliographie, die die Schriften Langes, seine Vorträge, die Übersetzungen ins Englische, Französische usw. vollständig verzeichnet. Es fehlt auch an einer umfassenden Wirkungsgeschichte, die über die stets angeführten Kronzeugen [62] hinausgreift. Hier können nur Einzelforschungen, die das bisher gewonnene Terrain berücksichtigen und sich an den überlieferten Dokumenten orientieren, Fortschritte erzielen.

Mit dem Weg in die Archive [63] hat Georg Eckert durch seinen Band „Über Politik und Philosophie" nicht nur einen Markstein für jede weitere Lange-Forschung gesetzt, sondern auch die Methode, die hier in Zukunft Erfolge verspricht, exemplarisch vorgeführt.

---

[58] Der Sammelband (Signatur früher E 85, heute T 198) enthält: 1. Festrede zu Schillers hundertjährigem Geburtstage. Gehalten von Oberlehrer Dr. F. A. Lange. F. H. Nieten. Duisburg 1859. — 2. Die Turnvereine und das Vereinsgesetz. Eine Erörterung der Tragweite der allerletzten Verordnung vom 11. März 1850, mit besonderer Beziehung auf die Turnvereine Rheinlands und Westfalens. Joh. Ewich. Duisburg 1861. — Die Stellung der Schule zum öffentlichen Leben. Festrede, gehalten bei der Schulfeier des Geburtstages Sr. Majestät des Königs den 22. März 1862. F. H. Nieten. Duisburg 1862.

[59] Bei den Zeitungsartikeln handelt es sich in der Masse um Aufsätze aus dem Jubiläumsjahr 1928, die bisher in der Biographischen Sammlung ihren Platz hatten.

[60] Vgl. 46-1-VII/5.

[61] Vgl. F. Scheuchzer (1887) und G. Guggenbühl (1936) a. a. O.

[62] Lange beschäftigt nicht nur die Neukantianer der Marburger Schule oder die Linke von Engels bis Bernstein, er taucht auch in den Briefen des jungen Nietzsche (vgl. die Schreiben an Carl von Gersdorff von Ende August 1866 und vom 16. Februar 1868, In: F. Nietzsche. Werke in 3 Bänden, hrsg. von K. Schlechta, 3. Band (1960), S. 970 und 991) und den Erinnerungen des Pädagogen Friedrich Wilhelm Foerster (1869/1966) auf.

[63] Vgl. Eckert, a. a. O. (1968), bes. S. 21—23.

Verzeichnis des Nachlasses von Friedrich Albert Lange im Stadtarchiv Duisburg

(Bestand 46—1)

I. Philosophie
II. Pädagogik
III. Politik und Volkswirtschaft
IV. Zur Biographie
V. Familienbriefe
VI. Briefwechsel mit Gelehrten, Politikern, Verlegern und Freunden
VII. Materialien zu F. A. Lange

Erläuterungen:

Innerhalb der Gruppen I bis VII wurden die Dokumente mit arabischen Ziffern durchgezählt.

Bei Zeitangaben wurden die Jahre in Klammern gesetzt, wo Schätzungen notwendig waren.

Der Umfang eines Manuskriptes usw. wird meist in Seitenzahlen angegeben, bei den Briefpartnern wird die Anzahl der vorhandenen Briefe vermerkt.

I. Philosophie

1	Kritische Geschichte des Materialismus Bonner Vorlesung des Sommersemesters 1857. Beigefügt sind 16 Druckseiten der ersten Auflage der „Geschichte des Materialismus" und mehrere handschriftliche Namenregister.	1857	361 S.
2	Materialien zur Geschichte des Materialismus:		
	a) Geschichte des Materialismus Fragment einer Züricher Vorlesung aus dem Wintersemester 1871/72. Die Einleitung erwähnt den Streit der Göttinger Naturforscherversammlung (1854), Büchners „Kraft und Stoff" (1855), Darwin (1859), Herzen (1871).	1871	—
	b) Stoffsammlung zur Geschichte des Materialismus Vorarbeiten zur ersten Auflage	—	160 S.
3	Vorlesungen über Logik Züricher Vorlesung des Sommersemesters 1871.	1871	128 S.
4	Elemente der formalen Logik	1873	42 S.
5	Theorie der Induktion I/4 und I/5 sind Teile der im Wintersemester 1873/74 in Marburg gehaltenen Logik-Vorlesung.	1873	75 S.
6	Die reine Logik. Vorlesung.	—	13 S.
7	Das Induktionsverfahren im allgemeinen	—	22 S.
8	Die induktive Natur des partikularen und des problematischen Urteils Die Seiten 2—32 fehlen. Die Schrift deutet auf eine Entstehung vor 1872.	(1871)	57 S.

9 Logik ist die Kunst, mit Begriffen zu rechnen — 44 S.
Frühe Materialsammlung. Erwähnt werden Lacks Leitfaden (S. 1) und Herbarts Metaphysik (S. 30).
10 Verschiedene Bruchstücke und Hefte zur Logik
   a) Die reine Logik 1855 76 S.
   Saubere Abschrift mit Gliederung aus dem Herbst 1855. Beilagen: Notizzettel zur Logik und ein achtseitiges Heft: Elementarbuch der Logik.
   b) Reine Logik (1855) 24 S.
   Aufzeichnungen in einem Schulheft von H. Holtzheimer, Quarta 1855, Köln.
   c) Logikmaterialien (1855) 28 S.
   Fortsetzung von I/10 b. Notizen in einem Schulheft von H. Krefelts.
   d) Notizen zur Logik — 61 S.
   Einzelne Blätter und ein zusammenhängender Text zur reinen Logik (S. 15—47).
   f) Zur juristischen und medizinischen Logik — 11 S.
11 Moralstatistik (1855/69) 275 S.
Bonner Vorlesung (1855/58) mit Ergänzungen durch Schweizer Daten (1866/69): Über den Selbstmord, mit 10 Landkartenzeichnungen über die Verteilung der Selbstmorde (S. 18 ff.), Über das Lottospiel (S. 148), Kriminalstatistik S. 149 ff.).
12 Vorlesungen über Ästhetik 1871 126 S.
Züricher Vorlesung aus dem Sommersemester 1871.
13 Über die Grenzen einer induktiven Behandlung der Ästhetik (1870/71) 62 S.
13a Notizen zur Ästhetik (1870/71) 80 S.
Heft mit Bemerkungen zur Theorie des Schönen, zur Ästhetik der Tonkunst (S. 43) und zum Kölner Dom (S. 80).
14 Ein Beitrag zur Geschichte der Selbsttäuschungen. Vortrag (1850) 15 S.
15 Psychologie (1856/57) 709 S.
Bonner Vorlesung mit Ergänzungen aus dem Sommer 1857. Teil I: Elementare Psychologie (S. 1—586); Teil II: Pathologie (S. 587—682) mit Traumbeispielen (S. 683—698). Teil III: Entwicklungsgeschichte (S. 707, kaum ausgeführt).
16 Kritik der Psychologie — 13 S.
Fragmentarischer früher Entwurf, vermutlich ein Vortrag.
17 Psychologie (1871/72) 40 S.
Züricher Vorlesungsteil „Psychophysik" mit Marburger Ergänzungen (1872/74).
18 Vorlesungen über Psychologie 1871 43 S.
Züricher Wintervorlesung 1871/72, mit Hinweisen auf die Vorlesungen des Wintersemesters 1870/71 und des

Sommersemesters 1871. Gliederung: 1. Geschichte der Psychologie, 2. Psychophysik, 3. Vorstellungswechsel, 4. Pragmatische Anthropologie. — Das Manuskript umfaßt nur die Geschichte der Psychologie.

19	Die Psychologie im Zeitalter der Reformation, Vortrag	—	9 S.
20	Über Statistik als Hilfswissenschaft der Psychologie [64]	(1866/70)	10 S.
21	Fragmente zur Psychologie [65]	(1871/72)	
	a) Pragmatische Anthropologie	—	32 S.
	b) Die Vorstellungen und der Vorstellungswechsel	—	16 S.
	c) Pragmatische Anthropologie	—	11 S.
22	Vorlesungen über Schillers philosophische Dichtungen	1871/75	17 S.

Skizzen aus dem Sommer 1871 und dem Wintersemester 1874/75.

23 Notizzettel zur Philosophie — —

Enthalten sind u. a. die Abschrift einer englischen Besprechung aus der Saturday Review (19. 5. 1866); Notizen über Mill (4 S. einer fremden Hand), ein Zeitungsausschnitt über das Institut Dohrns in Neapel.

24 Notizen zu Philosophie, Psychologie und Statistik (1855) 22 S.
Daten zu Kant (S. 6 f.), Bemerkungen zur Kriminalstatistik (S. 10—19) u. a.

II. Pädagogik

1 Vorlesungen über Pädagogik   1871   64 S.
Im Wintersemester 1871/72 gehaltene Vorlesung [66] mit Gliederung: Einleitung. 1. Allgemeiner Teil: 1. Die Jugend im Reproduktionsprozeß der Völker (S. 11 ff.), 2. Das bewußte Eingreifen der Erwachsenen in die Entwicklung der Jugend (S. 29 ff.), 3. Über Bildungsideale (S. 49 f.). 2. Besonderer Teil: 1. Erziehung durch die Familie (S. 51), 2. Über Staatserziehung (S. 61).

2 Geschichte der Pädagogik   1872   49 S.
Gliederung: 1. Geschichte der Pädagogik im Altertum und im Mittelalter (S. 5 ff.), 2. Das Wiederaufleben der Wissenschaften und die Reform der höheren Schulen (S. 22 ff.), 3. Die pädagogischen Reformbestrebungen des 17. und 18. Jahrhunderts (S. 37 ff.), 4. Geschichte des Volksschulwesens (S. 47 ff.) [67].

---

[64] Ein Zusatz läßt vermuten, daß der Aufsatz im Dezemberheft einer „Zeitschrift des Wissens" gedruckt ist. Entstehungszeit nach angegebener Literatur und Schriftbild etwas 1866/70.
[65] Vgl. die Einteilung der Psychologie-Vorlesung unter I/18.
[66] Die von Joachim H. Knoll herausgegebene Schrift „Friedrich Albert Lange — Pädagogik zwischen Politik und Philosophie" (Duisburg 1975) gibt die Vorlesung bruchstückhaft und ohne Angabe der Manuskriptseiten wieder (S. 135—139).
[67] Auszüge bei Knoll a. a. O., S. 140 f.

3 Geschichte der neueren Pädagogik   1874   32 S.
Vorlesung im Sommersemester 1874, nach dem Züricher Manuskript (II/2).

4 Zur Geschichte der Didaktik   (1855)   26 S.
Bonner Abschrift aus der Vorrede der Ausgabe „De ordine docendi et studendi" des Veronesen Baptista Guarini (Heidelberg 1489, Straßburg 1514), herausgegeben von Burkard Gotthelf Struve, Jena 1704. Über siebzig Literaturangaben.

5 Beiträge zur Geschichte der Pädagogik I: Johann Ludwig Vives [68]   —   96 S.

6 Die Stellung des Valentiners L. Vives in der Geschichte der Pädagogik   —   11 S.

7 Die Bedeutung des Valentiners Ludwig Vives in der Geschichte der Pädagogik   —   24 S.
Konzept, vielleicht für die Veröffentlichung in der Enzyklopädie des gesamten Erziehungs- und Unterrichtswesens von K. A. Schmid.

8 Materialien zu Vives   (1855/57)   —
Enthalten sind 1. die lateinische Dissertation „De Jo. Ludouico Vive, Valentino philosopho, praesertim anthropologo ex libris eius de anima et vita" des Dr. Joh. Chr. Gottl. Schaumann, Glauchau. Druck (Francke, Halle o. J.). Gegner in der öffentlichen Disputation: Heinrich Julius Niedmann, Braunschweig (22 S.) — 2. Vives-Manuskript (24 S.). — 3. Besprechung Langes (März 1857) über F. J. Köhler: Pädagogik des Meghius Vagius, Vorsteher der Datoria unter dem Pontifikate Pius II., mit vergleichenden und erläuternden Noten als Beitrag der Geschichte der Erziehung und des Unterrichts im Mittelalter. Schwäbisch Gemünd 1856 (4 S.). — 3. Mehrere Pläne zum Vives-Thema. — 4. Über Vives' Werk De Disciplinis, darin: Briefwechsel zwischen Erasmus und Vives (12 S.). — 5. Leben des Vives aus der Ausgabe des Majansius Grammatikus (13 S.).

9 a) Charakter und Privatleben des großen Desiderius Erasmus   1856/57   24 S.
Vortrag im Bonner Dozentenverein im Winter 1856/1857 [69].

b) Desiderius Erasmus. Sein Privatleben und sein persönlicher Charakter   1858   9 S.
Kopie aus „Westermanns Illustrierten deutschen Monatsheften" (1858), S. 127—135 [70].

---

[68] Vgl. auch den Abdruck des Vives-Artikels aus der Enzyklopädie von K. A. Schmid (1873): Knoll, a. a. O., S. 46-77.
[69] Vgl. auch den Erasmus-Artikel in der Enzyklopädie (1860): Knoll, a. a. O., S. 78—85.
[70] Vgl. auch VI/102.

10 Materialien über Erasmus von Rotterdam	—	—
11 Calvin. Vortrag und Notizen (5 S.) [71].	—	12 S.
12 Geschichte des Gymnasialunterrichts	1857	
— mit Materialien zum Thema Astrologie —		
a) Geschichte des Gymnasialunterrichtes in Deutschland. Einleitung.		3 S.
b) Vorlesungen über die Geschichte des Gymnasialunterrichtes in Deutschland. Fragment		2 S.
c) Vortragsfragment		4 S.
d) Geschichte des Gymnasialunterrichtes in Deutschland Manuskript vom 11. Dezember 1857. Als Literatur werden K. Schmidt (Gymnasialpädagogik. Die Naturgesetze der Erziehung und des Unterrichts in humanistischen und realistischen gelehrten Schulen, Köthen 1857) und G. F. Thaulow (Die Gymnasialpädagogik im Grundrisse, Kiel 1858) angegeben [72].		7 S.
e) Studien zur Astrologie Dispositionen (13 S.) und ein Manuskript „Zur Astrologie" (17 S.) vom 25. November 1857 mit 7 einliegenden Zeichnungen zum Thema.		30 S.
13 Notizen über Schulkomödien und Pädagogik Stoffsammlung zum Thema „Schulschauspiele" (15 S.). — Pädagogisches Schema zur Klassifizierung der Sexten (vor 1859). Genannt werden die Schulleiter Eichhoff, Duisburg; Hollenberg, Berlin; Knebel, Köln (1 S.). — Konzept für die Besprechung „Köhler: Pädagogik des Meghius Vagius. 1856" (4 S.) [73].		21 S
14 Entwicklung der Universitäten Vortragsmanuskript ohne Titel, 1860 oder später [74].	—	32 S.
15 a) Über den Zusammenhang der pädagogischen Systeme mit den herrschenden Weltanschauungen verschiedener größerer Zeitabschnitte [75].	—	6 S.
b) Über den Zusammenhang der pädagogischen Systeme mit der herrschenden Weltanschauung eines Zeit-	—	30 S.
16 Über den Zusammenhang der pädagogischen Systeme mit der philosophischen Weltanschauung jeder Zeit	—	9 S.
17 Über eine wünschenswert erscheinende Modifikation des Prüfungsreglements für das höhere Schulfach, von Oberlehrer Dr. F. A. Lange Reformentwurf aus der Duisburger Zeit in der Handschrift von Frau Lange.	—	24 S.

---

[71] Vgl. auch den Calvin-Artikel in der Enzyklopädie (1860): Knoll, a. a. O., S. 86—91.
[72] Vgl. auch den Abdruck bei Knoll, a. a. O., S. 125—134: Das Studium und die Prinzipien der Gymnasialpädagogik, mit bes. Berücksichtigung der Werke von K. Schmidt und G. Thaulow (Aus: Neue Jahrbücher für Philologie und Pädagogik, Bd. 77 (1858), S. 483 ff.).
[73] Vgl. II/8.
[74] Vgl. auch Knoll, a. a. O., S. 33 ff.
[75] Vgl. F. A. Lange: Über den Zusammenhang der Erziehungssysteme mit den herrschenden Weltanschauungen verschiedener Zeitalter. In: Material zum Arbeitsunterricht an höheren Schulen, Nr. 71. Herausgeber: Prof. Dr. O. A. Ellissen, Bielefeld und Leipzig 1926.

18 Abhandlungen für die „Enzyklopädie des gesamten Erziehungs- und Unterrichtswesens", herausgegeben von K. A. Schmid [76]. (1859/73)

    a) Bildungsfähigkeit [77] — (1858) — 4 S.
    b) Das Einflüstern — (1860) — 3 S.
    Druckreifes Manuskript mit der Unterschrift Langes.
    c) Komplottieren in Schulen. Konzept — — — 4 S.
    d) Leibesübungen. Fragment (S. 1—6 und 27—46) [78]. — — 25 S.
    e) Oppositionsgeist. Zwei Fassungen. — — 4 S.
    f) Wunderkinder und Frühreife — 1857 — 14 S.
    Vortrag, den Lange am 30. März 1857 im Bonner Bürgerverein zur Eintracht hält [79].

19 Vom schriftlichen und mündlichen Ausdruck der Schüler. Fragment. — 6 S.

20 Bemerkungen über eine Umgestaltung des Turnunterrichtes an unsern Gymnasien — 1854 — 40 S.
    Manuskript mit 53 Paragraphen und der Unterschrift Langes mit Datum vom 20. Mai 1854.

21 Die Berufswahl — — 3 Hefte
    a) Die Berufswahl I: 1. Buch: Die Welt — 177 S.
    Mit den Kapiteln: Das Vermögen (S. 8), Gesellschaftliche Stellung und Konnexionen (S. 68), Das Glück (S. 140).
    b) Die Berufswahl II: Der Staat — 88 S.
    Das Wesen des Staates. Seine Verfassung, Verwaltung und Gesetzgebung (S. 16).
    c) Die Berufswahl III: Der Lebensweg — 89 S.
    Mit den Kapiteln: Frühe Neigungen, Anlagen und Verhältnisse (S. 3), Die allgemeine Bildung (S. 39).

22 Verschiedene Bruchstücke und Hefte zur Pädagogik — —
    a) 1. Einleitung zu den pädagogischen Übungen — (1855) — 1 S.
        2. Literaturverzeichnis zur allgemeinen Pädagogik und zur Geschichte der Pädagogik — (1857/58) — 5 S.
        3. Zum Schulwesen des 16. Jahrhunderts — — 5 S.
    b) Notizheft mit Literaturauszügen — (1856) — 114 S.
    Über Guarini, Michael Neander (S. 18), Grotius (S. 106), Ringelberg (S. 114). Datum: September 1856.
    c) Notizheft — — 7 S.
    Erwähnt wird eine Vita Calvins.
    d) Verschiedenes zur Geschichte der Schulen und des Unterrichts — (1854) — 7 S.
    Erwähnt werden: Literatur zu unterrichtlichen Fragen (1852/54) — Helius Eoban Hesse und seine Zeit-

---

[76] Lange lieferte insgesamt 25 Beiträge. Ellissen, a. a. O., S. 104 und die Anmerkungen zu II/5, II/9 und II/11.
[77] Vgl. den Abdruck des Artikels (1859) bei: Knoll, a. a. O., S. 154—156.
[78] Enthält einen Hinweis auf „Bemerkungen zur Umgestaltung des Turnunterrichts an unseren Gymnasien. 1854". (Vgl. II/20).
[79] Vgl. auch Ellissen, a. a. O., S. 98.

genossen. Ein Beitrag zur Erfurtischen Gelehrten- und Reformationsgeschichte von Kaspar Friedrich Lossius. Gotha 1797 bei Justus Perthes. — Statistische Schuldaten über Hessen, Baden, Württemberg. — Raumer, Geschichte der Pädagogik.

e) Bemerkungen über den Turnunterricht an unsern Gymnasien. — Konzept zu II/20.	(1854)	39 S.
f) Zahlen zur Geschichte des Gymnasialunterrichtes	(1856)	11 S.
Daten von Pädagogen und Schulen. Auszüge aus dem Schulkalender für 1856.		
g) Materialien zur Rede „Die Stellung der Schule zum öffentlichen Leben" anläßlich des Geburtstages des Königs von Preußen	(1862)	27 S.
Stoffsammlung zur Rede vom 22. März 1862 mit Daten des preußischen Herrscherhauses. Stellen aus dem Alten und Neuen Testament und Dispositionen des Themas.		
h) Leibesübungen	(1861)	19 S.
Gliederung, Stoff- und Literatursammlung zum Beitrag für die Enzyklopädie [80].		
i) Aus Monographien und Programmen	(1855)	12 S.
Mit vier Zeitungsausschnitten über Schulnachrichten (1857/59).		
j) Zur neuesten pädagogischen Literatur	(1857)	12 S.
k) Zu den Vorlesungen über Geschichte des Gymnasialunterrichts	(1855)	18 S.
Enthält Hinweise auf das Thema „Schulkomödien" [81].		
l) Zum Lehrplan der Quarta	(1855)	17 S.
Enthält Materialien zu einem Aufsatz, der Landfermanns Vorschläge widerlegen soll (1854/55 ?).		
m) Literatur zur Geschichte des Unterrichtswesens	(1852/55)	8 S.
23 Was kann und soll der Gymnasiast von sich aus tun, um den Zweck des Gymnasiallebens zu fördern?	—	16 S.
24 Einzelnes über Duisburger Schulen:		
a) Petition mehrerer Hausväter der evangelischen Schulsozietät zu Duisburg betr. den Bau eines neuen Schulhauses an die Königliche Regierung Düsseldorf	1864	13 S.
Petition und umfassendes Promemoria (13 S.) aus dem November 1864 in Langes Handschrift. Detaillierte Darstellung der Außenbezirke, besonders von Neudorf; Ablehnung des vom Schulvorstand gemachten Vorschlags, am Kirchhof zu bauen.		
b) Notizen aus dem Gymnasium	(1858/62)	—
Einzelpräparationen, Plan einer Turnfahrt der Obertertia, Vorschlag für eine Wanderung der Realschüler nach Kettwig und Werden.		

---

[80] Vgl. II/18d.
[81] Vgl. II/13.

c) Zur Gründung einer höheren Töchterschule 1859/63 6 S.
Beschreibung des bei der Errichtung einzuschlagenden Wegs. Als Stifter werden unter dem 1. Dezember 1859 genannt: Gustav Hardt, Emil und Otto Carstanjen, Julius Brockhoff, Arnold und Carl Böninger. — Abschrift fremder Hand. —
Auf einem Einzelblatt „Stundenverteilung bis Ostern 1863" von Langes Hand werden als Lehrkräfte genannt: Pastor Krummacher, Dr. Krumme, die Herren Fischer und Laue, Fräulein Link, Fräulein Wirth (vgl. VI/3), Fräulein Hermann und Lange selbst.

d) Vorträge zum Besten der Handwerker-Fortbildungsschule — 3 S.
Entwurf einer Annonce. Vortragszusagen von: Prof. Köhnen, S. Stein, Thissen, Knoff, Baumeister Kellner, Dr. Otto, Dr. A. Lange. Außerdem werden genannt: Baumeister Kersten, Fr. Curtius, Dr. Coßmann, Dr. O. Lange.

III. Politik und Volkswirtschaft

1 Plan zu sechs Vorlesungen über vergleichende Völkerkunde mit besonderer Rücksicht auf die sozialen Zustände Deutschlands, Frankreichs und Englands (Fragment) — 3 S.
2 Die Eselsinseln im atlantischen Ozean oder merkwürdige Irrfahrten und Entdeckungen eines Deutsch-Amerikaners — Fragmentarischer Entwurf eines satirischen Romans. (1864) 7 S.
3 Briefentwurf in einer Angelegenheit der Turnvereine [82] (1861) 3 S.
4 Fragmente zur Arbeiterfrage — 8 S.
5 Fragmente zur Volkswirtschaft (§§ 20—21, 34—41) — 11 S.
6 Über die Beziehungen zwischen Industrie, Bildung und politischer Freiheit im Leben der Völker — Vortrag — 5 S.
7 Notizbuch mit verschiedenen Eintragungen 1864/88 39 S.
  1. Liste der Wochenschauen für Baedeker 1864/65 3 S.
  2. Liste verliehener Bücher (1864/66) 4 S.
    Genannt werden als Entleiher: Wilhelm Klever, Dr. Krumme, Kreisrichter Stiefel, Pastor Hörle, Bürgermeister Keller, Dir. Kern, Dr. Wilms.
  3. Plan einer Schrift für Vereine: — 7 S.
    Der gerechte Präsident. Ein kurzgefaßter Wegweiser zur Leitung von Debatten und Abstimmungen in Versammlungen und Vereinen nebst Winken über Gründung, Erhaltung und Leitung von Vereinen aller Art.

---

[82] 1861 erscheint in Duisburg als Vorbereitung auf den am 27. Oktober 1861 in Düsseldorf stattfindenden Turntag Langes Schrift „Die Turnvereine und das Vereinsgesetz."

4. Liste über Zeilenlieferungen an eine Zeitung	—	1 S.
5. Liste der Arbeiten von Wilhelm Klever für Langenberg und Iserlohn	1864/65	5 S.
6. Verzeichnis der Einnahmen und Ausgaben in der Handschrift der Witwe Lange	1885/88	10 S.
7. Stoffe für den „Hausfreund"	—	1 S.
8. Von Duisburger Buchhändlern erhaltene Bücher Genannt werden Johann Ewich und Falk & Volmer, die Buchtitel und die Preise.	1864	4 S.
8 Einladung zum Arbeitertag in Gera durch P. Staudinger, Nürnberg [83].	1867	1 S.

IV. Zur Biographie

1 Wie ich mein Leben genossen und was ich in demselben getan habe Autobiographisches Fragment, das die frühe Jugend in Langenberg und Duisburg behandelt (1828/36).	(1846/48)	12 S.
2 Erinnerungen von Alwine Lange an ihren Bruder [84]	(1875)	16 S.
3 Salomon Bleuler [85]: Friedrich Albert Lange — 10 Zeitungsartikel im Winterthurer „Landboten"	1876	—
4 Worte am Grabe Friedrich Albert Langes am 24. November 1875 im Auftrage der Universität gesprochen von Heinrich Nissen [86]	1875	Druck
5 Zur Leichenfeier Friedrich Albert Langes am 24. November 1875. Eine nicht gehaltene Rede von J. Cäsar [87]	1875	7 S.
6 Taufschein und Konfirmationsbescheinigung Pfarrer Hingmann, Wald, bestätigt am 26.6.1848 die Taufe vom 13.10.1828; Pfarrer Carl Pestalozzi, Zürich, am 17.2.1848 die Konfirmation von Weihnachten 1844.	1848	—
7 Schulzeugnisse aus Zürich; acht Exemplare	1841/43	—
8 Studentenarbeiten:	1847/48	
a) Kirchengeschichte		12 S.
b) Über das Erhabene bei Homer. Vortrag		8 S.
c) Theologische Vorlesung		8 S.
9 Literarische Versuche	1845/71	—
a) 13 Gedichte		
b) Theaterszene ohne Titel. Personen: Dichter, Deutschmichel, Münchhausen, Eulenspiegel, drei Irrlichter.		

---

[83] Eckert, a. a. O. (1968) Nr. 38 und 41—44. Abbildung auch in: Aufbruch 1864/1890. Geschichte der sozialdemokratischen Partei Duisburgs, Band I [1964], vor S. 41.

[84] Die Erinnerungen umfassen die Zeit von 1828 bis zu Langes Aufbruch nach Bonn 1848. Die Entstehungszeit ist unklar, im Januar 1876 werden sie bereits von Bleuler (IV/3) zitiert. Zu Alwine Lange vgl. V/3.

[85] Vgl. VI/16.

[86] Heinrich Nissen, 1839/1912; Professor der alten Geschichte und klassischen Philologie in Marburg 1869/77. S. Franz Gundlach, Die akademischen Lehrer der Philipps-Universität in Marburg 1527—1910. 1927, S. 347.

[87] Carl Julius Caesar, 1816/86, Prof. der klassischen Philologie und Oberbibliothekar in Marburg.

10 Bericht über die Reise von Zürich nach Bonn. Fragment	1848	9 S.
11 Statuten des November-Vereines	(1848)	3 S.

Satzung einer studentischen Vereinigung, die vermutlich am 1. November 1848 in Bonn gegründet wurde. Handschrift Langes.

12 Gebäudegrundrisse. 4 Bleistiftzeichnungen ohne Text. —

13 a) Ehevertrag zwischen Friedrich Albert Lange, Dr. der Philosophie, Gymnasiallehrer in Köln, und Friederike Wilhelmine Colsmann, Rentnerin zu Langenberg. Der Vertrag wurde am 5. 9. 1853 in Langenberg geschlossen. Außer den Brautleuten und Langes Eltern waren als Zeugen der Küfer Wilhelm Brauckmann und der Kleidermacher Friedrich Kremer, beide Langenberg, anwesend. Notar war Heinrich Balthasar Christian Clemens, Langenberg.   1853   8 S.

b) Geburtsurkunde von Arthur Lange   1854   1 S.
Die Urkunde über die Geburt des ältesten Sohnes am 16. 11. 1854 in Köln wird am 14. 1. 1874 wegen Militärangelegenheiten ausgestellt.

14 Gegenseitige Testamentsverfügungen über den handschriftlichen Nachlaß zwischen Lange und seinem Kölner Freund Franz Weinkauff [88].   1860   2 S.

15 Aufzeichnungen über die Vermögenslage: 1868/75   17 S.
Papiere, die anscheinend aus einem Geschäftsbuch stammen; die Konten tragen die Bezeichnungen: Kapitalkonto (1868/75) — Bleuler, Hausheer & Comp. — Colsman & Comp., Barmen (später: Werdohl) — Aktien der Genossenschaftsbank — Grundstück in Duisburg (1868/72) — Privatverlag (1868/73) — Julius Sturmberg, Duisburg — Dr. O. Lange, Duisburg (1869/72, vgl. V/8) — M. Kieschke (1868/71), mit einer Quittung aus Winterthur vom 17. 6. 1867 (vgl. auch VI/47).

16 Reisepaß und drei Paßkarten   1851/64   —
Der Reisepaß vom 1. 7. 1851 gibt als Reiseziel Zürich an. Als Stationen werden Frankfurt, Zürich, Duisburg, Elberfeld, Barmen und Köln genannt. — Die Paßkarten sind in Köln (1855), Bonn (1858) und Duisburg (1864) ausgestellt.

17 Militärdienstpapiere   1851/59   —
Der Komplex umfaßt Papiere über Langes Kölner Militärzeit (1. 10. 1851 — 1. 10. 1852), einen Urlaubspaß, ein Papier über die Zugehörigkeit zur Landwehr (ab 1. 10. 1854) und Unterlagen über eine Übung in Wesel (1. — 14. 9. 1859).

---

[88] Die gegenseitigen, fast identischen Erklärungen der beiden Freunde wurden am 8. 4. 1860 in Duisburg abgefaßt. Zu Weinkauff, dem Verfasser des ADB-Artikels über Lange (1883), vgl. auch VI/88.

18 Zeugnisse:
- a) Zeugnis über das Staatsexamen in Bonn 1851 3 S.
  Im Zeugnis vom 13. Juni (Prüfung 4. Juni) wird der Erwerb des philosophischen Doktortitels (26. März), die Dissertation „Quaestiones metrica" und eine Probelektion über Homer vor der Prima des Bonner Gymnasiums erwähnt. Lange wird zugestanden, in allen Klassen des Gymnasiums klassische Philologie und philosophische Propädeutik zu lehren. Unterschrift: Pricker, Ritschl, Beek, Knoodt, Aschbach, Martin.
- b) Zeugnis über die Probezeit am Friedrich-Wilhelm-Gymnasium in Köln 1854 2 S.
  Das Zeugnis beschreibt Langes Einsatz an der Schule vom Herbst 1852 an. Unterschrift des Direktors Knebel[89].

19 Gesuch um Erlaubnis zur Habilitation als Privatdozent 1855 6 S.
In seinem Schreiben vom 15. Juni 1855 an das Königliche Kuratorium der Rheinischen Friedrich-Wilhelm-Universität zu Bonn erklärt Lange, er wolle über Pädagogik, allgemeine Methodik, Psychologie und Ästhetik lesen.

20 Privatschulprojekt in Bonn 1855 —
- a) Grundsätze zur Führung eines Internats mit 15 bis 18 Schülern[90] 2 S.
- b) Werbebrief für das geplante Internat 2 S.
  Der englisch abgefaßte Brief vom 15. September 1855, der dem Vater zur Prüfung vorgelegt wird, gibt als Anschrift des Internats an: Koblenzer Str. 33. Referenzen geben Reverend Graham, Bonn, Bankier I. D. Herstatt und Direktor Dr. H. Knebel, beide Köln.

21 Schreiben über den Wiedereintritt in den Schuldienst 1857 2 S.
Brief Landfermanns, Koblenz, vom 26.9.1857 über die mögliche Rückkehr ans Gymnasium, „am liebsten in Köln".

22 Austritt aus dem Schuldienst 1862 —
- a) Entlassungsgesuch an das Königliche Provinzial-Schul-Kollegium zu Koblenz (Entwurf vom 4. Juli 1862) 4 S.
- b) Beschwerde über das Schulkollegium an den Kultusminister von Mühler 8 S.
- c) Antwort des Schulkollegiums 2 S.
  Landfermann erklärt mit Schreiben vom 28. Juli 1862 das Ausscheiden für nicht wünschenswert.

---

[89] Zu Knebel vgl. IV/20 (Schreiben vom 15. September 1855), V/4 (Brief vom 17. Oktober 1851) und Max Wiesenthal, Das Königliche Gymnasium in Duisburg 1821/85. Duisburg 1934. S. 48 f.
[90] Brief an den Vater.

d) An die Urwähler des Wahlkeises Duisburg-Essen
Handschriftlicher Aufruf. „Duisburg, den 2. April 1862. Im Auftrag der Urwähler-Versammlung zu Mülheim/Ruhr vom 23. März: Unterschriften." Auf der Rückseite eine Abschrift des Hagen-Antrags von 1862.   4 S.

e) Antrag auf Abstimmung des Gymnasiumskuratoriums über eine Erwiderung an das Provinzialschulkollegium   4 S.
Voraus geht der Erlaß des Provinzialschulkollegiums an Prof. Köhnen und Dr. Lange. Das Schreiben ist an ein Mitglied des Kuratoriums gerichtet (Landrat Keßler, Bürgermeister Schlegtendal?). Beilage: Zeitungsmeldung vom 9. Juli 1862 (RRZ Nr. 165).

23 Ernennung zum Mitglied des Vereins der Altertumsfreunde im Rheinland, Bonn   1865   1 S.
Mit Datum vom 17. Juli 1865 die Unterschriften des Vorstandes: Ritschl, aus'm Weerth, Ritter, Freudenberg, Klette, Wundt (?). Rotes Siegel.

24 Urkunde über die Entlassung aus dem preußischen Untertanenverband   1866   1 S.
Am 6. November 1866 in Düsseldorf ausgestelltes Schriftstück für die Auswanderung in die Schweiz.

25 Schultätigkeit in Winterthur   1866/70

a) Der Schulrat der Stadt Winterthur bietet Lange eine Hilfslehrerstelle an der höheren Stadtschule an   1866   2 S.
Das Schreiben trägt die Anschrift: Petersburger Hof, Stuttgart. Lange soll für 18 Wochenstunden 1960 Franken Jahresbesoldung erhalten. Unterschrift vom 7. November 1866: Dr. J. Sulzer.

b) Berufung Langes in die Aufsichtskommission der höheren Stadtschule   1867   1 S.
Schreiben vom 13. 5. 1867, Unterschrift des Pfarrers I. C. Zollinger.

c) Protokollauszug des Schulrats von Winterthur   1869   1 S.
Dankschreiben an Lange vom 16. 4. 1869, weil er für Pfarrer Ziegler den Unterricht in der Propädeutik übernommen hat.

d) Entlassung aus der Aufsichtskommission des Gymnasiums   1869   1 S.
Die am 2. November beantragte Entlassung wird am 9. genehmigt. Unterschrift des Pfarrers I. C. Zollinger.

e) Mitteilung über die Wahl zum Mitglied der Stadtschulpflege   1870   1 S.
Schreiben über die Wahl vom 24. April 1870. Unterschriften: Dr. I. Sulzer und Stadtschreiber Ziegler.

26 Beteiligung an der Firma Bleuler, Hausheer und Co.   1868   1 S.
Salomon Bleuler-Hausheer bestätigt dem Freund am 11. Februar eine Geschäftsbeteiligung von mehr als 4000

Franken. Das Schreiben steht im Zusammenhang mit dem Erwerb des Bürgerrechts.

27 Verleihung des Schweizer Bürgerrechtes 1868

    a) Gemeindebürgerrechtsurkunde 1 S.
Am 1. März 1868 im Namen der Bürgerversammlung Winterthur verliehen durch den Präsidenten des Stadtrats D. I. Sulzer mit Unterschrift des Stadtschreibers Th. Ziegler. Aufstellung der Einkaufsgebühren von 1250 Franken. Blaues Papiersiegel.

    b) Bescheinigung über die Verleihung des Bürgerrechts. 1 S.
Diente zur Vorlage in Zürich. Unterschriften vom 2. März 1868: Präsident D. I. Sulzer, Stadtschreiber Th. Ziegler.

    c) Führungszeugnis 1 S.
Ausgestellt am 9. 3. 1868 vom Vizepräsidenten von Winterthur, Dr. A. Weinmann. Unterschrift des Polizeisekretärs K. Steffen.

    d) Gesuch um Erteilung des Landrechtes des Kantons Zürich 2 S.
Dem Gesuch waren als Beilagen beigefügt: 1. Zeugnis des Bürgermeisteramtes Duisburg vom 4. Februar 1868, 2. Erklärung von Salomon Bleuler-Hausheer (vgl. IV/26), 3. Führungszeugnis des Stadtrats Winterthur (vgl. IV/27c). 4. Bescheinigung über die Bürgerrechtsverleihung (vgl. IV/27b). 5. Maturitätszeugnis und Konfirmationsschein (vgl. IV/6), 6. Urkunde über die Entlassung aus dem preußischen Staatsverband (vgl. IV/24). — Zürich, den 19. März und 2. April. Unterschrift des Zweiten Staatsschreibers Boßhard.

    e) Verleihung des Züricher Kantonsbürgerrechts mit Bestätigung der Aufnahme in das Bürgerrecht der Stadtgemeinde Winterthur. 1 S.
Landrechtsurkunde vom 19. März 1868 mit weißem Papiersiegel und der Unterschrift des Zweiten Staatsschreibers Boßhard [91].

28 Mitarbeit im Erziehungsrat und in der Hochschulkommission 1869

    a) Ernennung zum Mitglied des Erziehungsrats 1 S.
Mitteilung über die Wahl durch die Züricherische Schulsynode in Winterthur am 29. November. Unterschriften des Präsidenten der Schulsynode, I. I. Egg, und des Aktuars A. Wiesendanger.

    b) Anerkennung der Wahl der Synode durch den Züricher Kantonsrat 1 S.
Die Urkunde mit weißem Papiersiegel vom 1. Dezember 1869 richtet sich an den Privatdozenten Lange

---

[91] Vgl. die Abb. 8 bei Eckert a. a. O. (1968), S. 145.

und trägt die Unterschrift des Ersten Sekretärs des Kantonsrats Boßhard.

   c) Wahl zum Mitglied der Hochschulkommission   1 S.
Mitteilung der Direktion des Erziehungswesens des Kantons Zürich an den Erziehungsrat Lange vom 29. Dezember 1869 mit Unterschrift des Sekretärs F. Meyer.

29 Tätigkeit an der Züricher Lehramtsschule   1869/72

   a) Gratifikation für die Lehrtätigkeit im Wintersemester 1869/70   1870   1 S.
Die Mitteilung der Direktion des Erziehungswesens bewilligte eine Gratifikation von 270 Franken, zugleich als Reiseentschädigung. Unterschrift des Sekretärs F. Meyer.

   b) Gratifikation für die Lehrtätigkeit im Wintersemester 1871/72   1872   1 S.
Mitteilung an Professor Lange in Enge, Bleichersweg, vom 13. Mai 1872 über eine Gratifikation von 400 Franken.

30 Aufforderung, sich um die Stelle des ersten Präsidenten der Züricher Kantonalbank zu bewerben   1870   2 S.
Fotografie eines Briefes vom 5. Juli 1870 von J. J. Beller, Bern.

31 Tätigkeit an der Züricher Hochschule   1872

   a) Erhöhung des Hochschulgehalts auf 5000 Franken.   1 S.
Die Mitteilung des Regierungsrates vom 6. April 1872, die Langes Bleiben in Zürich sichern soll, trägt die Unterschrift von Gottfried Keller, 1861/76 Erster Staatsschreiber seiner Heimatstadt.

   b) Antwort Langes an den Regierungsrat des Kantons Zürich   1 S.
Der Entwurf vom 28. Mai 1872 begründet die Ablehnung aus der „Rücksicht auf meine ernstlich und dauernd geschwächte Gesundheit". Lange hofft in Marburg in größerer Stille ausschließlich seinem Beruf leben zu können und bittet um Entlassung zum Herbst.

32 Entbindung von den Pflichten eines Mitgliedes der Königlichen wissenschaftlichen Prüfungskommission in Marburg   1873   1 S.
Schreiben des Ministeriums der geistlichen Unterrichts- und Medizinal-Angelegenheiten vom 26. Mai 1873 mit Unterschrift des Ministers Falk. Als Nachfolger wird Prof. Dr. Bergmann genannt.

33 Brief des Studenten Wlassak, Graz, an Professor Johann Peter Lange, Bonn   1883   3 S.
Der Medizinstudent Rudolf W., Graz, Rechbauerstr. 26, bittet um ein Bild des von ihm verehrten Philosophen Lange, da er nur die Volksausgabe der „Geschichte des Materialismus" besitzt (vgl. VII/16).

34 Auszüge aus den Alben des Duisburger Gymnasiums [92]   1838/66
    a) Eintrag Friedrich Albert Langes   1838   2 S.
        Kopie der Einschreibung am 15. Oktober 1838 durch Direktor Landfermann aus dem Album des Gymnasiums und der Realschule 1821/59. Vermerk, daß Lange Ostern 1841 die Schule verläßt, um mit dem Vater nach Zürich zu gehen.
    b) Eintrag des Prinzen Albrecht zu Waldeck und Pyrmont   1838   2 S.
        Kopie der Einschreibung am 10. Oktober 1858 durch Direktor Eichhoff aus dem Album 1821/59. Der Prinz, 1841 in Kleve geboren, war ein Zögling Langes und wohnte in seinem Haushalt [93].
    c) Eintrag Robert Langes   1866   2 S.
        Kopie der Einschreibung am 11. April 1866 durch Direktor Eichhoff aus dem Album des Gymnasiums, der Realschule und der Vorschule 1859/85. Der am 3. August 1858 in Duisburg geborene Sohn Langes wird in die Vorschule aufgenommen, als Beruf des Vaters wird „Buchhändler" vermerkt.

35 Berufung Langes an die Universität Marburg [94]   1872
    a) Schreiben des Marburger Universitätskuratoriums an den Staatsminister Dr. Falk, Berlin   1 S.
        Bitte vom 21. März 1872, Lange aus Zürich, eventuell auch Wundt aus Heidelberg zu berufen, um die durch den Weggang Justis erledigte Professur in der philosophischen Fakultät zu besetzen.
    b) Schreiben des Berliner Ministeriums an das Marburger Universitätskuratorium   2 S.
        Das von Minister Falk unterzeichnete Schreiben vom 21. Mai benachrichtigt über die am 3. Mai erfolgte Bestellung. Als jährliches Gehalt werden vom 1. Oktober an 1400 Taler bewilligt.

36 Auszüge aus dem Sterberegister der reformierten Kirchengemeinde Marburg   1875/88
    a) Sterbeeintrag von Friedrich Albert Lange, Professor der Philosophie [95]   1875   1 S.
    b) Sterbeeintrag von Friederike Wilhelmine Lange geb. Colsman [96]   1888   1 S.

---

[92] Die bei der Suche nach Lebensspuren Langes im Archiv des Gymnasiums im Frühjahr 1975 gefundenen Eintragungen konnten durch die freundliche Unterstützung von Herrn Wagener, Landfermann-Gymnasium, dem biographisch enTeil des Nachlasses beigefügt werden.

[93] Vgl. VI/4.

[94] Kopien aus der Kuratoriumsakte betr. den Privatdozenten Dr. phil. C. Justi, a. o. Professor; jetzt Prof. Dr. F. A. Lange; Bestand Universität Marburg, Signatur 16 Rep. IV Kl. 9 Nr. 59.

[95] Gestorben am 21. November, beerdigt am 24. November 1875.

[96] Gestorben am 14. Dezember, beerdigt am 17. Dezember 1888.

37 Brief von F. W. Klever, Köln, an Direktor Wiesenthal, Duisburg 1929 4 S.
Erinnerungen eines früheren Duisburger Mitarbeiters von Lange, der im September 1928 an der Jubiläumsfeier teilgenommen hatte und einige interessante Details mitteilt [97].

V. Familienbriefe

Friedrich Albert Lange schreibt an:

	Jahre	Anzahl der Briefe
1. seine Eltern und Geschwister [98]	1846/67	88
2. seine Braut und Frau [99]	1852/72	36
3. seine Schwester Alwine [100]	1848/67	39
4. seine Schwester Mathilde [101]	1848/52	19
5. seine Schwester Emma [102]	1848/52	5

Briefe an Friedrich Albert Lange:

	Jahre	Anzahl der Briefe
6. von seinen Eltern [103]	1848/61	42
7. von seiner Ehefrau [104]	1860/63	2
8. von seinem Bruder Otto [105]	1853/75	9

VI. Briefwechsel mit Gelehrten, Politikern, Verlegern und Freunden

Friedrich Albert Lange schreibt an:

	Jahre	Anzahl der Briefe
1. Friedrich Wilhelm Dörpfeld [106]	1863	1
2. Georg Jung [107], Köln	1863	1
3. G. F. Thaulow [108], Kiel	1857/72	2

---

[97] Zu Klever vgl. auch III/7.
[98] Die Briefe sind teils an den Vater, Johann Peter L. (Sonnborn 1802/84 Bonn), Prof. der Theologie in Zürich und (seit 1854) Bonn, teils an die Mutter, Amalie Garenfeld (Herchen 1801/61 Bonn) gerichtet. Manchmal ist die ganze Familie angesprochen. An den Vater wenden sich auch die Schreiben über das Privatschulobjekt von 1855 (vgl. IV/20), Baedeker (1882, vgl. VI/11) und der Student Wlassak (1883, vgl. IV/33). Vgl. auch VII/4 und VII/12.
[99] Langes Frau Friederike Colsman (Langenberg 1831/88 Marburg) überlebte ihren Mann um 13 Jahre. Die meisten erhaltenen Briefe (21) kommen aus dem Tübinger Krankenhaus (1872), zwei davon sind von Weinkauff für Lange geschrieben.
[100] Die älteste Schwester Langes (geb. 1827 in Wald) ist auch Verfasserin von Erinnerungen (vgl. IV/2). Die Gruppe V/1 enthält fünf weitere an Alwine gerichtete Briefe (1848/50). Vgl. auch V/6 und VII/4.
[101] Mathilde L. (geb. 1830 in Langenberg) heiratet später Rudolf Fay (VI/27). Die Gruppe V/1 enthält fünf weitere Briefe des Bruders an sie (1848/50).
[102] Emma L. wurde 1831 in Langenberg geboren. Die Gruppe V/1 enthält zwei weitere an sie gerichtete Briefe (1848).
[103] Die Briefe der Eltern (vgl. V/1) enthalten auch ein Schreiben der Schwester Alwine (vgl. V/3) an Lange (25. 5. 1848).
[104] Vgl. V/2.
[105] Langes Bruder, 1833 in Duisburg geboren, war von 1862 bis zu seinem Tode (1879) hier als praktischer Arzt tätig. Sein erster Brief (1853) ist an die Schwägerin Friederike gerichtet.
[106] Dörpfeld lebte 1824/93. Vgl. Nr. 55 (1968).
[107] Vgl. Nr. 10 (1968) sowie VI/38 und VI/46.
[108] Professor in Kiel. Vgl. auch VI/83 und II/12d.

4. Prinzessin Karl zu Waldeck und Pyrmont [109]	1859	2
5. Mathilde Wirth [110], Köln	1865	1
6. Ludwig Büchner [111], Darmstadt	1865/66	3

Provinzialschulkollegium [112], Koblenz: Siehe IV/22a
Kultusminister Heinrich von Mühler [113], Berlin: Siehe IV/22b
Regierungsrat des Kantons Zürich: Siehe IV/31b

Briefe an Friedrich Albert Lange von:

11. Julius Baedeker [114], Iserlohn	1862/82	11

J. J. Beller, Bern: Siehe IV/29

12. Julius Bergmann [115], Berlin	1868	1
13. Rudolf Besser, Gotha	1863/64	3
14. Anton Biermer, Fluntern (Zürich)	1871	2
15. Wilhelm Blank, Bonn	1853	1
16. Salomon Bleuler-Hausheer [116], Winterthur	1862/85	68
17. Ludwig Büchner [117], Darmstadt	1858/66	2
18. Max Büdinger [118], Zürich	1872	1
19. Karl Bürkli [119], Zürich	1868	1
20. Joseph Card [120], Genf	1867/68	8
21. Hermann Cohen [121], Berlin-Coswig-Marburg	1872/76	13
22. Hermann Cüppers [122], Berlin	1867	3

Heinrich Czolbe: Siehe Nr. 49

23. Anton Dohrn [123], Jena	1866/72	13
24. Ernst Engel [124], Berlin	1875	1
25. Friedrich Engels [125], Manchester	1865	1

---

[109] Briefentwürfe. Vgl. auch IV/34b.

[110] Lehrerin an der Höheren Töchterschule in Duisburg. Vgl. II/24c (Einlage von 1863).

[111] Die Briefe Büchners (1824/99) wurden erworben im Januar 1934. Vgl. VI/17. S. Nr. 13, 14, 16 (1968).

[112] Entlassungsgesuch von 1862. Siehe auch Nr. 1 (1968).

[113] Schreiben von 1862 an den preußischen Kultusminister (1813/74). Siehe auch Nr. 2 (1968).

[114] Der Brief Baedekers (1814/80) von 1882 ist an Johann Peter Lange, den Vater des Philosophen, gerichtet. Vgl. Nr. 17—26 (1968).

[115] Prof. der Philosophie (1840/1904) in Königsberg und Marburg.

[116] Freund und Geschäftspartner Langes in Winterthur (1829/86). Sein Marburger Brief vom 11.5.1873 ist an den Redakteur Reinhold Rüegg, Nachfolger Langes beim Winterthurer „Landboten", gerichtet. Neun Briefe der Zeit 1875/85 wenden sich an die Witwe Lange, Schreiberin vom 13.6.1885 ist Frau Alwine Bleuler, geb. Hausheer. Die Briefe Bleulers sind teilweise von seinem Biographen Friedrich Scheuchzer (Salomon Bleuler. Bülach 1887) veröffentlicht. Siehe auch VI/100.

[117] Vgl. VI/6. Siehe Nr. 12 und 15 (1968).

[118] Vgl. Nr. 147 (1968).

[119] Geboren 1823 in Zürich. Vgl. Nr. 62 (1968).

[120] Vgl. Nr. 64—71 (1968). C. lebte 1822/69.

[121] Der Brief Cohens (1842/1918) von 1876 ist an die Witwe gerichtet. Vgl. Nr. 154, 155, 157—167 (1968).

[122] Vgl. Nr. 106—108 (1968).

[123] Vgl. Nr. 89, 91, 93, 94, 96, 97, 99—105 (1968). Nr. 91 vom 10.9.1866 enthält einen Brief von Fanny Lewald-Stahr (1811/89) an Lange. Vgl. auch VII/3. Ein Teil des Briefwechsels war bereits 1933 veröffentlicht worden (s. G. Eckert, a.a.O. (1968), Anmerkung der S. 205).

[124] Statistiker (1821/96). Vgl. Nr. 149 (1968).

[125] Vgl. Nr. 28 (1968).

26. Wilhelm Falk [126], Duisburg	1866	1
27. Rudolf Fay [127], Zürich	1848/52	4
28. Hermann Greulich [128], Neumünster	1868	1
29. Julius Gundling, Prag	1870	1
30. Ernst Haeckel [129], Jena	1873/74	2
31. Friedrich Hammacher, Essen	1868	1
32. Jean Hamsphon [130], Köln	1866/72	16
33. Otto Heerhaber [131], Iserlohn	1865	1
34. A. Hug, Zürich	1871	1
35. L. Hermann, Unterstraß	1875	1
36. Max Hirsch [132], Berlin	1868	1
37. Georg Hirth [133], Leipzig	1865	1
38. Fritz Hoddick jr. [134], Langenberg	1863	3
39. NN. Hoffmann, Würzburg	1867/71	5
40. W. L. Holland [135], Tübingen	1872	1
41. Wilhelm Adolf Hollenberg [136], Berlin	1855/57	5
42. A. Horwicz, Magdeburg	1873	2
43. Gustav Hueck [137], Duisburg	1867/68	2
44. Jakob Hülsmann [138], Bonn	1863/69	3
45. Otto Heinrich Jäger [139], Stuttgart	1864/66	4
46. Georg Jung [140], Köln	1863	1
C. W. Kambli, Horgen: Siehe Nr. 58		
47. M. Kieschke [141], Duisburg	1866	2
48. Rudolf Kleinpaul, Leipzig	1867	1
49. Heinrich Czolbe [142], Königsberg	1862/72	7
Dietrich Landfermann: Siehe IV/21 und 22		
50. Adolf Lasson [143], Berlin	1874	1
51. Kurd Laßwitz [144], Breslau	1874	1
52. J. Lattmann, Göttingen	1862	2
Fanny Lewald-Stahr: Siehe Nr. 23		

---

[126] Duisburger Verleger und Buchhändler, bis 1866 Geschäftspartner Langes.
[127] Schweizer (1830/1903), Pfarrer in der Schweiz und ab 1863 in Krefeld, heiratet Langes Schwester Mathilde.
[128] Vgl. Nr. 63 (1968).
[129] 1834/1919. Vgl. Nr. 135 und 141 (1968).
[130] Geb. 1840. Vgl. Nr. 73—88 (1968). Das Schreiben vom 27. 4. 1871 enthält ein Flugblatt an die Wähler des Landkreises Köln.
[131] Vgl. Nr. 52 (1968).
[132] 1832/1905. Vgl. Nr. 49 (1968).
[133] 1841/1916. Vgl. Nr. 58 (1968).
[134] Vgl. VI/2 und VI/46. Siehe auch Nr. 6—8 (1968).
[135] Germanist und Romanist (1822/91).
[136] Gymnasiallehrer, geboren 1824 in Meiderich.
[137] Rechtsanwalt und Notar in Duisburg.
[138] Duisburg 1807/73 Bonn. Gymnasiallehrer in Duisburg 1837/61. Vgl. Max Wiesenthal, Das Königliche Gymnasium in Duisburg 1821 bis 1885. (1934), S. 100.
[139] 1828/1912. Vgl. Nr. 56/57 und 59/60 (1968).
[140] Vgl. VI/2 und VI/38. Siehe auch Nr. 9 (1968).
[141] Mitarbeiter in Langes Verlag, 1867 in Winterthur (vgl. IV/15).
[142] Philosoph (1819/73), der Ueberweg († 1871) in Königsberg nahestand. Vgl. Nr. 119—121, 124—127 (1968).
[143] Philosoph (1832/1917).
[144] Philosoph (1848/1910).

53. Wilhelm Liebknecht [145], Leipzig	1871	1
54. Otto Liebmann [146], Straßburg	1874/75	2
55. Hermann Lotze [147], Göttingen	1871	1
56. Adolph Marcus [148], Bonn	1857	1
57. Jürgen Bona Meyer [149], Bonn	1874	1
58. Fritz Meyer [150], Zürich	1851/73	4
59. R. W. F. Morton, London	1856	1
60. Moritz Müller sen. [151], Pforzheim	1874	2
61. L. Noack, Gießen	1865	1
62. Theodor Piderit [152], Detmold	1870	1
63. William Preyer, Jena	1873	1
64. A. Pröller, Liegnitz	1858/72	5
65. Richard Quäbicker, Breslau	1871/72	2
66. Johannes Rehmke, Zürich	1873/74	4
67. Rudolf Reicke [153], Königsberg	1871	2
68. NN. Risch, Würzburg	1871	1
69. Moritz Rittinghausen [154], Köln	1868	1
70. Julius Rodenberg [155], Berlin	1874/75	2
71. P. Romeyn, Gorinchem	1862/63	3
72. Karl Rosenkranz [156], Königsberg	1871	1
Eduard Sack: Siehe Nr. 99		
73. Adolph Samter [157], Königsberg	1874	1
74. Joh. Scheer, Oberstraß	1870	1
Friedrich Scheuchzer: Siehe Nr. 100		
75. K. Schmid, Stuttgart	1861/74	21
J. Schmidt, Bonn: Siehe Nr. 101		
76. NN. Schneider, Gießen	1872/73	2
77. Karl Theodor Seydel [158], Berlin	1866	2
78. Carl Snell [159], Jena	1869/74	3
79. Ph. Spiller, Berlin	1874	1
80. August Stadler [160], Berlin	1872	1
81. J. Staub, Männedorf	1850/56	5
P. Staudinger, Nürnberg: Siehe III/8		
82. H. Stolp [161], Berlin	1866	1

---

[145] 1826/1900. Vgl. Nr. 142 (1968).
[146] Philosoph (1840/1912).
[147] Philosoph (1817/81).
[148] Buchhändler in Bonn.
[149] Philosoph (1829/97) in Bonn und Berlin. Vgl. Nr. 146 (1968).
[150] Schweizer Schulfreund Langes. Der Brief vom 20. 2. 1851 enthält einige Zeilen des Jugendfreunds Kambli, der später Pfarrer in Horgen ist. Den Brief vom 18. 11. 1872 schickt Lange an Bleuler.
[151] 1816/74. Vgl. Nr. 144—145 (1968).
[152] 1826/1912. Vgl. Nr. 113 (1968).
[153] Vgl. Nr. 122—123 (1968).
[154] 1814/90. Vgl. Nr. 61 (1968).
[155] Schriftsteller (1831/1914), gründet 1874 die Zeitschrift „Deutsche Rundschau".
[156] Philosoph (1805/79). Vgl. Nr. 129 (1968).
[157] Bankier. Vgl. Nr. 148 (1968).
[158] 1812/73. 1862/72 Oberbürgermeister von Berlin. Vgl. O. A. Ellissen, a. a. O., S. 148.
[159] Prof. der Physik (1806/86). Vgl. 128, 138—139 (1968).
[160] Student, später Prof. der Philosophie in Zürich (1850/1910). Vgl. Nr. 156 (1968).
[161] Vgl. Nr. 53 (1968).

83. G. F. Thaulow [162], Kiel	1857	2
84. Hans Vaihinger [163], Leipzig	1875	4
85. Rudolf Virchow [164], Bonn	1862	1
86. G. Vogt, Fluntern	1871	1
87. Karl Weigand, Gießen	1872	2
88. Franz Weinkauff [165], Köln	1858/83	11
89. Guido Weiß [166], Berlin	1873	1
90. Ludwig Weis [167], Ruhrort	1869	1
91. John Willis, Bradford	1863/65	3
Rudolf Wlassak, Graz: Siehe IV/33		
92. Hermann Wolff, Leipzig	1874	1
93. E. Wölfflin-Troll, Winterthur	1871/72	3
94. G. Wyß, Zürich	1869/72	3
95. Gottlieb Ziegler [168], Winterthur	1866/72	3
96. Theodor Wecher [169], Berlin	1872	1
97. H. Schweizer [170], Zürich	1871	2
98. Heinrich Tod [171], Nürnberg	1858	1
99. Eduard Sack [172], Berlin	1869	1
100. Friedrich Scheuchzer [173], Bern	1887	1
101. J. Schmidt, Bonn	1849	1
102. Redaktion der Westermanns Illustrierten deutschen Monatshefte [174], Braunschweig	1857/62	2

VII. Materialien zu Friedrich Albert Lange

1 Walter Ring: Verzeichnis des wissenschaftlichen Nachlasses von F. A. Lange	1929	15 S.

Das Verzeichnis vom April 1929 war eine erste Bestandsaufnahme des Nachlasses nach dem Erwerb durch die Stadt Duisburg [175].

2 Auszüge aus dem Nachlaß	1948/49	—

Umfangreiche maschinenschriftliche Abschriften, von Ring für einen unbekannten Interessenten angefertigt.

---

[162] Vgl. VI/3.
[163] Philosoph (1852/1933). Vgl. Nr. 150—153 (1968). Siehe auch VII/3.
[164] Mediziner (1821/1902). Vgl. Nr. 5 (1968).
[165] Von den elf Briefen des Freundes sind drei (1858/69) an Lange, sieben an die Witwe (1876/83) und einer an Langes Tochter Johanna (1879) gerichtet. Vgl. Nr. 116 (1968). Siehe auch IV/14 (Nachlaßverfügung von 1860) und V/2 (2 Tübinger Briefe von Weinkauffs Hand, 1872).
[166] Redakteur (geb. 1822). Vgl. Nr. 143 (1968).
[167] Lehrer der Realschule in Ruhrort (1865/71), wandert nach Darmstadt ab. Vgl. Stadtarchiv Duisburg, Bestand 103/4786).
[168] Schwager und Mitredakteur Bleulers (1828/98).
[169] Mitarbeiter der Berliner Buchhandlung und Druckerei E. S. Mittler & Sohn.
[170] Kollege Langes in Zürich.
[171] Mitarbeiter des Germanischen Nationalmuseums.
[172] Schulreformer (geb. 1831). Vgl. Nr. 72 (1968).
[173] Nationalrat, Verfasser einer Bleuler-Biographie (1887). Vgl. VI/16.
[174] 2 Abschriften, die 1971 von Prof. Eckert übersandt wurden.
[175] Vgl. auch Stadtarchiv Duisburg, Bestand 102/791.

3 Schreiben und Notizen über den Nachlaß, insbesondere
  über die Briefe   1928/71   —
  Brief von Hans Vaihinger (Halle 3. 12. 1928, 3 S.). Vgl.
  VI/84. — Brief von Dr. Reinhard Dohrn (Neapel 18. 2.
  1934, 1 S.). Vgl. VI/23. — Notizen Walter Rings zu den
  Briefen Bleulers (VI/16) und Hülsmanns (VI/44). —
  Brief von Prof. Eckert (Braunschweig 7. 5. 1971, 1 S.).
  Vgl. VI/102 und VII/16.
4 Lange-Briefe in Veröffentlichungen   1930   —
  Kopien aus 1) Walter Ring, Geschichte der Duisburger
  Familie Böninger, Duisburg 1930. S. 232 (vgl. V/3);
  2) Gert von Eynern, Die Unternehmungen der Familie
  vom Rath. Ein Beitrag zur Familiengeschichte. Bonn
  1930. S. 238—244 (vgl. V/1 und V/3).
5 Werner Brauksiepe: Verzeichnis der Briefe Friedrich
  Albert Langes   1936   —
  Die durch Brauksiepe (geb. 1910 in Duisburg) im Sep-
  tember 1936 erfolgte Verzeichnung erfaßt nur die Brief-
  gruppen V/1, V/2 und VI.
6 Auszüge aus Zeitungen   1851/78   —
  16 handschriftliche Zettel Walter Rings; z. T. als Materialsammlung für das Kapitel 18 seiner Stadtgeschichte
  gedacht (Lange, Arbeiterverein, Hammacher u. a.).
7 Zeitungsartikel aus der Rhein- und Ruhrzeitung   1862/70   —
  30 maschinenschriftliche Abschriften, die zum Teil zu
  Rings Materialsammlung der Stadtgeschichte (Kapitel
  18) gehören. Sie betreffen Konsumverein, Arbeiterverein, Wahlen, die Pressordonanz u. a.
8 Niederschriften über Besprechungen zur Vorbereitung
  der Jubiläumsfeier   1928   6 S.
  Durchschriften der Besprechungen vom 18. 2. und 4. 7.
  1928. Anlage: Fragmentarische Abschriften des ADB-
  Artikels von Weinkauff (1883).
9 Jubiläumsfeier 1928
  a) Programm der Feier in der Tonhalle   2 Expl.
  b) Handschriftliche Notiz von Büchereidirektor Dr. Sal-
     lentien über die für eine Ausstellung erhaltenen
     Archivalien   1 S.
  c) Schreiben von Dr. Ring an
     1. Dr. Feigel   2 S.
     2. Herrn von Ravenstein   1 S.
10 Professor A. Scheffen, Duisburg:
   a) Friedrich-Albert-Lange-Hundertjahrfeier   1928   —
      Rhein- und Ruhrzeitung Nr. 328/15. 7. 1928.
   b) Friedrich Albert Langes Hauptwerk: „Geschichte des
      Materialismus".   1928   —
      RRZ Nr. 448/23. 9., Nr. 451 fehlt, Nr. 452/25. 9.,
      Nr. 454/26. 9. und Nr. 456/27. 9. 1928.

11 a) Prof. Dr. Otto Nieten: Friedrich Albert Lange.
       Zum 100. Geburtstag.   1928   —
       Kölnische Zeitung Nr. 537/29. 9. 1928.
    b) Lic. Dr. Feigel bei der Friedrich-Albert-Lange-Feier
       in der städtischen Tonhalle: „Friedrich Albert Lange
       und wir."   1928   —
       RRZ Nr. 462/1. 10. und Nr. 463/2. 10. 1928.

12 Friedrich Albert Lange. Zur hundertsten Wiederkehr
    seines Geburtstages am 28. September 1928   1928   —
    Achtseitige Beilage der RRZ vom 28. 9. 1928 mit 10 Abbildungen und Beiträgen von Gymnasialdirektor Dr. Wiesenthal; Albert Lange, Langenberg; Stadtschulrat Hans Elschenbroich, Walter Fest und Dr. Ernst Möller, wissenschaftlicher Assistent bei der Niederrheinischen Industrie- und Handelskammer Duisburg-Wesel.

13 a) Eine Friedrich-Albert-Lange Ausstellung   1928   —
       RRZ Nr. 456/27. 9. 1928.
    b) Verein für Literatur und Kunst: Vortrag von Oberstudiendirektor Dr. Feigel, Duisburg: „Friedrich Albert Lange und die Kulturkrisis der Gegenwart" 1928   —
       RRZ Nr. 456/27. 9. 1928
    c) Dr. med. F. Burkart: Friedrich Albert Langes Vater
       und Erbmassen   1928   —
       Niederrheinische Nachrichten Nr. 298/28. 10. 1928.

14 a) Schulrat Eicker: Der Philosoph Dr. Friedrich Albert
       Lange und seine Beziehungen zu Duisburg   1928   8 S.
       Abhandlung mit 5 Familienbildern in: Rheinische Heimat, Blätter zur Pflege der Heimatliebe und rheinischer Art Nr. 21 (1928).
    b) Dr. Ernst Möller, Duisburg-Ruhrort: Friedrich Albert Lange. Seine Tätigkeit für die Duisburger
       Handelskammer.   1928   3 S.
       Rhein und Ruhr, Wirtschaftszeitung 9 (1928), 27. 9. 1928, S. 1341—1343.

15 5 Zeitungsartikel über Friedrich Albert Lange   1862/1958 —
    RRZ vom 9. 7. 1862. — RRZ Nr. 535 vom 21. 11. 1925: Oberstudiendirektor Dr. Richard Arndt, Dbg. — Ruhrort: Friedrich Albert Langes Oberlehrerlaufbahn. Ein Beitrag zur rheinischen Schulgeschichte aus Anlaß der 50. Wiederkehr des Todestages. — RRZ Nr. 536 vom 22. 11. 1925: Friedrich Albert Lange zum Gedächtnis. Ein Nachruf (Wiederabdruck des RRZ-Artikels vom 23. 11. 1875, den Wilhelm Schroers erfaßte). — DGA vom 21. 11. 1955: Franz Gruber: Der Duisburger Friedrich Albert Lange. Der Verfasser der „Geschichte des Materialismus" starb vor 80 Jahren. — NRZ vom 30. 9. 1958: Kämpfte für den vierten Stand. Friedrich Albert Lange zum 130. Geburtstag.

16 Besprechungen von Lange-Werken in „Westermanns
Illustrierten Deutschen Montagsheften" 1877/82 —
Die Kopien wurden am 7. 3. 1971 durch Prof. Eckert mitgeteilt. — Bd. 41 (1877), S. 548: Besprechung der „Geschichte des Materialismus", Iserlohn ³1876. — Bd. 43 (1878), S. 666: Besprechung des „Logischen Studien", Iserlohn 1877. — Bd. 52 (1882), S. 547: Besprechung der „Geschichte des Materialismus" in wohlfeiler Ausgabe, ⁴1882.

17 Familienkundliche Daten zu den Familien Lange und
Colsman [176] 1975 4 S.

18 Über den Rhein-Elbe-Kanal. — Zeitung des Vereins
Deutscher Eisenbahn-Verwaltungen. 3. Jahrgang
(1863). [177] 1863 5 S.

---

[176] Im Frühjahr 1975 mit Hilfe der biographischen Daten des Nachlasses, der Duisburger Kirchenbücher und der Arbeiten von Weinkauff (1883) und Ellissen (1891) aufgestellt.

[177] Die Kopie wurde im Sommer 1975 von Prof. Helmut Hirsch zur Verfügung gestellt.

Biographische Daten zu Friedrich Albert Lange

von Ludger Heid

Ausbildung und Studien

28. September 1828	geb. in Wald bei Solingen Vater: Johann Peter Lange (Pfarrer)
August 1832	Übersiedlung nach Duisburg In Duisburg Besuch der Elementarschule und 2½ Jahre Gymnasium
Frühjahr 1841	Übersiedlung nach Zürich, da J. Peter Lange dort eine Professur für Theologie erhält (anstelle von Johann David Strauß)
Ostern 1841 bis Ostern 1847	Gymnasium
10. April 1847	Reifeprüfung
19. April 1847	Immatrikulation Universität Zürich für Theologie und Philosophie (b. Ed. Bobrick), Psychologie
Ostern 1848	Übersiedlung nach Bonn: Studium der Philosophie bei Ritschl und Welcker, Geschichte der klassischen Literatur Deutschlands bei Löbell, analytische Geometrie und Differentialrechnung bei Plücker; außerdem Studium der Griechischen Literaturgeschichte und der Lateinischen Syntax.
Sommer 1849	Hauslehrer bei der Familie vom Rath in Köln
23. Oktober 1849	Wiederbeginn des Studiums in Bonn
Weihnachten 1849	Verlobung mit Friederike Colsman
26. März 1851	Promotion zum Doktor der Philosophie in Bonn: „Quaestiones metricae", Prädikat: summa cum laude
4. Juni 1851	Staatsexamen
Herbst 1851 — 1852	Militärdienst als „einjährig Freiwilliger" in Köln
4. Oktober 1852	Probejahr als Schulamtskandidat am königlichen Friedrich-Wilhelms-Gymnasium in Köln
6. September 1853	Vermählung mit Friederike Colsman

Herbst 1855		Austritt (auf eigenen Wunsch, da immer noch „Hülfslehrer") aus dem Schuldienst, Habilitation als Privatdozent der Philosophie und Pädagogik an der Universität Bonn, wo er Psychologie, Moralstatistik, Pädagogik, Geschichte des Gymnasialunterrichts, Kritische Geschichte des Materialismus liest.
Duisburger Periode		
	Frühjahr 1858 bis Herbst 1866	Wahlmann, Verfasser von Gutachten für die Schulbehörde, Mitglied des Nationalvereins, Vorstand des Turnvereins, Vorstand des Consumvereins, Präses der Sonntagsschule, Mitglied des evangelischen Presbyteriums, Mitglied des Fünferausschusses der Turnvereine Rheinlands und Westfalens
	20. April 1858	1. ordentliche Lehrstelle am Königlichen Gymnasium Duisburg (Landfermann-Gymnasium)
	1862	„Schulkonflikt" in Duisburg
	30. September 1862	Austritt aus dem Schuldienst
	17. November 1862	Redakteur der „Rhein- und Ruhr-Zeitung"
	1. Januar 1863	Sekretär der Duisburger Handelskammer
	Januar 1863 — Spätsommer 1865	65 Leitartikel für das „Wochenblatt für die Grafschaft Mark". Weitere Beiträge in der „Westfälischen Zeitung" und „Süddeutschen Zeitung"
	2. Februar 1864	Austritt aus der Redaktion
	30. September 1864	Kündigung bei der Handelskammer
	1. Juni 1864	Teilhaber des Verlages Falk & Volmer, Eröffnung einer Druckerei
	Oktober 1864	Mitglied des ständigen Ausschusses des „Vereinstages deutscher Arbeitervereine" (ADAV) neben August Bebel, Sonnemann, Max Hirsch
	1. Oktober 1865	Gründung einer eigenen Zeitung „Bote vom Niederrhein"

	1865	„Die Arbeiterfrage in ihrer Bedeutung für Gegenwart und Zukunft"
	1862—1866	„Geschichte des Materialismus und Kritik seiner Bedeutung in der Gegenwart", Hauptwerk
	29. Juni 1866	Letzte Nummer des „Boten vom Niederrhein"
	November 1866	Übersiedlung in die Schweiz nach Winterthur
Schweizer Periode	1866—1872	Teilhaber (mit Bleuler) an Zeitung, Verlag, Sortimentsbuchhandlung. Herausgabe des „Demokratischen Wochenblatts", des „Unabhängigen" verbunden mit dem „Pionier, Organ des sozialen Fortschritts".
		Vorstand des demokratischen Vereins, des Consumvereins, des Kunstvereins, Mitglied des Bankrates (Nationalbank), des Erziehungsrates des Kantons, der Stadtschulpflege, Direktor des Forstwesens
	bis Ostern 1867	Lehrertätigkeit am Winterthurer Gymnasium
	bis Ostern 1869	Herausgabe des „Winterthurer Landboten" mit Salomon Bleuler
	Herbst 1869	Mitglied des Verfassungsrates, Stadtrat in Winterthur (1870)
	13. August 1870	Habilitation in Zürich als Privatdozent der philosophischen Fakultät
	1871	Professor für induktive Philosophie in Zürich Ruf an die philosophische Fakultät in Königsberg (nicht angenommen)
Deutschland	1872	Ruf nach Marburg, Lehrstuhl für Philosophie
	21. November 1875	Tod in Marburg.

Versuch einer Bibliographie der von Friedrich Albert Lange publizierten Arbeiten

von Klaus Plump

1. **Selbständige Publikationen:**
Quaestiones metricae. Bonner Dissertation 1851.

Festrede zu Schillers hundertjährigem Geburtstage. Gehalten von Oberlehrer Dr. F. A. Lange. F. H. Nieten. Duisburg 1859.

Die Turnvereine und das Vereinsgesetz. Eine Erörterung der Tragweite der allerletzten Verordnung vom 11. März 1850, mit besonderer Beziehung auf die Turnvereine Rheinlands und Westfalens. Joh. Ewich, Duisburg 1861.

Die Stellung der Schule zum öffentlichen Leben. Festrede, gehalten bei der Schulfeier des Geburtstages Sr. Majestät des Königs den 22. März 1862. F. H. Nieten. Duisburg [1862].

Die Leibesübungen. Eine Darstellung des Werdens und Wesens der Turnkunst in ihrer pädagogischen und kulturhistorischen Bedeutung. Gotha 1863.

Die Oktroyierungen vom 1. Juni 1863. Duisburg 1863 [Mit W. Schroers].

Der Verfassungskampf. Duisburg 1863 [Mit W. Schroers].

Das päpstliche Rundschreiben (8. 12. 1864) und die 80 verdammten Sätze erläutert durch Kernsprüche von Männern der Neuzeit, sowie durch geschichtliche und statistische Notizen. [Duisburg] 1865 [178].

Die Arbeiterfrage in ihrer Bedeutung für Gegenwart und Zukunft beleuchtet. Duisburg 1865
  2. Auflage: Winterthur 1870
  3. Auflage: Winterthur 1875
  4. Auflage: Winterthur 1879
  7. Auflage: 1910. Hrsg. Franz Mehring [179].

Geschichte des Materialismus und Kritik seiner Bedeutung in der Gegenwart. Iserlohn 1866 [180]

  1. Auflage: Iserlohn 1865
  2. Auflage: Iserlohn 1873/75
  3. Auflage: Iserlohn 1876/77
  4. Auflage: Iserlohn 1882. Einleitung von Herm. Cohen
  5. Auflage: Iserlohn 1896. Hrsg. Herm. Cohen
  7. Auflage: 2 Bde. Reclam, Leipzig 1906. Vorwort von O. A. Ellissen
  8. Auflage: Leipzig 1908
  9. Auflage: Leipzig 1914/15

---

[178] Hauptverfasser ist Weinkauff. Die Broschüre erschien anonym.
[179] Eine weitere Ausgabe der „Arbeiterfrage" wurde mit Teilen der „Geschichte des Materialismus" von A. Grabowsky bei Kröner herausgegeben.
[180] O. A. Ellissen und G. Eckert nennen als Erscheinungsjahr den Oktober 1865, wobei sie sich vielleicht auf eine Angabe des Vorwortes beziehen.

10. Auflage: Leipzig 1921. Deutsche Bibliothek. Hrsg. Wilh. Bölsche
Weitere Auflagen: 1926, Kröner. Hrsg. H. Schmidt [181]
2 Bde. Frankfurt 1974. Hrsg. Alfred Schmidt.

Die Grundlegung der mathematischen Psychologie. Ein Versuch zur Nachweisung des fundamentalen Fehlers bei Herbart und Drobisch. Duisburg 1865.

Jedermann Hauseigentümer. Das bewährteste System englischer Baugenossenschaften für deutsche Verhältnisse bearbeitet und in seiner Verwendbarkeit für Arbeiter-Genossenschaften nachgewiesen. Mit einer Einleitung von L. Sonnemann. Duisburg 1865.

John Stuart Mills Ansichten über die soziale Frage und die angebliche Umwälzung der Sozialwissenschaft durch Carey. Falk & Lange. Duisburg 1866.

Neue Beiträge zur Geschichte des Materialismus. Heft 1: Zurückweisung der Beiträge Schillings, nebst einer Untersuchung über Epikur und die Grenzen des Erfahrungsgebietes. Winterthur 1867.

Friedrich Ueberweg. Berlin 1871.

Logische Studien. Ein Beitrag zur Neubegründung der formalen Logik und der Erkenntnistheorie. Iserlohn 1877.

Einleitung und Kommentar zu Schillers philosophischen Gedichten, aus dem Nachlaß des Verfassers hrsg. von O. A. Ellissen. Velhagen & Klasing, Bielefeld 1897.

Weitere Auflagen: Velhagen & Klasing. Bielefeld und Leipzig 1905 u. 1921.

Über den Zusammenhang der Erziehungssysteme mit den herrschenden Weltanschauungen verschiedener Zeitalter. Bonner Antrittsvorlesung 1855. In: Material zum Arbeitsunterricht an höheren Schulen. Nr. 71. Hrsg. [O.] A. Ellissen. Velhagen & Klasing, Bielefeld 1928.

Die griechischen Formen und Maße in der deutschen Dichtung. Hrsg. O. A. Ellissen. Velhagen & Klasing, Bielefeld 1928.

2. Aufsätze in Periodika, Rezensionen usw.:

Raumers Geschichte der Pädagogik. In: Neue Jahrbücher für Philologie und Pädagogik. Herausgeber: A. Fleckeisen. Band 76 (1857).

Die Prinzipien der gerichtlichen Psychologie, mit Berücksichtigung von Idelers Lehrbuch. Rezension in: Zeitschrift für Staatsarzneikunde. Erlangen 1858.

Das Studium und die Prinzipien der Gymnasialpädagogik mit besonderer Berücksichtigung der Werke von K. Schmidt und G. Thaulow beleuchtet. In: Neue Jahrbücher für Philologie und Pädagogik. Herausgeber R. Dietsch und A. Fleckeisen. Band 77 (1858), S. 483 ff.

Desiderius Erasmus. Sein Privatleben und sein persönlicher Charakter. In: Westermanns Illustrierte deutsche Monatshefte Nr. 20 (1858), S. 127 bis 135.

---

[181] Heinrich Schmidt, geb. 1874, war ein Mitarbeiter von Ernst Haeckel.

Enzyklopädie des gesamten Erziehungs- und Unterrichtswesens, bearbeitet von einer Anzahl von Schulmännern und Gelehrten, hrsg. unter Mitwirkung von Prof. Dr. v. Palmer und Prof. Dr. Wildermuth von K. A. Schmid. Gotha 1859/73.

Hierin Beiträge von Lange zu den Stichwörtern: Bildungsfähigkeit — Calvins Einfluß auf die Pädagogik — Cötus — Einflüstern — Erasmus — Errichtung und Erhaltung der Schulen — Friedrich der Große — Furcht — Gewerbeschulen — Hintergehung — Komplottieren in der Schule — Leibesübungen — Mnemotechnik — Oppositionsgeist — Pennalismus — Phrenologie — Physiognomik — Rechtspflege in der Schule — Schülerzahl — Schulbücher — Schule zu Schlettstadt — Seelenlehre (Psychologie) — Statistik — Johann Ludwig Vives — Wunderkinder und Frühreife — Zensuren.

Jahresberichte der Handelskammer Duisburg 1862 (Duisburg 1863) und 1863 (Duisburg 1864).

In der „Deutschen Turnzeitung" erschienen:

Schulturnen und Wehrtüchtigkeit, 1864.
Die Schulturnfrage in Preußen, 1864.
Ein statistischer Streifzug, 1864.
Die deutschen Turnvereine und das Vereinsgesetz, 1865.
Besprechung von G. Hirths zweitem statistischem Jahrbuch der Turnvereine Deutschlands, 1866.

Vier schweizerische Preisschriften: Über die Vereinigung der militärischen Instruktion mit der Volkserziehung und insbesondere über die militärische Gymnastik. Rezension in: Kloß' Jahrbuch Bd. 10 (1864).

Das Glück und die Arbeit. In: Eduard Pfeiffers Stuttgarter Monatsschrift „Die Arbeit", Heft 7 und 8 (1866).

Friedrich Ueberweg, Nekrolog. In: Altpreuß. Monatsschrift (1871) [182].

Die griechischen Formen und Maße in der deutschen Dichtung. [Züricher Vortrag]. In: Deutsche Rundschau (1879). Hrsg. Julius Rodenberg [183].

Über philosophische Bildung [Marburger Vorlesung]. In: Nord und Süd (1879/80). Hrsg. Paul Lindau.

---

[182] s. auch S. 271.
[183] s. auch die Ausgabe von O. A. Ellissen, S. 272.

LITERATURLISTE*

zusammengestellt von Ingeborg Reinecke

Adorno, Th. W., M. Horkheimer, Dialektik der Aufklärung, Amsterdam 1947.
Anweiler, O., Von der pädagogischen Auslandskunde zur vergleichenden Erziehungswissenschaft, in: Pädagogische Rundschau, H. 10, Köln 1966.
Autorenkollektiv der Akademie der Wissenschaften der UdSSR (Hrsg.), Geschichte der Philosophie, Bd. 1, 2. Aufl., deutsch, Berlin 1962.
Balser, Frolinde, Sozial-Demokratie 1848/49—1863, Bd. II, Stuttgart 1962.
Bebel, A., Aus meinem Leben, 1. Teil, Stuttgart 1910.
Becher, E., Deutsche Philosophen, München/Leipzig 1929.
Berdiajew, N., Friedrich Albert Lange und die kritische Philosophie in ihren Beziehungen zum Sozialismus, in: Die Neue Zeit, 2. Bd., 18. Jg., Stuttgart 1900.
Berger, M., Görres als politischer Publizist, Bonn-Leipzig 1921.
Bernstein, E., Zur Würdigung Friedrich Albert Langes, in: Die Neue Zeit, hrsg. v. K. Kautsky, Bd. II, 10. Jg., Stuttgart 1892.
Bernstein, E., Die Voraussetzungen des Sozialismus und die Aufgabe der Sozialdemokratie, Stuttgart 1899.
Bloch, E., Das Prinzip Hoffnung, 2 Bde., Berlin 1954/59.
Blumenberg, H., Die Vorbereitung der Neuzeit, in: Philosophische Rundschau, H. 9, 1961.
Blumenberg, W., Kämpfer für die Freiheit, Berlin/Hannover 1959.
Blumenberg, W. (Hrsg.), August Bebels Briefwechsel mit Friedrich Engels, The Hague 1965.
Blumhardt, Ch., Predigten und Andachten, hrsg. von R. Lejeune, Bd. II, Erlenbach/Zürich/Leipzig 1925.
Boorstin, D. J., The lost world of Thomas Jefferson, Boston 1960.
Brauksiepe, W., Geschichte des Duisburger Zeitungswesens von 1727 bis 1870, Würzburg 1937.
Braun, H., Friedrich Albert Lange als Sozialökonom — nach seinem Leben und seinen Schriften, Phil. Diss. Halle 1881.
Braun-Vogelstein, J., Heinrich Braun — Ein Leben für den Sozialismus, Stuttgart 1967.
Bravo, G. M., Les socialistes avant Marx, Bde. II u. III, Paris 1970.
Büchner, L., Kraft und Stoff. Empirisch-naturwissenschaftliche Studien, Leipzig 1855.
Buhl, L., Andeutungen über die Not der arbeitenden Klassen und über die Aufgabe der Vereine zum Wohle derselben, Berlin 1845.
Bussmann, W., Das Zeitalter Bismarcks, in: L. Just (Hrsg.), Handbuch der Deutschen Geschichte, Bd. 3, II. Teil, Frankfurt/M. 1968.
Cohen, H. (Hrsg.), Biographisches Vorwort, in: F. A. Lange, Geschichte des Materialismus und seiner Bedeutung in der Gegenwart, 4. Aufl. Iserlohn 1882.
Cohen, H., Friedrich Albert Lange, in: Preußische Jahrbücher, 16. Jg., Berlin 1876.
Croiset, M., Aristophane et les partis à Athènes, Paris 1906.
Der evangelische Oberkirchenrat, Über die Beteiligung der Pfarrer an der sozialpolitischen Bewegung, 1895, in: Quellen zur Geschichte des deutschen Protestantismus 1871—1945, hrsg. von K. Kupisch, München/Hamburg 1965.
Dietrich, R., Preußen und Deutschland im 19. Jahrhundert, in: R. Dietrich (Hrsg.), Preußen, Epochen und Probleme seiner Geschichte, Berlin 1964.
Dilthey, W., Die Typen der Weltanschauung und ihre Ausbildung in den metaphysischen Systemen, in: Gesammelte Schriften VIII, 3. Aufl., Stuttgart/Göttingen 1962.
Dräger, H., Die Gesellschaft für Verbreitung von Volksbildung — eine historischproblemgeschichtliche Darstellung von 1871—1915, Stuttgart 1975.
Droz, J., Die religiösen Sekten und die Revolution von 1848, in: Archiv für Sozialgeschichte, Bd. III, Hannover 1963.
Eckert, G. (Hrsg.), Der Bote vom Niederrhein. Faksimile-Nachdruck der Jahrgänge 1865/66, Duisburg 1968.

---

* Ist das Werk eines Autors in den Beiträgen in mehreren Auflagen nachgewiesen, so ist es in der Bibliographie nur einmal aufgeführt. Die exakten Nachweise der benutzten Auflagen finden sich in den Einzelbeiträgen.

Eckert, G., Friedrich Albert Lange und die Socialdemokratie in Duisburg, in: Duisburger Forschungen, hrsg. Stadtarchiv Duisburg, Bd. 8, Duisburg 1965.
Eckert, G. (Hrsg.), Friedrich Albert Lange: Über Politik und Philosophie. Briefe und Leitartikel 1862—1875 (= Duisburger Forschungen, Beiheft 10), Duisburg 1968.
Eckert, G., Wilhelm Liebknecht über Abraham Lincoln, in: I. Geis, B. J. Wendt (Hrsg.), Deutschland in der Weltpolitik des 19. und 20. Jahrhunderts, Festschrift für Fritz Fischer, Düsseldorf 1973.
Ellissen, O. A., Friedrich Albert Lange, eine Lebensbeschreibung, Leipzig 1891.
Ellissen, O. A., Biographisches Vorwort zu Friedrich Albert Lange, Geschichte des Materialismus und Kritik seiner Bedeutung in der Gegenwart, Bd. 1, Leipzig 1905.
Engels, F., Ludwig Feuerbach und der Ausgang der klassischen Philosophie, in: K. Marx, F. Engels-Werke (MEW), Bd. 21.
Erdmann, A., Die christliche Arbeiterbewegung in Deutschland, 2. Aufl., Stuttgart 1909.
Erdmann, J. E., Grundriß der Geschichte der Philosophie. Zweiter und letzter Band: Philosophie der Neuzeit, Berlin 1866.
Fechner, G. Th., Die drei Motive und Gründe des Glaubens, Leipzig 1863.
Feuchtwanger, E. J., Preußen. Mythos und Realität, Frankfurt/Main 1972.
Fischer, H.-D., Der Publizist als Persönlichkeit, in: H.-D. Fischer (Hrsg.), Deutsche Publizisten des 15. bis 20. Jahrhunderts, München/Berlin 1971.
Fischer, H.-D., Entwicklungsphasen der Presse-Nachrichtenversorgung. Etappen der Evolution aktueller Informationen als Ware, in: E. Strassner (Hrsg.), Nachrichten. Entwicklungen — Analysen — Erfahrungen, München 1975.
Fischer, H.-D., ... und der ‚Vorwärts' ergriff die Fahne. Vor hundert Jahren erschien erstmals der ‚Social-Demokrat', in: ‚Vorwärts' Nr. 52/53, Bonn, 23. Dezember 1964.
Fraenkel, E. (Hrsg.), Amerika im Spiegel des deutschen politischen Denkens. Äußerungen deutscher Staatsmänner und Staatsdenker über Staat und Gesellschaft in den Vereinigten Staaten von Amerika, Köln/Opladen 1959.
Freeman, D. S., R. E. Lee — a biography, Bd. III, New York/London 1935.
Gentner, C., Zur Geschichte des Leitartikels, in: W. B. Lerg et al. (Hrsg.), Publizistik im Dialog. Festgabe für Henk Prakke, Assen/Niederlande 1965.
Geyer, K., Die Marxsche Kritik der ethisch-idealistischen Geschichtskonzeption Karl Höchbergs, in: Deutsche Zeitschrift für Philosophie 1968.
Grab, W., Rezension von Eckert, G. (Hrsg.), Der Bote vom Niederrhein. Faksimilenachdruck der Jahrgänge 1865—66 Duisburg 1968, in: Duisburger Forschungen, hrsg. Stadtarchiv Duisburg, Bd. 14, Duisburg 1970.
Grab, W., Wilhelm Friedrich Schulz (1797—1860), ein bürgerlicher Vorkämpfer des sozialen und politischen Fortschritts, in: Internationale Wissenschaftliche Korrespondenz, Sonderheft: „Frühsozialistische Bünde in der Geschichte der deutschen Arbeiterbewegung", Berlin 1975.
Grebe, P., Die Arbeiterfrage bei Lange, Ketteler, York, Schäffle, aufgezeigt an ihrer Auseinandersetzung mit Lassalle, in: Historische Studien, H. 283, Berlin 1935.
Groth, O., Die Zeitung. Ein System der Zeitungskunde (Journalistik), Bd. 4, Mannheim/Berlin/Leipzig 1930.
Guggenbühl, G., Der Landbote 1836—1936. Hundert Jahre Politik im Spiegel der Presse, Winterthur 1936.
Gundlach, F., Die akademischen Lehrer der Philipps-Universität von 1527—1910. (= Veröffentlichungen der Hist. Kommission für Hessen und Waldeck, Bd. 15), Marburg 1927.
Heid, L., Friedrich Albert Lange, ein Kapitel aus der Geschichte des Duisburger Zeitungswesens, maschinenschriftl. Staatsexamensarbeit, Duisburg 1974.
Held, A., Die deutsche Arbeiterpresse der Gegenwart, Leipzig 1873.
Hess, A., Das Parlament das Bismarck widerstrebte. Zur Politik und sozialen Zusammensetzung des preußischen Abgeordnetenhauses der Konfliktzeit (1862—1866), Köln/Opladen 1964.
Heuss, Th., Anton Dohrn, 2. Aufl., Stuttgart 1948.
Hirsch, H., Die beiden Hilgards, ein Beitrag zur Geschichte des Deutschamerikanertums und der Revolution von 1848, in: Denker und Kämpfer. Gesammelte Beiträge zur Geschichte der Arbeiterbewegung, Frankfurt a. M. 1955.
Hirth, G., Das gesamte Turnwesen, ein Lesebuch für deutsche Turner, Bd. 4, Hof 1895.
Hofbauer, R. R., Tausend Jahre an der Ruhr, in: Rhein-Ruhr-Zeitung. Festausgabe zur 1000-Jahrfeier der Rheinprovinz, 6. Juni 1925.

Holzhey, H., Philosophie und Wissenschaft. Zur Genese der Grundkonzeption des Marburger Neukantianismus, in: Neue Zürcher Zeitung, Beilage ‚Literatur und Kunst', 22.10.1972.
Huber, E. R. (Hrsg.), Dokumente zur Deutschen Verfassungsgeschichte, Band 2, Stuttgart 1964.
Hundt, M., Ein Versuch zur Linksorientierung des Verbandes Deutscher Arbeitervereine im Frühjahr 1865, in: Beiträge zur Geschichte der deutschen Arbeiterbewegung, 4/1965.
Institut für Marxismus-Leninismus beim Zentralkomitee der SED (Hrsg.), Geschichte der deutschen Arbeiterbewegung, Kap. II, Periode von 1849—1871, Berlin 1966.
Institut für Marxismus-Leninismus beim Zentralkomitee der SED (Hrsg.), Karl Marx/Friedrich Engels-Werke, Bd. 34, Berlin 1966.
Irmer, P., Friedrich Albert Lange und die deutsche Arbeiterbewegung, maschinenschriftl. Staatsexamensarbeit, Duisburg 1972.
Kant, I., Kritik der reinen Vernunft, Leipzig 1971.
Kautsky, B. (Hrsg.), Erinnerungen und Erörterungen von Karl Kautsky, s'Gravenhage 1960.
Knoll, J. H., Erziehungswissenschaft und Erwachsenenbildung — Gedanken zur Methodologie des Vergleichs in der BRD, in: Internationales Jahrbuch der Erwachsenenbildung 1973, Bd. 3, Düsseldorf 1973.
Knoll, J. H., Friedrich Albert Lange. Pädagogik zwischen Politik und Philosophie, Duisburg 1975.
Knoll, J. H., Führungsauslese in Liberalismus und Demokratie, Stuttgart 1957.
Knoll, J. H., Johann Gottfried Christian Nonne, ein Beitrag zur niederrheinischen Schulgeschichte am Beginn des 19. Jahrhunderts, München/Paderborn/Wien 1971 — auch Duisburger Forschungen Beiheft 14, Duisburg 1971.
Knoll, J. H., „Pädagogik" im Lexikon, in: Pädagogische Rundschau, 25. Jg., H. 1, 1971.
Knoll, J. H., Pädagogische Elitebildung, Heidelberg 1964.
Knoll, J. H., Staatsbürgerliche Erziehung im 19. Jahrhundert, in: Pädagogische Rundschau, H. 4, Köln 1966.
Knoll, J. H., K. Schleicher, F. Kuebart, Politische Bildung und Erziehung, in: Sowjetsystem und demokratische Gesellschaft, eine Vergleichende Enzyklopädie, Freiburt/Basel/Wien 1971.
Knoll, J. H., H. Siebert, Wilhelm von Humboldt, Politik und Bildung, Heidelberg 1969.
Koszyk, K., Rezension von G. Eckert (Hrsg.), Der Bote vom Niederrhein. Faksimile-Nachdruck der Jahrgänge 1865/66, Duisburg 1968, in: Publizistik, 15. G., H. 2, Konstanz 1970.
Koszyk, K., Deutsche Presse im 19. Jahrhundert, Berlin 1966.
Koszyk, K., G. Eisfeld, Die Presse der deutschen Sozialdemokratie, eine Bibliographie, Hannover 1966.
Kronenberg, M., Moderne Philosophen, Porträts und Charakteristiken, München 1899.
Kühn, Th. S., The Structure of Scientific Revolutions, 2. Aufl., Chicago 1970.
Kümhof, H., Karl Marx und die ‚Neue Rheinische Zeitung' in ihrem Verhältnis zur demokratischen Bewegung der Revolutionsjahre 1848/49, Phil. Diss. (FU) Berlin 1961.
Kutter, H., Gerechtigkeit, ein altes Wort an die moderne Christlichkeit, Jena 1910.
Lehmann, G., Geschichte der Philosophie — Die Philosophie des neunzehnten Jahrhunderts, Bd. II, Berlin 1953.
Ley, H., Geschichte der Aufklärung und des Atheismus, Berlin, Bd. I 1966; Bd. II 1970; Bd. II, 2, 1971.
Ley, H., Th. Müller, Kritische Vernunft und Revolution, Zur Kontroverse zwischen Hans Albert und Jürgen Habermas, Köln 1971.
Liebknecht, W., Briefwechsel mit deutschen Sozialdemokraten, Quellen und Untersuchungen zur Geschichte der deutschen und österreichischen Arbeiterbewegung, Bd. IV, N.F., hrsg. v. G. Eckert, Assen 1973.
Liebknecht, W., Briefwechsel mit Karl Marx und Friedrich Engels, in: G. Eckert (Hrsg.), Quellen und Untersuchungen zur Geschichte der deutschen und österreichischen Arbeiterbewegung, Bd. V, The Hague 1963.
Ling, P. H., Schriften über Leibesübungen, Magdeburg 1847.

Lotze, H., Mikrokosmos. Ideen zur Naturgeschichte und Geschichte der Menschheit. Versuch einer Anthropologie, Bd. I, 6. Aufl., Leipzig 1923.
Lübbe, H., Politische Philosophie in Deutschland, Studien zu ihrer Geschichte, Basel/Stuttgart 1963.
Lutz, H., Die Beziehungen zwischen Deutschland und den Vereinigten Staaten während des Sezessionskrieges, Phil. Diss. Heidelberg 1911.
Lyman, C. Th., Addenda to the paper by Brevet Lieutenant-Colonell W. W. Swan, U.S.A. on the Battle of the Wilderness, in: Papers of the Military historical Society of Massachusetts 1864, Bd. IV, Boston 1905.
Macartney, C. E., Grant and his Generals, New York 1953.
Marcuse, H., One-Dimensional Man, Boston 1964.
Marcuse, H., Repressive Toleranz, in: R. P. Wolf, B. Moore, H. Marcuse, Kritik der reinen Toleranz, Frankfurt a. M. 1967.
Marcuse, H., Versuch über Befreiung, Frankfurt 1967.
Marx, K., Randglosse zum Gothaer Programm, in: K. Marx, F.-Engels-Werke, Bd. 19, Berlin 1960 ff.
Marx, K., Umrisse zu einer Kritik der Nationalökonomie, ebd. Bd. 1, Berlin 1960 ff.
Marx, K., Zur Kritik der Hegelschen Rechtsphilosophie. Einleitung, in: Marx-Engels-Studienausgaben, hrsg. von I. Fetscher, Bd. 1, Frankfurt 1966.
Marx, K., F. Engels, Die heilige Familie, Frankfurt/M. 1845.
Mayer, G., Johann Baptist von Schweitzer und die Sozialdemokratie, ein Beitrag zur Geschichte der deutschen Arbeiterbewegung, Jena 1909.
Mehring, F., Einleitung zu F. A. Lange. Die Arbeiterfrage, in: F. Mehring, Gesammelte Schriften, Bd. 4, Aufsätze zur Geschichte der deutschen Arbeiterbewegung, Berlin 1963.
Mehring, F., Gesammelte Schriften, Bd. 2, Geschichte der deutschen Sozialdemokratie, Berlin 1960.
Meili, F., Friedrich Albert Lange und seine Stellung zur Turnsache, in: Deutsche Turn-Zeitung, 3., 10. und 17. Januar 1878.
Meinecke, F., Die Deutsche Katastrophe, Betrachtungen, Wiesbaden 1946.
Meyer, H.-F., Zeitungspreise in Deutschland im 19. Jahrhundert und ihre gesellschaftliche Bedeutung, Phil. Diss. Münster 1967, Münster 1969.
Mohler, A., Die konservative Revolution, Stuttgart 1950.
Monning, J., Die Geschichte der Duisburger Presse von 1870 bis zum Ausbruch des Weltkrieges, Phil. Diss. München 1936, Würzburg 1937.
Moosburger, S., Ideologie und Leibeserziehung im 19. und 20. Jahrhundert. Phil. Diss. München 1970.
Müller, K. J., Einheit und Freiheit im Denken Wilhelm Rüstows, in: Jahrbuch des Instituts für Deutsche Geschichte der Universität Tel Aviv, hrsg. W. Grab, Bd. 3, Tel Aviv 1974.
Na'aman, S., Friedrich Albert Lange. Über Politik und Philosophie, Rezension, in: Archiv für Sozialgeschichte, Bd. 8, Hannover 1968.
Na'aman, S., Demokratische und soziale Impulse in der Frühgeschichte der deutschen Arbeiterbewegung der Jahre 1862/63, Wiesbaden 1969.
Na'aman, S. unter Mitwirkung von H. P. Harstick, Die Konstituierung der deutschen Arbeiterbewegung 1862/63, Darstellung und Dokumentation, Assen 1975.
Neuendorff, E., Geschichte der neueren deutschen Leibesübung vom Beginn des 18. Jahrhunderts bis zur Gegenwart, Bd. III (Die Zeit von 1820 bis 1860), Dresden 1932.
Neuendorff, E., Geschichte der neueren deutschen Leibesübung vom Beginn des 18. Jahrhunderts bis zur Gegenwart. Bd. IV (Die Zeit von 1860 bis 1932), Dresden 1932.
Oakeshott, M., Rationalismus in der Politik, in: W. Hennis und H. Maier (Hrsg.), Politica, Abhandlungen und Texte zur politischen Wissenschaft, Bd. 25, Darmstadt/Neuwied 1964.
Prakke, H. et al. (Hrsg.), Handbuch der Weltpresse, Bd. 2, Weltkatalog der Zeitungen, Köln/Opladen 1970.
Reichesberg, R., Friedrich Albert Lange als Nationalökonom, Phil. Diss. Bern 1892.
Richter, Fr., V. Wrona, Neukantianismus und Sozialreformismus, in: Deutsche Zeitschrift für Philosophie, H. 22, 1974.

Riehl, A., Rezension der „Logischen Studien", in: Vierteljahresschriften für wissenschaftliche Philosophie, Jg. 2, 1878.
Robinson, S. B., Erziehungswissenschaft, Vergleichende Erziehungswissenschaft, in: Handbuch pädagogischer Grundbegriffe, hrsg. v. J. Speck und G. Wehle, Bd. 1, München 1970.
Rothstein, H., Die Gymnastik nach dem Systeme des schwedischen Gymnasiarchen P. H. Ling, dargestellt, 5 Bde., Berlin 1847—1851.
Rupprecht, S., Ideal und Wirklichkeit, Berlin 1968.
Salomon, L., Geschichte des deutschen Zeitungswesens von den ersten Anfängen bis zur Wiederaufrichtung des Deutschen Reiches, Bd. 3: Das Zeitungswesen seit 1814, Oldenburg/Leipzig 1906.
Sass, H.-M., Daseinsdeutende Funktionen von Glauben und Wissen im Jahrzehnt 1860—70, in: Zeitschrift für Religions- und Geistesgeschichte, H. 20, 1968.
Sass, H.-M., Philosophische Positionen in der Philosophiegeschichtsschreibung, in: Deutsche Vierteljahrsschrift für Literaturwissenschaft und Geistesgeschichte, 46, 1972.
Saurbier, B., Stahr, E., Geschichte der Leibesübungen, Leipzig 1939.
Scharpf, W., Planung als politischer Prozeß, Frankfurt 1973.
Scheuchzer, F., Salomon Bleuler, Bülach 1887.
Schmitt, C., Politische Theologie, vier Kapitel zur Lehre von der Souveränität, München/Leipzig 1922.
Schnack, I. (Hrsg.), Fr. Grossart, Lebensbilder aus Kurhessen und Waldeck 1830—1930, Veröffentlichungen der Historischen Kommission für Hessen und Waldeck, Bd. 1, Marburg 1939.
Schoeps, H.-J., Die preußischen Konservativen, in: G. K. Kaltenbrunner (Hrsg.), Konservatismus in Europa, Freiburg 1972.
Schopenhauer, A., Sämtliche Werke, Bd. 5, hrsg. J. Frauenstädt, 2. Aufl. Leipzig 1919.
Schraepler, E., Der Zwölfer-Ausschuß des Vereinstages deutscher Arbeitervereine und die Ereignisse des Jahres 1866, in: Jahrbuch für die Geschichte Mittel- und Ostdeutschlands, Bd. 16/17, 1968.
Schulz, W. F., Die Rettung der Gesellschaft aus den Gefahren der Militärherrschaft, Leipzig 1859.
Schurz, C., Lebenserinnerungen, Bd. II, Berlin 1907.
Seward, W. H., Some thoughts for the Presidents consideration, April 1, 1863, in: W. E. Curtis, The true Abraham Lincoln, Philadelphia/London 1903.
Spiess, A., Die Lehre der Turnkunst, 4 Teile, Basel 1847.
Spiess, A., Turnbuch für Schulen, als Anleitung für den Turnunterricht durch die Lehrer der Schule, 2 Teile, Basel 1847 und 1848.
Strauss, D. Fr., Der alte und der neue Glaube, Leipzig 1872.
Szymanski, H., Die alte Dampfschiffahrt in Niedersachsen, Hannover 1958.
Tardel, H. (Hrsg.), Georg Herweghs Werke, 3. Teil, Berlin 1905.
Ueberweg, Fr., Grundriß der Geschichte der Philosophie von Thales bis auf die Gegenwart, 3. Teil: Die Neuzeit, Berlin 1866.
Ueberweg, Fr. (unter dem Pseudonym: Philalethes), Über freie Gemeinden und Persönlichkeit Gottes, Bonn 1860.
Vaihinger, H., Hartmann, Dühring und Lange, Zur Geschichte der deutschen Philosophie im XIX. Jahrhundert, Iserlohn 1876.
Vogt, C., Köhlerglaube und Wissen, 3. Aufl., Gießen 1856.
Vorländer, K., Kant und der Sozialismus, in: Kantstudien IV, 1900.
Vorländer, K., Kant und Marx, ein Beitrag zur Philosophie des Sozialismus, Tübingen 1911.
Wagner, R., Menschenschöpfung und Seelensubstanz, Göttingen 1851.
Weber, R., Kleinbürgerliche Demokraten in der deutschen Einheitsbewegung 1863—1866, Berlin 1962.
Weinkauff, F., Friedrich Albert Lange, in: Allgemeine Deutsche Biographie, Bd. 17, Leipzig 1883.
Weiß, L., Die ‚Neue Zürcher Zeitung' im Kampf der Liberalen mit den Radikalen, 1849—1872, Zürich 1962.
Weitling, W., Evangelium des armen Sünders (1843), Reinbek 1971.
Wentzke, P., Die politische Bedeutung des ‚Rheinischen Merkurs', in: Görres' Rheinischer Merkur, Faksimileausgabe, Bd. I, Köln 1928.

Wiesenthal, M., Das „Königl." Gymnasium in Duisburg als stiftische evangelische Anstalt von der Errichtung des kgl. Kompatronats bis zur Verstaatlichung 1821—1885, Duisburg 1934.
Williams, Th. H., P. G. T. Beauregard-Napoleon in Gray, Baton Rouge 1955.
Wildt, K., Friedrich Ludwig Jahn und das deutsche Turnen, Leipzig 1931.
Wilson, F., John Wilkes Booth, Facts and Fiction of Lincoln's assassination, Boston/New York 1919.
Windelband, W., Lehrbuch der Geschichte der Philosophie, hrsg. v. H. Heimsoeth, Tübingen 1950.

VERZEICHNIS DER MITARBEITER

Prof. Dr. Heinz-Dietrich F i s c h e r , 463 Bochum-Querenburg, Hustadtring 63

Prof. Dr. Walter G r a b , Universität Tel Aviv

Ludger H e i d , 41 Duisburg, Schillerplatz 3

Prof. Dr. Helmut H i r s c h , 4 Düsseldorf, Jürgensplatz 72

Dr. Helmut H o l z h e y , CH-8600 Dübendorf, Rotbuchstr. 40

Peter I r m e r , 433 Mülheim/Ruhr, Nachbarsweg 128

Prof. Dr. Joachim H. K n o l l , Ruhr-Universität Bochum, Institut für Pädagogik

Prof. Dr. Hermann L e y , Humboldt-Universität Berlin

Prof. Dr. Shlomo N a ' a m a n , Universität Tel Aviv

Klaus P l u m p , 41 Duisburg 1, Kiebitzstraße 9

Ingeborg R e i n e c k e , Ruhr-Universität Bochum, Institut für Pädagogik

Dr. Martin S a t t l e r , 4 Düsseldorf 31, Kaiserswerther Markt 29

Priv. Doz. Dr. Hans Martin S a ß , Ruhr-Universität Bochum, Institut für Philosophie

Prof. Dr. Julius H. S c h o e p s , 4005 Düsseldorf-Büderich, Niederdonker Str.63

Prof. Dr. Adam W e y e r , 4133 Neukirchen-Vluyn, Schwalbenstraße 21

Register der Personennamen

Vorbemerkung:

20* bedeutet, daß der Name auf dieser Seite nur in den Anmerkungen vorkommt.

A

Adler, Max, 1873/1937, Soziologe 93
Alembert, Jean-Baptiste (gen. d'Alembert) 1717/1783, Philosoph u. Mathematiker 179
Althaus, Theodor, Pfarrer 227
Aristoteles 208
Arndt, Richard, Dr., Oberstudiendirektor in Ruhrort 266
Arnold, Thomas, 1795/1842, Pädagoge 115, 121, 123
Aschbach, Joseph Ritter v., 1801/82 255
aus'm Weerth s. Weerth, aus'm

B

Bacon, Francis, 1561/1626, engl. Philosoph u. Staatsmann 185, 193
Baedeker, Julius, 1814/80, Verleger in Iserlohn 10, 63, 66, 97, 150 f., 158, 252, 260 f.
Baer, NN., Chemielehrer 38, 39*
Bastiat [Frédéric, 1801/50], franz. Nationalökonom 40
Bataille, NN., franz. Philosoph 174
Bauer, Bruno, 1809/1882, Junghegelianer 188, 194
Beauregard, Pierre G. T. 100
Bebel, August 1840/1913 7, 11, 14 ff., 21, 34, 36*, 38 f., 44, 47 f., 49, 52, 70, 72, 78, 92, 269
Becher, Erich 1882/1929, Philosoph u. Psychologe 108, 120
Becher, Hermann, 1820/85, radikaler Kölner Demokrat 24
Becker, Johann Philipp, Mitarbeiter am „Social-Demokrat" 29
Beek, NN. 255
Beesly, Edward 29
Beller, J. J., Mitgl. der Zürcher Kantonalbank (1870) 258
Bennigsen, Rudolf von, 1824/1902, Präsident des Nationalvereins 25
Berdiajew, Nikolai 63, 108, 120 f.
Bergmann, Julius, Dr., 1840/1904, Prof. in Königsberg u. Marburg 258, 261
Bergrath, Caspar 33 f.
Bernstein, Eduard, 1850/1932 3, 7, 9, 14 f., 17 ff., 20, 70, 132, 244*
Besser, Rudolf, Verleger in Gotha 261
Beust, Friedrich Ferdinand, Graf von, 1809/1886 38 f.
Beza, Theodor, 1519/1605, Theologe 123
Biedermann, Alois Emanuel, 1819/85, Theologe 38
Biermer, Anton, Dr. med. in Fluntern bei Zürich 261
Bismarck, Otto von, 1815/98 6 f., 9, 26, 33, 39, 54, 57 f., 59, 63 f., 68, 70, 83 f., 86, 88, 90 f., 149 f.
Blank, Wilhelm (1853) 261
Bleuler, Alwine, geb. Hausheer, † 1885, Ehefrau von Salomon B. 261
— Salomon, 1829/86, Freund u. Geschäftspartner Langes, Hrsg. des „Landboten" in Winterthur, Schwager v. G. Ziegler 32, 170 f., 240, 253, 256 f., 261, 263, 265, 270
— Hausheer & Comp., Firma in Winterthur 254, 256
Bloch, E. 202
Blum, Robert († 1848) 87, 89 f.
Blumenberg, Hans 198
Bobrick, E., Prof. in Zürich 268
Bölsche, Wilhelm, 1861/1939, Schriftsteller Hrsg. der „Geschichte des Materialismus" 174, 271
Böninger, Arnold, Duisb. Bürger (1859) 252
— Carl, Duisb. Bürger (1859) 252
— Familie (1930) 265
Bona Meyer, Jürgen, 1829/97, Philosoph in Bonn u. Berlin 263
Boorstin, Daniel J. 96
Booth, John Wilkes († 1865) 103
Boßhard, NN., Zweiter Staatsschreiber des Kantons Zürich (1868) u. Erster Sekretär des Kantonsrats (1869) 257 f.
Brauckmann, Wilh., Küfer aus Langenberg (1853) 254
Brauksiepe, Werner, Dr., geb. 1910 in Dbg., Verf. einer Geschichte der Duisb. Zeitungen (1937), Redakteur in Oelde/Westf. 155, 158, 168 f., 242, 265
Braun, Heinrich, 1854/1927 Sozialpolitiker 108, 120, 238 f.
Bredehorst, NN. (aus Bremen) 39, 46
Brockhoff, Julius, Duisb. Bürger (1859) 252
Brzoska, Heinrich Gustav, 1807/39, Prof. d. Pädagogik 125 f.
Buchez, Philipp J. B. 1796/1865 226
Büchner, Ludwig, Dr. med., 1824/99, Materialist 21, 41, 174, 191*, 192, 200*, 201, 242, 245, 261
Büdinger, Max, Historiker in Zürich 1828/1902 261
Bürgers, Heinrich 1820/78 24, 28
Bürkli, Karl, geb. 1823 in Zürich, Sozialist (1868) 261
Buhl, Ludwig, Berliner Philosoph (1845) 191
Burkart, F., Dr. med. in Dbg. (1928) 266

C

Cabanis, Pierre Jean George, 1757/1808 185
Cabet, Etienne, 1788/1856, kommunistischer Publizist 94
Caesar, Carl Julius, 1816/86, Prof. der klassischen Philologie u. Oberbibliothekar in Marburg (1842/86) 253
Calvin, Jean, 1509/64, Reformator 128 f., 226, 243, 249 f.
Card, Joseph, 1822/69, poln. Schriftsteller u. Übersetzer in Genf 261
Carey, Henry Charles, 1793/1879, amerikan. Nationalökonom 40, 94 f., 215*, 272
Carstanjen, Emil, Duisb. Bürger (1859) 252
— Otto, Duisb. Bürger (1859) 252
Clemens, Heinr. Balthasar Christian, Notar in Langenberg (1853) 254
Cohen, Hermann, Dr., 1842/1918, Prof. der Philosophie in Marburg, Hrsg. der „Ge-

schichte des Materialismus" 56*, 57, 82, 116, 118, 174, 207, 208*, 211*, 219 f., 225, 237 f., 239, 261, 271
Colsmann, Industriellenfamilie aus Langenberg/Rhld. 155, 169, 267
— Friedrike, s. Lange, F.
Colsman & Comp., Firma in Barmen u. Werdohl 254
Conrad, NN., Prof. in Halle 239
Cortes, s. Donoso
Coßmann, Hugo, Dr. med. in Dbg. 252
Cüppers, Hermann, Schüler F. A. Langes 261
Curtius, Friedrich, Duisb. Bürger 252
Czolbe, Heinrich, Dr. med., 1819/73, philos. Schriftsteller aus Königsberg 262

D

Dahlmann, Friedrich Christoph, 1785/1860, liberaler Historiker und Politiker 119
d'Alembert s. Alembert 179
Darwin, Charles, 1809/82, engl. Biologe 9, 11, 17 f., 20 f., 29, 72, 182, 213*, 221, 223, 245
Davis, Jefferson, 1808/89, Präsident der amerik. Südstaaten 103
Dietsch, Rudolf, Hrsg. der „Neuen Jahrbücher für Philologie u. Pädagogik" 272
Demokrit 179, 193
Derrida, NN. 174
Descartes, René, 1596/1650, Philosoph 185, 193
Dilthey, Wilhelm, 1833/1911, Philosoph 194 f.
Dörpfeld, Friedr. Wilh., 1824/93, Pädagoge 93, 115, 260
Dohrn, Anton, 1840/1909, Zoologe 54*, 69, 247, 261
— Reinhard, Dr., Sohn von Anton D. 265
Donoso-Cortés, Juan Maria de la Salud, 1809/1853 183
Drobisch, Moritz Wilhelm, 1802/96, Philosoph, Psychologe u. Mathematiker 271
Dörpfeld, Friedrich Wilh., 1824/93, Pädagoge 93, 115
Dulon, Rudolf, Pastor 227
Dühring, Eugen Karl, 1833/1921 95
DuBois — Reymond, Emil, 1818/96, Prof. d. Physiologie, Berlin 184 ff.

E

Eckert, Georg, Dr. phil., 1912/74, Historiker des Sozialismus, Herausgeber des „Archivs für Sozialgeschichte" 57, 83*, 92, 108, 122, 128, 133, 141, 155, 201, 236, 240, 242 ff., 264 f., 267
Eckhardt, Ludwig, 1827/71, Prof. 52
Egg, I. I., Präsident der Schulsynode Zürich (1869) 257
Eicker, Wilhelm, 1861/1952, Stadtschulrat in Dbg. 241, 266
Eichhoff, Karl, Dr., 1805/82, 1845/75 Duisb. Gymnasialdirektor 61 f., 149, 249, 259
Ellissen, Otto Adolf, 1859/1943, 1888/1920 Pädagoge am Einbecker Gymnasium, Biograph (1891) und Herausgeber Langes 2 f., 6*, 20 f., 27, 108, 110 f., 128, 133, 135, 146 f., 151, 164, 167 f., 171, 174, 236, 240, 243, 249, 267, 271 f.
Elschenbroich, Hans, Stadtschulrat in Dbg. 266
Empedokles 183

Engel, Ernst, Dr., 1821/96, Statistiker 261
Engels, Friedrich, 1821/95, sozialist. Theoretiker 3, 13 f., 20, 46, 67, 72, 92, 155, 159, 174 ff., 221, 244*, 261
Epikur 185
Erasmus von Rotterdam, Desiderius, 1465/1536, niederl. Humanist 129, 243, 248 f., 272
Erdmann, J. E., Philosoph, Hegelianer 191 f.
Ewich, Johann, Duisb. Buchhändler 253, 271
Eynern, Gert von 241

F

Falk, Adalbert, Dr. jur., 1827/1900, preuß. Kultusminister 258 f.
Falk, Wilh., Duis. Verleger u. Buchhändler, Partner F. A. Langes 262
Falk & Lange, Duis. Verlag 155, 157, 159*, 162 f., 170, 272
Falk & Volmer, Duisb. Verlag 7, 66, 151, 253, 269
Fay, Mathilde, geb. Lange, 1830 geb. in Langenberg, zweite Schwester von F. A. Lange, Ehefrau von Rudolf F. 260, 262
— Rudolf, 1830/1903, Pfarrer in der Schweiz u. in Krefeld (1863), Jugendfreund u. Schwager F. A. Langes 59, 260, 262
Fechner, Gustav Theodor, 1801/87, Philosoph 183
Feigel, NN., Dr., Leiter der Studienanstalt in Dbg. 242, 265 f.
Feld, NN. 237
Fest, Walter, Journalist der Rhein- und Ruhrzeitung in Dbg. 266
Feuerbach, Ludwig, 1804/72, Philosoph u. Religionskritiker 175*
Fichte, Johann Gottlieb, 1762/1814, Philosoph des dt. Idealismus 177, 193
Fichte, J. H. 111
Fischer, Friedrich, Dr., geb. 1827, Realschullehrer in Dbg. 252
Fischer, Heinz Dietrich 67
Fleckeisen, Alfred, Hrsg. der „Neuen Jahrbücher für Philologie u. Pädagogik" 272
Foerster, Friedrich Wilhelm, Pädagoge, 1869/1966 244
Försterling, Friedrich Wilhelm Emil, 1827/1872. Mitglied des ADAV 34
Foucault, Jean Bernard Léon, 1819/68, Physiker 174
Franklin, Benjamin, 1706/1790, amerik. Staatsmann 96
Freudenberg, NN. (1865) 256
Fritzsche, Friedrich Wilh., 1825/1905, Tabakarbeiter 7, 34, 36

G

Garenfeld, Amalie, s. Lange, A.
Garibaldi, Guiseppe, 1807/82, italien. Freiheitskämpfer 103
Germann, Moritz, Leipzig 34, 47
Gersdorff, Carl von 244*
Gervinus, Georg Gottfried, 1805/71, Historiker 118
Geyer, Curt Theodor, 1891/1967 Politiker u. Publizist 203*
Gneist, Rudolf von, 1816/95, Jurist u. Verfassungshistoriker 119

Görres, Johann Joseph von, 1767/1848 Publizist 154
Grossart, Fr. 114
Grab, Walter, Prof. 68, 89*
Grabowsky, Adolf, geb. 1880, Schriftsteller, Hrsg. der „Arbeiterfrage" 116, 271
Graham, NN., Reverend, Bonn (1855) 255
Grant, Ulysses T., 1822/85, General der Nordstaaten 100 f., 103
Greulich, Hermann, aus Breslau, Sozialist in der Schweiz 262
Groth, Otto 145
Gruber, Franz, Journalist des Duisb. General-Anzeigers 266
Grotius, Hugo, 1583/1645, niederl. Jurist u. Staatsmann 250
Guarino, Baptista, 1374/1460, ital. Humanist 248, 250
Guggenbühl, G. 241
Gundling, Julius (1870) 262

H

Haeckel, Ernst, Dr., 1834/1919, Prof. der Zoologie in Jena 262
Hagen, NN., Mitgl. des preuß. Abgeordnetenhauses (1862) 5, 60, 121 f., 256
Hahn, NN. 127
Hammacher, Friedrich, Dr. jur., 1824/1904 262; 265
Hammacher, NN., Duisb. Arbeiter 24
Hamspohn, Jean, geb. 1840, Redakteur in Köln 170, 262
Hardt, Gustav, Duisb. Bürger (1859) 252
Hartmann, Eduard von, 1842/1906, Philosoph 183 f., 188
Hatzfeld, Sophie Gräfin von 31
Heerhaber, Otto, Lehrer in Iserlohn 262
Hegel, Georg Wilhelm Friedrich, 1770/1831, Philosoph 76 f., 185, 192 f., 214*
Herbart, Johann Friedrich, 1776/1841, Philosoph u. Pädagoge 118, 193 f., 246, 271
Hermann, L., aus Unterstraß (Schweiz) 262
Hermann, NN., Lehrerin in Dbg. (1863) 252
Herstatt, Joh. David, 1805/79, Bankier in Köln 110, 148, 255
Herwegh, Georg, 1817/75, 91
Herzen, Alexander, 1812/70, russ. Schriftsteller (1871) 245
Hesse, Helius Eoban, 1488/1540, Erfurter Humanist 250 f.
Heuss, Theodor, Bundespräsident, gest. 1963 56, 108
Hillmann, Hugo 24
Hingmann, Herm. Friedr., 1815/85, ref. Pfarrer in Wald b. Solingen 253
Hirsch, Helmut, Dr. phil., Prof. für Politische Wissenschaft an der Gesamthochschule Dbg. 267
Hirsch, Max, 1832/1905, Gewerkschaftler 7, 21, 24, 32*, 38*, 39*, 41, 43*, 47, 49, 52 f., 164, 262, 269
Hirth, Georg, 1841/1916, Verleger in Leipzig 135, 139*, 262, 273
Hitler, Adolf 188
Hochberger, NN. 21, 52
Hoddick jr., Fritz, Mitgl. der Fortschrittspartei, Freund F. A. Langes 262
Höchberg, Karl 203*
Hörle, Rudolf Adolf Ferd., 1818/1904, luth. Pfarrer in Dbg. (1854/87) 252

Hoffmann, Franz, Prof. in Würzburg 262
Hofstetten, Johann Baptist von, gest. 1887, Mitbegründer des „Social-Demokrat" 31
Holland, Wilh. Ludwig, 1822/91, Germanist u. Romanist in Tübingen 262
Hollenberg, Wilh. Adolf, geb. 1824 in Meid., Gymnasiallehrer in Berlin 249, 262
Holtzheimer, H., aus Köln 246
Horwicz, A., aus Magdeburg 262
Huber, Victor Aimé, 1800/1869, Sozialpolitiker 39
Hueck, Gustav, Rechtsanwalt u. Notar in Dbg. 262
Hülsmann, Jakob, Dbg. 1807/73 Bonn, Prof., 1837/61 Gymnasiallehrer in Dbg. 262, 265
Hug, A., aus Zürich 262
Hundt, Martin 12, 14
Humboldt, Wilhelm von 1767/1835 116, 117, 119, 123*

J

Jacoby, Johann, 1805/77 30
Jäger, Otto Heinrich, 1828/1912, Turnpädagoge 141 f., 262
Jagow, Gustav Wilh. v., preuß. Innenminister 5, 60, 122
Jahn, Friedrich Ludwig, 1778/1852, 123, 133, 136, 141
Jefferson, Thomas, 1743/1826, 3. Präsident der Vereinigten Staaten 96
Johnson, Andrew, 1808/75, amerik. Präsident 103 f., 106
Jones, Theodore (1863) 39
Jung, Georg, Junghegelianer, liberaler Publizist u. Parlamentarier 24, 260, 262
Justi, Carl, Dr. phil., Marburg 1832/1912 Bonn, 1867/71 Prof. der Archäologie u. Kunstgeschichte in Marburg 259

K

Kambli, Conrad Wilh. 1829/1914, Pfarrer in Horgen/Kanton Zürich, Jugendfreund Langes 2*, 3 f., 9, 69, 93*, 128, 200, 263
Kant, Immanuel, 1724/1804, Philosoph 70, 109, 126, 175, 177 f., 181, 185, 192 f., 208 f., 211*, 220, 247
Kautshy, Karl, 1854/1938, sozialistischer Publizist und Theoretiker 56
Kellner, Friedr. Wilh., Baumeister in Dbg. 252
Keller, Gottfried, 1819/90, Schriftsteller u. 1861/76 Erster Staatsschreiber von Zürich (1872) 258
Keller, Otto, 1863/73 Duisb. Bürgermeister 252
Kepler, Johannes, 1571/1630, Astronom 179
Kern, NN., Direktor 252
Kerschensteiner, Georg, 1854/1932 Schulreformer 123
Kersten, August, Baumeister in Dbg. 252
Keßler, NN., Landrat in Dbg. (1862) 256
Kierkegaard, Sören Aabye, 1813/1855, Philosoph 188
Kieschke, M., Mitarbeiter Langes in Dbg. 254, 262
Kinkel, Johann Gottfried, 1815/82, Dichter u. Kunsthistoriker 98
Kleinpaul, Rudolf, Dr., aus Leipzig 262
Klette, NN. (1865) 256

Klever, F. W., Mitarbeiter Langes in Dbg. 260
Klever, Wilh., Gerichtskassenkontrolleur in Dbg. 252 f.
Kloß, NN., Hrsg. eines Jahrbuchs 273
Kluge, Otto Hermann, Zentralturnanstalt Berlin 141
Knebel, Heinr., Dr., 1801/59, Gymnasialdirektor in Dbg. (1842/45) u. Köln 249, 255
Knoff, Wilh., 1856/71 Zeichenlehrer in Dbg. 252
Knoodt, Peter, 1811/89, Prof. 255
Koch, NN., Bürgermeister von Leipzig 36
Köhler, F. J. 248 f.
Köhnen, Wilh., Prof., 1808/81, 1835/77 Gymnasiallehrer in Dbg. 61 f., 122, 149, 252, 256
Körner, Christian Gottfried, 1756/1831 125
Kolbs, NN. 38
Kopernikus, Nikolaus, 1473/1543, Astronom 179
Koszyk, K. 169
Krefelts, H., aus Köln 246
Kremer, Friedrich, Kleidermacher in Langenberg (1853) 254
Kronenberg, M. 108
Krummacher, Emil, 1798/1886, 1841/76 Pfarrer in Dbg. 252
Krumme, Friedr. Wilh., Dr., geb. 1833, Realschullehrer in Dbg. 252
Krupp, Alfred, 1812/87, Industrieller 33
Kuhn, Th. S. 211*
Kutter, Hermann, ev. Pfarrer 229

L

Lambert, Caroline ∞ Dr. Arthur Lange 241*
Lamenais, Robert de, 1782/1854 226
Landfermann, Dietrich Wilhelm, Dr., 1800/1882, Duisb. Gymnasialdirektor (1835/41), danach bis 1873 Schulrat beim Schulkollegium in Koblenz 62*, 251, 255, 259
Lange, Albert, Melsungen 1889/1952 Fulda, Studienrat in Langenberg (1928) und Dbg. (1931/38), Enkel des Philosophen u. Verkäufer des Nachlasses 241, 266
— Alwine, geb. 1827 in Wald, älteste Schwester von F. A. Lange 253, 260
— Amalie, geb. Garenfeld, Herchen 1801/61 Bonn, Ehefrau von Joh. Peter, Mutter von F. A. Lange 260
— Arthur, Köln 1854/1917 Melsungen, seit 1887 Dr. med. in Melsungen, ältester Sohn von F. A. Lange 241, 254
— Emma, geb. 1831 in Langenberg, jüngste Schwester von F. A. Lange 260
— Familie 267
— Friedrich Albert passim
— Friederike, geb. Colsman, Langenberg 1831/88 Marburg, Ehefrau von F. A. Lange 148, 237 f., 240, 249, 253, 259 ff., 264, 268
— Joh. Peter, Sonnborn 1802/84 Bonn, Pfarrer in Wald, Langenberg, Dbg., Prof. der Theologie in Zürich (1841) u. Bonn (1854), Vater von F. A. Lange 3, 56, 146 f., 255, 258 ff., 266, 268
— Johanna, s. Meinshausen, J.
— Mathilde, s. Fay, M.
— Otto, 1833/79, seit 1862 Dr. med. in Dbg. 252, 254, 260

Lange, Robert, geb. 1858 in Dbg., zweiter Sohn von F. A. Lange 259
Laplace, Pierre Simon, 1749/1827, Physiker, Philosoph 185
Lassalle, Ferdinand, 1825/64 7, 9, 17 f., 23, 25 ff., 29 ff., 35, 37, 41, 45 f., 70, 72, 74, 80, 110, 114, 213
Lasson, Adolf, 1832/1917, Philosoph 262
Laßwitz, Kurd, Dr., 1848/1910, Philosoph 262
Lattmann, Julius, Prof. in Göttingen 262
Laué, Carl, Musiklehrer in Dbg. 252
Leibniz, Gottfried Wilh., 1646/1716 211
Lee, Robert G., 1807/70, General der Südstaaten 100, 103
Lenin, Wladimir Iljitsch, 1870/1924 177, 201
Lewald-Stahr, Fanny, 1811/89, Schriftstellerin 261
Lewy, Gustav, Händler in Düsseldorf, Mitbegründer und Kassierer des ADAV 24
Lichtenberg, Georg Christoph, 1742/1799 180
Liebig, Justus von 1803/1873, Chemiker 174
Liebknecht, Wilhelm, 1826/1900, Sozialist 15 f., 35, 52, 72, 106 f., 263
Liebmann, Otto, 1840/1912, Prof. der Philosophie in Straßburg 263
Lietz, Hermann, 1868/1919, Pädagoge 115, 123
Lincoln, Abraham, 1809/65, amerik. Präsident 102 f., 105 f.
Lindau, Paul, 1839/1919, Hrsg. der Zeitschrift „Nord u. Süd" 273
Ling, Pehr Henrik, 1776/1839, Begründer des schwedischen Turnens 133 ff.
Link, Amalie, Lehrerin in Dbg. (1863) 252
Locke, John, 1632/1704, Philosoph 179
Loebell, Joh. Wilh., Prof. in Bonn 268
Löwith, Karl 188, 190
Lohmeyer, Julius, Berlin 238*
Lossius, Kaspar Friedrich (1797) 251
Lotze, Hermann, 1817/81, Prof. der Philosophie in Göttingen 263
Lübbe, H. 217
Lukacs, Georg 180, 190

M

Majansius Grammatikus 248
Malthus, Thomas Robert, 1766/1834, engl. Sozialforscher 9, 11, 17 f., 20 f., 29, 72, 75 f., 213*, 221 f.
Marcus, Adolph, Buchhändler in Bonn 263
Marcuse, Herbert, geb. 1898, Philosoph 197 f.
Marr, Wilhelm, 1819/1904, radikaler Journalist in Hamburg 33
Martens, Joachim Friedrich 35*, 43
Martin, NN. (1851) 255
Marx, Karl, 1818/83 3, 13 f., 18, 20, 33, 35, 55, 67, 72, 74 ff., 92, 94, 106, 155, 174, 180, 186, 193 ff., 200, 216, 221 ff.
Mayer, Gustav, 1871/1948, Historiker der Arbeiterbewegung 56, 248
M'Clellan, NN. 102, 105
Meghius Vagius 248 f.
Mehring, Franz, 1846/1919, polit. Schriftsteller, Hrsg. der „Arbeiterfrage" 3, 9, 14 ff., 20, 55, 93 f., 271
Meinecke, Friedrich, 1862/1954, Historiker 58
Meinshausen, Johanna, geb. Lange, * 1856 in Bonn, Tochter F. A. Langes 238, 264
Melanchthon, Philipp 1497/1560, Theologe 123
Meyer, F., Sekretär der Züricher Direktion des Erziehungswesens (1869/70) 258

Meyer, Fritz, Schweizer Jugendfreund F. A. Langes in Zürich 1, 263
Meyer, H. F. 158
Meyer s. a. Bona Meyer, J.
Mill, John Stuart, 1806/73, engl. Philosoph u. Volkswirt 16, 40, 94, 215, 244, 247, 272
Miquel, Johannes von, 1828/1901 25
Mittler & Sohn, E. S., Berliner Buchhandlung u. Druckerei 264
Möller, Ernst, Dr., Industrie- u. Handelskammer Dbg.-Wesel 266
Moleschott, Jacob, 1822/93, Physiologe 174 f., 192
Monning, J. 168
Morton, R. W. F., aus London 263
Mühler, Heinr. von, 1813/74, preuß. Kultusminister (1862) 62, 255
Müller sen., Moritz, 1816/74, Fabrikant in Pforzheim 35, 263
Mussolini, Benito 188

N

Napoleon III., 1852/70 Kaiser der Franzosen 10, 99 f.
Natorp, Paul, 1854/1924 Prof. in Marburg 219, 239
Naumann, Friedrich 1860/1919, Politiker 116
Neander, Michael, 1525/95, Humanist 250
Neumann, C. 187
Newton, Isaac. 1643/1727, engl. Physiker u. Mathematiker 179
Niedmann, Heinrich Julius, Braunschweig 248
Nieten, F. H., Duisb. Verlag 271
Nieten, Otto, Prof. Dr. 266
Nietzsche, Friedrich Wilhelm, 1844/1900, Philosoph 188, 244*
Nissen, Heinrich, 1839/1912, Prof. der alten Geschichte u. klassischen Philologie in Marburg (1869/77) 253
Noack, Ludwig, 1819/85, Gießen 263
Nonne, Johann Gottfried Christian, 1749/1821 124

O

Otto, Carl, Dr., Ingenieur in Dbg. 252
Owen, Robert, 1771/1858, sozialer Reformer 94

P

Palmer, Christian David Friedr., Prof. 272
Perthes, Justus, 1749/1816, Gothaer Verleger 251
Pestalozzi, Carl, ref. Pfarrer in Zürich (1848) 253
Petty, William, (17. Jh.) 181
Pfeiffer, Eduard, Hrsg. der Stuttgarter Monatsschrift „Die Arbeit" 39, 52, 273
Piderit, Theodor, Dr., 1826/1912, Detmolder Arzt 53*, 263
Pius II., 1405/64, Papst 248
Plücker, Julius, 1801/68, Prof. für Mathematik in Bonn 268
Preyer, William T., Prof. in Jena 263
Pricker, NN. 255
Prince-Smith, John, 1809/74, 79
Pröller, A., aus Liegnitz 263
Provence, NN., Prof. 35*

Q

Quäbicker, Richard, aus Breslau 263
Quetelet, Lambert Adolphe 1796/1874, Astronom u. Statistiker 181

R

Ranke, Leopold v., Historiker 108
Rath, vom, Familie in Köln u. Dbg. (1930) 265, (1848) 268
Raumer, Karl von, 1783/1865, Geologe und Pädagogikhistoriker 125, 251, 272
Ravenstein, NN. von, Leiter des städt. Werbeamts Dbg. (1928) 265
Rehmke, Johannes, geb. 1848, Prof. in Zürich 263
Reicke, Rudolf, Dr., 1825/1905, Bibliothekar in Königsberg, seit 1864 Hrsg. der Altpreußischen Monatsschrift 263
Reclam, Philipp jun., Verleger 174
Ricardo, David, 1772/1823, engl. Volkswirtschaftler 221 f.
Richter, Eugen, 1838/1906, Jurist, linksliberaler Politiker 11, 24, 28
Ring, Walter, 1892/1954, Duisb. Archivar u. Historiker 122, 241, 243, 264 f.
Ringelberg, NN. 250
Risch, NN., Dr. Prof. in Würzburg (1871) 263
Ritschl, Friedr. Wilh. 1806/76, klass. Philologe in Bonn 111, 147, 255 f., 268
Ritter, NN. (1865) 256
Rittinghausen, Moritz, 1814/90, Sozialist 170*, 263
Rodenberg, Julius, 1831/1914, Schriftsteller, Begründer der „Deutschen Rundschau" 238, 263, 273
Romeyn, P., aus Gorinchem[?] 263
Roon, Albrecht von, 1803/79, preuß. Kriegsminister 57
Rosenkranz, Karl, 1805/79, Prof. der Philosophie in Königsberg 263
Rosenkranz, NN., amerik. General 100
Roßmäßler, Emil Adolf, 1806/67, Prof. d. Forstwissenschaften, radikaler Demokrat 21, 24, 38
Rothstein, Hugo, 1810/65 133, 135 f., 142
Rüegg, Reinhold, 1842/1923 Redakteur des Winterthurer „Landboten" 171 f., 261
Rüstow, Wilhelm, 1821/78, Militär-Schriftsteller 89

S

Sack, Eduard, geb. 1831, Schulreformer in Berlin 264
Saint-Simon, Claude-Henry de Rouvroy, Graf von, 1760/1825, Geschichtsphilosoph u. sozialer Theoretiker 226
Sallentien, NN., Dr., Büchereidirektor in Dbg. 265
Salomon, Ludwig 145
Samter, Adolph, Bankier in Königsberg 263
Saurbier, B., 134
Schaumann, Johann Christian Gottlieb, 1768/1821, Prof. in Gießen 248
Scheer, Joh., aus Oberstraß/Kanton Zürich 263
Scheffen, A., Prof. in Dbg. 265
Schelling, Friedrich Wilh. von, 1775/1854, Philosoph 185, 193

Scheuchzer, Friedrich, 1828/95, Nationalrat in Bern, Biograph von Salomon Bleuler (1887) 240, 261, 264
Schiller, Friedrich von, 1759/1805, Dichter 247, 271, 272
Schilling, Gustav, Prof. in Gießen 272
Schlegtendal, Gottfried, 1851/63 Bürgermeister in Dbg. 256
Schmid, Karl Adolf, Dr. h. c., 1804/87, Herausgeber einer pädagog. Enzyklopädie in Stuttgart 128, 248, 250, 263, 272
Schmidt, Alfred, geb. 1931, Prof. für Philosophie in Frankfurt, Hrsg. der „Geschichte des Materialismus" 206* 271
Schmidt, Heinrich, geb. 1874, Assistent von Ernst Haeckel, Hrsg. der „Geschichte des Materialismus" 271
Schmidt, J., aus Bonn 264
Schmidt, Karl, 1819/64 249, 272
Schmidt, Leopold, Prof. in Marburg 238 f.
Schmitt, Carl 58
Schneider, NN., aus Gießen 263
Schopenhauser, Arthur, 1788/1860, Philosoph 188, 193
Schroers, Wilhelm, Redakteur der Rhein- und Ruhrzeitung 65, 150, 266, 271
Schulze-Delitzsch, Hermann, 1808/83 6 f., 11 f., 25, 27 f., 30, 39 ff., 43*, 45 f., 49, 66, 71 f., 83 f., 120
Schulz, Wilhelm Friedrich 89 f.
Schurz, Karl, 1829/1906, amerik. Staatsmann, u. a. Korpskommandant 97 f.
Schweigert, NN., Faktor in der Druckerei Falk & Lange 51
Schweitzer, Johann Baptist von, 1833/75, 17, 35, 165, 240 f.
Schweizer, Heinr., Dr., Prof. in Zürich 264
Seward, William Henry, 1801/72, amerik. Staatssekretär 103
Seydel, Karl Theodor, 1812/73, 1862/72 Oberbürgermeister von Berlin 69, 263
Sieyès, Emanuel Joseph, Abbé 217*
Snell, Carl, 1806/86, Prof. für Physik in Jena 263
Sonnemann, Leopold, 1831/1909, Zeitungsbesitzer, Demokrat 7, 9 f., 13, 21, 30, 32, 35 ff., 41, 43*, 44, 47, 48*, 49, 51 f., 269, 272
Sorell 188
Spiller, Philipp, Prof. in Berlin 263
Spieß, Adolf, 1810/58, Begründer des Schulturnens 133 f.
Stadler, August, 1850/1910, Student in Berlin, Prof. für Philosophie in Zürich 263
Stahr, E. 134
Staub, J., Leiter eines Internats, aus Männedorf/Schweiz 263
Staudinger, Peter, Vorsitzender beim VDAV 47, 49, 170*, 253
Stein, Karl, Reichsfreiherr vom u. zum, 1757/1831 123
Stein, S., aus Dbg. 252
Steffen, K., Polizeisekretär in Winterthur (1868) 257
Stiefel, Ludwig, Kreisrichter in Dbg. 252
Stirner, Max, 1806/56, Philosoph und Schriftsteller 188
Stolp, H., Redakteur in Berlin 263
Strasser, Otto, geb. 1897 74
Strauß, David Friedrich, 1808/74, Philosoph u. Theologe 268

Streit, Feodor, 1820/79, Rechtsanwalt, Sekretär des Nationalvereins zu Coburg 31 f., 36, 38 f., 47 ff.
Struve, Burkard Gotthelf 1671/1738 248
Sturm, Johannes, 1507/1589 Pädagoge u. Theologe 123
Sturmberg, Julius, Buchdrucker in Dbg. (1867) 157, 162, 254
Sturt, Henry 93
Sulzer, Johann Jacob, 1821/97, Dr., Präsident des Stadtrats Winterthur 256 f.

T

Thaulow, Gustav Ferd., 1817/83, Prof. in Kiel 111, 249, 260, 264, 272
Thiersch, Friedrich Wilh., 1784/1860, Philologe u. Pädagoge 127
Thissen, Adolph, Duisb. Bürger 252
Tod, Heinrich, Dr., Mitarbeiter des Germanischen Nationalmuseums in Nürnberg 264
Treitschke, Heinrich von, 1834/96, Historiker 38
Troeltsch, Ernst, 1865/1923, Prof. der Theologie 126, 228
Trotzendorf, ((eigentl. Valentin Friedland), 1490/1556, Schulreformer 123

U

Ueberweg, Friedrich, 1826/71, Prof. der Philosophie in Königsberg 6, 172*, 192 f., 202, 211*, 240, 272 f.

V

Vahlteich, Julius, 1839/1915, Schuhmacher, Mitbegründer des „Vorwärts" und des ADAV sowie dessen erster Sekretär 34
Vaihinger, Hans, Dr., 1852/1933, Prof. der Philosophie, in Leipzig 108, 120, 207, 264 f.
Varrentrapp, Konrad, 1844/1911, Historiker 237
Vinci, Leonardo da, 1452/1519 118
Virchow, Rudolf, 1821/1902, Mediziner, Mitbegründer der Fortschrittspartei 264
Vives, Juan Luis, 1492/1540, span. Humanist 118 f., 125, 129, 243, 248
Vogt, Carl, Zoologe 174 f., 185, 191*
Vogt, G., aus Fluntern/Kanton Zürich 264
vom Rath s. Rath, vom
Vorländer, Karl, 1860/1928, Philosoph 219

W

Wagener, Klaus, Oberstudienrat am Landfermann-Gymnasium in Dbg. 259
Wagner, Rudolf, Physiologe, 174, 191*
Waldeck u. Pyrmont, Prinz Albrecht zu, geb. 1841 in Kleve 259
— Prinzessin Karl zu 261
Wassmannsdorf, Karl Wilh. Friedr., Turnschriftsteller 141
Wecher, Theodor, Buchhändler in Berlin 264
Wedekind, Georg (1792) 88, 90
Weerth, aus'm, NN. 256
Weigand, Karl, Prof. in Gießen 264
Weinkauff, Franz, Kölner Gymnasiallehrer, Freund Langes 1, 5, 54*, 61 f., 108, 110 f., 120 f., 128, 133, 149, 164 f., 171, 236 f., 239 f., 254, 260, 264 f., 267, 271

Weinmann, A., Dr., Vizepräsident in Winterthur (1868) 257
Weis, Ludwig, Dr., 1863/71 Realschullehrer in Ruhrort, dann in Darmstadt 264
Weiß, Guido, geb. 1822, Redakteur in Berlin 264
Weithmann, NN., Stuttgart 36*, 43, 50
Weitling, Wilhelm, 1808/71 20, 227
Welcher, Friedrich Gottlieb, 1784/1868, seit 1819 Prof. in Bonn, klass. Philologe 147, 268
Wichern, Johann Heinrich 227
Wieland, Christoph Martin 87 f.
Wiese, Ludwig, 1806/1900 Schulverwaltungsfachmann 127
Wiesendanger, A., Aktuar der Schulsynode Zürich (1869) 257
Wiesenthal, Max, Dr. phil., 1911/32 Direktor des Landfermann-Gymnasiums 260, 266
Wikham, W. of 115
Wildermuth, Joh. David, Prof. Dr. 272
Wilhelm I. 1861/81, preuß. König 57, 90 f.
Willis, John, aus Bradford/England 264
Wilms, Moritz, Dr., 1832/72, Gymnasiallehrer in Dbg. 252
Windelband, Wilhelm 193
Windischgraetz, Alfred Fürst zu, 1787/1862 österr. Feldmarschall 90
Wirth, Mathilde, Lehrerin in Dbg. (1863) 252, 261
Wirth, Max, 1822/1900, Nationalökonom 29, 35 f., 40 f., **49**
Wlassak, Rudolf, stud. med. aus Graz (1883) 258, 260
Wolff, Hermann, Dr., aus Leipzig 264
Wolff, Wilhelm, 1809/64, Lehrer 20
Wölfflin-Troll, E., aus Winterthur 264
Wrona, V. 203*
Wundt, NN. (1865) 256
Wundt, Wilh., 1832/1920, Prof. in Heidelberg (1872) 35*, 187, 259
Wyneken, Gustav Adolph, 1875/1964, Pädagoge 123
Wyß, Hans Georg v., 1816/1893, Historiker, Prof. in Zürich 264

Z

Ziegler, Gottlieb, 1828/98, Pfarrer, Mitredakteur des Winterthurer „Landboten", Schwager Bleulers 256, 264
Ziegler, Theodor, Stadtschreiber in Winterthur (1868/70) 256 f.
Zollinger, I. C., Pfarrer in Winterthur (1867) 256
Zöllner, Johann Karl Friedrich, 1834/1882, Astrophysiker 187
Zweig, Arnulf 93

Beihefte

Noch erhältlich sind:

3. *Egon Verheyen*
Die Minoritenkirche zu Duisburg
1959, 114 Seiten, 57 Abb. Kart. DM 6,60.

5. *Klaus Schmidt*
Das Duisburger Textilgewerbe bis zum Anfang des 19. Jahrhunderts
1964, 132 Seiten, dazu 67 Seiten Buchbesprechungen usw. Kart. DM 6,90.

6. *Günter v. Roden*
Duisburg im Jahre 1566
Der Stadtplan des Johannes Corputius
1964, 102 Seiten, 2 farbige Beilagen. Kart. DM 3,90.

7. *Egon Verheyen*
Bau- und Kunstdenkmäler in Duisburg
13.—19. Jahrhundert
1966, 76 S., 244 Abb. auf Kunstdrucktafeln. Ganzleinen DM 15,60.

8. *Herbert Lehmann*
Ruhrort im 18. Jahrhundert
1966, 233 Seiten, 20 Abb. Kart. DM 12,60.

10. *Georg Eckert*
Friedrich Albert Lange,
Über Politik und Philosophie, Briefe und Leitartikel 1862 bis 1875
1968, 707 Seiten, 16 Abb. Ganzleinen DM 30,—, kart. DM 24,—.

11. *Otto Most*
Drei Jahrzehnte an Niederrhein, Ruhr und Spree. Lebenserinnerungen.
1969, 110 Seiten, 5 Abb. Kart. DM 9,60.

12. *Günther Binding / Elisabeth Binding*
Archäologisch-historische Untersuchungen zur Frühgeschichte Duisburgs
1969, 105 Seiten, 35 Abb., 2 Beilagen. Kart. DM 9,60.

13. *Peter Jürgen Mennenöh*
Duisburg in der Geschichte des niederrheinischen Buchdrucks
und Buchhandels bis zum Ende der alten Duisburger Universität (1818)
1970, 368 Seiten, 31 Abb. Kart. DM 18,60, geb. DM 24,—.

14. *Joachim H. Knoll*
Johann Gottfried Christian Nonne
1971, 132 Seiten, 2 Abb. Kart. DM 12,—.

DUISBURGER FORSCHUNGEN
Schriftenreihe für Geschichte und Heimatkunde Duisburgs
Hauptreihe

Band 16 (1973)

Kuno B l u d a u , Gestapo — geheim! Widerstand und Verfolgung in Duisburg 1933—1945.
XIX und 323 Seiten, davon ca. 70 Seiten Dokumentenanhang, Personenregister. Kart. DM 27,—.

Band 17 (1973)

338 Seiten, 40 Abbildungen, z. T. auf Kunstdrucktafeln, kart. DM 19,80
Dirk-Gerd E r p e n b e c k , Duisburger Chronogramme. / Peter D i e m e r , Eine Madonna des 18. Jahrhunderts in Duisburg-Rahm. / Klaus E i c h e n b e r g , Der Bau der Pfarrkirche St. Maximilian in Ruhrort. / Albert B a c k e r , Die Niederländischen Kirchen in Duisburg und Ruhrort. / Jürgen H. S c h a w a c h t , Duisburgs Schiffahrts- und Handelsbeziehungen zu den Niederlanden. / P. B. Wolfgang T e u b e r , Die Seifenfabrik des Dr. med. Jac. Th. Schönenberg in Duisburg. / Ernst W e r n e r , Die Haniel-Brücke zwischen Ruhrort und Duisburg. / Walter H a b e r s t r o h , Die Wechselmarken-Ausgabe der Duisburger Verkehrsgesellschaft AG. / Eike P i e s , Zur Genealogie des klevischen Geschlechtes Pise. / Heinrich V y g e n , Fürst Otto von Bismarck wird Duisburger Ehrenbürger. / Peter N a u m a n n , Walther Josephson. / Günter v o n R o d e n , Heinrich Weitz, Duisburger Oberbürgermeister und Finanzminister des Landes Nordrhein-Westfalen. / Frank B e i l s t e i n , Ein Beitrag zum Mädchenschulwesen des 19. Jahrhunderts in Duisburg. / Günter v o n R o d e n , Zum Gedenken an Dr. phil. Franz Rommer. / L i t e r a t u r b e r i c h t . / Tätigkeitsberichte der M e r c a t o r - G e s e l l s c h a f t für 1971. / Ausführliches R e g i s t e r .

Band 18 (1973)

Hanns B u r c k h a r d t , Wandel der Landschaft und Flora von Duisburg und Umgebung seit 1800.
115 Seiten, 126 Pflanzenzeichnungen, 3 Karten, ausführliches Register.
Kart. DM 16,30.

Band 19 (1974)

Franz R o m m e l , Alsum und Schwelgern, zur Geschichte des untergegangenen Rheindorfes und der Hafen-Landschaft in Duisburgs Nordwesten.
VI und 340 Seiten, 7 Abbildungen (davon 1 farbig), 4 Karten, Literaturbericht Tätigkeitsbericht der Mercator-Gesellschaft für 1972, ausführliches Register.
Kart. DM 21,60.

Band 20 (1974)

Tilmann B e c h e r t , Asciburgium — Ausgrabungen in einem römischen Kastell am Niederrhein.
215 Seiten, Kunstdruck, 156 Abbildungen (davon 3 farbig), 3 Ergänzungspläne, ausführliches Register.
Kart. DM 24,90.

∗

Frühere Bände sind z. T. noch über den Buchhandel oder beim Walter Braun Verlag, Duisburg, Mercatorstraße 2, erhältlich.